ZHUHAI YEARBOOK

珠海年鉴

珠海市人民政府 主办 ★ 珠海年鉴编纂委员会 编

2019

SPM 南方出版传媒

全国优秀出版社 全国百佳图书出版单位 广东教育出版社

· 广州 ·

珠海市政区图

广东省地图院　编制

审图号：粤S(2019)03-002号

珠海市交通图

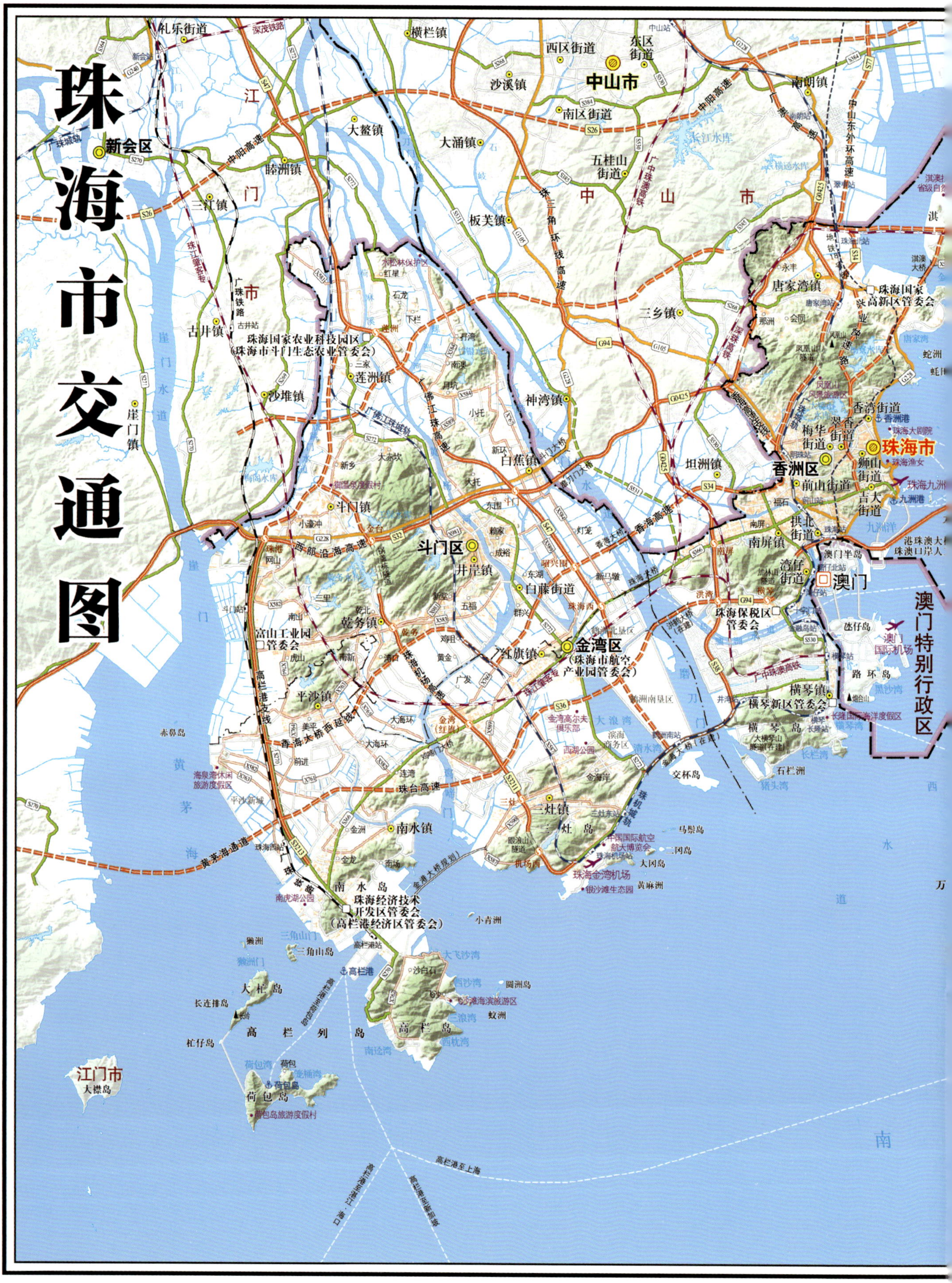

广东省地图院　编制

审图号：粤S(2019)03-004号

2018 年 1 月 13 日，中央政治局委员、广东省委书记李希（右）在珠海调研，考察珠海格力电器股份有限公司

赵崇幸 摄

2018 年 11 月 9 日，全国政协副主席刘奇葆（中）到珠海调研，考察珠海格力电器股份有限公司

赵崇幸 摄

2018 年 3 月 30 日，香港特别行政区行政长官林郑月娥（前排右二）率香港特区政府代表团访问珠海，考察横琴新区展示厅　　赵崇幸　摄

2018 年 6 月 21 日，澳门特别行政区行政长官崔世安（前排左一）率澳门特区政府代表团访问珠海，考察粤澳合作中医药科技产业园　　赵崇幸　摄

2018 年 8 月 12 日，金湾区遭遇自成立以来最大降雨之后，珠海市委书记郭永航（前排右三）到金湾区检查防汛防风工作

赵崇幸 摄

2018 年 6 月 13 日，珠海市委副书记、市长姚奕生（右）与加拿大哈利法克斯市市长麦克·萨维奇共同签署《中华人民共和国珠海市与加拿大哈利法克斯市建立友好城市关系协议书》

赵崇幸 摄

2018年7月26日，总投资约18亿元的珠海国际健康港开港，首批10家企业签约入驻。珠海市委书记郭永航（中）出席开港仪式　赵崇幸 摄

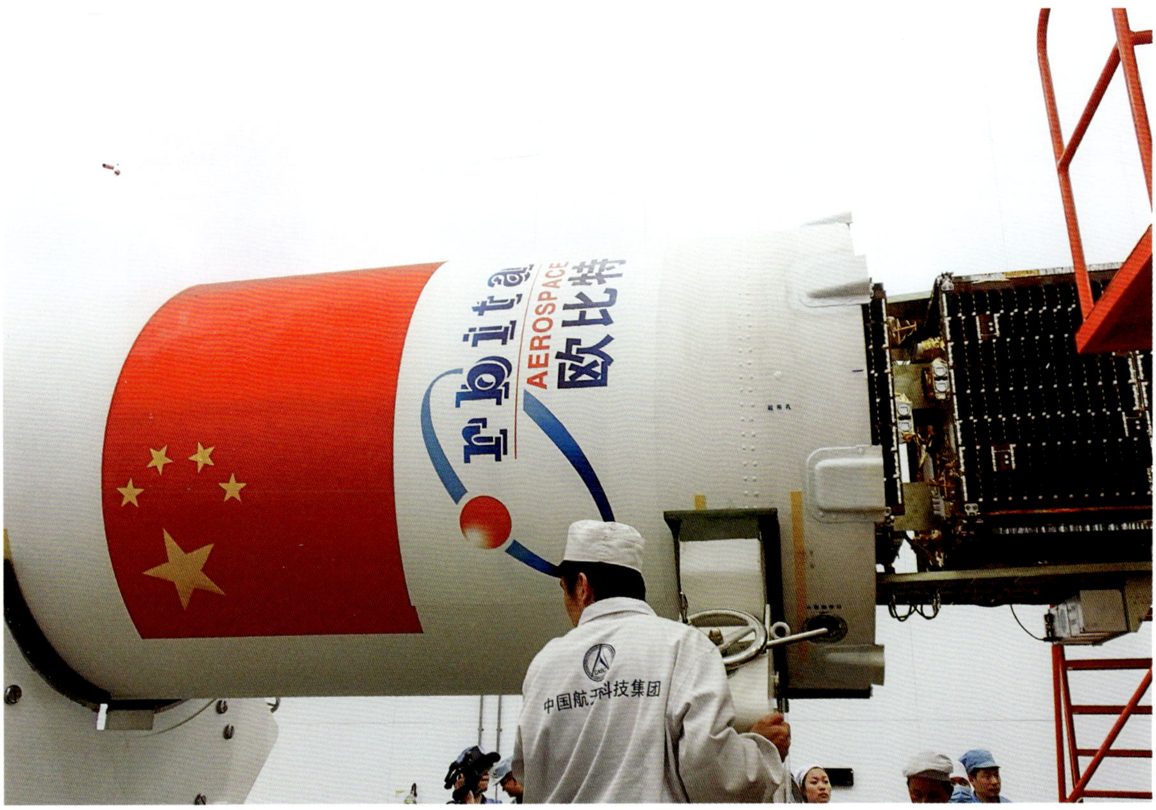

2018年4月26日，珠海欧比特宇航科技股份有限公司打造的“珠海一号”遥感微纳卫星星座02组卫星在酒泉卫星发射中心成功发射。图为装载中的“珠海一号”02组卫星　珠海欧比特宇航科技股份有限公司 供稿

2018 年 5 月 28 日，第十四届国际交通技术与设备展览会在北京中国国际展览中心（新馆）开幕，珠海中兴智能汽车有限公司的 12 米纯电动城市智能客车亮相展会

张　洲　摄

2018 年 10 月 20 日，由中航工业通飞珠海总装车间总装下线的大型水陆两栖飞机“鲲龙”AG600 在湖北荆门漳河机场成功实现水上首飞起降

张　洲　摄

2018 年 11 月 29 日，中国集成电路设计业 2018 年会暨珠海集成电路产业创新发展高峰论坛在珠海国际会展中心开幕

高新区 供稿

2018 年，珠海高新区高质量发展专业园、特色园。图为高新区南方科技创新创业服务广场

程 霖 摄

2018 年 8 月，金湾智造大街 · 加速器正式运营。以“产业链 + 智能制造 + 金融”为发展思路，打造“企业上市辅导培育基地”

张 洲 摄

2018 年 10 月 24 日上午 9 时，港珠澳大桥开通运营。图为港珠澳大桥珠海公路口岸　　李建東 摄

2018 年 10 月 24 日，在港珠澳大桥珠海公路口岸前等待出发的拱北口岸中旅首发团　　钟　凡摄

2018 年 10 月 24 日，首批跨境运营车辆驶上港珠澳大桥

程　霖摄

2018 年 9 月，建设中的横琴金融岛　　李建東 摄

2018 年，位于横琴新区的《粤澳合作框架协议》首个落地项目——粤澳合作中医药科技产业园加快建设，GMP 中试大楼、研发检测大楼、科研总部办公大楼投入使用，园区内注册企业 111 家，其中澳门企业 27 家，国际检测平台英国天祥、研发平台盈科瑞、产学研平台北澳中医药研究院入驻园区　　李建東 摄

2018 年，位于横琴的中拉经贸合作园　　李建東 摄

2018 年 11 月 8 日，横琴创意谷获评“国家级科技企业孵化器培育单位”　　李建東 摄

2018 年 7 月 2 日，第四届中以科技创新投资大会在珠海国际会展中心开幕。图为签约仪式现场　　钟　凡 摄

2018 年 9 月 19 日，第二届“21 世纪海上丝绸之路”中国（广东）国际传播论坛在珠海开幕　　赵崇幸 摄

2018 年 9 月 20 日，2018 环中国国际公路自行车赛粤港澳大湾区赛在珠海横琴岛举行　　横琴新区 供稿

2018 年 11 月 1 日，第十二届中国—拉美企业家高峰会在珠海开幕　　钟　凡 摄

2018 年 11 月 23 日，第五届中国国际马戏节闭幕式暨优秀节目汇演在珠海长隆横琴国际马戏城举行　　曾　遥 摄

2018 年 11 月 6 日，第十二届中国国际航空航天博览会在珠海开幕　　赵崇幸　摄

空军航空大学的“红鹰”飞行表演队在第十二届航展开幕式上进行飞行表演　　珠海航展有限公司　供稿

2018 年 5 月 24 日，“一带一路 · 民心相通”七国少年中国行手拉手活动代表团参观港珠澳大桥　　　吴长赋 摄

2018 年 11 月 23 日，2018 年亚洲帆板锦标赛暨亚洲风筝板锦标赛在珠海开幕　　　钟　凡 摄

2018 年 12 月 3 日，“第二届高端人才珠海创新创业交流大会暨中国海外学子报国行”活动在珠海国际会展中心开幕　　　吴长赋 摄

2018年12月5日，2018粤港澳大湾区电力创新高峰会暨第十五届中国南方电网国际技术论坛在珠海开幕。图为工作人员介绍无人机的夜间巡线工作原理

钟　凡 摄

2018年12月6日，2018粤港澳大湾区妇女创新创业大赛总决赛在珠海华发中演大剧院举行。图为获奖项目代表合影

钟　凡 摄

2018年12月10日，2018粤港澳大湾区工商界合作交流会在珠海国际会展中心举行。图为与会代表参观珠海格力电器展品

钟　凡 摄

2018 年 11 月 16 日，“三溪”人居环境改善工程搬迁安置房抽签仪式在万科城回迁区举行，来自沥溪、福溪的 489 户居民进行安置房抽签 吴长赋 摄

2018 年 2 月 26 日，广东省实验中学珠海金湾学校新校舍投入使用 张 洲 摄

2018 年 9 月 3 日，横琴新区第一中学建成投入使用

李建東 摄

2018 年 9 月 3 日，珠海市梅华中学建成投入使用

曾　遥 摄

2018 年 9 月 10 日，珠海市紫荆中学为 50 多位老教师献花颁奖　　朱　刁 摄

2018 年 6 月 27 日，珠海市西部医疗中心项目正式启动建设　　赵崇幸 摄

2018年8月19日，中国医师节庆祝大会暨“珠海好医生”颁奖大会在市人民医院举行，100 名“珠海好医生”获表彰

朱 习 摄

2018 年 5 月 2 日，广东省中医院珠海医院新住院大楼投入使用

朱 习 摄

2018 年 6 月 27 日，老人们在万山海岛首个居家养老服务站学习健康保健操　　程　霖 摄

2018 年 10 月 11 日，位于香洲区前山逸仙路的前山市民艺术中心投入运营　　程　霖 摄

2018 年 12 月 18 日，“永不停步的征程——珠海市庆祝改革开放 40 周年交响音乐会”在珠海大剧院举行

李建東 摄

珠海唐家湾有着丰厚的历史文化资源、先进的科教资源和良好的生态资源，在珠海“南横琴，北唐家”的发展战略下，唐家湾已经成为珠海经济发展的重要引擎之一。图为2018年的珠海唐家湾新貌 李建東 摄

2018年，珠海横琴新区、保税区、洪湾片区一体化改革发展稳步推进。图为洪湾互通立交桥 李建東 摄

2018 年，建设中的横琴文化创意产业代表之一——香洲埠一期文化院街

李建東 摄

2018 年 11 月 18 日，珠海市公交线路全面实施全程票价一票制，票价 1 元 / 人次。是日，全市出动公交车 2400 余辆，累计运送乘客 100.6 万人次

陈新年 摄

2018 年 12 月 29 日，洪湾中心渔港举行开港仪式

钟 凡 摄

2018 年 5 月 1 日，重建后的海天驿站对外开放　　程　霖 摄

2018 年，占地 4 万多平方米的香山驿站大草坪，经升级改造后成为市民休闲的好去处

吴长赋 摄

2018 年 10 月，位于三灶镇的大门口湿地公园（一期）投入试运营　　张　洲 摄

2018 年 5 月 1 日，经过一年局部封岛建设，以绿色慢行系统串联青山绿水的野狸岛公园重新开放　　钟　凡摄

2018 年 11 月，机场东路美化绿化提升工程一期项目部分标段开始试运营　　张　洲摄

2018 年，珠海市新建林荫道 70 千米。图为提升改造后的情侣中路　　文　燕摄

2018 年，珠海市加快推进新农村建设。图为市级乡村振兴“样板村”——三板村幸福广场　　文燕摄

2018 年，位于广东珠海国家农业科技园区的首批国家级田园综合体试点创建项目之一——斗门岭南大地田园综合体加快发展。图为工作人员在田园里的高端温室大棚内栽培番茄　　曾遥摄

2018年11月16日，珠海市委书记郭永航（前排右二）率队到云南省怒江傈僳族自治州对接扶贫协作工作，走访怒江州人民医院 赵崇幸 摄

2018年12月17日，珠海市委副书记、市长姚奕生率队到茂名调研对口帮扶工作 市委农办 供稿

2018 年 1 月 21 日，阿里巴巴农村淘宝斗门区服务中心成立两周年暨斗门名特优农产品推介会在斗门区体育馆广场举行　　曾　遥　摄

2018 年 9 月 22 日，珠海市首届“中国农民丰收节”活动在金湾区海澄村金沙滩举办　　张　洲　摄

2018 年 2 月 5 日，2018 珠海市斗门乡村旅游年活动启动仪式在十里莲江生态观光园举行　　曾　遥　摄

2018 年 9 月 3 日，珠海帮扶怒江州援建的首座小学和幼儿园——泸水市格力小学、格力幼儿园举行开学典礼，首批 450 名学生正式入学　　程　霖 摄

2018 年 1 月 24 日，怒江州“珠海班”学子在珠海大剧院前合影留念　　吴长赋 摄

2018年，珠海市对口帮扶怒江州泸水市三河源林农开发公司种植的刺笼苞

程 霖 摄

2018年，珠海市精准扶贫项目——茂名高州市镇江镇江口村火龙果基地

邱岑稳 摄

2018年，珠海市精准扶贫项目——茂名高州市沙田镇六联村蔬菜基地

丘立贺 摄

珠海年鉴编纂委员会

《珠海年鉴·2019》编辑人员

珠海年鉴编辑中心

地址：广东省珠海市香洲区新光里三街23号1栋201/202室

电话：（0756）2110992　传真：（0756）2119331　邮编：519000

编辑说明

一、《珠海年鉴》是珠海市人民政府主办、珠海年鉴编纂委员会编纂的大型综合性、资料性市情工具书，1986年创办，本卷为第33卷。《珠海年鉴》的编纂以马克思列宁主义、毛泽东思想、邓小平理论、“三个代表”重要思想、科学发展观、习近平新时代中国特色社会主义思想为指导，坚持辩证唯物主义和历史唯物主义的立场、观点和方法，旨在全面、系统、准确地反映珠海市自然、政治、经济、文化、社会等方面的基本情况，为读者了解和研究珠海提供基本资料。

二、《珠海年鉴》采取分类编辑法，主体内容设类目、分目、条目3个结构层次，部分分目下设次分目，条目为年鉴的基本单位。类目与分目、次分目标题使用不同版式，条目标题一律以黑体字加“【】”号。全书前有目录，后有索引，具有比较完善的检索系统。《珠海年鉴·2019》采用大16开本，设32个类目。

三、《珠海年鉴·2019》在保持基本框架相对稳定的前提下，调整、充实、更新了部分内容。“党政机关”类目“中共珠海市委员会”分目中，原“重要决策和部署”次分目改为“市委常委会会议”条目。“法治”类目中，原“政法委和社会治安综合治理”分目更名为“政法工作”，取消“政法委工作概述”和“社会治安综合治理”两个次分目。军事类目中，原“广东省边防总队第五支队”分目更名为“武警广东省总队执勤第二支队”；原“武警珠海市支队”分目更名为“武警珠海支队”。原“财政·税务”类目更名为“财税”；原“国家税务”“地方税务”分目合并为“税务”分目。“口岸”类目中，原“拱北海关”与“出入境检验检疫”分目合并为“拱北海关”分目。“商贸服务业”类目中，原“商品流通”分目更名为“批发零售业”；原“烟草专卖”“食盐专营”分目调整为“商贸流通行业管理”分目下的条目。调整经济部分各类目排序为：城乡建设、环境保护、经济监督管理、口岸、财税、金融、区域合作、脱贫攻坚·乡村振兴、开放型经济·民营经济、海洋产业·农业·水利、工业、商贸服务业、交通·邮政、信息业、旅游业·会展业。

四、本年鉴采用的文稿，均由珠海市各有关单位专人撰写或提供资料，并经主管领导审定。终审稿由珠海市地方志书审查委员会审定。统计数据采用法定计量单位，主要统计数据经供稿单位与统计部门核对。有些对应指标数据在上年卷刊出后做了调整的，本卷里不再说明，以本卷刊出的珠海市统计局提供的《统计资料》为准。

五、鉴于2019年初实施机构改革，本年鉴中部分资料由新机构提供，署新机构名称。

六、《珠海年鉴·2019》在编纂过程中，得到全市各级党委、政府和各部门、单位及各界人士的大力支持与热情帮助，在此衷心感谢。疏漏之处，敬请批评指正。

卷首语

2018年是珠海改革发展史上具有重要意义的一年。10月22—25日，习近平总书记亲临广东视察并发表重要讲话，第一站就来到珠海，出席港珠澳大桥开通仪式并宣布大桥正式开通。11月6日，习近平总书记致信祝贺珠海第十二届中国航空航天博览会开幕。习近平总书记对广东重要讲话和对珠海工作重要指示，为珠海开创工作新局面提供了强大动力和根本遵循。一年来，在省委、省政府的坚强领导下，珠海全面贯彻落实习近平新时代中国特色社会主义思想和党的十九大精神，认真落实省委十二届四次、五次全会精神，深入开展“大学习、深调研、真落实”，坚持稳中求进工作总基调，贯彻新发展理念，落实高质量发展要求，统筹推进“五位一体”总体布局，协调推进“四个全面”战略布局，落实省委“1+1+9”工作部署，做好稳增长、促改革、调结构、惠民生、防风险各项工作，扎实推动“二次创业”，持续推动“思想大解放、作风大转变、效率大提升”，经济社会发展取得新成效。

2018年，珠海实现地区生产总值2914.74亿元，比上年增长8%；固定资产投资1858.57亿元，增长20.7%；社会消费品零售总额1160.64亿元，增长7.4%；一般公共预算收入331.47亿元，增长5.4%；全体居民人均可支配收入48107元，增长9.2%；居民消费价格指数涨幅为2.3%；城镇登记失业率为2.25%。构建高质量发展体制机制开局良好。营商环境持续优化。减税降费政策累计为企业减负262亿元。出台《公共服务地方标准管理办法》。深入推进“放管服”改革，下放市级事权108项，348项办理事项实现“最多跑一次”，1302个政务服务事项实现“全城通办”。各类市场主体共同发展。市属国有资产总值达7183.68亿元。落实省“民营经济十条”。新增2个国家中小企业公共服务示范平台、3个省级小微企业双创示范基地。新设民营企业3.2万户，增长36.3%。民营经济固定资产投资额达864.07亿元，增长27.3%。

珠海扎实推进现代化经济体系建设，落实省、市“实体经济新十条”，实施“十百千企业腾飞行动”。规模以上工业增加值达1082.14亿元、比上年增长14%。创新驱动战略深入实施。全社会研发经费支出占地区生产总值比重达2.8%。每万人口发明专利拥有量62.1件、有效注册商标拥有量352件。成功举办中国集成电路设计业年会。高新技术企业总数突破1900家。出台英才计划，配建人才住房1171套，引进各类人才2.7万名，增长50%。

珠海全面开放新格局加快形成，自贸区制度创新提速，区域合作深入推进。在全省率先为港澳台同胞提供住房公积金服务。横琴粤港澳紧密合作示范区新注册港澳企业774家。倾力支持澳门适度多元发展。粤澳合作产业园5平方千米净用地明确划定、21个项目开工。澳门单牌机动车入出横琴配额达2500辆。举办全球服务外包大会、中德人工智能大会、中以科技创新投资大会、中拉企业家高峰会等一系列活动。加快创建国家全域旅游示范区。全年接待游客 4311.31 万人次，增长 8.3%。

珠海营造共建共治共享社会治理格局取得实效。九项民生支出 399.93 亿元，增长 12.9%。出台“促进就业十条”，城镇新增就业 4.7 万人。全市新增普惠性幼儿园学位 3838 个、义务教育公办学位 7860 个。全市注册志愿服务组织达 2230 个，志愿者达 35 万人。珠海交通建设加速推进。珠海机场旅客吞吐量达 1122.1 万人次，比上年增长 21.7%。洪湾中心渔港开港。高铁通达 52 个城市，乘坐高铁和城轨出行人数达 2315 万人次，比上年增长 29%。更新投放新能源公交车 1153 台，公交车票价调至“全城 1 元”。完成香山古驿道 6 千米精华段修复。

2018 年，珠海三大攻坚战成效初显。重点领域风险有效防控。政府债务保持在合理水平。坚持“房子是用来住的，不是用来炒的”定位。商品房销售价格保持基本平稳。污染防治攻坚战取得成效。推进中央环保督察“回头看”16 个问题整改，完成集中式饮用水水源地环境保护专项行动 23 个问题整改。全市地表水国考、省考断面水质 100% 达标。饮用水源水质 100% 达标。全国水生态文明城市建设试点通过验收。全年 $PM_{2.5}$ 平均浓度为 27 微克 / 立方米，下降 10%。空气质量在全国 169 个重点城市排名第十一位。乡村振兴和脱贫攻坚有力推进。推动农业高质量发展，新增国家级示范合作社 1 家、省级特色小镇 2 个、省级农业龙头企业 3 家、省名牌农产品 16 个。斗门区莲洲镇被评为“中国禾虫之乡”，白蕉镇昭信村成功创建全国一村一品示范村。全国第一艘桁架浮体混合结构万吨级智能化养殖渔场“德海 1 号”顺利投放至万山枕箱岛外海域。改善农村人居环境，推进“三清三拆三整治”，清理积存垃圾 14 万立方米，建成垃圾收集点 1106 个，完成标准化公厕改造 148 座，拆除危旧房 1866 间。落实中央和省交办的扶贫任务。实施对口怒江产业帮扶项目 45 个，转移就业 6439 人。对口支援藏区库区项目 31 个。对口阳江、茂名精准扶贫产业项目 609 个。对口帮扶阳江的 24 个亿元以上项目落地建设。

2018 年，珠海人民在市委市政府的坚强领导下，同心同德、团结一致，攻坚克难，各方面工作均取得新的成绩。第十二届航展有 43 个国家和地区的 770 家厂商参展，获得全世界广泛好评。民营企业欧比特成功发射 5 颗高光谱卫星。珠海获国务院批准建设跨境电商综合试验区，成功恢复“全国文明城市”荣誉称号，获评“2018 中国最具幸福感城市”。

总目

目录

特载

年度关注

大事记

概 貌

党政机关

群众团体

法 治

军　事

城乡建设

环境保护

经济监督管理

口　岸

财　税

金 融

区域合作

脱贫攻坚·乡村振兴

开放型经济·民营经济

海洋产业·农业·水利

工 业

商贸服务业

交通·邮政

信息业

旅游业 · 会展业

教育 · 科技

文 化

卫生·体育

社会生活

行政区

经济功能区

人　物

统计资料

文献·法规

Main Contents

特　载

中共珠海市委关于推动思想大解放、作风大转变、效率大提升的决定

（2018年4月23日）

为全面贯彻落实党的十九大精神，以习近平新时代中国特色社会主义思想为指导，深入贯彻落实习近平总书记重要讲话精神，深入贯彻落实新时代党的建设总要求，认真推进落实“大学习、深调研、真落实”工作部署，在改革开放40周年新的历史起点上，高举改革开放旗帜，重铸特区精神，再燃改革激情，推动思想大解放、作风大转变、效率大提升，勇立潮头，开拓进取，奋力推动新时代珠海“二次创业”，特作出如下决定。

一、统一思想，担当使命，重整行装再出发

中国特色社会主义进入新时代。习近平总书记要求广东进一步解放思想、实现“四个走在全国前列”，在新的历史起点上开创工作新局面。珠海作为经济特区、珠江西岸核心城市、广东省副中心城市、粤港澳大湾区重要城市，要按照习近平总书记“不忘初心、牢记使命，把握好战略定位，继续成为改革开放的重要窗口、改革开放的试验平台、改革开放的开拓者、改革开放的实干家”的新要求，以强烈的政治责任感、历史使命感和时代紧迫感，求真务实，真抓实干，深化更高标准的改革，推动更高水平的开放，实现更高质量的发展，为广东建设成为践行习近平新时代中国特色社会主义思想，向世界展示我国改革开放成就的重要窗口、国际社会观察我国改革开放的重要窗口，为广东奋力实现“四个走在全国前列”体现特区担当、贡献珠海力量。

改革开放40年来，珠海经济特区在建设中国特色社会主义伟大历史进程中谱写了壮丽篇章。当前，珠海迎来了港珠澳大桥即将通车、粤港澳大湾区、横琴自贸片区和珠三角国家自主创新示范区加快建设等重大历史机遇，迎来了发展的战略机遇期。但也应看到，珠海还面临一系列发展不平衡不充分的问题。比如，城市能级和量级不大，辐射带动能力不强，与特区使命责任、珠江西岸核心城市地位还不相适应；实体经济基础较弱，经济结构不优，新动能培育不快，产业层级不高，企业创新能力有限，与在构建推动经济高质量发展的体制机制上走在前列的要求还不相适应；以创新为引领的现代化经济体系还不健全，产业聚集度不足，全要素生产率水平不高，与在建设现代化经济体系上走在前列的要求还不相适应；开放型经济水平不高、各类支撑开放发展的条件要素还不完备，营商环境还有待提升，特区作为改革开放的“重要窗口”“试验平台”作用还要进一步放大，与在

形成全面开放新格局上走在前列的要求还不相适应；基本公共服务均等化程度不高，社会治理社会化、法治化、智能化、专业化水平有待提升，与在营造共建共治共享社会治理格局上走在前列的要求还不相适应。必须坚持问题导向、目标导向，精准聚焦当前和今后一个时期的工作重点和努力方向，进一步解放思想、改革创新，进一步真抓实干、奋发进取，以新的更大作为开创珠海工作新局面。

进入新时代、抓住新机遇、应对新挑战、担当新使命、开创新局面，关键在党、关键在广大党员干部。目前，我市党员干部的思想、作风、效率与珠海面临的新形势、新使命、新要求相比还有差距，一定程度上存在精神懈怠、不在状态的问题。必须认清形势，统一思想，提高政治站位，主动对标对表，自觉把思想和行动统一到中央和省委的决策部署上来，增强“四个意识”，坚定“四个自信”，对标“四个走在全国前列”“四个继续成为”新要求，深刻认识推动思想大解放、作风大转变、效率大提升的重要性、必要性和紧迫性，大力弘扬改革开放先行者“杀出一条血路”的冲天干劲和英雄气概，敢闯敢试，敢为人先，埋头苦干，重整行装再出发，奋力推动新时代珠海“二次创业”。

二、直面问题，击中要害，开展思想、作风、效率问题大排查、大透视、大诊断

全市党员干部必须清醒认识自身存在的差距和不足，结合“四风”新表现新动向和“为官不为”问题，坚决全面彻底肃清李嘉、万庆良流毒影响，针对思想、作风、效率方面的突出问题进行严肃查找，采取得力措施加以认真解决。

（一）思想僵化、墨守成规

有些党员干部不主动适应新形势，未能及时对标对表、调频调幅，习惯于老套路、老办法、老经验；死抠条文，照本宣科，甚至人为设置“玻璃门”“旋转门”，让企业和办事者摸不着头脑，找不到北。

（二）小成则满、小富即安

有些党员干部敢闯敢试、干事创业的激情弱化，守成有余，进取不足，陶醉于以往成绩，满足于维持现状，吃老本习以为常，当“神仙”悠然自得，安于宁静的生活，生怕吹皱“一池春水”，不求有功，但求无过，乐做“太平官”。

（三）作风漂浮、不在状态

有些党员干部“当和尚不撞钟”，占着位置不干事，习惯当“甩手掌柜”，一甩了之；贯彻上级决策部署表态快调门高，行动少落实差，一说了之；制定文件政策不接地气，生搬硬套，一套了之；干工作走过场、搞形式、花拳绣腿，数字出政绩，一秀了之。

（四）推拖等看、不敢担当

有些党员干部“揣着明白装糊涂”，不愿干不想干，该办不办、急事慢办、拖着不办；工作拈轻怕重，互相推诿，“踢皮球”“打太极”，绕开难题，回避矛盾，议而不决、决而不办；凡事都等上级拍板，看到纪要才去办，不愿负责，不敢担当，宁愿不做事，只求不出事。

（五）能力不足、本领恐慌

有些党员干部把学习当负担，对新形势新情况把不准，对上级政策精神吃不透，对分管业务弄不懂，对工作底数摸不清，对基层情况搞不明，对新知识技能学不会，面对新任务新问题，缺乏战略眼光和周全考虑，思路不阔、思考不深、举措不硬、办法不多。

以上突出问题并不是孤立的，它们相互作用，相互影响。尤其是深受李嘉、万庆良流毒影响，有些党员干部不同程度沾染了“圈子文化”“码头文化”的不良习气。有的以人划线、搞团团伙伙；有的匿名诬告、制造谣言；有的搞官商勾结、利益输送；有的死守自己的“领地”，生怕动自己的“奶酪”；有的对中央八项规定精神置若罔闻，吃吃喝喝、拉拉扯扯。这些顽疾的存在，使市场资源配置的决定性作用未能充分发挥，政府的作用也未能更好发挥，严重影响了珠海的政治生态和营商环境。我们必须按照中央和省委的部署要求，推动全面深化改革，坚持党要管党、全面从严治党，将推动思想大解放、作风大转变、效率大提升与坚决全面彻底肃清李嘉、万庆良流毒影响有效结合起来，破立并举，综合治理，在全市党员干部队伍中倡导清清爽爽的同志关系、规规矩矩的上下级关系、干干净净的政商关系，营造风清气朗的政治生态和国际化、法治化、便利化的营商环境。

三、猛药去疴，自我革命，推动思想大解放、作风大转变、效率大提升

（一）推动思想大解放

改革开放的过程就是思想解放的过程。没有思想大解放，就不会有改革大突破。站在新时代新起点上，珠海要再次吹响改革开放、创新发展大进军的号角，再次掀起新一轮思想大解放的热潮，使心灵

受到大震撼、思想得到大洗礼，实现解放思想与改革开放相互激荡，观念更新与实践探索相互促进，团结一致向前看，凝心聚力谋发展。

1. 认真开展解放思想大讨论。以“思想大解放、作风大转变、效率大提升”为主题，在全市党员干部中开展为期一个月的大规模、广范围、深层次学习讨论活动，将其作为“不忘初心、牢记使命”主题教育和“大学习、深调研、真落实”活动在珠海的“落地版”，并结合新形势新任务，对珠海市情进行再认识、再思考、再把握，向最好的学、跟最优的比，使思想得到真正的大解放。深入学习贯彻习近平新时代中国特色社会主义思想、党的十九大精神和习近平总书记重要讲话精神，牢牢把握“四个走在全国前列”“四个继续成为”的新要求，通过党委（党组）理论学习中心组集体学习等多种形式，深入学习讨论思想大解放、作风大转变、效率大提升的重要性、必要性和紧迫性，做好宣传引导，掀起学习宣传的高潮。在市属报纸、广播、电视、网站、新媒体等各级各类新闻媒介开设专版专栏专题，及时报道进展情况、先进典型；刊播一批有影响的评论员文章、理论文章，宣传好的经验做法，营造浓厚氛围。通过召开座谈会、征文、征集建议等形式，寻策问计“两代表一委员”、专家学者、市场主体和广大群众，广泛听取意见，走思想大解放的群众路线。

2. 认真开展“二次创业”深调研。围绕“四个走在全国前列”“四个继续成为”新要求和落实“大学习、深调研、真落实”工作部署，组织开展“二次创业”深调研，联系珠海实际，突出问题导向，领导同志牵头开展专题调研，交好作业，进一步厘清发展思路、完善发展举措，为新时代珠海“二次创业”把脉问诊、谋篇布局。

3. 认真召开查摆整改专题会。按照“四个走在全国前列”“四个继续成为”新要求，聚焦解放思想、转变作风、提升效率的突出问题，各级党委（党组）召开一次理论学习中心组专题学习会，党支部召开一次专题组织生活会，各级党组织书记讲一次专题党课，通过“三个一”真正把自己“摆进去、照镜子、自画像”，逐项列出问题清单。针对查摆出的突出问题，深刻剖析产生问题的原因，制定整改台账，提出整改措施，明确整改时限，定期公布整改情况，确保取得整改实效。

（二）推动作风大转变

思想大解放，要落实到作风大转变上。要树立“解放思想、改革创新”“真抓实干、奋发进取”“直面问题、攻坚克难”“雷厉风行、严肃认真”“只争朝夕、久久为功”的作风，采取有效举措，以钉钉子精神，一锤接着一锤敲，一个问题一个问题解决，心往一处想、劲往一处使，以新气象新作为干出新天地。

1. 着力提振干事创业的精气神。全市党员干部要提高政治站位，斗志昂扬，激情燃烧，发扬“五+二、白+黑”的拼搏精神，努力把工作标准调到最高、把精神状态调到最佳、把办法措施调到最优，拧紧发条，开足马力，夙夜在公，担当奉献，使“想干愿干积极干、能干会干善于干”成为常态。

2. 着力触动“关键少数”的“一把手”。“一把手”要以忠诚、干净、担当的品行，带头转变作风，身体力行，形成“头雁效应”，切实做到重要工作亲自部署、关键环节亲自协调、重点难点亲自破解、落实情况亲自督查；“一把手”要以上率下，把责任传导到神经末梢，做到人人有任务、人人有动力、人人有压力，一级抓一级、层层抓落实。

3. 着力实施干在一线的工作法。践行情况在一线掌握、决策在一线形成、问题在一线解决、作风在一线转变、感情在一线培养、能力在一线锤炼、政绩在一线检验、形象在一线树立的一线工作法，全市各级党员干部要深入项目现场一线，深入基层群众一线，深入问题矛盾一线，切实打通“最后一公里”，杜绝“中梗阻”“肠梗阻”。

4. 着力用好考核评价的“指挥棒”。强化优化常规性考核评价，改革完善机关事业单位和各区党政领导班子考核评价体系，突出围绕“四个走在全国前列”“四个继续成为”新要求，突出经济社会发展实绩和群众满意度测评双维度标准，提高改革创新在市直部门、各区考核中的比例，强化激励机制，激发干部干事创业的积极性、能动性。建立健全“硬碰硬”考核评价，将考核评价与正向激励、督查问责全流程衔接起来，开展电视问政，围绕人民群众关心的热点、难点、痛点问题进行问政，强化社会监督；开展明察暗访，对机关作风、城市管理、生态环境、社会治理、安全生产等明察暗访、揭盖亮底，建立常态化工作机制；开展项目攻坚，对重大投资、民生项目实行项目化管理，由市领导挂帅组建团队专责推进。

（三）推动效率大提升

解放思想、转变作风，要体现在效率的提升上。要采取有力举措，使工作快速落实、项目高效推进、资源有效配置、人才高度聚集、干部焕发活力。

1. 全面落实首问负责制，马上就办。坚持“马上就办、真抓实干、办就办好、滴水穿石”，在全市行政服务窗口全面落实首问负责制，促进窗口行政服务水平和效能提高，力争群众和企业办事“只进一扇门”“最多跑一次”。依托“数字政府”建设，推动实现部门信息共享，推进行政许可和公共服务事项网上全流程办理。深入推进“互联网＋政务服务”，使更多事项在网上办理，让“信息跑路”代替“群众跑腿”。全力推进政务服务标准化，启动“减证便民”改革，各类证能减尽减、能合则合，强化部门协同配合，提升政务服务效能，最大限度方便企业和群众办事，增强群众的改革获得感。

2. 全面深化营商环境综合改革，提速增效。推动全面实施市场准入负面清单，负面清单以外的行业、领域、业务等，各类市场主体可依法平等进入。加快建立适应市场准入负面清单的审批、监管、信用等配套制度，着力营造国际化、法治化、便利化营商环境。深化投资项目建设管理体制机制改革，编制优化投资项目审批流程实施方案，推动审批流程再造，精简企业对接政府部门审批程序，加强事中事后监管，打通投资项目落地实施“最后一公里”。完善降低实体经济发展成本的政策措施，加快推动水电气事项流程再造，简化企业用水用电用气报装程序，科学确定工业用地的供应方式和使用年限，降低企业用能、用地成本。严格规范公路、机场、铁路、港口收费管理，降低企业物流成本。构建“亲”“清”新型政商关系。用制度明确政商交往的行为界限，破除“利益链”“潜规则”“暗操作”，全面提升服务市场主体的意识、效率、能力和水平，营造依法办事、公平有序、积极作为、风清气正的亲商环境。

3. 全面优化资源配置机制，科学高效。构建更有实效的领导、支持、激励和生产要素资源配置向优质企业和产品倾斜的体制机制，结合推进“十百千”企业培育工程，研究制定一批优质企业和产品目录清单，提高资源配置的效能，推动经济高质量发展。加大企业贷款风险补偿资金支持力度，制定有关政策措施，对优质项目贷款贴息，助力企业融资发展；引进风投资金、产业基金加大对企业的金融支持，鼓励企业挂牌上市，充分利用资本市场发展壮大。引进和培育更多“独角兽”“瞪羚”企业落户珠海，制定相应的政策措施，打造辐射粤港澳大湾区“独角兽”群栖地，抢占高科技前沿产业制高点。

4. 全面建设国际创新人才高地，汇聚英才。实施最优人才政策，坚持党管人才原则，始终把人才作为发展“第一资源”，出台加快集聚新时代创新创业人才的若干措施，用珠三角地区最优的人才新政吸引集聚各类人才到珠海干事创业。推进重大人才工程，紧扣创新驱动和产业发展需要，实施顶尖人才、高层次人才、创新创业团队、海外留学人员、产业发展与创新人才、博士和博士后人才、青年创新人才、高技能人才、港澳人才等九项人才发展计划，为珠海新一轮大发展提供人才支撑和智力保证。提供精准服务保障，大幅提升人才待遇标准，完善人才安居保障体系，搭建人才沟通交流平台，在医疗保障、子女入学、配偶就业、落户等方面提供人性化的高效便捷服务。

5. 全面加强干部队伍建设，焕发活力。突出政治标准，以落实“四个走在全国前列”“四个继续成为”新要求为重要依据和指针，在推动思想大解放、作风大转变、效率大提升以及新时代珠海“二次创业”实践中观察、识别、培养、使用干部，推动干部进退留转、能上能下、能进能出；构建有效管用的选人用人机制，大胆提拔使用思想解放、作风扎实、实干高效的干部到领导岗位特别是重要正职岗位，锻造忠诚、干净、担当的领导班子和干部队伍。加强干部队伍管理，统筹全市干部资源，推动干部跨部门、跨条块、跨领域交流轮岗，制定激励干部担当作为干事创业的有效措施，开展领导干部专业能力培训，对不敢担当、不负责任，为官不为、庸懒散拖的干部及时调整，推动形成能者上、庸者下、劣者汰的用人导向和从政环境。推进基层干部队伍建设，实施“双成长计划”，提拔使用在重大项目、重点工程、重要平台以及基层一线、艰苦岗位表现优秀的干部，注重在基层一线和困难艰苦的地方培养锻炼干部；实施“引才计划”，大力发现储备年轻干部，引进懂专技、善管理的高素质、专业化党政机关、企事业单位紧缺人才，调整补充后备干部库。建立容错纠错机制，落实“三个区分开来”原则，出台容错纠错实施办法，划清容错范围边界，建立澄清保护制度，查处并通报打击报复、诬告陷害等破坏信访举报秩序的案件，为担当者担当，为负责者负责，为干事者撑腰，提升干部改革创新、敢作敢为的底气和定力。

各级各部门要高度重视，加强组织领导，全力推动思想大解放、作风大转变、效率大提升落到实处；要结合自身实际，积极探索实践，抓好工作推进落实；要加大宣传引导力度，注重典型引路，总结推广有益经验，务求取得实效；相关牵头单位要结合工作实际迅速制定具体的行动计划，细化责任，齐抓共管，确保落地见效。全市上下要以更新的思想观念、更好的工作作风、更高的工作效率，切实担当起“四个继续成为”的重大使命，推动新时代珠海“二次创业”，努力实现更高质量、更有效率、更加公平、更可持续的发展，在广东奋力实现“四个走在全国前列”的新征程上勇当时代尖兵、作出珠海贡献！

（市委办）

在新起点上奋力推动珠海经济特区“二次创业”

中共珠海市委

兴办经济特区是我们党和国家为推进改革开放和社会主义现代化建设作出的重大决策。珠海作为中国最早的经济特区之一，在改革开放中发展为一座初具规模的现代化国际化城市。站在改革开放40周年的新起点上，把珠海经济特区办得更好、办出水平，必须始终坚持以习近平新时代中国特色社会主义思想为指导，永葆革命精神、革命斗志，奋力推动“二次创业”。

一、珠海经济特区建设取得历史性成就和宝贵经验

珠海经济特区是时任广东省委第一书记习仲勋同志向中央提出建议、中国社会主义改革开放和现代化建设的总设计师邓小平同志亲自决定设立的第一批经济特区之一。珠海经济特区自诞生之日起，就肩负着为中国社会主义改革开放和现代化建设先行探路的使命。邓小平同志于1984年、1992年两次视察珠海，并题词“珠海经济特区好”。党的十八大召开后不到一个月，习近平总书记首次离京视察来到广东并亲临珠海，勉励珠海大胆地试、大胆地闯，做到改革不停顿、开放不止步，深化粤港澳合作，努力相互促进、互利共赢。今年10月，习近平总书记再次来到珠海视察指导，出席港珠澳大桥开通仪式，宣布大桥正式开通，要求我们高举新时代改革开放旗帜，以更坚定的信心、更有力的措施把改革开放不断推向深入。习近平总书记的谆谆教诲和殷殷嘱托，为珠海经济特区的发展指明了前进方向、注入了强大动力、提供了根本遵循，激励着珠海人牢记使命、奋发有为，在建设中国特色社会主义的伟大历史进程中谱写勇立潮头、开拓进取的壮丽篇章。

改革开放40年来，珠海经济特区在党中央和广东省委的亲切关怀与坚强领导下，经济社会发展取得了一系列历史性成就，从一座落后的边陲小镇发展成为现代化花园式海滨城市。地区生产总值从1979年的2.09亿元增加到2017年的2675.18亿元，年均增长17.9%，人均GDP从579元提高到15.55万元。改革创新、粤港澳合作、生态文明建设、民生社会事业发展、党的建设等扎实推进，在实践中创造了一个又一个“全国领先”的经验，在改革开放中发挥了改革“试验田”和对外开放重要“窗口”作用。特别是党的十八大以来，珠海人民牢记习近平总书记的嘱托，以横琴新区开发和自贸区建设为龙头的改革创新实现了新的跨越，为全国改革开放和社会主义现代化建设作出了新的贡献。珠海经济特区38年

的光辉历程，是改革开放以来我国取得历史性成就、发生历史性变革的一个生动缩影，有力印证了习近平总书记对经济特区“五个充分证明”的科学论断。

总结珠海经济特区改革发展事业取得历史性成就的经验，最为宝贵的是：必须始终牢固树立“四个意识”，坚定“四个自信”，践行“两个坚决维护”，始终在思想上政治上行动上同以习近平同志为核心的党中央保持高度一致，自觉把珠海的工作放在全国全省工作大局中谋划和推动；必须坚持全面深化改革开放，传承中国社会主义改革开放和现代化建设总设计师邓小平同志所倡导的“杀出一条血路”的气魄胆略，传承广东改革开放开创者们“敢为天下先”的勇气担当和革命精神，传承特区创办时期的锐气、拼劲、闯劲、干劲；必须坚持以人民为中心的发展思想，把人民对美好生活的向往作为奋斗目标，着力解决好发展不平衡不充分问题，从群众最盼、最急、最忧、最怨的问题着手，用钉钉子精神补齐民生短板，推动人的全面发展和社会全面进步；必须坚决贯彻新发展理念，崇尚创新、注重协调、倡导绿色、厚植开放、推进共享，坚定不移地走高质量发展之路；必须始终坚持和加强党的全面领导，把党的领导落实到一切工作中，确保党始终成为改革开放的坚强领导核心，确保改革开放始终沿着正确方向前进。

二、新时代珠海经济特区担负着新的历史使命

新时代标注着新的历史方位，开启着新的历史征程，迎接着新的任务挑战。在庆祝海南建省办经济特区30周年大会上，习近平总书记赋予经济特区改革开放的“重要窗口、试验平台、开拓者、实干家”新的战略定位，为经济特区擘画美好未来提供了根本遵循，激发起重整行装再出发的强大动力。在视察广东重要讲话中，习近平总书记强调，深圳、珠海等经济特区的成功经验要坚持并不断完善，要弘扬敢闯敢试、敢为人先的改革精神，立足自身优势，创造更多经验，把改革开放的旗帜举得更高更稳。珠海经济特区因改革开放而生、因改革开放而兴，处在千载难逢的时空节点上，必须在新时代的改革开放中，把握好新的战略定位，担负起新的历史使命，全力建设新珠海、新经济、新生活，把珠海打造成为粤港澳大湾区经济新引擎和独具特色、令人向往的大湾区魅力之城，成为践行新发展理念的典范城市。

担负起为全国全省改革开放贡献力量的新使命，全力建设新珠海。改革开放是经济特区一以贯之的生命线。珠海必须继续发扬敢闯敢试、敢为人先、埋头苦干的特区精神，勇闯“无人区”，坚决破除一切不适应新时代要求的思想观念和体制机制弊端，让全面深化改革、全面对外开放成为城市能级量级提升和辐射带动能力增强的根本手段，为全国提供更多可复制可推广的经验。要用好改革开放这关键一招，建设创新发展新高地、协调发展示范区、生态文明新特区、全面开放国际门户，使珠海成为践行新发展理念的典范城市。坚持面向全球、中国特色、高点定位、超前布局，探索建设经济强、创新活、生态美、品质高、文化兴，具有独特吸引力创造力竞争力的未来之城。

担负起为建设粤港澳大湾区贡献力量的新使命，全力建设新经济。粤港澳大湾区建设是习近平总书记亲自谋划、亲自部署、亲自推动的国家战略，是珠海继兴办经济特区之后迎来的又一重大历史机遇。珠海要发挥好唯一与港澳陆路相连的交通优势，把建设好粤港澳大湾区作为履行好维护和促进港澳地区长期繁荣稳定、支持澳门经济适度多元发展的政治责任，奋力推动这一重大国家发展战略更好落地落实。把握高质量发展要求，大力培育新产业新业态新模式，加快引进培育一批创新“独角兽”和“瞪羚”企业，建设全球前沿产业“独角兽”超级总部基地，建设国际创新成果转化地、区域特色金融中心和国际高端人才集聚区，打造粤港澳大湾区经济新引擎和国际门户城市。

担负起为人民谋幸福、率先全面建成小康社会的新使命，全力建设新生活。把以人民为中心的发展思想贯穿到全部工作中去，努力提高就业、教育、医疗、社会保障、住房、环保、文化等公共服务的供给水平和质量，切实增强人民群众获得感幸福感安全感。把建设生态文明新特区和国际宜居宜业宜游城市的标准要求贯穿到城市发展的全过程和各方面，实现城市建设绿色智慧、交通系统快捷高效、公共服务优质便利、生态环境清洁美丽，全面形成绿色发展方式和生活方式，打造独具特色、令人向往的大

湾区魅力之城，建成美丽中国样板城市。

三、在新起点上奋力推动珠海经济特区“二次创业”

站上新起点，担负新使命。珠海必须按照习近平总书记对广东提出的“四个走在全国前列”要求，紧紧抓住改革开放这个根本，进一步解放思想、改革创新、真抓实干。要践行习近平新时代中国特色社会主义思想，用“归零”和“重启”的心态重整行装再出发，奋力推动“二次创业”，把珠海经济特区建设成为向世界展示我国改革开放成就的重要窗口，成为国际社会观察我国改革开放的重要窗口，成为实现中华民族伟大复兴的中国梦的“探路尖兵”。

在构建推动经济高质量发展的体制机制上率先探索。跳出旧思维、老套路，大力构建推动经济高质量发展的体制机制，推动经济发展质量变革、效率变革、动力变革，实现珠海制造向珠海创造、珠海速度向珠海质量、珠海产品向珠海品牌转变。对标国内外最高最好最优，完善科技成果转化机制，实施最严格的知识产权保护制度，提高资源配置效率效能，营造有利于创新的环境。坚持以供给侧结构性改革为主线，加快经济体制改革步伐，建立高质量发展的要素支撑体系、评价考核体系和保障体系，清除阻碍市场有效运转的壁垒，增强发展环境的吸引力和竞争力。

在建设现代化经济体系上率先探索。围绕质量标准提升和能级量级提升的双重任务，构建有力推动要素资源向实体经济集中的体制机制，推动产业向价值链高端攀升，集中力量扶持新一代信息技术、高端装备制造、生物医药、海洋经济等战略性新兴产业。大力实施创新驱动发展战略，以国家自主创新示范区为主平台，构建高水平的科技创新体系，推动高水平大学建设，建设科技创新改革先行地。用好人才第一资源，健全人才服务保障机制，落实好“珠海英才计划”，实施顶尖人才、高层次人才等 9 项人才发展计划，用珠三角地区最优的人才新政吸引聚集各类人才到珠海干事创业。

在形成全面开放新格局上率先探索。严格遵循党中央顶层设计和广东省统筹安排，在更高水平上扩大开放，在打造粤港澳大湾区经济新引擎、建设更开放更国际化的横琴自贸区、深度参与经济全球化上下功夫。围绕打造高水平对外开放门户枢纽，履行好横琴自贸区“试验田”“压力测试”试点任务，以制度创新为核心，在“一国两制”框架下积极探索与港澳合作政策机制变通贯通，建立与自贸区定位相匹配、与港澳自由港政策相适应、与国际规则相衔接的“制度结合部”。以港珠澳大桥开通为契机，继续加快跨境重大交通基础设施建设，推动口岸通关模式创新，制定完善便利港澳居民在珠海工作、生活的政策措施，做实做强粤澳合作产业园、粤澳合作中医药科技产业园、横琴澳门青年创业谷，促进澳门经济适度多元发展。深度参与“一带一路”建设，推进川贵广—南亚国际物流大通道建设，建设“一带一路”海上合作战略支点。

在营造共建共治共享社会治理格局上率先探索。主动适应新时代对社会治理的新要求，以建立健全党委领导、政府负责、社会协同、公众参与、法治保障的社会治理体制为基础，促进社会治理社会化、法治化、智能化、专业化。坚持以人民为中心的发展思想，突出抓重点、补短板、强弱项，完善公共服务体系，推动公共资源向农村和海岛延伸覆盖、向困难群众倾斜，着力解决人民群众关心的现实利益问题。深入开展扫黑除恶专项斗争，把扫黑除恶和反腐败、基层组织建设结合起来，完善全社会共同参与、共同治理的基层治理体系。

在坚持党的领导和全面从严治党上矢志不移。经济特区不仅要在经济社会发展上走在前列，更要在党的建设上走在前列。牢牢把握新时代党的建设总要求，始终以党的政治建设为统领，自觉维护习近平总书记核心地位，自觉维护以习近平同志为核心的党中央权威和集中统一领导，在践行“四个意识”和“四个自信”上勇当先锋，在讲政治、顾大局、守规矩上作好表率。全面深入推动思想大解放、作风大转变、效率大提升，坚决破除小成则满、小富即安的思想观念，努力聚焦问题、补足短板，让干部队伍的思想、能力、作风、素质与特区“二次创业”各项要求相适应，以坚如磐石的意志把全面从严治党持续引向深入，以党的建设新的伟大工程引领新时代珠海经济特区改革开放，创造无愧于时代的新业绩。

（《求是》2018 年第 22 期）

在中共珠海市委八届六次全会上的讲话

珠海市委书记　郭永航

（2019年1月10日）

现在，我受市委常委会委托，向全会作工作报告，请予审议。

一、2018年珠海各项事业取得新进步

2018年是改革开放40周年，是广东和经济特区改革发展史上具有重要意义的一年。3月7日，习近平总书记亲临十三届全国人大一次会议广东代表团审议并发表重要讲话，明确要求广东努力实现“四个走在全国前列”、当好“两个重要窗口”。10月22日至25日，习近平总书记亲临广东视察并发表重要讲话，第一站就来到珠海，出席港珠澳大桥开通仪式并宣布大桥正式开通。11月6日，习近平总书记致信祝贺珠海第十二届中国国际航空航天博览会开幕。习近平总书记对广东重要讲话和对珠海工作重要指示，为我们开创工作新局面提供了强大动力和根本遵循。12月18日，习近平总书记在庆祝改革开放40周年大会上发表重要讲话，宣示了将改革开放进行到底的坚定决心和历史担当，发出了改革开放再出发的行动号令。同时，中央制定实施《粤港澳大湾区发展规划纲要》，粤港澳大湾区建设拉开序幕，一系列大事要事喜事为2018年打下了深刻烙印，留下了难忘记忆。

2018年是珠海全面贯彻习近平新时代中国特色社会主义思想，推动总书记重要讲话精神在珠海落地生根的开局之年；是全面总结改革开放经验启示，在新起点上奋力推动珠海经济特区“二次创业”的启航之年；是推动“思想大解放、作风大转变、效率大提升”，全面加强党的建设，激励担当作为的关键之年。我们在以习近平同志为核心的党中央和省委、省政府的坚强领导下，全面贯彻落实习近平新时代中国特色社会主义思想和党的十九大精神，认真学习贯彻习近平总书记对广东重要讲话精神，统筹推进“五位一体”总体布局，协调推进“四个全面”战略布局，落实省委“1+1+9”工作部署，对事关珠海全局和长远发展的重大工作进行谋划并作出部署安排，统筹推进稳增长、促改革、调结构、惠民生、防风险各项工作，经济保持较高增速，社会大局保持和谐稳定，民主法治建设不断完善，党的领导和党的建设全面加强。

一年来，市委常委会主要抓了以下工作：

（一）深入学习宣传贯彻习近平新时代中国特色社会主义思想和总书记重要讲话精神

坚持把学习宣传贯彻习近平新时代中国特色社会主义思想和总书记对广东重要讲话精神作为头等大事和首要政治任务，推动学习贯彻往深里走、往实里抓。一是持续抓好“大学习”。组织召开市委常委会扩大会议33次、全市干部大会2次、市委理论学习中心组会议22次，举办8期处级干部专题研讨班和9期科级干部专题培训班，分批分层次开展专题轮训。推动学习宣传贯彻向基层延伸、向社会覆盖。二是持续开展“深调研”。重点围绕贯彻落实党的十九大精神、习近平总书记参加十三届全国人大一次会议广东代表团审议时的重要讲话精神和视察广东重要讲话精神，组织2轮56个专题调研，不断深化对市情的认识和把握，查找制约珠海发展的关键性问题，制定出台一系列务实管用的实施方案。三是持续推动“真落实”。围绕省委作出的“1+1+9”工作部署，渐次展开对全面深化改革、科技创新、乡村振兴、参与粤港澳大湾区建设、基层党建、三大攻坚战、组织工作、宣传思想工作等重大工作的专题推动落实。召开市委八届五次全会，对珠海经济特区“二次创业”总体定位、实施路径、阶段目标、工作重点作出了全面部署。

（二）全面加强党的领导和党的建设

牢固树立主业意识，坚持把抓好党建作为最大的政绩，全面落实

新时代党的建设总要求和新时代党的组织路线，坚定不移推进全面从严治党。一是旗帜鲜明讲政治抓政治，研究制定《关于坚决维护以习近平同志为核心的党中央权威和集中统一领导的意见》，部署开展模范机关创建活动，严明政治纪律和政治规矩，推动全市各级党组织和全体党员干部树牢“四个意识”，坚定“四个自信”，坚决做到“两个维护”。聚焦“三个决不允许”，坚决全面彻底肃清李嘉、万庆良恶劣影响，严肃查处官商勾结问题，营造风清气正政治生态。二是牢牢掌握意识形态工作领导权管理权主动权，全面落实意识形态工作责任制，全方位提升新闻媒体、网络、文化、高校、宗教、社科类论坛等意识形态阵地管理水平，意识形态安全总体平稳可控。三是建设忠诚干净担当高素质专业化干部队伍，坚持正确选人用人导向，坚持政治标准第一，注重选拔使用在基层一线、艰苦地区、吃劲岗位表现出色的干部，组织实施干部“墩苗计划”、中青年干部“三同计划”，强化干部管理监督。深化干部管理体制改革，推动干部能上能下。四是出台加强党的基层组织建设三年行动计划实施方案，以基层党建引领基层治理，促进乡村振兴，全面建设“红色业委会”，大力实施“领头雁”工程，建立农村干部激励保障管理机制，深化基层党组织标准化规范化建设，推动基层党组织全面进步、全面过硬。五是深入推动“思想大解放、作风大转变、效率大提升”。聚焦干部中存在的思想僵化、小成则满、作风漂浮、不敢担当、能力不足等突出问题，出台《关于推动思想大解放、作风大转变、效率大提升的决定》，推动全市上下再燃改革激情，重整行装再出发。坚持“马上就办、真抓实干、办就办好、滴水穿石”，全面落实首问负责制，努力把工作标准调到最高、把精神状态调到最佳、把办法措施调到最优，激发全市干部干事创业精气神。六是驰而不息正风肃纪反腐，认真贯彻中央八项规定及其实施细则精神，深入整治“四风”问题，查处违反中央八项规定精神问题33起，给予党纪政务处分60人。坚持把纪律和规矩挺在前面，加强对一把手的监督，深化运用监督执纪“四种形态”抓早抓小。保持惩治腐败高压态势，全市纪检监察机关立案398件，已结案并给予党纪政务处分307人；成功追回涉嫌职务犯罪外逃人员3名，其中“红通人员”1名。

（三）全面深化改革开放

以庆祝改革开放40周年为契机，推动思想再解放、改革再深入、工作再落实。一是全面总结珠海经济特区改革开放的成就、经验和启示，谋划在新起点上把经济特区办得更好、办出水平。二是扎实推进粤港澳大湾区建设，研究起草珠海市推进粤港澳大湾区建设实施方案，系统谋划深化珠澳合作，加快推进横琴、保税区、洪湾片区一体化建设发展。三是纵深推进改革，重点抓好“1+7”系统集成改革，全面推进十大改革领域47项改革，按照国家和省部署落实推进机构改革工作。“放管服”改革深入推进，1302个政务服务事项实现“全城通办”，企业开办时间压缩至2个工作日。四是加快形成全面开放新格局。积极应对中美经贸摩擦，出台实施“外资新十条”，积极参与“一带一路”建设。珠澳、珠港合作持续推进，粤澳合作产业园21个项目开工，新设立100亿元粤港澳前沿产业投资基金。成功举办第十二届航展、第四届中以科技创新投资大会、第十二届中国—拉美企业家高峰会、全球服务外包大会等重大国际性会展活动。获国务院批准建设跨境电商综合试验区，新增国家级外贸转型升级基地2家。

（四）推动经济高质量发展

坚持稳中求进工作总基调，积极应对外部环境变化，认真做好稳就业、稳金融、稳外贸、稳外资、稳投资、稳预期，经济发展取得新成效。全年预计实现地区生产总值2966亿元、增长8.0%，增速位居全省前列。一是扎实推动实体经济发展，深化供给侧结构性改革，出台实施“实体经济新十条”“金融十四条”等系列政策，推动落实“十百千”企业腾飞行动、工业园区提质增效、减负降税等若干措施。出台进一步加强中小微企业金融服务若干措施等支持政策，解决中小企业融资贵、融资难问题。二是着力建设现代化经济体系。工业对经济增长的贡献率超七成，预计先进制造业、装备制造业、高技术制造业增加值占规模以上工业增加值比重分别达到54.8%、39.0%、29.3%；与华为、富士康、华大基因、正大集团、平安集团等行业龙头开展战略合作。三是推动国有经济提质增效，出台混合所有制改革、国有创投股权转让等政策，进一步深化国资国企改革。四是推动营商环境改革，落实省“民营经济十条”，全年新登记商事主体增长34%；实质性推进跨境投融资便利化，外商投资股权投资企业（QFLP）实行并落地试点。

（五）用心用情用功办好民生实事

坚持尽力而为、量力而行，稳妥推进民生项目提标扩面。持续加大民生投入力度，财政用于民生比例达到69.8%。一是民生事业全面发展，新建成一批教育、医疗、文化、体育、管道燃气设施，普惠性幼儿园覆盖率达80%，市人民医院、中大五院获评粤港澳大湾区高水平医院50强。二是社会保障待遇水平稳步提高，建成一批保障性住房、棚户区改造住房；深入开展交通综合治理，常规公交线路下调票价。三是文化体育事业加快发展，成功举办第五届中国国际马戏节、WTA超级精英赛、亚洲帆船帆板锦标赛等品牌文体赛事，恢复“全国文明城市”荣誉称号，获评“2018中国最具幸福感城市”。

（六）平安珠海建设深入推进

切实维护国家安全和社会稳定，扎实落实打防管控各项工作措施，打击违法犯罪整体成效位居全省前列，全市接报违法犯罪警情同比下降14.5%。在全国率先建立了“平安指数”指标体系及配套运行工作机制，深入推进“平安细胞”工程建设，形成平安建设整体合力。圆满完成港珠澳大桥开通仪式、第十二届航展等重大活动安保任务。没有发生较大以上安全生产事故。

（七）狠抓重点领域关键环节

围绕“四个走在全国前列”的要求，抓重点带全局，抓关键促突破，推动整体工作协同推进、有效落实。一是深入实施创新驱动发展战略。落实科技创新三年行动计划，出台“独角兽企业”“珠海英才计划”、科技金融等一批政策，高新技术企业总数突破1900家、增长超过30%，新增2家国家级、17家省级技术中心和4家省级孵化器，南方海洋科学与工程广东省实验室落户珠海，预计全社会研发经费支出占地区生产总值2.8%。二是全面提升城乡功能品质。以港珠澳大桥为龙头的综合交通体系不断完善，城市东西向、南北向快速交通建设全面推进，珠机城轨一期工程、横琴第三通道全线贯通，通用机场竣工，珠海金湾机场旅客吞吐量达1122.1万人次、增长21.7%。制定实施城市景观环境精细化品质化提升三年行动计划，城市管理精细化水平不断提高。三是妥善应对强台风“山竹”，及时转移10.8万名群众，实现了重大灾情面前无重大伤亡、无重大险情的防控目标。

（八）落实中央巡视、督察、督导整改

坚持以中央巡视整改和专项督察、督导整改为有力抓手，推动解决一大批瓶颈制约问题。一是全力抓好中央巡视反馈意见整改。将中央巡视组反馈的问题细化分解为47个方面93条具体整改措施，扎实做好巡视“后半篇文章”，整改取得阶段性成效。强化政治巡察，在“一办三组”的基础上，新组建第四、第五巡察组，高质量完成市委第二、第三轮常规巡察，有序开展第四轮巡察。二是以中央环保督察“回头看”倒逼促进生态文明建设。涉及我市的9项整改任务达到整改时序要求，交办案件办结率93.2%。三是认真抓好中央扫黑除恶督导整改。打掉涉黑团伙4个、恶势力犯罪集团9个，九类涉恶案件立案843宗、破案568宗、刑拘1922人，有效遏制涉黑涉恶违法犯罪活动。把扫黑除恶与基层组织建设紧密结合起来，立案查处涉黑涉恶腐败和“保护伞”38件38人，进一步夯实了基层执政根基。四是以中央、省委宗教工作督察推动宗教领域持续和谐稳定，研究制定抵御境外宗教渗透、加强宗教团体建设等43项具体整改措施，完成41项整改任务。

（九）坚决打好三大攻坚战

牢固树立风险意识，强化底线思维，着力防风险、固底板、补短板。一是打好防范化解重大风险攻坚战。聚焦互联网金融、政府债务、房地产、国有企业等重点领域，积极稳妥处置突出风险点，政府债务总体保持安全线以下，坚持“房子是用来住的、不是用来炒的”，房地产市场调控政策取得阶段性预期效果。二是着力推进精准扶贫精准脱贫。对口怒江州东西部扶贫协作、对口支援藏区库区和对口阳江、茂名精准扶贫取得阶段性成效，扶持发展特色产业项目673个，帮助1万多名贫困人口实现预脱贫，跨区合作式产业扶贫、对口怒江“百企帮百村”扶贫协作经验做法被国务院扶贫办推广，务实推进与黑龙江黑河对口合作。三是坚决打好污染防治攻坚战和生态文明建设持久战。碧水攻坚战、蓝天保卫战、净土防御战等标志性重大战役成效初显，饮用水源水质100%达标，12条黑臭水体基本实现年度治理目标，$PM_{2.5}$年均浓度为27微克/立方米，比上年下降10%。

与此同时，我们坚定不移发展社会主义民主政治，坚持加强和改善党委对人大、政协工作的领导，积极支持人大、政协依法依章程履职取得新成效，爱国统一战线持续巩固壮大，工会、共青团、妇联等人民团体作用得到充分发挥，党管武装、全民国防教育等工作得到全面加强，军民融合发展取得新突破。

我们也清醒地看到，工作还存在许多不足。城市能级量级较小，影响力辐射力较弱，珠江西岸核心城市的功能尚未形成；中美经贸摩擦影响逐步显现，工业投资不足，发展后劲乏力，实体经济发展压力较大；营商环境优势弱化，民营企业和中小微企业生产经营困难；科技创新能力不足，人才集聚效应不强；与港澳合作不够紧密，开放水平有待提升；城市建设管理和公共服务配套发展滞后，城乡区域发展不协调不平衡问题突出，民生保障还存在不少短板，文化条件和软实力不适应时代要求；党的建设还有不少薄弱环节，干部队伍精气神有待进一步提振，基层党组织战斗堡垒作用有待加强，反腐败斗争压倒性胜利仍需不断巩固。对于上述问题，我们一定要高度重视，采取有力措施，认真加以解决。

过去一年是极不平凡的一年，我们有效应对了一系列风险困难挑战，打赢了一场又一场硬仗。成绩来之不易，体会弥足珍贵。我们深深感到，做好珠海工作，必须树牢“四个意识”，坚定“四个自信”，坚决做到“两个维护”。总书记思想指导、党中央和省委的坚强领导是我们做好一切工作的根本保证，只有始终以习近平新时代中国特色社会主义思想为统领，向总书记、向党中央看齐，在省委领导下才能把珠海的事情办对、办好。必须深入推进“思想大解放、作风大转变、效率大提升”，冲破思想观念障碍，激励干部担当作为，闻鸡起舞、日夜兼程、风雨无阻，担当起沉甸甸的历史责任，苦干实干、能干善干，创造性地把党中央和省委决策部署落实到位。必须对标最高最好最优、做到落细落小落具体。谋划工作从大局出发、从大处着眼，推动工作从问题入手、从细节发力，压实责任、一抓到底。必须锻造坚强有力的领导班子。同心同德、团结一致，一个方向前行、一个目标使劲，真抓实干、不尚空谈；保持战略定力、坚定必胜信念，直面矛盾问题，以坚强意志和奋斗姿态，带领干部群众攻坚克难，经受考验和挑战。这些体会和做法，我们要在今后工作中继续运用好发挥好。

二、以习近平新时代中国特色社会主义思想为指导，在新时代新起点上深刻把握珠海经济特区新使命新担当

习近平总书记对广东重要讲话和对珠海工作重要指示，是习近平新时代中国特色社会主义思想的重要组成部分，是珠海落实党的十九大精神的路线图、任务书和推动改革开放再出发的科学指引、行动指南。为此，市委研究制定了《深入学习贯彻习近平总书记视察广东重要讲话精神高举新时代改革开放伟大旗帜奋力推动珠海经济特区加快发展的决定（稿）》提请全会审议。我们要以习近平新时代中国特色社会主义思想为指导，清醒认识珠海在新时代新起点面临的形势和任务、使命和担当，明确方向、凝聚共识、鼓舞斗志。

（一）深刻体会习近平总书记对珠海的信任与重托，奋力推动珠海经济特区“二次创业”加快发展

面向新征程，我们要坚定加快发展的信心和决心。习近平总书记教导我们认真总结完善经济特区的成功经验，加快珠海经济特区发展，赋予了珠海新时代改革开放的新使命，是统领珠海“二次创业”的主线。全市上下要按照习近平总书记的重要指示要求，把珠海工作放在全国全省发展大局中谋划推进，结合贯彻省委“1+1+9”工作部署，对市委八届五次全会工作部署进行再完善、再提升，坚持走高质量发展之路，在实体经济、创新驱动、交通建设、城市建设、珠澳合作、自贸区改革等方面进一步提速提质，加快提升城市能级量级和影响力、辐射力。要大力支持澳门经济适度多元发展，通过更深层次改革和更高水平开放，加快推进珠澳深度合作，在全面准确贯彻“一国两制”，支持澳门融入国家发展大局中作出更大贡献。要深入推进思想大解放，破除改革发展道路上的思想障碍和体制障碍；深入推进作风大转变，让敢担当善作为蔚然成风；深入推进效率大提升，以提高效率为核心营造一流营商环境。要更加自觉推进全面从严治党，坚决做到“两个维护”，在践行“四个意识”和“四个自信”上勇当先锋，在讲政治、顾大局、守规矩上做好表率。

面向新征程，我们要总结好、运用好40年改革开放经验和启示。在庆祝改革开放40周年大会上，习近平总书记系统深入总结了“九

个必须坚持”的宝贵经验。去年底，习近平总书记对深圳工作作出重要批示，要求深圳始终牢记党中央创办经济特区的战略意图，认真总结改革开放40年成功经验，继续解放思想、真抓实干，改革开放再出发，不断推动工作开创新局面、再创新优势、铸就新辉煌。作为经济特区，珠海对此体会尤其深刻，习近平总书记关于改革开放一系列重要讲话和指示批示，是党和人民弥足珍贵的精神财富，对新时代珠海经济特区坚持和发展中国特色社会主义具有极为重要的指导意义。当前，改革正处在“船到中流浪更急、人到半山路更陡”的攻坚期和深水区，珠海必须始终牢记党中央创办经济特区的战略意图，坚定接续奋斗的改革定力，弘扬敢闯敢试、敢为人先的特区精神，运用习近平新时代中国特色社会主义思想蕴含的世界观方法论，做到“九个必须坚持”，认真总结完善经济特区的成功经验，勇当全面深化改革开放的“探路尖兵”，奋力谱写新时代改革开放新篇章。

面向新征程，我们要继续走在前列。习近平总书记对广东作出的一系列重要指示批示，从“三个定位、两个率先”，在全面深化改革中走在前列，“四个坚持、三个支撑、两个走在前列”，到“四个走在全国前列”，经济特区都担当着光荣使命和艰巨任务。我们要强化先行示范意识，朝着“建设新珠海、新经济、新生活，成为粤港澳大湾区经济新引擎、独具特色令人向往的大湾区魅力之城、践行新发展理念的典范城市”的目标久久为功、善作善成；努力到2020年高水平全面建成小康社会、GDP高质量超额完成“十三五”规划目标；到2035年GDP总量超过2万亿元、人均GDP在珠三角地区继续处于领先地位，支撑核心城市功能的人口规模、经济规模、城市规模和交通体系基本形成、成为社会主义现代化建设排头兵；到2050年建成中国气派、国际知名的生态之都，物质文明、政治文明、精神文明、社会文明、生态文明高度发达，经济规模、发展质量和人均水平处于大湾区前列，人民共同富裕基本实现，成为走在建设社会主义现代化强国新征程最前列的代表性城市之一。

面向新征程，我们要努力当好“两个重要窗口”。习近平总书记明确指出广东既是展示我国改革开放成就的重要窗口，也是国际社会观察我国改革开放的重要窗口。珠海作为广东省域副中心城市、珠江西岸核心城市，在“两个重要窗口”建设中负有义不容辞的使命责任。总书记要求珠海认真总结完善经济特区的成功经验，加快经济特区发展；不忘初心促进澳门产业多元发展，让横琴新区充满创新发展活力；牢记实体经济发展至关重要，任何时候都不能脱实向虚，要有志气和骨气，加快增强自主创新能力和实力，把创新发展主动权牢牢掌握在自己手中；用好管好港珠澳大桥，为粤港澳大湾区建设发挥重要作用等，进一步为珠海参与“两个重要窗口”建设明确了方向和重点。新时代新征程，珠海不仅要在壮大经济总量上，还要在高质量发展上体现窗口要求；不仅要在珠澳合作、粤港澳大湾区建设上，还要在参与“一带一路”建设上体现窗口要求；不仅要在全面深化改革上，还要在法治建设上体现窗口要求；不仅要在生态文明建设上，还要在城市品质上体现窗口要求，在广东建设“两个重要窗口”中作出更大贡献。

（二）准确把握习近平总书记、党中央对粤港澳大湾区建设的重大决策部署，加快建设粤港澳大湾区重要一极

建设粤港澳大湾区是习近平总书记亲自谋划、亲自部署、亲自推动的重大国家战略。总书记用“若网在纲，有条而不紊”寓意新时代广东改革开放的“纲”就在粤港澳大湾区建设，指出要把大湾区建设作为广东改革开放的大机遇、大文章抓紧做实；强调要瞄准纽约湾区、东京湾区、旧金山湾区，建设成为世界级的湾区、发展最好的湾区；强调要从全局高度把握好党中央战略意图，全面准确贯彻“一国两制”方针，善于算政治账、长远账；强调要以增强群众获得感、幸福感、安全感为出发点和落脚点，不断增强港澳同胞对国家的向心力和对“一国两制”的认同感。总书记的重要论述是大湾区建设的行动指南，我们要坚决贯彻落实。为此，市委研究制定了《推进粤港澳大湾区建设实施方案（稿）》，提请全会审议。我们在实施过程中必须以改革创新开路，一切不符合新发展理念的思想观念都要坚决摒弃，一切不符合高质量发展要求的体制机制都要大胆改革，一切制约创新的管理模式都要促其改变；必须更多地从港澳工作需要出发，更多地从为全国改革发展提供支撑出发，更多地从建设参与国际合作新平台出

发，站在全局高度谋划推进大湾区建设；必须把建设粤港澳大湾区重要一极作为珠海新时代改革开放的总牵引，为高质量发展提供新的更大动能。

一要加快建设珠江西岸区域综合交通枢纽。以港珠澳大桥为龙头，构建内联外通、紧密衔接、高效通达的综合交通运输体系，提升城市集聚辐射能力。推动港珠澳大桥衔接路网建设，加快形成“六横十纵”交通网络，快速对接港口、机场、口岸、铁路、高速以及市内交通，高效串联城市各功能组团。推动珠江东西两岸交通通道建设，打造“一小时交通圈”。提升珠海港国际竞争力，大力推动珠海金湾机场成为粤港澳大湾区国际复合型机场，推动珠海金湾机场、珠海港加强与港澳合作，加快拓宽国际物流大通道。携手澳门加快融入国家高铁网，加快市内快速路、地铁等重大交通项目规划建设。

二要加快建设粤港澳大湾区经济新引擎。强化创新第一动力，加快在高端产业集聚、产业技术孵化、创新人才集聚、创新创业投资、知识产权创造保护运用和质量发展等方面建设粤港澳大湾区创新高地。加快优化产业结构，加快发展新一代信息技术、高端装备制造、生物医药、数字经济、新能源及新能源汽车、新材料、海洋经济等战略性新兴产业。营造鼓励新经济发展的制度体系和生态体系，催生一批具备新技术、新业态、新模式的独角兽企业，打造前沿产业独角兽群栖生态场。抓好人才第一资源，提高服务人才水平和质量，着力引进一批具有国际水平的科技领军人才和创新团队，最大限度激发市场、企业与人才的创造力和积极性，打造粤港澳大湾区国际高端人才集聚区。

三要加快建设大湾区魅力之城。强化“以城市吸引人、以人吸引产业”的理念，按照国际一流标准打造城市基础设施和公共服务体系，全面提升城市活力和生活品质，推动建设功能布局高端齐备、公共服务优质便利、交通往来快捷高效、生态环境优美宜居、城市文化开放创新的青春之城和活力之都。落实广东省“一核一带一区”区域发展新格局，依托“港珠澳大桥—大桥西延线—黄茅海大桥”外联通道，把横琴及周边地区、鹤洲地区、空港经济区、海港经济区等珠海南部地区规划建设成为现代化国际化超级城区，打造区域发展新引擎；以横琴及周边地区为核心，向东积极对接“广州—深圳—香港—澳门”科技创新走廊，向西连接金湾、斗门、高栏港地区，推动形成“港珠澳大桥发展带”；推动东部主城区优化提升，向北对接深中通道建设唐家科教新城，向南连接港澳建设珠海城市新中心，强化“东部滨海发展轴”；推动万山海洋开发试验区特色发展，打造具有国际竞争力的高端休闲旅游度假海岛胜地和海洋经济创新示范区。

（三）深入贯彻习近平总书记丰富“一国两制”实践探索要求，推动珠澳合作迈向更宽领域更深层次更高水平

习近平总书记对保持澳门长期繁荣稳定高度重视，多次对珠澳合作提出明确要求，此次视察珠海时再次强调：“建设横琴新区的初心就是为澳门产业多元发展创造条件。横琴有粤澳合作的先天优势，要加强政策扶持，丰富合作内涵，拓展合作空间，发展新兴产业，促进澳门经济发展更具活力”。珠海必须牢记总书记的嘱托，站在实现中华民族伟大复兴的中国梦、开创“一国两制”新实践、粤港澳大湾区建设国家战略和“一带一路”国际合作的高度，以粤澳合作为重点，把横琴建设成为粤澳特别合作区，争取中央对珠澳合作扶持政策落地，积极推动省级粤澳重大项目、重大合作平台落户，配合澳门特区政府深化两地合作，共同参与粤港澳大湾区建设，将服务澳门经济适度多元发展的使命责任落到实处。

一要探索珠澳合作政策创新。争取在横琴探索建设中国特色社会主义自由港，学习借鉴港澳等国际自由港的先进经营方式、管理方法，在内外贸、投融资、财政税务、金融创新、入出境等方面，探索更加灵活的政策体系、监管模式、管理体制，打造趋同港澳的营商环境。优化拓展“一线基本放开、二线高效管住”的“分线管理”政策。探索在跨境金融、高端医疗、科技创新等产业领域实施更加开放包容的政策。

二要丰富珠澳合作内涵。统筹推动跨境、跨市和市内重大交通基础设施建设，提高通关便利化水平，促进要素流动便利化。落实 CEPA 系列协议，不断提升专业服务领域和工程领域的开放水平，共同打造高水平对外开放门户枢纽。携手澳门以葡语系国家合作为重点参与“一带一路”建设，加强国别研究，培育专门人才，建设葡语国家商贸

合作服务载体，推动葡语国家产品经澳门更加便捷进入内地市场。加快完善覆盖在珠海发展港澳人员的公共就业服务体系，加强珠港澳青少年交流，支持澳门青年人才创新创业，探索放宽澳门居民在出入境、停居留、教育、购房等方面限制。加强人文交流、促进文化繁荣发展，全方位加强同澳门社会各个阶层沟通交流工作，推进区域旅游协同发展，深化与澳门及周边城市生态环保合作。

三要积极拓展珠澳合作空间。科学谋划、合理布局珠澳合作发展的生产、生活、生态空间。以横琴为核心区，重点服务澳门新兴产业和现代服务业发展；以横琴南部填海区域为拓展区，建设支持澳门产业多元发展的新平台，探索区域管理模式创新；以保税区、洪湾、十字门一体化发展区域为辐射区，主要承载高新科技、高端服务、生活居住功能，建设“马骝洲一河两岸”城市新中心。加强与澳门在机场、港口发展上的战略合作，为澳门实体经济发展和珠澳长远合作预留充足空间，形成集约高效、宜居适度、山清水秀的珠澳合作空间格局。

四要共同发展新兴产业。以粤澳合作产业园、粤澳合作中医药科技产业园、横琴澳门青年创业谷等平台为重点，协同推进特色金融、休闲旅游、高端装备制造、生物医药、文化创意等产业发展。探索建设粤澳跨境金融合作示范区，扩大对港澳地区金融服务领域开放；探索设立珠澳合作发展基金，充分利用两地资源，共同开展基础设施建设和新兴产业发展投资。积极对接“广州—深圳—香港—澳门”科技创新走廊，充分发挥港澳优势，吸引集聚国际高端创新资源，共建国际科技创新中心。

（四）认真落实中央经济工作会议精神，用好重要战略机遇期，推动经济社会持续健康发展

在去年底召开的中央经济工作会议上，习近平总书记发表重要讲话，明确提出今年经济工作的总体要求和政策取向，部署了推动制造业高质量发展、促进形成强大国内市场、扎实推进乡村振兴战略、促进区域协调发展、加快经济体制改革、推动全方位对外开放、加强保障和改善民生等7项重点任务，为我们做好当前和今后一个时期经济工作进一步指明了方向。要重点把握好以下几方面要求。

一要正确认识和把握我国发展重要战略机遇期。总书记强调我国发展仍处于并将长期处于重要战略机遇期，世界变局中危和机同生并存，并指出加快经济结构优化升级、提升科技创新能力、深化改革开放、加快绿色发展、参与全球经济治理体系变革等5个方面的重要战略机遇期新内涵，这正是珠海实现高质量发展关键所在、方向所指、机遇所系。面对美国霸凌主义的新挑战，我们有习近平总书记领航掌舵、运筹帷幄，有中国特色社会主义的巨大政治优势、制度优势，有改革开放40年形成的坚实国力，一定能赢得中美经贸斗争的最终胜利。我们要坚定必胜信心，在党中央和省委的坚强领导下，善于在国内国际大局中捕捉机遇，做好防范风险的充分准备，找准牵一发动全身的切入口，在抢抓机遇应对挑战中实现新的更大发展。

二要坚定不移推动高质量发展。应对外部环境变化带来的风险和挑战，关键要办好自己的事情。珠海正面临规模扩大和结构调整的双重任务，调结构、转方式处在爬坡过坎的关键时期，越是这个时候，越是要保持清醒头脑。我们要坚持创新第一动力，加快形成以创新为主要引领和支撑的经济体系和发展模式，建设成为粤港澳大湾区创新高地。要强化实体经济导向，以供给侧结构性改革为主线，全面提高供给体系质量和效益。要突出生态最大特色，坚定走生产发展、生活富裕、生态良好的文明发展道路，建设生态文明新特区。要抓好人才第一资源，着力吸引集聚海内外优秀人才到珠海干事创业，为高质量发展提供人才和智力支撑。

三要坚持以人民为中心的发展思想。增进民生福祉，是发展的根本目的。我们要坚持在发展中保障和改善民生，尽力而为、量力而行，不断满足人民日益增长的美好生活需要，不断促进社会公平正义，让人民群众的获得感、幸福感、安全感更可持续更有保障。要让人民享有更加均衡、更高质量的基本公共服务，着力解决人民最关心最直接最现实的利益问题，稳步提高社会保障水平。要让人民享有更加文明、更加丰富的精神文化生活，逐步建立起与经济社会发展水平、人口状况和文化服务需求相适应的现代公共文化服务体系。要让人民享有更加安全、更加舒心的社会环境，加快营造共建共治共享的社会治理格局，把珠海建设成为最安全稳定、最公平公正、法治环境最好的地区。

三、高举习近平新时代中国特

色社会主义思想伟大旗帜，全面贯彻落实习近平总书记对广东重要讲话和重要指示批示精神，以新担当新作为奋力开创珠海工作新局面

2019年是新中国成立70周年，是全面建成小康社会关键之年，是澳门回归祖国20周年，是珠海建市40周年，也是深入贯彻落实习近平总书记对广东重要讲话和重要指示批示精神、加快珠海经济特区发展的开局之年，做好今年工作意义十分重大。我们要把思想和行动统一到中央决策部署和省委要求上来，结合珠海实际，把“1+1+9”工作部署分解为项目书、责任状，一项一项抓落实，一件一件办成功。

今年工作的总体要求是：高举习近平新时代中国特色社会主义思想伟大旗帜，全面贯彻党的十九大和十九届二中、三中全会以及中央经济工作会议精神，全面贯彻落实习近平总书记对广东重要讲话和重要指示批示精神、在庆祝改革开放40周年大会上的重要讲话精神，全面贯彻落实省委十二届四次、五次、六次全会部署，统筹推进“五位一体”总体布局，协调推进“四个全面”战略布局，坚持稳中求进工作总基调，坚持以人民为中心的发展思想，坚持新发展理念，坚持推动高质量发展，坚持以供给侧结构性改革为主线，坚持深化市场化改革、扩大高水平开放，统筹推进稳增长、促改革、调结构、惠民生、防风险工作，打好三大攻坚战，着力提高发展平衡性和协调性，坚持不懈推进全面从严治党，深入落实“1+1+9”工作部署，保持经济持续健康发展和社会大局稳定，为全面建成小康社会打下坚实基础，以优异成绩庆祝中华人民共和国成立70周年。

市委考虑，今年经济增长的预期目标为7.5%，实际执行时努力争取更好结果；规模以上工业增加值增长10%，城镇登记失业率、居民消费价格涨幅均控制在3%以内，居民人均可支配收入增长8%。

今年我市改革发展稳定任务十分繁重，可能面临更加复杂严峻的挑战，大家要励精图治谋发展、心无旁骛抓落实。姚奕生同志还要对经济工作作部署。这里，我重点强调以下几个方面工作。

（一）以习近平新时代中国特色社会主义思想统领珠海一切工作，全面深入学习贯彻习近平总书记重要讲话精神

按照学懂弄通做实的要求，把习近平新时代中国特色社会主义思想、习近平总书记对广东重要讲话和重要指示批示精神、对珠海工作重要指示精神一体学习领会、整体贯彻落实。通过学习进一步树牢“四个意识”、坚定“四个自信”、坚决做到“两个维护”。要在深学笃信中坚定信仰信念信心，持续抓好学习教育，大力推进学习常态化制度化，扎实开展“不忘初心、牢记使命”主题教育，认真组织庆祝新中国成立70周年系列活动，引导广大党员干部学思践悟，自觉当习近平新时代中国特色社会主义思想的坚定信仰者、忠诚践行者。要认真对照总书记的每一项指示要求，持续深化“大学习、深调研、真落实”工作，坚持边学习边调研边落实，全面查找问题短板，谋划贯彻落实的方法路径和主要抓手，切实用工作体现忠诚、用发展体现担当、用解决问题体现落实，推动习近平总书记对广东重要讲话和重要指示批示精神在珠海落地生根、结出丰硕成果。

（二）高质量完成机构改革任务

地方机构改革是深化党和国家机构改革的重要组成部分，是一项重大政治任务。省委、省政府已批准《珠海市机构改革方案》，全市上下要严格按照中央和省委要求，不折不扣全面落实该方案，着力构建系统完备、科学规范、运行高效、符合珠海特点的机构职能体系，为加快珠海经济特区发展提供有力保障。要完善坚持和加强党的全面领导的体制机制，健全党委对重大工作领导的体制机制，调整和加强党委机构设置和职能配置，确保党的领导更加坚强有力，确保“两个维护”更加落实到位，实现党的领导全覆盖。要加快推进政府职能转变，优化调整政府机构设置和职能配置，把深化机构改革同深化“放管服”改革结合起来，理顺市场监管职能，强化公共服务和社会管理职能，最大限度减少政府对市场资源的直接配置，最大限度减少政府对市场活动的直接干预。要构建简约高效的基层管理体制，进一步理顺市区权责划分，继续推进强区放权工作，深化镇（街）管理体制改革，推动治理重心下移，尽可能把资源、服务、管理下沉到基层，切实提升基层治理能力和服务水平。要统筹推进人大、政协机构改革和群团组织改革，加快推进事业单位改革，深化综合行政执法改革，推动各类机构各就其位、各司其职、各尽其责、有序协调。要推进机构

编制法定化，强化党委对机构编制工作的统一领导，维护机构编制管理的严肃性和权威性。

（三）推动改革开放向纵深发展

要以深化市场化改革为牵引，重点推进科技创新、营商环境、现代产权、要素配置、城乡融合发展、人才体制、国资国企、民生保障、绿色发展等领域改革，抓好改革举措协同配套。要围绕粤港澳大湾区建设、高质量发展、提高发展平衡性和协调性等重大战略部署，谋划一批战役战略性改革，深入推进“数字政府”、农村土地制度、公平竞争审查制度等改革。要大力推动创造型、引领型改革，聚焦发展面临的突出矛盾和体制束缚，找准实践需要与制度创新的结合点，以首创性的改革实现引领性的突破。要充分发挥横琴自贸试验片区改革创新的先导作用，主动承担国家扩大对外开放压力测试，率先建立与国际规则相衔接的体制机制。要以与拉丁语系国家合作为重点，深化与“一带一路”沿线国家和地区设施互通、贸易畅通以及产业、航运等领域的交流合作，打造“一带一路”重要支点。要管好用好港珠澳大桥，推进粤港澳物流园、广丰跨境电商产业园建设，发展“珠港陆空联运”及拓展业务，打造大桥经济区。要以中国航展为龙头，推动珠港澳会展合作共赢，积极打造国际会展城市。

（四）务实推进珠澳深度合作

要加快基础设施与澳门互联互通，推动澳门莲花口岸整体搬迁至横琴口岸，加快青茂口岸、澳门第四供水管道建设；进一步完善澳门单牌机动车便利进出横琴的政策措施，推进全面放开港澳单牌车经港珠澳大桥入出珠海。要高标准建设粤澳合作高科技产业园，加快建设横琴科学城，支持横琴与澳门共同发展特色芯片设计、测试和检测；推进横琴澳门青年创业谷发展，吸引更多高层次科技人才在横琴集聚；鼓励港澳企业特别是澳门企业在横琴跨境办公。要携手澳门共同发展特色金融，推动与葡语系国家的人民币结算业务发展，扎实推进外商投资股权投资企业（QFLP）试点。要配合澳门世界旅游休闲中心建设，高水平建设横琴国际休闲旅游岛，打造国际文体活动赛事中心。要携手澳门建设“琴澳新街坊”综合民生项目，探索推动澳门教育、医疗、民生服务和社会福利政策延伸覆盖至横琴，营造与澳门趋同的公共服务和社会管理体系。要探索政策创新，共同推动“一线基本放开、二线高效管住”政策实施、“合作查验、一次放行”通关模式创新以及建设工程审批管理、医疗开放政策等重点领域改革创新，形成更多可复制可推广的制度创新成果。

（五）夯实实体经济发展根基

要落实好“十百千计划”“实体经济新十条”“外资新十条”、促进工业投资增长等政策，落实更大规模的减税降费政策，减轻企业负担。要开展单位面积土地产出效益评价，促进正向激励和优胜劣汰，支持优势企业增资扩产。强化招商选资，围绕格力等行业龙头企业发展骨干配套企业，引进产业链上下游和关联配套项目，建设世界级先进制造业集群。要加快发展金融等现代服务业，形成有效支持实体经济的金融供给。要进一步深化国资国企改革，聚焦支持实体经济发展，盘活国有资产，减少管理层级和同质化竞争，推动兼并重组和做强做优做大。要全力支持民营经济发展壮大，切实解决企业税费负担重、融资难融资贵等问题，加快构建亲清新型政商关系，消除各种隐性壁垒，弘扬企业家精神，激发非公有制经济活力和创造力。要发挥投资关键作用，加大制造业技术改造和设备更新，加强人工智能、工业互联网、物联网等新型基础设施建设，大力推动全市八大产业园区扩容提质，加快建设符合产业选定方向的高标准高水平基础设施和公共服务设施，推动企业向园区集聚。

（六）推动以科技创新为主的全面创新

要以国家自主创新示范区为主平台，以高新区和高新技术企业为载体，增强珠海自主创新能力、科技成果转化能力和创新能力开放合作。探索优化高新区“一区多园”管理体制，加强高新区管委会对各高新技术产业园区的统筹。要加强基础研究和应用基础研究，鼓励创新型标杆企业、高水平科研院所和大学联合承担国家重大科技专项，加快突破重点领域关键核心技术；加快推动南方海洋科学与工程广东省实验室（珠海）等建设，支持澳门大学设立珠海澳大科技研究院，培育一批国际化科技产业平台。要促进高新技术企业树标提质，建设高水平孵化育成体系，完善政府采购和首台首套政策，建设军民融合科技协同创新平台，吸引国内外创新成果和创业项目来珠海落地并尽快实现产业化。要加强与港澳全方位合作，规划建设粤港澳创新创业产业园、香港科技成果转化基地等载体，加快培育技术转移及知识产权运营市场，更好发挥横琴国际知识产权交易中心作用，建立知识产权跨境交易体系，实施面向港澳的科技创新政策，推动粤港澳大湾区科技创新成果交易平台建设。要加快建设国际人才集聚区，全面落实“珠海英才计划”，在创新创业、城市建设、公共服务等方面为中青年人才特别是90后人才度身订造最优环境，进一步打破人才流动障碍，形成人才集聚、活力迸发的“强磁场”。

（七）加快重大交通基础设施建设

要加快推进香海大桥、洪鹤大桥、金海大桥、鹤港高速公路、金琴快线、兴业快线等重要通道建设，加强与港珠澳大桥、深中通道的路网对接，积极推动伶仃洋公铁通道的规划建设，加快推动黄茅海通道前期工作。要积极融入国家高铁网络，谋划建设珠澳高铁枢纽、广中珠澳高铁通道，争取落实广江珠澳高铁（珠海段）线站位选址规划。推进珠机城轨拱北至横琴段投入运营，加快珠机城轨横琴至机场段建设，研究推动澳门轻轨延伸至横琴。要推动机场开通国际口岸，做好第二跑道规划，加快机场改扩建和机场交通枢纽建设，加快推进珠海通用航空产业综合示范区建设。要提升港口集疏运能力，推动高栏港向第三代、第四代港口迈进，加快推进高栏港综合保税区建设，打造华南地区重要的国际港口物流中心。要完善中心城区快速路网，优先发展公共交通，综合治理交通拥堵，抓紧谋划地铁等城市轨道交通规划。

（八）全面提升城市功能品质

要认真抓好新一轮城市总规修编，高标准编制好国土空间规划，统筹国土空间格局与建设时序、自然资源保护与利用、公共服务设施与基础设施、生态修复与城市更新、开发强度与人口密度、历史文化保护与城乡特色风貌，强化规划的刚性约束，引领城市高品质发展。要推动城市空间大胆留白，保护好山海相拥、陆岛相望、城田相映的城市风貌，留住珠海生态环境优美、空间疏密有度的特有“基因”。要以完善城市功能、提升空间品质、延续历史文脉为主要目标，持续推动以老城区为重点的城市更新工作。要高标准推进新城新区开发，加大对西部产业园区及周边基础设施建设投入力度，推动产城融合发展。要在保护好海洋海岛稀缺资源的基础上，加大海岛基础设施投入，推动海岛旅游提质升级，协同港澳发展面向国际的邮轮市场，努力打造具有国际竞争力的粤港澳大湾区休闲旅游度假胜地。要加大投资力度，高标准推进道路、供水、排水、供电、通信、燃气、园林、环卫等市政基础设施建设，着力补齐农村基础设施和城市公共服务设施建设短板，加强自然灾害防治能力建设，全面提升城市安全运行水平。要落实“城市管理要像绣花一样精细”的要求，实施好城市景观环境精细化品质化提升三年行动计划，加强市容环境综合治理。要按照建设海绵城市、绿色低碳城市的要求，推动一批老旧小区实施综合整治微改造，营造更加干净、整齐、有序、平安、优美的城市环境。

（九）大力实施乡村振兴战略

要大力发展现代农业，实施农业园区带动战略，加快白蕉海鲈等现代农业产业园创建以及岭南大地田园综合体等重点项目建设，加快一二三产业融合发展步伐。要深入推进农村人居环境整治，加快推进“四好农村路”建设，重点做好垃圾污水处理、厕所革命、村容村貌提升，全力抓好样板村建设，全面完成“三清三拆三整治”任务，建设望得见山、看得见水、记得住乡愁的美丽乡村。要深化农村土地产权改革，严格落实好第二轮土地承包期到期后再延长30年的政策，基本完成农村集体产权制度改革试点工作。要鼓励支持人才积极参与乡村振兴，实施新型职业农民培育工程，为乡村振兴提供源源不断的人才支撑。要加强城乡统筹，坚持以工补农、以城带乡，探索城乡融合发展的体制机制和政策体系。要坚决打赢脱贫攻坚战，扎实做好对口云南怒江州东西部扶贫协作、对口支援藏区库区、对口阳江和茂名精准扶贫以及对口帮扶阳江工作，做好市内农村低收入群体综合精准帮扶。

（十）深化生态文明建设

要践行绿水青山就是金山银山理念，统筹山水林田湖海系统治理，探索区域生态文明建设合作新路子，建设生态文明新特区。要全面提升绿色发展水平，严守生态保护红线、环境质量底线、资源利用上线，加快完善绿色发展空间格局。严格实施能源消费总量和强度“双控”，推动节能减排和绿色发展。继续推进中欧低碳试点城市建设，构建绿色低碳产业体系，倡导简约适度、绿色低碳的绿色生活方式。要深化生态文明体制改革，完善生态环境保护管理体制机制，强化“党政同责”“一岗双责”。完善生态环境责任审计、损害赔偿、GEP核算体系等体制机制建设。要严格落实中央及省级环境保护督察整改任务，解决一批生态环境领域热点、难点问题。要持续打好污染防治攻坚战，突出水环境综合整治，深入开展河湖“五清”专项行动，提速前山河综合整治和城市黑臭水体整治；持续开展空气质量巩固提升，打赢蓝天保卫战；实行土壤环境分级分类管控，强化危险废物规范化处理处置监管。

（十一）营造共建共治共享社会治理格局

要突出抓重点、补短板、强弱项，着力解决人民群众关心的现实利益问题，加快建成以实有人口为对象，充分考虑大湾区流动人口规模，政府主导、覆盖城乡、功能完善、分布合理、管理有效、可持续的基本公共服务体系，加快提升全市基本公共服务均等化水平。要把稳就业摆在突出位置，扎实做好重点群体就业和困难群体托底就业工作。要统筹推进城乡义务教育一体化改革发展，切实解决学前教育供给短缺、优质教育资源不足问题，推动基础教育均衡、优质、特色发展，做精做强职业教育，加快推进教育现代化，打造教育现代化示范市和粤港澳大湾区教育高地。要进一步深化公立医院综合改革、基层医疗卫生综合改革，深化与驻珠公立医院合作，支持市人民医院、中大五院进入省高水平医院“登峰计划”，加快市妇幼保健院、市慢病中心、市西部医疗中心建设，加快创建全国健康城市示范市。要加大住房保障力度，开展共有产权住房试点，逐步构建公租房、人才住房、共有产权住房为主，租售补有机结合的住房保障模式。要主动适应新时代对社会治理的新要求，建立健全党委领导、政府负责、社会协同、公众参与、法治保障的社会治理体制。要以城乡社区为基础单元，推动社会治理重心向基层下移，促进社会多元共治，打造以邻为伴、与邻为善、守望相助的社区生活共同体。要创新多元化社会矛盾化解机制，深化“综治中心＋网格化＋信息化”建设，打造“互联网＋”人民调解等社会治理品牌。要着力维护社会安全稳定，以扫黑除恶专项斗争为重点，深入开展维护国家安全、飓风系列专项打击整治行动，始终保持对犯罪活动的严打高压态势，彻底铲除黑恶势力赖以滋生的土壤，建设更高水平的平安珠海。加快法治珠海建设，把社会生活各方面纳入法治化轨道。要严格落实安全生产责任制，加强重点领域、重点行业安全管控和隐患排查治理，强化食品药品安全监督管理，加强综合防灾减灾救灾能力和应急体系建设，切实维护人民群众生命财产安全。

（十二）推动文化强市建设

要大力培育和践行社会主义核心价值观，深入开展群众性精神文明创建活动，激发全民参与文明城市建设的主动性、积极性，以新珠海精神塑造新珠海人。要深入实施红色革命遗址保护利用行动计划，全面推进“新时代红色文化讲堂”建设，把红色革命遗址打造成党员干部“不忘初心、牢记使命”的红色课堂。要围绕新中国成立70周年、澳门回归祖国20周年等重要时间节点，打造一批有筋骨、有温度的主旋律精品力作，铸就新时代文艺高峰。要按照创建国家公共文化服务体系示范区标准及要求，加快补齐基层公共文化服务短板，实现市区“十分钟文化圈”、西部地区“十里文化圈”。要加强与港澳等地在文化创意、媒体传播等领域交流与合作，推动与澳门联合共建中国设计博物馆，大力发展现代文化产业，建设粤港澳大湾区重要文化产业中心，建设全国一流新型主流媒体集团。要加大对中华优秀传统文化的挖掘阐释和保护利用，认真做好国家历史文化名城申报工作，统筹推进历史文化街区、文化名镇、名村建设和传统村落、历史建筑的保护利用，让城市留下记忆，让人们记住乡愁。

（十三）坚定不移加强党的领导和党的建设

要旗帜鲜明讲政治抓政治，树牢“四个意识”，坚定“四个自信”，以正确认识和行动坚决做到“两个维护”，切实加强党对一切工作的领导，进一步严明政治纪律和政治规矩，严肃党内政治生活，营造风清气正的政治生态。要牢牢掌握意识形态工作领导权管理权主动权，全面压实意识形态工作责任制，强化意识形态巡察和考核，全方位加强意识形态阵地管理，不断提高用网治网水平，坚决守好意识形态安全“南大门”。要加强基层党组织建设，深入实施加强党的基层组织建设三年行动计划实施方案，不断扩大新兴领域党的组织覆盖和工作覆盖，深入推进基层党组织标准化规范化建设，持续整顿软弱涣散基层党组织，完善基层党组织“领头雁”工程，完善村党组织对村各类组织和各项工作全面领导的机制，推动党的领导全面落实到基层。要着力打造忠诚干净担当的高素质专业化干部队伍，把对党忠诚、政治上可靠作为首要标尺，坚持事业为上、以事择人，坚持五湖四海、任人唯贤，鲜明树立重实干重实绩的用人导向，大力发现储备、选拔任用年轻干部。完善激励担当作为的干部考核评价体系，用好容错纠错机制，深化不担当不作为专项整治，让真正干事的干部放下包袱、轻装上阵。注重培养干部斗争精神，有组织、有计划地把干部放到重大斗争一线去真枪真刀磨砺，学真本领、练真功夫，不断增强斗争的勇气和本领。要以坚如磐石的决心正风肃纪反腐，持续整治各种隐形变异“四风”问题，着力破解形式主义、官僚主义顽疾，深化运用监督执纪“四种形态”，坚定不移“打虎”“拍蝇”“猎狐”，坚决斩断一切利益链条，破除一切利益藩篱，不断巩固发展反腐败斗争压倒性胜利。狠抓基层正风反腐，严肃整治群众身边腐败和作风问题。要持续推动“思想大解放、作风大转变、效率大提升”，与选人用人紧密结合起来，加快构建科学规范、充满活力的选人用人机制，突出解决好为官不正、为官不为、为官乱为等问题，激励广大干部撸起袖子加油干。

同志们！实现市委八届五次、六次全会确立的目标和任务，必须把党委总揽全局、协调各方落到实处。要进一步加强和改进党对人大、政协工作的领导，支持各级人民代表大会依法行使职权，支持人民政协履行政治协商、民主监督、参政议政职能。巩固和发展爱国统一战线，充分发挥各民主党派、工商联和无党派人士的独特优势，做好民族、宗教、外事、港澳、对台、侨务等工作。推动工青妇等群团组织增强政治性、先进性、群众性，发挥联系群众的桥梁纽带作用。抓好党管武装工作，加强国防动员和后备力量建设，做好双拥工作，建设军民融合创新示范区。

同志们！奋进新时代、踏上新征程，我们都在努力奔跑，我们都是追梦人。让我们更加紧密地团结在以习近平同志为核心的党中央周围，以习近平新时代中国特色社会主义思想为指导，高举新时代改革开放伟大旗帜，不忘初心、牢记使命，闻鸡起舞、日夜兼程，奋力推动珠海经济特区加快发展，续写新时代改革开放新篇章，以新担当新作为新业绩向总书记、向党中央、向省委、向全市人民交出合格答卷！

政府工作报告

——2019 年 1 月 22 日在珠海市第九届人民代表大会第七次会议上

珠海市市长　姚奕生

各位代表：

我代表珠海市人民政府，向大会作政府工作报告，请予审议，并请政协委员和其他列席人员提出意见。

一、2018 年工作回顾

2018 年是珠海改革发展史上具有重要意义的一年。10 月 22 日，习近平总书记亲临广东视察，第一站便来到珠海，视察了横琴粤澳合作中医药科技产业园和格力电器公司；10 月 23 日，总书记出席港珠澳大桥开通仪式并宣布大桥正式开通；11 月 6 日，总书记致信祝贺第十二届中国国际航空航天博览会开幕。总书记对珠海工作的高度重视和亲切关怀令全市上下备受鼓舞、倍感振奋，倍增新时代改革开放再出发的信心和力量。一年来，在省委、省政府和市委的坚强领导下，在市人大、市政协的监督支持下，我们全面贯彻落实习近平新时代中国特色社会主义思想和党的十九大精神，学习贯彻习近平总书记对广东重要讲话精神，认真落实省委十二届四次、五次全会和市委八届五次全会精神，坚持稳中求进工作总基调，贯彻新发展理念，落实高质量发展要求，统筹做好稳增长、促改革、调结构、惠民生、防风险各项工作，有效应对外部环境变化，扎实推动珠海经济特区“二次创业”，经济社会发展取得新成效。

2018年政府工作报告部署的8个方面159项具体工作，149项已经完成，10项根据发展情况变化做了调整。十件民生实事包含的22项具体任务，21项已经完成，1项基本完成。

初步统计，全市实现地区生产总值2966亿元、增长8%；固定资产投资1858.57亿元、增长20.7%；社会消费品零售总额1162亿元、增长7.6%；进出口总额3246.28亿元、增长8.5%；一般公共预算收入331.47亿元、增长5.4%；全体居民人均可支配收入48007元、增长9%；居民消费价格涨幅为2.3%；城镇登记失业率为2.25%。

（一）构建高质量发展体制机制开局良好

“破、立、降”取得积极成效。破除无效供给，基本实现“僵尸企业”市场出清，全面完成省下达淘汰落后产能任务。加快培育新动能，全市新增商事主体7.1万户，其中企业3.9万户，先进制造业、装备制造业、高技术制造业增加值占规模以上工业比重分别达54.8%、39%、29.3%。落实减税降费政策，累计为企业减负262亿元。促进土地节约集约利用，出台完善工业用地供应、加强项目用地开竣工监管等政策，新增建设用地702公顷，收储土地186公顷，处置闲置用地622公顷。

营商环境持续优化。实施营商环境综合改革行动方案，出台全省首部公共服务地方标准管理办法，企业开办时间和社会投资项目审批时间进一步缩减，政府公共服务总体满意度全省排名第三。深入推进“放管服”改革，下放市级事权108项，公布市级行政审批中介服务事项117项，取消证明事项134项。优化“一门式一网式”服务，348项办理事项实现“最多跑一次”，1302个政务服务事项实现“全城通办”。完成商事主体登记“多证合一”改革。国家信用示范市创建通过初评。

各类市场主体共同发展。完善国企改革发展政策体系，推动国有经济提质增效，市属国有资产总额达7183.68亿元、所有者权益达2595.33亿元、归属国有权益达1181.77亿元，分别增长16.8%、28.9%、19.3%。落实省“民营经济十条”，新增2个国家中小企业公共服务示范平台、3个省级小微企业双创示范基地，新设民营企业3.2万户、增长36.3%，民营经济固定资产投资额达864.07亿元、增长27.3%。落实省、市“外资新十条”，在市场准入、用地保障等方面优化政策，新设外资企业3973户、增长153.9%，实际吸收外资156.3亿元、增长26.9%。

（二）现代化经济体系建设扎实推进

实体经济发展态势较好。落实省、市“实体经济新十条”，在促进工业投资、技术改造、装备制造、智能制造等方面出台系列政策。投入109.7亿元完善园区基础设施，实施“十百千企业腾飞行动”，规模以上工业增加值达1082.14亿元、增长14%，工业对经济增长的贡献率达76.1%。与华为、富士康、华大基因、正大集团、平安集团等行业龙头开展战略合作，新引进好迪、优必选等77个亿元以上项目，伟创力工业4.0旗舰园、中兴智能汽车等128个亿元以上项目加快建设，福陆海工、恩捷新材料等49个亿元以上项目建成投产。鲲龙AG600飞机水上首飞成功，云洲智能中国首艘导弹无人艇成功试射，无人机验证飞行空域获批设立。

创新驱动战略深入实施。落实科技创新三年行动计划，出台培育引进“独角兽”企业、创新产品首购订购等政策，全社会研发经费支出占地区生产总值比重达2.8%，每万人口发明专利拥有量64件、有效注册商标拥有量352件。格力电器等企业获得第二十届中国专利金奖5项、占全省一半。扎实推进创新平台载体建设，抓住省启动建设第二批实验室的机遇，争取到南方海洋科学与工程省实验室在珠海布局，新增2家国家级、17家省级技术中心、56家省级工程技术研究中心和2家省级制造业创新中心，复旦创新研究院、横琴科学城加快建设，华南理工创新研究院、智慧产业园先导区投入使用，国家耗材、船舶及海工质检中心服务能力不断提升。规模以上工业企业研发机构覆盖率达41%。成功举办中国集成电路设计业年会。创新主体蓬勃发展，高新技术企业总数突破1900家，欧比特成功发射5颗高光谱卫星，纳睿达研发出相控阵雷达超精细化天气观测系统，光驭科技获中国创新创业大赛新材料行业成长组一等奖。

金融和人才支撑作用不断加强。出台实施“金融十四条”，建立风险补偿和政府金融资源激励机制，综合施策支持普惠金融发展，着力缓解企业融资难融资贵问题，中小微企业通过“政企云”投融资增信子平台获得贷款101.35亿元。出台科技融资奖励和科技信贷、创业投资风险补偿等措施，设立粤港澳前沿产业投资基金、科技天使基金。外商投资股权投资企业试点落地实施，跨境投融资便利化取得实质进展。抢占金融科技产业发展先机，市金融科技中心加快建设，横琴智慧金融产业园正式运营。出台珠海英才计划，举办系列人才主题活动，配建人才住房1171套，引进各类人才2.7万名、增长50%。5人入选国家创新人才推进计划，新增博士后工作站6家、博士工作站24家。

（三）全面开放新格局加快形成

自贸区制度创新提速。新推出18个方面66项改革创新举措，横琴对优质发展要素的吸引力进一步增强，新落户2家世界500强、1家中国500强企业，首届科技创业大赛吸引全球952家优秀科创团队参赛。一批制度创新成果领先全国，首创税务诚信报告免责体系，首个互联网金融仲裁平台投入运行，率先实施自贸区供用电规则，主导制定综合管廊运维管理国际标准，远程可视自助办税平台案例获国务院办公厅通报表扬，国际互联网数据专用通道获批，首家内地与港澳三地联营设计顾问机构挂牌运作。

区域合作深入推进。港珠澳大桥及口岸正式开通，“合作查验、一次放行”新模式落地实施。新签订金融、投资贸易、青年实习等珠澳合作协议，新成立珠澳青年交流促进会、珠港澳物流联盟，新增珠港、珠澳姊妹学校15所。成功举办粤港澳大湾区妇女创新创业大赛、首届“粤菜师傅”技能大赛。在全省率先为港澳台同胞提供住房公积金服务。第四条对澳供水管道基本完工，对澳供电全电缆线路通道投入使用。横琴粤港澳紧密合作示范区加快建设，新注册港澳企业774家、总数达2744家。粤澳合作产业园5平方公里净用地明确划定、21个项目开工。粤澳合作中医药科技产业园累计注册企业111家、孵化区科研总部大楼等投入使用，澳门青年创业谷新引进港澳项目47个、累计孵化港澳项目181个，跨境说网络科技等创新型企业快速成长。澳门单牌机动车入出横琴配额达2500辆。启用琴澳跨境视频调解平台，跨境消费维权实现“零跑动”。万山区与澳门共建的海洋功能食品研发中心、珊瑚研究中心、海洋海岛教学研究基地加快推进。实施“珠台52条”，台胞在珠发展更加便利。

开放水平不断提升。出台实施稳外贸系列政策，新增2家国家级外贸转型升级基地，获国务院批准建设跨境电商综合试验区。外贸结构持续优化，高新技术产品进出口增长24.5%，对“一带一路”沿线国家和地区进出口增长8.3%。城市对外交往影响力进一步提升，成功举办全球服务外包大会、中德人工智能大会、中以科技创新投资大会、中拉企业家高峰会、央视春晚分会场、中国国际马戏节、“海丝”论坛、亚洲帆板和风筝板锦标赛等活动。第十二届航展获得社会各界的广泛好评，43个国家和地区的770家厂商参展，现场签约合同金额212亿美元。新增5个国际友好（交流）城市，总数达32个、居全省地级市首位。加快创建国家全域旅游示范区，接待游客4311.31万人次、增长8.3%，实现旅游总收入466.16亿元、增长26.8%。

（四）营造共建共治共享社会治理格局取得实效

底线保障水平持续提升。九项民生支出399.93亿元、增长12.9%，占一般公共预算支出的69.8%。出台“促进就业十条”，新增城镇就业4.7万人。基本养老保险基础养老金由每人每月380元提高至400元。城乡低保、特困人员、户籍孤儿基本生活标准分别由每人每月896、1434、1580元提高至980、1568、1710元。基本医疗保险补贴由每人每年510元提高至550元，基本医疗保险家庭病床支付比例由70%提高至80%。人均生育津贴达1.2万元。为全市户籍残疾人购买每人100元的意外伤害保险，贫困重度残疾人集中托养补贴标准增幅达40%。精准帮扶困难职工标准由每人每年3000元提高至6000元。建成1140套保障性住房、3818套棚户区改造住房。公积金缴存覆盖率保持全省第一。

公共服务体系不断完善。全市新增普惠性幼儿园学位3838个、义务教育公办学位7860个，梅华幼儿园、格力小学、横琴一中、金湾一中、市技师学院金湾校区等投入使用，华中师大珠海附中签约落地。高等教育加快发展，在校研究生、引进院士数量增长均超过

20%。成功举办第四届中国教育创新成果公益博览会。新增医疗机构126家、健康细胞单元127个，家庭医生签约服务重点人群签约率超过70%。新建国家级胸痛中心、国医大师工作室等高水平诊疗中心，市人民医院、中大五院获评粤港澳大湾区高水平医院50强，省中医院珠海医院新住院大楼投入使用，市妇幼保健院异地新建项目主体结构封顶。20个社区体育公园建成使用，13个文化站升级改造，28个市民艺术中心加快建设。市图书馆及金湾、斗门图书馆获评国家一级馆。香湾、白藤等一批街道养老机构投入使用。新建45公里市政燃气管道，完成8.1万户老旧小区户外公共管道加建工作。供电可靠性排名全省第一。

社会治理能力得到加强。支持社会组织健康有序发展，全市依法登记社会组织达2422家、民办社工机构达82家，注册志愿服务组织达2248个、志愿者达35.3万人。启动“城市社会治理基础单元”改革试点，建立健全“十户联保、小组联防、村村联动”的农村基层治理新机制，数字城管延伸覆盖至所有村落，荣获全国社会治理创新示范市，香洲区成为全国社会治理和服务创新实验区。全面集中市级部门行政复议权，行政争议有效化解。全省食品安全示范城市创建通过中期评估。安全生产形势持续稳定，事故死亡人数下降10.9%，没有发生较大以上生产安全事故。强化自然灾害风险防控，建成一批海堤河堤加固达标工程，完成35处地质灾害隐患点治理。深入推进扫黑除恶专项斗争，打掉涉黑团伙4个、恶势力犯罪集团9个，查处“保护伞”38人。深化社会治安防控体系建设，发布“平安指数”2.0版，接报违法犯罪警情、刑事立案、严重暴力犯罪案件数量分别下降14.5%、4.9%和20.7%。圆满完成港珠澳大桥通车仪式、航展等重大活动安全保卫工作。

（五）城市建设步伐加快

交通建设加速推进。推动珠海金湾机场升级改造，航站楼保障能力翻番，旅客吞吐量达1122.1万人次、增长21.7%。莲洲通用机场一期顺利完工。黄茅海5万吨级航道一期工程开工，高栏港区集装箱码头二期、东澳岛客货运码头等项目建设进展顺利，珠海港货物吞吐量达1.38亿吨。洪湾中心渔港开港。高铁通达城市达52个，乘坐高铁和城轨出行人数达2315万人次、增长29%。新开工板樟山隧道扩建、兴业快线南段、珠机城轨二期三个交通骨干工程，香海大桥、洪鹤大桥、鹤港高速一期、金琴快线、兴业快线北段等项目加快建设，珠机城轨一期全线贯通。完成88项道路挖潜，打通14条断头路，新建5座人行天桥，实现127处信号灯智慧联网控制。出台公交优先新措施，新开通826路特快专线等公交线路10条，优化线路371条，建成公交专用道6条，更新投放新能源公交车1153台，票价调至“全城1元”，公交日均载客量突破100万人次。加快完善陆岛交通，新开4条航线，固定航班由5个增加到19个，新投放4艘高速客轮，桂山岛开通夜航，往来海岛更为便捷舒适。

新区新城建设有序铺开。出台横琴、保税区、洪湾片区一体化发展规划，十字门隧道、南湾大道改造工程动工，横琴隧道建成通车，瑞吉酒店、乾元酒店开业。西部生态新城建设提速提质，金湾片区公共文化中心完工，商务中心、服务中心和艺术中心加快建设，斗门片区大信新都汇开业运营，富山新城邻里中心开工，平沙新城生活配套加快完善。唐家科教新城建设持续推进，悦椿酒店开业，前环片区配套市政道路基本建成。

城市面貌明显提升。着力营造干净、整洁、安全、优美的城市环境，顺利通过全国卫生城市复审，恢复全国文明城市荣誉称号。启动文明珠海“随手拍”，认真办好量大面广的群众身边“小事”。开展泥头车专项整治，推动余泥渣土密闭运输，统一规范建筑工地围挡，推动主城区商铺“入室经营”，基本完成户外大型立柱广告清拆。超额完成省下达的违法建设整治任务。61条道路完成路面改造美化，主干道保洁水平显著提高。香山湖公园、海天驿站、大门口湿地公园等建成开放，情侣路、迎宾南路、前山立交、机场东路、城市部分出入口等重点区域环境提升成效明显。新建60公里绿道、70公里林荫道、40公里健康步道。完成香山古驿道6公里精华段修复，以古道串起古镇古村，让更多人品味香山古韵。新增三旧改造258公顷、完成改造201公顷，实施老旧小区微改造60公顷，启动上冲、东桥、翠微等旧村改造，兴业玻璃厂、恒信工业城等21个旧厂房改造项目全面推进。

（六）三大攻坚战成效初显

重点领域风险有效防控。加强政府债务管理，全面梳理处置政府和社会资本合作项目，政府债务保持在合理水平。超进度完成非法集资陈案处置工作，互联网金融合规性整改工作扎实推进，涉众型金融风险有效化解。坚持“房子是用来住的，不是用来炒的”定位，房地产市场调控政策取得阶段性预期效果，商品房销售价格保持基本平稳。持续推进国有企业降杠杆，企业的经营水平和风险防控能力得到提高。

污染防治攻坚战取得成效。推进中央环保督察“回头看”16个问题整改，完成全国集中式饮用水水源地环境保护专项行动23个问题整改。新增污水管网190公里，新增污水处理能力10万吨/天，富山工业园第一水质净化厂动工建设，全市地表水国考、省考断面水质100%达标，饮用水源水质100%达标，12条黑臭水体基本实现年度治理目标。全国水生态文明城市建设试点通过验收。全面开展建筑工地“六个100%”扬尘防控，推进道路扬尘、工业废气污染治理，传统能源公交车全部淘汰，陶瓷行业生产线“煤改气”全部完成，$PM_{2.5}$年均浓度为27微克/立方米、比上年下降10%，空气质量在全国169个重点城市排名第十一位。农用地、重点行业企业用地土壤污染状况详查扎实推进。

乡村振兴和脱贫攻坚有力推进。推动农业高质量发展，新增国家级示范合作社1家、省级特色小镇2个、省级农业龙头企业3家、省名牌农产品16个，莲洲镇被评为“中国禾虫之乡”，白蕉镇昭信村成功创建全国一村一品示范村，全国第一艘半潜船形智能化养殖渔场顺利投放，广东（珠海）种业博览会成功举办。实施村庄整治规划编制指引，改善农村人居环境，推进“三清三拆三整治”，清理积存垃圾14万立方米，建成垃圾收集点1106个，完成标准化公厕改造148座，拆除危旧房1866间，改善低收入群体住房553户。认真落实中央和省交办的扶贫任务，实施对口怒江产业帮扶项目45个、转移就业6439人，对口支援藏区库区项目31个，对口阳江、茂名精准扶贫产业项目609个。对口帮扶阳江的24个亿元以上项目落地建设。

一年来，我们按照省委和市委的决策部署，深入开展“大学习、深调研、真落实”工作，推动“思想大解放、作风大转变、效率大提升”，坚决全面彻底肃清李嘉、万庆良恶劣影响，持续深入推进中央巡视、中央扫黑除恶督导、国务院大督查等反馈问题整改，加强审计结果运用，强化廉政风险防控，建设法治政府，在全省依法行政考核中获评优秀，政府自身建设进一步加强。提请市人大审议法规草案5部、制定政府规章3部，认真办理市人大建议119件、市政协提案375件，顺利办结职业教育、交通建设等议案。双拥、民族、宗教、侨务、人防、气象、档案、流渔、供销、地方志、政务公开、海防打私、国防动员等工作取得新成效。

各位代表，2018年9月，强台风“山竹”来袭，创下珠海最大10分钟平均风力记录。面对大风、大浪、大潮叠加，我们科学部署、积极应对，及时转移10.8万名群众，果断实施交通管制，与澳门联动关闭所有口岸，在全体市民的积极配合下，做到“人不出门、车不上路”，实现了重大灾情面前无重大伤亡、无重大险情的防控目标。

各位代表，过去一年的成绩来之不易，这是党中央国务院、省委省政府和市委正确领导的结果，是上级各部门大力支持的结果，是全市人民共同奋斗的结果。在此，我代表市政府，向一直以来为珠海建设发展付出辛勤劳动的广大市民，表示崇高的敬意！向给予政府工作大力支持的人大代表、政协委员、各民主党派、各人民团体、各界人士，向关心支持珠海发展的中央驻珠单位、驻珠部队、省直部门、港澳台同胞、海外侨胞和国际友人表示衷心的感谢！

各位代表，我们也清醒地看到，政府工作还存在不少问题和不足。一是高质量发展存在不少短板。实体经济发展基础薄弱，拥有核心技术的创新企业不多。园区布局碎片化、同质化，产业集聚度不高。服务业发展与珠江口西岸核心城市的定位不匹配，占比低于全国和全省平均水平，商业氛围不浓、人气不旺、消费规模偏小。生态环境在相当程度上依赖自然禀赋，污水厂网存在历史欠账，固体废物处理能力有待提高。教育、医疗、养老等优质公共服务供给不足，城市建设管理不够精细。二是交通不畅依然是制约城市发展的突出问题。近年来交通建设虽有所提速，但内畅外联的交通主骨架仍未形成。对外大通道不足，市内快速通道没有成网成环，现有交通体系难以承载大湾区建设日益增长的人流物流，公交出行分担率较低，上下班高峰期拥堵问题仍未根本改善。三是统筹城乡、陆岛协调发展的力度仍需加大。乡村海岛发展与城区相比仍有较大差距，农村人居环境亟须全域整治提升，海岛基础设施、陆岛交通建设亟须加快。都市现代农业和海洋经济的发展水平，与珠海毗邻港澳的区位优势和拥有的丰富海洋海岛资源不相称，优质农产品、乡村及海岛旅游的品牌效应还不明显。四是对澳合作有待深化。横琴自贸区建设的活力与内涵还需进一步提升，公共服务配套尚不完备，产城融合需要提速，对澳门居民和投资者的吸引力有待增强，亟须推动更多创造型、引领型改革，在促进澳门产业多元发展上发挥更大作用。五是营商环境需进一步优化。创业就业及发展机会不充分，人才吸附能力不强，汇聚发展要素能力有限。民营企业及中小企业在用地用电、用工用料、市场开拓、融资等方面仍然存在不少困难，需要我们在加强招商引资工作的同时，更加注重对现有企业的帮扶和服务。对这些问题，要勇于面对，采取有效措施，切实加快解决。

二、2019 年工作部署

2019 年是中华人民共和国成立 70 周年和全面建成小康社会关键之年，是澳门回归祖国 20 周年、珠海建市 40 周年。习近平总书记对广东重要讲话和对珠海工作重要指示，为珠海经济特区新时代改革开放再出发指明了前进方向、提供了根本遵循。我们要深刻体会习近平总书记对珠海的信任与重托，牢牢把握粤港澳大湾区建设和港珠澳大桥通车带来的历史性机遇，积极应对国内外形势变化，进一步增强机遇意识、忧患意识、进取意识，自觉把珠海的工作放在中央和省赋予的战略定位中、放在全国全省发展的大格局中，切实肩负起新时代的新使命，推动思想再解放、改革再深入、工作再落实。要更加注重把握好促进澳门产业多元发展和加快自身发展的关系、城市能级量级提升和生态环境保护的关系、推动制造业高质量发展和加快现代服务业发展的关系、提升城市品质和招商引资的关系、集中财力办大事和激发区级发展活力的关系、谋大事和抓小事的关系，既对标最高最好最优、又落细落小落具体，真正把发展机遇转化为发展优势，加快建设新珠海、新经济、新生活，打造粤港澳大湾区经济新引擎、独具特色令人向往的大湾区魅力之城和践行新发展理念的典范城市，为全国改革开放探索新鲜经验，为促进港澳融入国家发展大局、维护港澳长期繁荣稳定贡献力量，努力在广东构建“一核一带一区”区域发展新格局、实现“四个走在全国前列”、当好“两个重要窗口”中发挥更大作用。

做好今年政府工作的总体要求是：高举习近平新时代中国特色社会主义思想伟大旗帜，全面贯彻党的十九大和十九届二中、三中全会以及中央经济工作会议精神，认真贯彻落实习近平总书记对广东重要讲话和重要指示批示精神、在庆祝改革开放 40 周年大会上的重要讲话精神，全面落实省委十二届五次、六次全会和市委八届五次、六次全会部署，统筹推进“五位一体”总体布局，协调推进“四个全面”战略布局，坚持稳中求进工作总基调，坚持以人民为中心的发展思想，坚持新发展理念，坚持推动高质量发展，坚持以供给侧结构性改革为主线，坚持深化市场化改革、扩大高水平开放，统筹推进稳增长、促改革、调结构、惠民生、防风险工作，打好三大攻坚战，着力提高发展平衡性和协调性，坚持不懈推进全面从严治党，深入落实“1+1+9”工作部署，保持经济持续健康发展和社会大局稳定，以优异成绩庆祝中华人民共和国成立 70 周年。

建议 2019 年经济社会发展的预期目标和约束性指标为：地区生产总值增长 7.5% 左右；规模以上工业增加值增长 10%；固定资产投资增长 10%；社会消费品零售总额增长 8%；外贸进出口保持正增长；一般公共预算收入增长 7%；居民人均可支配收入增长 8%；居民消费价格涨幅、城镇登记失业率均控制在 3% 以内；城镇新增就业 3 万人；主要污染物总量减排和大气、水环境质量完成省下达的目标。

围绕上述发展目标，重点安排以下工作：

（一）全面深化改革开放

深度融入粤港澳大湾区建设。把粤港澳大湾区建设作为全面深化改革开放的大机遇、大文章抓紧抓实办好，坚持设施“硬联通”和机制“软联通”并举，促进各类要素便捷流动和优化配置，共建富有活力和国际竞争力的一流湾区和世界级城市群。管好用好港珠澳大桥，谋划建设广江珠澳高铁、广中珠澳高铁和伶仃洋公铁通道，更好承接港深、广佛极点的辐射，加快建设珠江口西岸核心城市，携手澳门打造大湾区经济新增长极。在口岸通关、双向投资、多元合作、贸易便利化等方面积极探索，推动规则相互衔接，构建新型合作模式。推动专业资格互认，落实技术移民政策，促进跨境交流交往、创新创业。主动对接"广州—深圳—香港—澳门"科技创新走廊建设，建立跨境产学研合作机制，探索在生物医药、海洋科技等领域共建特色科创中心。建设珠澳跨境金融合作示范区，扎实推进外商投资股权投资企业试点。建设珠港澳粤菜研究院。携手港澳发展港珠澳大桥旅游，推动粤港澳游艇自由行全面落地实施。加强公共服务政策对接，研究制定更多便利港澳居民在珠发展措施。开展港澳青年来珠实习计划、青年同心圆计划。联合澳门共建中国设计博物馆，推动香山古驿道与澳门历史街区步行系统对接。加快平岗至广昌原水供应保障工程和广南梅供水管道工程建设，建成对澳供电第三通道。携手港澳深度参与国际合作，共建"一带一路"重要支撑区，建设好中拉经贸合作园、中以科技创新产业园、中德人工智能研究院等平台，积极融入全球经贸创新网络，务实开展人文领域交流合作。

牢记初心推进横琴建设。深入贯彻落实习近平总书记视察横琴重要指示精神，提高政治站位，强化政治担当，牢牢把握横琴开发建设的正确方向，不辜负总书记的殷切嘱托，主动加强对澳合作，丰富合作内涵，拓展合作空间，发展新兴产业，促进澳门经济发展更具活力。担当好先行先试的重要职责，争取国家支持创新分线管理制度等标志性重大改革事项，打造粤澳特别合作区。全面梳理现有土地使用和项目建设情况，提高粤澳合作项目比重，重点发展中医药、高新技术、特色金融、会展、休闲旅游等产业。按照"澳门资源＋全球技术＋创新人才＋横琴载体"模式，加快粤澳合作产业园、横琴澳门青年创业谷建设。争取先行先试医疗健康政策，推动粤澳合作中医药科技产业园加快发展。建设横琴金融岛，设立澳门特色金融服务基地。加快横琴科学城建设，携手澳门共同发展特色芯片设计、测试和检测等相关产业。推动横琴国际休闲旅游岛相关政策落地，配合澳门建设世界休闲旅游中心。实施"港资港模式、澳资澳模式"，创新工程审批管理。将澳门莲花口岸整体搬迁至横琴，实施"合作查验、一次放行"通关模式。制定跨境办公专项政策，鼓励澳门企业在横琴跨境办公。深化民生合作，争取开工建设集养老、居住、教育、医疗等功能于一体的综合民生项目"琴澳新街坊"。

推动改革举措落地生效。以落实机构改革为契机，加快政府职能转变，大幅减少政府对资源的直接配置，凡是市场能自主调节的就让市场来调节，凡是企业能干的就让企业干。继续推进"放管服"改革，尽可能把资源、服务、管理下沉到基层。深化供给侧结构性改革，落实好"巩固、增强、提升、畅通"八字方针。完善考核评估体系，推动园区差异化发展，促进产业集聚集群发展。做好第三次土地调查，强化项目用地监管，盘活低效用地，加大土地收储力度。开展亩产效益评价，促进正向激励和优胜劣汰，推动资源向优质企业和产品集中。持续深化营商环境综合改革，实施能评、环评等区域评估制度，推进审批标准化改革。落实"证照分离""照后减证"，提高商事主体开办便利度。全面实施市场准入负面清单制度，破除各种隐性障碍，保障各类市场主体公平竞争。建立行政审批中介服务事项清单动态调整机制，促进中介服务市场健康发展。深化国资国企改革，减少管理层级和同质化竞争，提升国企竞争力。

（二）着力促进经济平稳增长

积极扩大有效需求。在先进制造业、现代服务业、现代化基础设施等领域谋划推进一批重大投资项目，安排年度重点项目208个、投资576亿元，力促36个项目建成投产、54个项目开工建设。在市场准入、用地保障、产权保护等方面优化投资环境，鼓励社会资本参与基础设施、旅游、养老等项目建设。积极开展促消费系列活动，加强市场监管，营造安全放心的消费环境。支持房地产合理自住需求，坚决遏制投机炒房。加快充电基础设施建设，落实好新能源汽车车辆购置税优惠政策，促进二手车便利交易，推动汽车消费优化升级。创建国家全域旅游示范区，提升旅游产业附加值。扩大文化产品供给，培育文化消费理念。促进信息消费，发展面向社区生活的线上线下融合服务。健全家政服务标准和服务规范，支持家政服务品牌建设。抓好外贸转型升级基地建设，新增1～2个外贸公共服务平台。促进服务贸易发展。培育外贸新业态，推进跨境电商"两平台六体系"建设。鼓励进口高新技术产品、先进设备和紧缺资源性产品。

实实在在解决企业困难。构建亲清新型政商关系，积极与企业接触沟通，主动热情做好服务，切实解决企业发展难题。畅通政企沟通渠道，健全企业家参与涉企政策制定机制，出台支持民营企业及中小企业高质量发展政策措施。继续降低企业用地用气用电成本，实施社会保险费率优惠政策。完善园区路网及生活配套设施，支持企业建设职工宿舍，实行重点企业技能型人才推荐入户，帮助企业留住员工。完善科技企业投融资和中小微企业信贷风险补偿机制，对企业实施重点项目建设给予贷款贴息支持，降低企业融资成本。发挥珠海基金作用，帮助有发展前景的企业纾解流动性困难。落实好自主创新产品首购订购政策，支持本地企业产品应用和市场推广。用好龙头企业专业服务资源池，带动中小企业发展提升。

防范化解重大风险。着力处置金融领域风险点，重点治理风险源头，加强金融风险排查预警，继续推进非法集资陈案化解，深入开展互联网金融领域风险整治。严格执行政府债务限额，坚决制止违法违规举债。深化预算编制执行监督管理改革，提升财政资源配置效率和使用效益。切实防范财政支出风险，树立过紧日子的思想，坚持有保有压，严控“三公”经费预算，把有限的财力用在刀刃上。建立房地产市场平稳健康发展的长效机制，保持调控政策连续性稳定性，把稳地价、稳房价、稳预期落到实处。着力化解国有企业经营和债务风险。

（三）加快建设现代产业体系

推动制造业高质量发展。做优产业存量，继续实施“十百千企业腾飞行动”，力争超百亿级企业达7家、高新技术企业达2100家。“一企一策”支持第一梯队企业发展，充分保障格力电器产业用地，配套建设伟创力小镇，支持丽珠集团等企业做大做强。推动联邦制药、光宇电池、晨新科技等第二梯队企业增资扩产，给予第三梯队科技型中小企业全生命周期扶持。实施新一轮工业企业技改三年行动计划，开展智能制造模式推广应用。做大产业增量，完善招商工作市级统筹机制，面向发达国家和国内大型企业开展精准招商，建立重大项目洽谈引进绿色通道，争取更多项目落地珠海。推进利盟激光打印机等68个亿元以上项目加快建设，推动烽火海洋网络设备等60个亿元以上项目建成投产。开展质量提升行动，构建与国际接轨的优质标准和认证体系，以品牌建设引领制造业提质增效。

大力发展战略性新兴产业。加快发展新一代信息技术、高端装备制造、生物医药、新能源及新能源汽车、节能环保、数字创意、新材料等产业，培育一批“独角兽”和“瞪羚”企业。推进软件产业转型升级，积极布局大数据、人工智能等产业，形成新一代信息技术产业集聚区。紧抓集成电路设计环节，集中力量引进集成电路全产业链项目，建设集成电路高端设计与制造基地。继续实施先进装备制造业三年行动计划。依托金湾生物医药产业基础、横琴粤澳合作医药发展平台，建设生物医药产业发展联动带。引导新能源及节能环保产业向西部集聚，建设绿色低碳产业示范基地。发展数字经济，建设窄带物联网、5G网络等信息基础设施，培育新兴数字产业应用，推动4K产业发展。高水平建设航空产业园、通用航空产业综合示范区。

加快发展现代服务业。抓住港珠澳大桥开通给珠海服务业发展带来的绝佳机遇，积极吸引承接港澳优质服务业，汇集国内外高端服务业，提升商贸、旅游、会展、物流、金融等产业发展水平，争取服务业发展上台阶。精准引进国际顶级财团和实力企业，在港珠澳大桥珠澳口岸人工岛、高新区、西部生态新区等地建设一批商贸综合体和品牌酒店，满足大湾区优质生活圈消费需求。整合盘活闲置及低效使用的各类物业，着力发展楼宇经济，重点发展商务商贸、金融科技、文化创意等产业，落实加强总部企业发展实施办法，培育一批“专业楼”“亿元楼”。加快发展现代物流业，重点发展“珠港陆空联运”及拓展业务，推动第三方物流和冷链物流发展，建设电商快递结合产业园。依托珠海独特区位优势、一流会展场馆优势和已有展会品牌优势，引进和培育更多专业展会，做大做强会展经济。发挥生产性服务业在研发设计、流程优化、市场营销、物流配送、节能降耗等方面的引领带动作用，推进先进制造业与现代服务业深度融合。

增强自主创新能力和实力。发挥自贸区、自创区联动优势，力争在大湾区国际科技创新中心建设中占有一席之地。加强基础研究和应用基础研究，创新管理体制和运营机制，加快建设南方海洋科学与工程省实验室。发挥好空调设备及系统运行节能等国家重点实验室作用，推进电机与控制院士工作站、智慧海洋院士工作站、格力电器新一代人工智能开放平台等创新载体建设。支持企业建立研发机构，主动对接国家、省重大科技专项实施。深化与中山大学、澳门大学、复旦大学、暨南大学等合作，建设新型研发机构。完善企业孵化育成体系，力争科技企业孵化器达33家。建设标准国际化创新型城市、国家知识产权示范城市，筹建省海洋工程装备产业计量测试中心，加快建设新能源汽车国家质检中心，推动国家知识产权保护中心落地，建设好横琴国际知识产权交易中心。促进科技金融发展，引导横琴的私募股权基金、创业投资资本投资珠海企业。做好上市公司培育，鼓励企业抢滩科创板。落实好英才计划，深化人才评价和职称制度改革，开展特色引才活动，加大柔性引才力度，在子女就学、配偶就业、医疗保障等方面为人才提供高效便捷服务，出台人才安居管理办法，新建人才住房800套，力争全年引进各类人才4万名。

（四）开展新一轮交通大会战

加快构建交通主骨架。完善重点交通项目推进机制，做细做深前期工作，想方设法破解拆迁难题，着力推进交通骨干工程建设。推动对外通道畅通便捷。推进洪鹤大桥、鹤港高速建设，推动黄茅海大桥实施，构建港珠澳大桥直通粤西快速通道。加快兴业快线、金琴快线建设，有效连通深中通道。完善市内交通路网，启动金港大桥前期工作，加快金海大桥、香海大桥及支线建设，打造由金琴快线、香海支线、南湾大道、昌盛路、兴业快线、金唐东路构建的主城区环线。推动珠机城轨一期运营，争取把地铁纳入国家和省相关规划，启动城市轨道交通相关工作。

推进交通重要节点建设。尽快完成机场升级改造，推进航展停机坪租赁及改造、航空公司运营维修基地建设，补齐机场保障能力短板，支持开通更多航线。统筹好机场建设、航展中心提升、航空产业园发展，加快推进机场改扩建、机场综合交通枢纽、航空物流园建设。推动机场口岸对外开放，发挥珠港机场合作优势，拓展国际公务机业务。推进莲洲通用机场投入运营。开展港口规划修编，建设高栏港综合保税区，加快提升港口能级量级，完成黄茅海5万吨级航道一期工程，加快高栏港区集装箱码头二期工程建设，完成高栏港区15万吨级主航道工程竣工验收，推动对外开放水域进一步扩大。统筹推进口岸建设，完善口岸布局，加快九洲港口岸重建、湾仔口岸迁建、拱北口岸改造，完成横琴口岸旅检大厅、青茂口岸建设。

系统治理交通拥堵。启动珠海大桥扩建工程，实施珠海大道大货车高峰期限行。加快板樟山新增隧道建设，全面完成主城区道路沥青罩面改造。强化道路挖潜，打通断头路，建设一批人行天桥，优化完善交通信号灯和交通标志，提高道路通行能力。加强交通组织，保持路面见警率。强化科技治堵，推进智慧交通信号协调控制系统二期工程建设。加强“五类车”和交通违法行为整治，维护道路交通秩序。支持智能立体停车场建设。鼓励企业、园区、学校等开通通勤车。建设公交都市，加密公交线路，加大公交车投放，加强公交专用道执法，让公交出行更加便捷。

（五）提高发展平衡性和协调性

实施区域发展新战略。推进发展空间南进西拓北接东优，尽快拉开城市框架。南部对接港澳推进横琴、保税区、洪湾片区一体化建设，推进洪湾大道、十字门隧道、大横琴山隧道、横琴医院、横琴市民艺术中心等项目建设。加快西部生态新区建设，推进金湾创业大厦、斗门科创中心、富山产业服务中心、平沙新城中心公园、鸡啼门特大桥等项目进展，确保华中师大珠海附中首期建成招生。北部对接深中通道建设唐家科教新城，推进金琴快线北延线、高新互通立交建设，加快完善南北围、后环等片区路网。东部优化提升香洲主城区，加大城市更新推进力度，对老旧工业区和混杂在园区的城中村实施连片改造，为新兴产业发展和公共设施补短板腾出空间。加快“三溪”科创小镇、香洲科创中心、拱北口岸商业中心等项目进展，推动洪湾等旧村改造、凯威东大等旧厂房改造、夏湾农贸市场等旧城镇改造。加快“烂尾楼”盘活处置。

全面实施乡村振兴战略。落实乡村振兴战略规划，做强富民兴村产业，制定促进农村一二三产业融合发展、集体经济发展壮大等政策。做好良种及农业科技推广，建设高标准基本农田1.41万亩。推进国家农业科技园、台湾农民创业园、现代农业产业园建设，为大湾区居民供应优质农产品。实行点状供地政策支持乡村产业发展，加快岭南大地田园综合体、十里莲江、逸丰生态园等项目建设。实施农业龙头企业培优工程，支持农村电商发展。推进美丽宜居乡村建设，年内基本完成“三清三拆三整治”任务。围绕供水、供气、供电、水利、网络、道路、路灯、垃圾处理、污水治理、房屋改造等十大要素，推动农村基础设施提档升级。加强农村“三资”管理服务平台建设，完成农村集体产权制度改革。健全市内精准帮扶长效机制，继续加大对低收入群体的综合帮扶。扎实做好对口怒江扶贫协作、对口支援藏区库区和对口阳江、茂名精准扶贫工作，带动社会力量参与脱贫攻坚。拓展扶贫地区特色农产品销售渠道，丰富珠海市民菜篮子。做好对口阳江产业帮扶和对口黑河合作工作。

保护利用好海洋海岛资源。落实珠海经济特区海域海岛保护条例和无居民海岛开发利用管理规定，推动海洋海岛绿色可持续发展。加大对中华白海豚和珊瑚礁的保护。推进“美丽海岛”建设，加快渔村更新改造，建成大万山岛、东澳湾污水处理站，完成海岛存量垃圾转运整治。实施海岛基础设施建设三年投资计划，加快推进大万山岛环岛路、万山湾客运码头、桂山岛十三湾防波堤、大万山岛和外伶仃岛水库扩建等项目建设，加快陆岛危险货物运输码头、外伶仃岛石涌湾客货运码头防波堤、东澳岛和大万山岛客运码头防波堤前期工作。推动外伶仃岛大电网上岛，完善边远有居民海岛的通讯网络。引进国际知名企业，推动滨海旅游提质升级。建设省级海洋科创特色小镇。

（六）打造大湾区魅力之城

全面提升城市品质。坚持全市发展“一盘棋”，高标准编制国土空间整体规划，统筹各类空间性规划，推进“多规合一”和空间“一张图”管理，促进生产空间集约高效、生活空间宜居适度、生态空间山清水秀，成为粤港澳大湾区优质生活圈的重要组成部分。按照“山形可看可达可憩”“水体要清要动要养”“岸线自然安全品质”的要求，加强城市修补和生态修复。新建一座观光塔，打造十字门、九洲两个商务区，建设野狸岛、银坑半岛、石景山三大公共空间，擦亮港珠澳大桥、情侣路、万山群岛、横琴长隆四张名片，提升圆明新园、唐家古镇、斗门水乡、温泉酒店、特色商业街等五个片区的品质和内涵，打造独具特色的城市“打卡”目的地。实施景观亮化工程，新建大型建筑同步配建照明设施，完善地标建筑照明，打造璀璨雅致、动静相宜的都市夜景。以文化涵养城市品格，鼓励本土文艺创作，打造艺术之城、书香之城。新城新区要注重人文特色，对老旧街区更多采用微改造方式，修旧如旧、建新如故，在保留建筑肌理的基础上提升功能、传承文化。办好中国国际马戏节、莫扎特国际青少年音乐周、WTA超级精英赛、ATP250巡回赛、沙滩音乐节、留学生节、泛珠三角赛车节等活动。全方位加强城市宣传推介，展示更有韵味、更具活力的城市形象。

加强城市精细化管理。深化城市管理体制机制改革，整合部门职能，下沉工作资源，做实镇街网格化管理。健全城市管理法规体系，推进基础设施、园林绿化、地下空间等行业标准统一、相互衔接，制定洒水降尘、共享单车管理等政府规章，实现管理标准精细化。下足“绣花”功夫，对主干道、城市主要出入口、城轨站点、口岸、机场等周边环境进行综合提升。统筹规范供电、供水、电信、燃气、道路等各类标牌标志以及监控监测设施的建设设置。严控新栽大树、名贵树，合理移植现有树木，绿化美化更多通过撒种、育苗，营造花开花落、色彩丰富、四季更迭的自然生态景观，建设名副其实的花园城市。建立环卫保洁长效机制，提高环卫机械化水平。开展背街小巷专项整治，及时修复破损市政设施，不留卫生死角、不留管理盲区，确保每一个角落、每一寸土地都有人管理和服务。推进“厕所革命”新三年行动计划。用铁的手腕强化违法用地、违法建设整治。加强工地管理，杜绝施工扰民。支持有条件的老旧小区加装电梯。加快智慧城市应用项目建设，推进城市智能化管理。

巩固提升生态优势。推进“公园之城”和“千里绿廊”建设，新建20公里健康步道、40公里林荫道、9个乡村绿化美化点。建设百里碧道，打造绿色水域岸线空间。推进海绵城市试点建设，继续做好中欧低碳生态城市综合试点工作。建立水源保护区生态补偿逐年递增机制。全面落实河长制、湖长制，深化水环境综合治理，开展“五清”专项行动，力争完成17条黑臭水体整治。启动富山第二水质净化厂建设，加快井岸、白藤、新青等水质净化厂提标改造，完成香洲、拱北、吉大、南区等水质净化厂提标改造。深化排水管理体制改革，启动排水设施信息化管理系统建设，全面推进管网清淤和病害治理，新建改建污水管网610公里。推进土壤污染防治，重点做好农用地和建设用地土壤污染状况详查、分级分类管控、安全利用及治理修复工作。强化危险废物规范化处理处置监管，力争实现固体废物100%自主处理。加快推进中信生态环保产业园基础设施配套工程和环保生物质热电工程二期建设，开工建设污泥处置中心一期、医疗废物处置中心和餐厨垃圾处理一期工程。巩固提升空气质量，常态化落实工地管理“六个100%”，强化工业废气治理，持续整治“散乱污”企业，严惩偷排偷放，保住“珠海蓝”金字招牌。

（七）切实保障和改善民生

提高就业和社会保障水平。积极应对就业形势变化，完善就业创业扶持政策，制定公益性岗位管理办法，加大就业困难人员就业援助力度，有效促进在珠高校毕业生留珠就业创业，开展重点企业职业技能精准培训。落实工匠培育计划，大力弘扬工匠精神。实施“粤菜师傅”工程，建设5个培训基地。稳步提高社会保险待遇水平，基本养老保险基础养老金提高至每人每月430元，低保标准提高至每人每月不低于1020元。基本医疗保险补贴提高至每人每年590元。在全省率先实施附加补充医疗保险。探索建立工伤保险长期照护制度。加快推动市级养老服务机构及市社会福利中心二期建设。加大住房保障力度，拓宽住房保障覆盖面和保障形式，完善保障性住房管理平台建设，建立多主体供给、多渠道保障、租购并举的住房供应与保障体系。

大力发展教育卫生事业。推进基础教育资源均衡配置省级试点工作，出台西部地区教育振兴攻坚行动计划，落实第二期特殊教育提升计划、学前教育第三期行动计划。新增公办学校10所、改扩建学校12所，新增学位17320个。推进名师培养工程，试行合同聘任制教师管理模式。对接产业需求，优化职业教育专业结构，建设职业教育公共实训基地。办好中国教育创新成果公益博览会。建设高水平大学，推动中山大学珠海校区海洋科学等楼群建成使用、北师大珠海校区秋季招生。实施“健康珠海2030”规划，加强重点人群健康服务。深化公立医院改革，推进精准疾控。支持市人民医院、中大五院进军省高水平医院建设“登峰计划”，加快推进市人民医院科研综合楼及放疗中心、市妇幼保健院易地新建、市慢性病防治中心及配套道路建设，稳步推进市西部医疗中心建设。强化基层卫生服务，推动中医药适宜技术基层全覆盖，开展国家基层高血压医防融合试点工作。

健全公共文化服务体系。建立深化文明城市建设常态化机制，加强公民思想道德建设，持续提升市民文明素质。加快文化基础设施建设，推动市博物馆和规划展览馆对外开放，实现基层文化设施全部达标。完善全民健身公共设施，加强社区体育公园和小型足球场等建设。加快儿童活动场所建设，推动村居儿童之家全覆盖。保护传承好历史文化，做好革命历史文物、古镇古村和非物质文化遗产的保护利用，申报建设国家历史文化名城。

提升公共安全保障能力。深化安全生产领域改革，加强城市安全风险排查管控，坚决遏制较大以上生产安全事故发生。完善火灾防控体系，推进消防安全“三个十万”工程。建设市中心粮库和粮食批发市场，确保粮食安全。加强食品药品安全监管，开展餐饮服务街区整治。落实基础设施人防要求。实施海堤提升工程，开展市区水浸点和农村易涝区域综合整治。完善城乡社区治理，推进信访工作制度改革，健全社会矛盾纠纷多元化解机制。深化平安珠海建设，创建全国禁毒示范城市，构建多维一体的反恐工作新格局，升级加固社会治安防控体系。深入开展扫黑除恶专项斗争，铲除黑恶势力滋生土壤。严厉打击盗抢骗、黄赌毒及电信诈骗等新型违法犯罪。争创全国双拥模范城“九连冠”。加强智慧海防建设和打私工作。

扎实推进十件民生实事。一是提供更加便捷的公交服务。新增10条公交线路，重点开通跨区快速公交。新增投放500辆纯电动公交车。支持发展定制公交。增加微循环公交，打通园区、村居出行“最后一公里”。二是开展小学生校内课后服务。全市70%以上具备条件的小学为有需求的学生提供早餐、午餐及托管看护服务，有效解决家长的后顾之忧。三是建设长者饭堂。新建18处社区居家养老配餐试点，为老年人提供集中用午餐及助餐送餐服务，逐步解决老人做饭难、吃饭难的问题。推动有条件的长者饭堂拓展日间照料等服务。四是推进农贸市场改造。完成25家硬件设施残旧、不达标的农贸市场升级改造，为老百姓提供安全、整洁、卫生、舒适的购物环境。五是改善陆岛交通。完善海岛基础设施，推动陆岛交通客运公交化，进一步拓展航线、加密航班，市民享受8折船票优惠。六是加快普及管道天然气。新建40千米市政燃气管道，完成4万户老旧小区住宅的户外公共燃气管道加建工作。七是加强防灾减灾救灾能力建设。整治103处地质灾害隐患点。配强应急救援力量，充实抢险救灾物资和装备。八是完善基层派出所便民设施。修缮40个派出所，重建3个派出所。推进智慧派出所建设，推动窗口服务进驻各级行政服务中心。九是完善医疗卫生信息便民服务。在全市二级以上公立医院实施一码通用、一网联通、一键诊疗、一站会诊、一体服务的信息便民就医措施。十是提升园林管养水平。提升公园品质，做好主干道树木修剪和公共绿地日常管养，开工建设香炉湾城市阳台。

（八）加强政府自身建设

全面推进依法行政。强化法治思维，坚持科学民主依法决策，推行行政程序法定化，落实政府法律顾问制度，让改革发展各项工作始终沿着法治轨道前行。深化以区级为主的综合行政执法改革，推行行政执法“三项制度”。加强政务公开工作，及时回应社会关切。深入开展宪法宣传教育活动，加大全民普法力度。认真落实市人大及其常委会的各项决定，确保人大议案、建议和政协提案涉及问题得到有效解决。

提高行政服务效能。深化政务服务改革创新，打造数字政府，推动政务服务“全城通办”“一网通办”，拓展“粤省事”在珠海移动服务应用，建成数据互联互通公共资源交易平台。推动“一门式”综合受理模式向基层延伸。加强干部队伍建设，用好容错纠错机制，激励干部担当作为，开展好电视问政，强化行政执行力建设，让企业和群众真正感受到“思想大解放、作风大转变、效率大提升”的实际成效。

加强政府系统党的建设。落实新时代党的建设总要求，把坚持和加强党的全面领导贯彻到政府工作全过程、各领域。严明政治纪律和政治规矩，牢固树立“四个意识”、坚定“四个自信”、做到“两个维护”。认真落实中央八项规定及实施细则精神，驰而不息整治“四风”，力戒形式主义、官僚主义。发挥审计监督作用，抓好国资国企、重大项目、专项资金等重点领域及关键岗位的廉政风险防控。

各位代表，使命呼唤担当，实干成就梦想。我们将在市委的坚强领导下，在市人大、市政协的监督支持下，坚定信心、闻鸡起舞、日夜兼程、风雨无阻、狠抓落实，确保圆满完成今年的各项目标任务，以优异成绩庆祝中华人民共和国成立70周年！

链　接：

名词解释和有关情况说明

1.“放管服”：是简政放权、放管结合、优化服务的简称。“放”即简政放权，降低准入门槛；“管”即公正监管，促进公平竞争；“服”即高效服务，营造便利环境。

2.“最多跑一次”：是指群众和企业到政府部门申请办事时，在申请材料齐全、符合法定受理条件时，从受理申请到最终形成办理结果，整个过程一次上门或零上门。

3.“全城通办”：是指企业和群众在办理业务时不受所属区域的限制，在市、区行政服务中心或同一部门（系统）的市、区对口政务服务窗口均可办理。

4.省“民营经济十条”：是指《关于促进民营经济高质量发展的若干政策措施》，包括优化审批服务、放宽市场准入、降低民营企业生产经营成本等10条政策措施。

5.省“外资新十条”：是指《广东省进一步扩大对外开放积极利用外资政策措施（修订版）》，包括扩大市场准入领域、加大利用外资财政奖励力度、加强用地保障等10个方面政策措施。

6.市“外资新十条”：是指《珠海市扩大对外开放促进外资增长若干措施》，包括财政奖励、用地保障、人才支撑、金融服务等政策措施。

7. 省“实体经济新十条”：是指《广东省降低制造业企业成本支持实体经济发展的若干政策措施（修订）》，包括加强重大产业项目用地保障、降低工业企业用地成本、盘活工业企业物业资产等10个方面61项政策措施。

8. 市“实体经济新十条”：是指《珠海市降低制造业企业成本支持实体经济发展的若干政策措施（修订版）》，包括降低企业税收负担、用地成本、社保负担、用电用气成本、融资成本等10个方面62项政策举措。

9. “十百千企业腾飞行动”：是指《珠海市实施工业企业培育“十百千计划”工作方案》提出的，通过培育形成10家以上超百亿级龙头企业、100家以上超十亿级骨干企业和1000家以上成长性较好的中小企业。

10. 创新产品首购订购政策：是指《珠海创新产品政府首购和订购工作实施办法》。其中首购是指符合国家相关法律法规及产业技术政策，代表先进技术发展方向，首次投向市场、暂不具备市场竞争力，但具有较大市场潜力，需要重点扶持的创新产品，通过政府采购方式由采购人首先采购的行为；订购是指对于采购人需要研究开发的重大创新产品、技术、软科学研究课题等，通过政府采购的方式确定研究和生产机构的行为。

11. 南方海洋科学与工程省实验室：是指广东省从海洋科学、海洋技术、海洋工程和海洋经济等方向进行建设布局的省级实验室，在广州、珠海、湛江市同步建设推进。实验室将围绕国家安全战略、国际海洋科技前沿、经济社会发展需求，集聚粤港澳乃至全球海洋高端科技人才，整体提升海洋科技创新能力和区域经济社会发展服务能力，做大做强海洋产业集群，引领全省海洋经济整体发展，助力国家“海洋强国”、广东“海洋强省”和粤港澳大湾区国际科技创新中心建设。

12. “金融十四条”：是指《珠海市进一步加强中小微企业金融服务若干措施》，包括设立中小微企业融资担保基金、强化风险补偿机制、鼓励股权投资等14条政策措施。

13. “政企云”投融资增信子平台：“政企云”是为全市企业提供政策推送、诉求办理、融资增信、成果转化、服务对接和人才培训等综合服务的平台。多家银行及其他金融服务机构加入投融资增信子平台，企业通过系统提交融资需求，实行专人跟进，采取线上线下结合方式，撮合融资贷款。

14. 粤港澳前沿产业投资基金：是以珠海基金为依托，联合第三方风险投资机构、龙头企业等发起设立的产业投资基金，首期规模100亿元，旨在为“独角兽”企业提供高效率多层次的风险资本支持。

15. 外商投资股权投资企业试点（QFLP试点）：指允许由外国企业或个人参与投资设立外商股权投资企业或管理企业（即私募基金或基金管理人），以非公开方式向境内外投资者募集资金，投资于国内非公开交易的企业股权的试点制度安排。

16. 税务诚信报告免责体系：是指对税收政策未明确的涉税事项，鼓励纳税人主动诚信报告重大涉税事项，日后按规定补缴税款的，可免除罚款及滞纳金的制度体系。

17. 互联网金融仲裁平台：是国内首个专门处理和解决P2P网贷、小额网贷、消费贷等与互联网金融紧密相关的金融争议或纠纷的互联网仲裁平台。

18. “珠台52条”：是指《关于促进珠台经济文化交流合作的若干措施》，包括深化珠台经贸合作、促进珠台社会文化交流、支持台胞在珠就学实习就业创业、便利台胞在珠居住等4个部分52条政策措施。

19. “促进就业十条”：是指《珠海市进一步促进就业十条政策措施》，包括适度降低社会保险等成本、降低企业招工费用、加强重点用工企业服务等10个方面政策措施。

20. 华中师大珠海附中：是华中师范大学珠海附属中学的简称，该校位于斗门区乾务镇，是由珠海市人民政府与华中师范大学合作开办的公办中学。

21. 粤港澳大湾区高水平医院50强：是指受省卫生健康委委托，由香港艾力彼医院管理研究中心对香港、澳门、广东省的所有医院综合竞争力进行第三方评价，评选出来的综合实力排名在前50位的高水平医院。

22. “城市社会治理基础单元”：是以城市干道合围形成的区域作为社会治理的基础单元，在基础单元内建设完善以基层党组织为核心，整合政府管理、社会组织服务、居民自治、志愿服务等力量共同参与的基层社会治理新格局。

23. “平安指数”2.0版：在平安指数1.0版违法警情、交通警情和消防警情三项指标的基础上，新增“城市管理”指标，重新构建测算模型，形成的新版平安指数。

24. 文明珠海“随手拍”：是对不文明行为曝光的一种方式，市民可以将环境卫生、交通出行和其他城市建设管理等方面的问题，在“文明珠海”微信公众号上曝光，对收集到的各类不文明现象将按职责进行分转办理，并及时督促检查。

25. 香山古驿道：是广东省11条南粤古驿道重点线路之一。因珠海、中山、澳门古时同属大香山地区，珠海境内现存的“岐澳古道”“长南迳古道”“凤凰山古道”“金星门水道”等多条古驿道统称为“香山古驿道”。香山古驿道是近代广东地区民众走向世界、开风气之先的重要通道。

26. “六个100%”：是施工扬尘防治的要求包括工地周边100%围挡、物料堆放100%覆盖、出入车辆100%冲洗、施工现场地面100%硬化、拆迁工地100%湿法作业、渣土车辆100%密闭运输。

27. 半潜船形智能化养殖渔场：指可以依据不同养殖阶段，灵活调整吃水深度，并且具备机械化、自动化乃至无人化管理功能的一体化水产养殖设施装备。

28. “1+1+9”工作部署：是省委十二届四次全会提出的工作部署，其中第一个“1”是指以推进党的建设新的伟大工程为政治保证，第二个“1”是指以全面深化改革开放为发展主动力，“9”是指9个方面重点工作：一是以粤港澳大湾区建设为重点，加快形成全面开放新格局；二是以深入实施创新驱动发展战略为重点，加快建设科技创新强省；三是以提高发展质量和效益为重点，加快构建推动经济高质量发展的体制机制；四是以构建现代产业体系为重点，加快建设现代化经济体系；五是以大力实施乡村振兴战略为重点，加快改变广东农村落后面貌；六是以构建“一核一带一区”区域发展新格局为重点，加快推动区域协调发展；七是以深入推进精神文明建设为重点，加快建设文化强省；八是以把广东建设成为全国最安全稳定、最公平公正、法治环境最好的地区之一为重点，加快营造共建共治共享的社会治理格局；九是以打好三大攻坚战为重点，加快补齐全面建成小康社会、跨越高质量发展重大关口的短板。

29. “巩固、增强、提升、畅通”：是2018年中央经济工作会议提出的八字方针，分别指巩固“三去一降一补”成果，增强微观主体活力，提升产业链水平，畅通国民经济循环。

30. “照后减证”：是“证照分离”改革的重要举措，原则是能减尽减，能合则合，分别采用适当管理方式将许可类的“证”分离出来，尽可能减少审批发证，有效区分“证”“照”功能，着力破解“准入不准营”难题。

31. 跨境电商“两平台六体系”：“两平台”指线上综合服务平台和线下产业园区平台，“六体系”指信息共享、金融服务、智能物流、电商诚信、统计监测、风险防控六大体系。

32. 窄带物联网：是万物互联网络的一个重要分支，构建于蜂窝网络，只消耗大约180kHz的带宽，可直接部署于GSM网络、UMTS网络或LTE网络，可降低部署成本、实现平滑升级。

33.“瞪羚”企业：是以科技创新和模式创新为支撑，进入高成长期的企业，具有成长速度快、创新能力强、专业领域新、发展潜力大等特征。

34. 4K 产业：是指超高清视频产业。

35. 楼宇经济：是指以商务楼、功能性板块和区域性设施为主要载体，通过开发、出租楼宇引进企业，带动税源增长的集约型、高密度的经济形态。

36. 珠港陆空联运：是指通过采取通关便利模式，实现内地往来香港国际机场的进出境货物在港珠澳大桥无障碍快速通关，并通过在境内建设配套“货站”的方式，在大桥以外指定区域实施集中装运配送，将香港机场与珠海物流设施更加紧密地结合，实现粤港澳大湾区跨境货物陆空运输的无缝对接和协同发展。

37.“多规合一”：是指通过强化国民经济和社会发展规划、城乡规划、土地利用规划、环境保护等各类规划的衔接，协调和消除各类规划在空间布局上的差异和矛盾，推动确保“多规”确定的保护性空间、开发边界、城市规模等重要空间参数一致，并在统一的空间信息平台上建立控制线体系。

38. 空间“一张图”：是指以城市总体规划和土地利用总体规划“两图合一”为核心，划定基本农田保护线、城市发展边界以及生态控制红线等管控线，统筹各类空间规划，实现各类规划管控要素自上而下纵向传导，形成统一的空间规划“一张图”。

39. 一座观光塔：在九洲港及周边地段，规划建设一幢标志性观光建筑。

40. 野狸岛、银坑半岛、石景山三大公共空间：分别指在野狸岛区域，以珠海大剧院为中心，完善码头、岛桥、山体公园、灯光等设施，供市民游客休闲漫步、欣赏品味的公共空间；在高新区银坑半岛规划建设市民文化艺术馆、半岛公园等市政设施，供市民休闲、学习、交流共享的公共空间；在香炉湾核心区，北接望海亭，南到海滨公园，东西向连通景山公园与香炉湾沙滩，建设水道、绿道、栈道、索道，将山湖海草林等生态资源相连，依山就势打造山海城一体的公共空间。

41.ATP250 巡回赛：是指由职业网球联合会组织的国际网球赛事，其中的 250 是指赛事的冠军可以获得 250 个积分。

42.“五清”：是指清理非法排污口、清理水面漂浮物、清理底泥污染物、清理河湖障碍物、清理涉河湖违法违建。

43.“登峰计划”：是广东贯彻落实健康中国战略、打造卫生强省、提升广东医疗卫生核心竞争力的重要举措，省财政将在 2018—2020 年共投入约 60 亿元，分两批推出 20 家左右重点建设医院，支持开展学科建设、人才引进和教学科研平台建设，每家医院投入 3 亿元左右。

44.“三个十万”工程：是指为 10 万户中低收入家庭配发简易消防应急包，培训 10 万名专兼职义务消防员，为每个公立幼儿园、公立养老院投入 10 万元补齐消防安全短板。

45. 定制公交：是指根据需求和客流情况设计出的公交线路，是点对点的一站直达式班车。

46. 一码通用、一网联通、一键诊疗、一站会诊、一体服务：指建设居民电子健康码，实现医疗健康服务“一码通用”；建设两级健康信息平台，实现医疗卫生机构“一网联通”；优化再造服务流程，实现看病就医“一键诊疗”；推进远程医疗平台建设，实现远程医疗“一站会诊”；发展互联网医疗服务，实现线上线下“一体服务”，全面提升人民群众卫生健康获得感。

47. 香炉湾城市阳台：即石景山公共空间。

48. 行政执法“三项制度”：是指行政执法公示制度、执法全过程记录制度、重大执法决定法制审核制度。

·责任编辑：潘杜鹃·

年度关注

习近平考察广东第一站来到珠海

新华社广州2018年10月25日电　中共中央总书记、国家主席、中央军委主席习近平近日在广东考察时强调，进入新时代，国际国内形势发生广泛而深刻的变化，改革发展面临着新形势新任务新挑战，我们要抓住机遇、迎接挑战，关键在于高举新时代改革开放旗帜，继续全面深化改革、全面扩大开放。越是环境复杂，我们越是要以更坚定的信心、更有力的措施把改革开放不断推向深入。

十月的南粤大地，金风送爽，丹桂飘香。10月22日至25日，习近平在中共中央政治局委员、广东省委书记李希和省长马兴瑞陪同下，先后来到珠海、清远、深圳、广州等地，深入企业、高校、乡村、社区，就贯彻落实党的十九大精神、深化改革开放、推动经济高质量发展等进行调研。

22日下午，习近平考察了珠海横琴新区粤澳合作中医药科技产业园。该产业园是《粤澳合作框架协议》下首个落地项目。习近平结合视频、沙盘、中医药产品展示，了解横琴新区规划建设以及产业园建设运营、中医药产业发展和国际交流合作情况。习近平走进车间，察看中药制品生产流程。在研发检测大楼，科研人员纷纷向总书记问好。习近平指出，中医药学是中华文明的瑰宝。要深入发掘中医药宝库中的精华，推进产学研一体化，推进中医药产业化、现代化，让中医药走向世界。他强调，建设横琴新区的初心就是为澳门产业多元发展创造条件。横琴有粤澳合作的先天优势，要加强政策扶持，丰富合作内涵，拓展合作空间，发展新兴产业，促进澳门经济发展更具活力。

傍晚时分，习近平来到格力电器股份有限公司，考察企业加强自主核心技术研发、推动产业优化升级情况。在科技展厅、精密模具车间，习近平认真观看企业产品和技术展示，详细了解企业创新发展和党建情况，称赞他们在贯彻落实党中央关于自主创新决策部署方面做到了真学真懂真信真用。在空调设备及系统运行节能国家重点实验室，习近平同科研人员亲切交谈。他指出，实体经济是一国经济的立身之本、财富之源。先进制造业是实体经济的一个关键，经济发展任何时候都不能脱实向虚。中华民族奋斗的基点是自力更生，攀登世界科技高峰的必由之路是自主创新，所有企业都要朝这个方向努力奋斗。实现中华民族伟大复兴宏伟目标时不我待，要有志气和骨气加快增强自主创新能力和实力，努力实现关键核心技术自主可控，把创新发展主动权牢牢掌握在自己手中。总书记离开企业时，职工们聚拢在道路旁欢送。习近平同他们挥手告别，大家齐声高呼："请总书记放心！我们一定加倍努力，让世界爱上中国造！"掌声、歌声、欢呼声响彻夜空。

25日下午，习近平听取了广东省委和省政府工作汇报，对广东各项工作给予肯定。他希望广东认真贯彻新时代中国特色社会主义思想和党的十九大精神，贯彻落实好党中央决策部署，推动思想再解放、改革再深入、工作再落实。

习近平强调，广东是改革开放的排头兵、先行地、实验区，改革开放以来党中央始终鼓励广东大胆探索、大胆实践。广东40年发展历程充分证明，改革开放是党和人民大踏步赶上时代的重要法宝，是坚持和发展中国特色社会主义的必由之路，是决定当代中国命运的关键一招，也是决定实现“两个一百年”奋斗目标、实现中华民族伟大复兴的关键一招。总结好改革开放经验和启示，不仅是对40年艰辛探索和实践的最好庆祝，而且能为新时代推进中国特色社会主义伟大事业提供强大动力。要掌握辩证唯物主义和历史唯物主义的方法论，以改革开放的眼光看待改革开放，充分认识新形势下改革开放的时代性、体系性、全局性问题，在更高起点、更高层次、更高目标上推进改革开放。

习近平对广东提出了4个方面的工作要求。一是深化改革开放。要把粤港澳大湾区建设作为广东改革开放的大机遇、大文章，抓紧抓实办好。要在更高水平上扩大开放，高标准建设广东自由贸易试验区，打造高水平对外开放门户枢纽。要继续推进改革，抓好改革举措的协同配套、同向共进。二是推动高质量发展。要发挥企业创新主体作用和市场导向作用，加快建立技术创新体系，激发创新活力。要大力发展实体经济，破除无效供给，培育创新动能，降低运营成本，推动制造业加速向数字化、网络化、智能化发展。要深入抓好生态文明建设，统筹山水林田湖草系统治理，深化同香港、澳门生态环保合作，加强同邻近省份开展污染联防联治协作，补上生态欠账。要切实保障和改善民生，把就业、教育、医疗、社保、住房、家政服务等问题一个一个解决好、一件一件办好。三是提高发展平衡性和协调性。要加快推动乡村振兴，建立健全促进城乡融合发展的体制机制和政策体系，带动乡村产业、人才、文化、生态和组织振兴。要加快形成区域协调发展新格局，做优做强珠三角核心区，加快珠海、汕头两个经济特区发展，把汕头、湛江作为重要发展极，打造现代化沿海经济带。要推动物质文明和精神文明协调发展，不断提升人民文明素养和社会文明程度。要全面推进法治建设，提高社会治理智能化、科学化、精准化水平。四是加强党的领导和党的建设。要牢固树立“四个意识”，坚定“四个自信”，坚决维护党中央权威和集中统一领导。要严明政治纪律和政治规矩，落实新形势下党内政治生活若干准则，涵养风清气正的政治生态。要坚持正确选人用人导向，建设忠诚干净担当的高素质专业化干部队伍。要继续推进作风建设，整治各种隐形变异“四风”问题，防范商品交换原则向党内渗透，规范政商交往行为，加快构建亲清新型政商关系。

丁薛祥、刘鹤、何立峰和中央有关部门负责同志陪同考察。

（市委办）

港珠澳大桥开通

新华社珠海2018年10月23日电　一桥连三地，天堑变通途。港珠澳大桥开通仪式2018年10月23日上午在广东省珠海市举行。中共中央总书记、国家主席、中央军委主席习近平出席仪式，宣布大桥正式开通并巡览大桥，代表党中央向参与大桥设计、建设、管理的广大人员表示衷心的感谢、致以诚挚的问候。

中共中央政治局常委、国务院副总理韩正出席仪式并致辞。

港珠澳大桥跨越伶仃洋，东接香港特别行政区，西接广东省珠海市和澳门特别行政区，总长约55公里，是“一国两制”下粤港澳三地首次合作共建的超大型跨海交通工程。大桥开通对推进粤港澳大湾区建设具有重大意义。

开通仪式在珠海口岸旅检大楼出境大厅举行。9时30分，伴随着欢快的迎宾曲，习近平等步入仪式现场，全场起立鼓掌。

在观看了反映大桥建设情况视频后，中共中央政治局委员、广东省委书记李希，香港特别行政区行政长官林郑月娥，澳门特别行政区行政长官崔世安和韩正先后致辞。

10时许，习近平走上主席台，宣布："港珠澳大桥正式开通！"全场响起热烈掌声。

开通仪式结束后，习近平等乘车从珠海口岸旅检大楼出发巡览港珠澳大桥。伶仃洋上，云开日出、烟波浩渺，海天一色、清风徐来，港珠澳大桥如同一条巨龙飞腾在湛蓝的大海之上。

东人工岛位于港珠澳大桥水上桥梁和水下隧道的衔接部分，是大桥建设中的关键节点工程。习近平等乘车来到这里，登上西侧平台眺望大桥，结合图片、模型详细了解大桥建设情况，并会见了大桥管理和施工等方面的代表，同他们一一握手、亲切交谈。他指出，港珠澳大桥是国家工程、国之重器。你们参与了大桥的设计、建设、运维，发挥聪明才智，克服了许多世界级难题，集成了世界上最先进的管理技术和经验，保质保量完成了任务，我为你们的成就感到自豪，希望你们重整行装再出发，继续攀登新的高峰。

习近平强调，港珠澳大桥的建设创下多项世界之最，非常了不起，体现了一个国家逢山开路、遇水架桥的奋斗精神，体现了我国综合国力、自主创新能力，体现了勇创世界一流的民族志气。这是一座圆梦桥、同心桥、自信桥、复兴桥。大桥建成通车，进一步坚定了我们对中国特色社会主义的道路自信、理论自信、制度自信、文化自信，充分说明社会主义是干出来的，新时代也是干出来的！对港珠澳大桥这样的重大工程，既要高质量建设好，全力打造精品工程、样板工程、平安工程、廉洁工程，又要用好管好大桥，为粤港澳大湾区建设发挥重要作用。

韩正在开通仪式致辞中表示，推进粤港澳大湾区建设是习近平总书记亲自谋划、亲自部署、亲自推动的重大国家战略。港珠澳大桥建成开通，有利于三地人员交流和经贸往来，有利于促进粤港澳大湾区发展，有利于提升珠三角地区综合竞争力，对于支持香港、澳门融入国家发展大局，全面推进内地、香港、澳门互利合作具有重大意义。要坚持以人民为中心的发展思想，在一流桥梁、一流口岸基础上提供一流运营服务，将港珠澳大桥打造成为联结粤港澳三地的"民心桥"。要进一步简化审批流程、缩短通关时间，将港珠澳大桥打造成为香港、澳门和内地协同创新、融合发展的纽带。要把工程建设关键技术转化为行业标准和规范，将港珠澳大桥打造成为中国桥梁"走出去"的靓丽名片。

丁薛祥、刘鹤参加上述活动。董建华、何厚铧、梁振英参加开通仪式。何立峰主持开通仪式。

中央和国家机关有关部门、广东省、香港特别行政区、澳门特别行政区有关负责人员，以及粤港澳三方参建部门，港珠澳大桥管理局，大桥设计、监理、施工单位代表等参加开通仪式。

2009年12月15日，港珠澳大桥工程开工建设。2017年7月7日，主体工程全线贯通。大桥在设计理念、建造技术、施工组织、管理模式等方面进行一系列创新，标志着我国隧岛桥设计施工管理水平走在了世界前列。大桥将于10月24日9时正式通车运营。

（新华社记者霍小光、张晓松、周强）

（《珠海特区报》2018年10月24日01版）

庆祝改革开放40周年

2018年是改革开放40周年。回望过去，自1980年8月中央批准设立珠海经济特区，珠海致力于发挥"试验田"和重要"窗口"作用，为全国全省做出重要贡献。

经济实力快速跃升　2017年

GDP、人均GDP、一般公共预算收入分别为2564.73亿元、14.91万元和314.38亿元，按可比口径计算分别比1980年年均增长18%、13.1%、23.4%，按现价计算分别是1980年的981.6倍、207.1倍、860.8倍。

改革创新硕果累累 率先在全国全省推出60多项改革创新举措，包括实施“百万科技重奖”，执行城市建设“八个统一”、土地管理“五个统一”、环境保护“八个不准”等政策，探索实行土地统征，在经济管理体制、社会管理体制、城市规划建设管理、生态文明建设等领域提供经验借鉴。

对外开放成效显著 与世界221个国家和地区建立贸易关系，推动横琴自贸区建设，积极探索商事登记、金融创新、分线管理等领域改革创新。珠港澳合作不断深化，澳门大学横琴新校区、粤澳合作产业园等一批项目建成，港珠澳大桥通车，为“一国两制”正确实施、维护港澳长期繁荣稳定、促进澳门经济适度多元发展作出应有贡献。

城乡建设日新月异 坚持规划先行、生态优先，优化城市空间布局，建成港口、机场、口岸、高速公路、城轨等重大交通基础设施，保持优美的生态环境，获得联合国“国际改善人居环境最佳范例奖”、国家生态园林城市、国家环保模范城市等荣誉。农村基础设施建设和公共服务水平迈上新台阶，农村常住居民人均可支配收入、村集体收入实现较快增长。

民生社会事业取得新进步 不断加大民生投入，建成一批教育、医疗、文化、体育公共设施，率先实施中小学12年免费教育，创办大学园区，率先建立城乡一体化全民医疗保障制度，基本公共服务均等化水平显著提高。创建文明城市，弘扬社会主义核心价值观，市民思想道德素质得到提升。安全生产、消防、食品药品监管等工作得到加强，社会保持和谐稳定。

民主法治不断完善 坚持党的领导、人民当家作主和依法治国有机统一。支持人大、政协依法履行职能。巩固发展最广泛的爱国统一战线，以改革推动群团组织提高工作和服务水平。加强基层民主建设，健全基层自治组织和民主管理制度。全面推进依法治市，不断促进社会公平正义。

党的建设扎实推进 坚持和加强党的建设和党的领导，在思想政治建设、干部队伍建设、人才发展、反腐倡廉等方面进行积极探索，为经济社会健康发展提供坚强政治保证。

2018年，在改革开放40周年之际，珠海组织实施一系列文艺宣传庆祝活动。

主题文化庆祝活动 举办“永不停步的征程——珠海市庆祝改革开放40周年交响音乐会”，珠海原创歌曲《那片明珠那片海》在晚会中首演。举办“勇立潮头——珠海市庆祝改革开放40周年美术作品展”，由广东省美术家协会、中共珠海市委宣传部、珠海市文学艺术界联合会主办，珠海市美术家协会、珠海市古元美术馆承办，展出全国著名画家及珠海本土画家骨干专题创作的美术作品70幅，用艺术作品展现改革开放带来的历史性变迁。

主题文艺作品 创作和推出庆祝改革开放40周年主题歌曲《新时代属于我》，反映珠海新时代新风貌的大型油画作品《珠海》，反映大桥建设历程的纪录片电影《港珠澳大桥》，委托广东广播电视台制作三集大型纪录片《再出发——珠海与改革开放40周年》，全面展示珠海改革开放以来取得的新成就新面貌。

主题宣传报道 策划开展“庆祝改革开放40年——见证”异地主题采访活动。以粤港澳大湾区建设和港珠澳大桥建成通车为契机，推出粤港澳大湾区主题系列宣传。策划推出“改革开放40周年——特区行”系列宣传，走访深圳、汕头、厦门、海南等经济特区，梳理其他特区发展经验，促进城市交流和互学互鉴。策划推出“改革开放 珠海当先”系列宣传，盘点改革开放以来珠海创下的全国第一，展现珠海作为改革开放的“试验田”、对外开放“窗口”的重大贡献。

（市委办 市委宣传部）

链　接：

改革开放 40 年珠海创下的全国第一纪录选录

1978 年 11 月，全国第一家“三来一补”企业——香洲毛纺厂动工。

1979 年 11 月，新中国第一家“中外合作”旅游企业石景山旅游中心在珠海签约诞生。

1985 年 3 月，中国银行珠海分行在珠海发行国内第一张银行卡——中银卡。

1988 年 1 月，珠海在全国率先实施土地管理制度改革“五个统一”，即统一规划、统一征用、统一开发、统一管理、统一有偿出让。

1992 年 3 月，珠海在全国首开科技重奖先河。

1992 年，珠海获评首批国家园林城市。

1992 年 10 月，珠海率先提出环境保护“八个不准”，为珠海环境保护划定不可逾越的政策底线，也成为珠海生态文明建设不断进步的重要支点。

1993 年 11 月，珠海出台全国首部社会保险法规《广东省珠海经济特区职工社会保险条例》。

1993 年 11 月，珠海市公安局在全国率先研发并应用旅馆业治安管理信息系统，初步实现治安管理信息化。

1997 年 6 月，中国第一座 220 千伏综合自动化变电站——珠海南屏变电站正式投入运行。

1998 年 7 月，珠海市获联合国“国际改善居住环境最佳范例奖”，获批全国首批国家旅游模范城市、全国第一批环保模范城。

2000 年，珠海开通全国首条税务热线。

2003 年 9 月，珠海率先出台国内首部保障律师执业的地方性法规《珠海市律师执业保障条例》。

2007 年 7 月，珠海正式实施 12 年免费教育，对本市户籍的中小学生实行免费教育，义务教育阶段免书杂费、学费，高中教育阶段免学费。

2009 年 8 月，国务院批准实施《横琴总体发展规划》。珠海横琴的发展上升为国家战略，定位是中国第一个粤港澳紧密合作示范区。

2009 年 12 月，全国第一个知识产权法庭在珠海市高新区挂牌成立。

2010 年 4 月，珠海成立全国首家耗材质检中心。

2012 年 2 月，珠海发出全国第一份反家暴“远离令”。

2012 年 9 月，全国第一个整合惩防腐败相关职能的机构——珠海市横琴新区廉政办公室挂牌成立。

2013 年 3 月，珠海在全国率先立法改革商事登记，颁布实施《珠海经济特区商事登记条例》《珠海经济特区商事登记条例实施办法》。

2013 年 7 月 20 日零时，与澳门隔水相望、隧道直通的澳门大学横琴新校区启用，由澳门特区政府正式接管，校区内实施澳门特别行政区法律，这是澳门特区法律首次在澳门以外的地方实施。开创“一国两制”的崭新探索和实践。

2013 年 9 月，中国银联在横琴新区举办银联标准多币种卡首发仪式，属全国首创。

2014 年 11 月，珠海成为全国首个以镇（街）为单位每天发布综合平安状况量化指数的地级市，形成以各区、镇（街）党委政府为主体、相关职能部门共同参与，集研判、预警、督导、问责、动员于一体的“平安指数”工作机制。

2016 年 1 月，珠海获评国家首批生态园林城市。

2017 年 9 月，珠海获第一批国家生态文明建设示范市命名。

（市委宣传部）

促进澳门经济适度多元发展

【珠澳互联互通】 2018年，珠澳高层互访实现常态化，为推动珠澳深度务实合作奠定基础。对照澳门中联办要求珠海市支持协调事项，珠海推动解决深化横琴与澳门的合作、延长澳门单牌车临时牌照有效期问题、促进珠海成为国家跨境电子商务综合实验区、港珠澳大桥澳门口岸区封关后建设、支持澳门修建挡潮闸工程、加强珠澳青年交流等事项。5月30日，2018年珠澳合作会议在珠海召开，重点围绕共同推进横琴自贸区发展、口岸建设、海洋合作等进行讨论，签订合作框架协议，调整并增设合作工作小组。9月15日，第八届澳珠合作发展论坛在澳门举行，粤澳两地专家学者和政府相关部门人士近200人参会，主题包括澳门青年在珠创业、珠澳金融合作和科创合作。推进与港澳地区开展多领域、全方位的青少年交流合作工作。年内组织15批572人次港澳青年和学生参加“南海前哨钢八连”军事体验等活动。在全省率先为港澳台同胞提供住房公积金服务。万山区与澳门共建的海洋功能食品研发中心、珊瑚研究中心、海岛教学研究基地加快推进。第四条对澳供水管道完工，平岗至广昌原水供应保障工程和广南梅供水管道工程全面开工。

（曾示男）

【政策支持】 2018年，珠海市配合国家和省发改委起草推进粤港澳大湾区建设的规划政策，提请设立市推进粤港澳大湾区建设领导小组及其办公室，组织召开领导小组第一次全体会议，印发领导小组及其办公室议事规则，开展推进粤港澳大湾区建设研究课题，牵头形成《珠海市推进粤港澳大湾区建设实施方案（稿）》《珠海市推进粤港澳大湾区建设三年行动计划（稿）》《珠海市推进粤港澳大湾区建设近期工作要点（稿）》《珠海市推进粤港澳大湾区建设创新政策库（稿）》和《珠海市推进粤港澳大湾区建设重点项目库（稿）》。

（刘慧娜）

【珠澳创新通关模式】 2019年10月23日，中共中央总书记、国家主席、中央军委主席习近平宣布港珠澳大桥正式开通。大桥采取“三地三检”通关模式，实行24小时通关。三地口岸由三地政府各自负责设立和管理，均位于各自属地内。其中，珠海、澳门之间采取“合作查验、一次放行”创新模式，即取消两地口岸之间的缓冲区，直接把两个口岸连在一起，旅客只需要排一次队就可完成出入境手续。

（珠 鉴）

【横琴新区以改革创新服务澳门经济适度多元发展】 2018年，横琴新区深入贯彻习近平总书记“始终要不忘初心，促进澳门经济适度多元发展”重要指示精神，从四个角度创新举措服务澳门经济适度多元发展。

以便利澳门投资者为核心，构建便利化的跨境登记注册体系。推出商事登记一门式服务，在横琴投资的澳门企业最快可于1个工作日内领取营业执照。建立覆盖数千家银行网点及澳门粤澳工商联会等商会协会的跨境导办服务体系，澳门投资者在澳门可实现横琴商事登记与银行结算账户开立“一条龙”办理。在企业专属网页推出智能档案查询系统，澳门投资者在澳门可远程自助查询、打印档案。年内横琴新区新增澳资企业302家，在横琴注册的澳资企业累计1412家，注册资本866.4亿元。

以打造趋同港澳营商环境为核心，通过提示清单、免罚清单、惩戒清单构建涵盖事前、事中、事后的立体化监管体系，实现对港澳投资者事前提示、事中首次轻微违法免罚、事后失信联合惩戒。年内为企业提供查询服务6万次，发布失信联合惩戒企业5316家。

以跨境知识产权保护为核心，构建互融互通的知识产权保护环境。做大做强横琴国际知识产权保护联盟，凝聚境内外资源保护知识产权，至年底，有澳门成员单位16家、香港成员单位6家。

以服务澳门建设世界旅游休闲中心为核心，打造跨境消费维权体系。引入澳门诚信店，推出“横琴诚信店”品牌，实现与澳门诚信店的互认。至年底，横琴有诚信店23家，其中澳资诚信店4家。10月31日，建立直通澳门的消费维权网络调解与仲裁系统，让澳门消费者通过在线方式参与调解、仲裁。年内办理涉澳跨境消费维权13宗，为澳门消费者挽回实际经济损失42.58万元。（邱书明）

【珠澳产业合作】 2018年，横琴新区新增澳资企业302家。粤澳合作中医药科技产业园加快建设，GMP中试大楼、研发检测大楼、科研总部办公大楼投入使用，园区内注册企业111家，其中澳门企业27家。粤澳合作产业园5平方千米净用地明确划定，年内新签约项目3个，新供地项目3个，新开工项目4个，累计24个项目取得项目用地、21个项目开工建设，余下2.57平方千米用地项目遴选实行由澳门特区政府主导的新规则，建立联合评审机制，并启动招商。横琴·澳门青年创业谷新引进澳门创业项目47个，累计引进澳门创业项目170个，与澳门建立跨境孵化合作机制，举办多期“澳门青年创业训练营”活动，跨境说网络科技等创新型企业快速成长。

（丁宏辉）

第十二届中国国际航空航天博览会

2018年11月6—11日，第十二届中国国际航空航天博览会（简称第十二届航展）在珠海国际航展中心举办。中共中央总书记、国家主席、中央军委主席习近平致信，向第十二届航展的举办致以热烈的祝贺，向出席航展的各国代表、企业家等各界人士表示诚挚的欢迎。中共中央政治局委员、中央军委副主席许其亮，中共中央政治局委员、广东省委书记李希，国务委员王勇，全国政协副主席何厚铧、梁振英，全国人大常委会原副委员长顾秀莲、热地，中央军委装备发展部部长李尚福，空军司令员丁来杭等党、政、军领导出席开幕式。全国政协副主席刘奇葆、原国务院副总理马凯等领导人及副部（少将）以上嘉宾272人参观航展。

43个国家和地区的770家参展商参展。室内展览面积超10万平方米，室外展览面积近40万平方米，展示各种型号飞机146架。航展期间，举行签约仪式、峰会论坛、主题推介会、新产品发布会、市场预测会等190场次。签订合作协议书和意向书569个，总值212亿美元。成交各型号飞机239架。接待53个国家的200个军政贸易代表团，其中包括40多个国家的空军代表团以及近15万人次的专业观众；普通观众约30万人次。第十二届航展呈现档次高、规模大、亮点多、效应强、服务好的特点；航展期间，相关道路零拥堵、观展群众零滞留、参运车辆零事故，交通整体保障服务水平被誉为“历届最好”。

标注蓝天盛会 该届航展一是规模再创历史新高。国内外770家参展商参展，数量比上届增长10%，其中国外展商350家，比上届增加30家，占比近45%；包括美国、俄罗斯、法国、德国、英国等在内的国家展团数量显著增加；室内展览面积比上届增长22%；地面装备动态演示区面积由上届的7万平方米扩大至近11万平方米。二是展品结构首次实现“陆、海、空、天、电”全领域覆盖，使航展的防务色彩更为浓厚。中国民航系统及航空航天、兵器、电子等领域的龙头企业携更多新产品、新技术、新成果参展，包括首次亮相的装备国产新型推力矢量发动机的歼-10B验证机、刚刚完成水上试飞的国产大型水陆两用飞机AG600、CR929

远程宽体客机1∶1样机机身、空间站核心舱等；中国船舶系统相关企业携海上防务展品参展；国际展商除巴基斯坦空军继续携枭龙战机参展参演外，巴西航空工业公司首次展示旗下最新款E195-E2支线客机，空客、湾流、俄罗斯直升机、安萨特直升机、德事隆集团也分别携旗下主力机型参展。闭幕日（11月11日）恰逢中国空军建军69周年，中国空军展示歼-20、运-20、空警-500预警机、歼轰-7A等现役武器装备。三是形成“陆空一体”演示新格局，飞行表演与地面装备动态演示交相辉映。中国空军4架歼-20以新涂装、新编队、新姿态进行飞行表演，成为展会最大亮点；航空工业自主研制的歼-10B推力矢量验证机展示过失速机动飞行；空军航空大学“红鹰”飞行表演队首次亮相，与中国空军“八一”飞行表演队竞技蓝天；中国自主研制的运-20大型运输机、ARJ21新支线客机及米-171、ATR-42等国内外明星机型进行性能示范飞行。同时，兵器工业、兵器装备、北汽集团、燕京汽车、东风汽车5家参演单位携坦克、装甲车、防务突击车、越野车等近40个型号装备，模拟部队日常训练场景，现场演示爬纵坡、过壕沟、过涉水池、蛇形机动等项目，全面展示中国军事装备现代化、正规化建设的成就和风貌。

设立主题展区　该届航展航空工业、航天科技、中国电科等均设立主题展区，突出展示中国在商业航天、网信领域参与“一带一路”建设的重要成果，吸引“一带一路”沿线国家派团观展——来观展的200个军政贸易代表团中，近60%来自“一带一路”沿线国家。航空工业设立“融合创新主题展区”，以AG600、运-20、AC系列通用直升机、多品种通用飞机展现集团拓展航空应用、服务国计民生的最新成果；航天科技、航天科工围绕商业卫星发射与应用、智能装备、云网建设、节能环保等领域，突出展示服务国民经济与社会发展的项目；中国电科、中国电子重点展示网络信息体系最新解决方案；中国和平利用军工技术协会、中国国防工业企业协会、广东省分别设立专题展区，集中展示航空航天、无人机、智能制造以及新能源、新材料等领域的军民两用技术优秀成果。

呈现航展品牌　一是商贸交流成果丰硕。该届航展吸引来自53个国家的200个军政贸易代表团，举办各类专业主题活动190场，签订合作协议书和意向书569个，总值212亿美元，成交飞机239架。二是招商引资卓有成效。该届航展上，珠海航空产业园和欧比特、云洲智能、珠海羽人、纳睿达、紫燕等珠海本地企业设立特装展台，展示形象和技术成果，寻求更为广阔的合作；市商务局、珠海航空产业园和珠海航展有限公司合作举办军民两用新材料产业对接会、“2018通航之夜”、无人机创新发展研讨会、新材料研究院揭牌暨项目落户签约仪式等系列招商活动。三是媒体高度关注，国际影响力持续提升。来自世界各地的425家媒体、2850名记者作现场报道，境内外主流媒体及网站对珠海航展的报道及转载文章6.12万篇，其中境外媒体原创报道2727篇。中央广播电视总台进行长达10小时的现场直播，播报航展报道总数逾230条。新浪微博涉航展话题逾70个，累计阅读量超40亿次。四是航空航天科普、爱国主义教育及国防教育功能更加显著。三天公众日接待普通观众约30万人次。各参展单位通过模型、VR虚拟技术演示、互动体验等展示，让观众零距离亲身感受航空航天科技的魅力，激发现场观众的爱国热情和自豪感。市统战及外事部门将该届航展开辟为爱国主义教育的重要平台，分别组织侨领代表、台湾退役将军团、港澳台侨留学生、港澳青年代表团和爱港爱澳人士观看航展。

开展精细服务　该届航展落实以人民为中心的理念，多措并举，着力改善参展体验，做到交通不堵车、餐饮不涨价、酒店不宰客。按照“公交先行、集约出行”原则组织实施交通方案，首次开通广州、东莞、佛山、江门、中山、惠州、阳江等周边地市的航展专线，观众可乘航展大巴直抵航展中心；深圳蛇口港至珠海九洲港水运航班增开161班次，广珠城轨增开33班次，减轻珠海周边道路压力；市区内投放新能源公交车1350辆，并通过设立全公共交通出行、外围停车换乘、航展专用车道、单双号限行、票务引导、大数据应用等多种措施，确保航展期间交通顺畅。（何蔚霞）

防御强台风“山竹”

2018年9月16日17时，第22号强台风“山竹”在江门台山海晏镇登陆，“山竹”体量大、风力强、持续时间长、风暴潮增水高，是历史上对珠海影响最严重的台风之一。掠过珠海期间，珠海陆地平均风力11级，港珠澳大桥和海岛录得最大阵风15级，8级大风持续长达22小时，影响时间超过2017年强台风“天鸽”。沿海沿岸主要潮位站出现明显增水，三灶站最高潮位337厘米，超过红色警戒水位71厘米，超过历史最高纪录14厘米；竹银站最高潮位262厘米，超红色警戒水位22厘米，接近历史最高纪录（263厘米）。

受“山竹”影响，全市供电线路停电49条、跳闸126条，影响用户5.19万户；因爆管和停电影响用水用户1.07万户；2个无线通信汇聚机房、517个3G/4G基站发生故障；树木倒伏、折断9.47万棵，部分路段、片区出现水浸59处，部分道路通行受阻。农作物受灾面积0.45万公顷，水产养殖受灾0.15万公顷。项目建设受到不同程度影响，临时工棚、脚手架、安全网等房屋市政工程项目设施损毁64.5万平方米。直接经济损失5.48亿元。由于会商及时，研判科学，措施得力，全市无人员死亡，港珠澳大桥、珠海金湾机场、珠海口岸等重大基础设施未受到损坏。

组织保证　严格按照国家防总和省委、省政府部署，立足台风正面登陆珠海的防风要求，打好两个“6个小时”提前量（预告提前6小时、措施提前6小时），举全市之力做好防风抗灾工作，实现“不死人、少伤人、少损失”防风目标。9月15日开始，市委书记郭永航、市长姚奕生等市领导坐镇三防指挥部；其他市领导组成8个督导组分赴各区检查督导，并对港珠澳大桥、通关口岸、珠海金湾机场及港口等重点部位、重点设施进行检查。各区、各镇（街）主要负责人带队深入学校、企业、项目现场等重点区域检查防风工作落实情况。市三防指挥部发挥指挥中枢作用，全市各级三防成员单位、各行业主管部门根据防风职责要求，组织落实防风防涝防浪防潮各项措施，全力以赴保障全市人民的生命安全，最大限度降低台风造成的损失。

人员转移　坚决践行以人民为中心的思想，把人员安全转移作为防风工作的重中之重，压实四级书记防汛责任，发挥村（居）、社区基层力量，落实“五个百分之百”（出海船只百分百回港；渔排人员百分百上岸；回港船只百分百落实防灾措施；暴潮巨浪高危区、小流域洪水高危区、山区地质灾害高危区、滨海旅游度假区人员百分百安全转移；危破房、低洼地简易房、户外施工作业人员百分百安全撤离）工作要求。全市转移10.81万人，为历年来转移人数最多，其中包括2679户5851名居住在沿海低洼地区及2层以下群众和147宗地质灾害隐患区域人员的安全转移。落实4048艘渔船百分百回港避风，3497名渔排作业人员百分百上岸避险，关停工地872个。加强对海边、山边、水边、低洼地区、地下车库等区域的全面排查，尤其是对2017年台风“天鸽”水浸严重的小区开展地毯式清查，地下车库安装防汛挡板并全部关闭，确保“不漏一户、不漏一人”，没有一个地下车库发生水浸。

管控提前　强化每小时风情、水雨情、海浪、潮位研判机制，根据台风发展态势，按照6个小时提前量，及时调整和安排防御措施。15日8时，关停所有沙滩、海滨泳场、海上娱乐项目等景区景点38个，停止往返海岛、深圳蛇口所有航班和澳门环岛游。15日19时，全市启动防风Ⅰ级应急响应，并提前向市民发布全面落实停工、停运、停业、停市、停止户外公共活动的公告。15日24时，开始对9座主要桥梁和沿海主要路段实施封闭。16日6时，取消进出航班282班次，城轨、公交车、出租车等公共交通全部停运。16日12时，全市除抢险车辆外，其余实施交通管制，交警部门加强上路执法，及时劝离在路车辆和人员，确保“人不外出、车不上路”。

全民防御　加强舆情引导，强化正面宣传，按6小时提前量切实把台风动态和防御指引传达到每一个人。防风期间，市三防指挥部发出防风通知23份，发布防风指令16份，通过报纸、电视台、电台等主流媒体全频道和城市电子显示屏24小时滚动播放预警预报、防御指引和预告通知，通过手机三大运营商向群众全网发布防灾指引15份2182万条。特别是在启动防风Ⅰ级应急响应后，全市各级新闻媒体24小时不间断、全频道报道台风动态、防风部署以及防风避险知识。

联动防御　加强与省防总会商，及时反馈防风工作和复产情况。加强与澳门等地沟通，建立珠澳口岸、高速公路管理联动机制。有效落实城轨、高速公路、口岸等关停措施，形成防风工作合力。据公安部门统计，平日每天流入珠海外地车辆约十几万辆，防风期间仅有十几辆外地车辆流入，为有效开展防风工作提供保障。

救灾复产　9月16日晚，在台风“山竹”登陆后不久，按照省委、省政府救灾复产工作会议精神，迅速组织军警部队官兵、广大党员干部、志愿者等6.66万人（驻珠部队官兵1044人），投入吊车、铲车、运输车等机械设备1.42万台，立即转入抢险救灾复产工作，全力保障群众正常生产生活秩序。深入受灾镇（街）、村（居）、企业一线了解受灾情况，保障受灾群众衣、食、住、医等基本需求。围绕通路、通电、通水、通信“四通”迅速开展修复保障工作，对受损路灯、户外广告牌、树木等市政设施进行清理和加固，确保道路清洁畅通；及时检查抢修受损供电、供水、通信设施，保障人民群众生活和企业生产需要。17日上午8时，全市主干道恢复正常通行，机场、码头等公共交通正常运行，确保海丝论坛如期举行。17日12时，拱北口岸、横琴口岸、珠澳跨境工业区专用口岸恢复通关服务，供水、通讯全部恢复正常。截至18日18时，受影响用电用户全部恢复正常，受影响的589家规模以上企业全部恢复生产，完成保险查勘1.06万件，实现以最快的速度、在最短的时间内恢复市容市貌和生产生活秩序。

（罗钢浩）

2018年珠海市十件民生实事落实情况

事　项	工作任务	牵头单位及责任人	落实情况
一、疏导重点交通拥堵路段	改造提升屏东四路、沿河路交情侣路交叉口、梅界路交敬业路交叉口等10处拥堵点	市公路局 责任人：顾胜杰	已完成
	建一批人行过街设施	市公路局 责任人：顾胜杰	已完成 1. 三台石路前山市场段、三台石路交粤海路交叉口2座人行天桥建成投入使用 2. 情侣路主线：1座天桥、1座人行地道完工开放通行 3. 金琴快线工程：2座天桥完工，12月31日开放通行 4. 省道S272线灾毁恢复重建工程：3座天桥完成主桥钢结构架设

（续 表）

事　项	工作任务	牵头单位及责任人	落实情况
一、疏导重点交通拥堵路段	提高上下班高峰期和重大节假日路面见警率，重点疏导上冲检查站、珠海大道、金凤路、旅游路、柠溪路、桂花路等拥堵路口路段	市公安局 责任人：曾庆林	已完成 1. 实现中心城区主干道工作日高峰100%布警，关键节点重点路段延时执勤，节假日情侣路沿线景观带10小时连续执勤 2. 设置9个执法站，在51个重要道路节点实施“吹哨工程”，交警人均查处量比上年增长16.5%，中心城区交通警情15分钟到达占比78.6%，交通警情基本保证30分钟到达处置。聘请100余名保安，在市区重要交通节点协助开展早晚高峰交通指挥疏导工作。组织开展路面执勤岗位练兵活动，加强对交通协管员、聘请保安员的培训管理，为交通协管员配备114辆摩托车、405台对讲机、444台执勤记录仪等装备，协助民警记录交通违法行为，引导轻微交通事故快处快赔，指挥疏导交通 3. 协调承建单位，督促完善交通指引设施，确保施工期间交通组织疏导到位。此外，为有效保障大型活动期间全市道路通行，采取购买车辆拖吊服务等方式，做好早晚高峰期、大型活动、节假日保畅备勤工作，及时清障，保障道路畅通 4. 创新交通模式，保障重大活动期间交通总体畅顺。如针对重大节日活动交通特点，通过与高德、百度地图合作，依托交警微信、微博、手机短信、电子显示屏和各大媒体平台等载体进行滚动式公告宣传，通过情侣路全线禁停、信控调控、现场引导等方式，探索构建以科技诱导为核心的全方位、立体式交通组织模式。在国庆长假期间，首次破解多年来“逢节必堵”重大交通难题，确保假期全市道路交通特别是情侣路、横琴长隆、野狸岛等热门景点交通秩序平安畅顺。据统计，国庆期间，全市在车流量增加30%～50%的前提下，情侣路平均车流量下降5%，单日最高车流下降11%
二、大力发展公交事业	完成753辆传统能源公交车更新工作，新增投放400辆纯电动公交车	市交通运输局 责任人：唐成伟	已完成
	优化公交线网，新增10条以上公交线路	市交通运输局 责任人：唐成伟	已完成 1. 优化调整线路走向及站点347条次 2. 完成新开公交线路10条，分别是：B3路（湖心路口—海虹总站）、B9路（金鼎总站—前山总站）、B20路（神前总站—华发蔚蓝堡总站）、Z15路（炮台山公园—城轨珠海站）、Z56路（横琴口岸环线）、Z127路（湖心路口总站—航空新城）、Z262路（宁海世纪城—白蕉中心小学）、Z268路（金碧丽江—白蕉中心小学）、Z16路环线（体育中心南—石溪路中—体育中心南）、805路（三灶车场—小林前山总站）

（续　表）

事　项	工作任务	牵头单位及责任人	落实情况
二、大力发展公交事业	粤海路、桂花路、翠前路等道路新建公交专用道	市公路局 责任人：顾胜杰	已完成
	推广产业园区微循环公交	市交通运输局 责任人：唐成伟	已完成 1. 分别与横琴新区、香洲区、金湾区、斗门区、高新区、高栏港区就客流需求、线路走向等议题进行研究，制订线路实施计划 2. 开通 6 条微循环公交，其中中心城区 2 条、金湾区 1 条、斗门区 2 条、横琴新区 1 条
三、加大幼儿园学位供给	新建、移交、收购 8 所公办幼儿园，其中建成 3 所、移交 2 所、收购 1 所、开工 2 所	市教育局 责任人：林日团	已完成 1. 建成 3 所：香洲区梅华幼儿园、TOD 小镇幼儿园于 9 月投入使用；高新区第三幼儿园于 3 月开工建设，12 月底建成 2. 移交 2 所：斗门区时代香海花园三期小区配套幼儿园于 6 月完成移交手续，装修中；高新区远大美域小区配套幼儿园于 9 月投入使用 3. 收购 1 所：金湾区航空新城幼儿园于 9 月投入使用 4. 开工 2 所：横琴新区综合服务区幼儿园于 4 月开工，软基处理中；高栏港区南水镇第二中心幼儿园于 8 月开工，软基处理中
	实现全市普惠性幼儿园覆盖率 80% 以上	市教育局 责任人：林日团	已完成 全市有幼儿园 335 所，在园幼儿数 7.94 万人。其中公办园 45 所，在园幼儿数 1.33 万人；民办幼儿园 290 所，在园幼儿 6.61 万人；普惠性民办园 215 所，在园幼儿 5.06 万人。普惠性幼儿园覆盖率 80.42%，比上年增长 3.24%
四、提升道路保洁水平	定时对道路清洗和洒水防尘，城区主干道实行 16 小时保洁制，相应提高次干道和背街小巷保洁水平	市市政和林业局 责任人：郑潮龙	已完成 1. 市园林环境中心组织每周巡查，全年巡查 64 次，每季度对全市各区环境卫生工作进行检查、考评 2. 落实提高环卫管养作业经费标准 3. 各区（功能区）按要求对主干道每旬洒水清洗不少于 2 次，每日巡回保洁不少于 16 小时，对次干道、背街小巷增加保洁频次、延长保洁时间、提高保洁水平
五、推进保障性安居工程建设	加快建设南屏保障房项目，基本建成保障性住房 1140 套	市住规建局 责任人：王朝晖	已完成 1. 工程进度：项目概算总投资 2.86 亿元，中标合同价累计 2.68 亿元，完成投资 2.68 亿元，累计完成率 100%，满足进度计划要求；完成所有工程内容，于 12 月 20 日验收 2. 分配进度：按照市政府批准的《南屏保障房项目总体分配方案》，于 9 月 11 日开始预配租工作，年内分配 1060 套，项目分配率 93%

（续 表）

事 项	工作任务	牵头单位及责任人	落实情况
五、推进保障性安居工程建设	新开工建设棚户区改造安置房1600套以上	市住规建局 责任人：王朝晖	已完成 1. 洪湾村改造安置房项目二期（1200套）：01、02地块基坑支护工程完成近90%，桩基础工程施工进行中。整套建筑施工图审查合格，绿色建筑、人防工程、海绵城市等各项需报审技术资料准备到位，项目总体建设进度达到开工进度要求 2. 湾仔村改造中沙项目二期（440套）：于2月12日取得施工许可证等开工文件。1#楼进行三、四层墙柱钢筋绑扎和模板安装施工；2#楼完成四层墙柱钢筋绑扎；3#楼完成地下室底板承台钢筋绑扎；4#楼完成地下室负二层墙柱模板安装；5#楼完成地下室顶板混凝土浇筑
六、提高医疗卫生保障水平	基本公共卫生服务经费标准提高到每人每年60元以上	市卫计局 责任人：陶海林	已完成 下拨中央补助经费1560.09万元，下拨进度100%；下拨市级补助经费1620万元，下拨进度100%；各区下拨区级补助经费7265.71万元，下拨进度100% 人均补助标准：60元（中央9.5元，市级9.5元，区级41元）
	推进市妇幼保健院易地新建，以及市慢性病防治中心、西部医疗中心等项目建设	市卫计局 责任人：陶海林	已完成 1. 市妇幼保健院易地新建项目封顶，年内完成投资2.22亿元，完成率100% 2. 市慢性病防治中心项目完成年度计划土方开挖机基坑支护任务，年内完成投资4000万元，完成率100% 3. 市西部医疗中心项目完成详勘、现场地平整和标高测量；启动软基处理工作，年内完成投资2000万元，完成率100%
	建成5个健康镇（街）、50个健康村（居）、100个健康“细胞”单元	市卫计局 责任人：陶海林	已完成 1. 完成评定验收：市健康办认定星级健康细胞单元16个（五星级1个、四星级2个、三星级13个），市级健康细胞单元111个，并印发《关于2018年建设健康城市细胞工程评定验收情况的通报》 2. 市爱卫办完成60个村、10个镇的健康村镇建设工作评定验收
七、推广使用管道天然气	新建40千米市政燃气管道，完成7.6万户老旧小区住宅的公共燃气管道加建工作	市市政和林业局 责任人：郑潮龙	已完成 1. 市政燃气管道建设完成45.38千米（东部11.78千米，横琴及西部33.6千米），完成率113.5% 2. 全市各区（功能区）完成8.06户户外公共管道加建，完成率105.6%

（续　表）

事　项	工作任务	牵头单位及责任人	落实情况
八、全面提升防灾减灾救灾能力	建设风暴潮灾害预报预警项目	市气象局 责任人：李叶新	已完成 完成4套超声波潮位计、2套气介式声学波浪仪及1套漫堤监测系统建设，设备运行稳定，实现风暴潮监测数据实时采集和入库
	高标准配备森林灭火救援装备，提升应急救援能力	市市政和林业局 责任人：郑潮龙	已完成 制订《市市政和林业局森林消防装备采购项目计划》，完成所有装备及特种车辆采购并配备到位
	高标准配备高层建筑灭火救援装备，提升应急救援能力	市消防支队 责任人：罗云亮	已完成 落实相关采购经费，装备采购计划经专家审核、进口论证等程序，上报省消防总队。12月27日，广东省政府采购中心对消防车辆装备进行挂网招标
九、开展污水整治行动	完成排水管网普查工作	市市政和林业局 责任人：郑潮龙	已完成 1. 下发《关于加快推进排水管网普查工作的函》等文件，要求各区制订普查计划，抓紧开展普查工作，每月上报进展情况 2. 市市政和林业局下发《关于加快推进排水管网普查、清淤和病害治理工作的函》，要求各区加快推进排水管网清淤和病害治理工作 3. 截至年底，全市各区均完成排水管网普查工作（包含平面位置、标高和管材材质），普查排水管网3786千米，其中雨水管网2194千米、污水管网1592千米
	对症下药，12条黑臭水体实现不黑不臭	市市政和林业局 责任人：郑潮龙	基本完成 1. 截至年底，12条黑臭水体整治基本实现年度治理目标 2. 截至2018年底，全市黑臭水体整治共投入4.15亿元，清拆畜禽养殖场129家、各类禽畜9.2万头（只），用地约14万平方米；新、改建污水管网14.27千米、各类检查井及泵井166个，整治排污口79处，清淤17.42万立方米；污水处理厂改扩建项目完工，日处理能力8万立方米，新建一体化污水设备5座（总处理能力5.9万立方米/日） 3. 根据各区反馈及市市政和林业局检查情况，香洲区南屏东渠、造贝渠，金湾区北排河，斗门区白头瓮涌、合禾涌、沙龙涌，高新区鸡山渠、东岸渠主体等8条涌（渠）截污工程完成，水体基本上不黑不臭。斗门区新青正涌、鸡咀涌、五福涌、咸坑河4条河（渠）因涉及范围广、流域内排污成因复杂、工程投资额大，同时受国家PPP项目融资政策收紧等影响，项目公司资金紧张、人员投入不足，截污主体工程进度偏慢，通过努力，初步完成截污主体工程，水体水质逐步好转，公众评价问卷调查满意度90%以上，基本实现年度治理目标

（续 表）

事 项	工作任务	牵头单位及责任人	落实情况
十、改造提升老旧社区	启动翠香、东风、北堤等13个老旧社区环境改善行动，改善市政线网、公共照明、人行道、停车设施、消防通道等配套设施	香洲区政府 责任人：刘齐英	已完成 香洲区按计划启动13个老旧社区环境改善工程建设工作。其中白莲、吉莲、侨光、海虹、碧涛、紫荆6个社区改造工作基本完成；创业、红山、环山、敬业、翠香、东风、北堤7个老旧社区开展施工图设计和优化工作，深化设计并统一小区居民意见

（林志健）

2018年荣誉榜

1月3日 人力资源社会保障部发布"全国人力资源诚信服务示范机构"名单，珠海市南方人力资源服务有限公司成为珠江西岸唯一入选机构。

1月8日 丽珠集团利民制药厂与暨南大学等3家单位合作的"中药和天然药物的三萜及其皂苷成分研究与应用"项目获2017年度国家科学技术进步二等奖。

1月16日 珠海优特力电力科技股份有限公司、广东建星建造集团有限公司获2017年度广东省政府质量奖。

1月16日 珠海市第一中学平沙校区因"传统民间艺术"、斗门区斗门镇南门小学因"粤剧"项目上榜教育部第二批全国中小学中华优秀文化艺术传承学校名单。

1月18日 环境保护部通报2017年重点区域和74个城市空气质量状况，珠海位列空气质量十佳城市。

1月19日 由新华社发起并主办的"中国网事·感动2017"年度十大网络感动人物揭晓，台风"天鸽"中自发救人的珠海"盲潜英雄"潜水员团队获选中国2017年度"最不平凡的平凡人"。

1月29日 珠海一中韩延辉、珠海二中尹祖荣、珠海五中江学英、文园中学宋朝华、南水中学孙新、红旗三板小学李彩芳、景园小学严杏、第二十一小学黄珍入选广东省教育考试院2018—2020年广东省中小学名教师、名校（园）长工作室主持人名单。

2月3日 国家卫生计生委医政医管局和健康报社主办的进一步改善医疗服务行动计划三年总结推广会上，珠海市人民医院获评全国2017年度"改善医疗服务示范医院"、介入诊疗中心获评"优质服务岗"，院长陆骊工获"优秀管理者"荣誉。

2月11日 广东省海防与打私办对全省各地级以上市2017年度打击走私综合治理工作考评，珠海以98.5分位居全省第一。

2月14日 广东省人民政府通报2016—2017年度地级以上市

政府质量工作考核结果。珠海市获评 A 级，成为全省唯一在三届考核中连续获评 A 级的地级市。

2 月 23 日 珠海银隆新能源股份有限公司、丽珠集团丽珠制药厂入选工业和信息化部办公厅公布的第二批“绿色工厂”名单。

3 月 7 日 珠海市各界妇女纪念“三八”国际妇女节 108 周年大会在市青少年妇女儿童活动中心召开，大会对获全国和省“三八”红旗集体、红旗手、巾帼文明岗、五好文明家庭、最美家庭的 23 个先进集体和个人代表进行表彰。

3 月 9 日 国家中医药管理局办公室等多个部委联合公布 2017 年全国综合医院、专科医院、妇幼保健院中医药工作示范单位名单。珠海市第五人民医院（平沙医院）是珠海市唯一新申报上榜医院。

3 月 11 日 在 2017 年度广东省科学技术奖评选中，珠海格力电器股份有限公司的“空气源热泵空调关键技术及应用”、广东宝莱特医用科技股份有限公司参与的“基于盲信号处理的心电信号检测关键技术及其在医疗器械中的应用”、广东珠海金湾发电有限公司参与的“动力用煤降损与环境污染治理关键技术研究及工程应用”获科学技术一等奖；丽珠医药集团股份有限公司参与的“微球产业化制备技术开发”获二等奖；广东中星电子有限公司的“具有加解密可扩展安防监控视音频编解码国家标准高性能系统级芯片”、珠海格力电器股份有限公司的“低噪声高可靠性舰船螺杆式冷水机组关键技术研究及应用”、珠海市司迈科技有限公司参与的“经尿道前列腺解剖性剜除术的临床研究和推广应用”、珠海水务集团有限公司参与的“新型气浮—沉淀工艺研究开发与应用”、珠海国佳新材股份有限公司的“去除污泥重金属的凝胶材料及其新技术、新设备开发”获三等奖。

3 月 14 日 商务部公布 255 个国家级外贸转型升级基地名单，珠海市香洲区国家外贸转型升级基地（家电）和珠海市金湾国家外贸转型升级基地（生物医药）入选。

3 月 19 日 珠海格力电器股份有限公司的家用电器等 46 个工业类产品及珠海市民彤医药有限公司的药品批发等 9 个服务业类产品获评广东省名牌。

3 月 20 日 中国发展研究基金会与普华永道联合发布《机遇之城 2018》报告。珠海在 26 个纳入评测的城市中综合排名第十一位；“交通和城市规划”和“文化与居民生活”两项指标排名第一。

3 月 22 日 珠海市人民医院通过中国医院竞争力星级认证，成为广东省地级市医院中首家通过星级认证的五星级公立医院。

3 月 23 日 珠海银隆新能源继 2016 年后再度入选 2017 中国独角兽企业榜单。

3 月 24 日 珠海东澳岛入选人民日报官方微博推荐的全国 30 个赏春佳处。

3 月 31 日至 4 月 1 日 第三十三届广东省青少年科技创新大赛举行。珠海市第二中学学生李泽轩的《基于变量共享的动态预警响应体系（SVDFS）的构建与应用》获一等奖；珠海市第二中学学生颜隆中的《一种 PI3K 抑制剂的合成》、聂静宜的《用实验探究滑动变阻器最佳取值范围》获二等奖；教师曹玉宝获“广东省十佳优秀科技辅导员”荣誉称号。

4 月 2 日 斗门区农村淘宝明星合伙人陈喜凤获评阿里巴巴 2017 年度明星“村小二”。

4 月 15 日 在第四十六届日内瓦国际发明展览会上，格力电器“光伏直驱变频空调”项目获发明展金奖及评审团特别嘉许金奖，“高效永磁同步变频离心式冷水机组”项目获发明展金奖及泰国代表团颁发的最佳发明奖，“三缸双级变容积比滚动转子式压缩机”项目获发明展金奖及国际发明家协会最佳发明奖。

4 月 17 日 斗门区白蕉镇梁美容家庭入选第一届广东省文明家庭名单。

4 月 22 日 珠海“决策与协同支撑新型平台”获数字中国建设年度全国 30 佳案例最佳实践项目奖。

4 月 25 日 珠海保税区摩天

宇航空发动机维修有限公司技术运营部 TE100 工程师王海获全国五一劳动奖章；中航通用飞机有限责任公司获全国五一劳动奖状；珠海碧辟化工有限公司大修项目组获“全国工人先锋号”称号。

4 月 25 日 中宣部、中央文明办、中华全国总工会共同发布 11 位 2018 年全国“最美职工”，中交港珠澳大桥岛隧工程项目经理部总经理、总工程师林鸣入选。

4 月 26 日 在中国报业协会成立 30 周年纪念大会上，珠海特区报社获“中国报业融合发展创新单位奖”，珠海特区报社社长、珠海报业传媒控股有限公司董事长孙锡炯获“中国报业经营管理领军人物奖”。

4 月 28 日 珠海市耿宏业、李小刚、张小玲、王剑、董凡、詹小俊、李榄、常晓东 8 人获广东省五一劳动奖章；珠海欧比特宇航科技股份有限公司等 10 个集体获广东省五一劳动奖状。

4 月 28 日 港珠澳大桥管理局局长朱永灵当选“2017 感动交通十大年度人物”，奖项由交通运输部、中华全国总工会联合颁发。

5 月 3 日 国家卫生健康委员会办公厅等 9 部委办公厅（室）联合发文，通报表扬 2013—2017 年度全国创建“平安医院”活动表现突出地区、集体和个人。珠海市公安局治安警察支队吕壮丽、珠海市医疗纠纷人民调解委员会曾进荣受表扬。

5 月 8 日 司法部通报表扬全国人民调解工作先进集体和先进个人，香洲区香湾街道人民调解委员会罗宏山、斗门区井岸镇司法所邝建祥、金湾区三灶镇专职人民调解员唐玉红获评先进个人，珠海市司法局基层科获“先进集体”称号。

5 月 8 日 珠海市韩竞生因中医诊疗法（一指禅推拿）入选第五批国家级非物质文化遗产代表性项目代表性传承人名单。

5 月 14 日 高栏港区平沙镇张秀清家庭获评 2018 年度全国“最美家庭”。

5 月 15 日 珠海市斗门区梁美容家庭获“全国五好家庭”称号。

5 月 24 日 中国石油和化学工业联合会园区工作委员会发布，珠海经济技术开发区（高栏港经济区）入选“2018 中国化工园区 30 强”名单。

5 月 31 日 珠海市斗门区入选农业农村部宣传推介的 100 个全国农村创业创新典型县范例名单。

5 月 31 日 在第十一届中国国际园林博览会上，华发集团承建的珠海园获综合大奖（特等奖），以及创新奖、设计优秀奖、优质工程优秀奖、植物配置优秀奖、建筑小品大奖 5 个分项奖，这是珠海获得的历史最好成绩。

6 月 1 日 中国水产流通与加工协会向珠海市斗门区莲洲镇颁发“中国禾虫之乡”牌匾。

6 月 10 日 《中国城市信用状况监测评价报告 2018》由国家发改委指导，国家信息中心发布，珠海市在全国 261 个地级市中信用工作绩效得分排名第一、黑名单建设水平排名第二。

6 月 10 日 公安部下发《关于 2016 至 2017 年度车辆管理所等级评定情况的通报》。珠海市公安局交警支队车管所被评为全国一等车管所，实现广东省零的突破。

6 月 13 日 全国妇联新时代“巾帼志愿者暖心故事”评选揭晓，珠海特区报社朱习和她的“快门无声”项目故事“用摄影陪伴另一个世界”获评新时代巾帼志愿者“十大暖心故事”。

6 月 22 日 首届广东金融百优奖揭晓，珠海金融投资控股集团有限公司入选“十优金融产业融合发展奖”；珠海农村商业银行股份有限公司获评“十优金融风险防控奖”。

7 月 9 日 农业农村部公布第八批 300 个全国一村一品示范村镇名单，斗门区白蕉镇昭信村（海鲈鱼）入选。

7 月 9 日 国家发改委、科技部、财政部、海关总署、税务总局联合发布“2017—2018 年（第二十四批）新认定及全部国家企业技术中心名单”，广东溢多利生物科技股份有限公司、东信和平科技股份有限公司获批成为国家企业技术中心。

7 月 13 日 司法部、民政部表彰第七批 803 个“全国民主法治示范村（社区）”，珠海市香洲区翠香街道钰海社区、斗门区斗门镇上洲村入选。

7 月 13 日 共青团中央、人力资源社会保障部联合表彰“2016—2017 年度全国青年岗位能手标兵和全国青年岗位能手”，珠海艾派克微电子有限公司孙学进获“全国青年岗位能手”称号。

7 月 25 日 在“2018（第三届）互联网 + 城市交通管理创新”论坛上，“珠海交警”微博获“十佳多媒体创新奖”。

7 月 27 日 中国互联网协会、工业和信息化部信息中心联合发布“2018 年中国互联网企业 100 强”榜单，珠海金山软件有限公司位列第十四名。

7 月 《中国海关》公布 2017 中国外贸百强城市排行榜，珠海以 76.9 分位列第七。

8 月 3 日 国家自然科学基金委员会公布 2018 年度国家杰出青年科学基金建议资助项目申请人名单，珠海高新区纳金公司的丁轶博士上榜。

8 月 20 日 在广东省第十五届运动会中，珠海市 528 名运动员参加竞技体育组游泳等 25 个大项比赛，获 5 金 8 银 14 铜，总分排名第九，其中举重 1 人 3 项次（抓举、挺举、总成绩）打破省运会纪录；学校体育组获总分二等奖。

8 月 24 日 珠海瑞思普利生物制药有限公司的“干粉吸入制剂技术在肺部给药领域的研究及产业化”项目获第二届“创客广东”大赛企业组一等奖；“智能柔性三维光子晶体纳米光学超材料”项目获企业组二等奖；“声音开启你的一切”项目获创客组三等奖。

8 月 27 日 珠海籍选手王宇以 2.30 米的成绩获第十八届亚运会跳高冠军。

9 月 2 日 “2018 中国企业 500 强”榜单中，珠海格力电器、珠海华发集团分别排名第 121、352 位。

9 月 7 日 2018 年广东“众创杯”创业创新大赛之科技海归领航赛决赛在珠海举行，珠海项目“有机 / 无机固体电解质材料及其全固态电池”夺团队组金奖；企业组两块金牌由珠海的“智能人机交互芯片的开发与应用”和“高性能 8 英寸硅基氮化镓外延及功率器件研发与产业化”项目包揽，珠海取得 3 金 5 银 3 铜成绩。

9 月 15 日 在第十届中国国际发明展览会暨第三届世界发明创新论坛上，珠海市第二中学李泽轩的发明成果《基于变量共享的动态预警响应体系（SVDFS）的构建与应用》获银奖。

9 月 17 日 交通运输部海事局公布 2018 年安全诚信公司评选名单，珠海高速客轮公司入选。该企业连续十一年被评为全国安全诚信公司。

9 月 20 日 珠海横琴新区综合智慧能源项目获“中国城市能源变革十大样板工程”称号。

9 月 29 日 珠海国佳新材股份有限公司王海波、珠海亿胜生物制药有限公司方海洲、珠海英搏尔电气股份有限公司姜桂宾、珠海市四维时代网络科技有限公司崔岩、珠海纳金科技有限公司雷震等 5 人入选科技部 2017 年科技创新创业人才。

10 月 10 日 广东省经信委公布第三批省级大数据产业园、第二批省大数据创业创新孵化园名单，珠海智慧产业园、欧比特地理信息产业大数据创业创新孵化园分别入选榜单。

10 月 14 日 在第一届“京津冀—粤港澳”（国际）青年创新创业大赛中，珠海纳金科技有限公司董事长雷震携“纳米银柔性触控”项目获亚军。

10 月 15 日 在人力资源社会保障部、国家发改委等部委共同举办的第三届“中国创翼”创业创新大赛中，英诺赛科（珠海）科技有限公司的“高性能8英寸硅基氮化镓外延及功率器件研发与产业化”项目获全国总决赛第一名。

10月17日 在2018年全国脱贫攻坚奖表彰大会上，珠海市委农村工作办公室主任陈振毅获2018年全国脱贫攻坚奖创新奖。

10月29日 工业和信息化部公布第三批绿色制造名单。珠海经济技术开发区（高栏港经济区）获评绿色园区；珠海市斗门区旭日陶瓷有限公司、汤臣倍健股份有限公司入选绿色工厂名单；珠海格力电器股份有限公司“房间空气调节器（全能王-U尊Ⅱ）”等30个产品入选绿色设计产品名单。

11月2日 第二十八届中国新闻奖揭晓。《珠江晚报》消息稿件《创造港珠澳大桥的“极致”》获消息类一等奖，是珠海建市以来获得的最高新闻奖；“珠海特报APP”制作的网络游戏《我为港珠澳大桥完成了“深海穿针”》获中国新闻奖融媒互动类三等奖。

11月2日 第三届中国质量奖揭晓。珠海格力电器股份有限公司以“‘让世界爱上中国造’的‘完美质量’管理模式”获制造业组织“中国质量奖”。

11月15日 在国家信息中心、国际数据集团（IDG）主办的“2018亚太智慧城市发展论坛”中，珠海市获“2018年亚太区领军智慧城市”“2018年中国领军智慧城市”两项大奖。

11月23日 在第七届中国创新创业大赛新材料行业总决赛中，珠海光驭科技有限公司获新材料行业总决赛成长组一等奖，珠海鼎泰芯源晶体有限公司获初创组三等奖；珠海光驭科技有限公司入选成长组优秀企业名单，珠海鼎泰芯源晶体有限公司入选初创组优秀企业名单。

11月26日 珠海获评“2018中国最具幸福感城市”。

11月28日 广东省工业和信息化厅公布首批人工智能产业园区名单，珠海智慧产业园入选。

12月1日 在第九届“省长杯”工业设计大赛中，珠海赛区7件作品获奖，其中金奖1个、铜奖2个、绿色设计奖2个、军民融合奖2个。珠海格力电器股份有限公司的“光伏直驱变频空调系统研发及应用”获金奖。

12月6日 广东省生态环境厅通报2017年度全省环境保护责任考核结果。珠海市获评“优秀”等次，这是珠海连续第十五次获评优秀。

12月6日 由广东省妇联、横琴新区管委会等主办的2018粤港澳大湾区妇女创新创业大赛总决赛在珠海举行。珠海市四维时代网络科技有限公司的“四维看看”获企业组一等奖。

12月11日 由广东省商务厅、珠海市政府主办的广东外商直接投资“百强”企业发布会暨广东投资环境推介会在珠海举行。珠海发电厂有限公司等7家珠海企业获“广东外商直接投资‘百强’企业”称号；珠海天威技术开发有限公司获“广东十佳外资研发中心”称号。

12月18日 民政部官网公布第三批“全国社区治理和服务创新实验区”结项验收结果，珠海市香洲区成为本批次广东省唯一成功创建的实验区。

12月25日 在国家知识产权局和世界知识产权组织共同主办的第二十届中国专利奖颁奖大会上，格力电器、中航通飞、魅族科技、广通汽车等21家珠海企业获中国专利奖27项，其中金奖5项、银奖2项、优秀奖20项。

12月26日 珠海市稳建报关代理有限公司获“全国优秀报关企业”称号，是珠海拱北海关关区唯一获此称号的企业。

12月28日 经中央文明办组织复查，报中央文明委批准，珠海恢复“全国文明城市”称号。

（吴　蔚）

·责任编辑：潘杜鹃·

大事记

1月

1日 本月起，珠海地税在全市启动实名办税，减轻纳税人资料报送、审核负担，精简身份证明资料审核流程，从纳税人咨询到完成实名制身份认证，全程不到3分钟。

5日 珠海本地首张电子工商营业执照签发。

8日 中国共产党珠海市第八届委员会第四次全体会议召开。

12—14日 中共中央政治局委员、广东省委书记李希在珠海市就深入学习贯彻习近平新时代中国特色社会主义思想和党的十九大精神进行调研。其间考察珠海格力电器、横琴新区、杨匏安陈列馆等，详细了解珠海经济社会发展情况。

13日 高栏港区最大石化码头开建。码头由北方石油化工（珠海）有限公司投资兴建，建成后达15万吨级。

14日 广西壮族自治区党委书记彭清华率自治区党政代表团来珠考察。代表团实地考察港珠澳大桥青州航道桥、横琴新区展示厅等，并与珠海就加快基础设施互联互通等问题深入交流。

15—17日 中国人民政治协商会议珠海市第九届委员会第二次会议召开。

16—19日 珠海市第九届人民代表大会第五次会议召开。大会选举龚海明为珠海市监察委员会主任，表决通过《珠海市人民政府工作报告》等一系列决议、草案。

17日 市委副书记、市长姚奕生会见到访的瓦努阿图总理夏洛特·萨尔维一行。

19日 珠海市监察委员会成立。

22日 国家级工业设计中心在罗西尼表业揭牌。这是珠海市继格力电器之后第二个国家级工业设计中心。

23日 珠海港集团和西井科技的合作成果——全球首辆港区作业无人集装箱卡车在珠海港完成全套装卸程序，宣告中国企业凭借人工智能技术在港口行业历史上实现重大突破。

△ 珠海公交银联移动支付举行上线仪式。当日，市民持“62”开头的银联IC卡闪付、银联手机闪付，可乘坐6路、16路、K11路公交车。

26日 港珠澳大桥岛隧项目总部在东人工岛召开港珠澳大桥岛隧工程暨“第四战役”总结表彰大会，回顾奋斗历程，表彰建设者和功勋团队。

29日 珠海国家农业科技园区揭牌，园区与9所高校、院所签署产学研战略合作协议。河口渔业院士工作站同时揭牌。

2月

6日 港珠澳大桥29.6千米的主体工程举行交工验收会，经专家组评定，主体工程获99.17分，具备通车试运营条件，同意交付使用。

7日 珠海市召开扫黑除恶专项斗争工作会议。

8日 市委常委、副市长祝青桥会见英国驻穗总领事梅凯伦。

10日 珠海市人民政府公布珠海市第七批文物保护单位名单，翠微韦氏大屋、山场北帝庙、上栅梁氏大宗祠、南屏碉楼、东岸绵始大楼等20处不可移动文物上榜。

△ 亚洲首个无人船海上测试场——珠海万山无人船海上测试场建设项目启动仪式举行。

2018 年 1 月 26 日，港珠澳大桥岛隧项目总部在东人工岛召开港珠澳大桥岛隧工程暨"第四战役"总结表彰大会。图为港珠澳大桥岛隧工程项目总经理林鸣与先进个人合影 （钟 凡 摄）

△ 中央人民政府驻澳门特别行政区联络办公室主任郑晓松一行到横琴调研，先后考察横琴新区展示厅、粤澳合作中医药科技产业园、励骏庞都广场以及横琴·澳门青年创业谷。

11 日 中国共产党珠海市第八届纪律检查委员会第三次全体会议召开。

12 日 姚奕生率珠海市拥军慰问团走访慰问广东省军区，与省军区司令员张利明等座谈交流，共商双拥共建工作。

15 日 在 2018 年央视春节联欢晚会上，珠海首次作为全国分会场之一亮相春晚舞台。7 分钟的节目以港珠澳大桥为主线，通过科技与艺术创新融合形式，呈现珠海及广东勇于探索、敢为人先的创新精神。

24 日 全国人大常委会公布十三届全国人大代表名单，珠海有 6 人：姚奕生、阎武、董明珠、廖贵平、孙媛媛、谢坚。

28 日 珠海市人社局、市农控集团、市总工会联合设立的珠海市"怒江员工之家"挂牌，旨在推进珠海、怒江两地劳务协作，实现怒江州劳动力技能培训与转移就业精准对接，保障怒江籍务工人员在珠海稳定就业。

3 月

1 日 珠江禁渔自零时起至 6 月 30 日 24 时止。珠海市禁渔范围包括：磨刀门口，以珠海大桥和泥湾门（也作坭湾门）大桥为界向珠江一侧水域；鸡啼门口，以鸡啼门大桥为界向珠江一侧水域；虎跳门口，以南门大桥为界向珠江一侧水域；前山河，以昌盛桥为界向前山河一侧水域均属禁渔水域。珠海禁渔渔船 295 艘。

△ 珠海市停止核发机动车环保检验合格标志。

△ 《珠海经济特区公安机关警务辅助人员管理办法》实施。

△ 入户新政《珠海市户口迁移管理实施办法的通知》施行。

3 日 广东省委决定：郭永航同志任珠海市委委员、常委、书记。

3—11 日 2018 珠海网球公开赛在横琴国际网球中心举行，这是继 WTA 超级精英赛之后，又一项顶级职业网球赛事落户珠海。

13 日 广东省委宣传部发布《关于确定首批广东省红色革命遗址重点建设示范点的通知》。珠海市苏兆征故居陈列馆、杨匏安陈列馆、林伟民与中国早期工人运动史迹陈列馆、三灶岛侵华日军罪行遗迹、万山海战遗址入选。

△ 珠海市中共党史党性教育基地揭牌仪式在淇澳岛苏兆征故居陈列馆举行，6 处革命遗（旧）址被确定为"珠海市中共党史党性教育基地"（其余 5 处为杨匏安陈列馆、林伟民与中国早期工人运动史迹陈列馆、中共小濠涌支部旧址、珠海市凤凰山烈士陵园、"桂山号"英雄登陆点遗址）。

15 日 《珠海经济特区物业管理条例》施行。该条例是全国首次在物业管理法规中对党建引领作出规定。

16 日 珠海市区至珠海金湾机场城际轨道交通横琴至机场段暨金海大桥项目动工仪式举行。金海大桥是国内首座公铁合建斜拉桥，总桥宽 49.6 米。

18 日 珠海市新的社会阶层人联合会成立。

22 日　板樟山新增隧道工程动工。新增隧道工程北起迎宾北路与人民西路交叉口，南至迎宾南路与九洲大道交叉口，隧道均长 1.2 千米，南北侧接线道路约 305 米，道路配套升级改造路段 1.1 千米，设计速度 60 千米 / 小时。

△　全国首个营商环境分析系统在金湾区上线。系统可对营商环境进行量化、分析，提升政府服务精准度。系统由金湾区政务局联合中国诚信信用管理股份有限公司研发。

27 日　珠海市召开领导干部大会，贯彻落实中央和省委部署要求，全面彻底肃清李嘉、万庆良恶劣影响。

28 日　国家知识产权培训（广东）基地在珠海横琴国际知识产权交易中心（七弦琴国家平台）揭牌成立。该基地是全国唯一设立于国家知识产权运营公共服务平台的培训基地。

△　珠海广播电视大学更名为珠海开放大学。

30 日　香港特别行政区行政长官林郑月娥率特区政府代表团访问珠海，考察横琴新区、丽新集团横琴创新方项目和港珠澳大桥。

4 月

1 日　环境保护税在珠海市开征，斗门区开出全市首张环保税票。

2 日　珠海市建筑节能能耗监测平台启用。《珠海市建筑易建性评价导则》同时发布。

4 日　市委书记郭永航，市委副书记、市长姚奕生率珠海市代表团访问澳门，拜会全国政协副主席何厚铧、澳门特别行政区行政长官崔世安等，就进一步深化珠澳合作，共同推进粤港澳大湾区建设等深入交流。

9 日　珠海市第九届人民代表大会第六次会议召开，依法补选郭永航为珠海市第九届人民代表大会常务委员会主任。

△　珠海开展非居民身份证件信息联网核查，试点银行为工商银行、中国银行、招商银行。珠海是全国首批开展非居民身份证件信息核查试点工作地区之一。

8—12 日　姚奕生率队赴云南省怒江傈僳族自治州调研东西部扶贫协作工作。

12 日　全国政协副主席万钢一行到珠海考察港珠澳大桥科技创新工作。

13 日　阿富汗总统保卫局访华友好代表团抵达珠海，开展友好访问。

15 日　《珠海市配建公共租赁住房和人才住房实施办法》出台，有效期至 2020 年 4 月 15 日。

△　南屏大桥启动拆除。大桥于 1987 年落成，全长 532.2 米，双向两车道，自建成以来一直是珠海前山河两岸通行的主要干道之一。

17 日　珠海警备区召开党委第一书记任职大会，市委书记、市人大常委会主任郭永航任珠海警备区党委第一书记。省委常委、省军区司令员张利明宣读任职决定并为郭永航颁发任职证书。

△　广东省副省长叶贞琴率队到珠海调研海洋农渔业工作。

18 日　海南省委书记刘赐贵率海南省代表团到珠海横琴新区考察新区规划建设。

19 日　郭永航会见全国政协常委、世茂集团董事局主席许荣茂一行。

21 日　拱北口岸单日客流量突破 44 万人次大关，创历史新高。

23 日　《中共珠海市委关于推动“思想大解放、作风大转变、效率大提升”的决定》印发。

24 日　《关于实施“珠海英才计划”加快集聚新时代创新创业人才的若干措施（试行）》出台。“珠海英才计划”含 16 条措施，是珠海有史以来含金量最高、创新突破最大、针对性最强、综合力度最优的人才政策。

△　《珠海市海洋功能区划（2015—2020 年）》获广东省人民政府批复同意。

△　郭永航会见全国政协外事委副主任、香港广东社团总会主席梁亮胜一行。

25 日　郭永航、姚奕生会见中国工程院院士邓中翰一行。

△　郭永航会见以色列驻广州总领事南可安一行，就深化珠海与以色列在高新技术等领域的合作深入交流。

26 日　12 时 42 分，珠海欧比特宇航科技股份有限公司打造的“珠海一号”遥感微纳卫星星座 02 组卫星（包含 4 颗高光谱卫星 OHS-01/02/03/04 和 1 颗视频卫星 OVS-2），在酒泉卫星发射中心由长征十一号运载火箭以“一箭五星”方式成功发射，进入既定轨道。

△ 珠海市知识产权公共服务中心在横琴揭牌成立。

30日 《关于进一步落实住宅小区配套幼儿园移交验收和使用工作的通知》实施，有效期至2021年4月29日。

5月

1日 12时，南海伏季休渔开始，至8月16日12时结束。珠海市休渔渔船2599艘，包括本市籍在册应休渔渔船1556艘和珠海市入会港澳流动渔船应休渔渔船1043艘。

△ 《关于调整建筑层高、建筑限高及变配电房设置规划管控要求的通知》施行。珠海市一般住宅建筑标准层层高上限控制要求由3.3米调整为3.6米，别墅、低层住宅标准层高上限控制要求由3.9米调整为4.2米。

△ 全市实施新一轮统一配送通用医用耗材。中标企业为广州器化医疗设备有限公司、华润惠州医药有限公司、国药集团广东省医疗器械有限公司，配送周期18个月，涉及产品品种3713个。

2日 郭永航、姚奕生会见暨南大学党委书记林如鹏、校长宋献中，就加快暨南大学珠海校区建设、助推珠海产业发展等深入交流。

3—31日 市委宣传部和市社会科学界联合会主办以“新时代开创社科发展新境界，新思想引领人文素养新提升”为主题的第十四届社科普及月活动。

8日 广东省副省长陈良贤在珠海市调研港珠澳大桥建设管理和先进制造业发展情况。

△ 郭永航会见英国哈罗公学国际业务部董事亚当·哈特一行。

9日 洪鹤大桥首片箱梁完成架设，大桥上部结构施工启动。

11日 全国人大代表、香港广佛肇联谊总会会长霍震寰率参访团到珠海参观考察。

14日 国际标准化组织ISO/TC268第七次全会及工作组会议在珠海召开。来自15个国家的200余名专家，围绕城市可持续发展标准化主题进行深入研讨。

15日 摩根士丹利资本国际公司（MSCI）公布首批234只被纳入MSCI指数体系的中国A股股票，珠海上市公司格力电器和纳思达在列。

16日 佛山市委书记、市人大常委会主任鲁毅，市委副书记、市长朱伟率代表团到珠海考察，就进一步深化合作进行交流会商。

17日 郭永航会见四川省甘孜藏族自治州州委书记刘成鸣率领的甘孜州党政代表团一行，双方就进一步推动对口支援、深化合作深入交流。

20日 中共中央政治局常委、国务院副总理韩正调研横琴自贸试验区建设，实地考察港珠澳大桥建设，询问开通准备情况，察看通关流程；在粤澳合作中医药科技产业园了解园区建设发展前景。

21日 拱北海关为珠海格力电器有限公司签发商品归类预裁定决定书。这是海关新的预裁定措施落地实施以来，拱北海关签出的首份预裁定决定书。

△ 《珠海市住房公积金管理中心关于高层次人才申请住房公积金贷款的操作细则》颁布。

23日 国务院印发《关于做好自由贸易试验区第四批改革试点经验复制推广工作的通知》。横琴自贸试验片区探索实践的“扩大内地与港澳合伙型联营律师事务所设立范围”“一般纳税人登记网上办理”两项改革事项获批在全国复制推广。

△ 珠海市首个港珠澳女性创业创新基地落户乐士文化区。

24日 澳门民政总署考察团访问珠海，考察调研珠海供澳食品加工企业。

△ 东莞市委书记、市人大常委会主任梁维东，市委副书记、市长肖亚非率代表团到珠海横琴自贸试验片区参观考察规划建设发展情况。

25日 郭永航会见南方财经全媒体集团、广东卓志跨境电商供应链服务有限公司等独角兽企业及创新企业负责人。

△ 第二届“未来地球计划”中国国家委员会成立大会及学术研讨会在中山大学珠海校区举行。

27日 欧比特公司开辟的国内首个卫星大数据交易板块在贵阳大数据交易所上线。

△ 蒙古国国防部长恩赫包勒德一行到访驻澳门部队珠海基地。这是驻澳门部队自2012年被列为全军对外开放部队后首次承担军事外交任务，也是2017年驻军按照军队改革统一部署完成体制编制调整后首次接待来访外军。

29日 拉美加勒比政党代表团到珠海访问。

30日 珠澳青年交流促进会在澳门成立。

30—31日 广东省副省长、省防总总指挥叶贞琴在珠海市检查督导汛期三防工作，实地检查香洲渔港码头等处。

31日 2018年珠澳合作会议在珠海召开，两地签署《澳门青年到珠海实习及就业项目合作框架协议》《珠海市商务局澳门贸易投资促进局商务合作备忘录》《珠澳金融合作备忘录》。

△ 珠海市在广东省内率先上线试运行不动产登记“互联网+金融服务”新模式。

5月 当月，珠海市平均气温27.9℃，比常年同期偏高2.2℃，创历史同期最高纪录；连续3天（29—31日）出现34℃或以上的炎热天气，创历史同期最长纪录；33℃或以上的炎热天气有9天，破历史同期纪录。

6月

1日 全国政协副主席何维在珠海市考察港珠澳大桥和生物医药产业发展情况。

△ 中国医院院长论坛在珠海开幕，来自全国医学界的专家学者、各大医院院长1500余人参加。论坛以“新时代、新策略、新动能”为主题，安排多场讲座和对话。

1—3日 郭永航率珠海市代表团就深入贯彻落实习近平总书记关于西藏工作和对口支援工作的重要指示精神，赴西藏自治区林芝市米林县和米林农场考察对口支援工作。

2日 广东省委常委、宣传部部长傅华到珠海调研宣传思想文化工作。

4—5日 由珠海市人民政府、广东省经济和信息化委员会主办的2018年广东（珠海）军民两用技术应用推广对接会在珠海国际会展中心举行。

5日 郭永航会见烽火科技集团董事长鲁国庆一行。

6日 香港特别行政区全国人大代表团在珠海调研粤港澳大湾区规划建设有关情况。

7日 郭永航会见伟创力国际首席运营官佛朗索瓦·巴比尔一行。

8日 珠海市科技和工业信息化局、香洲区人民政府主办的2018年“创客广东”珠海市创新创业大赛总决赛落幕。珠海瑞思普利生物制药有限公司、珠海优微生物科技有限公司项目分获大赛企业组和创客组冠军。

△ 市政府印发《澳门机动车入出横琴管理细则》，原有的《澳门机动车入出横琴管理细则》废止。

9日 2018全球服务外包大会在珠海国际会展中心举行，主题为“开放协同，互联共享”。

11日 郭永航、姚奕生会见黑河市委书记、市人大常委会主任秦恩亭率领的党政考察团一行，并出席珠海—黑河市对口县（市、区）合作协议签约仪式。

12日 姚奕生与加拿大哈利法克斯市市长麦克·萨维奇签署《中华人民共和国珠海市与加拿大哈利法克斯市建立友好城市关系协议书》。珠海市与世界各地14个城市建立友好城市关系。

13日 珠海市委、市政府在珠海云计算中心召开城市精细化管理和环境提升现场会。

14日 珠海市委、市政府召开全市科技创新大会。

△ 国务院港澳事务办公室副主任黄柳权一行莅临横琴新区，专题调研横琴口岸查验创新机制。

19—20日 第五届“澳门·珠海警务论坛”在珠海举办。

21日 澳门特别行政区行政长官崔世安率特区政府代表团访问珠海，考察横琴·澳门青年创业谷和粤澳合作中医药科技产业园。

22日 郭永航会见交通银行广东省分行党委书记、行长周宝志一行。

△ 市委常委、副市长祝青桥会见到访的荷兰驻广州总领事郭媚姚（Marjo Crompvoets）一行。双方就进一步促进珠海与荷兰在更多领域的合作进行交流。

27日 珠海市西部医疗中心项目启动建设。

28日 广东省博士和博士后创新创业（珠海）孵化基地落户珠海市高新技术产业开发区，珠海市人社局与高新区管委会签署《合作共建广东省博士和博士后创新创业（珠海）孵化基地协议》。

29日 珠海市启动“广东扶贫济困日”活动。

△ 珠中两地联合组织开展的前山河界河“清漂”行动在前山河沙心涌南岸海事码头启动。

△ 由中国电子技术标准化研究院等主办的信息技术设备国际标准化论坛在珠海举行，发布中国首部《3D打印标准化白皮书》（2018），为行业发展提供指南。

1—6月 珠海市外贸进出口1570.2亿元，比上年同期增长21.7%，增速居全省第一位；实际吸收外资16.2亿美元，增长17.3%，增速居全省第三位，珠三角第一位；新签约重点招商项目71个，投资总额499亿元；社会消费品零售总额575.8亿元，增长7.7%。

7月

1日 《珠海市就业困难人员认定和就业援助暂行办法》实施。

△ 珠海与以色列合作打造的创新产业载体——中以加速器项目动工建设。该项目是第三届中以科技创新投资大会的重要成果。

△ 郭永航会见出席第四届中以科技创新投资大会的以色列地区合作部部长沙驰·哈内格比，就深化珠海与以色列多领域合作深入交流。

2日 郭永航会见出席第四届中以科技创新投资大会的阿里巴巴集团副总裁刘松等部分企业代表。

2—3日 第四届中以科技创新投资大会在珠海举行，主题为“创新合作，智绘粤港澳大湾区美好未来”。与会中以企业2400余家，总人数超过5800人。

5日 国家税务总局珠海市税务局挂牌成立，该局由原珠海市国家税务局、原珠海市地方税务局合并而成。

6日 市委副书记赵建国会见由越共中央委员黎庭山率领的越南共产党高级干部考察团一行。

12日 郭永航会见华夏银行广州分行行长杨伟一行，双方就提升金融服务实体经济能力等议题深入交流。

13日 国务院总理李克强主持召开国务院常务会议，在珠海等22个城市新设跨境电商试验区。

15日 《珠海市商品房预售资金监管办法》实施。

17日 珠海市政府与华为技术有限公司签署战略合作协议。双方计划在推动珠海智慧城市建设等领域开展全方位战略合作。

18—19日 中国共产党珠海市第八届委员会第五次全体会议召开。

19日 珠海市区至珠海金湾机场城际轨道交通工程二期二标段明挖段基坑围护桩完成灌注，标志着珠机城轨二期工程全面进入主体施工阶段。

24—25日 云南省怒江傈僳族自治州党政代表团到珠海考察汤臣倍健股份有限公司等处。郭永航主持召开珠海·怒江东西部扶贫协作2018年第二次联席会议，怒江州委书记纳云德出席会议。

25日 省食药监局驻粤澳合作中医药科技产业园联络办公室和中医药技术与政策研究中心，在珠海粤澳合作中医药科技产业园揭牌成立。

26日 珠海国际健康港开港，首批10家企业签约入驻。健康港是集生物医药产、学、研、销、服等功能于一体的综合性平台。

27日 2018西藏林芝·广东招商引资推介会（珠海站）在珠海国际会展中心举行。

△ 姚奕生率珠海市“八一”拥军慰问团前往武警珠海支队看望慰问驻珠军警部队。

30日 郭永航率珠海市“八一”拥军慰问团看望慰问驻珠部队。

31日 珠海格力电器股份有限公司电机与控制院士工作站和建筑节能院士工作站挂牌成立。

8月

3日 珠港澳女性创业创新基地在金湾揭牌。

△ 珠海成立全国首个数字城管城市治理专家委员会，打造“大数据+专家+专业”城市治理新模式。

6日 珠海市第一批政务服务“全城通办”事项落地实施，涉及户政、公积金、税务、社保等16个部门651项事项。

△ 珠海市国家级高技能人才培训基地项目——工业机器人实训基地启用。

7日 珠海、中山、江门三地人防指挥部、珠海人防指挥成员单位指挥理论培训启动。这是珠海首次牵头开展三地联合培训。

11日 16时05分，金湾区暴雨预警信号升级为红色，台风蓝色预警信号继续生效；21时05分，暴雨预警信号降级为黄色。13—16时50分期间，金湾区平均降雨量248.6毫米，最大降雨量出现在三灶，达394.8毫米，破金湾区成立以来历史纪录。

13日 郭永航会见中国农业银行广东省分行行长朱正罡一行，双方就加大金融服务实体经济力度、推动珠海经济高质量发展等议题深入交流。

15日 珠海市企业开办服务大厅挂牌试运营。

16日 珠海市政府与富士康科技集团签署战略合作协议，拟在半导体设计服务等方面开展合作。

21日 郭永航会见澳门特区政府经济财政司司长梁维特一行。

23日 港珠澳大桥车辆通行费收费标准出炉：小型客车（私家车、出租车）150元/车次，大型客车（过境巴士）200元/车次，穿梭巴士300元/车次，普通货车60元/车次，货柜车115元/车次，收费标准以人民币结算。

30日 板樟山隧道新增隧道工程进行首次试爆。

是月 珠海格力智能装备有限公司获批成为国家高端装备制造业标准化试点。

9月

1日 珠海市召开配合中央扫黑除恶专项督导工作领导小组第一次会议。

3日 姚奕生率队前往数字广东网络建设有限公司调研学习省“数字政府”建设经验，推进珠海市“数字政府”建设。

4日 横琴新区工商局与横琴新区人民法院签署《关于共建中国（广东）自由贸易试验区珠海横琴新区片区知识产权侵权惩罚机制合作备忘录》。这是横琴新区在全国探索知识产权侵权惩罚机制改革的创新举措。

5—6日 广东省政协主席王荣、副主席袁宝成率调研组到珠海就“推进国家海洋救助保障体系建设”和“进一步强化企业技术创新主体地位，着力提升粤港澳大湾区先进制造业国际竞争力”开展专题系列调研。

6日 珠海市《关于促进珠台经济文化交流合作的若干措施》（简称珠台52条）出台。

△ 《横琴新区与保税区、洪湾、湾仔区域一体化发展规划》获珠海市政府批复实施。

7日 珠海应急支援队完成在汕头市谷饶镇的抢险救灾任务，返回珠海。支援队由9名队员组成，历经6天奋战，救灾排水约69万立方米。这是近年来珠海市首次支援外市洪灾抢险。

8日 珠海市对口帮扶（支援）地区名优特农副产品展销会在星园扶贫市场举行。来自云南怒江州、四川甘孜州理塘等19个地区的90多家企业携5000余种当地名优特农副产品参展。

9日 珠海发放首张港澳台居民居住证。

10日 广东省委副书记任学锋在珠海市调研督导乡村振兴工作，调研期间考察斗门区白蕉镇南澳村、竹洲村和莲洲镇。

13日 澳门工会联合总会广东办事处在珠海市总工会举行揭牌仪式，办事处为往返粤澳居民提供协助和咨询服务。

14日 珠海市全域推进农村人居环境整治动员大会在斗门召开。

15日 广东省副省长、省公安厅厅长李春生到珠海检查指导防御强台风“山竹”工作。

16日 强台风“山竹”来袭。珠海市气象台于15日19时将台风预警信号升级至红色，市三防指挥部即时启动防台风Ⅰ级应急响应。16日，凌晨1时起，拱北口岸、横琴口岸、珠澳跨境工业区专用口岸暂停通关，为十多年来首次；17时，台风在江门台山海宴镇登陆。当日珠海市陆地最大风力12级，阵风13～14级；海面14级，阵风15～17级；8—20时，全市平均雨量110毫米，最大雨量182.3毫米；珠海海域出现4～5米的巨浪；三灶站实测最高潮位337厘米（珠基），最大增水319厘米，超红色警戒潮位71厘米，打破该站历史纪录。经历15级阵风的考验后，港珠澳大桥全桥主体结构及交通工程附属设施完好无损，于18时30分正常启动全线照明。全市上下在市委、市政府领导下，成功抵御台风影响。

18日 珠海市推进粤港澳大湾区建设领导小组第一次全体会议召开。

△ 中国民用航空局计划司司长王长益一行到珠海调研粤港澳大湾区民航协同发展工作。

△ 珠海市联合中山、江门开

展2018年度防空警报试鸣。这是全市传统防空警报设施完成数字化升级改造后的首次鸣放。

19—21日 第二届“21世纪海上丝绸之路”中国（广东）国际传播论坛在珠海举办，主题为“新时代、新丝路、新形象”。来自30多个国家和地区800余名来宾参加。

21日 港珠澳大桥珠海公路口岸对外开放。

22日 《中国城市治理智慧化水平评估报告》在第四届中国智慧城市（国际）创新大会上发布，在全国293个被评估城市中，珠海排名第六。

△ 珠海市举办庆祝第一个中国农民丰收节活动，农民展示丰收成果。

22—28日 生态环境部督查组对珠海市开展集中式饮用水水源地环境保护第二轮专项督查。

24日 广东省地方标准《电子围网通用技术条件》（DB44/T2127-2018）实施。该标准由珠海横琴新区管委会提出，珠海大横琴科技发展有限公司、中国信息通信研究院和广东省标准化研究院共同起草。

27日 郭永航会见美国人工智能促进协会联合创始人厄尔·撒切尔多帝博士带队的美国人工智能访问团一行。

28日 全市打赢脱贫攻坚战工作推进会召开。

△ 广东省副省长黄宁生带队到珠海调研科技创新工作，考察健帆生物等创新型企业，并召开座谈会研究推动科技创新工作。

△ 港珠澳大桥开展首次内地、香港、澳门三地联合试运行，为大桥全线开通做准备。

△ 2018珠海（国家）高新区菁牛汇创新创业大赛在南方软件园落幕。

29日 珠海市召开全市经济普查专题工作会议。

30日 郭永航、姚奕生与党政军群各界代表出席在珠海烈士陵园举行的公祭烈士活动。

△ 市发改局批复《珠海市公路局关于申请审批珠海市古元大道工程（一期）项目建议书的函》，同意建设珠海市古元大道工程（一期）项目。古元大道是联系北部高新区与南部主城区及中山坦洲之间的重要南北向通道，工程包括古元大道主线、古元大道支线、梅界中路、青松路，路线全长15.51千米。

△ 全市打好防范化解重大风险攻坚战工作推进会召开。

△ 全国增材制造标准化技术委员会专用材料工作组落户珠海。

10月

1日 承载珠海及澳门交通发展史的南粤古驿道——长南迳古道经修复后向游客开放。

2日 为期两天的华发股份·2018 SHARK珠海沙滩音乐节落幕。

5日 市政府与香港物流及供应链多元技术研发中心就启动“香港—珠海贸易便利电子平台”签署合作备忘录。

7日 国庆7天长假，全市接待游客252.95万人次，比上年同期增长20.4%；接待过夜游客59.24万人次，增长18.5%；实现旅游总收入15.87亿元，增长31.7%。

8日 珠海社保业务系统成功并入广东省集中式人力资源和社会保障一体化信息系统并投入使用。

9日 郭永航会见澳大利亚科学院院士马丁·班威尔、暨南大学党委书记林如鹏一行。

10日 珠海市与360企业安全集团签署战略合作框架协议，共同推进珠海数字安全产业发展，加快智慧城市建设。

12日 四川省广安市党政代表团来珠考察交流，并签署两市友好城市战略合作协议。

18—20日 第十二届中国（珠海）国际打印耗材展览会在珠海国际会展中心举行。100多个国家和地区超过1.6万名买家参会，海外买家比上年增长50%以上。

19日 纳思达激光打印机高端装备智能制造产业园在高栏港区举行奠基仪式，标志着中国首个激光打印机高端装备智能制造基地投入建设。

20日 大型灭火、水上救援水陆两栖飞机AG600在湖北荆门漳门机场成功完成水上首飞。

22日 中共中央总书记、国家主席、中央军委主席习近平视察珠海横琴新区粤澳合作中医药科技产业园和格力电器股份有限公司。

23日 港珠澳大桥开通仪式在珠海举行。中共中央总书记、国家主席、中央军委主席习近平出席仪式，并宣布大桥正式开通。

24日 9时，港珠澳大桥正

式通车。

25日 珠海国际设计周暨北京国际设计周珠海站在珠海国际会展中心开幕，全球十余个国家和地区的300多名设计师与会。

29日 全市传达学习贯彻习近平总书记视察广东重要讲话精神干部大会召开。

30日 共青团珠海市第七次代表大会召开。

△ 贵州全国政协委员学习考察团莅临珠海考察粤港澳大湾区规划建设发展情况，分别考察横琴粤澳合作中医药科技产业园、香洲埠、格力电器等处。

10月30日至11月4日 由中国网球协会、珠海市人民政府主办，华发集团承办的2018横琴人寿珠海WTA超级精英赛举行。

31日 2018珠海科技工作者创新大会暨第十六届珠海市科协学术活动月拉开序幕。活动主题为“品质革命、创新引领”，全市设立1个主会场、146个分会场，举办各类专题学术报告300余场。

△ 广东省副省长欧阳卫民在珠海会见阿根廷内政、公共工程与住房部部长罗赫利奥·弗里赫里奥一行。

11月

1日 横琴隧道试运行。工程南起横琴中心大道，下穿环岛北路，过马骝洲水道后，沿保中路（规划中）地下向北至南湾大道，道路全长2836.84米，为双向六车道。其中隧道段全长2244米，隧道内径长14.5米，行车道下方集成综合管廊。这是中国首条海域超大直径复合地层盾构法隧道。

△ 全市第二批31个部门651项政务服务“全城通办”事项清单公布实施。至此，全市累计公布实施“全城通办”事项1302项。

1—3日 第十二届中国—拉美企业家高峰会在珠海举行，来自44个国家和地区的2000余名嘉宾与会。

3日 广东省副省长陈良贤到珠海国际航展中心调研第十二届航展筹备工作。

5日 中国气象局局长刘雅鸣一行考察港珠澳大桥珠海公路口岸大厅和应急指挥中心，了解港珠澳大桥气象保障服务情况。

5—10日 珠海市390家企业参加首届中国国际进口博览会，成交项目101个，成交总额3.6亿美元。

6—11日 第十二届中国国际航空航天博览会在珠海举行，43个国家和地区的770家厂商参展，参展飞机146架。展会上成交各种型号飞机239架。

8日 珠海市颁布《关于全面开展“五清”专项行动和问题河涌（渠）整治的动员令》，全市河湖“五清”专项行动全面启动。

8—9日 全国政协副主席刘奇葆一行到珠海考察港珠澳大桥、格力电器股份有限公司、横琴新区。

12日 郭永航会见国家开发投资集团董事长王会生一行。

13日 姚奕生会见来访的德国阿尔塔纳集团CEO马丁·巴比拉斯一行。双方就该集团在珠海项目发展状况和未来投资等问题进行探讨和交流。

△ 海关总署、香港海关、澳门海关在珠海签署《港珠澳大桥三地海关合作备忘录》。

14日 《珠海市公共服务地方标准管理办法》印发。珠海率先在全省发布公共服务地方标准管理办法。

△ 中山大学牵头组建的南方海洋科学与工程广东省实验室（珠海）挂牌启动建设。

15日 《求是》杂志第22期发表署名“中共珠海市委”、题为《在新起点上奋力推动珠海经济特区“二次创业”》文章。

△ 以“中德智造·共塑未来”为主题的2018第三届中德人工智能大会在珠海举行。

△ 中央人民政府驻澳门特别行政区联络办公室副主任张荣顺一行到横琴调研。

15—17日 郭永航带队赴云南省怒江傈僳族自治州，就进一步做好珠海市对口怒江州扶贫协作工作进行深入对接。

16日 广东省副省长许瑞生率省政府办公厅等单位赴珠海市调研督导黑臭水体整治和粤港澳大湾区文化项目建设。

△ 姚奕生会见加拿大新斯科舍省省长斯蒂芬·麦克内尔一行。

16—23日 第五届中国国际马戏节在珠海横琴长隆国际马戏城举行，25支世界顶尖马戏队伍出席盛会。

18日 珠海市四套班子领导到深圳参观“大潮起珠江——广东改革开放40周年展览”。

△ 即日起，全市182条公交线路全部实施一票制，票价1元/人次，现代有轨电车1号线同步调整至1元/人次。

18—20日 广东省政协副主席邓海光率调研组到珠海开展“推进我省乡村振兴战略落实”民主监督“回头看”。

19日 全国政协副主席、大湾区香港中心主席梁振英率大湾区校长教师专业发展考察团到珠海考察调研。

20日 珠海金湾机场年旅客吞吐量首次突破1000万人次大关。金湾机场跨入国内千万级一级机场行列，成为国内第三十五个一级机场。

△ 英国朴茨茅斯市议长杰拉尔德·弗农·杰克逊到珠海进行友好访问，与珠海签署《“珠海—朴茨茅斯交流与合作联合会议”工作方案》。

21日 东盟国家海事和航运系统访问团在广东省、珠海市海事局工作人员陪同下考察平沙游艇产业园江龙船艇股份有限公司。

22日 珠海市科学技术协会第七次代表大会召开。

23日 郭永航会见中兴通讯股份有限公司创始人侯为贵一行，双方就进一步深化在智慧城市建设等领域合作进行深入交流。

23—30日 2018年亚洲帆板锦标赛暨亚洲风筝板锦标赛在珠海香炉湾举行，这是珠海市首次承办的国际级别帆板赛事，同时也是国际风筝板协会举办的首届亚锦赛。14个国家和地区近200名运动员参赛。

24日 拱北口岸单日客流量突破46万人次大关，年内第三次创出历史新高。

25日 对澳输电第三通道220千伏烟墩至北安双回电缆工程（珠海段）关键点——广东省内首条超长距离海底顶管施工的电力管廊贯通。

29日 珠海市人民政府印发《珠海市进一步扩大对外开放积极有效利用外资若干政策措施》（简称“外资新十条”）。

△ 中国集成电路设计业2018年会暨珠海集成电路产业创新发展高峰论坛在珠海开幕，主题为“汇聚芯动力，智领大湾区”，2000余名代表与会。

△ 祝青桥会见来访的葡萄牙驻穗总领事安德烈·科尔代罗。

29—30日 郭永航带队赴茂名市、阳江市考察精准扶贫和对口帮扶工作。

30日 应急管理部党组书记黄明一行到珠海考察调研应急管理工作。

△ 全球最大、亚洲首个无人船海上测试场——珠海万山无人船海上测试场启用，中国船级社为其颁发测试场服务供应方认可证书。

12月

3日 “江海情·携手行”怒江旅游宣传推介会在珠海召开。两地80余家旅游企业代表参会。

4日 第二届高端人才珠海创新创业交流大会暨中国海外学子报国行在珠海国际会展中心举行，主题为“启航新时代，英才共成长”。

△ 珠海市政协主席陈洪辉率团访问美国普罗维登斯市，与市长霍尔海·伊洛扎签署《中华人民共和国广东省珠海市和美利坚合众国罗德岛州普罗维登斯市建立友好城市关系协议书》，正式缔结友城关系。

6日 由全国妇联指导、广东省妇联主办的“见证——改革开放40周年中国女性成长故事”分享会在珠海横琴新区举行，董明珠、何超琼等杰出女性分享成长故事。

△ 国家文物局局长刘玉珠率队到珠海调研杨匏安陈列馆及相关文物保护、中国设计博物馆选址工作。

7日 国家副主席王岐山在广东调研，考察珠海横琴自贸园区发展，巡览港珠澳大桥。

△ 中国水产流通与加工协会海鲈分会成立大会在珠海举行。斗门区白蕉镇获“中国海鲈之乡”称号，并现场签约7.7亿元。

8日 市科协和市教育局联合举办的第三十四届珠海市青少年科技创新大赛终评、展示和颁奖仪式在珠海中山大学附属中学举行。

△ 珠海高新区举办2018岭南大数据专家圆桌会议，就加快推动珠海大数据产业创新发展深入交流探讨。

10日 以“开放建基业、创新再起航、粤港澳携手、湾区共繁荣”为主题的2018粤港澳大湾区工商界合作交流会在珠海召开。

11—15日 “世界主流媒体看珠海”采访活动在珠海举办。活动由市政府新闻办主办，11 个国家的 12 家海外主流媒体和中国台湾的 2 家媒体近 30 名记者参加活动。

12 日 全国人大教科文卫委员会调研组到珠海开展职业教育法修改专题调研，先后考察珠海城市职业技术学院、珠海格力电器股份有限公司。

13 日 珠海（金湾）社会治理培训基地在金湾社会创新谷揭牌成立。这是全市首个社会治理人才培养基地。

14 日 茂名市委书记、市人大常委会主任李红军，茂名市委副书记、市长许志晖率党政考察团来珠海考察。

15 日 珠海报业传媒集团和市总工会联合主办的“发现·珠海匠心”2018 珠海匠心人物揭晓，曹祥云、石理、王海、李小刚、李惠国、刘楚钿、何新超、麦汉明、陶永耀、梁敏健入选。

△ 杨匏安陈列馆新馆启用。

16 日 珠海改革开放 40 周年成果图片展在古元美术馆开幕，展出 268 张历史照片和 62 块展板，展期至 2019 年 1 月 10 日结束。

△ 西藏自治区党委副书记、自治区主席齐扎拉率党政代表团到珠海考察。

16—17 日 姚奕生赴茂名市、阳江市调研精准扶贫和对口帮扶工作，并慰问珠海市驻村扶贫干部。

17 日 2018 首届中国横琴科技创业大赛总决赛在横琴创意谷举行。普强 AI 汽车芯脑等 10 个项目被评为优胜团队，将获得总额不超过 3 亿元的无偿资助研发费用。

△ 珠海欧比特宇航科技股份有限公司发布“珠海一号”遥感微纳卫星星座采集的中国商业航天高光谱卫星数据。

△ “永不停步的征程——珠海市庆祝改革开放 40 周年交响音乐会”在珠海大剧院举行。

18 日 19 时许，珠机城轨一期工程“横琴口岸站至四号工作井”区间左线 9 号盾构机刀盘到达盾构接收井，标志着珠机城轨一期工程全线贯通。

19 日 15 时，农业农村部接到中国动物疫病预防控制中心报告，经中国动物卫生与流行病学中心（国家外来动物疫病研究中心）确诊，珠海市香洲区一屠宰场发生非洲猪瘟疫情。

20 日 广东省委常委叶贞琴在珠海市检查督导非洲猪瘟防控工作。屠宰场存栏的 1598 头生猪被全部扑杀，作无害化处理，并开展全面消毒。珠海市非洲猪瘟疫情得到有效处置。

△ 《珠海经济特区历史文化名镇名村和历史建筑保护办法》正式实施。

22 日 由市委、市政府主办的纪念容闳诞辰 190 周年系列活动开幕式在香洲区南屏镇甄贤学校旧址举行。

24 日 珠海市政府与平安集团签署“智慧珠海”合作框架协议，双方将围绕珠海新型智慧城市建设，在城市治理等方面开展合作。

26 日 南方海洋科学与工程广东省实验室（珠海）揭牌仪式暨理事会成立大会在珠海举行。郭永航为中山大学校长罗俊和中科院院士苏纪兰、陈大可等理事代表颁发聘书。

△ 兴业快线（北段）项目银团贷款签约仪式在珠海举行，国家开发银行等多家银行组成银团，为兴业快线（北段）工程提供 40.9 亿元项目贷款。

27 日 珠海金湾海上风电场项目陆上集控中心开工仪式在三灶镇定家湾工业区举行。该项目位于三灶镇南侧海域，规划装机容量 30 万千瓦，总投资额约 56 亿元，是粤电集团在珠海市投资建设的首个海上风电项目。

28 日 兴业快线（南段）开工仪式在板樟山脚举行。项目线路总长 4.77 千米，与兴业快线（北段）构成一条完整的城市纵向快速路，向北对接中山及深中通道，向南对接拱北、吉大等市中心片区，是珠海“六横、十纵”干线路网骨架的重要一环。

29 日 珠海洪湾中心渔港落成开港。渔港可停泊渔船 800 艘以上，设计年渔货卸港量 8 万吨。

30 日 由中国田径协会、横琴新区管委会及华发集团主办的 2018 横琴马拉松在珠海横琴国际网球中心举行，首次将全程马拉松纳入赛程，1 万余名选手参赛。

31 日 中国出入境客流量第一大口岸——拱北口岸 2018 年客流总数 1.34 亿人次，比上年增长 5%，连续第七年位居全国首位。

（吴 蔚 珠 鉴）

·责任编辑：潘杜鹃·

概　貌

基本情况

【建置沿革】　1953年4月7日，经中华人民共和国政务院批准，珠海县成立，县政府设在唐家，隶属粤中行政区管辖。1955年，珠海划为边防区，设立上涌、下栅边防检查站并发放边防居民证。1959年3月20日，珠海县撤销并入中山县。1961年4月17日，珠海县建制恢复，县政府设在香洲。

1979年3月5日，珠海县改为珠海市，市革命委员会（1980年改为市人民政府）设在香洲；11月，定为省辖市。1980年8月26日，中华人民共和国第五届全国人民代表大会常务委员会第十五次会议批准，在珠海市内设立经济特区，面积6.81平方千米。1983年5月5日，斗门县划归珠海市管辖；6月29日，国务院批准调整珠海经济特区范围面积15.16平方千米。1984年6月，在原珠海县管辖区域设立香洲区，为县一级建制。1988年4月5日，经国务院批准，珠海经济特区面积扩大至121平方千米。

1988年12月，珠海市委、市政府为实施“东西两翼发展战略”，设立万山管理区、三灶管理区。1998年，省政府为实施全省“海洋综合开发战略”，批准万山管理区为万山海洋开发试验区，是全省第一个地方性海洋综合开发试验区。

1992年春，横琴被广东省定为90年代扩大对外开放的4个重点开发区域之一；7月，横琴经济开发区成立；8月，横琴经济开发区管委会挂牌办公，为珠海市政府派出机构。

1993年4月，珠海港管理区成立，为市委、市政府派出机构。1999年7月，市委、市政府撤销珠海港管理区，成立珠海临港工业区管理委员会、高栏港区建设管理委员会（一个机构两块牌子），将原管辖的南水镇和南通公司划归三灶管理区管辖。

1996年11月3日，经国务院批准，珠海保税区成立（1999年10月封关运作）。

2001年4月4日，经国务院批准，金湾区成立，为县一级建制。同年12月29日，斗门撤县建区。

2009年6月24日，国务院常务会议审议和原则通过《横琴总体发展规划》。同年11月25日，中央编委同意设立珠海横琴新区管理委员会，属省政府派出机构并委托珠海市政府管理，为副厅级建制。横琴新区被纳入珠海经济特区范围，珠海经济特区总面积扩大至227.46平方千米。2010年8月26日，国务院批复，自2010年10月1日开始，珠海经济特区范围扩大至全市，总面积扩大至7653平方千米。

2015年4月21日，中国（广东）自由贸易试验区挂牌。23日，广东自贸试验区珠海横琴新区片区挂牌。

2017年7月1日，富山工业园调整管理体制，由市政府及职能部门委托管委会对园区内经济事务和其他行政工作行使市一级经济管理权限，园区经济指标纳入斗门区统计，财税收益归属斗门区支配。

（刘利亚）

【位置和面积】　珠海市位于广东省珠江口西南部，珠江出海口西岸，珠江水系之西江流经珠海境内的磨刀门、泥湾门、鸡啼门、虎跳门，汇入南海。地处北纬21°48′～22°27′、东经113°03′～114°19′。珠海市区东与深圳市、香港特别行政区隔海相望，距香港特别行政区36海里，南与澳门特别行政区陆地相连，西邻江门市新会区、台山市，北与中山市接壤，距广州市区140千米。珠海市海陆域总面积7653

平方千米，占广东省面积的3.4%，其中陆地面积1736.46平方千米。珠海市南北长77.3千米（从平洲岛到淇澳岛两岛末端止），东西宽123.4千米（从担杆岛到荷包岛两岛末端止）。珠海市面积大于500平方米的海岛有147个，常住居民的海岛有11个，素称"百岛之市"，是珠三角城市中海洋面积最大、岛屿最多的城市。有国家一类口岸9个（港珠澳大桥珠海公路口岸、拱北口岸、横琴口岸、九洲港口岸、高栏港口岸、湾仔轮渡客运口岸、万山港口岸、斗门港口岸、珠澳跨境工业区专用口岸），国家二类口岸7个，其中高栏港是珠江口西岸唯一的深水港、中国沿海主枢纽港。（珠　鉴）

2018年对珠海市有明显风雨影响的热带气旋

热带气旋					对珠海市风雨影响		
编号	名称	强度	登陆地点	登陆日期	影响时段	最大日雨量（毫米）	风力影响
1804	艾云尼	热带风暴	阳江市	6月7日	6月5—8日	113.9	陆地风力4～6级阵风7级；海面风力6～7级阵风8～10级
1809	山神	热带风暴	海南省	7月18日	7月17—18日	43.3	陆地风力5～6级阵风7～8级；海面风力6～7级阵风8～10级
1816	贝碧嘉	强热带风暴	阳江市	8月11日	8月10—15日	87.6	陆地风力4～5级阵风6级；海面风力6～7级阵风8～9级
1822	山竹	强台风	江门市	9月16日	9月15—16日	111.6	陆地风力11级，阵风12～13级；海面12级，阵风13～15级

【**气　候**】 2018年，珠海市天气总体呈现"旱涝急转、暴雨频发且极端性强，台风影响严重"特点。

气　温　全年平均气温23.3℃，较常年平均值偏高0.7℃。各月平均气温与常年同期相比，除2月和10月略偏低、8月持平外，其余各月均不同程度偏高，5月平均气温27.9℃，比历史同期偏高2.2℃，打破历史纪录。全年最高气温35.0℃，出现在9月15日，最低气温5.2℃，出现在2月1日。

降　雨　全年雨量总体偏多，总降雨量2182.9毫米，较常年平均值偏多4.8%。各月降雨量与常年同期相比，4月和5月降雨量不足历史同期值一半，6月和8月降雨量显著偏多，8月降雨量为719.2毫米，是历史同期平均值两倍多，列历史同期第二位（第一为785.4毫米，出现在1994年8月）。汛期（4—9月）旱涝急转，暴雨集中后汛期，总降雨量1970.6毫米，比常年平均值偏多12.3%。暴雨红色预警信号（暴雨最高级别预警信号）发布8次，比往年明显偏多，但降雨时段分布不均匀，主要集中在台风影响期间。汛期有暴雨日（日降雨量≥50.0毫米）13天（包括大暴雨5天），汛期总暴雨日数较历史同期偏多3天，大暴雨日数是历史平均的1.6倍。

台风暴雨　全年有4个台风（"艾云尼""山神""贝碧嘉""山竹"）给珠海市带来影响，其中"艾云尼""贝碧嘉"带来持续强降雨，"山竹"影响期间珠海市录得10分钟最大平均风速32.6米/秒（11级），破历史纪录。全年13天暴雨日中，7天是由台风系统引起的暴雨和大暴雨，台风造成的暴雨日数占汛期总暴雨日数的54%。

日　照　全年日照总时数1730.0小时，较常年平均值偏少149.7小时。2月、3月、4月、5月日照偏多，其中5月较常年同期偏多96.5小时，列历史同期第三位；其余月份日照较常年同期偏少，其中8月、11月为历史同期最少。（杨丽蓉）

【**土地资源**】 根据2018年土地利用变更调查成果显示，珠海市陆地总面积1736.45平方千米，其中香洲区555.29平方千米、金湾区567.28平方千米、斗门区613.88平方千米。农用地面积913.91平方千米，其中香洲区193.14平方千米、金湾区308.71平方千米、斗门区412.06平方千米。建设用地面积533.8平方千米，其中香洲区239.59平方千米、金湾区156.51平方千米、斗门区137.7平方千米。未利用地面积288.74平方千米，其中香洲区122.56平方千米、金湾区102.06平方千米、斗门区64.12平方千米。耕地保有量332.45平方千米，其中香洲区5.72平方千米、金湾区116.44平方千米、斗门区210.29平方千米。（龚亚军）

【水资源】 珠海市水资源的构成特点是过境水量多，本地水资源量少；地表水资源量大，地下水资源量小。珠海市多年平均入境水资源量1412.24亿立方米，而本地水资源量仅为17.57亿立方米，入境水资源量是本地水资源量的80.3倍。境内多年平均地表水资源量17.13亿立方米，地下水资源量2.06亿立方米，地表水资源量是地下水资源量的8.3倍。

2018年，全市水资源总量20.18亿立方米，比上年增长11.2%。年末4座中型水库蓄水总量0.61亿立方米，比上年增长5.4%。全年总用水量5.66亿立方米，比上年增长5.2%，其中生活用水增长5.0%，工业用水增长7.2%，农业用水减少2.9%，生态补水增长51.7%。万元国内生产总值用水量19.42立方米，比上年下降7.4%；万元工业增加值用水量11.95立方米，下降3.3%。人均用水量310立方米，与上年持平。全市总售水量3.66亿立方米，比上年增长4.3%，其中居民1.29亿立方米，增长5.5%；工业1.18亿立方米，减少2.0%。农村自来水入户率96.6%。

【海洋资源】 珠海市是珠三角城市中海洋面积最大、岛屿最多的城市。领海基线内海域面积6050平方千米（领海线内海域面积9348平方千米），其中滩涂面积227平方千米。大小岛屿262个，其中面积大于500平方米的海岛147个。大陆海岸线长224.5千米。港口航运条件优越，具有建设深水大港的优质港口资源，高栏港区平均水深10米～15米，万山岛群拥有20米等深线；辖区内水道密布，分布有大濠水道、蜘洲水道、桂山水道、青州航道、磨刀门水道等航道。海洋旅游、海洋生物、海洋可再生能源等资源丰富。（杨泳豪）

【矿产资源】 珠海市矿产资源主要特点是：矿产资源种类较少，大型矿床极少，金属矿产均为小型规模或为矿点、矿化点，优势矿产为滨海石英砂矿、建筑用花岗岩、地下热水和矿泉水。至2018年底，发现矿种25种，其中金属矿产15种、非金属矿产6种、能源矿产2种、水气矿产2种。

金属矿产主要矿种有铁、钨、铋、钼，少量铜、铅、锌、金、银等。至2011年底，所有金属矿山关停。非金属矿产主要有钾长石、石英砂矿、建筑用花岗岩、砖瓦用黏土等，均关停。能源矿产有地下热水和泥炭2种。水气矿产有矿泉水和地下水2种。（龚亚军）

【生物资源】 珠海市位于广东省南部，珠江出海口西岸，气候宜人，环境优美，光、热、水资源丰富，四季常青，动植物种类繁多。有野生维管植物201科722属1462种。有陆生脊椎野生动物279种，其中两栖纲1目5科19种、爬行纲3目10科50种、鸟纲16目50科174种、哺乳纲8目17科36种。水生野生动物种类繁多。

植物种类中，国家一级保护野生植物有水松1种，国家二级保护植物有土沉香、金毛狗、水蕨、樟树、红椿等14种，国家三级保护植物有粘木、白桂木、巴戟天、油杉4种，省级保护植物有绞股蓝、山橘、毛茶、普洱茶（野茶树）、野龙眼、野荔枝6种。古树名木资源较为丰富，有95种1855株，分属38科70属。

动物种类中，国家一级保护动物有蟒蛇1种，国家二级保护动物有猕猴、草鸮、猫头鹰、松雀鹰、白腹鹞等22种，省重点保护动物有夜鹭、黑水鸡、红嘴鸥、大白鹭、凤头鸊鷉等29种。

水生野生动物主要有：国家一级保护动物中华白海豚，国家二级保护动物绿海龟、玳瑁、花鳗鲡、金钱龟、山瑞、大鲵、珠母贝，省重点保护动物宽额鲈、驼背鲈、中国龙虾、锦绣龙虾、鲥鱼、四眼斑水龟等。（杨锡华 杨泳豪）

【环境质量】 空气环境质量状况 2018年，珠海市城市空气环境质量良好。空气质量比上年改善3.6%，空气质量达标率89.0%，与上年持平。有效监测天数365天，其中，150天空气质量级别为优，占41.1%；175天空气质量级别为良，占47.9%；26天空气质量级别为轻度污染，占7.1%；14天空气质量级别为中度污染，占3.8%。在环境保护部公布的全国169个重点城市年度空气质量排名中，珠海市列第十一位。二氧化硫年日均浓度为7微克/立方米，与上年持平；二氧化氮年日均浓度为30微克/立方米，比上年下降6.3%；可吸入颗粒物年日均浓度为43微克/

立方米，与上年持平；细颗粒物年日均浓度为27微克/立方米，下降10%；臭氧日最大8小时平均值第90百分位数浓度均值为162微克/立方米，增长1.3%；一氧化碳日均值第95百分位数浓度均值为1.0毫克/立方米，与上年持平；城市降水pH范围在3.64～6.97之间，酸雨发生率为78.5%，增加30.7个百分点。

水环境质量状况 水环境质量处于较好水平。对照《地表水环境质量标准》（GB3838-2002），前山河南沙湾断面、两河汇合口断面、前山码头断面和石角咀水闸断面水质类别为Ⅳ类，达到Ⅳ类水质目标；黄杨河尖峰大桥断面水质类别为Ⅱ类，优于Ⅲ类水质目标；鸡啼门水道鸡啼门大桥断面水质类别为Ⅲ类，达到Ⅲ类水质目标；磨刀门水道布洲断面和珠海大桥断面水质类别均为Ⅱ类，达到Ⅱ类水质目标；虎跳门水道河口断面水质类别为Ⅱ类，优于Ⅲ类水质目标；虎跳门水道河口断面水质比上年提升1个等级，其他水体水质状况与上年持平。大镜山水库、竹仙洞水库、乾务水库、竹银水库4个集中式饮用水源地水质类别为Ⅲ类，杨寮水库、平岗泵站、广昌泵站、黄杨河泵站、竹洲头泵站5个集中式饮用水源地水质类别为Ⅱ类，集中式饮用水源地水质达到或优于Ⅲ类的比例为100%。对照《海水水质标准》（GB3097-1997），近岸海域11个环境质量监测点位中，6个点位水质超过第二类水质标准（其中5个点位水质为劣四类，1个点位水质为三类），主要超标指标为无机氮，一、二类水质比例为45.5%，比上年增加27.3个百分点。

声环境质量状况 功能区噪声、区域环境噪声和道路交通噪声昼间平均等效声级与上年相比变化不大。1、2、3、4类功能区环境噪声昼间等效声级均符合《声环境质量标准》要求，1、3类功能区夜间平均等效声级均符合《声环境质量标准》要求，2、4类功能区夜间平均等效声级均超过《声环境质量标准》要求。区域环境噪声昼间平均等效声级为56.0分贝，比上年增长3.5分贝，夜间平均等效声级为49.6分贝，昼间、夜间城市区域环境噪声总体强度等级为三级，评价结果均为一般。道路交通噪声昼间平均等效声级为67.8分贝，比上年增长1.7分贝，夜间平均等效声级为58.1分贝，道路交通噪声昼间强度等级为一级，评价结果为好，夜间强度等级为二级，评价结果为较好。（余乐富）

【历史文化】 公元前4000多年，珠海地区就有人类活动。先民在这里劳动、生息、繁衍。公元前2000多年，珠海地区已有先进的渔业经济，先民制造适于近海航行的渔船，发明水上停船技术，创造出一种不同于农耕文明与游牧文明的早期人类生存方式——海洋渔业文明。

珠海地区自古为海上贸易重要通道，汉唐以来成为广州与中东、非洲、欧洲海上贸易必经之路。唐宋以后，中国对外贸易中心由北方的河西走廊逐渐转移到南方和东南沿海，珠海地区是中国南部城市广州到阿拉伯国家海上商道重要“驿站”。郑和七下西洋，多次通过珠海海域。明清时期，珠海地区浪白澳海域是外国商船来华的重要泊船地，成为中国重要的对外贸易口岸。澳门开埠后，珠海海域商船往来更为繁忙。唐宋时期，珠海地区山场一带盐业经济发达，盛极一时。

珠海地区与澳门陆地相连，有着不可分割的历史和文化渊源。南宋绍兴二十二年（1152年），朝廷设立香山县，今珠海市、澳门和中山市同属其管辖范围。宋末元初，珠海海域发生一场中国古代历史上规模最大的海战，民族英雄文天祥在这里留下“人生自古谁无死，留取丹心照汗青”千古绝唱。

海洋文化是珠海历史文化的总特点，在不同时期有不同表现形式，早期以海洋渔业文化为特点，唐宋以后表现为香山文化，近现代以来表现为买办文化、华侨文化、留学文化、红色文化和特区文化等。

在珠海经济特区设立之前，珠海大地上曾有两次尝试对外开放。第一次是1909—1912年的“香洲开埠”，清政府宣布香洲为自由港，开放香洲为无税区，这是珠海地区华侨和商绅实践“实业救国”的尝试。第二次是1929—1934年的中山模范县建设，在唐家湾开辟一个可停靠0.5万吨～2万吨轮船的南方巨大良港——“中山港”。在唐绍仪的请求下，南京国民政府于1930年5月中旬明令公布：“指定广东省中山县唐家环开辟为无税口岸，以60年为期，定名为中山港，由中山县训政实施委员会负责经营办理。”这两次试办“经济特区”虽未成功，但珠海人的开放创新精神矢志不渝。

在中国近现代史上，珠海地区出现过一大批产生重大影响的著名人物。“中国留学生之父”容闳、中国留学英国第一人黄宽、洋务运动先驱唐廷枢、近代民族工商业杰出代表徐润、民国第一任内阁总理唐绍仪、文坛奇才苏曼殊、中共早期重要领导人苏兆征、中华全国总工会第一任委员长林伟民、人民艺术家古元、中国第一位世界冠军容国团以及著名革命家、教育家、语言文字改革家韦悫等10余位珠海名人被《辞海》收录。清华学校第一任校长唐国安、华南地区最早的马克思主义传播者杨匏安等珠海名人被载入史册。这些敢为天下先的珠海人在政治、经济、文化、体育等各个方面发挥作用，并成为中国近代化进程的重要推动者。

珠海地区是一块具有革命传统的红土地。1833年，淇澳岛村民自发反抗英国鸦片商人侵扰，成为三元里抗英之前民众自发抗击侵略的先声。当地民众在反对澳门葡萄牙当局的殖民扩张、抗击日本侵略过程中都表现出英勇顽强的民族精神。

辛亥革命期间，从买办到民族工商业者，从实业救国到社会改良，从西学东渐、维新变法到民主共和思想的浸润与播种，从暴力革命到民主共和的建立与捍卫，都留下珠海人的身影。前山新军起义是辛亥革命武昌首义后革命党人在珠海发动的一次重要起义，为辛亥革命彻底推翻清政府作出贡献。

中华人民共和国成立后，珠海县于1953年成立，珠海人为巩固边防、守护海疆不怕流血流汗。1979年建市，1980年设立珠海经济特区，是中国最早实行对外开放政策的四个经济特区之一，成为全国改革开放的“窗口”与“试验田”，承担着为探索中国特色社会主义道路杀出一条血路的光荣而艰巨的使命。珠海人敢为人先，勇于探索，攻坚克难，奋发有为，大胆开拓创新。1984年1月，邓小平第一次南方视察来到珠海，挥笔题词“珠海经济特区好”，坚定改革开放决心；1992年1月，邓小平第二次南方视察再次来到珠海，推动中国改革开放大业走向辉煌。

珠海市多次获得最具幸福感城市、全国文明城市、卫生城市、旅游城市、生态城市等称号。随着横琴自贸区建设、港珠澳大桥建成通车、广珠城际铁路通车、高栏港建设推进，珠海市作为中国经济特区与珠江口西岸核心城市，在“粤港澳大湾区”格局、“一带一路”历史机遇中发挥重要作用。

珠海市文物丰富，拥有沙丘遗址、水下考古遗址、祠堂、庙宇、故居、亭、牌坊、学校、军事防御设施等不可移动文物335处，其中古遗址64处、古墓葬33处、古建筑186处、石窟寺和石刻28处、近现代重要史迹及代表性建筑133处、其他6处。拥有珠海宝镜湾遗址、陈芳家宅、三灶岛侵华日军罪行遗迹全国重点文物保护单位3处，苏兆征故居、拉塔石炮台、草堂湾遗址、唐家三庙等省级文物保护单位24处，市级文物保护单位38处，区级文物保护单位9处。唐家湾古镇、斗门镇、斗门古街被公布为国家级历史文化名镇（名街）。斗门水上婚嫁、装泥鱼、三灶鹤舞、一指禅推拿4个项目，被列入国家级非物质文化遗产代表性项目。斗门飘色、沙田民歌、鸡山中秋对歌会等10余个项目被列入广东省非物质文化遗产代表性项目。（肖一亭）

【侨乡侨情】 珠海市是广东省著名侨乡，侨力资源丰富，侨乡历史悠久。至2018年底，有旅居海外华侨华人、港澳同胞40余万人，主要分布在北美、拉美、大洋洲和东南亚等50多个国家和中国港澳地区；有侨眷30余万人；有侨资企业2300余家，占全市外资企业70%以上。

华侨农场　平沙华侨农场、红旗华侨农场是广东省规模最大的两个华侨农场，其中平沙华侨农场面积约197平方千米，常住人口约10万人；红旗华侨农场面积123平方千米，常住人口11万人。1958—1978年期间，两个农场接收印度尼西亚、马来西亚、新加坡、越南等归侨2万余人。至2018年底，有归侨6000余人（以越南归侨为主）。

华侨社团　市侨务局（市侨联）属下有“印尼”“越柬老”“新马泰”、珠海潮人、辛亥革命志士后裔联谊会、珠海侨商企业协会等民间社团6个，有英国、加拿大、美国、哥斯达黎加、澳大利亚、新西兰、印度尼西亚、日本等珠海海外联谊会和留学生联谊会16个，与50多个国家200多个友好社团建立联系。（市委统战部）

【民风民俗】 珠海市拥有丰富多彩的传统民间习俗。

斗门水上婚嫁　珠海市斗门区一带独特的传统民俗文化，是当地疍家人的传统成亲礼仪，形成于清初，成熟于清代同治、光绪年间。水上婚嫁融合广府文化和客家文化元素，婚嫁程序繁复多样，有夹年生、拿茶叶、择日、使日、起厨、坐高堂、上头、嫁仪、花船迎亲、渡水饭、拜堂、闹洞房、回门13项礼仪，以花船迎亲，沙田民歌贯穿婚嫁活动全过程，独具水乡风情。2008年6月，斗门水上婚嫁习俗入选第二批国家级非物质文化遗产名录。

三灶鹤舞　珠海市三灶岛海澄村一带独特的传统民俗文化，源于宋代，有700多年历史，是三灶岛人民在长期的生产和生活实践中模仿白鹤动作神态、研究白鹤生活习性而创造出来的民间舞蹈，一般在迎春接福、贺老拜寿等喜庆节日和活动时举行。鹤舞表演分为仙鹤临门、觅食、啄吃、洗嘴、休息、嬉戏、归巢7个环节，表演时伴有鹤歌。“舞者，击鼓以三为节，歌者，击鼓以七为节”。2011年5月，三灶鹤舞被列入第三批国家级非物质文化遗产名录。

龙舟竞渡　俗称“扒龙船”，是珠海人喜爱的传统活动之一。1909年香洲开埠后，由海外侨商、港澳华商和地方乡绅组织，每年端午节期间在香洲埠附近海面举行龙舟竞渡。1911年香洲埠被大火烧毁后，龙舟竞渡停办。中华人民共和国成立后，首届珠海龙舟赛于1955年在金星门举行，此后成为一年一度盛事。1961年，县治迁至香洲，龙舟赛改在香洲野狸岛附近海面举行，从农历五月初三开始至初五结束，时有香港、澳门及香洲、湾仔、桂山、万山、担杆、南水、东澳、庙湾、外伶仃等代表队参加，20世纪80年代因安全问题停办。2009年，珠海国际龙舟节在前山河举办。2010年起，龙舟竞渡在斗门区黄杨河举办。

沙田民歌　流传于珠海市香洲区南屏、斗门区一带沙田地区的传统民歌。是在“疍家歌”“渔歌”基础上，由水乡人独创的一种曲目，包括咸水歌、高堂歌、大罾歌、姑妹歌、叹家姐等。咸水歌有长句、短句两种，字数不等，风格各异，抒情悠扬；高堂歌以每段四句，每句七字为规则，一、二、四句押韵，以叙事为主，格式如七律七绝。沙田民歌音乐语言、艺术形式和表现手法简明朴实、平易近人、生动灵活，且题材广泛，演唱形式繁多，除了自己抒情，还可与他人对唱、斗歌，最大特点是触景生情、即兴唱酬。多年前，沙田地区的村民经常聚集在基头、围尾、河岸、艇中对唱和斗歌，以歌自娱，以歌怡情，以歌会友。

乾务飘色　珠海市民间艺术，集中在斗门区乾务镇乾东、乾西和乾北三村，集文学、戏剧、音乐、造型、雕刻、服饰等于一体，有近400年历史。乾务飘色中最引人注目的是由7～10岁小孩扮演民间故事或历史典故中的人物，站立在色棒上，飘逸若飞，造型独特，极具欣赏价值。

三灶八堡歌　流传于珠海市三灶岛一带的传统民俗文化，源于明代，有600多年历史，是处于孤岛的三灶人认识家乡、了解外界的重要渠道。由于当时的三灶岛共有8个堡，人们就把这种民歌叫作《八堡歌》。《八堡歌》巧妙地把地名和地方特色编入歌谣，语言诙谐，音节和谐悠扬、机智敏捷，得趣成章，朴质浑然。歌谣为三灶方言，琅琅上口，通俗易懂，容易记忆，有深厚的群众基础。《八堡歌》从三灶岛海澄村的上表和下表开始唱起，连续唱出三灶岛8个堡所有自然村落的特点，最后编入三灶岛附近乃至广东省内外的一些地名。

珠海民间艺术大巡游　2007年以来珠海市重要的民间艺术活动，每年元宵节期间举行。首届珠海民间艺术大巡游于2007年3月5日在吉大九洲城举行，其后分别在圆明新园、市体育中心、斗门区等地举行。珠海民间艺术大巡游活动通过飘色、鹤舞、沙田民歌、舞狮、舞龙等轮番表演，将珠海市非物质文化遗产原汁原味呈现给市民。

（苏玉怀）

【风景名胜】　珠海市是花园式滨海旅游城市，1998年获联合国人居中心颁发“国际改善居住环境最佳范例奖”，是全国唯一以整座城市景观入选“中国旅游胜地四十佳”的城市。2017年被国家旅游局授予“中国休闲旅游示范城市”称号。至2018年底，有AAAA级景区景点7个（珠海圆明新园、珠海农科奇观、珠海罗西尼工业旅游、珠海市御温泉度假村景区、珠海市东澳岛旅游度假区、珠海市外伶仃岛度假区、珠海市汤臣倍健透明工厂景区）。

旅游景点　主要有：香炉湾（情侣路、珠海渔女、城市客厅）、石景山、海滨公园、野狸岛（珠海大剧院）、港珠澳大桥、珠海圆明新园、梦幻水城、澳门环岛游、古元美术馆、普陀寺、珠海农科奇观、梅溪牌坊（陈芳故居）、苏曼殊故居、容闳故居、长隆国际海洋度假区、横琴芒洲湿地公园、石博园、黄杨山（金台寺）、珠海市御温泉度假村景区、十里莲江、逸丰生态园、鳄鱼岛、海泉湾度假区、爱飞客俱乐部、金沙滩、飞沙滩、淇澳岛（淇澳红树林湿地生态园、淇澳祖庙、天后宫，白石街、苏兆征故居）、唐家湾镇（共乐园、唐绍仪故居、望慈山房、唐家三庙）、唐国安故居、卢慕贞故居、会同古村（莫氏大宗祠、栖霞仙馆）、珠海罗西尼工业旅游、珠海市汤臣倍健透明工厂景区。

名胜古迹　主要有：后沙湾沙丘遗址、愚园、杨氏大宗祠、前山寨城墙、宝镜湾遗址、石溪摩崖石刻、竹仙洞摩崖群、菉猗堂及建筑群、东澳岛铳城、东澳岛海关遗址、草堂湾遗址、赤沙湾沙丘遗址、白莲洞、灵岩洞摩崖石刻、乌岩山摩崖石刻、大王宫工丈摩崖石刻、山场北帝庙、斗门旧街、网山古村、荔山村黄氏宗祠建筑群。

海岛风光　主要有：桂山岛、外伶仃岛、东澳岛、万山岛、淇澳岛、白沥岛、庙湾岛、九洲岛、荷包岛。（李伟华）

【人口情况】　至2018年底，珠海市常住人口189.11万人，比上年增加12.57万人，增长7.1%；出生率16.8‰，死亡率3.7‰，自然增长率13.1‰。人口城镇比90.08%。（市统计局）

【民　族】　至2018年底，珠海市有53个少数民族，少数民族人口17.76万人（户籍人口2.84万人，暂住人口14.92万人），人口较多的有壮族（5.97万人）、土家族（2.43万人）、瑶族（1.66万人）、苗族（1.54万人）、满族（1.21万人）。民族团体1个：珠海市民族团结进步促进会。

【宗　教】　至2018年底，珠海市有11处登记开放的宗教活动场所，其中佛教2处、伊斯兰教1处、天主教1处、基督教7处；信教群众约6.9万人。宗教团体3个：珠海市佛教协会、珠海市伊斯兰教协会、珠海市基督教“两会”（珠海市基督教三自爱国会和珠海市基督教协会）。（市委统战部）

【方　言】　珠海地区原属香山县，古代在香山县一带有客民、畲蛮、瑶、疍人和卢亭等“人类”，有几种不同方言。近代以来，有粤、客家和闽等方言，以粤方言为主。1953年后，随着非粤籍人员流入，珠海地区出现北方方音。从20世纪80年代开始，非粤音人口大批流入。截至2018年，珠海地区方言仍以粤方言为主，分布在香洲、横琴、万山、平沙、红旗、三灶和斗门的大部分乡镇。根据内部差异，粤方言又可分为北部地区粤音、西部地区粤音和水上话音3类。此外，还有淇澳的闽方音和香洲、唐家湾部分村落的客家话音。（陈　义）

【市树、市花与市鸟】　1989年10月26日，珠海市第三届人大常委会第三次会议根据市人民政府提议，确定红花紫荆为市树、簕杜鹃为市花、海鸥为市鸟。

红花紫荆　别名羊蹄甲、洋紫荆、艳紫荆。珠海市区的紫荆园和紫荆路因集中种植此树而得名，每到花期，红花紫荆花色鲜艳，形状动人，象征珠海经济特区朝气蓬勃的精神。

簕杜鹃　别名三角花、叶子花等。珠海的道路、绿地、山上、公园、宾馆、庭院都有大量种植，开花时，花色有红、紫、粉红、白色、黄色等五彩颜色，具有生命力强、品种多样等特性。象征珠海经济特区开拓创新、锐意进取。

海　鸥　珠海市最常见的一种海鸟，喜欢群集于港口、码头、海湾、轮船周围，哪里发现有大群海鸥，哪里的水域必然充满生命。象征珠海人民勇于拼搏、勤劳致富的风骨。（珠　鉴）

【社会组织】　至2018年底，珠海市登记在册社会组织2426家（市级1247家、区级1179家）。其中，社会团体1096家（市级774家、区级322家），民办非企业单位1320家（市级463家、区级857家），基金会10家（市级10家）。年末常住人口每万人拥有社会组织12.83家。

【行政区划】　2018年，珠海市设有香洲区、金湾区、斗门区3个行政区，下辖15个镇、9个街道。其中，香洲区辖梅华街道、狮山街道、翠香街道、拱北街道、吉大街道、湾仔街道、香湾街道、前山街道8个街道，以及南屏镇、唐家湾镇、横琴镇、桂山镇、万山镇、担杆镇6个镇；金湾区辖红旗镇、三灶镇、南水镇、平沙镇4个镇；斗门区辖白藤街道1个街道，以及井岸镇、白蕉镇、斗门镇、莲洲镇、乾务镇5个镇。有横琴新区、珠海（国家）高新技术产业开发区、珠海经济技术开发区（高栏港经济区）、珠海万山海洋开发试验区、珠海保税区5个经济功能区。（冼佳霖）

2018年珠海市组织机构及负责人

单 位	姓 名	职 务	变动情况
市 委	郭永航	市委书记，市人大常委会主任，珠海警备区党委第一书记	2月任书记
	姚奕生	市委副书记，市政府市长、党组书记	
	赵建国	市委副书记	
	龚海明	市委常委，市纪委书记，市监委主任	1月任市监委主任
	张 强	市委常委、政法委书记	
	王庆利	市委常委，市政府常务副市长、党组副书记	
	龙广艳	市委常委、宣传部部长	
	吴青川	市委常委、组织部部长、党校校长	7月任市委常委，8月任组织部部长、党校校长
	吴 轼	市委常委、秘书长、办公室主任	
	郭才武	市委常委、统战部部长	
	毕敦发	市委常委，珠海警备区司令员	1月任职
	祝青桥	外交部拉丁美洲和加勒比司司长，挂任珠海市委常委、市政府副市长、市政府党组成员	
	郭元强	市委书记，市人大常委会主任，珠海警备区党委第一书记	任至1月
	曾祥华	市委常委、组织部部长、党校校长	任至7月
市人大	郭永航	市委书记，市人大常委会主任，珠海警备区党委第一书记	4月任人大常委会主任
	陈 英	市人大常委会常务副主任、党组书记（正厅级）	
	刘 佳	市人大常委会党组副书记	
	关英彦	市人大常委会副主任、党组成员	
	黄 锐	市人大常委会副主任、党组成员，兼任市总工会主席，珠海对口帮扶阳江指挥部总指挥，挂任阳江市委常委、副市长	
	田忠敏	市人大常委会副主任、党组成员	
	吴青山	市人大常委会副主任、党组成员	
	王红勤	市人大常委会副主任	
	芦晓凤	市人大常委会党组成员（保留副厅职）	12月任职
	李 力	市人大常委会党组成员、秘书长	
	郭元强	市委书记，市人大常委会主任，珠海警备区党委第一书记	任至1月
	李志和	市人大常委会党组成员	任至7月

（续 表）

单　位	姓　名	职　务	变动情况
市政府	姚奕生	市委副书记，市政府市长、党组书记	
	王庆利	市委常委，市政府常务副市长、党组副书记	
	祝青桥	外交部拉丁美洲和加勒比司司长，挂任珠海市委常委，市政府副市长、党组成员	
	刘嘉文	市政府副市长、党组副书记	
	张宜生	市政府副市长、党组成员	
	张　锐	市政府副市长、党组成员，市公安局局长、党委书记、督察长，市委政法委第一副书记	6月任职
	阎　武	市政府副市长，农工党珠海市委会主委，兼任市红十字会会长	
	孔令栋	青海省海东市人民政府党组成员、副市长，海东工业园区党工委委员、管委会副主任，市国有资产监督管理委员会党委书记；挂任珠海市副市长、市政府党组成员	4月挂任珠海市副市长、市政府党组成员
	张　松	市政协副主席、党组成员，市政府党组成员，广东省第三扶贫协作工作组（云南省怒江傈僳族自治州扶贫协作工作组）组长，挂任广东省扶贫开发办公室副主任，云南省怒江州委常委、副州长	
	牛　敬	市政府党组成员，横琴新区党委书记，珠海保税区党委书记	
	李　桑	西藏自治区林芝市副市长，挂任珠海市政府副市长、党组成员	1月结束挂职
	孙恒义	黑龙江省黑河市委常委、副市长，挂任珠海市副市长、党组成员	1月结束挂职
	史明锋	市政府副市长、党组成员，市公安局局长、党委书记、督察长，市委政法委第一副书记	任至4月
	芦晓凤	市政府副市长、党组成员	任至12月
市政协	陈洪辉	市政协主席、党组书记	
	朱权伟	市政协副主席、党组副书记	
	潘　明	市政协副主席，民革珠海市委会主委	
	曾祥华	市政协副主席、党组成员	12月任副主席
	张　松	市政协副主席、党组成员，市政府党组成员，广东省第三扶贫协作工作组（云南省怒江傈僳族自治州扶贫协作工作组）组长，挂任广东省扶贫开发办公室副主任，云南省怒江州委常委、副州长	
	梁元东	市政协副主席、党组成员	
	陈仁福	市政协副主席、党组成员	
	黄文忠	市政协副主席，民建珠海市委会主委	
	彭　洪	市政协副主席，民盟珠海市委会主委	

（续 表）

单 位	姓 名	职 务	变动情况
市政协	刘振新	市政协党组成员（保留副厅职）	8 月任职
	王 毅	市政协党组成员、秘书长	7 月任党组成员
	党益群	市政协党组成员	任至 12 月
	欧阳德红	市政协党组成员、秘书长	任至 7 月
横琴新区	牛 敬	市政府党组成员，横琴新区党委书记，珠海保税区党委书记	
	杨 川	横琴新区党委副书记、管委会主任	
香洲区	颜 洪	香洲区委书记	
	刘齐英	香洲区委副书记、区长	
金湾区	阳化冰	金湾区委书记，市航空产业园党委书记	
	赵伟媛	金湾区委副书记、区长，市航空产业园党委副书记、管委会主任	
斗门区	周海金	斗门区委书记，斗门生态农业园党委书记	
	马洪胜	斗门区委副书记、区长，斗门生态农业园党委副书记、管委会主任	
高新区	闫昊波	珠海高新技术产业开发区党委书记（副厅级）	
	苏 虎	珠海高新技术产业开发区党委副书记、管委会主任	
保税区	牛 敬	市政府党组成员，横琴新区党委书记，珠海保税区党委书记	
	赵 力	横琴新区管委会副主任、党委委员，珠海保税区党委副书记、管委会主任	
万山区	叶 真	万山海洋开发试验区党委书记	
	吕红珍	万山海洋开发试验区党委副书记、管委会主任	
高栏港区	姜建平	珠海经济技术开发区（高栏港经济区）党委书记（副厅级）	
	赵适剑	珠海经济技术开发区（高栏港经济区）党委副书记、管委会主任	9 月任管委会主任
市纪委监委	龚海明	市委常委，市纪委书记，市监委主任	1 月任市监委主任
市委办公室	吴 轼	市委常委、秘书长、办公室主任	
市委组织部	吴青川	市委常委、组织部部长、党校校长	7 月任市委常委，8 月任组织部部长、党校校长
	曾祥华	市委常委、组织部部长、党校校长	任至 7 月
市委老干部局	林康栋	市委老干部局局长，市委组织部副部长	

（续 表）

单 位	姓 名	职 务	变动情况
市委宣传部	龙广艳	市委常委、宣传部部长	
市委统战部	郭才武	市委常委、统战部部长	
市委政法委	张 强	市委常委、政法委书记	
市委政策研究室	崔旭明	市委副秘书长，市委政策研究室主任，市经济社会发展研究中心（珠海中科院广州分院协同创新中心）主任	
市机构编制委员会办公室	邓 洪	市机构编制委员会办公室主任、市委组织部副部长	
市委体制改革办公室	戈晓宇	市委体制改革办公室主任	
市委党校	吴青川	市委常委、组织部部长、党校校长	7月任市委常委，8月任组织部部长、党校校长
	曾祥华	市委常委、组织部部长、党校校长	任至7月
市委党史研究室	郑安兴	市委党史研究室主任	
市直属机关工作委员会	风亦凡	市直属机关工作委员会书记、市直人民武装部政委	
市委教育工委	林日团	市教育局局长、市委教育工委书记	
市“两新”组织党工委	王学军	市“两新”组织党工委书记	
市委农村工作办公室	陈振毅	市委农村工作办公室主任	
市委巡察办	平 凡	市委巡察工作领导小组办公室主任	
市政府办公室	武 林	市政府秘书长、党组成员，市政府办公室主任、党组书记，市纲要办主任	
市发展和改革局（市粮食局）	于思浩	市发展和改革局（市粮食局）局长、党组书记	
市科技和工业信息化局	贺 军	市科技和工业信息化局局长	
	钟国胜	市科技和工业信息化局党组书记	
市教育局	林日团	市教育局局长、市委教育工委书记	

（续 表）

单 位	姓 名	职 务	变动情况
市民族宗教事务局	陈 坦	市委统战部副部长，市民族宗教事务局局长	
市公安局	张 锐	市政府副市长、党组成员，市公安局局长、党委书记、督察长，市委政法委第一副书记	6 月任职
	史明锋	市政府副市长、党组成员，市公安局局长、党委书记、督察长，市委政法委第一副书记	任至 4 月
市民政局	罗新安	市民政局局长、党组书记	
市司法局	李秉勇	市司法局局长、党组书记，市强制隔离戒毒所第一政委	
市财政局	周 昌	市财政局局长、党组书记	
市人力资源和社会保障局	练伟光	市人力资源和社会保障局局长、党组书记，市委组织部副部长	
市国土资源局	袁学东	市国土资源局局长、党组书记	
市环境保护局	张经纬	市环境保护局局长、党组书记	
市住房和城乡规划建设局	王朝晖	市住房和城乡规划建设局局长、党组书记	
市交通运输局（市港口管理局）	唐成伟	市交通运输局（市港口管理局）局长、党组书记	
市海洋农业和水务局	林粤海	市海洋农业和水务局局长、党组书记	
市市政和林业局	郑潮龙	市市政和林业局局长、党组书记	
市商务局	王小彬	市商务局局长、党组书记	
市口岸局	方小勇	市口岸局局长、党组书记，市海防与打击走私办公室主任，挂任市政府副秘书长	
市文化体育旅游局（市版权局）	王玲萍	市文化体育旅游局（市版权局）局长、党组书记	
市卫生和计划生育局	陶海林	市卫生和计划生育局局长、党委书记，市干部保健办公室主任	

（续 表）

单 位	姓 名	职 务	变动情况
市审计局	戴伟辉	市审计局局长、党组书记	
市外事局	张梅生	市外事局局长、党组书记	
市政府国有资产监督管理委员会	周 凯	市政府国有资产监督管理委员会主任、党委书记	
市工商行政管理局	陈德敬	市工商行政管理局局长、党组书记	
市质量技术监督局	王 雷	市质量技术监督局局长、党组书记	
市安全生产监督管理局	高树林	市安全生产监督管理局局长、党组书记	7月任党组书记，9月任局长
	刘治民	市安全生产监督管理局局长、党组书记	任至7月
市食品药品监督管理局	石学斌	市食品药品监督管理局局长、党组书记	
市统计局	周 峰	市统计局局长、党组书记	
市法制局	王智斌	市法制局局长、党组书记	
市金融工作局	穆 竑	市金融工作局局长、党组书记	
市城市管理行政执法局	张志伟	市城市管理行政执法局局长、党组书记	
市政务服务管理局（市公共资源交易管理局）	赵彦庆	市政务服务管理局（市公共资源交易管理局）局长、党组书记	
市人民防空办公室	鄢赤军	市人民防空办公室主任、党组书记	
市接待办公室	梁 壮	市委副秘书长，市接待办公室主任、党组书记	任至7月
市机关事务管理局	徐 政	市机关事务管理局局长、党组书记	
市政府驻北京办事处	侯广军	市政府驻北京办事处主任、党组书记，挂任市政府副秘书长	
市政府驻广州办事处	文 华	市政府驻广州办事处主任、党组书记	
富山工业园	王瑞森	市委副秘书长，富山工业园党委书记、管委会主任	

（续 表）

单 位	姓 名	职 务	变动情况
市中级人民法院	黄炯猛	市中级人民法院院长、党组书记	
市人民检察院	黄维玉	市人民检察院检察长、党组书记	
市工商联	董 凡	珠海健帆生物科技股份有限公司董事长、总经理，广东省工商联副主席，珠海市工商联主席	
	曹少英	市委统战部副部长，市工商联党组书记、第一副主席	
市总工会	黄 锐	市人大常委会副主任、党组成员，兼任市总工会主席，珠海对口帮扶阳江指挥部总指挥，挂任阳江市委常委、副市长	
	李奕根	市总工会党组书记、常务副主席	
团市委	闵云童	团市委书记、党组书记	
市妇女联合会	玄 阳	市妇女联合会主席、党组书记	
市科学技术协会	刘治民	市科学技术协会主席	9月任职
	肖润新	市科学技术协会主席、党组书记	7月免主席
市文学艺术界联合会	马 融	市文学艺术界联合会主任、党组书记	
市社会科学界联合会	蔡新华	市社会科学界联合会主席、党组书记	
市残疾人联合会	梁 壮	市残疾人联合会理事长	10月任职
	李杰稼	市残疾人联合会理事长、党组书记	7月免理事长
市红十字会	阎 武	市政府副市长，农工党珠海市委会主任，兼任市红十字会会长	
	肖世明	市红十字会副会长、党组书记	
中国国际贸易促进会珠海市分会	庄海青	中国国际贸易促进会珠海市分会会长，市商务局党组成员	
市西部城区开发建设局	陈哈理	市委政策研究室调研员，市西部城区开发建设局局长、党组书记，挂任市政府副秘书长	
市气象局（台）	李叶新	市气象局（台）局（台）长	
市住房公积金管理中心	卢仲强	市住房公积金管理中心主任、党组书记	
市供销合作联社	贾石国	市供销合作联社主任、党组书记	任至7月

（续　表）

单　位	姓　名	职　务	变动情况
市公路局	顾胜杰	市公路局局长、党组书记，市交通运输局副局长、党组成员	
市港澳流动渔民工作办公室	周　成	市港澳流动渔民工作办公室主任、党组书记	
市档案局（馆）	周晓文	市档案局（馆）局长（馆长）、党组书记	
市财政国库支付中心	何富仔	市财政局党组成员，市财政国库支付中心主任	
市社会保险基金管理中心	郑道池	市社会保险基金管理中心主任	
市不动产登记中心	刘晨光	市不动产登记中心主任	
省渔政总队珠海支队	陈伟达	省渔政总队珠海支队支队长	
	龚伟东	省渔政总队珠海支队政委	
珠海特区报社	孙锡炯	珠海特区报社社长、党委书记（管理5级），兼任珠海报业传媒集团管委会主任，珠海报业传媒控股有限公司董事长、党委书记、法定代表人，珠海电视台台长、党委书记，兼任珠海广播影视传媒集团管委会主任，珠海广播影视传媒控股有限公司董事长、党委书记、法定代表人	
珠海电视台	孙锡炯	珠海特区报社社长、党委书记（管理5级），兼任珠海报业传媒集团管委会主任，珠海报业传媒控股有限公司董事长、党委书记、法定代表人，珠海电视台台长、党委书记，兼任珠海广播影视传媒集团管委会主任，珠海广播影视传媒控股有限公司董事长、党委书记、法定代表人	12月任台长
	李宏荣	珠海电视台台长、党委书记（管理5级），兼任珠海广播影视传媒集团管委会主任，珠海广播影视传媒控股有限公司董事长、党委书记、法定代表人	任至9月
珠海仲裁委员会	高树林	珠海仲裁委员会主任、党组书记	任至8月
市会议展览局	周作德	市会议展览局局长，珠海市会展集团有限公司董事长、法定代表人，珠海航展有限公司董事长、法定代表人	

（市委组织部）

经济建设

【概 况】 2018年是全面贯彻党的十九大精神的开局之年，也是改革开放40周年。珠海市坚持稳中求进工作总基调，统筹推进经济社会发展各项工作，经济运行保持在合理区间，改革开放深入推进，社会事业全面进步，市九届人大五次会议确定的年度主要目标任务基本完成。全市实现地区生产总值2914.74亿元，比上年增长8%；规模以上工业增加值1083.74亿元，增长14.1%；固定资产投资1858.57亿元，增长20.7%；社会消费品零售总额1160.64亿元，增长7.4%；外贸进出口总额3246.28亿元，增长8.5%；实际吸收外商直接投资额23.92亿美元，下降1.7%；一般公共预算收入完成331.47亿元，增长5.4%；居民消费价格指数上涨2.3%；全年城镇登记失业率2.3%。

【经济发展质效提升】 2018年，珠海市对标高质量发展的要求，推动量级能级提升，出台培育"独角兽"企业、降低制造业企业成本、促进工业投资增长、促进外贸稳增长等政策措施，经济发展保持总体平稳、质效提升态势。全年完成地区生产总值2914.74亿元，比上年增长8%，增速连续八个季度位于8%以上合理区间。实体经济发展稳健。规模以上工业增加值完成1083.74亿元，增长14.1%。发展质量效益总体向好。财政收入结构呈现积极变化。税收收入占比78%以上，在珠三角地区名列前茅。居民收入平稳增长，全体居民人均可支配收入突破4.8万元，比上年增长9%。就业形势向好，城镇登记失业率2.3%，低于年度目标0.7个百分点；居民消费价格指数上涨2.3%，控制在年度目标3%以内。国有经济提质增效。市、区两级国企资产总额8477.98亿元、所有者权益3341.98亿元、归属国有权益1857.28亿元，分别比上年增长18.9%、23.6%、11.0%。民营经济发展势头较好。民营经济实现增加值711.96亿元、税收203.47亿元。

【高质量发展体制机制构建】 2018年，珠海市推进供给侧结构性改革。"破立降"（"破"指破除无效供给，"立"指培育新动能，"降"指降低实体经济成本）各项工作取得进展。全面完成省下达的淘汰落后产能任务。清理盘活67宗总计9.09平方千米闲置用地。土地利用计划执行情况良好，全年新增用地指标6.91平方千米，超出近五年平均使用指标数，占用省调整指标2.08平方千米。全年累计为企业减负84.47亿元。基础设施补短板项目完成投资360亿元，超额完成全年任务。实施深化营商环境综合改革行动方案，企业开办时间压缩至2个工作日以内。全年新增登记各类商事主体6.25万户，比上年增长30%。"放管服"（简政放权、放管结合、优化服务）改革持续推进。社会投资工程项目全流程审批时限压缩至37个工作日以内，市政务服务大厅设立"一门式"综合窗口15个，348项办理事项实现"最多跑一次"，1302个政务服务事项实现"全城通办"，市政务服务大厅通过ISO9000质量管理体系认证。社会信用体系建设稳步推进。搭建"智慧信用云平台"，信用水平位列全国262个地级市第九名。三大攻坚战初战告捷。污染防治攻坚战成效明显。空气质量稳定在全国前列。水环境质量基本保持稳定，9个主要集中式饮用水水源水质达标率100%。重大风险防控有力有效。政府债务保持在合理水平。开展互联网金融风险专项整治，完成P2P（个人对个人）、资产管理等领域的清理整顿。综合施策开展房地产调控，房地产市场总体平稳，房地产占GDP（国内生产总值）比重比上年减少2.2个百分点。减灾防灾能力不断增强，有效防御强热带风暴"贝碧嘉"、强台风"山竹"等气象灾害。精准扶贫扎实推进。对口阳江、茂名精准扶贫建设产业项目609个、产业扶贫基地127个，对口帮扶阳江的23个亿元以上项目落地建设。对云南怒江投入财政援助资金2.18亿元，实现劳动力转移就业1781人。

【现代化经济体系建设】 2018年，珠海市实体经济运行持续向好。出台《珠海市"十百千企业腾飞行动"工作方案（2018—2021年）》，搭建服务"十百千"企业专业服务资源池，全市百亿级龙头企业6家，十亿级骨干企业44家，成长性好的中小企业1746家。出台科技创新促进高质量发展三年行动计划，年内高新技术企业数突破1900家。制定培育引进前沿产业"独角兽"企业、"独角兽"企业培育库入库实施细则等系列措施，着力培育壮大新兴产业，设立首期目标规模100亿元的"粤澳前沿产业投资基金"、5亿元政策性天使基金和2000万元的科技信贷风险补偿资金池。新动能成为经济增长主要力量。先进制造业、高技术制造业、高新技术企业增加值占规模以上工业比值分别为54.9%、29.7%、59.3%。现代服务业占服务业比重61.6%。自主创新能力不断增强。全社会研发经费支出占地区生产总值比重2.8%。发明专利申请量和授权量分别比上年增长68.9%和39.4%。每万人口发明专利拥有量62.1件，PCT（专利合作条约）申请量219件。一批开放协同的创新平台载体不断集聚。中德人工智能研究院、中以加速器以及以色列、中国香港离岸创新中心加快建设，南方海洋科学与工程省实验室（珠海）揭牌，珠海万山无人船海上测试场启用建设。获省科技厅认定的省级新型研发机构14家、省级以上创新平台321家。省级以上科技企业孵化器累计17家，省级以上众创空间17家。规模以上工业企业研发机构覆盖率39%。获批设立无人机验证飞行空域。

【全面开放新格局形成】 2018年，珠海横琴自贸区改革创新亮点频现。推出改革创新举措66项，全国首创税务诚信报告免责体系，探索实行知识产权侵权惩罚机制改革，全国首个互联网金融仲裁平台投入运行，累计办理案件1300余件；率先实施自贸区供用电规则，企业电力获得指数跃升至世界前十位。对澳合作成果丰硕。珠港澳高层互访实现常态化，珠澳合作会议和第八届珠澳合作发展论坛召开；粤澳合作产业园建设进展顺利，27个项目签订合作协议，18个项目开工建设；粤澳合作中医药产业园发展提速，科研总部办公大楼投入使用；第四条对澳供水管道工程完工，平岗至广昌原水供应保障工程和广南梅供水管道工程全面开工。对外开放水平质量不断提升。获批跨境电商综合试验区，全年外贸进出口总额完成3246.28亿元，实现平稳增长；高新技术产品进出口额比上年增长24.5%，占比36.1%；对“一带一路”沿线国家、地区进出口增长32%；成功举办第十二届航展、第四届中以科技创新投资大会、中德人工智能大会、中拉企业家高峰会、“海丝”论坛、中国国际马戏节、WTA（国际女子网球协会）超级精英赛、亚洲帆板和风筝板锦标赛等活动，对外开放合作新平台形成。

【投资及重点项目建设】 2018年，珠海市加快重点项目建设，投资有效性和精准性提高。全年固定资产投资1858.57亿元，比上年增长20.7%，超过全年目标2.7个百分点，增速位于全省前列。重点建设项目赶超进度。全市重点建设项目累计完成投资985.84亿元，完成年度计划126.5%，149个计划新开工项目开工141个，开工率95%。交通基础设施建设迎来历史性飞跃。历经9年施工建设的港珠澳大桥通车运营；香海大桥、洪鹤大桥、鹤港高速和南北通道金琴快线、兴业快线北段建设全面铺开，金海公路大桥跨海共建段、香海大桥支线工程动工建设；珠海市区至珠海金湾机场城轨一期（拱北至横琴段）全线贯通，二期工程（横琴至机场段）开工建设；高铁通达城市52个，全年乘坐高铁和城际轨道出行人数2350万人次，比上年增长30%。空港海港建设加快推进。珠海金湾机场升级改造取得阶段性进展，航站楼保障能力实现翻番，机场旅客吞吐量首次突破1000万人次大关；高栏集装箱码头二期工程1–3号泊位交工验收，黄茅海5万吨航道一期工程开工建设，中海福陆码头实现对外开放，珠海港货物吞吐量1.2亿吨。

【城乡区域协调发展】 2018年，珠海市启动新一轮城市总体规划编制，初步搭建“多规合一”平台框架。新城新区建设加速推进。横琴、保税、洪湾片区一体化发展规划出台，明确“一河两岸多片区”格局，横琴隧道建成试通车，横琴一中新校投入使用；西部生态新城建设全面提速，平沙新城主干路网系统基本形成，金湖大道（东段）、双湖路B1段、珠峰大道升级改造工程完工，起步区南片区路网建设全面推进；高新区前环片区配套市政道路基本建成。乡村振兴战略深入推进。珠海国家农业科技园获评科技部首批“星创天地”基地，斗门区白蕉镇昭信村被农业部认定为全国一村一品示范镇村；斗门海鲈养殖区获批省级农业标准示范区，白蕉海鲈获2018年度广东省最具影响力渔业区域性公用品牌称号，斗门莲洲水产小镇入库第二批省级特色小镇。农村居住环境显著改善。清理积存垃圾14万立方米，完成标准化公厕改造148座，农村保洁覆盖面100%。城市管理优化提升。交通综合治理成效显著。完成61条道路沥青罩面改造，打通断头路31条，新增启用人行天桥3座；公交票价下调普惠市民，全市公交票价均调至1元，新开公交线路4条。城市面貌日新月异。建成绿道60千米、林荫道69千米、健康步道35千米和碳汇林9.89平方千米、中幼林36.16平方千米、乡村绿化美化点6个；全年新增“三旧”改造2.58平方千米、完成改造2.01平方千米，实施老旧小区微改造0.6

平方千米，上冲、东桥、翠微等旧村改造试点启动；高标准开展市容环境整治行动，主城区商铺占道经营行为得到根本扭转，户外大型立柱广告清拆完毕，超额完成省下达的违法建设整治目标任务；新建龙山湖、香湾乐园等市政公园和特色公园一批，完成情侣南路、机场东路、海天驿站、前山立交等重点区域环境提升。 （刘慧娜）

政治建设

依法治市

【概　况】 2018年，珠海市强化党委对法治建设的领导，科学立法、严格执法、公正司法、全民守法进程进一步加快，“法治珠海”建设取得进展。全面梳理总结特区立法权运用情况，提出经济特区重大改革立法需求清单。探索建立“法治实践创新+标准化”工作模式，评选首批优秀法治创新实践项目。在全省率先实施“先证后核”审批模式，让企业享受“放管服”改革利好。在全国范围内率先探索构建知识产权侵权惩罚机制，让知识产权侵权人“一处违法，处处受限”。启动“城市社会治理基础单元”改革试点，形成现代城市基层自治与政府管理相结合的最基本治理单元。全面铺开“珠海律道”建设项目，丰富法治文化宣传阵地建设。

【党委推进法治建设作用发挥】 压实法治建设第一责任人职责　2018年，珠海市发挥党委在推进法治建设中的领导作用，落实党委定期听取法治建设工作汇报、研究法治建设重大事项制度，将法治建设纳入市委常委会年度工作要点，印发《珠海市2018年全面依法治市工作要点》。组织全市各相关部门，全面梳理总结特区立法权运用情况，提出经济特区重大改革立法需求清单，为全国人大常委会研究经济特区立法权改革提供参考。

完善党内法规规范性文件制度建设　健全市委文件起草、审核工作机制，落实起草单位主体责任，提高文件制定质量。建立法规执行检查责任制和常态化制度，将党内法规制度实施情况作为各级党委督促检查、市区巡察的重要内容，推动各级党组织不断增强制度治党、依规治党的意识，党内法规制度得到落实。

推进监察体制改革　市、区两级监察委员会相继挂牌成立，完成人员转隶工作。制定实施9类77份常用文书、7项监司衔接工作制度，促进纪法贯通，实现法法衔接。贯彻实施宪法和监察法，突出留置工作，对留置场所建设实行“双轨制”，将前山“两规点”升级改造为留置点，在市第一看守所划出留置专区。

建立“法治实践创新+标准化”工作模式　深化法治建设实践，委托第三方专业机构编制珠海市法治实践创新项目评估标准并开展评估，挖掘在依法行政、公正司法、基层法治建设、法治文化建设等工作中的创新实践项目，总结推广珠海市法治实践创新经验，展示珠海市法治建设最新成效和特色，推动珠海市法治建设工作走在全省乃至全国前列。

编辑《法治蓝皮书·珠海法治发展报告》（第一卷）　市委依法治市办与中国社科院法学研究所共同编辑《法治蓝皮书·珠海法治发展报告》（第一卷），全面总结分析珠海市法治建设和社会治理情况，对全市各区各部门的探索实践及亮点进行挖掘、总结和复制推广，对面临的问题进行分析研究，助推珠海市打造最安全稳定、最公平公正、法治环境最好的地区提供坚强法治保障，为实现“四个走在全国前列”提供鲜活的地方样本。

【科学立法】 推进落实年度立法计划　2018年，珠海市发挥人大立法主导作用，主导法规立项工作，结合立法形势变化，暂停审议防汛防旱防风条例，避免与省一级重复立法。突出生态环境保护的立法导向，将海域海岛保护与利用条例拆分为海域海岛保护条例和无居民海岛开发利用管理规定2个立法项目。主导法规内容创新，弥补无居民海岛开发利用的上位法立法空白，明确无居民海岛开发利用基本建设程序，规范经批准可利用无居民海岛开发建设活动。年内审议通过《珠海市人民代表大会常务委员会关于修改〈珠海市排水条例〉等三部地方性法规的决定》，审议《珠海经济特区海域海岛保护条例》《珠海经济特区无居民海岛开发利用管理规定》《珠海经济特区旅游条例》，初次审议《珠海经济特区绿化条例》。

发挥立法引领改革作用　根据立法精细化和提高立法质量的精神要求，创新政府立法机制，坚持开门立法，提高公众参与立法的广度和深度，出台《珠海经济特区警务辅助人员管理办法》《珠海经济特区历史文化名镇名村和历史建筑保护办法》《珠海市人民政府关于废止部分规章的决定》政府规章3部，为改革创新、环境保护等提供法治保障。坚持立改废释并举，对76部现行有效的政府规章进行全面清理，废止政府规章12部。

开展多项法规专项清理　是年，珠海市被全国人大常委会确定为8个推进地方政府规章备案审查工作试点省市之一。借助省人大常委会备案审查信息系统，完成现行有效全部政府规章的电子报备。创新规章备案审查机制，建立事后审查与事中参与机制，采取主动审查与委托立法顾问、基层立法联系点参与审查相结合的方式，提升规章备案审查实效。对涉及生态文明建设和环境保护的地方性法规进行两轮专项清理。

【依法行政】　深化行政审批制度改革　2018年，珠海市经过5轮行政审批制度改革12批次调整，行政许可（主项）从1264项减少至332项，精简率73.7%；清理规范市直部门行政审批中介服务事项，公布保留服务事项122项。12个市直单位承接省级职权78项，将市级108项行政管理事权下放至各区（经济功能区）。推进企业开办时间从平均12.6天压缩至2天。进一步压减投资建设领域行政审批事项，在建设工程领域进行程序性审查或备案实行“马上办”，原则上不超过1个工作日；行政许可类事项、公共服务事项时限压缩至法定时限的30%以内，原则上在5个工作日内办结。在全省率先实施“先证后核”审批模式，通过简化程序取得生产许可证的企业，在获证后30日内完成现场核查；在横琴自贸区开展138项行政许可事项“证照分离”改革试点工作。

加强政务服务体系创新　建设覆盖市、区、镇（街）、村（居）四级网上办事大厅体系，将投资项目审批、不动产登记信息查询等企业和民生服务事项“全程在线”，推行政务服务“一网通办”。开展政务服务事项实施清单“十统一”（基本编码统一、实施编码规则统一、事项名称统一、子项拆分统一、事项类型统一、设定依据统一、办理流程统一、办理时限统一、提交材料统一、表单内容统一）标准化建设，梳理公布“最多跑一次”事项。建立“政务信息共享、全城通办”政务服务新模式，65%的市级政务服务事项实现“全城通办”，其中，群众办事业务量排名前100的高频事项76%实现“全城通办”。

深化行政复议改革　开展行政复议受理“全城通办”，委托3个行政区法制部门代为接收行政复议申请。与“12345”市民热线建立投诉处理机制，在规定时限内回复市民有关行政复议受理的投诉。完成行政复议新立案大厅建设和启用，设立行政复议受理窗口3个。建立行政复议立案登记制，行政复议案件受理窗口收到行政复议申请的，一律当场登记并出具书面凭证。全年，全市行政复议受理案件1262件，行政诉讼434件，行政复议案件受理数量占行政争议案件70%以上。

加强审计监督　制定《珠海市关于开展审计全覆盖的实施细则》《珠海市领导干部经济责任审计对象分类意见（试行）》等制度，对四大类审计覆盖对象按照单位职能、经济管理权限、使用财政资金规模、社会关注度等因素细分为2～5级，针对对象重要程度，确定不同层级的审计频次。强化大数据审计，将审计模型扩至200多个，实现全市20多个财政业务系统、260多家单位财政资金审计运用大数据技术统领“全覆盖”。

完善政府法律顾问管理　全面实施政府法律顾问名单备案制度、年度法律顾问工作报告制度和市政府合同备案制度。推动横琴新区和各区（经济功能区）全部设立政府法律顾问室，市政府职能部门全部聘任政府法律顾问。推进政府法律顾问工作信息化建设，在全省率先建设“政府法律顾问工作和政府合同备案系统”。

【公正司法】　深化司法体制综合配套改革　2018年，珠海市深化司法责任制改革，制定《珠海市中级人民法院关于深化司法责任制改革的实施意见》。探索审判委员会工作机制改革，在审委会内部设立民事、刑事专业委员会、专业小组，建立案件讨论过滤机制。推进新型办案组织建设，以员额法官为中心，按照“法官＋法官助理＋书记员”模式搭建审判团队78个、执行团队22个。创新审判执行新机制，首次以中文和葡萄牙文发布《珠海法院涉澳民商事审判白皮书》，提升涉澳审判水平。全面落实检察官权力清单和入额办案责任，梳理检察官职责权限397项，将其中239项授予检察官独立行使。建立并完善领导直接办案机制、案件承办确定机制、检察院联席会议制度、检察委员会讨论案件先行审查过滤机制等司法责任制配套改革，做到放权与监督并重。推进人民警察职务序列改革，首批314人经择优晋升四级高级警长（警务技术四级主任）。根据公安部需求，市公安局研发的“人民警察职务序列职务套改与分类管理系统”软件向全国推广使用，为全国公安机关人民警察职务序列改革工作全面实施提供科技支撑。

推进诉讼制度改革　全面建成“党委领导、人大监督、政府支持、法院主办、社会参与”综合治理执行难工作大格局，推动执行难共治共建。基本解决执行难纳入全市综合治理目标责任考核体系及法治建设考核体系，法院与各职能部门建立执行协作机制。加大对违法失信行为联合惩戒力度，利用市公共信用信息管理平台，向协助执行部门直接推送失信被执行人名单信息，基本实现信息推送网络化、自动化。推进以审判为中心的刑事诉讼制度改革，全面贯彻证据裁判规则，建立完善诉前审查过滤机制。倡导亲历性证据审查，运用现场复勘、走访核实、听取意见等方式复核主要证据，实现“在卷证据”向“在案证据”转变。

【法治经济建设】　推动国家信用示范市创建　2018年，珠海市升级完善公共信用信息系统建设，实现信用信息目录管理与权责清单整体对标；自主对标国家和省“双公示”标准，自动推送共享、自动上报数据。在招投标、公共资源交易、政府采购等重点领域和市投融资增信平台，推进公共信用信息与信用产品的应用。印发《珠海市建立完善守信联合激励和失信联合惩戒制度实施方案》，利用信用资源营造“守信受益、失信惩戒”氛围。加强信用联合奖惩，在全省率先梳理出国家37个联合奖惩备忘录，涉及49个部门、592个措施类别、1860个联合奖惩具体措施。

全面开展证明事项清理　对珠海市地方性法规、市政府规章、市政府规范性文件、区政府规范性文件和部门规范性文件自行设定的证明事项进行两轮清理，取消证明事项134项，并向社会公布。

强化产权保护法治保障　市委依法治市办联合市发改局牵头成立珠海市产权保护部门间联席会议，制订工作方案，加强统筹协调，推进产权保护工作。推进知识产权民事、刑事、行政案件“三审合一”改革。香洲区知识产权高新人民法庭引入专家陪审员机制，香洲区法院邀请具有专业特长的人民陪审员组成合议庭。横琴新区法院与横琴新区工商行政管理局共同签署《中国（广东）自由贸易试验区珠海横琴新区片区知识产权侵权惩罚机制合作备忘录》，在全国率先探索构建知识产权侵权行政处罚与民事赔偿相衔接机制。通过“两法衔接”（行政执法与刑事司法衔接）信息平台，对珠海市知识产权执法部门录入的执法信息逐条跟踪监督。强化“为民打假”意识，将严重危害群众健康和社会经济秩序的侵犯知识产权犯罪作为打击重点，先后开展“云端行动”及打击知识产权“春雷行动”。截至10月底，破获侵权假冒案件13件，涉案金额616万元。

加强涉外及涉港澳台法律服务　创新互联网金融纠纷解决方式。珠海仲裁委员会互联网金融仲裁平台投入运行，配套的《珠海仲裁委互联网金融仲裁规则》正式发布实施。创新多元纠纷解决方式。成立珠海市首家专业商事调解机构“横琴新区国仲民商事调解中心”，填补珠海市商事调解无专业机构的空白。助力粤港澳大湾区法治创新工作，成立“粤港澳大湾区仲裁研究会”并举办首届仲裁发展论坛。全年，珠海仲裁委员会受理各类案件2686件，标的总额17.95亿元，办结案件1555件，按期结案率100%。发挥涉外公证法律服务机构的作用，探索在横琴新区综合服务中心公证窗口设立中国法律服务（澳门）公司“公证服务窗口”。珠海公证处、横琴公证处、香洲公证处启用新升级的办证系统，30种涉外及涉港澳台公证事项均可在线自助申办，实现“互联网＋微信＋公证”的微信一站式公证服务。

【法治社会建设】　坚持共建共治共享　2018年，珠海市在全市推行社区综合党委制度，打造城市基层党建“一核三联”（以社区党组织为领导核心，以区域化党建统筹共驻单位联建、以网格化党建引领社区联治、以标准化党建推进新兴领域联动）模式。启动“城市社会治理基础单元”改革试点工作，推动资源、服务、管理下沉，形成现代城市基层自治与政府管理相结合的最基本治理单元。推进“综治中心＋网格化＋信息化”建设，全市3个行政区和4个经济功能区、24个镇（街）、319个村（居）综治中心均实现挂牌，建立相关工作制度加强校园安全建设，推进护校安园工程，年内全市未发生涉校恶性案（事）件和在校中小学生违法犯罪情况。

抓好维稳工作　探索试行村（居）专职人民调解员制度，试点推动专职人民调解员队伍建设向村、社区延伸。建立联调联处工作机制，制定《医疗纠纷人民调解与行政调解的衔接机制》《市医调委与市信访局接访科联调联处工作机制》。完善人民调解与行政调解、司法调解有机衔接机制，全市建立人民调解委员会405个，各级人民调解组织受理各类矛盾纠纷1.13万件，调解成功率99.3%。加强社区矫正指挥中心场所建设，完成拼接屏和监控系统、视频会议系统五级联通。

打击违法犯罪　开展扫黑除恶专项斗争，打掉涉黑涉恶团伙一批，查处“保护伞”一批。持续推进“飓风2018”“破小案”等专项行动向纵深开展，破获部督、省督大要案一批。开展护航金融“利剑”行动，打击涉众型经济犯罪、涉税犯罪、银行卡犯罪、地下钱庄等犯罪活动。开展治安防控“铸盾”行动，推进社会治安防控体系建设，实现信息数据全面融合、基础要素全面纳管、防控网络全面覆盖。建立港珠澳大桥珠港澳三地警务联络机制，印发《港珠澳大桥警务、应急救援及应急交通管理合作协议框架》。

开展法治创建活动　启动法治建设“四级同创”标准化工作，制订法治创建标准珠海版。开展民主法治村（居）创建工作，313个村（居）完成创建任务，占全市村（居）总数98.12%。开展依法治校创建活动，全年创建依法治校示范校和达标校80所。依托省、市两级1038千米城市绿道，借助市民休闲健身场所，以“法润人心，律达天下”为主题，打造一区一特色“珠海律道”，分区规划、市区联动、分步实施、重点突破。加强法治文化公园建设，横琴新区文化广场、香洲（荣泰西）法治文化主题公园、斗门区霞山法治文化主题公园获评2018年省级“法治文化主题公园”。

完善公共法律服务体系　开展精准法治宣传讲座，全市村（居）法律顾问为村（居）民开展法治宣传和法律培训1437场次。探索开展考核评估和差异化补贴试点工作，金湾区在全省率先出台《金湾区一村（居）一法律顾问工作考核评估及差异化绩效补贴实施办法（试行）》。开展第二批重点村（居）精准式法律顾问服务工作，逐步实现全市问题村（居）“遏增量、减存量”目标。推进市级公共法律服务中心建设，完成市、区、镇（街）、村（居）四级公共法律服务实体平台外观标牌标识规范工作，出台《珠海市公共法律服务中心工作规范制度》。运用广东法律服务网平台资源，实现全市各类公共法律服务资源有效聚合。　（郝湘军）

政务公开

【政务信息公开】　2018年，珠海市印发《珠海市人民政府办公室关于印发2018年政务公开工作要点分工方案的通知》，加强政务公开统筹协调指导。制定《珠海市权责清单管理办法》，动态调整权责清单，通过“广东省网上办事大厅事项目录管理系统”梳理出42个单位权责清单6628项，比上年减少2450项，精简率27%，并通过广东政务服务网和市政府门户网站向社会公布。推进人大代表建议和政协委员提案办理结果公开，对社会广泛关注、关系国计民生的建议和提案，承办单位原则上要公开答复全文。市政府网站开辟建议、提案公开专栏，及时公开建议、提案办理情况。全面实施“双随机、一公开”监管，组织落实抽查工作，全年抽查商事主体1.16万户，并在珠海市商事登记许可及信用信息公示平台公示抽查结果。推进重大建设项目批准和实施、公共资源、社会公益事业建设等重点领域信息公开，指导和督促各相关部门根据职责制订重点领域工作方案，并在本单位网站公开。

【社会关切回应】　2018年，珠海市制订《珠海市人民政府办公室关于印发珠海市政府系统政策解读工作细则（试行）的通知》，明确政策解读的主体、程序和内容。在市政府门户网站、《珠海市人民政府公报》开设政策解读专栏，对重要政策文件进行解读，市政府各部门通过电视、报纸、政务新媒体、新闻发布会、在线访谈等平台，解读政策背景、重点任务、后续工作计划等，及时准确传递权威信息和政策意图。全年，发布政策解读文件479篇，举办新闻发布会136场、市政府网站在线访谈活动15次。围绕社会重大关切加强舆情回应。建立完善与宣传、网信、公安、通信管理等部门快速反应和协调联动机制，加强与新闻媒体联系，提高政务舆情回应的主动性、针对性、有效性。稳妥做好突发事件舆情回应工作，及时准确发布权威信息。建立完善网民留言、咨询的受理、转办和反馈机制，及时处理、答复网民问题；制定《珠海市人民政府办公室关于印发群众来信处理办法的通知》，规范办理群众来信。全年，办理人民网、南方网等网络问政平台给市长的留言和省政府办公厅转发的网民给省长留言意见300余条，及时回应解决一大批群众反映的问题。加强总结分析，对网络留言反映较多的共性问题进行分类统计、调查研究，为领导决策和部门有针对性开展工作提供服务。珠海市人民政府被人民网评为2018年度“人民网网民留言办理工作先进单位”。

【政务服务优化】 深化行政审批制度改革 至2018年底，珠海市经过5轮行政审批制度改革12批次调整，行政许可（主项）从1264项减少为332项，精简率73.7%。清理规范市直部门行政审批中介服务事项，公布保留服务事项122项。12个市直单位承接省级职权78项。根据各区（功能区）自然条件和功能定位，将市级108项行政管理事权下放至各区（功能区），增强各区（功能区）经济发展内生动力。推进企业开办时间再减一半工作，将开办时间从2017年平均12.6天压缩至2天。压减投资建设领域行政审批事项，在建设工程领域，进行程序性审查或备案实行“马上办”，原则上不超过1个工作日；行政许可类事项、公共服务事项时限压缩至法定时限的30%以内，原则上在5个工作日内办结。在全省率先实施“先证后核”审批模式，通过简化程序取得生产许可证的企业，在获证后30日内完成现场核查。在横琴自贸区开展138项行政许可事项“证照分离”改革试点工作。全面对接省“网上中介服务超市”，邀请符合条件的中介服务机构进驻市级网上中介服务超市，形成统一规范、开放竞争、健康有序的中介服务市场。

推进政务服务“全城通办”“最多跑一次”“网上零跑动”改革 推进“全城通办”。建立政务信息共享、全城通办的政务服务新模式，分两批公布“全城通办”事项清单，涉及户政、公积金、税务、社保、公安、规划、国土、不动产、教育、卫生等部门事项1302项，实现政务服务事项多点受理、全城通办，提高行政效率，提升服务水平，为企业和群众办事提供便利。在市、区两级政务服务大厅全面推行“最多跑一次”服务改革。市政务服务大厅向社会公布“最多跑一次”事项348项，占大厅全部进驻事项的80%，各区（功能区）“最多跑一次”事项累计达2828项。推进线上线下深度融合，持续优化网上办事服务，推动更多事项网上办理，让“信息跑路”代替“群众跑腿”，推动事项办理实现“网上零跑动”。至年底，195项行政服务事项、178项公共服务事项可通过网上办理，实现到现场零跑动。

全面开展证明事项清理 对全市地方性法规、市政府规章以及市、区政府规范性文件和部门规范性文件自行设定的证明事项进行两轮清理，取消证明事项134项，向全社会公布。

加快社会信用体系建设 升级完善公共信用信息系统建设，在招投标、公共资源交易、政府采购等重点领域和市投融资增信平台推进公共信用信息与信用产品的应用。印发《珠海市建立完善守信联合激励和失信联合惩戒制度实施方案》，加强信用联合奖惩。在全省率先梳理细化涉及49个部门、592个措施类别、1860个联合奖惩具体措施，形成《珠海市守信联合激励和失信联合惩戒措施清单》。印发《珠海市商事主体信用信息管理办法》，初步建立商事主体信用管理体系，将商事主体的商事行为信息在统一的公示平台上对外公示、客观评价，实现社会公众参与、商事主体自律、行业协会监督、行政部门管理共治的社会化监督和管理新格局。

【政务公开平台建设】 政府网站建设 2018年，珠海市开展网站抽查工作，对抽查中发现的网页不连通、信息更新不及时、存在空白栏目等问题，及时督促有关部门进行整改。定期统计、通报各相关单位在市政府门户网站信息更新发布和网上依申请公开办理情况。组织实施全市政府网站考核工作。

政务新媒体建设 6月，政务新媒体“珠海政声”微信公众号开通。借助新媒体平台创新政府信息公开方式，及时、准确、全面宣传市政府重点工作、重大部署、重要政策，合理有序回应公众关切，引导正确社会舆论，塑造良好的政府公共形象。

市民服务热线建设 市民服务热线整合全市27个部门32条热线，与“110”报警应急电话实现三方联动，与全市59个政府部门、16家国企进行业务对接，实现“一号接听、一号服务”。全年接市民服务热线呼叫146.8万次，其中群众咨询129万次、投诉16.3万次、举报0.8万次、建议表扬0.7万次。

2018年珠海市主动公开政府信息情况统计表

指　标	数　量（条/份）
主动公开信息数	121278
公开政府信息公开工作年度报告	180
政府网站公开政府信息数	121278
政府公报发布政府信息数	205
政务微博公开政府信息数	35991
政务微信公开政府信息数	27441
其他方式公开政府信息数	16820

2018年珠海市依申请公开政府信息情况统计表

指　标	数　量（件）
申请总数	1202
其中：1. 当面申请数	687
2. 传真电话申请数	0
3. 网络申请数	427
4. 信函申请数	88
对申请答复总数	1202
其中：1. 属于已主动公开范围数	133
2. 同意公开答复数	781
3. 同意部分公开答复数	43
4. 不同意公开答复数	59
5. 其　他	186

2018年珠海市政府信息公开申诉情况统计表

指　标	数　量（件）
行政复议数	27
行政诉讼数	31

（林志健）

文化建设

【社会主义核心价值观建设】 2018年，珠海市加强社会主义核心价值观公益宣传。落实习近平新时代中国特色社会主义思想和党的十九大精神等政治宣传画刊播，为港珠澳大桥开通营造浓厚社会氛围。高标准设计“社会主义核心价值观”“城市放飞系列”“习近平总书记讲话金句”等公益广告54幅，把社会主义核心价值观和文明风尚有机融入各类生活场景。依托市属主流媒体开辟公益广告专题专栏，在机场、车站、码头、商场、广场、公园等人流密集场所，通过建筑围挡、灯杆、亭廊、栏杆、绿地、橱窗、墙体、电子显示屏等载体刊播公益广告。拓宽示范阵地。推动建设第一批新时代文明实践中心，在省试点区斗门区和市试点区金湾区建设新时代文明实践中心（所、站）4个，推进其余中心（所、站）14个。新评选市级爱国主义教育基地2个，改造提升核心价值观主题公园26个以及主题景观一批。开展“粤传承粤创新”核心价值观宣传教育活动，推荐一批核心价值观示范企业，得到省认可和经验推广。开展中国梦和中国特色社会主义宣传教育，组织拍摄改革开放40周年主题纪录片，举办庆祝改革开放40周年主题交响音乐会、美术作品展和主题图片展等，开展“践行价值观传播正能量——2018年珠海第三届微电影征集展示活动”。强化制度保障。把社会主义核心价值观法治化建设纳入珠海市法治之城建设工作方案和全面推

2018 年 2 月 3 日，珠海市文明办与市文联、市书法家协会在市妇女儿童活动中心开展“践行价值观·翰墨进万家”送春联进基层活动 （市文明办 供稿）

开法治建设“四级同创”活动工作方案，把社会主义核心价值观融入市民公约、乡规民约等各行各业的制度规范中。推进诚信建设，建立健全在文明单位、文明家庭、道德模范等评选中守信激励和失信惩戒机制，开展电信网络诈骗、交通运输失信、无证行医和非法医疗、扶贫脱贫失信等领域诚信缺失突出问题专项治理。

【公民思想道德建设】 2018 年，珠海市继续开展选树先进典型活动。常态化选树道德模范、“珠海好人”，评选出道德模范 15 人、“珠海好人”33 人，推荐获评“中国好人”1 人、“广东好人”1 人，港珠澳大桥建设者群体获第十批“南粤楷模”称号。开展首届“最美珠海人”推荐评选，在志愿者、医护人员、教师、青少年、司机、基层工作者、环卫工人、公安干警 8 类群体中推出先进典型 70 人，扩大典型群体示范效应，形成见贤思齐氛围。组织开展宣讲巡展活动。举办全市道德模范与身边好人现场交流活动，开展道德模范和身边好人事迹巡展 26 场，推动先进事迹宣传学习进社区、学校、村镇、企业，发挥道德引领作用。打造媒体宣传平台。在《珠海特区报》《珠江晚报》等市级主要媒体开设“文明周刊”“好人 365”等专栏，在珠海电视台、珠海电台、“文明珠海”微信公众号等媒体播出道德模范系列专题电视节目。加强礼遇帮扶。修订《珠海市帮扶困难道德模范实施方案》，管好用好珠海市困难道德模范和身边好人基金，将符合条件的帮扶对象通过纳入低保、提供医疗救助、开展临时救助、给予特困人员供养等方式开展救助。全年帮扶救助困难道德模范 3 人次，在元旦、春节、端午节等重要节日走访慰问道德模范 8 人，发放慰问金 3 万元。

【群众性精神文明创建活动】 2018 年，珠海市建立创建文明城市常态长效机制。完成全国文明城市复牌测评和年度测评工作，进一步完善城市基础设施，提高公共服务能力，推动城市科学规划、精心建设、精细管理，开展常态化督导检查，逐步形成实效长效机制。开展“文明指数”测评，量化各镇（街）文明程度并在主流媒体公布，为珠海城市文明程度提供科学参考。把文明创建工作纳入机关事业单位年终考评体系和各区党政领导班子考核指标体系，直接与干部评价与绩效考核挂钩。统筹推进文明村镇创建。制定并落实全市文明乡风建设活动工作方案，着力纯正党风、敦化民风、注重家风、培育新风，打造示范村一批，为全面铺开乡风文明建设打好基础。在省级示范区斗门区率先开展新时代文明实践中心试点建设，用中国特色社会主义文化、社会主义思想道德占领农村思想文化阵地。广泛征集村规民约，夏村和鸡山村村规民约入选全省 30 条优秀村规民约。开展文明家庭创建活动。开展创建“文明家庭”、寻找“最美家庭”活动，重点寻找一批清正廉洁、绿色环保、移风易俗的家庭典型。以弘扬家庭美德、促进家庭文明建设为主题，持续开展珠海幸福“家”年华系列活动，搭建家长交流互动平台；以“家和万事兴”为主题，开展“传家训、扬家风、立家规”传承良好家风家训活动。推进文明校园创建活动。开展第二届市级文明校园评选活动，评选出市级文明校园 16 所。举办全市乡村学校少年宫成果展，组织编写《珠海市乡村学校少年宫建设成果汇编》，推动思想教育、文艺、科技等活动常态化开展，加强经费保障和专兼职辅导员队伍建设。配合中央文明办、团中央对珠海市未成年人思想道德建设工作调研，杨匏安纪念学校代表全省参加全国文明校园工作座谈会，介绍创建经验。

【文明新风培育和践行】 2018年，珠海市常态化开展文明行为“随手拍”活动。依托“文明珠海”微信平台常态化开展不文明行为“随手拍”征集活动，鼓励广大市民随时随地把身边的不文明行为和现象通过镜头记录下来，由市文明办牵头，对各类不文明现象按职责分转办理，责令各区各部门限期整改，打通文明素质提升工程的“最后一公里”，全年收到曝光信息9337条，处理9030条，群众满意率91.4%。推进文明交通专项行动。运用微信、手机客户端等新媒体平台，推出“我在珠海摆单车”微信小游戏2期，以游戏方式加强市民对规范使用共享单车的文明意识，参与人数2.38万人，游戏次数6.04万次。举办“百日交通零违法”和“文明童行”青少儿绘画大赛活动，普及文明礼仪风尚，营造共建共享文明出行氛围。开展文明旅游专项行动。联合市文体旅游局、团市委加强春节、五一等传统节日前后文明旅游工作部署，开展“文明游客”征集、文明旅游志愿服务等主题实践活动，以宾馆饭店、景点景区等游客集中场所为重点，开展文明公厕创建活动，提升景区环境质量和行业服务水准。推进文明网络专项行动。加强正面引导，在文明单位、各行各业培育一批网络文明志愿者，开展网络文明传播行动。净化网络空间，通过微博、微信平台发布正面倡导、警示案例、辟谣信息，清朗网络空间。

【文明典型选介】 2018年，珠海市开展先进道德典型选树活动。全年评选市级道德模范15人、“珠海好人”33人、“新时代好少年”10人，获评“广东好人”1人、“中国好人”1人、广东“新时代好少年”1人。开展文明家庭推荐评选活动。1户家庭获第十一届全国五好家庭称号，1户家庭获2018年全国“最美家庭”称号，5户家庭入选2018年广东百户“最美家庭”，4个村（社区）入选第四批广东省家庭文明建设示范点，1户家庭入选第十三届广东省“优秀书香家庭”。开展志愿服务先进典型推荐评选活动。2人获2018年广东省学雷锋志愿服务先进典型“最美志愿者”称号，3个志愿服务组织获广东省“最佳志愿服务组织”称号，2个志愿服务项目获广东省“最佳志愿服务项目”称号，1个社区获广东省“最美志愿服务社区”称号。开展文明校园推荐评选活动。评选出市级文明校园16所，推荐6所学校参评省级和全国文明校园评比。

【文明城市建设】 2018年，珠海市将全国文明城市建设纳入《珠海市国民经济和社会发展第十三个五年规划纲要》，作为一项持久性、长效性的工作任务抓好抓实。坚持文明城市建设“一把手”工程，由市委书记负总责，各部门成立相应指挥部，不断完善创建领导体系。把文明城市建设工作纳入机关事业单位年终考评体系和各区党政领导班子考核指标体系，直接与干部评价、绩效考核挂钩。加强创建推进。设计制作社会主义核心价值观、关爱未成年人等主题公益广告，在市内多个场所宣传刊播，营造浓厚社会氛围。加强阵地建设。推动建设第一批新时代文明实践中心，改造提升核心价值观主题公园和主题景观。常态化选树道德模范、“珠海好人”，推荐“中国好人”“广东好人”，港珠澳大桥建设者群体获第十批“南粤楷模”称号。开展首届“最美珠海人”推荐评选活动。推进“志愿之城”建设，全市注册志愿服务组织2230个，注册志愿者

2018年9月21日，2018年珠海市道德模范与身边好人交流活动在市图书馆举行
（市文明办 供稿）

35 万人，占常住人口 18.5%。创新建立文明行为“随手拍”常态化工作机制，为全市构建共建共治共享社会治理格局拓宽渠道。

【农村精神文明创建】 2018 年，珠海市推进农村思想道德建设。印发《关于在全市农村开展文明乡风建设活动的工作方案》，着力纯正党风、敦化民风、注重家风、培育新风，打造一批示范村，为全面铺开乡风文明建设打好基础。动员基层力量选树道德模范、“珠海好人”，推荐“中国好人”“广东好人”，推动道德建设取得新成效，形成崇德向善、见贤思齐氛围。广泛征集村规民约，夏村和鸡山村村规民约入选全省 30 条优秀村规民约。谋划建设新时代文明实践中心。召开全市实践中心试点建设工作会，明确“打造斗门区为全省试点、同步在金湾区开展试点建设”工作要求，全面整合党员电教中心、党员活动室、新时代红色文化讲习所、明德剧场、乡村学校少年宫、文化馆等现有阵地资源。11 月 17 日和 26 日，斗门区、金湾区新时代文明实践中心相继揭牌，组建师资库 53 人，在原有各级讲师团、百姓宣讲团成员基础上，吸纳机关企事业单位在职人员和乡土文化人才、先进人物、文艺志愿者等，建立多元师资队伍。结合道德模范和“珠海好人”评选活动，制作《道德歌曲、道德模范事迹》宣传光碟，作为实践中心课程教材，加强课程体系建设。

【未成年人思想道德建设】 2018 年，珠海市多举措打造文明校园，将文明校园创建纳入全市精神文明建设整体布局，印发《关于深入开展文明校园创建活动的实施方案的通知》。编撰《2017 年珠海文明校园》，汇总 16 所市级文明校园创建经验，为全市学校提供借鉴与参考。开展第二届“珠海市文明校园”创建评选活动，评选出 2018 年市级文明校园 16 所。推进乡村学校少年宫建设。召开珠海市乡村学校少年宫成果展示现场会，分享优秀乡村学校少年宫开展经验。探索乡村学校少年宫延伸拓展，建立流动乡村学校少年宫活动点，把活动引向偏远农村。加强专（兼）职辅导员队伍建设，提高辅导员教师技能和教学水平。至年底，全市乡村学校少年宫有专（兼）职辅导员 1600 人，其中学校教师专(兼)职辅导员 1248 人，社会招募志愿辅导员 352 人，确保全市乡村学校少年宫常态化运转。加强未成年人心理健康辅导站建设。开展网络辅导，持续提供网络专业咨询，建立网络辅导 QQ、微信群 7 个，参与人数 1799 人，网络辅导个案 132 例。开展网络公益课 47 期，受益群众 1800 人。推广全优化家庭教育模式，举办“好妈咪会心沙龙”和心理健康讲座 133 场。在淇澳岛未成年人成长体验基地接待未成年人及家长 3100 人次，受益群众 1.13 万人次。联合香洲区教育局举办“班级齐优秀”德育试点项目，在 4 所中学 2 所小学的 12 个班，对 1200 名未成年人进行心理健康辅导。开展主题教育实践活动。举办“传承红色基因、共筑强大国防”2018 年珠海市青少年国防教育征文及演讲比赛，选派优秀选手参加省“南粤长城杯”演讲比赛并获一等奖。开展“艺术点亮人生”粤剧进校园、“中国梦国防梦”中华武术进校园活动，受众 4 万余人。（李颖倩 周志谦）

【文艺创作】 2018 年，珠海市文联制订《珠海市文艺创作重点项目三年行动计划(2018—2020 年)》，推动开展主题文艺精品创作。市文学作品获省以上奖项（含权威刊物发表）30 余件。其中，长篇小说《七步镇》在《十月》发表；长篇小说《母亲在世时》被《中华文学选刊》2018 年第 12 期转载；组诗《一万或万一》获中国作家协会主办的首届草堂诗歌奖年度实力诗人奖；诗歌《遇见清新》获中国作家协会主办的第二届刘禹锡诗歌奖；中篇小说《水击三千里》被《小说选刊》2018 年第 9 期转载；散文《向泥土致敬》获第七届全国鲁迅文学奖提名奖；儿童文学作品《肩膀上的黄大仙》获广东省作家协会主办的首届“广东好童书”奖。市文艺作品获省以上奖项（含权威展览、展演入选）100 余件。其中，评书《九月九的酒》获中国曲艺家协会举办的第三届“走马杯”讲好中国故事曲艺展演活动优秀节目奖；情景快板书《草地夜话》获第四届广东省曲艺大赛（非职业组）一等奖和广东省第九届群众戏剧曲艺花会金奖；粤曲说唱《海魂》获广东省第九届群众戏剧曲艺花会金奖；油画《高原之魂六》入选中国美术家协会主办的“2018 · 首届中国大芬国际油画双年展”；国画《我们像葵花》入选中国美术家协会主办的“国风盛典——首届全国中国画作品展；油画《郭家沟之一》入选中国美术家协会主办的纪念何香凝诞辰 140 周年暨首届“香凝如故”全国美术作品展；水彩画《余热》入选中国美术家协会主办的“首届中国深圳国际水彩画双年展”；国画《铿锵玫瑰》入选中国美术家协会主办的“人蜀方知画意浓”全国美术作品展（中国画）；水彩画《蛟龙》、油画《重返得胜河》获首届广东省美术教师作品展（高等院校类）一等奖；行书《王文治论书诗》、草书《李白夜泊牛渚怀古诗》入选中国书法家协会主办的2018年全国第三届大字书法艺术展；行书《邓千江望海潮词》获广东省第六届“南雅奖”书法篆刻展金奖；摄影作品《文明坐车》入选中国摄影家协会主办的2018年深圳国际摄影大赛和中国第十七届国际摄影艺术展览；摄影作品《筑梦蓝天》入选中国摄影家协会主办的“我们时代的筑梦英雄——中国梦”主题摄影征集；歌曲《雁儿飞》入选中国音乐家协会主办的“中国当代歌曲创作精品工程”20首优秀歌曲；歌曲《雨岭南》《丹顶鹤》分别获中央人民广播电台中国民歌榜排行冠、亚军；《警中姐妹》获公安部金盾艺术奖；合唱歌曲《天空》《林海老人》获国家教育部第五届大学生艺术展演（专业组）优秀创作奖；歌舞《那滨岸，扬起出征的帆》《奔向中国梦》《因为有您》《不忘初心》分别获“唱响中国——2018第三届全国大型词曲创作音乐展演盛典”音乐展演金奖和词、曲、演唱金奖；歌曲《绿梦·水乡》《阿妹有顶竹篾帽》获广东省音乐家协会举办的2018广东咸水歌（渔歌）歌会大赛表演奖金奖；散文《职业病》获广东省公安厅举办的“护航新征程、共筑中国梦”主题文章和新媒体作品征集活动征文一等奖。

（陈　菲）

【文化事业与文化产业】 文化事业　2018年，珠海市推进基层文化设施补短板建设，出台《珠海市加快推进公共文化基层设施建设实施方案》。金湾区图书馆获评国家一级馆，香洲区图书馆（乐士馆）对外开放，升级改造文化站13个，推进建设市民艺术中心28个。全市318个村（居）文化中心100%达到综合性文化服务中心标准，每万人拥有室内公共文化设施面积超过1600平方米，高于广东省平均水平。打造市区“十分钟文化圈”、西部地区“十里文化圈”，创新公共文化服务社会化供给模式，推动公共文化服务向西部地区倾斜，推进公共文化服务供给东西部均衡发展。编制《珠海市公共文化设施规划》《珠海市创建国家公共文化服务体系示范区工作方案》，推动图书馆总（分）馆建设，构建全市公共图书馆服务网络。

文化产业　2018年，投入文化创意产业发展专项资金1284.28万元，资助创新、创业、公共平台、奖励、贷款贴息等项目，以及入园成长性文化企业房租补贴。产业集聚逐步壮大，布局更加优化，建有市级文化创意产业园区4个（V12文化创意产业园、金地动力港、金嘉创意谷、乐士文化区），产业特色基地4个（吉莲19艺文空间、左右创意园、北山中西文化创意产业基地、珠海东方文化艺术交流与发展基地）。V12文化创意产业园获2018年度省级文化产业示范园区创建资格，金嘉创意谷文化产业创新创业服务平台入选文化和旅游部文化产业司2018年度“文化产业双创扶持计划”，珠海海泉湾度假区被认定为“第二批省文化旅游融合发展示范区”。至年底，全市有文化创意产业经营单位近3000家。

（李伟华）

社会建设

【概　况】 2018年，珠海市委政法委着力加强和创新社会治理，深化社会治理体制改革，完善“社会治理制度体系、基层治理体系、社会治理多元参与体系、社会心理服务体系”建设。持续打造社会治理创新平台，举办第九届全国部分省市社会治理（珠海）年会。以市委、市政府名义出台《关于在营造共建共治共享社会治理格局上走在全省前列行动方案》，推动实施平安共创、依法共治、基层共建、民意共商、幸福共享“五大工程”，在营造共建共治共享社会治理格局上率先探索，打造具有时代特征、区位特点、珠海特色的新时代“枫桥经验”珠海版。获2018年“全国社会治理创新示范市”称号。

【社会治理体制改革】 2018年，珠海市委政法委发挥社会治理体制改革专项小组统筹单位的作用，多次召开专项小组会议，协调各区和市民政局、市安监局等有关单位，落实构建城市社会治理基础单元、加强城乡社区治理体系建设和推进安全生产社会化服务等改革任务，推动制订相关工作方案。其中，“城市社会治理基础单元”改革试点项目被列入珠海市2018年改革重点工程和“1+7”（1个改革总体性文件和7个改革行动方案）改革举措。

【社会领域制度建设】 2018年，珠海市委政法委围绕影响基层社会治理的重点问题，加强社会治理法规规章“立改废”工作，推动制定《珠海经济特区物业管理条例实施细则》和出台《关于改革社会组织管理制度促进社会组织健康有序发展的实施意见》等法规规章和规范性文件，发挥立法对社会治理的导向和推动作用。以深化社会治理体制改革为契机，着力完善城乡社区治理体系，提升城乡社区治理水平，促进城乡社区治理体系和治理能力现代化，推动起草《关于加强和完善城乡社区治理的实施方案》。创新实有人口服务管理模式，坚持问题导向，回应企业、群众对户籍工作的新期待和新要求，推动出台《珠海市户口迁移管理实施办法》，该办法于3月1日施行。

【基层社会治理】 2018年，珠海市委政法委坚持以党建引领基层治理，推动打造以社区党组织为领导核心，以区域化党建统筹共驻单位联建、以网格化党建引领社区联治、以标准化党建推进新兴领域联动的城市基层党建模式，在具备条件的社区社会组织、业主委员会、物业管理服务企业和楼宇建立党组织。启动“城市社会治理基础单元”改革试点工作，成立改革试点工作领导小组，出台《“城市社会治理基础单元”改革试点工作方案》，在吉大街道海湾社区和梅华街道悦城社区开展试点工作，以党建为统领，在试点社区建设公共生活服务平台、社会自治组织平台、信息服务平台、政务服务平台，提升居民自治和互助服务水平。开展和推广社区协商试点工作，围绕居民公共场地使用、社区公共设施改造等具体事务，开展议事代表选举和培训，规范议事程序，完善监督机制，提升城市社区居民自治意识和自治能力，初步形成具有珠海特色的社区协商模式。至年底，在全市140个社区（村）开展和推进社区协商试点工作，其中香洲区35个社区、斗门区101个村、金湾区4个社区（村）。推动智慧社区建设，智慧社区服务平台项目投入使用，通过构建小区库、社区库、便民服务机构库等，为社区群众提供政务办事、便民服务、文化教育、旅游出行、小区服务等信息服务41项，实现社区治理可视化和现代化。

【社会治理多元参与】 2018年，珠海市委政法委在推动出台改革社会组织管理制度和促进社会组织健康有序发展规范性文件的基础上，扶持和培育社会组织特别是社区社会组织。至年底，全市登记在册社会组织2427家，常住人口每万人拥有社会组织12.83个，提前实现省提出的到2020年每万人拥有社会组织数不低于6.5个的目标。加大社会组织监管力度，清理规范行业协会商会收费行为，开展打击整治非法社会组织专项行动，推动行业协会商会加强诚信自律建设。推进社会工作，以政府购买专业社会工作服务方式，在横琴新区、香洲区、金湾区分别建立社工实践基地、微公益创投模式和镇级社会服务中心。开展“专业社工全民义工”试点工作，资源向西部农村地区倾斜，助力乡村振兴战略。加强社工人才培训，提高社会工作者职业水平，至年底，全市通过国家社会工作者职业水平考试2582人，万人持证率13.65。开展志愿服务活动，以“i志愿”信息管理服务平台为载体，形成规范快捷的志愿服务信息化网络。依托“蓝天小屋”等志愿服务阵地，每周开展一场便民活动，每月举办一场大型公益活动。打造全城志愿服务缤纷汇等项目遴选平台，引导全市公益志愿需求和项目与资源进行现场对接。

【社会心理服务体系建设】 2018年，珠海市委政法委加强社会心理服务体系建设，出台《关于推进珠海市社会心理服务体系建设的意见》，明确建立心理服务体系、发展心理健康服务、加强重点人群心理健康服务和心理健康人才队伍建设等各项任务分工，将推进社会心理服务体系建设作为珠海在共建共治共享社会治理格局上走在全省前列的重点工作和实践创新项目之一。完善心理卫生健康服务体系，扩大公立医院精神心理门诊覆盖面，成立珠海市突发事件心理危机干预救援队，重点开展中美叙事治疗连续培训，加强中、高考考生和严重精神障碍患者及其家属的心理健康服务。打造社会心理服务机构品牌，利用微博、微信公众号等新兴媒体，加强心理健康服务宣传教育，及时发布相关精神卫生和心理健康信息。结合“世界精神卫生日”等主题活动，通过开办讲座、电台访谈、社区义诊等活动开展宣传心理健康知识等。

【社会治理创新平台建设】 2018年，珠海市委政法委加强与知名高校战略合作，与清华大学马克思主义学院签署战略框架合作协议，依托清华大学等国内权威机构和高等院校的资源优势，开展社会治理创新的理论研究和实践探索，提升社会治理现代化水平。利用清华大学高校资源和专家学者力量，开展基层社会治理理论和实践研究，为珠海基层社会治理实践提供强有力的理论支撑。与清华大学法学院合作，围绕“营造共建共治共享社会治理格局”主题，举办为期7天的珠海市提升社会治理能力培训班，提升社会治理基层干部和相关工作人员的理论水平。发挥社会治理创新平台作用，不断提升民情信息的质量和深度，组织社会治理创新专家咨询委员会专家、民情观察员、社会治理创新研究基地高校学者和相关职能部门负责人，参与录制“市民热线——民情聚焦”电台访谈节目8期，推动社会治理热点难点问题化解。

【第九届全国部分省市社会治理（珠海）年会】 2018年12月18—20日，珠海市委政法委和横琴新区管委会联合主办的第九届全国部分省市社会治理（珠海）年会在横琴召开，大会主题为“新时代新使命：共建共治共享”，来自全国社会治理领域的专家学者和19个省市社会治理工作机构的代表200余人参加会议，共同探讨交流新时代加强和创新社会治理，营造共建共治共享社会治理格局的新方法、新举措和新路径。人民网、《法制日报》《南方日报》等媒体给予报道。本届年会被评为“改革开放40周年珠海政法十件大事”之一。

（丁焕松）

2018年12月18—20日，第九届全国部分省市社会治理（珠海）年会在横琴新区召开。图为开幕式现场 （马海生 摄）

【社会事业和民生保障】 2018年，珠海市营造共建共治共享社会治理格局取得实效。出台“珠海英才计划”系列政策措施，出台《珠海市高层次人才支持计划实施办法》《珠海市产业青年优秀人才培养计划实施办法》《珠海市博士和博士后人才创新发展实施办法》《珠海市人才子女入学（园）服务工作实施办法（试行）》《珠海市高层次人才医疗健康服务实施办法（试行）》《珠海市产业发展与创新人才奖励办法》等配套文件。就业形势稳定。全市城镇新增就业4.7万人，就业困难人员实现就业2300人。城镇登记失业率2.3%，控制在省下达目标以内。强化创业引导扶持。全市建立创业孵化基地23家，在孵企业2537个，直接带动就业2.65万人。降低企业社会保险成本。降低基本医疗保险费率，自1月1日起，职工参加基本医疗保险一档的单位和个人缴费费率各下调0.5个百分点。实施失业保险浮动费率，减轻用人单位失业保险缴费负担，每年为企业减负3756万元。稳步提高社会保障待遇水平，提高失业保险金发放标准，由现行最低工资标准的80%调整为最低工资标准的90%，保障失业人员基本生活。连续十四年提高企业退休人员基本养老金，城乡居民月人均养老金提高至540元。城乡居民参加基本医疗保险年度财政补贴提高至550元，基本医疗保险家庭病床支付比例提高至80%。低保标准由每人每月896元提升至980元。推动教育事业均衡发展。推进教育重点项目建设，TOD小镇幼儿园、梅华幼儿园、北山小学、梅华中学、格力学校、航空新城幼儿园、远大美域小区配套幼儿园、金湾一中、横琴一中（初中部）等项目投入使用。加大学前教育学位供给，全市普惠性幼儿园覆盖率超80%。基本完成新增8所公办幼儿园建设任务。加快健康城市建设。市妇幼保健院易址新建、市慢性病防治中心等项目加快建设。市人民医院、中大五院获评“粤港澳大湾区高水平医院50强”。

基本公共卫生服务经费标准提高至每人每年 60 元。做实家庭医生签约服务，重点人群签约率超 70%。建成健康镇（街）5 个、健康村（居）50 个、健康“细胞”单元 100 个。完成住房保障目标任务。新开工城市棚户区改造住房 1653 套，建成棚户区改造住房 3818 套，超额完成省下达的任务。扫黑除恶专项斗争向纵深推进，群众安全感明显提升，接报违法犯罪警情、刑事立案、严重暴力犯罪案件比上年分别下降 12.6%、4.4% 和 19%。（刘慧娜）

生态文明建设

【生态制度建设】 2018 年，珠海市委、市政府出台《珠海市生态环境保护工作责任清单》和《珠海市环境保护责任考核实施方案》，明确各级党委、政府和有关部门生态环境保护工作职责，推动形成各地各部门各司其职、齐抓共管的生态环境保护工作机制；在各区党政领导班子考核指标体系中设立生态文明建设板块，与省生态文明年度评价指标相衔接，构建生态文明建设指标 18 项，指标权重占比 20.4%，指标数量居考核指标体系首位。12 月 25 日，完成《珠海市 GEP 核算体系研究报告》，完善生态文明制度建设。

【生态经济构建】 2018 年，珠海市印发《珠海市 2018 年度推动落后产能退出工作方案》，通过政府引导、政策激励，海富华复合材料有限公司、珠海醋酸纤维有限公司等重污染、高耗能企业实现整体搬迁，全面完成省下达淘汰落后产能任务。制订《珠海市“十三五”期间绿色清洁生产工作推行方案》，公布 2018—2019 年实施清洁生产审核重点企业名单，完成 43 家企业审核验收工作。履行碳减排工作，超额完成“十三五”前两年单位地区生产总值二氧化碳排放下降目标。推进万山镇东澳岛近零碳排放区城镇试点示范工程建设。控制能源消费总量，落实能耗“双控”（能源消耗总量和强度控制）考核目标。压减煤炭消费，全面禁止禁燃区内煤及煤制品生产、销售和燃用，禁止新、扩建燃煤燃油火电机组和企业自备电厂。发展清洁能源，构建清洁低碳、安全高效的能源体系。发展海上风电，推进桂山、金湾海上风电场项目建设；加强集中供热能力建设，重点推进钰海天然气热电联产项目、斗门富山天然气分布式能源项目建设；发展生物质能发电，核准环保生物质热电工程二期项目。促进土地利用集约节约，出台完善工业用地供应、加强项目用地开竣工监管等政策，新增建设用地 7.02 平方千米，收储土地 1.86 平方千米，处置闲置用地 6.22 平方千米。

【生态环境治理】 2018 年，珠海市推进污染防治三大战役，提高生态环境质量。全面开展工地、道路和运输扬尘、工业废气污染治理，更新淘汰传统能源公交车，基本完成工业企业“煤改气”，$PM_{2.5}$ 平均浓度每立方米 27 微克，空气质量在全国 169 个重点城市中排第 11 位。全国水生态文明城市建设试点通过验收。地表水国、省考断面水质 100% 达标，10 个工业集聚区均纳管集中排污。至年底，全市黑臭水体整治投入 4.15 亿元，摸排黑体水体流域范围内涉水企业 54 家，清拆畜禽养殖场 129 家，清理各类禽畜 9.2 万头；全面开展第二次全国污染源普查工作，对 4 条入海河流干流开展入海排污口普

2018 年 6 月 13 日，珠海市委、市政府召开城市精细化管理和环境提升现场会。图为市委书记郭永航（前排中），市委副书记、市长姚奕生（前排左）到前山水质净化厂调研（市环境保护局 供稿）

查工作。推进农用地、重点行业企业用地土壤污染状况详查，农用地详查核实完成441个点位，重点行业企业信息采集完成323家，基本完成企业地块风险筛查工作，建立建设用地准入联动监管机制。超额完成省林业重点生态建设任务，完成碳汇造林1029公顷，中幼林抚育3616公顷。开展珠海市“绿盾2018”自然保护区监督检查专项行动，检查自然保护区管理责任落实情况。12月24日，印发实施《珠海市打好污染防治攻坚战三年行动计划（2018—2020年）》。

【生态生活改善】 2018年，珠海市开展集中式饮用水水源地保护专项行动，加强全市各水源地标志牌、警示牌以及围网设立和维护检查，集中式饮用水源地水质达标率100%；新建市政燃气管道45.38千米，全市供气管道累计755千米；新增污水管网190千米，新增污水处理能力10万吨/天，富山工业园工业污水处理厂动工建设；推进城乡环卫一体化作业，城乡生活垃圾无害化处理率100%，市环保生物质热电工程一期项目获城市生活垃圾处理设施无害化等级评定最高等级“AAA生活垃圾焚烧厂”，二期项目开工；推进农村人居环境整治，清理积存垃圾14万立方米，建成垃圾收集点约1300个，完成标准化公厕改造148座，完成160个行政村和涉农社区生活污水处理设施建设；完成61条道路路面改造美化，主干道保洁水平明显提升。新建或改造香山湖、海天驿站、大门口湿地等公园，情侣路、迎宾南路、机场东路、城市部分出入口等重点区域环境提升成效明显。新建60千米绿道、70千米林荫道、35千米健康步道，完成乡村绿化美化点10个，完成香山古驿道6千米精华段修复。持续优化公交线网，构建“快—干—支—微”公共交通体系。加快推广新能源车应用，全面实现公交电动化。至年底，全市新能源公交车2098辆，实现100%纯电动化。开展慢行系统建设管理工作，完成公共自行车租赁系统二期建设工程、东部城区慢行系统第一阶段一期工程和第二阶段工程的竣工验收，开展公共自行车运维管理考核。

【生态文化建设】 2018年，珠海市设置“生态文明”教育课程，推行电子政务，实现无纸化办公，提升党政干部绿色发展意识。通过健全企业环境信用评价、清洁生产培训、“两法衔接”（行政执法与刑事司法衔接）知识宣讲、排污权有偿使用和交易宣贯等方式，提升企业责任感。开展“市民走进生态珠海”“环保公益交换会”“环保公众日”“珠中江阳中学生环保活动”“环境监测车进校园”“12·4国家宪法日普法宣传”等系列环保宣传活动，倡导“低碳出行”绿色生活方式。年内，全市累计建成“绿色学校”213所、“绿色社区”70个、“环境教育基地”12个，全市中小学环保宣传教育普及率100%。

（余乐富）

全面深化改革

【改革谋划推进】 2018年，珠海市全面深化改革再出发，推动“二次创业”。市委改革办起草《中共珠海市委关于推动思想大解放、作风大转变、效率大提升的决定》，制订任务分工责任清单和宣传的启动工作，确保各项任务落到实处。开展“加快推进新时代全面深化改革”和“在新起点上继续深化改革，勇当全面深化改革开放排头兵”专题调研，为推动新时代珠海“二次创业”做好制度供给、增创体制优势。全面推进10大改革领域47项改革，重点聚焦横琴新区、保税区、洪湾片区一体化改革发展以及“数字政府”改革建设等13项改革工程。制定出台《中共珠海市委关于加快推进新时代全面深化改革的实施意见》和深化营商环境综合改革、加快发展开放型经济横琴自贸试验片区改革创新、“城市社会治理基础单元”改革、学前教育第三期行动计划、公立医院综合改革、排水管理体制机制改革等方案，形成“1+7”改革系列文件，高起点谋划三年行动计划。推进落实中央和省在珠海部署的试点工作，重点抓好基础教育资源均衡配置改革、公立医疗机构薪酬制度改革2项省级专项改革试点任务，鼓励基层大胆探索，为改革全面铺开提供有益经验，发挥改革“试验田”作用。

【督查机制改革】 2018年，珠海市围绕改革关键和重点，抓好专题督查调研、上门服务调研，形成专题督查调研报告一批，推动改革项目实施。开展督查问效“回头看”，对岭南大地田园综合体试点工作、打造“群狼团队”等项目推进落实情况进行再督查，再次形成督查调研报告，打造改革督查“珠海样板”。

实行改革工作台账亮灯机制，将年度改革工作要点、市委全面深化改革领导小组和市委、市政府有关文件明确的重点改革任务纳入执行力电子监察系统，抓好各项工作进度督办。

【考核评估机制改革】 2018年，珠海市委改革办按照市委“提高改革创新在市直部门、各区考核中的比例”要求，在年度考核中将“全面深化改革”纳入市直部门、各区党政领导班子考核指标体系中进行改革绩效考核，强化改革正向激励，发挥考核对干部的激励鞭策作用。落实改革评估长效机制，选取横琴廉洁示范区建设、横琴社会投资项目建设管理体制机制、市级事权下放、行政审批中介服务机构改革4项重点改革事项，开展第三方绩效调研评估，为改革问诊把脉，通过绩效评估增强改革的责任意识，把改革质量标准提高到新水平，倒逼改革举措优化落实和复制推广。

【监察体制改革】 2018年，珠海市制定《实施监督执纪监察工作规程》《审查调查措施使用规范》《监督执纪监察》等常用文书9类77份，制定《市委政法委支持配合监察体制改革试点工作意见（试行）》等工作制度7项，实现纪法贯通、法法衔接。执行省纪委监委“九条禁令”，严格落实回避、请示报告、违规干预过问案件登记备案等制度，开展内部专项检查，规范执纪流程，防止发生以案谋私、跑风漏气、执纪违纪等问题。

【改革要点宣传】 2018年，珠海市委改革办印发《关于做好2018年全面深化改革要点工作宣传的通知》，在《珠海特区报》、珠海电视台、《南方日报》等新闻媒体开展重点改革工程系列专题报道，在《经济日报》头版头条刊登《拓广度挖深度升温度广东珠海全面深化改革向纵深推进》报道，全面展示改革举措和成效，让群众第一时间了解改革动态，使改革更接地气，更具感召力。打造全面深化改革信息交流平台，推动改革工作上传下达、信息畅通，全年印发《珠海全面深化改革工作简报》86期。将习近平总书记历年视察广东重要批示指示精神、有关改革重要讲话精神以及重要改革文件、重要名词解释等编印成学习资料，供全市有关领导干部学习参考；将珠海市推进全面深化改革以来出台的重要改革文件、形成的绩效调研评估报告、改革课题研究成果、改革工作信息简报等分别汇编成册，形成一套9册（约290万字）的珠海市全面深化改革系列文稿，展示珠海市全面深化改革阶段性成果。

【横琴新区与保税区、洪湾、湾仔区域一体化发展推进】 2018年9月6日，珠海市实施《横琴新区与保税区、洪湾、湾仔区域一体化发展规划》。在全国率先创新供用电规则，发布实施《中国（广东）自由贸易试验区珠海横琴新区片区供用电规则》以及配套实施细则，推动“获得电力”指数大幅跃升，助力打造一流营商环境。加强与澳门对接合作，共同构建“粤澳合作产业园协同发展新机制”。

【投资项目管理体制机制改革】 2018年，珠海市优化横琴新区社会投资类建设工程施工审批流程，审批程序从35个缩减为16个，正常情况下110天左右可开展基坑施工。研究开发“港澳施工许可系统”，落实“港人港模式、澳人澳模式”。开设横琴新区“粤港澳”三地联营设计顾问公司，逐步打开港澳专业服务人士进驻横琴执业的渠道。优化政府投资项目管理体制，将投资建设领域的行政审批事项从110项压减至71项，将市本级18个职能部门61大项（87子项）建设项目审批事项全部纳入审批综合管理平台管理。制订《珠海市优化政府投资项目前期管理加快项目审批工作方案》，将项目前期工作审批时间（含技术审查时间）压缩至85个工作日以内，其中行政审批时间压缩至35个工作日以内。

【资源配置体制机制构建】 2018年，珠海市出台《珠海市“十百千企业腾飞行动”工作方案（2018—2021年）》，引入第三方机构开展企业发展诊断，帮助企业改造提升。推进企业培育“十百千”（指通过培育形成10家以上超百亿级龙头企业、100家以上超十亿骨干企业和1000家以上成长性较好的中小企业）工程，依托政企云平台，为企业搭建对接桥梁。制定《关于培育引进前沿产业“独角兽”企业的若干政策措施（试行）》，建立“独角兽”企业遴选机制，打造良好的“独角兽”企业发展平台和环境。确定优势企业目录，鼓励国有企业投资入股优势企业，促进党政机关事业单位可经营性资产向优质企业分配和集中，提高资源配置效率效能。构建更加有利于优势企业发展的经营机制，出台《珠海市属国有创业投资企业转让所持创业企业股权管理暂行办法》，提高创投企业投资和退出效率。

【"数字政府"改革建设】 2018年，珠海市编制完成《珠海市"数字政府"改革建设实施方案》，推进"数字政府"项目实施。推进全省政务服务事项实施清单"十统一"（政务服务事项基本编码、实施编码规则、事项名称、子项拆分、事项类型、设定依据、办理流程、办理事项、提交材料和表单内容要素统一）标准化梳理工作，市级部门基本完成实施清单编制备案工作，区级部门完成大部分实施清单编制备案工作。以"管运分离"为原则，按照省"数字政府"改革建设要求，组建具有珠海特色的"数字政府"建设运维体系，省统筹建设运维项目由数字广东网络建设有限公司珠海分公司承接，珠海市自有的电子政务项目由广东城智科技有限公司和数字广东网络建设有限公司珠海分公司合作承接，加强与数字广东网络建设有限公司珠海分公司合作，协同推动系统整合、数据互联等工作。

【"放管服"改革】 2018年，珠海市加快建设"网上中介服务超市"，完成市级中介服务事项清单编制工作。重新修订《珠海市政务服务大厅首问负责制》，梳理公布"最多跑一次"事项清单2批，致力打通服务群众的"最后一公里"。推进"减证便民"改革，取消教育、公安、民政等15个部门65项证明事项，涉及与群众生产生活密切相关的积分入学、户籍房产、劳动就业、社会保险、婚姻家庭等领域，减少群众"人在证途"时间。同步通过信息共享、网络核验、主动调查、告知承诺以及加大失信惩治力度等方式，加大监管力度。

【"乡村振兴"美丽田园样板打造】 2018年，珠海市加强岭南大地田园综合体项目资金监管，确保资金使用规范有效。协调推进项目工程建设，统筹抓好首期花田喜地园区内道路、排灌站、景桥、温棚以及中药园等配套服务设施和景观建筑施工建设，加强土地、规划、资金等重点环节攻坚，推动项目尽快实现一二三产业良性循环发展，打造"乡村振兴"美丽田园样板。

【城市社会治理基础单元改革】 2018年，珠海市制定出台"城市社会治理基础单元"改革试点工作方案，开展改革试点，把资源、服务、管理放到基层，坚持依靠居民、依法有序组织群众参与社区治理，努力实现人人参与、人人尽力、人人共享。组织基础单元内的党员、议事代表以及热心居民探讨单元需求，设计治理方案，结合居民兴趣爱好，形成自组织筹备小组，推动居民自治。搭建基础单元信息管理平台，为居民提供协商议事、信息发布、活动组织等线上服务，构建"互联网+社会治理"模式，与单元内的线下活动形成有效互动和补充。

【教育资源配置专项改革】 2018年，珠海市制定《珠海市基础教育资源均衡配置专项改革试点方案》，稳步开展基础教育资源均衡配置专项改革省级试点工作。印发《关于统筹推进区域内城乡义务教育一体化改革发展的实施方案》，推进义务教育区域内一体化改革。制定珠海市中小学办学联盟评估细则，推进联盟化办学发展模式。制定《关于推进珠海市中小学教师"县管校聘"管理制度改革的实施意见》《珠海市教育局直属学校临聘教职员管理办法（试行）》，促进区域内教师资源优化配置、教育均衡发展。完善中小学校长职级制评审方案和校长职级津贴标准，确保校长职级制平稳有序实施。

【公立医院薪酬制度专项改革】 2018年，珠海市制定《珠海市推进公立医院薪酬制度改革工作实施方案》以及配套文件《珠海市公立医院薪酬制度改革实施细则》，稳妥推进公立医院薪酬制度专项改革省级试点工作。印发《关于进一步完善基层医疗卫生机构绩效工资制度的意见》，允许基层建立更为灵活的绩效工资制度，调动基层医务人员的积极性、主动性和创造性。开展公立医院绩效考核，初步建立起以社会效益、工作效率和质量安全为核心的绩效评价机制，促进医院精细化管理和规范化管理。

【"珠海英才"新政出台】 2018年，珠海市对标全国各地人才政策最优做法，制定出台《关于实施"珠海英才"计划加快集聚新时代创新创业人才的若干措施》，出台创业项目管理、人才奖励办法、青年优秀

链 接：

GEP 绿色发展模式

GEP（生态系统生产总值）由世界自然保护联盟提出并倡导，旨在建立一套与 GDP 相对应、能够衡量生态良好的统计与核算体系，通过计算森林、荒漠、湿地等生态系统及农田、牧场、水产养殖场等人工生态系统的生产总值，衡量和展示生态系统状况。珠海市委八届五次全会提出，要探索GEP绿色发展模式，并列入《珠海市全面深化改革2018年工作要点》，是珠海2018年13项重点改革内容之一。

人才培养计划等多项配套细则，重点实施产业发展与创新人才、博士和博士后人才、青年创新人才、高技能人才和港澳人才等9项人才支持计划，集聚和培养各类急需紧缺人才。全年引进各类人才2.75万人，比上年增长50%，其中直接核准引进人才2.4万人，增长25.7%。

【绿色GEP核算体系建设】 2018年，珠海市学习深圳市盐田区生态系统生产总值（GEP）指标体系和核算方法构建以及运用模式，编制绿色GEP核算体系实施方案和项目实施计划，初步构建珠海市GEP核算指标体系框架及内容，编制核算体系研究项目数据需求清单，全面梳理清单数据各项指标。

（张 韵）

全面从严治党

【党建加强和改进】 2018年，珠海市委推动管党治党责任落到实处。研究谋划党建工作要点，落实责任分工和工作措施。先后召开36次市委常委会会议研究党建工作，开展基层党建专题调研11次。市委常委结合分管工作，带头落实“一岗双责”（“一岗”指个人职务所对应的岗位；“双责”指相关人员不仅要对所在岗位承担的具体业务工作负责，还要对所在岗位承担相应的“其他管理责任”）。召开区委书记和市直部分单位党委书记抓基层党建述职评议会。针对述职查摆的问题制定整改责任清单，将述职评议考核结果与领导干部年度考核、选拔任用干部相结合。发挥党委总揽全局、协调各方的作用。完善党委（党组）领导机制，落实“三重一大”事项规定（凡属重大决策、重要干部任免、重要项目安排和大额度资金的使用，必须经集体讨论作出决定），健全党委书记专题会和党委、人大常委会、政府、政协主要领导碰头会等会议机制，完善党委常委会会议议题预安排、政府常务会议议题前置审核等工作机制，形成党委领导下的工作合力。调整优化党委议事协调机构，做实党委专项工作协调机制，强化决策协调。完善党委工作部门抓落实机制，综合运用监督、考核、奖惩、问责等手段，推动党委决策部署落到实处。市委常委会专题听取市人大常委会、市政府、市政协等党组工作汇报，听取市人大常委会、市政协党组专题调研情况汇报，研究推动市总工会、共青团、妇联改革工作，推动各区各部门党委（党组）及时向市委请示报告重大问题。

【干部队伍建设】 2018年，珠海市委突出政治标准选人用人。严格执行选人用人程序，从严落实动议审查、“凡提四必”（对拟提拔或进一步使用人选的干部档案必审、个人有关事项报告必核、纪检监察机关意见必听、线索具体的信访举报必查）要求，推行政治审查和廉洁把关“双签字”制度。考准考实政治表现，全面把好政治关、品行关、廉洁关，对政治上不合格的人选“一票否决”。建设高素质专业化干部队伍。全覆盖开展“高素质专业化干部队伍建设”专题调研，全面掌握各区、市直单位和市属企事业单位领导班子和领导干部的履职情况，研究出台《市管干部“选育用管储”有关原则》，制定实施市管领导班子及干部队伍优化调整若干举措。加大年轻干部培养选拔力度，实施“机关—基层”双向挂职，择优安排23名优秀年轻干部挂职锻炼；实施“墩苗计划”，选派19名干部到怒江州实践历练；实施“三同计划”，选派400多名中青年干部到艰苦地区与群众“同吃、同住、同劳动”。储备“二次创业”新生力量，面向知名高校选调72名优秀大学毕业生到各级机关工作。调整优化市管企业领导人员管理体制，研究制定市管企业领导人员选拔任用工作相关制度。坚决匡正选人用人风气。落实“选人用人工作规范化行动年”计划，进一步梳理完善选人用人工作规范，坚决破除“圈子文化”等对选人用人的不良影响，防止“带病提拔”，整治说情打招呼、跑官要官、买官卖官、拉票贿选等不正之风。

【基层组织建设】 2018年，珠海市委以农村基层党建促进乡村振兴。加强党对农村工作的领导，制定出台激励保障农村“两委”（村党支部委员会和村民委员会）干部干事创业意见。实施村党组织书记“领头雁”工程。建设高素质村干部储备人选队伍，确定村党组织书记储备人选130人、村“两委”干部储备人选126人。打造党建引领乡村振兴示范村10个。整顿软弱涣散村（社区）党组织，确定软弱涣散村（社区）党组织21个，选派2名处级干部、19名科级干部全脱产驻村。把开展扫黑除恶专项斗争与加强基层组织建设有机结合起来，整顿涉恶村党组织2个。以城市基层党建引领基层治理。印发全面推行“红色业委会”建设的意见，把党组织建到业主委员会。推行社区“党建网格+”，用党建网格整合综治、计生、劳动、消防、安监、食药、市容等网格，形成党建“一张网”。实施社区党委领导下的民主协商，发挥党员议事代表作用。全年召开各类议事会近300场，解决群众关心、社会关注的民生热点问题900余件。开展全市新兴领域党组织覆盖“集中攻坚专项行动”，进一步扩大党组织的有效覆盖。开展党组织标准化规范化建设。部署开展“党支部建设年”活动，推动组织设置、班子建设、组织生活、党员教育管理等内容落实落细。是年，新建党支部792个，推动71个村、73个社区党组织及时升格，100%精准落实年度发展党员计划。对全市党支部逐一开展达标验收，推动各级党组织开展标准化规范化建设，把党支部建得更实更强。不断夯实基层基础保障。建立农村“两委”干部最低保障制度和社会保障制度，市、区财政为村干部全额缴纳城镇职工社会保险，解决村干部后顾之忧。逐步提高基层党组织工作经费标准，全市各级累计安排资金1.2亿元。统一党群服务中心建设标准，把公共服务站、文化艺术中心、康复中心等服务群众平台整体纳入党群服务中心，建成各类党群服务中心396个。

【党风廉政建设】 2018年，珠海市委以“钉钉子”精神抓作风建设。抓好中央八项规定及其实施细则精神的贯彻落实，深挖细查“四风”老问题和新表现，严肃查处顶风违纪行为，全市查处违反中央八项规定精神问题33起，给予党纪政务处分60人，通报典型问题5起。落实“三个区分开来”（把干部在推进改革中因缺乏经验、先行先试出现的失误和错误，同明知故犯的违纪违法行为区分开来；把上级尚无明确限制的探索性试验中的失误和错误，同上级明令禁止后依然我行我素的违纪违法行为区分开来；把为推动发展的无意过失，同为谋取私利的违纪违法行为区分开来）原则，制定实施《关于完善容错纠错机制激励干部新时代新担当新作为的实施意见》。落实“思想大解放、作风大转变、效率大提升”的决定。加强干部经常性监督管理。强化纪律监督，用好执纪监督“四种形态”。做实监察监督，高效率全要素试用调查措施。赋予各功能区纪委、各派驻（出）机构部分监察权限，加快推动监察职能向基层延伸。加强派驻监督，派驻机构向所驻部门或综合监督单位一把手提出意见建议，对存在苗头性倾向性问题的领导干部进行约谈，对“三重一大”事项决策进行监督。完善巡察监督，加强巡察机构建设，高质量完成八届市委第二、第三轮常规巡察，有序开展第四轮巡察，做好巡察反馈整改“后半篇文章”，建立问题台账、线索台账、建议台账，实行动态管理、跟踪督办。巩固发展反腐败斗争压倒性胜利。构建“不敢腐、不能腐、不想腐”体制机制，推动全面从严治党向纵深发展，推进反腐败斗争，坚持无禁区、全覆盖、零容忍，坚持重遏制、强高压、长震慑。推进监察体制改革。按时高标准完成转隶组建工作，市、区两级监委于1月底全部挂牌成立。制定实施监督执纪监察工作规程、审查调查措施使用规范等工作制度以及监督执纪监察9类77份常用文书，制定市委政法委支持配合监察体制改革试点工作意见（试行）等监司衔接工作制度7项，实现纪法贯通、法法衔接。（市委办）

·责任编辑：冯建华·

党政机关

中共珠海市委员会

重要会议

【市委八届四次全会】 2018年1月8日在香洲召开。全会以习近平新时代中国特色社会主义思想为指导，学习贯彻党的十九大和中央经济工作会议、中央农村工作会议精神，贯彻落实省委十二届二次、三次全会精神，总结2017年工作，分析研判形势，部署2018年工作。全会听取市委书记郭元强代表市委常委会所作的报告和市长姚奕生关于经济工作的讲话，审议市委常委会抓党建工作情况报告。全会号召，全市各级党组织和广大共产党员要更加紧密地团结在以习近平同志为核心的党中央周围，高举习近平新时代中国特色社会主义思想伟大旗帜，按照习近平总书记对广东作出的“三个定位、两个率先”和“四个坚持、三个支撑、两个走在前列”重要指示批示要求，不忘初心、牢记使命，锐意进取、扎实工作，撸起袖子加油干，奋力在新时代干出新气象实现新作为，为改革开放40周年献上一份优异答卷。

【市委八届五次全会】 2018年7月18—19日在香洲召开。全会学习贯彻习近平新时代中国特色社会主义思想和党的十九大精神，学习贯彻习近平总书记在参加十三届全国人大一次会议广东代表团审议时的重要讲话精神和在庆祝海南建省办经济特区30周年大会上的重要讲话精神，落实省委十二届四次全会部署要求，总结运用“大学习、深调研、真落实”工作成果，对照“四个走在全国前列”“四个继续成为”等新使命新任务，总结珠海经济特区的成就和经验，剖析短板和问题，推动珠海经济特区“二次创业”，以新担当新作为开创珠海工作新局面。全会听取郭永航代表市委常委会所作的讲话，审议通过《中共珠海市委关于深入学习贯彻落实习近平总书记重要讲话精神奋力推动珠海经济特区“二次创业”的决定》和《中共珠海市委关于深入学习贯彻落实新时代党的建设总要求努力把各级党组织锻造得更加坚强有力的实施意见》。全会按照党章和有关规定，批准赵民、史明锋辞去市委委员职务。全会号召，全市各级党组织和广大党员要更加紧密地团结在以习近平同志为核心的党中央周围，不忘初心、牢记使命，继续用好改革开放“关键一招”，日夜兼程、接续奋斗，奋力推动珠海经济特区“二次创业”，在“四个走在全国前列”新征程上迈出更加坚实豪迈的步伐，让习近平新时代中国特色社会主义思想在珠海落地生根、结出丰硕成果。

【市委常委会会议】 *传达学习贯彻中央和省重要精神* 2018年1月10日，珠海市委常委会会议传达学习贯彻新进中央委员会的委员、候补委员和省部级主要领导干部学习贯彻习近平新时代中国特色社会主义思想和党的十九大精神研讨班精神，强调要深刻认识坚持和发展中国特色社会主义要一以贯之的重大意义，始终在思想上政治上行动上同以习近平同志为核心的党中央保持高度一致，不折不扣落实习近平总书记对广东工作的重要指示批示精神和党中央各项决策部署。听取市委组织部关于中央组织部、省委组织部学习贯彻党的十九大精神进一步推进干部监督工作座谈会主要精神的汇报，强调要认真贯彻推动全面从严治党向纵深发展对新时代干部监督工作提出的新要求，推进干部监督工作与巡察工作、干部选拔任用工作、党风廉政建设等有机结合。1月15日，市委常委会会议传达学习贯彻省委书记李希调研珠海指示要求，强调全市各级各部门要牢固树立“四个意识”，坚定“四个自信”，坚持以习近平新时代中国特色社会主义思想为指导，深入学习贯彻党的十九大精神，对照李希在珠海调研时的重要指示要求，进一步优化完善各项工作举措，努力在新时代干出新气象、实现新作为，为全省建设成展示习近平新时代中国特色社会主义思想的重要“窗口”和“示范区”作出更大贡献。2月27日，市委常委会会议听取市中级人民法院院长关于全国法院工作会议、全省中级法院院长工作会议主要精神的汇报，强调要切实履行好新时代人民法院职责使命，坚持三个“一以贯之”，坚持司法为民、公正司法，深入推进平安珠海、法治珠海建设。听取市人民检察院检察长黄维玉关于全国、全省检察长会议主要精神的汇报，强调要扎实做好新时代检察工作各项任务，全面深化司法体制改革，深入推进刑事诉讼制度改革，全力支持配合深化国家监察体制改革。3月6日，市委常委会会议传达学习党的十九届三中全会精神及中央有关通知精神，强调要认真学习领会习近平总书记在党的十九届三中全会上的重要讲话，深刻领会深化党和国家机构改革的重大意义，提高政治站位、坚决服从大局，自觉把思想和行动统一到党中央改革部署上来。3月8日，市委常委会会议传达学习习近平总书记在参加十三届全国人大一次会议广东代表团审议时的重要讲话和省委书记李希在广东代表团全体会议上的讲话精神，强调要深刻领会习近平总书记提出的着力深化改革开放、“四个走在全国前列”、全面推进党的建设的重要要求，更加坚定自觉地在思想上政治上行动上同以习近平同志为核心的党中央保持高度一致，推动习近平新时代中国特色社会主义思想在珠海落地生根、结出丰硕成果。3月13日，市委常委会会议深入学习习近平总书记在参加十三届全国人大一次会议广东省代表团审议时的重要讲话精神，强调要持久学习好贯彻好落实好习近平总书记重要讲话精神，牢记特区使命，强化特区担当，树立奋勇争先、跨越赶超意识，发扬敢闯敢试、敢为人先的特区精神，切实增强改革发展的使命感和紧迫感，进一步提神提气提速提效，推动新一轮改革大发展。听取吴轼关于《认真学习宣传贯彻习近平总书记在参加十三届全国人大一次会议广东省代表团审议时的重要讲话精神的通知（稿）》起草情况和主要内容的汇报，强调要求真务实、攻坚克难，按照高质量发展要求，奋力开创珠海社会主义现代化建设新局面，为广东实现“四个走在全国前列”体现特区担当、贡献珠海力量。3月22日，市委常委会会议学习贯彻习近平总书记参加十三届全国人大一次会议广东代表团审议时的重要讲话精神，传达学习2018年全国“两会”精神，强调要深入学习贯彻习近平总书记重要讲话精神及全国“两会”精神，把习近平总书记重要讲话精神与习近平新时代中国特色社会主义思想和党的十九大精神紧密结合起来，与习近平总书记对广东一系列重要指示批示要求紧密结合起来，一体学习领会、整体贯彻落实，努力实现“四个走在全国前列”的新要求。4月10日，市委常委会会议听取市保密局关于中央保密委员会全体会议、全国保密工作会议、省委保密委全体（扩大）会议主要精神的汇报，强调要围绕贯彻落实习近平总书记关于保密工作重要指示精神，不断强化保密意识，严格执行保密规范，时刻绷紧保密这根弦。4月19日，市委常委会会议传达学习习近平总书记在庆祝海南建省办经济特区30周年大会上的讲话、在博鳌亚洲论坛2018年年会开幕式上的主旨演讲和《中共中央国务院关于支持海南全面深化改革开放的指导意见》精神，强调全市上下要深刻领会习近平总书记重要讲话的精神实质和丰富内涵，切实把思想和行动统一到习近平总书记重要讲话精神上来，不忘初心、牢记使命，坚定不移深化改革、扩大开放，当好改革开放的重要窗口、试验平台、开拓者和实干家，在新起点上推动“二次创业”，努力把珠海经济特区办得更好、办出水平。传达学习李希在市厅级领导干部专题研讨班开班式上的讲话暨主题报告精神，强调要深入学习李希在市厅级领导干部专题研讨班开班式上的讲话暨主题报告精神，切实增强政治责任感和历史使命感，自觉把沉甸甸的责任扛起来，把习近平总书记重要讲话作为做好珠海工作的宝贵精神财富、强大思想武器和科学行动指南，奋力走好新时代“四个走在全国前列”新征程，奋力谱写新时代中国特色社会主义事业的珠海篇章。5月24日，市委常委会会议传达学习习近平总书记在十九届中央政治局第五次集体学习时的重要讲话及李希在省委常委会会议上的讲话精神，强调要深刻认识《共产党宣言》的重大贡献和时代意义，坚定马克思主义信仰，把《共产党宣言》蕴含的科学原理和真理力量运用到珠海“二次创业”的实践中，努力谱写新时代坚持和发展中国特色社会主义新篇章。传达学习韩正调研珠海及在扩大开放工作座谈会上的讲话精神，强调要坚定不移推进改革开放，扎实推动横琴自贸试验片区建设，积极参与粤港澳大湾区建设，不断提高对外开放水平。传达学习李希在省委常委会会议学习贯彻习近平总书记海南重要讲话时的讲话精神，强调要深刻领会习近平总书记重要讲话精神，按照李希讲话要求和省委部署，坚定不移推进改革开放，继续担当好改革开放的重要窗口、试验平台、开拓者和实干家。6月6日，市委常委会会议传达学习习近平总书记在中国科学院第十九次院士大会、中国工程院第十四次院士大会上的重要讲话精神，强调要把科技创新摆在更加重要的位置，大力实施创新驱动发展战略，着力打造粤港澳大湾区创新高地。6月12日，市委常委会会议传达学习省委十二届四次全会和省委办公厅《关于抓好省委十二届四次全会精神传达学习贯彻落实的通知》精神，强调要充分认识、深刻领会省委十二届四次全会的重大意义，切实把思想和行动统一到中央和省委各项决策部署上来，进一步增强忧患意识、危机意识、使命意识，突出抓重点、补短板、强弱项，在新起点上推动珠海“二次创业”。听取市委常委、珠海警备区司令员毕敦发关于省委议军会议主要精神的汇报，强调要深入学习贯彻习近平强军思想，坚持把政治建军摆在首位，把习近平强军思想贯彻到国防和军队建设的各领域和全过程，切实履行党管武装的政治责任，推动珠海国防动员建设各项工作取得实效。6月29日，市委常委会会议传达学习贯彻《李希同志在省委十二届四次全会上的讲话》《中共广东省委关于深入学习贯彻落实习近平总书记重要讲话精神奋力实现“四个走在全国前列”的决定》《中共广东省委关于深入学习贯彻落实新时代党的建设总要求努力把各级党组织锻造得更加坚强有力的意见》精神，强调全市各级各部门要持续深入学习贯彻习近平新时代中国特色社会主义思想和党的十九大精神，进一步深入学习领会李希在省委十二届四次全会上的讲话及省委有关文件精神实质，真正学深悟透、入脑入心，以新担当新作为推动中央和省委各项决策部署落到实处。7月16日，市委常委会会议传达学习习近平总书记在中央政治局第六次集体学习时的重要讲话精神，强调要认真学习贯彻习近平总书记重要讲话精神，全面落实以习近平同志为核心的党中央关于加强党的政治建设各项决策部署，努力把珠海市各级党组织锻造得更加坚强有力。9月11日，市委常委会会议传达学习习近平总书记在推进“一带一路”建设工作5周年座谈会上的重要讲话精神，强调要扎实做好参与“一带一路”建设工作，加强“一带一路”建设同粤港澳大湾区建设的战略对接，研究提出务实管用的工作思路和创新举措，在形成全面开放新格局上走在全省前列。10月12日，市委常委会会议传达学习习近平总书记关于宪法的重要论述精神，强调要把学习宣传和贯彻实施宪法作为一项重要工作，扎实开展宪法学习宣传，组织宪法专题学习，系统开展宪法培训，为全面贯彻实施宪法打牢坚实思想基础、营造良好社会氛围。10月12日，市委常委会会议传达学习习近平总书记在十九届中央政治局第八次集体学习时的重要讲话精神，强调要努力学深悟透习近平总书记重要讲话精神，坚持把解决好“三农”问题作为重中之重，以更高标准更大力度推进乡村振兴，努力打造全国实施乡村振兴战略的样板。传达学习省委十二届五次全会精神，强调要深入学习贯彻习近平总书记关于深化党和国家机构改革的重要论述精神，充分认识深化党和国家机构改革的重大意义，深刻领会深化机构改革的实践要求，扎实做好珠海市机构改革各项工作，为新时代珠海“二次创业”提供有力体制机制保障。10月27日，市委常委会会议传达学习习近平总书记视察广东重要讲话精神，强调要深刻学习领会习近平总书记视察广东重要讲话的重大意义和精神实质，深刻领会习近平总书记对广东改革发展的充分肯定和对广东工作的新要求，把习近平总书记的肯定转化为攻坚克难、拼搏奋进的不竭动力，把习近平总书记对广东、对珠海工作的新要求作为新时代改革发展的治本之策、关键之举、成事之要。听取市委常委、秘书长吴轼关于《中共珠海市委关于学习宣传贯彻习近平总书记视察广东重要讲话精神的通知（稿）》起草情况和主要内容的汇报，强调要把学习宣传贯彻习近平总书记视察广东重要讲话精神作为当前和今后一个时期全市首要政治任务，迅速在全市上下兴起热潮，学出使命、学出担当、学出干劲，及时将重要讲话精神传达到每一名党员干部。传达学习习近平总书记对自由贸易试验区建设的重要指示精神，强调要深入学习贯彻习近平总书记、李克强总理对自由贸易试验区建设的重要指示批示精神和韩正副总理在自由贸易试验区建设五周年座谈会上的讲话精神，始终不忘初心、牢记使命，弘扬敢闯敢试、敢为人先的改革精神，继续发挥好自贸区在全面深化改革中的“试验田”作用，以更大力度推动自贸区改革开放创新，努力把横琴自贸区建设成为新时代改革开放的新高地。11月1日，市委常委会会议传达学习习近平总书记视察广东重要讲话精神，强调要进一步深入学习习近平总书记对珠海经济特区改革发展提出的重要要求，与习近平总书记参加十三届全国人大一次会议广东代表团审议时重要讲话、与习近平总书记对广东工作的一系列重要指示批示精神结合起来，一体学习领会、整体贯彻落实，推动全市学习贯彻工作往深里走、往实里抓。传达学习习近平总书记对全国党委秘书长会议的重要指示及全国、全省党委秘书长会议精神，强调要坚持高标准严要求，把“两个维护”贯穿到工作各方面各环节，推动党委办公室争当“三个表率”，努力建设让党委放心、让人民满意的政治机关和模范机关。12月4日，市委常委会会议听取市委政研室关于《深入学习贯彻习近平总书记视察广东重要讲话精神推动珠海经济特区加快发展深调研工作方案（稿）》起草情况和主要内容的汇报，强调要深入学习领会习近平新时代中国特色社会主义思想和党的十九大精神，深入学习领会习近平总书记视察广东重要讲话精神和对广东工作一系列重要指示精神，全面掌握丰富内涵和精神实质，明确调研的重点内容，确保深调研工作精准围绕关键问题展开。12月13日，市委常委会会议传达学习习近平总书记在中共中央政治局第九次集体学习时的重要讲话精神，强调要主动抢抓产业技术革命的重大发展机遇，加快发展人工智能产业，促进人工智能同一、二、三产业深度融合，为珠海推动高质量发展提供新动能。传达学习习近平总书记在首届中国国际进口博览会开幕式上的主旨演讲精神，强调要坚定不移推动新一轮更高水平对外开放，加快构建开放型经济新体制，完善开放型经济政策体系，优化投资贸易环境，发展更高层次的开放型经济。

党的建设 2018年1月17日，珠海市委常委会会议听取曾祥华关于全国、全省组织部长会议主要精神的汇报，强调要坚持把政治建设作为根本性建设，推动党员干部坚决维护以习近平同志为核心的党中央权威和集中统一领导，持续认真抓好“大学习、深调研、真落实”活动。3月2日，市委常委会会议听取省委常委、组织部部长邹铭宣读《关于郭永航、郭元强同志职务任免的通知》和《关于郭永航、郭元强同志职务调整意见的通知》，强调要坚定信念、维护核心，牢固树立“四个意识”，坚持以习近平新时代中国特色社会主义思想统领珠海一切工作，坚决把思想和行动统一到省委的决定上来，确保珠海各项事业始终沿着正确方向前行。3月13日，市委常委会会议书面听取2017年第四季度全市镇（街）领导干部驻点普遍直接联系群众工作汇报。3月16日，市委常委会会议传达省委书记李希在市委书记抓基层党建工作述职评议会上的讲话精神，听取各区（经济功能区）、各党（工）委书记抓基层党建工作述职并进行评议，强调要坚持以习近平新时代中国特色社会主义思想统领党的基层组织建设全过程，牢固树立大抓基层的鲜明导向，不断提高党的基层组织建设质量，推动全面从严治党向基层延伸，促进基层建设全面进步、全面过硬。3月22日，市委常委会会议听取市委宣传部关于《2018年珠海市委理论学习中心组学习计划（稿）》起草情况和主要内容的汇报，强调要扎实开展党委中心组理论学习，着力提升领导干部能力素养，营造浓厚的学习氛围，把学习成果转化为解决突出问题、推动珠海新一轮大发展的思路和举措。4月19日，市委常委会会议听取市委组织部关于《实施珠海英才计划加快集聚新时代创新创业人才的若干措施（稿）》起草情况和主要内容的汇报，强调要牢固树立“人才是第一资源”理念，坚决把人才优先发展作为城市发展的核心战略，切实抓好人才政策落实，尽快完善人才政策配套办法，加快吸引集聚海内外优秀人才和创新创业团队，打造国际创新人才高地，为珠海新一轮大发展提供人才支撑和智力保障。5月9日，市委常委会会议听取市委党史研究室关于《中国共产党珠海历史（1953—1978）（稿）》编撰情况和主要内容的汇报，强调要深入开展珠海党史学习宣传教育培训，教育广大党员、群众和青少年知史爱党、知史爱国，引导各级领导干部吸取经验教训、深化规律认识，不断提高执政本领。5月24日，市委常委会会议听取市委组织部关于中央组织部基层党建工作重点任务推进会主要精神的汇报，强调要坚持以习近平新时代中国特色社会主义思想为指导，深入学习贯彻习近平总书记重要讲话精神，按照中组部基层党建工作任务推进会的部署要求，扎实做好基层党建工作，推动基层党建全面进步、全面过硬。6月12日，市委常委会会议听取2018年第一季度全市镇（街）领导干部驻点普遍直接联系群众工作汇报。6月29日，市委常委会会议听取市委组织部关于全省加强基层党组织建设工作会议主要精神的汇报，强调要认真贯彻落实新时代党的建设总要求，全面加强全市基层党组织建设，努力把珠海基层党组织锻造得更加坚强有力。听取市委组织部关于全省新时代激励干部新担当新作为暨加强改进选调生工作座谈会主要精神的汇报，强调要深入贯彻落实习近平总书记对激励干部新担当新作为、加强改进选调生工作的重要指示精神，坚持正确选人用人导向，落实好干部标准，选拔重用敢于负责、敢于担当、善于作为、实绩突出的干部。7月16日，市委常委会会议听取市委组织部关于《珠海市加强党的基层组织建设三年行动计划实施方案（2018—2020年）（稿）》起草情况和主要内容的汇报，强调要深入贯彻落实新时代党的建设总要求，把中央和省委的部署转化为加强基层党组织建设的思想自觉、行动自觉，推动党的基层组织全面进步、全面过硬。8月1日，市委常委会会议听取郭永航宣读《关于吴青川、曾祥华同志职务任免的通知》和《关于提名曾祥华同志为珠海市政协副主席候选人的通知》，强调要发挥好市领导班子引领带头作用，以实际行动贯彻落实省委决定，维护团结稳定发展大局，坚决让省委放心，让全市干部群众满意。8月20日，市委常委会会议听取市委组织部关于全国、全省组织工作会议主要精神的汇报，强调要深入学习贯彻习近平总书记关于党的建设和组织工作的重要论述，坚定践行新时代党的组织路线，不断夯实做好新时代党的建设和组织工作思想根基。8月29日，市委常委会会议听取2018年第二季度全市镇（街）领导干部驻点普遍直接联系群众工作汇报。10月12日，市委常委会会议听取市委组织部关于《进一步激励保障农村“两委”干部干事创业的意见（试行）（稿）》起草情况和主要内容的汇报，强调要从战略和全局的高度，深刻认识抓好农村基层干部队伍建设的极端重要性，切实保障干部切身利益，解决干部后顾之忧，为珠海实施乡村振兴战略提供坚强组织和队伍保证。11月9日，市委常委会会议传达学习《中共广东省委关于中央巡视反馈意见整改落实工作进展情况的通报》精神，强调要把落实巡视整改与学习贯彻习近平总书记视察广东重要讲话精神紧密结合起来，深入抓好巡视反馈意见整改落实，营造风清气正的良好政治生态。通报《关于对珠海市委抓基层党建工作述职评议结果的反馈意见》，听取市委组织部关于各区党委、市各党（工）委书记抓基层党建工作述职评议得分及建议等次的汇报，强调要切实发挥党支部在党员教育管理中的主体作用，抓好党支部标准化规范化建设，着力解决基层党组织虚化、弱化、边缘化等问题。12月13日，市委常委会会议听取市民政局关于《改革社会组织管理制度促进社会组织健康有序发展的实施意见（稿）》起草情况和主要内容的汇报，强调要以促进社会组织健康有序发展为出发点和落脚点，坚持改革创新、放管并重，充分发挥社会组织服务国家、服务社会、服务群众、服务行业的作用，营造共建共治共享社会治理格局。听取2018年第三季度全市驻点联系工作情况汇报。12月26日，市委常委会会议传达学习全省抓党建促乡村振兴暨红色村党建示范工程现场会精神，强调要深入学习贯彻习近平总书记关于实施乡村振兴战略重要讲话精神和视察广东重要讲话精神，切实肩负起抓党建促乡村振兴的政治责任。传达学习《〈中共中央关于加强党内法规制度建设的意见〉贯彻落实情况的督查报告》精神，听取吴轼关于珠海市党内法规工作情况的汇报，部署有关工作，强调要深入学习贯彻习近平总书记关于制度治党、依规治党的重要论述，牢牢把握党内法规制度建设的正确方向，不断提高珠海市党的工作和党的建设制度化、规范化、程序化水平。听取市委常委、组织部部长吴青川关于珠海市培养选拔优秀年轻干部工作情况的汇报，强调要深入贯彻落实习近平总书记在全国组织工作会议上关于做好新时代年轻干部工作的重要指示精神，以更长远眼光、更有效举措，加大发现培养选拔优秀年轻干部工作力度，建设一支堪当新时代珠海经济特区“二次创业”重任的高素质专业化年轻干部队伍。

全面深化改革　2018年3月13日，珠海市委常委会会议听取市委宣传部关于《珠海市庆祝改革开放40周年系列活动方案（稿）》起草情况和主要内容的汇报，强调要严格按照中央和省委的指示精神，以高度的政治责任感和使命感，协同推进庆祝改革开放40周年系列活动，通过举办好系列活动，总结好、宣传好、展示好珠海经济特区改革开放和现代化建设取得的辉煌成就和宝贵经验，激励全市上下再燃改革激情、牢记特区使命、体现特区担当。3月22日，市委常委会会议听取市委外办关于《贯彻落实中央〈关于加强党对地方外事工作领导体制改革的实施意见〉的通知（稿）》起草情况和主要内容的汇报，强调要坚决贯彻中央和省委对外事工作的要求，不折不扣贯彻执行中央和省委加强党对地方外事工作领导体制改革措施，完善珠海市外事工作领导体制和工作机制。4月10日，市委常委会会议听取市委改革办关于全省全面深化改革工作会议主要精神的汇报，强调全市各级各部门要把思想和行动统一到习近平总书记重要讲话精神上来，进一步解放思想、转变作风、提升效率，再燃改革激情，在改革开放40周年的新起点上继续探索创新，确保改革有亮点、有特色、有内涵、有突破。4月19日，市委常委会会议听取市委改革办关于《推动思想大解放、作风大转变、效率大提升的决定（稿）》起草情况和主要内容的汇报，强调推动思想大解放、作风大转变、效率大提升是全面贯彻落实党的十九大精神和习近平新时代中国特色社会主义思想、深入学习贯彻习近平总书记重要讲话精神的务实举措，是新时代推进“二次创业”、开创珠海经济特区改革发展新局面的必然要求。8月20日，市委常委会会议听取市委改革办关于《加快推进新时代全面深化改革的实施意见（稿）》及7个改革行动方案起草情况和主要内容的汇报，强调要坚持以习近平新时代中国特色社会主义思想指导改革实践，对标广东“四个走在全国前列”总任务、经济特区“四个继续成为”新要求，按照“思想大解放、作风大转变、效率大提升”要求，高起点谋划改革，高标准推进改革，高质量落实改革。8月29日，市委常委会会议听取市委常委、宣传部部长龙广艳关于《珠海市新闻媒体深化改革工作方案（稿）》起草情况和主要内容的汇报，强调要做好新形势下宣传思想工作，加强党对宣传思想工作的全面领导，旗帜鲜明坚持党管宣传、党管意识形态，牢牢把握正确舆论导向，做大做强主流思想舆论。9月5日，市委常委会会议听取市委政研室关于《珠海改革开放40周年专题调研工作方案（稿）》起草情况和主要内容的汇报，强调要把习近平总书记重要讲话精神和对广东工作一系列重要指示批示精神贯彻调查研究全过程、各环节，按照省委统一部署，立足珠海实际，扎实开展改革开放40周年专题调研工作。10月12日，市委常委会会议传达学习中央全面深化改革委员会第四次会议、省委全面深化改革领导小组第七次会议精神，强调要坚定不移用好改革开放“关键一招”，全面总结珠海市改革发展经验教训，聚焦破解全局性、关键性问题，研究提出具体的、操作性强的对策建议，确保各项改革任务落地见效。12月4日，市委常委会会议传达学习贯彻习近平总书记会见港澳各界庆祝改革开放40周年访问团时的重要讲话精神，大力支持港澳融入国家发展大局，共同参与“一带一路”建设，为新时代全面深化改革开放、丰富和发展“一国两制”实践作出新贡献。12月13日，市委常委会会议听取市编办关于《珠海市机构改革方案（稿）》起草情况和主要内容的汇报，强调要深入学习贯彻习近平总书记关于深化党和国家机构改革的重要论述，深刻认识深化机构改革的重要意义，坚决按照中央和省的统一部署和要求，扎实推进珠海市机构改革工作。12月26日，市委常委会会议传达学习习近平总书记在庆祝改革开放40周年大会上的重要讲话精神，强调要深刻学习领会习近平总书记重要讲话的精神实质和精髓要义，坚定不移全面深化改革、全面扩大开放，以改革开放新成效谱写新时代珠海改革开放新篇章。

经济建设　2018年5月24日，珠海市委常委会会议听取市统计局关于省委常委会会议决定事项、关于习近平总书记关于做好统计工作的重要指示和中央有关通知要求精神的汇报，强调要切实提高政治站位，树立正确政绩观，按照中央和省委的部署要求，坚持实事求是、依法统计，以高度的政治责任感强化统计数据质量，确保数据真实可信。8月20日，市委常委会会议听取市金融工作局关于全省打好防范化解重大风险攻坚战工作推进会主要精神的汇报，强调要深刻领会习近平总书记关于打好防范化解重大风险攻坚战的重要指示精神，充分认识防范化解重大风险的极端重要性，切实增强打好攻坚战的忧患意识和紧迫感，坚决守住不发生系统性区域性风险的底线。听取市财政局关于《珠海市市级财政专项资金管理办法（稿）》起草情况和主要内容的汇报，强调要树立全市“一盘棋”理念，明晰权责、简政放权，加强资金统筹管理使用，提高资金使用效益，强化预算约束和绩效管理，扎实推进专项资金管理改革。9月11日，市委常委会会议听取市财政局关于《地方政府隐性债务问责办法》主要精神的汇报，强调要树立正确政绩观，增强风险防范意识，加强各级政府债务管理，坚持“开好前门、严堵后门”，科学规范举债方式，合理控制举债规模，有序推进隐性债务风险化解，坚决打好防范化解重大风险攻坚战。11月9日，市委常委会会议传达学习习近平总书记在民营企业座谈会上的重要讲话、省委书记李希在广东省民营企业座谈会上的讲话精神，强调要切实增强抓好民营经济发展的责任感、紧迫感和使命感，有效解决民营经济发展面临的困难和问题，为民营经济发展创造更好环境、提供更多机会，推动珠海市民营经济高质量发展。12月26日，市委常委会会议传达学习中央经济工作会议精神，强调要深入学习贯彻习近平总书记在中央经济工作会议上的重要讲话精神，切实把思想和行动统一到党中央关于经济工作的决策部署上来，正确认识中国发展重要战略机遇期，抓住珠海面临的重大发展机遇，推动珠海经济在“二次创业”的开局之年迈上新台阶。听取市财政局关于《珠海市国有土地使用权出让收入及教育事权与支出责任划分调整方案（稿）》起草情况和主要内容的汇报，强调要严格执行调整方案，减少无效率的部门协调和不必要的文来文往，杜绝推诿拖拉现象，确保方案顺利实施。

精神文明建设 2018年1月15日，珠海市委常委会会议听取龙广艳关于全国、全省宣传部长会议主要精神的汇报，强调要认真谋划和做好新时代珠海市宣传思想文化工作，坚持和加强党对意识形态工作的全面领导，抓好改革开放40周年重大主题宣传，把学习宣传贯彻习近平新时代中国特色社会主义思想和党的十九大精神不断引向深入。6月6日，市委常委会会议听取龙广艳关于广东省文明委第一次全体会议主要精神的汇报，强调要把学习贯彻习近平新时代中国特色社会主义思想和习近平总书记关于广东“四个走在全国前列”重要讲话精神作为精神文明建设首要政治任务，按照省文明委第一次全体会议的部署要求，抓紧抓实抓好精神文明建设各项工作。8月20日，市委常委会会议听取市委宣传部关于珠海市上半年意识形态工作情况的汇报，强调要严格落实意识形态工作责任制，时刻绷紧意识形态安全这根弦，压紧压实做好意识形态工作的政治责任、领导责任，确保牢牢掌握意识形态工作领导权、管理权、主动权。10月12日，市委常委会会议听取市委宣传部关于《加快构建中国特色哲学社会科学的实施意见（稿）》起草情况和主要内容的汇报，强调要始终坚持以马克思主义为指导，加强对习近平新时代中国特色社会主义思想这一当代中国马克思主义的研究运用，积极为改革发展建真言、献良策。听取市委宣传部关于《珠海市人民政府新闻发布会工作实施办法（试行）（稿）》起草情况和主要内容的汇报，强调要深入学习贯彻习近平总书记关于新闻舆论工作的重要论述，深刻认清新闻舆论工作的极端重要性，进一步加强党对新闻发布工作的全面领导，切实提高新闻舆论传播力、引导力、影响力、公信力。11月9日，市委常委会会议听取市委网信办关于《加强网络安全和信息化工作的实施意见（稿）》起草情况和主要内容的汇报，强调要牢牢掌握网络意识形态工作领导权，统筹推进网络安全和信息化，加快推进网络强市建设。12月4日，市委常委会会议听取市教育局关于2018年度高校思想政治工作情况的汇报，强调要不断增强做好高校思想政治工作的责任感和使命感，加强和改进高校思想政治工作，推动珠海市高等教育事业健康发展。

创新驱动发展 2018年4月10日，珠海市委常委会会议听取市科技和工业信息化局关于全省科技创新大会主要精神的汇报，强调要贯彻落实习近平总书记在参加十三届全国人大一次会议广东代表团审议时关于创新发展的重要讲话精神，牢固树立“发展是第一要务、人才是第一资源、创新是第一动力”的理念，深入实施创新驱动发展战略，突出抓好科技创新工作，抓重点、补短板、强弱项，加快建设以创新为引领的现代产业体系，打造粤港澳大湾区创新高地。8月29日，市委常委会会议听取市科技和工业信息化局关于《培育引进前沿产业独角兽企业的若干政策措施（试行）（稿）》和《珠海市独角兽企业培育入库实施细则（稿）》起草情况和主要内容的汇报，强调要全力培育引进前沿产业独角兽企业，建立独角兽企业培育库，加快推进横琴独角兽总部大厦等高端创新集聚区建设，努力建设前沿产业独角兽群栖生态场。

城市建设　2018年8月29日，珠海市委常委会会议听取市国土资源局关于《珠海市国有建设用地出让分级管理方案（稿）》起草情况和主要内容的汇报，强调要牢固树立新发展理念，全面推动土地管理改革，创新发展思路，坚持问题导向，加强统筹谋划，促进土地节约集约利用，奋力开创土地管理工作新局面。9月5日，市委常委会会议听取王庆利关于赴北京联系航展有关单位及第十二届航展筹备工作情况的汇报，强调要抢抓港珠澳大桥即将通车、粤港澳大湾区加快建设等重大历史性机遇，举全市之力办好航展，确保航展办出规模、办出水平、办出影响。11月1日，市委常委会会议传达学习中央、省有关房地产工作会议精神，强调要深入学习贯彻习近平总书记关于房地产领域工作的指示精神，不折不扣按照中央和省有关房地产市场调控工作的部署要求，坚持“房子是用来住的，不是用来炒的”定位，促进全市房地产市场平稳健康发展。12月4日，市委常委会会议传达学习贯彻习近平总书记致第十二届中国国际航空航天博览会贺信的重要精神，强调要认真学习领会习近平总书记致第十二届中国国际航空航天博览会贺信的重要精神，向国际一流展会看齐、打造百年航展品牌，把中国航展的“金字招牌”越擦越亮。12月26日，市委常委会会议听取市委宣传部关于珠海城市形象标志有关情况的说明，强调要充分展示珠海打造粤港澳大湾区经济新引擎和独具特色令人向往的大湾区魅力之城的良好形象，提升珠海对外知名度、美誉度。

党风廉政和作风建设　2018年1月15日，珠海市委常委会会议听取龚海明关于中国共产党第十九届中央纪律检查委员会第二次全体会议主要精神的汇报，强调要锲而不舍推进作风建设，巩固拓展落实中央八项规定精神成果，巩固发展反腐败斗争压倒性态势，推动全面从严治党责任落到实处。听取吴轼关于《珠海市贯彻落实中央八项规定精神实施意见（稿）》起草情况和主要内容的汇报，讨论并原则同意该实施意见（稿），强调全市各级各部门要坚持不懈改作风转作风，把贯彻落实中央八项规定精神作为严肃的政治任务，持续保持高压整治态势，驰而不息纠“四风”，以钉钉子精神推动党风政风持续好转。听取吴轼关于《中共珠海市委关于坚决维护以习近平同志为核心的党中央权威和集中统一领导的意见（稿）》起草情况和主要内容的汇报，强调要坚决维护以习近平同志为核心的党中央权威和集中统一领导，牢固树立“四个意识”，牢记“五个必须”，坚决反对“七个有之”，全面彻底肃清李嘉、万庆良等的流毒影响，始终在政治立场、政治方向、政治原则、政治道路上同党中央保持高度一致。2月22日，市委常委会会议听取吴轼关于《坚决全面彻底肃清李嘉、万庆良流毒影响的实施方案（稿）》起草情况和主要内容的汇报，强调要深刻认识坚决全面彻底肃清李嘉、万庆良流毒影响的极端重要性、必要性和迫切性，严格按照中央和省委部署要求，从政治上、思想上、组织上、作风上坚决全面彻底肃清李嘉、万庆良流毒影响。2月27日，市委常委会会议传达中共中央关于李嘉严重违纪案件有关通报精神，强调全市各级党组织和广大党员干部要旗帜鲜明讲政治，坚决全面彻底肃清李嘉、万庆良流毒影响，坚决维护以习近平同志为核心的党中央权威和集中统一领导，用风清气正的政治生态涵养形成优良党风政风。3月13日，市委常委会会议再次听取吴轼关于《坚决全面彻底肃清李嘉、万庆良流毒影响的实施方案（稿）》起草情况和主要内容的汇报，强调要进一步增强肃清流毒的紧迫感，把思想和行动统一到中央和省委决策部署上来，把坚决全面彻底肃清李嘉、万庆良流毒影响摆在突出位置，自觉增强肃清工作的政治自觉、思想自觉和行动自觉，坚定肃清流毒的信心和决心。4月10日，市委常委会会议听取市纪委监委关于《中央巡视工作规划(2018—2020)》主要精神的汇报，强调要贯彻落实党中央关于巡视工作的新部署新要求，坚定不移深化政治巡察，把维护以习近平同志为核心的党中央权威和集中统一领导作为根本政治任务,按照"六个围绕"要求，查找是否存在"七个有之"问题和坚决全面彻底肃清李嘉、万庆良流毒影响不力的情况，对敷衍整改、整改不力、拒不整改的严肃问责。4月25日，市委常委会会议研究部署坚决全面彻底肃清李嘉、万庆良流毒影响有关工作，强调市委坚决全面彻底肃清李嘉、万庆良流毒影响工作领导小组办公室要加强统筹协调，开展专题督导，把全面清理和固本抓长结合起来，坚定不移全面从严治党，着力营造清清爽爽的同志关系、规规矩矩的上下级关系、干干净净的社会关系，确保各项工作落实到位。5月9日，市委常委会会议听取市委常委、市纪委书记龚海明关于"天网2018"行动启动工作会议暨全国追逃追赃工作培训班主要精神的汇报，强调要提高追逃追赃工作的政治站位，深入学习贯彻习近平总书记关于反腐败国际合作和追逃追赃工作的重要论述，坚定不移地把追逃追赃作为一项重要政治任务抓好抓实，打赢追逃追赃这场硬仗,形成天网恢恢、疏而不漏的强大震慑。听取市委肃清流毒影响工作领导小组办公室关于省委督导组督导珠海市坚决全面彻底肃清李嘉、万庆良流毒影响情况汇报，强调要按照省委督导组提出的意见建议，完善工作举措，坚决全面彻底肃清李嘉、万庆良流毒影响，推进干部思想作风效率问题大排查大透视大诊断，对不敢为不能为不愿为的思想和行为坚决纠偏，推进全市思想大解放、作风大转变、效率大提升。5月24日，市委常委会会议听取市机关作风办关于2017年度珠海市机关事业单位年终考评结果的汇报，强调要强化考核结果运用，加强正面引导，充分用好激励措施，调动广大干部职工干事创业的积极性。6月29日，市委常委会会议听取龚海明关于中央纪委、全省纪检监察工作座谈会和中央巡视工作领导小组贯彻落实《中央巡视工作规划（2018—2022年）》推进会主要精神的汇报，强调要牢牢把握和坚决落实"两个维护"根本政治任务，持续深化转职能、转方式、转作风，坚守"监督的监督"定位，推动新时代纪检监察工作高质量发展。听取市委巡察办关于八届市委第二轮巡察综合情况汇报,强调要强化整改落实责任,各被巡察党组织要制定限期整改措施，建立责任清单和任务清单，做到立行立改、全面整改。7月23日，市委常委会会议听取吴轼关于习近平总书记关于巡视工作的重要指示精神、中央第十二巡视组巡视广东省情况反馈会主要精神以及珠海市整改落实方案主要内容的汇报，强调要认真学习贯彻习近平总书记关于巡视工作的重要指示精神，把抓好巡视整改作为坚决维护习近平总书记的核心地位、坚决维护以习近平同志为核心的党中央权威和集中统一领导的政治要求和具体行动。8月20日，市委常委会会议听取市纪委监委关于十二届省纪委三次全会主要精神的汇报，强调要坚持党对反腐败工作集中统一领导，建设集中统一、权威高效的监督体系，切实用好问责利器。8月29日，市委常委会会议听取吴轼关于《珠海市委关于中央巡视反馈意见整改落实情况的报告（稿）》起草情况和主要内容的汇报，强调要从讲政治和践行"两个坚决维护"的高度，深刻认识抓好巡视整改落实工作的重要意义，抓实思想建设、筑牢宗旨意识、规范党内政治生活、增强自我革命勇气，切实把巡视整改落实工作作为当前一项重要政治任务，不断推动中央巡视整改落实工作向纵深发展。听取市直机关工委关于中央和国家机关、省直机关党的政治建设推进会主要精神的汇报，强调要认真学习贯彻习近平总书记对中央和国家机关推进党的政治建设的重要指示精神，以政治建设统领机关党的各项工作，切实做到"一个带头、三个表率"，不断提高珠海市各级机关党的政治建设水平。听取吴轼关于省委整改落实工作领导小组第三次会议主要精神及珠海市巡视反馈意见整改落实工作情况的汇报，强调要把巡视整改作为践行"两个坚决维护"的政治责任和重要政治任务，以最高标准最严要求最大力度做好巡视"后半篇文章"，推动整改工作往深里抓、往实里抓、往具体抓。10月12日，市委常委会会议传达学习新修订的《中国共产党纪律处分条例》精神，强调全市各级党组织和广大党员干部要切实提高政治站位，增强"四个意识",从"两个坚决维护"的高度，深刻领会党中央修订该条例的重大意义，提升加强党的纪律建设的自觉性和坚定性，坚定不移把全面从严治党不断引向深入。11月1日，市委常委会会议传达学习全省第十七期领导干部党章党规党纪培训班精神,听取市纪委关于《深入整治官商勾结问题构建亲清新型政商关系的实施意见（稿）》《完善容错纠错机制激励干部新时代新担当新作为的实施意见（稿）》《中共珠海市委巡察工作规划（2017—2021）（稿）》起草情况和主要内容的汇报，强调要切实增强推进党的政治建设的自觉性和坚定性，各级党委（党组）要切实负起主体责任，党委（党组）书记要认真履行第一责任人的责任，敢抓敢管，管好班子、带好队伍。11月9日，市委常委会会议传达学习秦岭北麓西安境内违建别墅问题有关通报精神，强调要坚决拥护党中央对秦岭北麓西安境内违建别墅问题的处理决定，举一反三、引为镜鉴，严守政治纪律、政治规矩，自觉把思想和行动统一到党中央决策部署上来。12月4日，市委常委会会议通报《关于给予李泽中开除党籍处分的决定》，强调要引以为戒，深入开展警示教育，全面加强党风廉政建设和干部队伍纪律建设，严守党的政治纪律、组织纪律、廉洁纪律、群众纪律、工作纪律、生活纪律。听取市委组织部关于终止史明锋市第八次党代会代表资格事项的汇报，同意终止史明锋市第八次党代会代表资格，强调要严明政治纪律和政治规矩，坚决防止和反对结党营私、拉帮结派、团团伙伙，坚决防止和反对宗派主义、圈子文化、码头文化，着力营造风清气正的政治生态。12月4日，市委常委会会议传达学习中央纪委严肃整治领导干部利用名贵特产类特殊资源谋取私利问题的有关通知精神，强调要深刻认识做好新的社会阶层人士统战工作的重要意义，擦亮珠海作为全国新一批新的社会阶层实践创新推广城市的牌子，扎实推动珠海市新的社会阶层人士统战工作深入开展。12月26日，市委常委会会议传达学习《国家统计局关于建立领导干部违规干预统计工作记录制度的办法》《广东省统计局关于认真做好领导干部违规干预统计工作记录台账填报工作的通知》精神，强调要增强保障统计数据质量的责任感和紧迫感，切实防范和惩治伪造篡改统计资料、编造虚假统计数据行为，对违规干预统计工作做到全面记录、全程留痕、有据可查。

法治建设 2018年3月22日，珠海市委常委会会议听取市法制局关于《珠海市2018年政府规章立法计划（草案）》起草情况和主要内容的汇报，强调要突出问题导向、需求导向做好立法工作，着力解决关系群众切身利益和社会关注的热点难点问题，深入推进科学立法、民主立法、依法立法，按计划高质量完成全年立法工作。9月11日，市委常委会会议听取市法制局关于《珠海经济特区历史文化名镇名村和历史建筑保护办法（草案）》立法建议的汇报，强调要加强历史文化名镇名村和历史建筑的保护与管理，传承优秀历史文化遗产，完善保护名录制度，设立预保护制度，建立健全保护管理体制机制，细化完善名镇名村和历史建筑保护措施。听取市法制局关于废止部分政府规章建议的汇报，讨论并同意废止，强调全面清理政府规章是落实“立改废释并举”的立法工作新精神新要求的重要体现，必将有力保障珠海市推进依法行政，加快法治政府建设的进程，为促进珠海市经济社会改革发展提供法制支撑。

生态文明建设 2018年5月24日，珠海市委常委会会议听取市环境保护局关于全国生态环境保护大会主要精神的汇报，强调要认真学习贯彻习近平总书记在全国生态环境保护大会上的重要讲话精神，自觉把经济社会发展同生态文明建设统筹起来，以更大力度、更实举措推动珠海市生态文明建设迈上新台阶。6月6日，市委常委会会议听取市环境保护局关于中央环境保护督察整改“回头看”迎检工作以及《珠海市生态环境保护工作责任清单（稿）》起草情况和主要内容的汇报，强调要深入学习贯彻习近平生态文明思想和全国生态环境保护大会精神，充分认识环境保护督察“回头看”的重大意义，严格按照中央环境保护督察组和省委、省政府的要求，支持配合做好生态文明建设和生态环境保护各项工作。6月12日，市委常委会会议传达省委主要领导有关黑臭水体假整治批示精神，强调要认真学习贯彻习近平生态文明思想，切实增强做好生态环境保护工作的责任感和自觉性，深刻把握绿水青山就是金山银山的重要发展理念，坚定不移走生态优先、绿色发展道路，全力做好环境保护各项工作。6月29日，市委常委会会议听取市环保局关于省委书记李希关于污染整治工作的批示精神及全省生态环境保护大会暨污染防治攻坚战工作推进会主要精神的汇报，强调要以习近平生态文明思想作为推进生态文明建设和建设美丽中国、美丽广东、美丽珠海的强大思想武器，坚决打好污染防治攻坚战和生态文明建设持久战，努力开创珠海市生态文明建设新局面。

统战工作　2018年3月22日，珠海市委常委会会议听取市委统战部关于《中共珠海市委2018年政党协商计划（稿）》起草情况和主要内容的汇报，强调要充分发挥党总揽全局、协调各方的领导核心作用，增进政治共识，广泛凝心聚力，切实提高政党协商质量和水平。4月19日，市委常委会会议传达全省对台工作会议、省宗教工作领导小组第五次会议精神，强调要坚持以习近平新时代中国特色社会主义思想统领全市对台工作，认真贯彻落实中央和省委对台工作部署，坚持一个中国原则和“九二共识”，坚决反对任何形式的“台独”分裂活动。9月11日，市委常委会会议听取市委统战部关于《加强我市新的社会阶层人士统战工作的实施意见（稿）》起草情况和主要内容的汇报，强调要加强政治引领，加强对新的社会阶层人士的团结引导，增进政治认同，坚定新的社会阶层人士中国特色社会主义道路自信、理论自信、制度自信、文化自信。12月13日，市委常委会会议传达学习新的社会阶层人士统战工作经验交流座谈会暨实践创新基地建设中期推动会精神。

社会稳定工作　2018年4月10日，珠海市委常委会会议听取市委政法委关于珠海市扫黑除恶专项斗争工作情况的汇报，强调要坚持以习近平总书记关于扫黑除恶专项斗争重要指示精神为指导，进一步提高政治站位，切实增强“四个意识”，努力把珠海建设成为全省最安全稳定、最公平正义、法治环境最好的地区。5月9日，市委常委会会议听取市反恐办关于中央、省对反恐怖工作部署要求的汇报，强调要认真学习贯彻习近平总书记对反恐怖工作的重要指示精神，牢固树立总体国家安全观，扎实推进全市反恐怖工作向纵深发展，努力把珠海建设成为全省最安全稳定的地区。听取市扫黑除恶办关于《珠海市扫黑除恶专项斗争工作方案（稿）》起草情况和主要内容的汇报，强调要将扫黑除恶专项斗争作为一项重大政治任务，坚决贯彻落实习近平总书记的重要指示精神，切实增强工作责任感使命感，坚持人民主体地位，确保打赢扫黑除恶专项斗争攻坚仗。6月12日，市委常委会会议听取市委政法委关于国家安全责任制有关规定精神的汇报，强调要深刻认识维护国家安全的极端重要性，时刻绷紧维护国家安全这根弦，坚持国家利益至上，以人民安全为宗旨，以政治安全为根本，认真做好各项维护国家安全工作，确保社会大局和谐稳定。7月23日，市委常委会会议听取市禁毒办关于习近平总书记关于禁毒工作的重要指示以及全省禁毒委员会全体会议暨全民禁毒工程推进会主要精神的汇报，强调要深入学习贯彻习近平总书记关于禁毒工作的重要指示精神，坚定不移走中国特色的毒品问题治理之路，大力推进全民禁毒工程，坚决打赢新时代禁毒人民战争。听取市委维稳办关于全国、全省退役军人工作有关会议主要精神的汇报，强调要坚决贯彻党中央、省委决策部署，增强政治自觉、强化责任担当，依法依规推动退役军人权益保障政策贯彻落实。听取市扫黑办关于珠海市扫黑除恶专项斗争工作情况的汇报，强调要把扫黑除恶与反腐败斗争和基层“拍蝇”结合起来，严厉打击“村霸”、宗族恶势力、黄赌毒等腐败行为和背后的“保护伞”，做到扫黑务净、除恶务尽。8月29日，市委常委会会议研究部署珠海市扫黑除恶专项斗争有关工作，强调要严格对标中央督导组的要求，按照珠海市实施方案，结合各单位职责分工，认真查漏补缺，制定具体落实方案，维护好社会大局和谐稳定，确保各项工作万无一失。听取市委政法委关于《加强和改进新形势下我市反邪教工作的实施意见（稿）》起草情况、主要内容以及2018年以来珠海市反邪教工作情况的汇报，强调要坚持以习近平新时代中国特色社会主义思想为指导，准确把握当前反邪教工作面临的复杂形势，坚决遏制邪教的发展蔓延，全力维护社会政治大局稳定。9月5日，市委常委会会议传达迎接中央扫黑除恶第八督导组有关通知精神，研究部署配合做好下沉督导工作，强调要认真细化迎检各项工作举措，加强各类协调对接，做好相关会议和资料台账准备，强化重点舆情处理，切实做好安全保卫和信访维稳工作。9月11日，市委常委会会议传达学习习近平总书记对信访工作的重要批示精神，听取市信访局有关工作汇报，强调要不折不扣贯彻落实好中央和省委关于信访工作各项决策部署，坚持以人民为中心的发展思想，始终把信访工作摆在重要位置，千方百计为群众排忧解难，不断提高珠海市信访工作水平。11月1日，市委常委会会议听取市委政法委关于《在营造共建共治共享社会治理格局上走在全省前列的行动方案（稿）》起草情况和主要内容的汇报，强调要积极构建具有时代特征、区位特点、珠海特色的共建共治共享社会治理格局，把珠海建设成为全省最安全稳定、最公平公正、法治环境最好的地区。12月13日，市委常委会会议听取1—11月全市信访工作情况汇报，强调要把信访工作摆在重要位置，强化责任担当，更加主动作为，千方百计为群众排忧解难。

群团工作　2018年4月10日，珠海市委常委会会议听取团市委关于召开珠海市学生联合会第八次代表大会事项的汇报，讨论并同意2018年5月上旬召开市学联第八次代表大会，强调要旗帜鲜明讲政治，坚决贯彻落实党对群团工作的要求，加强党对团学工作的领导，全面加强共青团系统党的建设，坚持完善党领导下、团指导下的各级学联组织体系，不断提升学联组织的政治性、先进性和群众性。5月24日，市委常委会会议听取团市委关于共青团广东省第十四次代表大会主要精神的汇报，强调要坚持用习近平新时代中国特色社会主义思想统领珠海共青团一切工作，牢固树立共产主义远大理想和中国特色社会主义共同理想，团结带领广大团员青年投身“二次创业”。7月23日，市委常委会会议听取团市委关于习近平总书记同团中央新一届领导班子成员集体谈话时的重要讲话以及共青团第十八次全国代表大会主要精神的汇报，强调要深入贯彻落实习近平总书记关于青年工作的重要思想，切实落实从严治团要求，坚持以政治建设为统领，旗帜鲜明抵制各种歪风邪气，反对和纠正群团组织“四化”问题，切实增强政治性、先进性、群众性，扎实做好新时代珠海市青年工作和共青团工作。8月20日，市委常委会会议听取团市委关于召开共青团珠海市第七次代表大会有关情况的汇报，强调要扎实做好换届工作，优化代表结构，提高代表整体素质，严肃换届纪律，加强会风会纪监督，确保换届风清气正。11月9日，市委常委会会议传达学习习近平总书记关于群团工作的重要讲话精神，听取市总工会、团市委、市妇联、市科协工作汇报，强调要认真学习贯彻习近平总书记关于群团工作的重要讲话精神，坚定不移走中国特色社会主义群团发展道路，努力推动珠海群团工作走在全省最前列。

食品卫生工作　2018年8月29日，珠海市委常委会会议传达学习习近平总书记主持中央政治局常委会会议听取吉林长春长生公司问题疫苗案件调查及有关问责情况汇报时的重要讲话精神，听取市食品药品监督管理局有关工作汇报，强调要牢固树立以人民为中心的发展思想，切实担负起确保药品安全的政治责任，扎实做好珠海市疫苗药品监督管理工作，切实筑牢食品药品安全防线。9月11日，市委常委会会议听取市卫生和计划生育局关于珠海市迎接国家卫生城市复审工作情况的汇报，强调要抓好常态化管理，建立健全国家卫生城市长效管理机制，加快出台城市精细化管理和环境提升三年行动计划有关方案，进一步巩固提升珠海市环境卫生管理水平。10月12日，市委常委会会议听取市卫生和计划生育局关于《“健康珠海2030”规划（稿）》起草情况和主要内容的汇报，强调要认真对照该规划提出的目标要求，以提高人民健康水平为核心，围绕三大体系建设，聚焦八项重点工作，全方位、全周期保障人民健康。

安全生产建设　2018年4月25日，珠海市委常委会会议传达学习贯彻习近平总书记关于中国游客在朝鲜发生重大交通事故的重要指示精神和省委书记李希关于安全生产工作的批示精神，强调要切实把思想和行动统一到习近平总书记关于中国游客在朝鲜发生重大交通事故的重要指示精神上来，按照中央和省委的部署要求，牢固树立“安全生产大于天”的理念，始终把人民群众生命安全放在最重要位置，切实维护人民群众生命财产安全。6月12日，市委常委会会议听取市安全生产监督管理局关于贯彻落实《地方党政领导干部安全生产责任制规定》电视电话会议主要精神以及《关于推进安全生产领域改革发展的实施意见（稿）》起草情况和主要内容的汇报，强调要深入学习贯彻习近平总书记关于安全生产的重要思想，牢固树立安全生产责任重于泰山的发展理念，不折不扣落实《地方党政领导干部安全生产责任制规定》要求，以高度的政治责任感抓好安全生产工作。7月16日，市委常委会会议听取市安全生产监督管理局关于习近平总书记对泰国普吉游船倾覆事故的重要指示、省委书记李希的批示和《关于进一步加强当前安全防范工作的紧急通知》精神，强调要坚决贯彻落实习近平总书记对泰国普吉游船倾覆事故作出的重要指示精神，牢固树立安全发展理念，牢牢绷紧防范安全风险这根弦，加强安全检查监测和应急工作，切实提高应急救援能力。8月29日，市委常委会会议传达学习习近平总书记对防汛抢险救灾工作的重要批示精神，听取市“三防”办有关工作汇报，强调要深入学习贯彻习近平总书记对防汛抢险救灾工作的重要批示精神，坚决克服麻痹思想和侥幸心理，时刻绷紧安全这根弦，严格落实防汛工作责任，做到守土有责、守土负责、守土尽责。9月17日，市委常委会会议传达学习贯彻省委、省政府部署台风“山竹”救灾复产工作视频会议精神，听取全市受灾情况及救灾复产情况汇报，强调要科学精准、依法依规、有序推进救灾复产工作，实事求是统计灾情，狠抓各行业灾后生产恢复，加快恢复人民群众正常生产生活秩序。

人大、政协工作　2018年3月22日，珠海市委常委会会议听取市人大常委会党组成员、秘书长李力关于珠海市第九届人民代表大会第六次会议筹备情况的汇报，讨论并同意珠海市第九届人民代表大会第六次会议于2018年4月9日在香洲召开，强调要做好会议筹备各项工作，严格遵守严肃选举各项纪律规定，全力以赴确保会议圆满召开。听取李力关于《珠海市人大常委会2018年立法工作计划（草案）（稿）》《珠海市人大常委会2018年监督工作计划（草案）（稿）》起草情况和主要内容的汇报，强调要坚持党对立法、监督工作的领导，把讲政治摆在立法和监督工作的首要位置，切实增强坚持党对立法和监督工作领导的政治自觉。听取市政协党组成员、秘书长欧阳德红关于《市政协2018年度重点协商计划及重点监督议题（稿）》起草情况和主要内容的汇报，强调要坚持围绕中心、服务大局，发挥好政协作为协商民主的重要渠道和专门协商机构的作用，科学组织实施协商和监督活动，不断提高协商和监督的权威性。10月12日，市委常委会会议传达学习全国政协系统党的建设工作座谈会以及中央办公厅《关于加强新时代人民政协党的建设工作的若干意见》精神，强调要深入学习贯彻习近平总书记关于加强政协系统党的建设工作重要论述，贯彻落实新时代党的建设总要求，全面推进珠海市政协系统党的建设，为更好履行政协职能、推动人民政协事业向前发展提供坚强政治保证。11月9日，市委常委会会议听取市人大常委会副主任、党组成员关英彦关于《建立市政府向市人大常委会报告国有资产管理情况制度的意见（稿）》起草情况和主要内容的汇报，强调要坚持党的领导，确保听取和审议国有资产管理情况报告工作始终在党的领导下进行，着力构建党委领导、人大主导、政府负责的国有资产报告制度。

对口帮扶工作　2018年6月6日，珠海市委常委会会议传达学习广东省对口支援西藏工作座谈会精神，强调要深入贯彻落实习近平总书记关于西藏工作以及对口支援工作的一系列重要指示要求，按照中央和省的决策部署，用心用情用力做好对口支援西藏自治区林芝市米林县和米林农场各项工作。6月29日，市委常委会会议听取市委农办关于习近平总书记等领导关于脱贫攻坚工作重要指示批示精神的汇报，强调要深入学习贯彻习近平总书记关于脱贫攻坚工作的重要指示精神，以习近平扶贫思想为指导，扎实推进珠海市扶贫攻坚工作，坚决打好打赢脱贫攻坚战。听取市委农办关于《推进乡村振兴战略的实施方案（稿）》起草情况和主要内容的汇报，强调要深入贯彻落实习近平总书记“三农”思想，按照产业兴旺、生态宜居、乡风文明、治理有效、生活富裕的总要求，大力实施乡村振兴战略，推动农业全面升级、农村全面进步、农民全面发展，努力打造全国实施乡村振兴战略的样板。7月23日，市委常委会会议听取市委农办关于全国东西部扶贫协作工作推进会以及全省打赢脱贫攻坚战工作推进会主要精神的汇报，强调要切实把思想和行动统一到以习近平同志为核心的党中央打赢脱贫攻坚战的重大决策部署上来，准确把握中央和省对脱贫攻坚战略部署的新精神新要求，推动脱贫攻坚各项举措取得扎实成效。

（市委办）

组织建设

【党的十九大精神学习贯彻】　2018年，珠海市委组织部坚持把学习宣传贯彻习近平总书记视察广东重要讲话精神作为首要政治任务，与习近平新时代中国特色社会主义思想和党的十九大精神，与习近平总书记对广东工作重要指示批示精神一体学习领会、整体贯彻落实。推动各级党组织建立“第一议题”制度。把习近平新时代中国特色社会主义思想作为专题学习、“三会一课”、组织生活、教育培训的首要内容，坚持第一时间学习习近平总书记最新讲话精神，促进党员干部学懂弄通做实。抓好领导干部“关键少数”大学习大培训。全年举办2批8期全市领导干部学习贯彻习近平总书记重要讲话精神专题研讨班，集中培训处级干部和镇（街）党政正职1200余人，每批学习时间不少于2天，实现培训全员覆盖；把习近平新时代中国特色社会主义思想和习近平总书记视察广东重要讲话精神作为干部教育培训的重要内容，作为市委党校主体班必修课，全年举办党校主体班次8期，分层次、多形式对全市党员干部开展党性教育培训。持续抓好全市党员经常性学习教育。组织党员到市级党史党性教育基地开展主题党日、重温入党誓词等学习教育活动，6个基地全年接待党员群众25.1万人次；分级分批开展基层党组织书记集中轮训，举办培训班565场次，全覆盖培训党组织书记2.1万人次；规范化建设24个镇（街）党校，举办培训班162场次，培训基层党员2.86万人次；向10万党员发放党章、党的十九大报告、习近平总书记视察广东重要讲话精神“口袋书”；开展习近平总书记视察广东重要讲话精神“四个一”（开展一次专题学习讨论、开展一次主题党日活动、召开一次组织生活会、党支部书记讲一次专题党课）专题学习活动；在远程教育平台设立习近平总书记视察广东重要讲话精神以及“党的十九大精神回头看”等专题专栏，下发《红船精神》《从黄土地走来的人民领袖》等微视频、微动漫100部，把习近平新时代中国特色社会主义思想和党的十九大精神广泛传达到基层，推动每一名党员学深学透、入脑入心。

【干部队伍建设】 2018年，珠海市委组织部坚持以贯彻落实“思想大解放、作风大转变、效率大提升”为着力点，将政治标准贯穿干部“选育用管储”各环节，建设忠诚干净担当的高素质专业化干部队伍。全面规范选人用人。开展选人用人情况集中排查，完成李嘉任职期间38次市委常委会提拔重用干部700余人次的排查工作，督导各区各部门对李嘉任职期间本单位选人用人情况进行倒查，提请市委常委会对8名市管干部进行组织调整；落实省委组织部“选人用人工作规范化行动年”计划，梳理完善选人用人工作规范。开展“高素质专业化干部队伍建设”专题调研。采用“查、看、测、听、析、荐”六种方式，通过“背对背、海测”方式开展领导干部正向、负面测评，发放测评表3万余份，全面掌握领导班子和领导干部的履职情况、能力短板和群众评价，为班子优化和干部调整提供参考依据。出台《市管干部“选育用管储”有关原则》。围绕干部“选育用管储”各环节，研究提出优化市管领导班子及干部队伍的“五个一批”（提拔一批、退出一批、调整一批、培训一批、储备一批）调整举措，用3年左右时间建设一支素质全面、专业过硬、作风优良、结构合理的市管领导干部队伍。发现培养选拔优秀年轻干部。通过专题调研挖掘掌握一批优秀年轻干部名单；实施“机关—基层”双向挂职，择优安排23名优秀年轻干部挂职锻炼；实施干部“墩苗计划”，选派2批19名干部到怒江州接受为期3个月的墩苗实践历练；实施中青年干部“三同计划”，分批选派470余名缺乏基层工作经历和群众工作经验的中青年干部到艰苦地区与群众“同吃、同住、同劳动”，其中选派4批72名处级和正科职干部到云南怒江、黑龙江黑河、西藏米林实践锻炼；面向国内外部分知名高校选调72名优秀大学毕业生，公开招聘41名事业单位紧缺专业人才。做好群团换届和代表委员推选工作。抓好干部专业化能力培训。在香港、上海、苏州等地分别举办专题研讨班7期，培训领导干部250人，增强干部队伍适应新时代中国特色社会主义发展要求的能力；举办“新知识新理念大讲堂”15期，培训各级干部4096人次，增强干部队伍推动高质量发展和建设现代化经济体系的本领。发挥考核的正向激励作用，结合干部考核工作实际，完善全市处级干部年度考核方式，做好各区党政领导班子考核工作。全面加强干部综合管理系统建设，对干部的能力素质、经历类型、熟悉领域、个性特征进行分析研判，为选干部配班子提供科学有效的决策支撑。全面加强干部日常监督管理。抓好中央巡视反馈意见整改落实，牵头推进整改措施22项，配合有关部门整改13项，所有立行立改任务全部完成，长期整改的任务有序推进。开展领导干部不作为不尽责、执行任职回避制度不严等问题大排查，组织超职数配备干部、公务员辞去公职后从业行为专项整治。完成全市1166名领导干部个人有关事项报告集中填报和信息录入，并按照10%的比例抽取117名领导干部开展年度随机抽查，对存在瞒报及漏报情节较重的7名领导干部进行诫勉处理。加大提醒函询诫勉工作力度，向23人次发出《函询通知书》了解情况，通过谈话提醒、批评教育、责令作出检查、诫勉等方式处理领导干部39人次，进一步提振干部“二次创业”的精气神。

【基层党组织和党员队伍建设】 至2018年底，珠海市有中国共产党地方委员会4个、基层组织7461个，其中基层党委501个、党总支部534个、党支部6426个；党员11.05万人，其中女党员3.99万人，35岁以下党员3.77万人，大学专科以上学历党员8.1万人。2018年，珠海市委组织部以《珠海市加强党的基层组织建设三年行动计划实施方案》为总纲，提出各领域基层党组织建设3年的目标任务，系统谋划整体推进全市基层党建工作。开展基层党组织标准化规范化建设。部署开展“党支部建设年”活动，按照对照检查、落实整改、巩固提升三个阶段，推动组织设置、班子建设、组织生活、党员教育管理等7方面18项内容落实落细，推动未按期换届的党支部集中换届、符合条件的党支部及时升格，摸排调整撤换不合格党支部书记；针对农村、社区、机关等8个领域，编写《党支部标准化规范化建设手册》，推动各级党组织开展标准化规范化建设，把基层党组织建得更实更强；加快推进“互联网+党建”工作，珠海智慧党建平台完成建设，有效提高党员教育管理服务信息化和精准化水平。以城市基层党建引领基层治理。推进基层权责改革，赋予街道对区派驻机构干部人事权和考核权、对财政资金支配权；推进社区大党委制，全市197个社区全部成立党委，80%的社会工作者力量下沉到社区；全面推行“红色业委会”建设，把党组织建到业主委员会，全市成立业主委员会党支部87个，5400余名业主党员参与小区建设。部署开展新兴领域党组织覆盖“集中攻坚专项行动”。发挥行业统建和区域联建的优势，扩大党组织覆盖面，市、区投入2500万元打造新兴领域党建示范点5个，组建网络文化、文体旅游、工商联等九大行业党委。以农村党建促进乡村振兴。在村“两委”干部中实施“选聘分离”制度，把党的全面领导落实到农村基层；排查整顿软弱涣散村（居）党组织21个，投入整顿经费1000余万元，选派副处级干部2人、科级干部19人和工作队员26人全脱产驻村，一村一策推进整顿；实施村（居）党组织书记“领头雁”工程，选派村党组织书记储备人选30人到华南农业大学脱产培训，选派村（居）党组织书记20人到深圳、佛山蹲点学习，举办村（居）党组织书记培训班2期，提高带头人引领乡村振兴的能力素质；加强村级储备人选建设，确定村党组织书记储备人选130人、村“两委”（村党支部委员会和村民委员会）干部储备人选126人，解决“后续乏人”问题；出台激励保障农村“两委”干部干事创业的意见，在建立最低工作报酬制度、绩效考核、日常监督管理等10个方面作出制度性安排，激发村干部担当作为、干事创业的激情；担负起组织部门在扫黑除恶专项斗争中的责任，抓好中央扫黑除恶督导组反馈问题整改落实，整顿重建涉恶村2个，把12名受过刑事处罚和涉恶人员清理出村干部队伍。强化村（居）基层基础保障。制定全面加强党群服务中心建设管理的意见，全市建成各类党群服务中心396个，实现镇（街）、村（居）和各类园区、新兴领域区域党委、大型企业全覆盖，形成“10分钟党群服务圈”；设立服务群众专项经费，市财政每年为每个村（居）安排服务群众专项经费10万元，党组织在为群众做好事、办急事、解难事的过程中凝聚人心、树立威信。

【人才队伍建设】 至2018年底，珠海市有各类人才约48万人，其中国家级特聘专家120人、高层次人才416人、青年优秀人才1044人、创新创业团队26个。是年，珠海市委组织部以打造国际创新人才高地为目标，突出统筹谋划，聚焦珠海发展需求，构建更开放、更积极、更具竞争力的人才制度体系。出台“珠海英才计划”。对标全国各地特别是珠三角各市人才政策最优做法，推出《关于实施“珠海英才计划”加快集聚新时代创新创业人才的若干措施》，牵头会同市有关部门研究制定“珠海英才计划”配套办法30项；实施“高层次人才支持计划”“创新创业团队支持计划”等重点人才工程，启动2018年团队评审和人才评定申报工作；结合各区产业发展重点，指导横琴、香洲、高新、斗门等出台各具特色的区级人才政策，构建市区联动、精准施策的政策体系；全年新引进院士5人、国家特聘专家30人、招收培养博士后35人、新建博士后工作站点

2018年4月24日，珠海市召开珠三角最优人才新政“珠海英才计划”新闻发布会 （市委组织部 供稿）

6个，全市引进各类人才2.75万人，比上年增长50%。开展招才引智工作。打造“珠海·名校人才直通车”系列活动，首次赴港大、港科大等8所香港高校推介珠海人才新政，组织318家企业赴北京、上海、武汉等国内13个城市19所高校开展优秀高校毕业生招聘活动；会同相关部门举办第二届高端人才珠海创新创业交流大会暨中国海外学子报国行活动，海内外青年博士、博士后创新创业洽谈会，第七届中国创新创业大赛暨2018年珠海市“科创杯”创新创业大赛等活动，通过各类活动吸引来自20余个国家（地区）近万人次来珠海考察交流，促进一批海内外优秀人才和项目落地。提升人才服务水平。出台加强联系服务高层次人才工作的实施意见，建立市领导直接联系服务人才机制，畅通服务联系人才通道；面对面了解企业在科技创新、人才引进等方面需求，为企业解决住房、教育、医疗、户籍等跨部门、跨领域的综合性事项，妥善解决多名人才子女入园入学需求；组织举办新时代人才工作者培训班，全面提升市、区两级人才工作者队伍的能力素质；组织法律助力人才专题讲座，为全市各领域200余名人才现场提供法律服务；推出“珠海英才计划”官方微信公众号，打造宣传人才政策、配套服务、工作动态的综合平台。 （刘金觉）

老干部工作

【概　况】　至2018年底，珠海市有离退休干部1.61万人。其中，离休干部173人，退休干部1.6万人。离休干部单独成立党支部2个，退休干部单独成立党支部167个，离退休干部联合成立党支部41个，与其他党员合编党支部25个。双向共管党委成立党支部25个，在册流动离退休干部党员230人。

【“三项建设”】　离退休干部政治建设　2018年，珠海市委老干部局始终坚持把政治建设摆在首位。学习贯彻新《中国共产党章程》、新《中华人民共和国宪法》。举办离退休干部党员骨干轮训班3期，邀请市委讲师团成员、市委党校教授，围绕新《中国共产党章程》、新《中华人民共和国宪法》修订内容做专题辅导报告，引导老干部维护核心、拥戴核心，培训离退休党员骨干近500人，实现全市离退休干部党组织全覆盖。坚决全面彻底肃清李嘉、万庆良恶劣影响。在8月专题民主生活会前，局领导班子分别深入所联系的老干部群体，重点宣讲党的政策理论和党规党纪，重申中央和省市要求，强化遵规守纪意识，消除模糊思想认识，把巡视整改与全面彻底肃清李嘉、万庆良恶劣影响有关要求向老干部群体延伸。参与支持党委政府工作部署，多次就市委市政府工作征求老领导、老同志意见建议。

离退休干部思想建设　学习宣传习近平总书记在参加十三届全国人大一次会议广东代表团审议时的重要讲话精神，邀请市委党校副校长张献斌做《以奋发有为的精神状态走在全国的前列》专题辅导报告，深入解读总书记“四个走在全国前列”重要讲话精神。传达学习贯彻习近平总书记视察广东重要讲话精神。11月，组织在职和离退休党员干部180余人参加学习；12月，举办全市离退休干部党支部书记学习贯彻习近平总书记视察广东重要讲话精神专题培训班。全年，市、区两级组织老干部集中学习121批次7000余人次。开展“不忘初心、牢记使命”主题教育。4月，组织开展“缅怀革命先烈、传承红色基因”主题党日活动，珠江纵队、东江纵队等老战士及其后代100余人与局机关党员干部，在凤凰山革命烈士陵园祭扫陵园、缅怀先烈；5月，组织离退休干部党员150余人集中收看马克思诞辰200周年纪念大会直播实况。

离退休干部党支部建设 开展“党支部建设年”活动。落实全市组工会议精神，将2018年确定为离退休干部“党支部建设年”，以提升组织力为重点，在规范组织设置、加强班子建设、落实组织生活、推进阵地建设等方面，加强和改进离退休干部党组织建设。市公安局一处离退休干部党支部、市交通运输局离退休干部党支部、香洲区香山激情艺术团党支部、金湾区关工委党支部、斗门区委组织部离退休干部党支部5个基层党组织，被确定为“全市离退休干部示范党支部”。香洲区推行“三联三+”〔区、镇（街）、社区三级联动，“标准+、区域+、红色+”工程〕城市基层党建新模式，组织离退休干部党员到居住地党组织报到，报到率48.5%。创新离退休党组织设置。落实“有党员的地方就有党的组织，有组织的地方就要开展党的活动”要求，在离退休干部社团组织中成立临时党支部27个，实现离退休干部党组织与离退休干部社团组织共生双赢。完善离退休干部党建工作指导体系。指导基层成立离退休干部工作领导小组，金湾区、斗门区建立离退休干部工委，香洲区、金湾区老干部局长兼任组织部副部长，市、区两级联动衔接的离退休干部党建工作指导体系基本建成。

【“两项待遇”】 政治待遇 2018年，珠海市委老干部局围绕庆祝改革开放40周年和“大学习、深调研、真落实”“思想大解放、作风大转变、效率大提升”等活动，发动老干部以说、唱、弹、书、写、画等形式参与其中，引领带动全市离退休干部为活动点赞助力，以实际行动支持市委市政府工作。组织召开市四套班子老领导迎春座谈会和全市离退休干部经济社会发展情况通报会，组织市四套班子老领导参观港珠澳大桥、金湾区等地，实地考察珠海市重大工程项目及生物医药产业发展情况，为珠海经济社会发展把脉献计。

生活待遇 与市保健办协调建立住院信息通报制度，第一时间掌握市四套班子老领导、离休干部病情信息。全年帮扶离退休干部53人次，发放帮扶资金21万元。发挥离退休干部法律帮扶机制作用，利用每月28日的“老干部法律咨询日”，聘请专业律师为老干部提供财产分配、遗嘱起草等法律帮扶服务，全年服务老干部35人。与市老年大学老年义工队合作开展以老助老活动，全年志愿者上门看望离休干部58人次。协助家属办理22名逝世离休干部后事。为127名市直单位和易地安置离休干部举办集体重阳敬老活动、重大节日慰问、生病住院探望、易地安置和困难离休干部及遗属走访慰问等工作。全年，通过进家门、进病房、进老人院等途径，走访慰问老干部近4000人次，发放慰问金250余万元。

2018年4月12日，珠海市委老干部局组织市四套班子老领导参观港珠澳大桥珠海公路口岸出境大厅 （市委老干部局 供稿）

【增添正能量活动】 2018年，珠海市委老干部局突出改革开放40周年主题，提前谋划，精心设计，推进正能量活动。年内组织四套班子老领导3次、离退休干部代表4次，参观考察珠海市重点产业项目、重大建设工程和第十二届航展，为推动新时代珠海“二次创业”把脉支招。组织召开“回眸四十年、助力新珠海”主题座谈会，邀请曾在珠海经济特区管委会工作过的老干部代表为新发展建言献策，向市委市政府提交建言献策报告3次。12月，举办“回眸四十年、助力新珠海——珠海市老干部践行‘增添正能量，共筑中国梦’”主题文艺汇演。市关工委、金湾区、斗门区发挥“五老”（老干部、老战士、老专家、老教师、老模范）讲师团作用，组织老干部深入学校、社区、企业、戒毒所等宣讲党的十九大精神、新《中华人民共和国宪法》和红色故事等70余场次。市关工委精准帮扶“三失一欠”（失学、失业、失足，身体欠健康）困难青少年，筹集资金219.5万元，帮助困难家庭学生229人。高新区组织离退休干部党支部书记上党课，面对面向党员和群众宣讲习近平总书记重要讲话精神。香洲区和市接待办、市卫计局、市工商局、市城管局等先后组织老干部前往高栏港区、高新区等地考察经济社会发展情况，参观港珠澳大桥、航空新城等重大建设项目和民生工程等。市档案局、珠海特区报社等举办“我看改革开放新成就”专题研讨会，市环境保护局、市总工会、市公积金中心、市残联、高栏港区等召开“思想大解放、作风大转变、效率大提升”专题座谈会，引导老干部为新时代珠海“二次创业”建言献策。全年，市、区两级集中组织离退休干部参观考察59批次，参加人数近5000人次。

【老年教育】 2018年，珠海市老年大学（珠海市离退休干部活动中心）春季学期开设专业38个，教学班199个，学员7625人次；秋季学期开设专业39个，教学班205个，学员7701人次。聘用教师74人，聘用班主任19人。10月25日，市老年大学被中国成人教育协会评为“2018年事迹特别突出的优秀成人继续教育院校（培训机构）”。文体部有活动项目17项，日均活动人员720人，设俱乐部16个，会员670人。全年组队参加全国、省市比赛27次。10月，获第五届七彩夕阳中老年艺术节国际交流金奖；获第九届老年人体育健身大会八段锦和导引养生功12法比赛集体奖1金1银，个人奖3金3银。

【关心下一代工作】 2018年，珠海市关心下一代工作委员会（简称市关工委）以“党建带关建”加强未成年人思想道德建设。开展“传承红色基因，争做时代新人”主题系列活动。联合市文明办、香洲区教育局等相关职能部门打造杨匏安精神教育基地、苏兆征故居陈列馆、林伟民与中国早期工人运动史迹陈列馆等“珠海市关心下一代红色教育基地”10个；举办全市“传承红色基因，争做时代新人”主题教育活动现场会，交流青少年教育经验；组织讲师团成员深入学校、社区和企业，面向青少年宣讲党史、国史、特区发展史，开展宣讲活动50场，教育青少年1.2万人次；面向全市中小学校举办“传承红色基因，争做时代新人”华发杯演讲比赛，引导青少年传承红色基因，坚定理想信念；与多个单位联合开展“160工程”活动，开展红色教育、夏令营、安全知识讲座、野外拓展、志愿服务、参观教育基地等暑期活动500余场，惠及青少年约6万人。以“党建带关建”加强基层关工委组织建设。以香洲区为试点，探索构建党委、党工委领导下的“大关工”格局。各社区撤销关工小组成立关工委，各学校、国有企业全部成立关工委，把镇（街）党委办（党建办）、工会、团委、妇联、社区办、文化站、人社所、司法所等有关机构和派出所、学校、医院、书店、大中型企业、大型社会组织等属地重要单位作为镇（街）关工委成员单位；调整关工委人员配备，各级、各单位关工委班子成员由本级党委、本单位党组织任免，区成员单位、镇（街）、社区、学校、企业关工委主任由单位分管组织工作、党建工作的现职领导兼任，常务副主任、副主任和委员由现职领导、退休老干部担任；与党的建设实现平台共享、资源共享，共享党群服务中心、市民艺术中心、“快乐四点半”课堂及革命历史遗址、纪念场馆等资源，拓展关工阵地。至年底，全市有关工组织755个，比上年增长3%，基本实现“纵到底，横到边，全覆盖”。推进“三失一欠”青少年帮扶工作。联合市关心下一代协会开展“关工学子”助学活动，筹款219.5万元，帮助家庭贫困大学生229人；与市妇联、香洲区妇联、香洲区爱家协会等单位联合举办“我的中国梦，成长心连心”百名儿童庆“六一”活动，让百名困境家庭儿童免费进入海滨公园儿童游乐场游玩，在游戏中学习融入集体；支持、指导珠海儿童保护协会拍摄反校园欺凌微电影并通过网络播出，通过预防宣传教育，提升学生自我保护意识，减少危害青少年权益事件发生。（范金海）

宣 传

【理论工作】 2018年，珠海市加强党的理论武装工作。

中心组学习 抓住领导干部这个“关键少数”，发挥各级党委（党组）理论学习中心组的示范作用，把习近平新时代中国特色社会主义思想作为各级党委（党组）理论学习中心组学习的首要内容和第一议题，制订《2018年珠海市委理论学习中心组学习计划》，围绕学习贯彻习近平新时代中国特色社会主义思想开展专题学习22次，为市委中心组成员订阅个人自学辅导用书20余种。

基层宣讲 组织市、区、镇（街）、村（居）四级三类宣讲团，构建“专家学者讲理论、领导干部讲政策、群众百姓讲故事”的理论宣讲工作格局，开展习近平总书记视察广东重要讲话精神、“学讲话、讲故事、谈感受”百姓宣讲等主题宣讲活动10批次。打造“新时代红色文化讲堂”“大榕树下微宣讲”“田野大课堂”“百姓宣讲大篷车”“休渔不休学”等基层宣讲创新品牌，推动党的理论创新成果“飞入寻常百姓家”。市委宣讲团成员、市社科联副主席曹诗友获中宣部全国基层理论宣讲先进个人称号。

理论研究 开展广东纪念马克思诞辰200周年理论研讨会、广东庆祝改革开放40周年理论研讨会、学习贯彻习近平总书记视察广东重要讲话精神等主题征文活动6次，其中4篇理论文章入选广东庆祝改革开放40周年理论研讨会论文集。深化“大学习、深调研、真落实”工作，推出理论学习文章和研究成果一批，其中理论文章《在新起点上奋力推动珠海经济特区“二次创业”》在《求是》杂志刊发、理论文章《弘扬以改革创新为核心的时代精神，推动珠海经济特区“二次创业”》在《南方》杂志“庆祝改革开放40周年理论特刊”刊发。

【文化事业】 2018年，珠海市推进文化事业发展，提高基本公共文化服务水平。

文化基础设施建设 至2018年底，珠海市建有市图书馆、市文化馆、市博物馆以及古元美术馆等市级公共文化设施，其中市图书馆、市文化馆为国家一级馆；区级建有图书馆3个（香洲区图书馆、金湾区图书馆、斗门区图书馆）、文化馆3个（香洲区文化馆、金湾区文化馆、斗门区文化馆）、博物馆1个（斗门区博物馆），其中香洲区文化馆、金湾区图书馆、斗门区图书馆、斗门区文化馆为国家一级馆；镇（街）级建有镇（街）综合文化站24个，其中达到省一级站标准21个，达到省特级站标准17个；村（居）级实现318个村（居）文化中心全部达到“5+2”标准（“五个有”+专职管理人员、年度专项经费）和综合性文化服务中心标准。每万人拥有室内公共文化设施面积约1600平方米，高于广东省平均水平。

城市文化活动 举办2018年央视春晚珠海分会场活动和庆祝改革开放40周年活动。举办中国国际马戏节、莫扎特国际青少年音乐周、珠海沙滩音乐节、珠海设计周等城市文化活动，打造南国书香节珠海分会场、“艺术点亮人生”文化艺术普及活动、市民艺术节、滨海之声音乐会、“同饮一江水”打工者歌手大赛等市级品牌活动。

文艺精品创作 制订《珠海市文艺创作生产推进计划（2018—2020年）》。推出纪录片电影《港珠澳大桥》、报告文学《中国桥——港珠澳大桥圆梦之路》、小说《水击三千里》等一批优秀文艺作品，纪录片电影《港珠澳大桥》在香港、澳门首映发行。全年，珠海市立项扶持文学、影视、舞台艺术、音乐、动画等各门类文艺精品项目30余个。

文艺人才队伍建设 加强对全市4个文艺名家工作室、2名柔性引进人才的签约创作和目标管理。组织全市宣传文化系统35名文艺创作骨干开展“珠海市宣传文化人才队伍专业能力提升培训”。

历史文化资源保护利用 印发《珠海市实施中华优秀传统文化传承发展工程工作方案》，部署实施优秀传统文化研究阐释、教育普及、保护传承、精品创作生产、文化融入生产生活、传播交流6项工程。印发《珠海市红色革命遗址保护利用行动工作方案》，部署实施“9+1”（红色遗址登记标示行动、红色历史挖掘整理行动、红色遗址保护建设行动、红色展陈提升行动、红色遗址管理提升行动、红色文化传播行动、红色教育基地打造行动、红色旅游发展行动、红色志愿者服务行动、重点建设示范点提升行动）行动计划，全市5个红色革命遗址被省委宣传部确定为首批广东省红色革命遗址重点建设示范点。

【对外宣传】 2018年，珠海市加强城市外宣工作，推介珠海城市形象。

珠海国际传播能力建设 加强珠海国际传播能力建设顶层设计，推进珠海城市形象标识和系列城市形象外宣片、外宣品设计制作；举办“感知珠海”主题摄影征集活动，推动外宣图片库建设。

重大主题活动宣传城市形象 围绕学习贯彻落实习近平总书记重要讲话精神，把握庆祝改革开放40周年、粤港澳大湾区建设、港珠澳大桥正式通车等重大主题和重要宣传节点，做好第四届中以科技创新投资大会、第二届“21世纪海上丝绸之路”中国（广东）国际传播论坛、第十二届中拉企业家高峰会、港珠澳大桥正式通车、第十二届航展、第五届中国国际马戏节等重大活动对外宣传工作。

国际主流媒体展示珠海形象 借助2018年央视春节联欢晚会珠海分会场、第十二届航展等重要活动契机，在国际主流媒体平台策划推出珠海城市形象专题报道；依托新华社、《中国日报》等中央外宣媒体平台，在国际媒体展示珠海形象；组织“世界主流媒体看珠海”采访活动、世界华文媒体高层参访团赴大湾区（珠海）考察调研活动以及“巴西主流媒体团”珠海采访活动等，用国际语言讲好珠海故事。

深化与港澳台新闻单位交流合作 6月，会同澳门中联办成功组织澳门中文媒体珠海采访活动；协助做好珠台“两岸媒体珠海行”活动、香港凤凰卫视粤港澳大湾区纪录片拍摄活动、《香港商报》庆祝改革开放40周年采访活动等；先后与香港《文汇报》《大公报》《香港商报》《澳门日报》以及澳门《华侨报》《大众报》等港澳媒体合作，策划推出一批珠海专题报道。

载体平台建设 策划推出“粤港澳大湾区”融媒体工作室项目，于港珠澳大桥正式通车当天启动上线；改版上线珠海重要外宣平台“珠海英文网”，开设专题专栏，宣传推介珠海城市形象。

2018年11月1日，与会企业家在第十二届中国—拉美企业家高峰会上交流
（市委宣传部 供稿）

【新闻宣传】 2018年，珠海市加强新闻宣传工作，讲好珠海故事。

港珠澳大桥正式通车 10月24日，港珠澳大桥正式通车。10月21—26日，境内外媒体、网站报道及转载相关新闻1万余篇，其中中央广播电视总台《新闻联播》重点报道，先后推出时长3小时大型海陆空直播《梦圆筑宏图桥通港珠澳》、特别节目《桥通港珠澳》。10月17—26日，港澳台媒体以及国外媒体发布中、英、葡文相关报道7900余篇，其中港澳媒体报道约5000篇。

习近平总书记视察广东 市属媒体及新媒体平台统一开设“学习贯彻落实习近平总书记视察广东重要讲话精神”专栏专题，持续刊登全市各级各部门、广大党员干部群众深入学习贯彻落实习近平总书记视察广东重要讲话精神的动态报道。

改革开放40年 开展“庆祝改革开放40年——窗口”大型异地采访活动，市属媒体统一开设“壮阔东方潮奋进新时代”专栏，对接《人民日报》、新华社、中央广播电视总台、《南方日报》、广东广播电视台等重点央媒省媒，30余批次近300人次到珠海开展“新时代新气象新作为”、庆祝改革开放40年主题采访活动。

春晚珠海分会场 2018年除夕，各级媒体推出春晚珠海分会场系列融媒体报道，点击量近800万。腾讯、新浪、今日头条等网络媒体

2018 年 11 月 6 日，第十二届航展在珠海开幕　　（市委宣传部 供稿）

总阅读量超 1 亿次。新华社、《人民日报》《华尔街日报》、全球通讯社联盟（亚洲网）等 460 余家国内外主流媒体刊发原创稿件 600 余篇（条），转发落地新闻报道 3000 余篇（次）。

第十二届航展　11 月 6 —11 日，第十二届航展在珠海国际航展中心举办，来自境内外 425 家媒体、2850 名记者进行采访报道，境内外主流媒体刊发航展相关文章 9.9 万篇，海外主流媒体及西方国家军事媒介推出航展相关报道及转载文章 6.12 万篇，其中境外媒体原创报道 2727 篇。

珠海新闻奖　市新闻工作者协会组织开展 2017 年度“珠海新闻奖”评选活动，63 件新闻作品获不同类别奖项。《珠江晚报》消息稿件《创造港珠澳大桥的“极致”》获中国新闻奖一等奖，珠海特区报社新媒体网络游戏《我为港珠澳大桥完成了“深海穿针”》获中国新闻奖融媒互动类三等奖，16 件作品获广东省新闻奖。

珠海新闻故事会　市新闻工作者协会组织开展 2018 年珠海新闻故事会暨“好记者讲好故事”演讲比赛，各大媒体推出新闻故事会报道 35 条。珠海广播电视台主持人桂嘉晨成为全国“十强”最佳选手，代表全国新闻界参加 11 月 8 日在央视综合频道 CCTV-1 播出的“好记者讲好故事——2018 年中国记者节特别节目”。

“好记者讲好故事”珠海站巡讲　12 月 12 日，市新闻工作者协会协助省记协开展广东省新闻战线第五届“好记者讲好故事”珠海站巡讲活动，珠海市新闻工作者代表及高校新闻专业师生 180 余人参加活动。

新闻阅评机制　6 月，制订施行《珠海市新闻阅评工作方案》，阅评员提交每日阅评记录 1000 余篇，形成阅评简报近 50 篇。

“三大”宣传　市属媒体全力做好《关于推动思想大解放、作风大转变、效率大提升的决定》宣传报道。《珠海特区报》《珠江晚报》推出专版 50 余个，发稿 400 余篇；珠海电视台播发新闻近 300 条；珠海电台编发相关新闻 350 余条；珠海发布和市属新媒体平台发布相关稿件、图文、视频资讯近 800 条。

“人才新政”宣传　十余家央级媒体围绕珠海人才新政推出报道，主要央级媒体发稿 34 篇。网媒、新媒体相关文章总阅读量突破 1.6 亿次。

【文化发展体制改革】　2018 年，珠海市推进文化发展和体制改革，助推珠海“二次创业”。

市属媒体改革　按照改革实施方案，推动市属新闻媒体深化改革、融合发展，在整合报业、广电和全市国有传媒类资源基础上，组建珠海传媒集团，按照“四个一流”（模式一流、产品一流、效益一流、效率一流）标准，努力打造全国一流新型媒体集团。

市属文艺院团改革　组建省内一流演职员队伍，引进国内高水平管理和创作团队，按照演艺产业化、艺术高端化、管理现代化目标，建设集演出、创作、舞美、剧院管理、文化传承、公共服务于一体的综合性大型国有演艺集团。

市文联改革　密切与广大文艺工作者的联系，增强文联组织的政治性、先进性、群众性，更好发挥文联组织的桥梁和纽带作用。改革方案经市委全面深化改革领导小组第七次会议审议通过。

市新华书店重组　市新华书店与省新华发行集团重组方案报市政府批准，清产核资、资产评估工作展开。

改革发展谋划　编印《珠海

市文化发展改革行动计划（2018—2020年）》，明确未来3年珠海市文化发展改革的思路、原则、目标和任务，确立十大重点项目，通过文化体制机制改革不断释放文化生产力，推动文化强市建设。

【网络传播和舆情管理】 2018年，珠海市加强网络传播和网络舆情管理，提高网络舆论引导能力。

“珠海发布”新媒体传播矩阵　通过开展“思想大解放、作风大转变、效率大提升”演讲比赛、“最美珠海人”评选、庆祝改革开放40周年“我的特区记忆”等重大主题策划活动，“珠海发布”粉丝量增长至34万，日均阅读量6万，14篇文章阅读量超10万，其中最高阅读量135万，最高点赞量8000多个，均创珠海新媒体单篇最高纪录。是年，“珠海发布”在广东政务微信排行榜名次大幅提升，并获“2018广东十大最具影响力政务微信”“政务新媒体舆情应对特别奖”及“广东影响力飞跃政务微博”“广东十大政旅创新运营案例”。

重大主题网上宣传　开展学习宣传贯彻习近平新时代中国特色社会主义思想、央视春晚珠海分会场、“壮阔东方潮奋进新时代——庆祝改革开放40周年”系列宣传活动、扬帆“一带一路”走进粤港澳大湾区网络主题采访、第十二届航展、第二届“21世纪海上丝绸之路”中国（广东）国际传播论坛、第五届中国国际马戏节等重大主题网上宣传报道。其中，春晚分会场发布相关稿件200余篇，传播量超1亿人次；航展期间发布相关信息600余篇，阅读量6.8亿人次。

网络舆情管理　召开全市网络安全和信息化工作会议，印发加强网络安全维护工作方案。健全市委网信办统筹各区、各单位齐抓共管的网络安全工作机制。加强网上涉意识形态风险监测和处置，落实网络舆情应急处置值班制度，做好改革开放40周年、港珠澳大桥正式通车等重要节点舆情管理工作。

【网络安全监管】 2018年，珠海市加强网络安全监管工作，提高应对突发事件能力。

属地网络平台监管　摸清全市互联网备案网站、微信公众号等平台总数。通过召开座谈会、走访等形式，向各重点单位网络平台负责人解读相关法律法规，提高网络运营者的法律意识；开展网络监管执法行动，约谈网站和公众号30余个，约谈相关网络平台责任人50余人次；完善网络综合执法协调机制。

网络安全工作　开展全市关键信息基础设施安全保障专项工作，组织全市各单位开展网络安全自查、抽查和复查工作；及时排除网络安全隐患，对可能发生的网络安全风险及时进行预警和通报，会同有关部门排除各类网络平台风险隐患100余个。

网络安全普法宣传　开展《网络安全法》宣传，邀请中科院院士和省有关网络安全专家组织多场《网络安全法》专题培训；组织珠海市“网络安全宣传周”活动，展示珠海网络安全工作成果；筹建市级网络安全教育基地，推进珠海市与高校共建网络安全教育基地筹备工作。（王彩锋）

统一战线

【多党合作】 2018年，珠海市支持各民主党派建言“二次创业”，引导市各民主党派、工商联、知联会、欧美同学会、新阶联提交调研报告17篇（7.2万字），分解为99项具体任务，由政府各相关部门落实。支持市各民主党派履行职能，协助制订市委2018年政党协商计划，召开情况通报会、征求意见会、民主协商会等18场次。协助市委调整联系交友名单，将联系交友范围扩大至科技和生产一线。建立市各民主党派、知联会与27个政府部门对口联系的双向评价机制，各对口部门邀请党外代表人士参加有关活动248场次。坚持每季度与市各民主党派、工商联和知联会召开工作协商会1次。开展民主党派代表人士大走访活动21次。完成珠海中华职教社换届工作。

【民族宗教统战】 2018年，珠海市把握各民族“共同团结奋斗、共同繁荣发展”主题，以抓好城市少数民族流动人口服务管理为重点，以民族团结进步创建活动进校园、进企业、进社区为主要抓手，以省第六届少数民族传统体育运动会为契机，推动建立相互嵌入式的社会结构和社区环境。全年，开展民族政策宣教活动28场次，参与人数3300余人，走访慰问少数民族同胞430人次，促进各民族交往交流交融。指导市民族团结进步促进会完成换届工作。

加大对宗教工作领导干部培养力度，市委理论学习中心组专题学习习近平总书记关于宗教工作的重要论述。举办全市民族宗教业务提高班。以“创建和谐寺观教堂”“宗教政策法规学习月”“平安细胞建设”等活动为抓手，提高宗教活动场所规范化管理水平。推动宪法及法律法规、国旗悬挂、社会主义核心价值观、中华传统文化进宗教活动场所活动。指导宗教团体加强自身建设，完善团体和教职人员管理制度。各宗教团体邀请宗教领域专家学者为宗教团体负责人、教职人员、信徒代表授课，学习党的十九大精神及新修订的《宗教事务条例》。鼓励宗教界开展服务社会工作，投入资金620余万元用于公益慈善事业。加强宗教领域对外交往，与斯里兰卡、越南、缅甸、泰国、老挝等国家以及港澳地区宗教界开展交流活动，服务“一带一路”倡议。

【党外知识分子和新的社会阶层人士统战】 2018年，珠海市贯彻落实中央、全省关于党外知识分子和新的社会阶层人士统战工作相关会议精神，召开珠海市党外知识分子联谊会年度总结大会和珠海市新的社会阶层人士联合会成立大会，完善党外知识分子和新的社会阶层代表人士两支统战骨干队伍建设。开展学习实践活动，先后举办党外知识分子、无党派人士、新的社会阶层人士培训班5期，培训244人。强化两支代表人士队伍政治站位和思想引领。在全市范围内打造新的社会阶层统战工作实践创新示范点9个，以点带面，发挥区域引导辐射效应。10月，珠海市被中央统战部确定为全国新一批34个新的社会阶层人士统战工作创新推广城市之一。

【非公经济领域统战】 2018年，珠海市加强非公有制经济人士特别是年轻一代的思想政治工作。在井冈山、韶山等地举办理想信念教育培训班，与深商联合大学共同举办民营企业家“二次创业再出发”高级研修班，在南开大学等高校举办民营企业家培训班，全年举办各类民营企业家培训班9期，培训1200余人次。发动民营企业家参与“6·30”广东扶贫济困日活动，为社会公益事业捐款610余万元。引导160家企业捐款1600万元，参与对口怒江“百企帮百村”精准扶贫协作。指导市工商联加强基层直属社团建设，举办商协会领导创新提高班，成立市工商联总商会直属商会综合党委，下设二级党委3个，管理党员164人。

2018年3月18日，珠海市新的社会阶层人士联合会成立大会召开
（市委统战部 供稿）

【港澳台及海外统战】 港澳工作 2018年，珠海市完成海外联谊会换届工作。全年，市委统战部及海外联谊会接待港澳团体162批1.12万人次，接待人数比上年增长56%；赴港澳交流106批412人次，出访次数增长22%。依托港澳珠海社团总会和各属会举办社团活动56场，参与人数2.1万人次。香港珠海社团总会永久会址投入使用。指导澳门珠海社团总会完成换届工作。指导成立香港珠海高新区唐家湾联谊会、香港珠海香洲联谊会，珠海港澳乡亲社团达17个。组织20名港澳台及海外代表人士赴北京参加中央统战部等五部委举办的国庆招待会；在浙江大学举办首届港澳侨留学生代表人士国情培训班；组织52名港澳社团领袖参加港珠澳大桥首发日体验活动。

对台工作 2018年，出台促进珠台经济文化交流合作52条措施，逐步为台湾同胞在珠海投资、创业、就业、学习和生活提供与珠海企业、居民同等待遇。与台湾嘉义市政党、基层及各领域交流持续深化，各区镇（街）村（居）与台南市村里结对交流深入开展。完成国台办重点新闻交流项目——“两岸媒体珠海行”活动，邀请台湾媒体记者到珠海进行采访交流。成功举办国台办重点交流项目——珠台高校第四届“两岸一家亲”和首届“两岸情·珠海行”文化交流营活动，两地10所高校175名师生参加活动。组织55名台籍青年教师和台湾青年到福建、广西等地开展“文化之旅”交流活动。落实便利台湾同胞各项措施，协助办理台湾居民居住证617人次；依法维护台胞、台商合法权益，受理台胞、台商投诉和求助91件，结案88件，结案率96.7%。

侨务侨联工作　2018年，推动投资75亿元的友爱国际医院和国际康养中心项目落地珠海，日本前首相鸠山由纪夫出席项目奠基仪式。市侨联属会珠海潮人海外联谊会捐资7500万元建设珠海潮联学校。推动成立纽约珠海联谊会。举办中华青年民族学习交流营、海外华裔青少年“中国寻根之旅”夏令营、“中印丝路情·四海同侨心”珠海印尼主题交流等活动。推进高校、村（居）侨联组织建设，全市新成立村（居）级侨联会48个、侨联工作组273个，实现村（居）侨联组织全覆盖。持续开展“侨心工程”助学、“情暖侨心”义诊、送温暖等活动。完成平沙、华侨农场归侨普查工作，推进为侨公共服务平台建设，发挥为侨法律服务工作站作用。

【党外代表人士队伍建设】　2018年，珠海市突出政治引领抓好党外代表人士教育培训，到重庆大学举办党外代表人士履职能力专题培训班，举办新的社会阶层、留学生、侨界、商协会等代表人士培训班，全年市、区两级统战部门举办党外代表人士培训班42个，培训2924人次，实现各领域统战代表人士培训全覆盖。规范化加强政治安排，推荐党外全国人大代表2人、全国政协委员1人、省人大代表9人、省政协委员7人，做好市政协第九届委员会7名党外委员增补工作，指导区级政协增补港澳委员19人，指导市工商联（总商会）增补副主席（副会长）6人。在全省率先建成并使用珠海党外代表人士数据库，录入11个领域1049名统战干部和党外代表人士信息，实现党外代表人士动态更新管理。选派4名党外干部进行挂职锻炼，健全186人的党外后备干部人才库，完善党外人才梯队管理。

2018年9月19日，粤港澳大湾区专业知识人士联盟成立大会暨全省新阶联“同心服务团”授旗仪式在珠海举行　（市委统战部 供稿）

【珠海市新的社会阶层人士联合会成立】　2018年3月18日，珠海市新的社会阶层人士联合会（简称“市新阶联”）成立，省委统战部副部长李阳春，市委常委、统战部部长郭才武共同为市新阶联揭牌。省、市和各区有关负责人，市各民主党派、工商联、知联会负责人以及会员代表350人出席大会。会议审议通过《珠海市新的社会阶层人士联合会章程》（草案），选举产生市新阶联第一届常务理事会、监事会和领导班子，珠海华策集团董事局常务副主席、市工商联副主席杨智雄当选第一届会长。

【粤港澳大湾区专业知识人士联盟成立】　2018年9月19日，粤港澳大湾区专业知识人士联盟成立大会暨全省新阶联“同心服务团”授旗仪式在珠海举行。全国政协常委赵东花，中央统战部新的社会阶层人士工作局局长张明，香港中联办协调部部长沈冲，澳门中联办社工部副部长赵河清，省委统战部副部长李阳春，市委常委、统战部部长郭才武，省新的社会阶层人士联合会会长黄西勤等出席活动。活动现场，粤港澳三地专业知识人士代表签署战略合作协议，并举行全省新阶联“同心服务团”授旗仪式和珠海市新的社会阶层人士统战工作实践创新示范点授牌仪式。粤港澳大湾区专业知识人士联盟旨在通过民间交流合作，促进粤港澳专业知识人士交流合作，打造大湾区专业知识人士创新生态系统，为粤港澳大

湾区建设提供高效优质的专业服务支撑。（市委统战部）

政策研究

【调查研究】 2018年，珠海市委政策研究室坚持以习近平新时代中国特色社会主义思想为指导，深入学习贯彻习近平总书记对广东重要讲话和重要指示批示精神，按照省委、市委工作部署安排，持续深化“大学习、深调研、真落实”工作，牵头开展“二次创业”深调研，组织完成“全面深化改革”“推动形成全面开放新格局”“推动实现高质量发展”“实施创新驱动战略建设粤港澳大湾区创新高地”“参与粤港澳大湾区建设”“营造共建共治共享社会治理格局”“提高保障和改善民生水平高质量全面建成小康社会”“全面加强党的领导和党的建设”等13个方面29个专题调研报告。牵头开展深入学习贯彻习近平总书记视察广东重要讲话精神推动珠海经济特区加快发展深调研活动，推进“认真总结完善经济特区成功经验与启示，加快珠海经济特区发展”“深化改革开放”“推动高质量发展”“提高发展平衡性和协调性”“加强党的领导和党的建设”“加快横琴新区发展，建设粤澳合作示范区”6个方面24个专题调研工作，全年组织开展专题调研132次。

【文件文稿起草】 2018年，珠海市委政策研究室按照市委工作安排，负责起草《关于深入学习贯彻落实习近平总书记重要讲话精神奋力推动珠海经济特区“二次创业”的决定》《关于深入学习贯彻落实新时代党的建设总要求努力把各级党组织锻造得更加坚强有力的实施意见》《关于深入学习贯彻习近平总书记视察广东重要讲话精神高举新时代改革开放伟大旗帜奋力推动珠海经济特区加快发展的决定》等文件。全年起草市委八届四次、五次、六次全会文稿等280余篇。

【课题合作】 2018年，珠海市委政策研究室与省社科院、中山大学等研究机构以及市决策咨询委员会专家合作，开展推动经济特区加快发展、推动珠海经济高质量发展、抢抓粤港澳大湾区建设机遇形成全面开放新格局、建设港珠澳大桥经济区、建设空港经济区、完善重大灾害应变总体计划、提高城市综合承载力、加快构建促进新经济发展体制机制、未来产业方向选择与发展策略等系列课题研究。（邓国念）

机构编制

【事权改革】 2018年，珠海市统筹推进“放管服”改革，营商环境进一步优化。

持续简政放权释放活力动力　经过5轮行政审批制度改革12批次调整，将审批事项（主项）从1264项减少为332项，精简率73.7%；取消市级非行政许可审批事项224项。分3批次清理规范市直部门行政审批中介服务事项89项，公布保留服务事项。根据各区（功能区）自然条件和功能定位，分5批次将市级462项行政管理事权下放至各区（功能区），增强各区（功能区）经济发展内生动力。根据下放事权性质、难度等实际情况，通过建制划转、专项核拨等方式向基层下放人员编制2218名。编制政府职能转移事项目录，将市教育局等单位的行业资质（等级）评定、信息统计发布等77项职能向社会转移。推进企业开办时间再减一半工作，将开办时间从2017年平均12.6天压缩至2天。压减投资建设领域行政审批事项，在建设工程领域进行程序性审查或备案实行“马上办”，原则上不超过1个工作日；行政许可类事项、公共服务事项时限压缩至法定时限的30%以内，原则上在5个工作日内办结。在全省率先实施“先证后核”审批模式，通过简化程序取得生产许可证的企业，在获证后30日内完成现场核查。

加强创新监管维护公平秩序　在全省率先出台商事主体公示信息抽查办法，建立随机抽查事项清单和工作细则、检查对象名录库和执法检查人员名录库，缓解执法力量不足。印发建立完善守信联合激励和失信联合惩戒制度实施方案，在全省率先梳理出国家37个联合奖惩备忘录，细化出涉及52个部门、446个措施类别和1406个联合奖惩的具体措施。印发权责清单管理办法通知，建立信息公开、职责分工、流程监管、动态调整等制度，引入政府购买服务和第三方参与机制。动态调整权责清单，重新修订珠海市权责清单6974项。将“放管服”改革工作纳入政府绩效考核，在继续使用“执行力电子监察系统”基础上，新增市政府督办工作系统考核数据，增加第三方民主测评分值。对国土、规划、城管等 17 个领域执法职权进行优化整合，精简执法机构和执法力量，70% 以上人员编制向一线倾斜。

继续优化服务提升群众获得感　取消教育、公安等 15 个部门各类证明 65 项，解决困扰群众的“办证多、办事难”问题。推进政务公开平台建设，强化政府网站建设管理，打造珠海发布“两微一端”、党政机关和市属新闻媒体、民间新媒体联盟三级网络宣传矩阵。建设覆盖市、区、镇（街）、村（居）四级网上办事大厅体系，推行政务服务“一网通办”。优化政务服务大厅“一站式”集中服务功能，实现企业和群众办事只进一扇门，第一批“全城通办”事项清单涉及 16 个部门 651 项事项。

【行政体制改革】　2018 年，珠海市深化机构和行政体制改革，体制机制不断完善。

深化机构改革　以加强党的全面领导为统领，以国家治理体系和治理能力现代化为导向，以推进机构职能优化协调高效为着力点，按照中央、省统一部署，结合地方实际，在市机构改革领导小组的领导下有序推进，努力构建系统完备、科学规范、运行高效、符合珠海特点的机构职能体系，确保按规定的时间节点完成改革各项任务。

推进重点领域体制改革　推进数字政府建设，将市信息化办成建制调整由市府办管理，市府办负责推进全市政务信息化工作，加强统筹协调能力。推进文化市场综合执法体制改革，整合市、区文化市场综合执法队伍，由市级文化综合执法机构统一负责全市文化市场执法工作，提升执法效能。推进港珠澳大桥珠海公路口岸管理机构综合设置，配齐配强工作人员，确保大桥顺利开通。

【事业单位改革】　2018 年，珠海市稳步推进事业单位改革，公益属性日益强化。

2018 年 12 月 7 日，珠海市机构改革领导小组办公室召开第二次会议
（林晓聪　摄）

全面开展事业单位职能梳理　在借鉴佛山、清远试点改革经验和做法的基础上，通过制定职能来源、依据和近年工作量等 15 个指标，明确 4 种职能类别、6 种职能来源和 5 种行政职能实施方式，对事业单位职能逐一审核，梳理事业单位职能 3040 项，其中行政职能 1418 项，为推进承担行政职能事业单位改革打下良好基础。

全力保障公益事业发展　研究推进“两报两台”新媒体改革。完成香洲区潮联学校、金湾区林伟民纪念小学、虹晖小学的设立；统筹推进西部医疗中心、妇女儿童医院、珠海中学等机构的设立。配合教育部门完善临聘教师管理，确保临聘教师与公办教师同工同酬；通过多元化渠道，探索合作办学，创新教职员编制核定。

加强事业单位监管服务　根据国家、省对政务服务事项标准化、服务平台集约化改造要求，按照政务服务实施清单“十统一”（基本编码统一、实施编码规则统一、事项名称统一、子项拆分统一、事项类型统一、设定依据统一、办理流程统一、办理时限统一、提交材料统一、表单内容统一）标准，梳理事业单位登记依据、流程、提交材料、时限等，全面对标省登记系统。完成 2017 年 287 个事业单位（含 11 个省属事业单位）年度报告工作。完成市、区两级税务机构统一信用代码初领和撤销工作。

【政府绩效考核】　2018 年，珠海市优化绩效考评体系，政府效能持续提升。

重组考评框架　编制《2018 年度政府部门责任白皮书考评方

案》，将一级考评指标由4个调整为效能评估、满意度评估和其他3个，提升考评科学性。

调整考评项目 新增“放管服工作”考核项目，市编办作为牵头考核单位，会同市工商局、市政务局研究出台具体考核方案，制定行政职权调整、网上中介服务超市、减证便民、多证合一、双随机一公开5个方面测评办法。

优化考评方案 2018年度政府部门责任白皮书考评方案对考核项目、考评办法均做了优化，新出台3个项目考评办法，完善修订5个项目考评方案。

【机构编制管理】 2018年，珠海市严格控制机构编制，资源配置更加科学。

强化纪律要求 落实中央、省关于机构改革期间各项纪律的要求，制订珠海市编制使用、合同制职员数使用、社会管理协管员管理、单位自聘人员管理等事项相关纪律。开展机构编制实名制信息专项检查，确保机构编制实名制数据全面、准确，为本轮机构改革夯实信息数据基础。

加强违规问题整改 按照中编办、省编办关于加强机构编制问题整改推进审批联动有关文件精神，围绕15类违规问题，细化梳理珠海市机构编制问题台账，明确各类问题的整改措施和整改期限，重点清理违规问题中“机构设置问题”，并结合本轮机构改革提出整改建议，确保在规定期限内高质高效完成整改工作。

创新机构编制管理 科学调配编制资源，确保军转安置、人才引进、义务教育、公务员招考等重要领域用编计划。坚持“人随事走”原则，强化基层、民生保障等重要领域人员编制配备。加强政府购买服务，完善珠海市社会管理协管员的核定、招聘、合同、薪酬和日常管理等办法，探索整合珠海市后勤服务人员、合同制职员、社会管理协管员等各类辅助力量，构建“养事不养人”机制。 （林晓聪）

信　访

【概　况】 2018年，珠海市各级信访部门以依法及时就地解决群众合理诉求为目标，以信访业务流程再造为抓手，推进信访工作制度改革，打造阳光信访、责任信访、法治信访，提升信访工作专业化、法治化和信息化水平，全力打好信访矛盾化解攻坚战，增强防范风险能力，全市信访形势平稳可控、秩序整体良好。全年，市信访局受理群众来信1478件（含群众致市委书记信件），比上年上升64%；收到群众网上信访1774件（含市委网站书记信箱），下降8.8%；接待群众来访988批4964人次，批次上升32.4%、人次上升17.4%。

【信访矛盾化解】 2018年，珠海市开展信访矛盾化解攻坚专项行动，重点领域信访矛盾明显减少，存量信访问题妥善化解，新增信访问题数量平稳可控，实现全市信访秩序持续好转。年内，国家信访局集中交办珠海市信访矛盾化解攻坚重点信访事项39件、省信访局集中交办珠海市信访矛盾化解攻坚重点信访事项18件全部办结。

【信访机制建设】 信访研判制度 2018年，珠海市落实信访维稳研判机制，由市领导带头分析研判信访形势和重点信访问题。全年，市委、市政府主要领导和分管领导召开研判会67次，研究重点案件65件次。

领导包案制度 印发《2018年珠海市党政领导包案处理信访问题工作方案》。全年，市党政领导包案处理信访案件43件，化解36件。

领导接访制度 印发《2018年珠海市党政领导干部接待群众来访工作方案》，完善党政领导带头接访工作制度。全年，市党政领导接访群众50批101人次，调处问题50件。 （市信访局）

党　校

【概　况】 1979年3月，中共珠海县委党校改称珠海市委党校。1988年7月28日，经珠海市委、市政府批准，成立珠海行政干部学院，与党校实行“一套班子，两块牌子”。1995年7月4日，经市委同意，“珠海行政干部学院”更名为“珠海市行政学院”，加挂“社会主义学院”牌子。2004年5月31日，整合市、区两级党校资源，新组建中共珠海市委党校，加挂“珠海市行政学院”“珠海市社会主义学院”“珠海市干部培训中心”牌子，实行“一套班子，四块牌子”。至2018年底，内设机构10个（办公室、教务部、学员工作部、培训部、综合管理部、科研部、信息网络部、中国特色社会主义理论教研室、市情研究中心教研室、党史党建教研室），编制60人（参公编制40人、专业技术编制20人），在职在编教职员工56人。

【干部培训】 2018年，中共珠海市委党校举办处级班、中青班、军转班、公务员初任班等各类培训班47个，培训学员9598人；对市内外各级机关企事业单位开展培训53批次，培训学员4160人。坚持党校姓党，突出主业主课。坚持把马克思主义中国化最新成果作为理论教育中心内容，开设马克思主义经典著作导读课，抓好中国特色社会主义理论体系学习教育，引导学员系统掌握马克思主义基本原理和立场观点方法；突出习近平新时代中国特色社会主义思想主课地位，设置专门单元，把深入学习习近平总书记系列重要讲话精神作为重中之重，及时做好进教材、进课堂、进学员头脑工作。坚持学用结合，注重实践锻炼。着眼培养高素质专业化干部队伍，开展理想信念、党史国史、革命传统、爱国主义现场教育和党性分析活动，开展道德品行、法治思维、反腐倡廉教育。围绕粤港澳大湾区建设、自贸区建设、供给侧结构性改革等开设专题辅导报告，组织学员结合工作实际撰写"推动思想大解放、作风大转变、效率大提升"心得体会，结合新时代珠海"二次创业"开展学员论坛；赴深圳学习创新驱动发展经验，深入珠海西部地区体察民情，形成调研报告20余篇。坚持分类培训，推进特色教学。调整处级班学制为一个月，同时根据授课对象特点，在推进处级班读书报告会、中青一班学员论坛、中青二班党性教育情景剧、中青三班红色家书和传统文化朗诵会等基础上，完善中青一班"二次创业"学员论坛和模拟法庭教学。

【教学工作】 2018年，中共珠海市委党校坚持质量立校，完善"以机制助力学术，用学术讲好政治"工作思路，以新课开发质量为中心，研究建立教研咨一体化体制机制。在教学质量上下功夫。由教研室和教务分管领导进行"双重把控"，实行"教案三审制"（教研室主任一审、教务部二审、分管教学校领导三审）、"备课四元制"（教研室集体备课、教师集体说课、全校范围内试讲、支部评课）；改进教学质量评估标准，把"遵守政治纪律和政治规矩"一项单列，实行一票否决；加大学理分析、国际视野、历史比较和本人参与调研案例的指标权重，推动教学工作对标"用学术讲政治"目标要求。在教学管理上下功夫。实行"1+5"管理制度（专业技术人员岗位聘用管理制度，专业技术人员年度考核实施办法、教学科研工作量化考核管理办法、教师基层蹲点调研制度、跟班教师管理制度、科研课题管理办法），实行教学科研工作量、新课开发、蹲点调研、跟班学习、科研咨政成果与教师评优、岗位聘用挂钩；发挥对镇（街）党校业务指导作用，会同市委组织部制定《2018年全市镇（街）党校教学工作指引》《全市镇（街）党校教学管理制度》《全市镇（街）党校兼职教师管理办法》，引导镇（街）党校规范管理、规范办学；精选师资，建立珠海市镇（街）党校市级师资库，为镇（街）党校发挥基层党员干部教育职能提供坚实人才保障。在新课开发上下功夫。研究出台《新课申报指南》，采取新课立项时同名科研课题同步立项，由题目设置、新课立项、备课说课、试讲评课、正式开课5个环节组成，能否进入试讲由质量管理小组评议把关，能否进入主体班课堂由质量控制小组研究决定，全年进入试讲环节新课13个，获得

2018年4月10日，2018年全省党校行政学院系统学习贯彻习近平总书记在参加十三届全国人大一次会议广东代表团审议时的重要讲话精神师资培训班在市委党校开班 （市委党校 供稿）

通过8个。

【科研工作】 2018年，中共珠海市委党校为推进党的理论创新和党委、政府科学决策服务，发挥党的哲学社会科学研究机构和思想库作用。科研课题有新突破。年轻教师申报省部级课题取得新突破，获省哲学社会科学“十三五”规划2018年度一般项目1项、青年项目1项；首次在主体班开设教研咨一体化学员课题，立项16项；组织课题申报7批，立项17项（省哲学社会科学“十三五”规划2018年度一般项目1项、青年项目1项，省党校（行政学院）系统课题4项，省社会主义学院系统课题5项，市社科研究基地年度研究项目1项，校级课题4项，信宜专题调研课题1项）；完成课题结项10项。咨政水平有新提升。组织师生撰写咨政报告30余篇，向市委办、市人大等报送咨政报告10余篇，其中《关于深化粤澳职业教育合作的建议》被省委办公厅《每日汇报》采用，《以思想大解放推动新时代珠海“二次创业”》获市委主要领导批示。交流协作有新形式。主办第二届长三角—珠三角党校智库合作联盟论坛，来自广东、上海、江苏、浙江、安徽等25所党校和3所高校150余人参加，论坛影响力进一步扩大；与香洲区新媒体文化交流协会合作，制作“我在社区讲党课”系列节目；组织教师参加学术研讨交流和基层调研活动，公开发表论文22篇，入选研讨会论文集17篇；在《珠海特区报》刊发文章18篇；出版《中共珠海市委党校珠海市行政学院学报》6期，刊登文章73篇（约40万字）；以市党建研究会为平台，与《珠海特区报》合作举办学习贯彻党的十九大征文活动，与斗门区委组织部、金湾区委组织部联合开展“学习习近平总书记视察广东重要讲话精神”专题党课；全年获省党建研究会课题立项3项，2017年度自选课题获省党建研究会成果评选一等奖。

（庄丽杰）

党史研究

【概　况】 2018年，中共珠海市委党史研究室坚持以习近平新时代中国特色社会主义思想和党的十九大精神为指导，学习贯彻落实习近平总书记对广东重要讲话和重要指示批示精神，坚持“党史姓党”原则，按照“一突出、两跟进”要求，围绕“庆祝改革开放40周年”活动，组织编撰珠海改革开放40周年史料丛书、“珠海记忆”党史丛书，打造“红色引擎”，传承红色基因。开展“能力建设提升年”活动，打造史志文化新矩阵，全年在省市级刊物发表论文23篇，形成以学习成果促研究成果、研究成果促进工作成果的良性互动。开展“模范机关”建设活动，加强“六个能力”（思想政治、领导班子、基层组织、史志业务、信息化和人才队伍）建设，以规范化高效化为抓手，营造良好学习研究氛围，推动党史工作效率大提升。开展“党支部建设年”活动，推进基层组织建设“三年行动计划”，发挥好机关党组织的战斗堡垒和党员先锋模范作用。

【改革开放40周年庆祝活动】 2018年，中共珠海市委党史研究室推动全市党史部门开展改革开放40周年庆祝活动，回顾历史，总结经验，推动新时代珠海“二次创业”。市委党史研究室组织编写《珠三角改革开放历史图文集（珠海卷）》，参与筹划“珠海改革开放40周年成果图片展”，组织编印珠海改革开放40周年丛书《改革开放珠海纪事（1978—2018）》《中国共产党珠海市历次代表大会报告汇编》，编撰出版理论刊物《珠海史志（庆祝改革开放40周年专刊）》，征集珠海建市办特区以来历次市委全会报告56份、党的十八大以来珠海市全面深化改革文件32份。斗门区拍摄庆祝改革开放40周年宣传片《见证斗门——我们一起走过的岁月》，香洲区、金湾区分别举办“将改革进行到底”主题宣讲报告会。

【党史著作编撰出版】 2018年，中共珠海市委党史研究室加强党史著作编撰出版工作。8月，《中国共产党珠海历史（1953—1978）》由中共党史出版社出版发行。该书是珠海首部地方党史基本著作，以历史叙述为主，突出珠海“边防县”和“渔业县”特点，全书28万字。总结党史著作编研出版经验，制定《珠海地方党史著作编撰出版规范》。

【党史宣教育人】 2018年，中共珠海市委党史研究室强化党史党性教育，传承红色基因。3月13日，联合市委组织部对苏兆征故居陈列馆、杨匏安陈列馆、林伟民与中国早期工人运动史迹陈列馆、中共小

2018年3月13日，珠海市中共党史党性教育基地命名授牌现场会在苏兆征故居陈列馆举行　（蔡春和　摄）

濠涌支部旧址、凤凰山烈士陵园和“桂山号”英雄登陆点遗址6个市级党史党性教育基地命名授牌，各级投入800余万元对基地进行改造升级。制定《珠海市中共党史党性教育基地管理办法》，规范基地接待、咨询和参观等服务，指导各基地建立讲解预约、规范参观等制度；全年在“新时代红色文化讲习所”开展党史宣讲活动6场，印发宣传资料6万册。开展珠海党史人物研究，组织编撰“珠海记忆”党史丛书《珠海“红色三杰”》《杨匏安的思想与研究》。组织各基地负责人和讲解员参加省红色革命遗址负责人和讲解员培训班，赴上海中共一大、二大、四大会址和龙华烈士陵园学习调研。全年，各基地举办瞻仰革命遗址、重温入党誓词、组织专题党日等活动1673场次，接待参观学习人员约26万人次。

【党史资源整合】　2018年，中共珠海市委党史研究室加强与各相关单位以及澳门党史工作者交流合作，发挥党史工作资源和研究力量聚焦作用，推动粤港澳大湾区党史研究工作融合发展。与市委改革办合作完成《关于在新起点上继续深化改革勇当全面深化改革开放排头兵专题调研报告》；与市委党校合作筹建“党史党性实训基地”，将党史党性纳入党校学员培训内容，通过“参观一次革命遗址，听一堂革命传统教育课”等现场教学形式，让学员在重踏革命先烈足迹中锤炼党性；联合市委组织部建设中共党史党性教育基地，指导基地做好改造升级工作；整合全市党史系统资源，举办党史资料年报业务培训班，建立史志专家库；参与市纪委举办的杨匏安陈列馆展陈内容审定工作，开展座谈交流活动；参与市委宣传部主办的红色革命遗址修缮保护、红色资源利用项目研讨会；参与筹办市总工会主办的苏兆征、林伟民与中国早期工人运动研讨会，以及全国总工会文工团创作的苏兆征话剧《初心》史实审核；与《珠海特区报》共同策划推出《继承先烈遗志传承红色精神我们纪念这些珠海的烈士》专版；支持澳门中联办建设澳门“党史教育基地”。

（王国新）

机关党建

【概　况】　2018年，中共珠海市直属机关工作委员会（简称珠海市直机关工委）学习贯彻习近平新时代中国特色社会主义思想和党的十九大，十九届二中、三中全会精神，贯彻习近平总书记视察广东重要讲话精神，贯彻落实新时代党的建设总要求，推进全面从严治党，以党的政治建设为统领，全面加强机关党的各项建设，为推动新时代珠海“二次创业”加快发展提供坚强政治保证。至年底，珠海市直机关工委管辖直属党组织1278个（其中党委74个、党总支91个、党支部1113个），管理党员1.81万人。

【机关党的建设】　2018年，珠海市直机关工委以党的政治建设为统领，全面加强机关党的各项建设，市直机关党的建设取得新进展和提升。

履行“两个维护”重大政治责任　组织召开全市机关党的政治建设推进会。市委主要领导出席会议，并就加强全市机关党的政治建设提出明确要求；引导全市机关按要求层层召开党的政治建设专题部署会，编印《机关党的政治建设图解》，宣传机关党的政治建设的目标任务、基本途径和主要方法。推动“思想大解放、作风大转变、效率大提升”工作。印发《珠海市直机关推动“思想大解放、作风大转变、效率大提升”工作方案》，组织开展“二次创业”传帮带、“发挥党建优势、服务实体经济”“优化整合资源，服务改革发展”共建共治共享等活动，推行“干在一线工作法”。推进模范机关创建活动。印发《关于开展模范机关创建活动方案》，召开创建推介会1次，编印简报4期，珠海市“三突出三带头”（突出当好“三个表率”，带头讲政治、顾大局、守规矩；突出服务“四个走在全国前列”，带头强担当、抓落实、促发展；突出实现“思想大解放、作风大转变、效率大提升”，带头抓队伍、转作风、提效能）做法被《广东省模范机关创建活动简报》转载。做好中央巡视组反馈意见整改暨坚决全面彻底肃清李嘉、万庆良恶劣影响工作。对照中央巡视组查找出的20个问题，制订“加强中华传统文化和党的优良传统教育”等25条整改措施并整改到位；召开全面彻底肃清李嘉、万庆良恶劣影响专题民主生活会，设立8个督导小组指导28个单位召开专题民主生活会，组织81个单位开展交叉检查。

增强机关党的思想引领力 抓好习近平新时代中国特色社会主义思想和党的十九大精神学习教育。建立“第一议题”制度，印发学习资料2万余册，举办专题培训班2期，培训600余人；组织1.8万名党员参与“习近平新时代中国特色社会主义思想”知识竞赛；引导各党组织邀请省、市宣讲团成员开展专题辅导宣讲339场次；发动各区、市直机关参加广东省直单位第六届工作技能大赛暨市县机关工作技能邀请赛，申报项目39个，其中21个项目进入复赛，7个项目进入半决赛。创新学习教育载体。开设“珠海机关党建”微信公众号，宣传习近平新时代中国特色社会主义思想；以《珠海机关党建专刊》为阵地开展系列主题征文活动，刊登各类文章100余篇；给各级党组织订阅发放杂志《紫光阁》1700份、宣传电教片《十九大代表风采》200套；组织市人社局、拱北海关等党组织拍摄制作机关党建宣传电教片30余部；举办市直机关基层党组织党建创新成果展，通过60余件创新事例宣扬“敢为天下先”特区精神。推动学习成果转化。在《紫光阁》刊登《深入学习贯彻党的十九大精神以“四个根本途径”提升机关党组织的组织力》等文章2篇，其中《四项举措推进党的组织生活从严从实》在全国机关党建工作研讨会上进行经验交流；选拔推荐拱北海关直属机关党委组队参加由省直机关工委主办的“省市县三级机关党的十九大知识电视邀请赛”，获决赛二等奖。

提升基层党组织的组织力 推进基层党组织建设《三年行动计划实施方案》落实落地。举办《三年行动计划实施方案》党组织书记示范培训班，印发《三年行动计划实施方案工作台账》，制定《市直机关党员评星定级量化指标及评分办法》《市直机关党员评星定级工作方案》，完善机关党委、总支、支部三个主体的标准化规范化建设达标考评指标和考评方案，组织开展年度达标考评。以点带面推动基层党建新突破。对标准化建设试点单位进行考评验收，为首批46个市直机关标准化建设达标单位授牌；组织6批次320余名党务干部到达标单位观摩学习；培育市司法局机关党委等4个市级基层党组织建设三年行动计划示范创建点；先后向市委组织部和省委组织部推荐市财政投资审核中心党支部“党员一对一挂点服务”活动等优质案例16个。11月，中央和国家机关工委“紫光阁”网登载《珠海车管所探索“民需我为”窗口党建工作法》。规范党的组织生活。推进“党支部建设年”活动，编印《市直机关（事业）

2018年1月19日，市直机关工委组织全体党员在苏兆征故居陈列馆开展主题党日活动（市直机关工委 供稿）

单位党支部标准化规范化建设工作手册》，落实党员领导干部“双重”组织生活公示通报制度、支部组织生活“一报两查”〔支部报备、党委（总支）审查、机关工委督查〕制度。集中开展基层党组织“六个规范化”（组织设置规范化、班子配备规范化、“三会一课”规范化、发展党员规范化、档案管理规范化、阵地建设规范化）建设，集中整治组织设置、班子配备等不规范问题；开展“三会一课”提质增效行动，全面带动党的组织生活各项制度严起来、活起来、实起来。

优化政务服务　开展“全城通办”。在全市推进实施政务服务“全城通办”，分2批公布实施“全城通办”事项1302项，全市65%的市级政务服务事项实现“全城通办”，办事业务量排名前100的高频事项76%实现“全城通办”。完善党员先进性服务机制。推动窗口单位党组织强化党员志愿服务岗、党员示范岗服务，围绕群众需求，完善以周三中午为主，周六、周日休息时间为辅的“周三党员志愿服务岗”服务机制，至11月底，设立“周三党员志愿服务岗”386个，提供志愿服务38.6万小时，办理事项81.4万项。推动营商环境改善。开展改进政务服务、优化营商环境专题调研，形成《企业获得感视角下的以作风建设提升政务服务水平、改善营商环境专题调研报告》；委托第三方机构开展珠海市第8次发展软环境测评，企业和居民评价指标满意率比上年分别上升93.46%和90.36%。以考核促改革促创新促实绩促作风。按照突出经济社会发展实绩和群众满意度测评双维度标准，借鉴深圳等地考评工作的经验做法，拟定机关事业单位年终考评框架方案；根据广东省省情调查中心、省社科院绩效评估中心公布的2018年广东省地方服务型政府建设系列调研报告，珠海市政务服务满意度从2017年度的全省第五位上升为2018年度的全省第二位。

增强基层党组织正向引导力　引导各党组织学习贯彻习近平总书记关于进一步纠正“四风”、加强作风建设的重要批示精神，排查各种隐性变异“四风”问题；举办纪检干部培训班2期，培训120余人；执纪审理案件35件次，建议给予处分33人次，其中党纪处分19人次、党纪政纪双重处分10人次、政纪处分4人次、免于纪律处分予以诫勉2人次。

【基层武装工作】　2018年，珠海市直机关工委履行党管武装职责，市直人武部全面完成市直民兵年度整组任务。新成立华发集团、珠海保安集团、城建集团3个武装部，新组建市民兵应急营，预建党委2个、支部14个、党小组3个。加强民兵政治教育，开展“传承红色基因、担当强军使命”专题培训和“不忘初心、牢记使命”国防教育。加强基层武装部基本设施建设，完善“四个基本”（基本队伍、基本教育、基本制度、基本设施）建设。引导民兵在重大活动中冲锋在前、彰显本色，完成台风“山竹”等自然灾害的灾后清障工作，完成第十二届航展接驳、国家1级安全保卫和重要目标警卫等任务。

（刘广兴）

非公有制经济组织和社会组织党建

【概　况】　至2018年底，中共珠海市非公有制经济组织和社会组织工作委员会（简称珠海市“两新”组织党工委）管辖党组织2293个（其中党委65个、党总支56个、党支部2172个），管理党员2.53万人。

【行业党委组建】　2018年，珠海市“两新”组织党工委印发《关于调整市级社会组织党组织隶属关系和组建相关行业领域社会组织党组织的方案》，全面理顺社会组织党组织隶属关系，组建九大行业领域社会组织党组织，明确管理职责，构建齐抓共管的社会组织党建工作体制机制。

理顺社会组织党组织隶属关系　明确业务主管单位有党（工）委的社会组织党组织，组织关系隶属业务主管单位党（工）委；业务主管单位无党（工）委，适宜建立行业领域社会组织党组织的，由市“两新”组织党工委批准成立，组织关系隶属市“两新”组织党工委；业务主管单位无党（工）委且不适宜建立行业领域社会组织党组织的，以及无业务主管单位或业务主管单位为市民政局的社会组织党组织，组织关系隶属市新社会组织党委。

组建九大行业领域社会组织党组织　根据社会组织发展规模和行业属性，在社会组织数量和党员人数较多、行业特征明显且条件成熟的网络文化协会、律师、注册会计师、住房和规划建设、文体旅游、工商联、科协、文联、社科联等行业领域组建九大行业党委，组织关系隶属市“两新”组织党工委。不同行业的社会组织党组织全部由本行业领域社会组织党组织管理，发挥行业统建优势，加强党员教育管理。

明确社会组织党建工作管理职责 明确市“两新”组织党工委、业务主管单位、市民政局和市新社会组织党委抓党建职责。在市级层面，市“两新”组织党工委负责领导全市社会组织党建工作，协调指导业务主管单位抓好社会组织党建工作。在行业系统层面，业务主管单位结合本单位的业务管理职能，履行“谁主管，谁负责”的社会组织党建工作主体责任，负责领导和管理本行业领域社会组织党建工作。实行兜底管理，对无业务主管单位或主管单位为市民政局的社会组织，党建工作由市新社会组织党委领导和管理；对有业务主管单位但不适宜建立行业领域社会组织党组织的，由市新社会组织党委进行兜底管理。

【互联网企业党建新举措】 2018年，珠海市“两新”组织党工委出台加强互联网企业党建10条措施，从工作机制、组织体系、队伍建设、基础保障等方面进行总体安排。采取区域联建和行业统建方式，提高互联网企业党组织有效覆盖。在中大型企业较多的高新区，成立区级互联网行业党工委，作为区党委派出机构领导区内88家企业党建工作。在创意产业园区较多的香洲区，每个园区建立综合党组织，覆盖150家初创型企业。在农村电商企业集中的斗门区，依托电商产业链建立行业党委，覆盖27家电商平台企业和全区农村淘宝店。强化“互联网+”党建平台，线上打造网上组织生活馆，开设五分钟党课、网上党校、线上会议室等栏目，组织党员开展学习教育活动，保证组织生活正常开展；线下建设党群服务中心，全年投入2500万元建设南方软件园、清华科技园等10个园区党群服务中心，金山软件、东信和平等12个企业党群服务中心，提供政策咨询、创业辅导、金融对接、人才培训等服务，让年轻党员群众愿意来、留得住、有所得。是年，全市成立互联网行业党委5个、园区党组织12个，新组建互联网企业党组织26个，打造南屏科技工业园党委等市级“城市新兴领域党建示范点”5个。

2018年6月28日，市“两新”组织党工委召开选树“双强”企业，推动“二次创业”经验交流会 （市“两新”组织党工委 供稿）

【基层党建创新】 2018年，珠海市“两新”组织党工委探索推进党的基层组织设置和活动方式创新，形成一批可复制推广的好经验好做法。南屏科技工业园党委探索推进“打造园区非公党建网格化管理新模式”；高新区成立全市首个互联网行业党工委和首个互联网行业联盟，“构建互联网企业党建‘红云中枢’”找准互联网企业党建新方向；广东南方职业培训学院党支部“通勤班车上的党课”创新党课方式；明珠中英文学校党支部“四微”（微学习、微交流、微阅读、微报告）活动拓展党组织活动形式。在全市“两新”组织中开展基层党建创新“十佳”案例评选活动，香洲区南屏科技工业园党委等报送的10个案例获“2018年珠海市‘两新’组织基层党建创新‘十佳’优秀案例”。

【“双强”企业选树】 2018年，珠海市“两新”组织党工委实施“党建引领创新驱动发展”工程，开展党建强、发展强“双强”企业选树活动。推动全市非公有制企业按照“双强”标准，坚持以党建统领全局，将党建优势转化为企业核心竞争力，打造党建“新引擎”，引导企业和广大党员职工积极投身到珠海“二次创业”大潮之中。通过一手抓党建一手抓发展，做实做优党建工作，助推企业做大做强。发挥先进典型示范带动作用，评选广东中星电子有限公司等“双强”企业20家，召开现场交流会，集中展示创建成果，交流创建经验。

（潘　媛）

珠海市人民代表大会

【人大机构概况】 2018年，珠海市有各级人大代表1783人，其中全国人大代表6人、省人大代表25人、市人大代表290人、区人大代表569人、镇级人大代表893人。市九届人大常委会组成人员37人，其中主任1人、副主任6人、秘书长1人、委员29人。市九届人大设有法制、财政经济、内务司法、教育科学文化卫生外事华侨宗教、城市建设与环境资源、农村农业委员会，市九届人大常委会下设相应的6个工作委员会及办公室、选举联络人事任免工作委员会、立法研究中心。

【九届人大五次会议】 2018年1月16—19日在香洲召开，与会代表294人。会议依法选举龚海明为珠海市监察委员会主任。会议经过表决，通过关于珠海市人民政府工作报告的决议；通过关于珠海市2017年国民经济和社会发展计划执行情况与2018年计划的决议；通过关于珠海市2017年预算执行情况与2018年预算的决议；通过关于珠海市人民代表大会常务委员会工作报告的决议；通过关于珠海市中级人民法院工作报告的决议；通过关于珠海市人民检察院工作报告的决议。

【九届人大六次会议】 2018年4月9日在香洲召开，与会代表287人。会议表决通过珠海市第九届人民代表大会第六次会议选举办法草案；补选郭永航为珠海市第九届人民代表大会常务委员会主任，李伟辉、曾靖球、谢明华为珠海市第九届人民代表大会常务委员会委员。

【市人大常委会会议】 2018年，珠海市第九届人大常委会召开常委会会议7次。

第十一次会议　1月19日召开。会议审议通过《珠海市第九届人民代表大会常务委员会代表资格审查委员会组成人员名单》；书面审议《关于市九届人大一次会议代表建议、批评和意见交办情况的报告》。会议表决通过：免去李新泉的珠海市人大常委会副秘书长职务；任命林建波为珠海市监察委员会副主任；任命张石成为珠海市监察委员会副主任；任命侯军玺为珠海市监察委员会副主任；任命李红平为珠海市监察委员会委员；任命罗文辉为珠海市监察委员会委员；任命赖晓明为珠海市监察委员会委员；任命张若芬为珠海市监察委员会委员；任命邱志光为珠海市监察委员会委员；免去董春杉的珠海市中级人民法院立案庭副庭长职务；任命陈莹为珠海市中级人民法院民事审判第四庭庭长；任命吴江霞为珠海市人民检察院检察员。

第十二次会议　3月28日召开。会议审议通过《珠海市人民代表大会常务委员会关于召开珠海市第九届人民代表大会第六次会议的决定》《珠海市第九届人民代表大会第六次会议主席团、秘书长名单》；听取和审议《珠海市第九届人民代表大会常务委员会代表资格审查委员会关于部分代表资格审查的报告》，决定印发市九届人大六次会议；书面审议《关于市九届人大五次会议代表建议、批评和意见交办情况的报告》《关于珠海市文化产业发展情况的调研报告》《关于珠海市排水管网管理养护的调研报告》。会议通过《珠海市人民代表大会常务委员会关于接受叶真辞去市人大常委会委员职务的决定》，要求将该决定印发市九届人大六次会议。

第十三次会议　5月30—31日召开。会议举行市九届人大六次会议新当选委员宪法宣誓及颁发当选证书仪式，审议《珠海经济特区旅游条例（草案）》；听取和审议《市人民政府关于2016至2017年度住房公积金管理使用情况的报告》《关于我市防灾减灾情况的报告》《市中级人民法院关于基本解决执行难工作的报告》《市人大常委会执法检查组关于〈中华人民共和国传染病防治法〉实施情况执法检查的报告》《关于〈珠海经济特区土地管理条例〉实施情况执法检查的报告》，书面审议《市人民政府关于环境保护情况的报告》《关于珠海市全民禁毒工程建设情况的调研报告》。会议审议并表决通过

《珠海市人民代表大会常务委员会关于2016至2017年度住房公积金管理使用情况报告的审议意见》《珠海市人民代表大会常务委员会关于市中级人民法院〈关于基本解决执行难工作的报告〉的审议意见》《珠海市人民代表大会常务委员会关于珠海市人民政府关于我市减灾防灾情况的报告的审议意见》《珠海市人民代表大会常务委员会关于〈中华人民共和国传染病防治法〉实施情况执法检查的报告的审议意见》《珠海市人民代表大会常务委员会关于〈珠海经济特区土地管理条例〉实施情况执法检查的报告的审议意见》。会议表决通过：接受李桑辞去珠海市人民政府副市长职务；接受孙恒义辞去珠海市人民政府副市长职务；免去史明锋的珠海市人民政府副市长职务；免去史明锋的珠海市公安局局长职务；任命孔令栋为珠海市人民政府副市长，挂任时间至2019年1月；免去刘泉的珠海市中级人民法院副院长、审判委员会委员、审判员职务；免去谢挺的珠海市中级人民法院审判委员会委员、民事审判第二庭庭长、审判员职务；免去汪栋的珠海市中级人民法院民事审判第四庭副庭长职务；免去王铭扬的珠海市中级人民法院审判员职务；任命魏良荣为珠海市中级人民法院副院长、审判委员会委员、审判员；任命汤薇乔为珠海市中级人民法院刑事审判第二庭副庭长；任命廖世娟为珠海市中级人民法院民事审判第三庭副庭长；任命宁志红为珠海横琴新区人民法院审判员；免去魏良荣的珠海市人民检察院副检察长、检察委员会委员、检察员职务；任命刘泉为珠海市人民检察院副检察长、检察委员会委员、检察员；批准任命李中原为珠海市金湾区人民检察院检察长。

第十四次会议　6月15日召开。会议表决通过：任命张锐为珠海市人民政府副市长；任命张锐为珠海市公安局局长。

第十五次会议　7月24—25日召开。会议审议《珠海经济特区海域海岛保护与利用条例（草案修改稿）》；听取和审议《市人民政府关于珠海市2017年市本级决算草案的报告》《珠海市2017年度市本级预算执行和其他财政收支情况的审计工作报告》，审查珠海市2017年市本级决算；听取和审议《市人民政府关于珠海市2018年上半年国民经济和社会发展计划、政府投资项目计划及预算执行情况的报告》《市人民政府关于河长制推行情况和黑臭水体整治情况的报告》《市人大常委会执法检查组关于〈珠海市律师执业保障条例〉实施情况执法检查的报告》《市人民政府关于市妇幼保健院异地新建项目进展情况的报告及市慢性病防治中心建设议案办理进展情况的报告》《珠海市第九届人民代表大会常务委员会代表资格审查委员会关于部分代表资格审查的报告》。会议审议并表决通过《珠海市人民代表大会常务委员会关于批准珠海市2017年市本级决算的决议》《珠海市人民代表大会常务委员会关于珠海市2017年度市本级预算执行和其他财政收支情况的审计工作报告的审议意见》《珠海市人民代表大会常务委员会关于珠海市2018年上半年国民经济和社会发展计划、政府投资项目计划及预算执行情况的报告的审议意见》《珠海市人民代表大会常务委员会关于市人民政府关于全面推行河长制工作情况和黑臭水体整治情况的报告的审议意见》《珠海市人民代表大会常务委员会关于市人大常委会执法检查组关于〈珠海市律师执业保障条例〉实施情况执法检查的报告的审议意见》《珠海市人民代表大会常务委员会关于市人民政府关于市妇幼保健院异地新建项目进展情况及市慢性病防治中心建设议案办理进展情况的报告的审议意见》。

第十六次会议　9月26—27日召开。会议对市九届人大常委会组成人员开展学习培训。会议审议《珠海经济特区旅游条例（草案修改稿）》《珠海经济特区无居民海岛开发利用管理规定（草案）》《珠海市排水条例修正案（草案）》《珠海市服务业环境管理条例修正案（草案）》《珠海市防治船舶污染水域条例修正案（草案）》；听取和审议《市人民政府关于珠海市2018年政府投资项目计划调整方案的报告》，审查和批准2018年政府投资项目计划调整方案；听取和审议《市人民政府关于珠海市2018年市本级预算调整方案的报告》，审查和批准2018年市本级预算调整方案；听取和审议《市中级人民法院、市人民检察院关于以审判为中心的诉讼制度改革情况的报告》《市人民政府关于食品药品安全监督管理工作情况的报告》《市人民政府关于市九届人大五次会议代表建议办理情况的报告》《珠海市第九届人民代表大会常务委员会代表资格审查委员会关于个别代表资格审查的报告》；书面审议《关于珠海市推进农业供给侧结构性改革，构建现代农业三大体系情况的调研报告》。会议审议决定并表决通过《珠海市人民代表大会常务委员会关于修改〈珠海市排水条例〉等三部地方性法规的决定》《珠海市人民代表大会常务委员会关于批准珠海市2018年政府投资项目计划调整方案的决议》《珠海市人民代表大会常务委员会关于批准2018年市本级预算调整方案的决议》《珠海市人民代表大会常务委员会关于市中级人民法院、市人民检察院〈关于以审判为中心的诉讼制度改革情况的报告〉的审议意见》《珠海市人民代表大会常务委员会关于市人民政府〈关于食品药品安全监督管理工作情况的报告〉的审议意见》。会议表决通过：免去刘治民的珠海市安全生产监督管理局局长职务；任命高树林为珠海市安全生产监督管理局局长；免去詹洁的珠海市中级人民法院高新区知识产权法庭副庭长职务；任命詹洁为珠海市中级人民法院民事审判第二庭庭长。

第十七次会议　11月29—30日召开。会议审议《珠海经济特区旅游条例（草案修改二稿）》《珠海市人民代表大会常务委员会关于废止〈珠海市旅游条例〉的决定（草案）》《珠海经济特区海域海岛保护与利用条例（草案修改二稿）》《珠海经济特区无居民海岛开发利用管理规定（草案修改稿）》《珠海经济特区城市绿化条例（草案）》；听取和审议《珠海市人民政府关于珠海市国民经济和社会发展第十三个五年规划纲要实施情况中期评估的报告》《珠海市人民政府关于西部生态新城开发建设情况的报告》《珠海市人民政府关于农村集体产权改革工作进展情况的报告》《珠海市人民政府关于全市宪法学习宣传实施工作暨"七五"普法中期工作报告》《珠海市人民政府关于完善我市养老制度和体系发展养老事业议案办理情况的报告》《珠海市人民政府关于加快建设东西交通通道和治理中心城区交通拥堵议案办理情况的报告》《珠海市人民政府关于进一步增强紧迫感和责任感加快我市职业教育发展议案办理情况的报告》。会议审议并表决通过《珠海经济特区旅游条例》《珠海市人民代表大会常务委员会关于废止〈珠海市旅游条例〉的决定》《珠海经济特区海域海岛保护条例》《珠海经济特区无居民海岛开发利用管理规定》《珠海市人民代表大会常务委员会关于珠海市"十三五"规划纲要实施情况中期评估报告的审议意见》《珠海市人民代表大会常务委员会关于〈珠海市人民政府关于西部生态新城开发建设情况的报告〉的审议意见》《珠海市人民代表大会常务委员会关于珠海市人民政府关于农村集体产权改革工作进展情况的报告的审议意见》《珠海市人民代表大会常务委员会关于市人民政府〈关于我市宪法学习宣传实施工作暨"七五"普法中期工作情况的报告〉的审议意见》《珠海市人民代表大会常务委员会关于市人民政府〈关于完善我市养老制度和体系发展养老事业议案办理情况的报告〉的审议意见》《珠海市人民代表大会常务委员会关于批准〈珠海市人民政府关于加快建设东西交通通道和治理中心城区交通拥堵议案办理情况的报告〉的决议》《珠海市人民代表大会常务委员会关于批准市人民政府〈关于进一步增强紧迫感和责任感加快我市职业教育发展的议案办理情况的报告〉的决议》。会议表决通过：免去陈洪信的珠海市中级人民法院副院长、审判委员会委员、审判员职务；任命吴永科为珠海市中级人民法院审判委员会委员；任命管文超为珠海市中级人民法院审判委员会委员；任命詹洁为珠海市中级人民法院审判委员会委员；任命陈莹为珠海市中级人民法院审判委员会委员；任命朱学辉为珠海市中级人民法院审判委员会委员。免去方明的珠海市人民检察院检察委员会委员职务。

【地方立法】 2018年，珠海市人大常委会审议法规草案11件，其中新制定法规3件、修改5件、废止2件、继续审议1件；完成生态环保等24部地方性法规专项清理工作；备案审查规章3件、规范性文件19件，协助市委审查党内规范性文件42件。（详见P188"地方立法"）

【监督工作】 2018年，珠海市人大常委会开展各类监督41项，其中听取和审议专项工作报告9项、财政经济相关报告18项、议案建议办理情况报告7项，开展执法检查3项、专题调研4项。着力加强财经监督工作。全年审议计划、预算及执行情况、决算及审计工作、预算和政府投资项目计划调整方案、"十三五"规划中期评估等报

2018年2月6日，珠海市人大常委会联合相关单位就《珠海经济特区物业管理条例》实施情况召开新闻发布会（市人大 供稿）

告18项。开展工业投资专题调研，调研成果得到市委肯定和市政府重视。开展文化产业发展、房地产市场发展等专题调研。推进人大预算审查监督重点向支出预算和政策拓展，加强对全口径预算编制、执行、绩效管理、决算、审计全过程监督，将财政体制改革、专项转移支付、财政资金绩效管理、精准扶贫及“十件民生实事”支出安排等作为预算监督重点，促进财政资源分配和使用效率提高。开展住房公积金管理使用情况专项监督。改进审计查出突出问题整改情况监督机制，推动人大监督和审计监督更紧密结合。建立国有资产管理情况报告制度，基本搭建国有资产管理情况全口径报告框架，有效落实人大国有资产监督职能。着力保障和改善民生。紧扣与人民群众日常生活需要密切相关的重点，推动2018年市“十件民生实事”全面完成。关注教育，推动临聘教师待遇提升，督办普惠性幼儿园覆盖率提高至80%，推进职业教育发展议案办结。关注食品药品安全，开展专项视察，提出完善食品药品监管体系、加强执法能力建设等意见。关注医疗卫生，持续监督推进市妇幼保健院异地新建、市慢性病防治中心建设项目，开展传染病防治法执法检查，推动有关部门压实工作责任，健全医疗保障系统。关注养老问题，持续三年督办养老议案，推动养老服务体系建设初具规模。关注“三农”问题，开展实施乡村振兴战略、农村集体产权制度改革、农业供给侧结构性改革等监督视察，推进白蕉联围排涝整治工程建设。着力保护“绿水青山”。审议关于环境保护情况的报告，听取和审议关于“河长制”推行情况的报告，持续开展黑臭水体整治和“河长制”推行情况的监督，协助开展大气污染防治法执法检查，推动中央环境保护督察“回头看”和打赢污染防治攻坚战等工作落实。开展排水管网管理养护标准情况调研，推动加强全市排水设施建设管理。开展土地管理条例执法检查，推动土地资源保护和利用。开展“三防”工作专项监督，督办风暴潮灾害预报预警项目建设，有效提升防灾减灾能力。推进加快建设东西交通通道和治理中心城区交通拥堵议案的办结，东西部通道建设取得实质性突破，主城区四批61条道路实施沥青罩面改造美化，通行效率明显提升，交通拥堵恶化趋势得到较好遏制。重点监督西部生态新城开发建设，推进新城基础设施、公共服务配套设施建设。对交通标志标识破损、城市精细化管理等开展现场督查，促进城市环境品质提升。着力促进公平正义。听取和审议宪法学习宣传实施工作暨“七五”普法中期工作情况报告，彰显宪法尊严和权威。听取和审议市中级人民法院、市人民检察院关于以审判为中心的诉讼制度改革情况的报告，强调坚持严格公正司法、不断提升办案质量等要求。听取和审议市中级人民法院关于基本解决执行难工作的报告，提出完善综合治理执行难工作格局、加大失信惩戒力度、提高执行工作效率等要求。开展律师执业保障条例执法检查，推进律师依法执业得到保障。开展全民禁毒工程建设情况专题调研，推进完善禁毒工作体制机制，加大禁毒执法力度。审查公共安全技术防范条例实施情况报告，推动提升公共安全技防水平。

【代表工作】 2018年，珠海市人大常委会任免国家机关工作人员42人次；突出代表主体地位，支持和保障代表依法履职。开展“更好发挥人大代表作用”主题活动。组织代表在闭会期间开展专题视察和调研活动。8月下旬，组织各级代表1532人，开展“我为民、我履职、我行动”主题活动，收集并转办意见建议450条，解决或列入

2018年6月6日，香港特别行政区全国人大代表来珠海专题调研粤港澳大湾区规划建设情况（市人大 供稿）

计划解决414条，拓宽代表联系群众渠道，推动一批热点、难点问题解决，提高人民群众对人大代表的知晓率和认同感。增强代表建议办理实效。建立建议、意见办理工作联动机制，打造常委会工委、人大代表与政府职能部门共同督办代表建议、意见的新格局，采取现场察看、召开座谈会、“回头看”跟踪督办、全过程监督、考核评价等形式，推动代表建议、意见办理。市九届人大五次会议有代表建议118件，代表对办理工作表示满意111件，占建议总数94.1%。闭会期间有代表建议9件，答复代表5件，正在办理4件。加强代表履职保障。强化“双联系”机制，常委会领导班子成员定期到基层代表联络室走访代表，听取代表意见建议，接受代表对常委会工作的监督。强化学习培训，组织两批83名代表到高校开展履职能力提升培训。强化履职活动指导，邀请代表列席市人大常委会会议，参加听证会、座谈会等活动，畅通代表知情知政渠道。提高代表联络室工作实效，全国、省、市、区、镇五级人大代表4247人次开展代表联络室活动1202次，接待群众1.14万人次，协调解决群众反映问题1267个。（张天添）

珠海市人民政府

重要会议

【市政府常务会议】 2018年召开19次。讨论研究以下问题：审议珠海市高污染燃料禁燃区划的请示；签署珠海市与复旦大学合作协议的请示；审定《珠海市户口迁移管理实施办法》；审议珠海市2018年重点建设项目计划；提请市人大审议2018年珠海市预算草案的请示；研究2018年珠海市《政府工作报告》；审议《珠海市2017年国民经济和社会发展计划执行情况与2018年计划草案的报告》《珠海市2017年市政府投资项目计划执行情况与2018年计划草案的报告》；审议《珠海市2017年预算执行情况与2018年预算草案的报告》；审议《珠海市2018年重点建设项目计划》；研究2017年1—11月进展缓慢亮“红灯”重点建设项目有关情况；审议《珠海经济特区公安机关警务辅助人员管理办法（草案）》；研究珠海市大气污染防治工作；研究珠海市代耕农入户工作；研究安排万山区桂山岛十三湾陆岛交通客货运码头防波堤工程建设补助资金事宜；审议《珠海市2018年政府规章立法计划》；审议《珠海市加快促进创业投资持续健康发展的实施方案》；审议《珠海市生态文明建设“十三五”规划》；审议《珠海市现代渔港建设规划（2016—2025）》；审议《中共珠海市委珠海市人民政府关于推进安全生产领域改革发展的实施意见》；审议《珠海城市景观环境精细化品质化提升规划》（含三年行动计划、2018年重点工作项目库）；审议《珠海市既有住宅增设电梯指导意见》；审议《珠海市商事主体信用信息管理办法（草案）》；审议珠海市2018年拟开展的表彰奖励项目及创建示范活动清理意见；研究做好2018年普通高校招生考试保障工作；审议《珠海市生态环境保护工作责任清单（送审稿）》；审议《关于科技创新促进高质量发展的行动计划（2018—2020年）（送审稿）》；审议《珠海市人民政府关于教育“提质创优建高地”的实施意见（送审稿）》；审议《珠海市新一轮“强师工程”实施方案（2018—2020）》；审议《珠海市防范广珠铁路资金断链风险推进改善经营情况工作方案》；审议《中共珠海市委珠海市人民政府关于推进乡村振兴战略的实施方案（送审稿）》；审议关于偿还新世界信息科技有限公司借款利息及延付金的有关问题；审议《南方海洋省实验室建设方案》；审议《珠海市排水管理体制机制改革工作方案》；审议《珠海市国有建设用地出让分级管理方案》；审议《珠海市深化营商环境综合改革行动方案》；审议《珠海市学前教育第三期行动计划（2018—2020年）》；审议《珠海市完善政务服务、实现政务信息共享、全城通办工作方案》《珠海市政务服务“全城通办”事项清单》及《珠海市政务信息共享系统改造方案》；审议《珠海市加快创建国家全域旅游示范区实施方案》；审议《关于加强科技成果转化和产业化的若干政策措施》；审议《珠海经济特区授予荣誉市民称号规定实施细则》；审议《珠海市开展“城市社会治理基础单元”改革试点工作方案》；审议《珠海市加快发展开放型经济行动方案》；审议《珠海市加强总部企业发展实施办法》；审议《关于培育引进前沿产业独角兽企业的若干政策措施（试行）》《珠海市独角兽企业培育库入库实施细则》；审定《珠海市创新创业团队和高层次人才创业项目管理办法（送审稿）》；审议《珠海市公立医疗机构药品跨区域联合集中采购改革实施方案》；审定《珠海市老旧小区、城中村降低火灾风险专项治理工作方案》；审议《珠海市深化公立医院综合改革（2018—2020年）行动方案》；审议珠海市降低制造业企业成本支持实体经济发展若干政策措施；审定《珠海市加强招商引资促进实体经济发展办法》；审定《珠海市进一步扩大对外开放积极有效利用外资增长若干措施》；审议《珠海市干线路网规划》和《珠海市主城区第五批道路路面改造及美化工程建设计划》；审议珠海市“十三五”规划纲要实施情况中期评估报告。

【市政府工作会议】 2018年召开302次。分别是：2017年市推进港珠澳大桥建设工作领导小组办公室第十二次工作例会；珠海市对口怒江州东西部扶贫协作联席会议；研究市救助管理站消防审核验收历史遗留问题工作会议；市重点交通项目建设指挥部办公室第三十九次会议；关于研究航空产业发展规划工作会议；珠海中学项目建设工作会议；关于建立健全中医药管理和服务体系有关问题会议；全市森林防火工作会议；2018年第一次全市公共道路建设项目协调工作会议；洪湾渔港建设工作现场会；珠海市西部医疗中心项目建设有关问题会议；研究重大交通项目建设推进工作会议；板樟山隧道新增隧道工程专题工作会议；研究珠海市城市环境清理规范优化提升第二阶段工作会议；珠海市管道燃气价格调整工作会议；关于2018年央视春晚珠海分会场灯光提升工程的会议；研究情侣南路市政消火栓恢复通水工程会议；研究珠海大桥增设防船撞设施项目推进工作会议；研究金色九洲项目商业部分确权办证历史遗留问题会议；兴业快线工程相关工作协调会议；关于研究珠海市综合治税有关工作会议；研究解决心海州、海纳城、华融时代广场等历史遗留问题工作会议；研究2018年第一批城市管理机动经费工作会议；全市安全生产暨第一季度防范重特大生产安全事故工作会议；古元大道、兴业快线建设推进协调会议；关于加快推进已供地未开工建设招商项目工作会议；港珠澳大桥珠海口岸工程欠薪不稳定因素研判会；第四届中以科技创新投资大会筹办工作会议；珠海中信生态环保产业园项目推进工作会议；关于研究重大历史遗留信访问题会议；2018年市推进港珠澳大桥建设工作领导小组办公室第一次工作例会；调研珠海民航空管部门会议；研究南屏保障房项目建设工作会议；研究防范广珠铁路公司资金风险工作会议；洪湾渔港建设工作会议；纯电动公交车更新投放工作专题会议；市妇女儿童医院（市妇幼保健院）异地新建项目专题工作会议；中山大学珠海校区荔园14号楼拆建工作现场协调会议；落实环保部、省环保厅推进国家地表水自动站建设工作视频会议精神的会议；研究推进前山至南屏次干道项目会议；2018年市“一院两馆”工程项目联席会议；2018年第二次全市公共道路建设协调工作会议；珠海市内河航道航标整治工作联席会议；调研港珠澳大桥珠海公路口岸现场会议；珠海市重点交通项目建设指挥部办公室第四十次会议；研究市高技能人才公共实训中心管理服务工作会议；研究部署珠海市迎接2017年度保障农民工工资支付情况实地核查工作会议；支持富山工业园发展现场工作会议；协调珠海中信生态环保产业园项目建设现场会议；全市扶贫工作座谈会；2018年第三次全市公共道路建设协调工作会议；研究珠海城市阳台景观设计方案等重点项目规划工作会议；研究香洲区需市协调解决有关问题会议；研究购买天气雷达系统技术服务工作会议；研究五座大桥景观照明方案会议；研究海绵城市建设专题会议；协调格力电器发展工作会议；研究部署大气污染防治工作会议；督查港珠澳大桥珠海口岸建设工作会议；研究香海大桥（斗门段）项目征拆推进工作会议；研究珠海中信生态环保产业园修建性详细规划调整等工作会议；珠海市中心城区交通治理专责小组2018年第二次全体工作会议；研究口岸专题工作会议；情侣路灯光提升工程工作协调会议；研究万山超大型深水港区开发及海岛危险品运输工作会议；珠海市区域医疗一卡通项目运营维护费用专题会议；研究对澳供水工程工作会议；研究海岛油料及民生危险货物港口运输工作会议；加快落实市政府与中山大学补充协议有关工作会议；研究港珠澳大桥应急演练及粤港澳三地应急救援机制会议；加快清理已供地未开工建设招商项目工作会议；研究兴业快线工程专题会议；研究推进地铁建设有关工作专题会议；2018年第四次全市公共道路建设协调工作会议；前山片区大气污染防治专项工作会议；研究交通规划建设和土地收储工作会议；研究公交集团巡察审计整改及加强管理运营工作会议；研究珠中跨界道路项目建设工作会议；加快推进市人民医院科研综合楼（康复医学中心）项目工作会议；研究口岸地下通道设施建设和地下车道交通管理工作会议；研究中航通飞公司湾仔总部基地有关问题会议；珠海市慢性病防治中心PPP项目推进工作会议；珠海市重点交通项目建设指挥部办公室2018年第二次会议；研究推动2018年纯电动公交车更新投放工作专题会议；研究公交纯电动化、陶瓷企业“煤改气”暨联业公司燃煤锅炉淘汰工作会议；研究情侣路品质提升专题会议；调研海上风电项目“游艇自由行”码头建设及海防打私工作现场会议；研究香洲渔港功能调整及洪湾渔港建设工作会议；研究支持伟创力工业4.0项目建设专题工作会议；加快推进珠海市与中山大学合作建设广东省海洋实验室工作会议；研究土地管理有关工作会议；研究情侣路（全球通大厦至拱北口岸路段）绿化品质提升方案会议；研究境外旅客购物离境退税工作会议；市领导调研香洲区城市更新工作会议；研究中信生态环保产业园污泥处置中心一期工程PPP项目报批程序等事宜会议；专题研究万山区工作会议；研究部分主干道环境整治美化及珠海大道辅道（南屏互通段）沥青铺设工作会议；市党政机关事业单位可经营性国有资产统一监管改革工作联席会议第三次会议；研究港珠澳大桥珠海公路口岸及配套设施建设推进会议；研究部署固体废物处理处置工作会议；研究2018年第二批城市管理机动经费工作会议；研究陆岛交通公共补给码头布局选址事宜会议；全市农村集体产权制度改革工作会议；中央环境保护督察“回头看”珠海协调联络组第二次会议；促进“一河两岸”景观协调发展座谈会；研究引进第三方专业机构对拱北口岸安全隐患问题开展检测评估专题会议；研究支持格力电器发展现场会；研究市肉联厂环保问题整改工作会议；研究扶贫济困日活动工作会议；中信生态环保产业园二期项目征地协调会；专题研究实施乡村振兴战略工作会议；研究城市阳台等重点项目工作会议；研究市农科中心前山烂尾楼项目历史遗留问题会议；2018年市“一院两馆”工程项目第二次联席会议；2018年第五次全市公共道路建设协调工作会议；珠海发展投资基金管理委员会第一次会议；研究海岛国防工程爆破物品及民生油料等应急运输工作会议；研究板樟山铁塔和房屋清拆工作会议；兴业快线工程专题工作会议；研究裕华聚酯股权回购等有关工作会议；市重点交通项目建设指挥部办公室2018年第三次会议；研究广播电视发射塔搬迁工作专题会议；研究野狸岛观景亭概念规划方案会议；研究岭南大地田园综合体建设工作会议；2018年防范金融风险工作会议；调研珠海中信生态环保产业园二期项目建设推进工作会；研究交通规划有关工作会议；研究香琴花园、广东海事局临时办公用房和拱北海关用房历史遗留问题会议；研究珠海市市政污泥处理处置有关工作会议；研究国家海洋督察组反馈意见及整改方案工作会议；研究加快纯电动公交车充电设施建设工作会议；关于合作打造万山海洋高技术产业国际合作基地有关工作会议；全市第三季度防范重特大生产安全事故工作会议；研究市级养老服务机构建设项目会议；研究加快推进市级养老机构建设问题会议；研究中兴公司办理出口大巴临时号牌会议；研究现代农业产业园创建等工作会议；2018年国务院大督查迎检工作会议；研究城市之心公交总站临时上落客区方案和土地收储有关问题会议；研究农村留用地开发经营房地产事宜会议；研究珠海信息基础设施建设专题工作会议；关于研究开设新办企业联办服务专窗有关工作会议；2018年市“一院两馆”工程项目第三次联席会议；第十二届航展专题工作会议；市领导调研伟创力、二井湾湿地公园及天沐河景观工程示范段工作会议；关于推进水电气报装进驻市行政服务中心工作会议；2018年全市重点交通项目建设推进工作会议；2018年全市交通基础设施建设推进会议；研究珠海中信生态环保产业园项目和2018年市属公园春节花展经费有关事宜会议；2018年第七次全市公共道路建设项目协调工作会议；推进市一中新建教学综合楼项目工作会议；研究岭南大地田园综合体项目工作会议；研究迎接国务院大督查专题工作会议；推进板樟山新增隧道、兴业快线项目建设工作会议；推进主城区道路路面改造及美化项目、金琴快线项目建设现场会；协调解决洪湾片区市政项目、洪湾渔港及香洲渔港建设有关事宜会议；研究石景山旅游中心和海愉半岛项目有关工作会议；小钓排洪渠整治工作会议；关于研究部署2018年国务院大督查实地督查迎检工作的会议；市建设用地审批（审核）会审会议2018年第一次会议；研究道路工程建设监管工作会议；全市非洲猪瘟等动物疫病防控工作会议；关于进一步推进珠海市优化政府投资项目前期管理工作会议；研究“烂尾楼”整治和“三旧”改造有关工作会议；研究拱北和前山屠宰场搬迁选址工作会议；研究清理整治淇澳红树林保护区内非法养殖和捕捞作业工作会议；研究主城区部分道路绿化提升方案会议；研究港珠澳大桥建设及开通准备工作会议；研究港珠澳大桥开通前安全管理工作会议；研究水浸点整治和地质灾害治理工作会议；研究第十二届航展筹备工作会议；关于推进珠海通用机场项目建设工作会议；研究珠海大道（珠海大桥东至泥湾门大桥西段）扩建项目工作会议；研究土地收储有关问题工作会议；检查港珠澳大桥珠海公路口岸台风受损情况现场会；调研港珠澳大桥珠海公路口岸现场会；研究中央扫黑除恶督导组通报问题整改落实工作会议；调研全市道路交通管理工作现场会；全市非洲猪瘟疫病防控工作会议；关于珠海市政府与中山大学合作建设中山大学附属妇女儿童医院项目专题会议；全市第四季度防范重特大生产安全事故工作暨全市道路交通安全工作联席会议；研究中石化唐家油库搬迁事宜工作会议；研究横琴二桥建设涉及西域码头经营补偿等问题工作会议；调研海滨公园充电桩场建设现场会；全市非洲猪瘟等重大动物疫病防控工作会议；研究台风“山竹”灾后抢险工作会议；研究“城市阳台”景观设计方案和建设工作会议；珠海市中心城区交通治理专责小组全体工作会议；关于加快推进平岗—广昌原水保障工程和广南梅供水管工程建设工作会议；研究协调金鸡路沿线市政电缆沟环境恶劣严重影响格力电器生产问题会议；研究全市大气和水环境质量综合提升专题工作会议；研究港珠澳大桥珠海公路口岸相关工作会议；关于澳大利亚院士与暨南大学产学研合作项目落户珠海相关问题会议；推进全市国控断面达标和问题河涌（渠）整治工作会议；广东省环境保护督察珠海协调联络组第一次工作会议；市重点交通项目建设指挥部办公室2018年第五次会议；创建国家级慢性病综合防控示范区动员工作会议；研究国有土地使用权出让收入及教育事权与支出责任划分调整会议；研究兴业太阳能公司有关工作会议；研究蓝海之略公司有关工作会议；国家海洋督察整改工作推进会；全市经济普查暨统计分析会；研究水利工程建设相关问题工作会议；研究市属国企债务风险防范工作会议；省审计厅对珠海市大气污染防治政策措施落实情况审计对接工作会议；研究国有林场改革省级验收整改工作会议；2018年全市秋冬季森林防火工作部署会；第五届中国国际马戏节现场工作会议；研究情侣北路改线工程局部未利用地转建设用地问题会议；研究实施公交票价“全城1元”和开通东西部地区点对点快速公交工作会议；关于加快推进平岗—广昌原水供应保障工程的会议；研究洪湾渔港建设和香洲渔港功能调整工作会议；研究增加珠海市离境退税口岸工作会议；全国集中式饮用水水源地环境保护问题未完成事项推进工作会议；研究2018年度污染防治攻坚战考核存在问题工作会议；研究珠海市进一步压缩企业开办时间工作会议；研究港珠澳大桥珠海公路口岸有关事宜工作会议；研究“城市之心”更新改造项目工作会议；2018年全市秋冬季森林防火第二次工作会议；研究兴业快线等重点项目推进工作会议；研究古元大道项目建设、2018年新增债券使用有关工作会议；督导新月桥和野狸岛区域构筑物整治情况现场会；研究拆建类旧工业区改造项目地价政策问题会议；研究支持中兴通讯股份有限公司在珠海发展工作会议；研究珠海城市公共标志规范优化工作会议；研究珠海大剧院灯光景观提升项目、珠海博物馆和规划展览馆受损修复工作、九洲港片区规划及城市阳台项目会议；研究“珠海政策”平台建设方案会议；中信生态环保产业园项目推进会议；调研主城区第五批道路路面改造及美化提升工程建设筹备工作会议；研究2018年第三批城市管理机动经费工作会议；研究吉大旧村（S1S2）地块改建项目会议；研究市审计局聘任制审计辅助专业人员职业化改革工作会议；全市节能减排工作会议；2018年度珠海市粮食安全责任考核工作会议；珠海对口支援稻城、理塘工作联席会议；研究整治市技工学校新校址金湾校区周边环境现场协调会议；研究推进退役军人及其他优抚对象信息采集工作会议；研究水电气三厅合一便企便民服务工作会议；2018年第八次全市公共道路建设项目协调工作会议；研究港珠澳大桥珠海公路口岸工作会议；研究珠海市航空遥感测绘项目工程价款结算问题会议；全市岁末年初安全生产暨迎接省2018年度安全生产责任制考核动员工作会议；市建设用地审批（审核）会审会议2018年第二次会议；研究支持中海油发展和晓星氨纶煤改气工作会议；研究珠海市斗门光达房产置业公司用地调整置换问题会议；研究拱北和前山屠宰场搬迁选址第二次工作会议；全市非洲猪瘟等重大动物疫病防控工作会议；研究村镇基础设施配套费征收工作会议；珠海市第四次全国经济普查领导小组工作会议。

（林志健）

港澳事务

【概　况】 2018年，珠海市港澳事务局接待港澳团组73批2339人次，审核审批因公赴港澳团组5402批1.34万人次（其中香港2790批5102人次、澳门4423批8340人次），办理通关礼遇（便利）团组199批2753人次。

【珠港澳高层互访】 2018年，珠海市主要领导率队访问香港特别行政区、澳门特别行政区，香港特别行政区行政长官、澳门特别行政区行政长官访问珠海市，推动珠港、珠澳深度务实合作。2月28日，市长姚奕生率珠海市代表团赴澳拜会澳门特别行政区行政长官崔世安；3月30日，香港特别行政区行政长官林郑月娥率香港特区政府代表团访问珠海；4月4日，市委书记郭永航、市长姚奕生率珠海市党政代表团赴澳拜访澳门特别行政区行政长官崔世安；6月21日，崔世安率澳门特区政府代表团到珠海考察，与珠海市主要领导进行深入交流。市委、市政府主要领导及分管领导多次会见或拜访港澳特别行政区司局级官员，高层互访更加频密，交流领域更加广泛，合作内容不断深入。

【珠澳合作机制完善】 2018年5月30日，珠澳双方在珠海召开2018年珠澳合作会议，重点围绕共同推进横琴自贸区发展、口岸建设、海洋合作等议题进行讨论，签

2018年3月30日，香港特别行政区行政长官林郑月娥率香港特区政府代表团访问珠海。图为珠海市委书记郭永航（右）与林郑月娥（左）座谈交流

（市港澳事务局 供稿）

订《澳门青年到珠海实习及就业项目合作框架协议》《珠海和澳门促进贸易投资合作框架备忘录》《珠海市金融工作局和澳门金融管理局金融合作备忘录》，调整并增设合作工作小组。珠澳合作会议下设工作小组8个：广东自贸试验区横琴片区及园区合作小组、城市规划与跨境交通研究小组、口岸通关小组、环境保护小组、旅游合作小组、文化合作小组、珠澳经贸和投资合作小组、金融合作工作小组，分别负责推动各领域合作及日常工作联系。市委常委、副市长祝青桥率队拜访香港特别行政区政府政制及内地事务局，就如何深化珠港合作进行深入交流，并就召开珠港合作专责小组第二次会议进行磋商。

【珠港澳青年交流合作】 2018年，珠海市推进与港澳地区青少年交流合作，组织15批572人次港澳青年和学生开展形式多样的交流活动。6—7月，落实2018年粤港澳大湾区香港青年（珠海）暑期实习计划，安排2批39名香港大学生到珠海十余家知名企业开展为期1个月的暑期实习；6月22日，推动澳门培正中学20名学生与珠海一中20名学生结对，在珠海开展为期3天的“珠澳学生民宿式（Homestay）交流活动”，通过寻根之旅、文化之旅、友谊之旅，探索推进珠澳青少年交流合作；10月，与澳门中联办教青部和社工部合作，组织开展系列澳门青年“南海前哨钢八连”军事体验活动；11月6—11日，第十二届航展期间，组织香港、澳门青年代表团和中学生6批283人来珠海，观摩航展并参与国防体验等系列活动，将港澳青年人心回归工作与国防教育体验相结合，开创“航展盛宴”港澳青年国防教育新平台；11月下旬，与澳门中联办联合组织爱国爱澳社团及青少年观看第六届中国国际马戏节闭幕式演出，赴横琴参观考察。

【涉港澳多领域合作】 2018年，珠海市港澳事务局牵头组织横琴新区、市口岸局、市海洋农业和水务局等单位，逐一跟进并推动解决深化横琴与澳门合作、延长澳门单牌车临时牌照有效期问题、促进珠海成为国家跨境电子商务综合实验区、港珠澳大桥澳门口岸区封关后建设的有关事项、支持澳门修建挡潮闸工程、加强珠澳青年交流等事项。推进解决访澳旅行团改用莲花口岸出入境、关于促进“一河两岸”景观协调发展有关事宜。召集相关单位，研究深化珠澳中医药产业合作事宜，推动解决粤港澳青年交流融合存在的困难问题，落实在珠海就业的港澳同胞享有住房公积金待遇等建议。

【第八届珠澳合作发展论坛】 2018年9月15日在澳门举办，粤澳两地专家学者和政府相关部门人士近200人参加。论坛以澳门青年在珠创业、珠澳金融合作和科创合作为主题，围绕提升横琴·澳门青年创业谷对澳门青年的吸引力、推进金融合作创新、强化科研创新合作等议题，提出诸多建设性意见建议：完善横琴基础设施建设，为澳门青年提供更多便利条件；强化珠海的人才吸引力和人才储备，提升珠海人力资源优势。珠澳应坚持优势互补、合作共赢，先行先试、重点突破，市场主导、政府推动的原则，共同推动金融市场深度开放合作，支持金融机构互设和申请金融牌照；推动创新金融产业发展，扩大人民币跨境使用；加强金融业务合作，推动金融服务便利化；加强金融业交流，完善工作机构和会商机制；有效结合澳门的资金优势、营商优势和珠海的人力资源优势，联通内地和海外市场，为企业提供综合金融服务。珠澳应加强科创合作的制度保障，成立专门的科创合作工作小组；推进多层联动和合作顶层设计，加强和科技部、广东省的联动，切实有效发挥珠海的空间优势；促进科技实体产业发展，制定“一点突破、以点带面”的产业发展路径政策；突破创新要素流动的体制障碍，促进科研人员、设备过境便利化，推动科研设备共享共用；促进珠澳信息流一体化发展，实现信息互通。（曾示男）

台湾事务

【概　况】 2018年，珠海市贯彻落实习近平总书记关于对台工作重要论述，服务全省对台工作和珠海经济社会发展两个大局，秉持“两岸一家亲”理念，研判和准确把握两岸关系发展的新形势新机遇，发挥珠海优势，完善工作思路和举措，找准着力点，以经济为先导、文化为依托、服务为纽带、改革开放为动力，扩大珠台经济文化交流合作，全面深化两地经济社会融合发展。

【珠台经贸合作】 2018年，珠海市加大对台招商引资力度，以调结构、促转型、优环境为着力点，加强珠台两地优势产业合作，取得良好成效。全年，新增台资企业48家，增资扩产6家；合同台资8219万美元，其中新注册企业合同台资7113万美元，增资企业合同台资1106万美元。至年底，全市台资企业1150家，合同台资37.18亿美元，实际到账台资25.84亿美元。

【珠台人员往来】 2018年，珠海市接待台湾台北大学、成功大学、亚太数位植牙医学会、体育管理协会、媒体访问、孙子兵法研究会、黄埔军校同学会、妇女会等各界来访团组9个55人次。赴台开展基层交流工作，签订农产品采购协议75万元。接待台湾中南部基层民众12批248人次、议员里长28人次。

【珠台政党交流】 2018年，珠海市与嘉义市开展交流互访活动，推动双向交流持续深化，全年组织赴台交流互访团组5个36人次。7月，市委常委、统战部部长郭才武率团赴台交流，拜会中国国民党原副主席江丙坤、中国国民党中央常务委员会委员杨琼璎、中国国民党中央评议委员陈政宽以及中国国民党嘉义市党部主委蔡明显、嘉义市议长萧淑丽、中国国民党籍嘉义市参选人黄敏慧等，巩固政党交流长效机制，密切珠台高层交往交流。

【珠台青年文化交流】 2018年，珠海市推进台湾青年在珠海就业工作，全年安排台湾青年在珠海就业、创业和实习53人，其中就业30人、创业8人、实习15人。北师大珠海分校台籍教师罗法圣带领青年团队创新创业，研究开发绿色半导体及芯片设计项目，获2018中国创翼大赛全国二等奖、2018广东众创杯创业创新大赛银奖。组织台湾青年参观第十二届航展、港珠澳大桥等，感受大陆发展成就；参与文化之旅、孙中山故居参访等活动，促进文化认同；引导台湾青年参与社会公益活动，参加海滩清理和无偿捐血活动80人次。持续深化两地高校和青年交流，举办国台办2018年对台重点交流项目——北师大珠海分校台湾学生暑期营和北理工珠海学院第四届珠台高校“两岸一家亲”文化交流营活动，来自两地10所高校175名师生参加，近九成台湾师生首次到访大陆。以台湾青年骨干为主要对象，开展福建行活动，组织22人前往福建厦门、平潭等地学习交流。以台籍青年教师为主要对象，开展广西行活动，组织33人前往南宁、百色等地，了解百色起义以及广西多民族融合的历史，接受爱国主义、民族团结和两岸形势教育，增强两岸命运共同体认知。

【对台宣传】 2018年，珠海市发挥新闻宣传舆论阵地作用，加强对台宣传。国台办2018年重点新闻交流项目——“两岸媒体珠海行”活动邀请台湾7家媒体12名记者、编辑来访，与珠海本地媒体进行深入交流和联合采访，两地媒体发稿102篇，台湾《旺报》用3个专版刊登有关改革开放40周年、粤港澳大湾区建设和台商发展报道。第十二届航展期间，来自台湾13家媒体32名记者进行参观采访活动，近40%记者首次到访珠海，台湾中视和中天首次派出当家主播进行现场采访。

【台胞台商服务】 2018年，珠海市处理各类涉台事件90件，结案86件，结案率95.56%。妥善处理经市领导批示的涉台案件4件，做好“4·30”涉台电信诈骗案的舆情应对和死者家属安抚工作，配合香洲区法院做好审判工作。跟踪上报台胞方寿杰与他人争执致死

2018年12月5日，“两岸一家亲”台湾民情学术研讨会在珠海举办
（市委统战部 供稿）

案。妥善处理台胞在拱北地下商场购买不当物品被澳门拘留事件。

【"珠台52条"发布】 2018年，珠海市贯彻落实国台办"31条惠及台胞措施"和"粤台48条"，征求43个部门意见，印发《关于促进珠台经济文化交流合作的若干措施》（简称"珠台52条"），加快在投资和经济合作领域给予台资企业与珠海企业同等待遇，逐步为台湾同胞在珠学习、创业、就业、生活提供同等待遇，吸引人才扎根珠海。9月10日，举行全市台商台胞政策宣讲座谈会。

（市委统战部）

2018年6月15日，"江海同心·侨爱同行"教育帮扶活动在云南怒江举行
（市委统战部 供稿）

侨　务

【为侨服务平台建设】 2018年，珠海市构建基层为侨服务网络，11月1日，在香洲区福石社区举行"侨之家"揭牌仪式，召开"侨之家"建设现场会，总结经验，部署推广。发挥广东常成律师事务所作为为侨法律服务工作站援助平台的作用，引导开展为侨法律援助，帮助各级侨务部门提高为侨服务、依法护侨能力和水平。全年，妥善处理影响大、涉及广、情况复杂的信访案件6件。邀请律师参加"情暖侨心"法律咨询、"12·4"全国法制宣传日珠海行活动，向侨界群众提供法律咨询、法律援助、侨益维护、办信接访、依法维权服务370余人次。开展侨法宣传、侨益维护和办信接访60余人次。

【侨界扶贫济困】 2018年，珠海市将户籍在平沙、红旗华侨农场的所有归侨全部列入调查范围，听取基层社区工作人员意见建议，收集整理归侨所面临的困难和问题，为开展送温暖、医疗救助、奖学助学、职业技能培训等分类帮扶提供参考。秉承"以人为本、为侨服务"宗旨，向230余名贫困归侨发放扶贫济困救助金34.2万元。在怒江举办"江海同心·侨爱同行"教育帮扶活动，设立"江海情"电教室和音乐室。在西藏米林开展"侨爱工程·情系西藏"米林慈善行活动，为1000名藏族同胞进行风湿病义诊并免费派药，为1000名学生进行视力筛查和免费配镜。

【侨务外宣】 2018年，珠海市把侨务信息宣传作为服务侨务工作和社会发展大局的重要抓手。全年向各大网站媒体、微信公众号报送信息53条，向海外华侨华人推介珠海，提高海外华侨华人来珠海开展交流合作、投资兴业、创新发展的热情。发挥侨刊乡讯"集体家书"作用，全年编辑出版《珠海乡音》4期。开展侨刊乡讯业务培训，举办《珠海乡音》编辑通讯员培训班。发挥"珠海侨网""香洲侨联""斗门乡音"等微信公众号辐射传播作用，打造"互联网+时代"侨务外宣新平台。

【海外联谊】 2018年，珠海市加强与海外重点侨团侨领联系合作。主动对接省侨办，促成智汇广东——曹祥东博士科技团队、郑勋华科技团队、玻利维亚Foods Company公司高层、加拿大苏州联谊会会长金锦平、中科大非洲校友会、广州市侨界荣誉市民访问团等17批130余名海外高层次专业人士团体到访珠海。市委统战部常务副部长李勇率队访问美国、哥斯达黎加和墨西哥，成立第十六个珠海海外联谊会——纽约珠海联谊会，与海外社团、华文学校签署夏令营合作协议，拜访当地重点乡亲。

（市委统战部）

外　事

【概　况】 2018年，珠海市接待外宾团组51批612人次，接待外国媒体6批148人次，接待国际友城、友好交流城市代表团52批227人次，审核审批因公临时出国团组419批824人次，办理领事认证2036本，审发外国人来华邀请84批127人次，办理APEC商务旅行卡72张；协助处置各类涉外国人案（事）件72宗314人次，其中涉外“三非”人员案件63件300人次。

【与南太平洋岛国交流合作】 2018年6月11—15日，库克文化发展部秘书长一行2人及纽埃外交部和卫生部代表出席在珠海举行的友好使者珠海行活动，与市外事局座谈，探讨未来合作项目与合作计划，增进互信和友谊，为后续交流合作奠定基础。6月底，应纽埃中国友好协会邀请，市委常委、宣传部部长龙广艳率团访问纽埃，与纽埃政府官员座谈，探讨深化珠海与纽埃在农业、教育、文化、卫生等领域的交流合作；邀请纽埃政府高层率团于年内访问珠海；与纽埃卫生部、教育部座谈并签署捐赠方案；与纽埃文化部、纽中友协座谈，出席“魅力珠海”城市图片展开幕式，宣传推介珠海城市与文化。7月底，市委常委、副市长祝青桥率团访问库克，分别会见库克总理、文化部长等政要，开展系列经贸、旅游、教育、文化、农渔业交流活动；邀请库克文化发展部部长率团访问珠海并参加第十二届航展开幕式；出席在库克国家博物馆举办的“魅力珠海”城市形象图片展，宣传推介珠海城市与文化；出席珠海市向库克国家会议中心捐赠的LED大屏幕完工落成仪式和库克宪法日文化庆典，探讨同库克加强文化交流；走访库克群岛孔子课堂；实地调研库克渔业养殖基地；与格力电器海外项目经理进行实地勘察，为太阳能空调项目推进奠定基础。11月5—8日，库克文化发展部部长率团访问珠海，参加第十二届航展开幕式，就推动两地在旅游、文化等领域交流合作进行商谈。

【友好城市缔结】 2018年6月11—15日，加拿大哈利法克斯市市长麦克·萨维奇一行3人访问珠海，珠海市市长姚奕生与麦克·萨维奇签署《中华人民共和国广东省珠海市和加拿大新斯科舍省哈利法克斯市建立友好城市关系协议书》，正式缔结友好城市关系，推动两市在经贸、教育、文化、旅游、医药及信息技术等方面开展交流与合作。12月4日，市政协主席陈洪辉率团访问美国普罗维登斯市，与美国普罗维登斯市市长霍尔海·伊洛扎签署《中华人民共和国广东省珠海市和美利坚合众国罗德岛州普罗维登斯市建立友好城市关系协议书》，正式缔结友城关系，推动两市在经贸、科技、教育、文化、旅游等领域开展交流与合作。至年底，珠海市有国际友好城市15个。

【与友城、友好交流城市交流合作】 2018年，珠海市打造友城交流品牌活动，发挥友城资源优势，深度探讨友城交流合作。与友好（交流）城市互办魅力城市图片展。在波兰、芬兰、意大利、澳大利亚、加拿大等7个国家的友好（交流）城市、地区成功举办“魅力珠海”城

2018年12月4日，珠海市政协主席陈洪辉（左）与美国普罗维登斯市市长霍尔海·伊洛扎（右）签署《中华人民共和国广东省珠海市和美利坚合众国罗德岛州普罗维登斯市建立友好城市关系协议书》，正式缔结友城关系

（市外事局 供稿）

市图片展，邀请英国友城朴茨茅斯市使者来访珠海并举办图片展。筹办“友好使者珠海行”活动。6月11—15日，邀请12个国家友好（交流）城市主要领导以及国际交流和商务部门负责人到访珠海，推介珠海友城工作开展情况，表达与各友城开展重点领域合作的愿望，展示珠海经济社会发展的最新情况，挖掘在各领域务实合作的潜力。开展学生寄宿交流活动。来自日本友城热海市和澳大利亚友城黄金海岸市的44名学生到珠海开展寄宿交流，与珠海青少年互相学习、加深理解、增进友谊。开展民间文化交流。成功举办第八届珠海水原美术交流展，增进珠海市美术家协会与韩国水原市艺术家协会之间的交流。组织外国大学生看航展活动。协同广东电视台和新西兰媒体，组织新西兰大学生参观航展、港珠澳大桥，与北师大珠海分校进行友好交流篮球赛以及传统文化体验活动，把握广东“两个重要窗口”（既是向世界展示中国改革开放成就的重要窗口，也是国际社会观察中国改革开放的重要窗口）的地位和作用，向世界展示中国改革开放成就。

【与欧美国家交流合作】 2018年，珠海市外事局配合市驻外经贸代表处招商引资工作，助力构建开放型经济新体制。协助驻欧美经贸代表处与14个友好（交流）城市代表、经贸部门、商协会进行对接交流；向驻外经贸代表处提供对外宣传图片，配合珠海外宣工作。有针对性地召开产业对接会及推介会，主动搭建合作平台，对接友城资源。根据澳大利亚黄金海岸市、英国朴茨茅斯市代表团来访需求，分别召开对接会；在“友好使者珠海行”活动期间，举办珠海—友好（交流）城市交流会，与友好（交流）城市对接在经贸、教育、文化、体育领域的合作需求。建立友好交流机制，打造对外合作沟通平台。11月20日，珠海市委常委、副市长祝青桥与英国友城朴茨茅斯市议长杰拉尔德·弗农·杰克逊代表双方城市正式签署《“珠海—朴茨茅斯交流与合作联合会议”工作方案》，深化两市联系与沟通，促进多领域务实合作。借友好交流组织资源，吸引外资项目。协助波兰波中友好协会滨海省分会会长与珠海市西部城区建设局和规划局相关单位对接，在珠海投资建设波兰风格酒店项目。推动教育领域合作。促成意大利拉斯佩齐亚市旅游管理职业学院与珠海市第一中等职业学校签署合作备忘录，派遣第一批师生前来市一职校开展实习交流。推动珠海市人民对外友好协会与哈利法克斯友协进行对接，探讨未来在新材料、农业种植技术、海洋研究等领域合作，助力南方海洋科学与工程广东省（实验室）建设。

【涉外安全工作】 2018年，珠海市加强涉外维稳专项工作。完善市涉外应急预案，做好涉外意识形态领域工作，严格依法处理涉外案件，助力创建社会治理新格局。加强海外安全防范工作。通过报社、大型展会、讲座、微信等多种途径，面向广大群众做好领事保护和安全防范知识普及宣传，完善海外领保网络，强化现有海外领保机制，保障珠海企业和人员在海外的安全和利益。强化外国记者管理服务。发挥外国记者联席会议机制的作用，协调珠海各相关部门共同做好应对外国记者的各项工作，规范管理外国人来华邀请工作。

【中共珠海市委外事工作领导小组办公室成立】 2018年，珠海市落实地方外事工作领导体制改革实施意见，在全省各地级市率先完成地方外事工作领导体制改革。修订市委外事工作领导小组职责和工作规程，制定市委外办工作制度，明确和完善主要机构设置、职责任务、会议制度和工作机制等。编制和细化关于加强党对地方外事工作集中统一领导相关工作制度，完善会议制度、请示报告制度、检查督办制度、跨平台协调联动机制和双重领导制度等。经市编委会第二次会议同意，市委外办作为市委外事工作领导小组常设办事机构，与市外事局合署办公，在全省率先推动市委外办的实体化运作。推动各区成立党委外事工作领导小组。6月29日，中共珠海市委外事工作领导小组办公室挂牌成立。6月30日，全市实现辖内行政区（经济功能区）均成立党委外事工作领导小组。

（曾示男）

应急管理

【应急体制机制建设】 2018年，珠海市加快防灾减灾基础设施建设，强化经费物资保障，推动应急管理资源向镇（街）、社区（村居）下沉，夯实防灾减灾基层基础。市应急办联合市三防办、市人防办、市气象局在全市推进镇（街）应急管理综合服务站建设，至年底，斗门区、高栏港区完成镇（街）应急管理综合服务站建设。市科工信局推进香洲区康宁、水湾省级地震安全示范社区和金湾外国语学校、珠海市东方外语学校省级防震减灾科普教育基地建设，全市新建地震应急避难场所6处。省渔政总队珠海支队争取当地镇政府支持，将桂山港义务消防船运作管理纳入桂山镇政府年度经费预算，建立义务消防船运作管理长效机制。

【应急宣教】 2018年，珠海市应急办发挥互联网传播快、范围广、成本低等优势，在全市开通“珠海应急知识普及在线课堂”，结合珠海市不同时期突发事件防范重点，邀请应急管理专家讲授专业预防溺水、台风、高温等应急知识和技能。全年，录制“在线课堂”5期，受益学生近万人，网络受众20余万人次。市教育局、市文体旅游局、市质监局、省渔政总队珠海支队、保税区等单位围绕“5·12防灾减灾日”“安全生产月”等，通过印发宣传资料、举办专题讲座和应急演练等形式，面向公众宣传应急知识和技能。市公安局以“110主题宣传日”为载体，通过开展主流媒体报道、高校“防骗、防盗、防毒”主题宣传等系列活动，向公众宣传普及应急互助和自救等知识。市教育局规范全市中小学消防安全教育，每学期消防安全教育不少于4课时，确保消防安全知识教材、师资、课时“三落实”。市市政和林业局在社区、公园、街道、市场、学校等开展防灾减灾宣传活动，集中宣传燃气安全、森林防火安全等知识。

【应急培训演练】 2018年，珠海市委宣传部举办新闻发言人培训班，通过突发事件新闻应急处置桌面推演等形式，提升全市新闻发言人应急管理综合素质。市应急办会同市公安局、市卫计局、市安监局、市大桥办、港珠澳大桥管理局等单位，按照港珠澳大桥开通前全线试运行测试工作部署，各司其职，全力做好试运行期间治安管理、消防应急、交通应急、海上治安管理、医疗救护、通讯保障等工作，在港珠澳大桥开展不同类型“双盲”（不预先通知演练时间、地点、内容，不制定演练脚本）应急演练4场，形成总结材料报省政府。市公安局根据市领导关于“常态化组织应急处突演练”指示精神，多次组织应急模拟实战演练和社会面防控警力反应测试。市科工信局牵头组织开展珠海市大面积停电应急综合演练，提高在灾害性气候条件下相关部门之间应急协调和处置能力。市文体旅游局开展全市旅游行业旅游安全生产知识培训暨消防突发事故应急处置演练。全年，市教育局组织全市各级学校、幼儿园开展消防、地震等演练5000余次，参与师生约150万人次；香洲区各镇（街）及相关部门开展各类应急演练300余场次；斗门区开展较大规模应急演练35场次，参与人数9865人次。

【应急队伍建设】 2018年，珠海市应急办牵头整合和优化民间应急资源和社会救援力量，在全国率先成立珠海市应急志愿者服务支队，至年底，该支队配合政府有关部门参与各类应急救援30余次，成功帮助50余人脱险，为第十二届航展、第五届中国国际马戏节、2018年亚洲帆板锦标赛和亚洲风筝板锦标赛等大型活动提供专业保障，组织专业培训、演练等60余场次。斗门区、高栏港区组建区应急志愿者队伍，为公众提供心理咨

2018年9月26日，珠海市组织开展港珠澳大桥交通事故应急演练
（市应急办 供稿）

询、紧急医疗、综合应急等志愿服务。市公安局成立应急管理工作领导小组，加强交通事故专业应急队伍、特警反恐处突专业应急救援队伍、网络安全专家队伍、公安边防专业应急救援队伍等建设，强化各应急救援队伍专业性。市市政和林业局对市护林扑火机动大队30名队员进行考核和重新招录，提高队伍战斗力。市卫计局印发《关于调整珠海市卫生应急专业救援队伍的通知》，对18支市卫生应急专业救援队伍进行调整优化。斗门区加强应急管理专家队伍动态管理，完成第二届突发事件应急管理专家队伍组建工作。

【大型活动应急保障】 2018年，港珠澳大桥正式开通运营，第十二届航展、第五届中国国际马戏节、亚洲帆板锦标赛和亚洲风筝板锦标赛等大型活动成功举办。市应急办作为港珠澳大桥开通仪式应急救援组，第十二届航展、第五届中国国际马戏节应急管理组牵头单位，统筹做好方案细化、应急预案编制、应急演练及救援力量部署等工作。组织编制《港珠澳大桥开通仪式现场火灾疏散应急预案》；按照智能应急要求，委托专业技术力量对第十二届航展现场应急救援指挥部信息指挥系统进行开发建设，实现与有关单位视频对接、互联互通，并通过具备摄像、视频传输等功能的单兵设备，使指挥部能实时掌握航展活动现场及周边道路交通视频情况，为活动安全举办提供应急保障。航展开幕前，市公安局、市卫计局、市食药监局、市消防支队、珠海海事局、香洲区、金湾区等成员单位开展反恐救援、医疗救护、海上搜救、飞行表演航空器坠落救援、食物中毒救护、消防战备暨航空器场外失事应急救援等综合演练；航展期间，调派充足救援力量在航展活动现场和周边区域布置应急救援点42个，配备大批应急救援装备，设立应急救援前线指挥所6个，确保航展顺利举办。

【珠海市应急志愿者服务支队成立】 2018年5月12日，珠海市应急委在香洲区文园中学举办珠海市应急志愿者服务支队成立暨授旗仪式，现场展示防灾减灾救灾工作成果和装备，副市长、市应急委副主任刘嘉文出席仪式。珠海市应急志愿者服务支队是由市应急办指导成立的社会化应急救援队伍，由市红十字志愿工作者协会、市传统美德促进会、市户外爱心公益协会、珠海报业发行有限公司、市无人机协会、市昇韵艺术中心、市爱新应急救援中心、市湘友劳动者服务中心、珠海威泓医疗科技有限公司等单位和应急志愿者队伍组建而成，实名注册应急志愿者近500人，下设应急志愿者大队10个（红十字大队、威泓医疗大队、珠海户外大队、爱新大队、无人机大队、三湘综合大队、昇韵艺术大队、报业大队、海蓝大队、新思路大队），中队35个。（赵朝晖）

政务服务

【“一门式”综合服务】 2018年，珠海市政务服务大厅办理业务8.34万件，新进驻珠海港泰管道燃气有限公司、珠海水务环境控股集团有限公司、广东电网有限责任公司珠海供电局3个部门。全年，市政务服务大厅“一门式”综合受理并入部门14个，开设综合窗口15个，纳入事项246项；各区（功能区）政务服务大厅设置综合服务窗口108个，各镇（街）政务服务大厅设置综合服务窗口150个。

【“最多跑一次”服务改革】 2018年，珠海市政务服务管理局在各级

2018年8月8日，珠海市政府采购系统与中征应收账款融资服务平台对接启动仪式在珠海度假村酒店举行（唐文琪 摄）

政务服务机构推行“最多跑一次”服务改革。全年，市政务服务大厅16个部门开展“最多跑一次”服务事项348项，占大厅事项总数80%，完成业务量2.35万件；各区（功能区）政务服务大厅实现“最多跑一次”事项4100项，占进驻事项87%。

【政务服务事项“全城通办”】 2018年，珠海市政务服务管理局推动政务服务“全城通办”改革。至年底，全市34个部门、1302项政务服务事项实现“全城通办”，业务办理量895万件。

【网上办事大厅建设】 2018年，珠海市网上办事大厅门户正式切换至“广东政务服务网珠海市”，实现全市政务服务事项省、市、县三级同一事项基本编码、实施编码规则、事项名称、子项拆分、事项类型、设定依据、办理流程、办理时限、提交材料及表单内容十个要素信息“三级十同”。全年，“广东政务服务网珠海市”进驻市级部门44个，事项7820项，其中行政许可事项727项，可在线申办710项，公共服务事项560项，可在线申办362项；开通电子证照目录104个（种），完成电子证照签发66.04万个。市政务服务资源协同赋能平台获第四届（2018）中国“互联网+政务”50强。

【公共资源交易】 2018年，珠海市公共资源交易中心完成交易项目6184件，交易总额1335.24亿元，成交总额1306.74亿元，为市财政节支45.05亿元，增收16.55亿元。是年，市公共资源交易中心获2018—2019年度“全国公共资源交易机构100强”；土地交易界涌村幼儿园建设项目获“2018年度全国公共资源交易精品项目”及“改革开放40周年看广东公共资源交易改革步伐十大创新经典案例”；珠海市“无主进口商品”网上竞价促进资产增值获“改革开放40周年看广东公共资源交易改革步伐创新经典入围案例”。

【市民热线服务】 2018年，珠海市“12345”市民服务热线呼叫总量146.7万个，平均15秒接通率95%，日均呼入来电4020个，形成记录工单146.9万个，转派各区、各部门办理工单16.9万个。是年，“12345”市民服务热线获广东省“巾帼文明岗”称号、“服务之星奖”“金音奖——2018中国最佳客户联络中心奖”“2018年度消费者最具信任公共（政务）服务热线”4个奖项。（黄小艺）

政协珠海市委员会

【概　况】 2018年，珠海市有各级政协组织4个，其中地级市政协1个、区政协3个。各级政协有委员813人，其中在珠全国政协委员2人、在珠省政协委员9人、市政协委员281人、区政协委员521人。市政协设常务委员会，由主席、副主席、秘书长和常务委员组成，有主席1人、副主席7人、秘书长1人、常务委员46人。市政协机关内设办公室和7个专门委员会（提案委员会、经济委员会、科教文卫体委员会、社会与法制委员会、文史资料委员会、港澳台侨与外事委员会、人口资源环境委员会）。

【市政协九届二次会议】 2018年1月15—17日在珠海大会堂召开。会议应出席委员281人，实到269人。会议审议通过政协第九

2018年1月15日，市政协九届二次会议在香洲召开　（周月波 摄）

届珠海市委员会常务委员会工作报告、政协第九届珠海市委员会常务委员会提案工作报告、中国人民政治协商会议第九届珠海市委员会第二次会议决议。会议听取并讨论姚奕生市长所作的政府工作报告，表彰政协珠海市委员会2017年度优秀提案和提案承办先进单位。会议期间，收到提案439件，确定立案332件，举办小组讨论13场、提案审查会议1场。

【市政协常务委员会议】 2018年，政协第九届珠海市委员会常务委员会召开常务委员会议5次。

市政协九届四次常务委员会 1月3日在市政协召开。会议听取市政府、市纪委、市中级人民法院、市人民检察院2017年工作情况通报。审议通过市政协相关工作报告。审议通过政协第九届珠海市委员会第二次会议议程、日程（草案），确定政协第九届珠海市委员会第二次会议于1月15日召开。市委常委、纪委书记龚海明，市委常委、副市长祝青桥，市中级人民法院党组书记、院长黄炯猛，市人民检察院党组副书记、副检察长钟东晖到会通报相关情况。

市政协九届五次常务委员会 1月17日在市政协召开。会议审议并通过《政协珠海市第九届委员会二次会议决议（草案）》。

市政协九届六次常务委员会 4月20日在市政协召开。会议传达学习全国政协十三届一次会议精神以及市委书记郭永航在市政协调研暨市、区政协工作座谈会上的讲话精神，通报2017年度市政协委员履职考核结果，审议有关人事事宜。

市政协九届七次常务委员会 7月23日在市政协召开。市委副书记、市长姚奕生出席会议，并通报2018年上半年珠海市经济和社会发展情况。会议传达学习习近平总书记关于加强和改进人民政协工作的重要思想及市委八届五次全会精神，审议有关人事事宜。

市政协九届八次常务委员会 11月19日在市政协召开。会议全面深入传达学习贯彻习近平总书记视察广东重要讲话精神，审议有关专题调研报告和《中国人民政治协商会议珠海市委员会常务委员会工作规则（稿）》，审议有关人事事宜。

【市政协主席会议】 2018年，政协第九届珠海市委员会召开主席会议4次。

市政协九届六次主席会议 4月13日在市政协召开。会议传达学习中共珠海市委《关于坚决全面彻底肃清李嘉、万庆良恶劣影响的工作方案的通知》精神，对市政协坚决全面彻底肃清李嘉、万庆良恶劣影响工作进行再动员、再部署；研究部署深入贯彻落实中央八项规定和中纪委有关开展谈话提醒工作；研究2018年度重点提案预选名单；审议2017年委员履职考核结果；审议市政协九届六次常委会议议程。

市政协九届七次主席会议 7月23日在市政协召开。会议传达学习《中共中央办公厅印发〈关于当前意识形态领域情况的通报〉的通知》精神；研究有关人事事宜；审议市政协九届七次常委会议议程及召开时间。

市政协九届八次主席会议 10月25日在市政协召开。会议传达学习新修订的《中国共产党纪律处分条例》精神；传达学习《中共中央办公厅印发〈关于进一步激励广大干部新时代新担当新作为的意见〉的通知》精神；传达学习省委常委会会议决定事项通知精神；传达学习《中共广东省委办公厅关于印发〈党委（党组）意识形态工作责任制实施细则〉的通知》精神；审议《2018年度市政协提案办理质量考评实施方案（送审稿）》；审议市政协九届三次会议筹备工作方案；审议《中国人民政治协商会议珠海市委员会常务委员会工作规则（送审稿）》；审议相关专委会专题调研报告；审议《市政协机关2019年度电子协同处理系统运维工作方案》《关于延续购买市政协机关移动办公上网服务的方案》；研究有关人事事宜。

市政协九届九次主席会议 11月5日在市政协召开。会议传达学习习近平总书记视察广东重要讲话精神，研究贯彻落实意见；研究审议《完善园区综合配套推动珠海二次创业》《深入实施乡村振新战略，建设珠海美丽乡村》《推进珠海近岸海域污染防治，加强海洋生态资源保护》《关于加强珠海非道路移动机械污染防治的调研报告》《深入挖掘港珠澳大桥文化内涵，加快推动大桥旅游开发》等专题报告；研究审议《市政协委员议事厅专栏合作协议》；审议有关人事事宜。

【协商议政】 2018年，珠海市政协制定实施《市政协2018年度重点协商计划及重点监督议题》，建立"圆桌协商会""委员议事厅"专题协商制度，选取"完善产业综合配套""全面提高珠海市健康服

2018年10月31日，市政协召开“加强珠海近岸海域污染防治与资源保护”圆桌协商会 （周月波 摄）

务水平”“实施大数据发展战略，推进新型智慧政府建设”“深度挖掘港珠澳大桥的文化内涵，打造‘大桥文化’旅游精品项目”“贯彻乡村振兴战略，建设珠海美丽乡村”“加强珠海近岸海域保护和污染防治”“加强珠海非道路移动机械污染防治”重点协商议题7个，组织开展各类协商活动40余场。探索协商新方式、新形式，组织开展全委会整体协商、常委会专题协商、主席会重点协商、专委会对口协商，完善定期听取“一府两院”、市纪委监委工作通报制度和与职能部门面对面协商制度，全年有550名群众、委员直接参与政协协商活动。

【政协民主监督】 2018年，珠海市政协围绕“推进园区扩能增效”“中小学（幼儿园）建设‘回头看’”等专题开展民主监督，联合香洲区政协对“规范共享单车管理”系列提案开展专题督办。组织开展与民生息息相关的视察活动30余次，内容涵盖交通出行、教育发展、体育设施、慈善活动、养老扶贫、医药卫生、环境安全、机场建设、救灾复产等方面，有效助推诸多涉及群众切身利益问题的解决。

【参政议政】 2018年，珠海市政协围绕市委、市政府中心工作，选取“积极应对广深科技创新走廊建设带来的机遇和挑战”“完善工业园区综合配套建设”“推动健康珠海建设”“实施大数据发展战略，推进新型智慧政府建设”“进一步加强委员履职服务管理”等8个专题开展系列调研，召开座谈会60余场，形成调研报告9份，为市委、市政府科学决策提供参考。市政协委员、政协各参加单位以及各专门委员会通过提案履行职能，截至10月底，收到提案458件，经审查立案351件，提案答复率100%，提案所提问题解决或采纳141件，计划解决或采纳203件，作为工作参考7件。

【文史宣传交流】 2018年，珠海市政协以迎接改革开放40周年为契机，启动《珠海文史》第27辑征编工作，发挥政协文史资料存史、资政、团结、育人的独特作用。全年刊发《珠海政协》4期，编印《政协工作信息》36期，宣传报道政协工作亮点。在《人民政协报》等中央媒体刊发政协新闻60余篇，介绍珠海政协各项创新性工作举措；在《珠海特区报》开设“市政协重点课题调研成果系列报道”专栏，分8期深度报道政协调研工作。市政协书画院开展“白狼、沈威书画作品展”等展览交流活动。

【港澳台及海外联谊】 2018年，珠海市政协做好港澳台侨团结联谊大文章。组织召开港澳委员议政口活动，向港澳地区委员通报珠海经济社会发展和政协工作情况，开展协商交流，征集港澳委员对珠海市经济社会发展的意见并及时汇总报送市委、市政府。组织港澳委员开展调研走访、国情考察、爱国主义教育以及珠港、珠澳青年交流活动，广泛凝聚爱国爱港爱澳力量。加强平台建设。8月，澳门珠海各级政协委员联谊会在澳门举行第二届换届大会，完成换届工作；9月，香港珠海各级政协委员联谊会在香港举行新任会长就职典礼暨成立五周年会庆，完成会长交接工作。走访在珠台商企业，帮助台商解决生产方面的实际困难和问题。9月，举办华人华侨“庆国庆”暨海外珠海国际交流协会活动，激发海外华人华侨积极参与珠海建设的热情。服务国家总体外交战略，深化同国外重要智库、知名人士和普通民众的友好往来，帮助他们了解认识中国政治体制和人民政协制度，讲好珠海故事，传播好珠海声音，全年开展各类外事活动30余场次。11月，市政协主席陈洪辉带队走访日本、美国、加拿大等华人社团、侨界领袖和当地议会，在日本指导成立珠海国际交流协会，推动珠海与各友好城市往来，推介珠海良好营商环境，为珠海招商引资、招才引智添砖加瓦。3月，召开公共外交协会换届大会，完成珠海公共外交协会换届工作，夯实对外交流基础。

（周月波）

中共珠海市纪律检查委员会、市监察委员会

【概　况】 1993年5月，中共珠海市纪律检查委员会（简称市纪委）与市监察局合署办公，履行党的纪律检查和政府行政监察职能，对市委全面负责。市监察局属市政府机构序列，受市政府领导。市纪委与市监察局合署办公以后，实行在省纪委、省监察厅和珠海市委、市政府双重领导下开展工作。市监察局加挂市预防腐败局牌子。2018年1月，珠海市监察委员会成立。市纪委监委内设办公室、组织部、宣传部、政策法规研究室、党风政风监督室、信访室（举报中心）、案件监督管理室（案件指挥协调中心）、第一纪检监察室至第九纪检监察室、案件审理室、纪检监察干部监督室（内务监督委员会办公室）等18个室，设有派驻（出）机构20个。全市设香洲区、金湾区、斗门区3个行政区纪委监委，以及横琴新区、珠海（国家）高新技术产业开发区、珠海保税区、万山海洋开发试验区、珠海经济技术开发区（高栏港经济区）5个经济功能区纪检监察组织。

2018年，珠海市纪检监察机关严明政治纪律和政治规矩，督促全市各级党委（党组）对贯彻落实习近平总书记重要指示批示精神情况开展自查自纠。抓好中央巡视整改工作，落实19个方面整改任务，对中央巡视组交办的问题线索全面核查、逐一回复。协助市委贯彻落实省委、省纪委关于全面从严治党的工作部署。参与三大攻坚战、扫黑除恶专项斗争等重大政治任务。落实省委“三个决不允许”（决不允许搞政治阴谋、危害党中央权威，决不允许拉帮结派、搞团团伙伙，决不允许政商勾结、形成利益集团）要求，从政治上、思想上、组织上、作风上坚决全面彻底肃清李嘉、万庆良恶劣影响。严把选人用人政治关、品行关、作风关、廉洁关，市纪委监委回复党风廉政意见51批615人次。

【中共珠海市纪委八届三次全会】 2018年2月11日召开。全会传达学习习近平总书记在十九届中央纪委二次全会上的重要讲话和十九届中央纪委二次全会、十二届省纪委二次全会精神，听取并审议通过市委常委、市纪委书记龚海明代表市纪委常委会所作的《坚定不移落实党的十九大全面从严治党战略部署，一刻不停歇地推进党风廉政建设和反腐败斗争》工作报告。市委副书记、市长姚奕生出席会议并讲话，市委、市人大常委会、市政府、市政协等相关领导出席会议。

【纪检监察体制改革】 2018年，珠海市深化纪检监察体制改革，把制度优势转化为治理效能。落实中央、省关于纪检监察体制改革决策部署和工作要求，市、区两级党委主要负责人主动担当，纪检监察机

2018年2月11日，中共珠海市纪委八届三次全会召开（市纪委监委 供稿）

关履行专责，两级监委如期挂牌成立。全市划转编制126人，转隶103人。优化内设机构设置，实行监督检查和审查调查职能分离、部门分设。贯彻纪检监察合署办公要求，依法行使监察职权，监察对象增长136%。推动纪法贯通、法法衔接，学习贯彻宪法、监察法和上级纪委监委出台的制度文件，结合实际制定实施工作制度17项。坚持把安全工作摆在首位，严格落实审查调查安全责任制，实现监督检查、审查调查零事故。深化派驻机构改革，赋予各经济功能区纪检监察组织、市纪委各派驻（出）机构部分监察权限，派驻（出）机构履职能力进一步增强。

【纪律和作风建设】 2018年，珠海市纪检监察机关强化监督第一职责，不断提升监督覆盖面和有效性。运用大数据分析和信息化手段，在全省率先建成并试运行政治生态分析研判系统，建立市管干部廉政档案和问题线索活页。深化运用监督执纪“四种形态”，出台第一种形态工作指引，全市纪检监察机关运用“四种形态”处理党员干部987人次，比上年增长15.6%；“四种形态”占比分别为67%、21.1%、6.4%、5.5%，监督执纪逐步由“惩治极少数”向“管住大多数”拓展。协助市委制订《关于加强对各级党组织一把手监督的意见》《关于开展述责述廉工作的实施意见》，组织28名党委（党组）书记在各级纪委全会上述责述廉，督促领导干部履行主体责任、加强廉洁自律。用好问责利器，全市问责落实管党治党责任不力党组织19个、党员干部108人，倒逼主体责任落实。持续纠治“四风”，巩固落实中央八项规定精神成果，把监督检查中央八项规定及其实施细则精神落实情况作为重点任务和常态化工作。贯彻习近平总书记关于严肃整治领导干部利用名贵特产类特殊资源牟取私利问题的重要讲话精神，集中排查整治。全市查处违反中央八项规定精神问题33起，处分60人，通报典型案例5起。落实市委关于推动思想大解放、作风大转变、效率大提升的决定，集中整治形式主义、官僚主义，推动开展办文办会和监督检查考核专项整治，查处为官不为问题26起32人。协助市委制订《关于完善容错纠错机制激励干部新时代新担当新作为的实施意见》《关于深入整治官商勾结问题构建亲清新型政商关系的实施意见》，营造干事创业良好氛围。持续保持高压态势，夺取反腐败斗争压倒性胜利。坚持无禁区、全覆盖、零容忍，坚持重遏制、强高压、长震慑，坚持受贿行贿一起查，持续强化“不敢”“知止”氛围。强化标本兼治，规范和加强监察建议工作，市监委发出监察建议书7份，推动案发单位以案促改、完善制度、堵塞漏洞。传承珠海红色基因，完成杨匏安陈列馆升级改造并正式启用。开展“纪律教育学习月”活动，举办党章党规党纪教育培训班、“新时代新征程”廉政文艺汇演，组织廉洁法治巡讲百余场。

【执纪审查】 2018年，珠海市纪检监察机关受理信访举报841件，比上年增长51.5%；处置问题线索1624个，增长127.1%；立案398件，增长5.9%；结案并处分307人；立案处级干部21人，增长23.5%。坚持追逃防逃一起抓，成功追回涉嫌职务犯罪人员3人，其中“红通人员”1人。推进基层正风反腐，打通全面从严治党“最后一公里”。全市摸排基层违纪违法问题线索554条，立案221件，处分182人，移送司法机关10人。参与中央环保督察“回头看”、国家海洋督察等重大专项任务，查处生态环境损害责任问题6起。开展扶贫领域专项治理，与对口帮扶地区建立监督协作机制，向怒江扶贫协作工作组派出纪检监察专员。配合中央扫黑除恶督导工作，深挖彻查涉黑涉恶腐败和“保护伞”，全市立案38件，结案并处分12人，移送司法机关5人，通报典型案例3起，有效维护群众切身利益。

【巡察工作】 2018年，珠海市纪检监察机关坚持政治巡察定位，巡察工作高质量推进。全面落实巡察政治责任，协助市委制订巡察工作五年规划。发挥巡察利剑作用，完成第二、第三轮常规巡察，移交问题线索118条，根据巡察移交线索进行谈话函询32人，组织处理16人，立案7人，处分3人；有序开展第四轮常规巡察。统筹各行政区开展交叉巡察，指导各区推动巡察向村级党组织延伸，不断拓展巡察监督的深度和广度。做好巡察“后半篇文章”，市委巡察工作领导小组成员带队参加巡察反馈，建立巡察报告向分管市领导通报制度，完善市纪委监委机关、派驻（出）机构与巡察机构工作协调机制，强化对巡察整改的监督。加强市委巡

2018年1月19日，珠海市监察委员会成立大会召开　（市纪委监委 供稿）

察机构和队伍建设，在“一办三组”基础上新组建第四、第五巡察组。建立新提任处级干部参加巡察工作制度，从全市优选158名专业干部组建巡察人才库，提高巡察专业化水平。

【珠海市监察委员会成立】 2018年1月19日，珠海市监察委员会成立大会召开，标志着珠海市深化监察体制改革试点工作迈出关键一步。珠海市监察委员会由珠海市人民代表大会产生，对珠海市人民代表大会及其常务委员会负责，并接受其监督。市委书记、市人大常委会主任、市深化监察体制改革试点工作小组组长郭元强出席大会并讲话。市委常委、市纪委书记、市监察委员会主任龚海明代表市监察委员会领导班子发言。会前，郭元强、姚奕生、陈英、龚海明共同为市监察委员会揭牌。市领导曾祥华、张强，市人民检察院黄维玉，市深化监察体制改革试点工作小组成员、市纪委监委领导班子成员、市委巡察机构、市纪委各派驻（出）机构、各区纪（工）委书记、市纪委监委机关全体干部参加活动。（戴　暄）

民主党派和工商联

【中国国民党革命委员会珠海市委员会】 1988年6月成立民革珠海市小组，1991年9月成立民革珠海市委员会。主要成员和所联系的对象是同原中国国民党有关系的人士、同本党有历史联系和社会联系的人士、同台湾各界有联系的人士、社会和法制专业人士以及其他人士，着重吸收其中有代表性的中上层人士和中高级知识分子。至2018年底，全市有行政区（香洲、金湾、斗门）基层委员会3个、经济区总支部1个（下辖高新支部、高栏支部和万山支部）、横琴支部、行业支部7个（教育、医卫、法制、科技、经济、城建、社建）和综合支部3个（由退休人员组成），支部20个，党员431人。全年新发展党员33人。

组织建设　2018年，民革珠海市委会协助民革中央组织部在珠海举办民革青年代表座谈会，共同探讨民革青年党员工作。建成“民革党员之家”10处，在建2处，筹办“孙中山与珠海”展览。换届调整基层组织班子，一批思想好、能力强的优秀党员进入支部领导岗位。横琴支部下设保税区小组和自贸区小组，服务横琴、保税区一体化发展。香洲二支部等8个支部获省委会组织工作先进支部，2人获省组织工作先进个人。严把入党质量关，注重新党员综合素养，强调发展高层次专业技术人才。举办骨干党员暨新党员专题提升培训班，邀请省委会吴培冠副主委做专题讲座。选派基层班子成员、人大代表、政协委员等骨干党员参加各级培训班。

思想建设　2018年，贯彻学习党的十九大精神和习近平总书记重要讲话精神，召开全体党员大会，邀请中共十九大代表徐飞宣讲党的十九大精神；召开扩大会议学习贯彻习近平总书记参加广东代表团审议时重要讲话和视察广东重要讲话精神、中共十九届二次全会精神、民革中央十三届三次中常会以及全国、省、市各级“两会”精神。开展“五一口号”发布70周年纪念活动，潘明主委主持召开市委会扩大会议并做辅导讲话；发动孙研会及各支部开展理论研究，撰写论文6篇参加民革中央、省委会及市政协、统一战线的征文及演讲活动，获全省演讲比赛一等奖。采用新媒介新途径强化思想宣传，协助《团结报》多媒体阅报屏进驻珠海；与北京同舟共进传媒合作共建“珠海民革”微信公众号；市委会获民革中央《团结报》征订工作二等奖和省委会征文活动优秀奖。

参政议政　2018年，围绕发展建言献策，聚焦参政议政主业，把对发展的参政议政作为第一要务。市政协大会发言《夯实支点扬帆出海积极推动珠海企业参与“一带一路”建设》和市暑期座谈会发言《关于加快推进珠海融入国家高铁网络的建议》，得到中共珠海市委领导肯定。改革机制提升提案水平，成立专家咨询委员会，召开参政议政重点课题申报选题会，完善参政议政调研激励机制，采取各支部竞争演讲、专家委员评审以及人大代表、政协委员联系支部调研新机制，确定市委会重点课题7个，鼓励支部深入调研。动态跟踪落实提案办理，提交立案提案32件，其中集体提案9件、个人提案23件，获市政协优秀提案5件。通过专题协商会、现场调研等形式，持续跟踪政协大会发言提案的办理，推进珠海企业参与“一带一路”建设。

社会服务　2018年，市委会及所属各基层组织依托全市6个“民革志愿服务基地”和2个“民革社区法律援助站”，开展社区居家养老、关爱民革老党员和抗战老兵、帮扶孤残儿童和贫困学子、送法到企业、送义诊进社区进村居、普法及防诈骗防侵害宣传、家庭教育公益讲座、共建海岛“博爱林”、参加“广东扶贫济困日”活动等多种形式的社会服务活动，向困难群体伸出博爱之手；组织历史建筑活化试点设计竞赛，举办“粤港澳大湾区与珠海新机遇”论坛、横琴政策宣讲会等活动，助力珠海创新创业。

祖国统一　2018年，潘明主委带队参加民革全国祖国统一工作会议、民革广东省祖国统一工作会议，调研民革前辈故居保护建设；协助台湾挑茶驿站林伟信考察珠海营商环境；协助市委统战部开展“同心大讲堂”活动，邀请国务院台湾事务办公室原副主任王在希做《当前台海形势及若干思考》专题讲座；祖统委参加春茗茶话会，联系在珠台湾师生。依托祖国统一工作委员会，加强与市台联会、台盟支部联系，联合举办学习贯彻党的十九大精神专题讲座、迎中秋茶话会等活动。（李　琳）

2018年1月9日，民革中央副主席兼秘书长李惠东（左二），民革广东省委会主委程萍（左一），中共珠海市委常委、统战部部长郭才武（右二），民革广东省委会副主委、民革珠海市委会主委潘明（右一）在团结报社2017年度新闻舆论工作总结表彰会上，共同为《团结报》多媒体阅报屏入驻珠海揭幕

（民革珠海市委会 供稿）

【中国民主同盟珠海市委员会】

1985年12月成立民盟珠海市小组，1987年夏成立民盟市委筹委会，1989年5月6日成立民盟珠海市委员会并召开第一次盟员大会。主要成员和所联系的对象是文化教育和科学技术界具有高、中级职称知识分子。至2018年底，民盟珠海市第六届委员会有专门委员会4个、基层委员会1个、总支2个、基层支部24个，盟员695人。全年发展新盟员54人。

组织建设　2018年，民盟珠海市委会组织建设取得新发展。年初成立文艺委员会，7个基层组织完成届中补选和调整工作；成立机关“盟员之家”“会同讲堂盟员之家”；11月，机关“盟员之家”被盟中央评为优秀盟员之家。加强思想凝聚力建设。盟市委把学习宣传贯彻习近平总书记视察广东重要讲话精神作为全年首要政治任务，各级盟组织召开专题学习近30场；盟市委召开纪念“五一口号”发布70周年、庆祝改革开放40周年座谈会等专题学习座谈会，增强“四个意识”、坚定“四个自信”，做到“两个维护”，不忘多党合作初心，自觉做中国共产党的好参谋好帮手好同事。专委会履职尽责。青年联合委员会每季度坚持开展主题读书会活动，内容丰富，反响热烈；参政议政委员会撰写提案和社情民意信息，使参政议政工作得到明显进步和提升；理论研究委员会组织开展“学习贯彻习近平总书记视察广东重要讲话精神”专题学习和参政党理论研究工作；文艺委员会组建民盟珠海合唱团，丰富盟员业余生活。思想宣传工作收获新成果。11月，盟市委获盟中央思想宣传先进单位表彰；依托“民盟珠海”微信公众号扩大宣传影响，全年发布文章近400篇，关注人数突破700人。

政治协商　2018年，参与社会主义协商民主建设，通过参与多渠道、多层次协商，推动珠海市重大决策科学化、民主化进程，先后参与各类民主协商会、情况通报会、征求意见会、专题座谈和调研考察活动20余人次；围绕市政府工作报告、珠海市“十三五”规划等主题，就服务创新驱动发展战略实施、粤港澳大湾区发展、完善社会服务体系、完善农村医疗卫生体制等重要议题建言，多个建议获采纳。全年，盟市委完成理论研究文章9篇，其中被盟中央法治论坛评选为优秀论文1篇、被盟中央民生论坛收录1篇、获盟省委“四个走在全国前列”研讨会优秀论文1篇、入选市政协《实践与探索》论文集2篇。

参政议政　2018年，坚持参政议政科学化选题，围绕市委、市政府经济社会发展中心工作，结合民盟界别特点，确保参政议政针对性和实效性。在暑期座谈会上关于《强化服务平台建设助力珠海招才引智》的发言以及在市政协九届二次会议上《营造良好家教家风培育和践行社会主义核心价值观》发言，受到中共珠海市委、市政府、市政协重视。围绕推动粤港澳大湾区发展、创新驱动发展战略实施、改善民生、促进社会公平等开展调查研究，撰写调研报告和提案。承办盟省委调研课题，配合盟省委领导莅临调研。全年提交调研课题11篇。

2018年6月23日，民盟珠海会同讲堂暨“盟员之家”揭牌仪式在会同村华发阅·潮书店举行　（民盟珠海市委会 供稿）

社会服务　2018年，发挥盟内资源优势。开展“农村教育烛光行动”，为珠海市西区中小学校开设家庭教育、心理健康教育等讲座；关注实体经济发展，由盟市委领导班子对口帮扶盟员企业，定期走访，实地考察，为经济界盟员提供支持和帮助；横琴支部、高新支部利用支部盟务经费，开展“关爱困难群众”活动。创新发展慈善公益活动品牌。响应市委、市政府关于对口帮扶怒江工作的号召，12月，盟省委、盟市委赴云南省怒江州泸水市签订助教助学合作协议，帮扶泸水市建立民盟小学，在该市教育局设立慈善助学基金，至年底累计捐款381.38万元。（李　萌）

【中国民主建国会珠海市委员会】

1990年4月成立民建珠海市支部，1994年2月成立民建珠海市委员会。市委会下设参政议政工作委员会和企业工作委员会2个专委会，内设办公室。主要成员和所联系的对象是经济界人士以及有关专家学者。至2018年底，有基层委员会1个、支部15个（直属支部6个、行政区支部5个、功能区支部4个），会员442人。全年新发展会员21人。

组织建设　2018年，民建珠海市委会完成各基层组织和企工委换届工作。7—8月，召开各基层组织换届大会，选举产生新一届基层委员会和支部委员会，支部支委85人，其中首次当选的委员28人，占32.9%，平均年龄40岁，本科以上学历占90%，基层组织班子成员年龄和知识结构更加合理，为梯队建设打下坚实基础。严格执行5%的发展速度，年内发展新会员21

名，研究生以上学历和归国留学人员占33%，经济界人士占76%，企业家会员占43%，平均年龄39岁。至年底，民建珠海市委会有省人大代表1人、市人大代表3人（其中常委1人），市政协委员14人（其中副主席1人、常委1人），区人大代表3人（其中副主任1人、常委1人），区政协委员21人（其中副主席1人、常委4人）。加强干部队伍建设，推荐香洲基层委副主委张琼赴市卫计局挂职锻炼。

思想建设　2018年，开展纪念“五一口号”发布70周年和庆祝改革开放40周年主题教育活动。在珠海统一战线纪念“五一口号”发布70周年征文演讲比赛中，《“五一口号”发布的历史及现实意义》（王子百慧）获征文比赛一等奖，《新时代的“五一口号”》（刘镇发）和《不忘合作初心，继续携手前进》（张毅）获征文比赛二等奖，安小艺获演讲比赛二等奖；在庆祝改革开放40周年征文活动中，《一名“80后”眼中的改革开放40年》（张弓）被市委统战部采用并在公众号“同心珠海”发布。

参政议政　2018年，在市政协九届二次会议上，刘伟东委员的《关于进一步优化我市创业创新生态体系的提案》、陈依兰副主委的《关于加快前山区域旧工业厂房升级改造的提案》、周文博委员的《关于抓住机遇建设珠海“人工智能+”智能制造核心产业集群的提案》获市政协优秀提案奖。成立暑期座谈会、政协大会发言课题调研小组，由黄文忠主委带队，完成《关于珠海建立无人驾驶交通技术试验区的建议》《构建珠海现代航运产业体系融合粤港澳大湾区经济发展的建议》调研课题。重视社情民意、统战信息工作，陈依兰的《开通珠海金湾机场国际口岸的建议》被民建中央采用。香洲、金湾、斗门3个行政区基层组织，针对各区经济社会发展面临的主要问题提出意见建议，斗门政协常委吴光艺的《关于加大部门信息共享力度的建议》获斗门区政协优秀提案，金湾政协常委赵丽芳的《发挥政府主观能动性，构建金湾圈子经济》获金湾区政协优秀提案。市委会人大代表、政协委员参加各级人大执法检查活动、政协视察活动，对法律法规、方针政策在执行过程中出现的偏差和问题，提出改进建议。担任各级特邀（约）职务的会员，及时反映职能部门工作中存在的问题，发挥民主监督作用。

2018年10月23日，珠海民建企工委赴四川甘孜稻城县赤土乡开展爱心助学捐赠活动　（民建珠海市委会 供稿）

社会服务　2018年，开展定点精准扶贫工作。响应民建广东省委号召，黄文忠主委率队赴四川甘孜稻城县开展精准扶贫工作，向稻城县赤土乡中心校、贡岭中心校和桑堆镇中心校全体学生捐助冬季校服458套，价值11万元。关心走访会员企业。民建中央副主席张少琴、李说分别莅临珠海视察会员企业，组织召开企业家座谈会，关心会员企业发展，倾听企业发展中所遇到的困难，帮助解决实际问题。市委会领导走访唐唐文化、兴业太阳能、逸丰生态、金嘉创意谷等会员企业。发挥民建企工委“精英融合、跨界交流、共享发展”平台作用，组织企工委成员赴汤臣倍健学习考察，邀请市工商局、市科工信局、市生产力促进中心和市心理学会的领导为企业家做专题讲座。

（唐　纯）

【中国民主促进会珠海市委员会】 1986年3月成立小组，1987年1月成立珠海支部，1994年1月17日成立珠海市委员会。会员以从事教育、文化、出版工作的高、中级知识分子为主。市委会内设办公室，下设总支7个（香洲总支、金湾总支、斗门总支、高新总支、万山总支、横琴总支、高栏总支）、支部33个、二级机构5个（开明书院、开明画院、开明棋院、开明艺术团、企联会）。至年底，会员396人。全年新发展会员20人。

组织建设 2018年，民进珠海市委会依托七纵五横组织架构，先后组织面向全体会员的“我与民进”“我与珠海”“读经典、读名著”“2017美好回忆”“我的新时代”线上分享活动，组织学习习近平视察广东重要讲话精神及分享心得体会、学习中共珠海市委八届五次全会精神线上分享活动，在市委会微信群累计分享376人次。高新、斗门、金湾、万山和横琴总支先后组织覆盖全体会员的凤凰山古驿道寻根徒步，斗门莲洲三湾村、石龙村、莲江村徒步，金湾三板水乡徒步，凤凰山长南迳古道徒步等活动，香洲总支、金湾总支先后考察中山古鹤村和观音山、黄绿背水库、航展嘉年华徒步线路，参加活动230人。企联会联合高栏总支组织会员参观格力电器、汤臣倍健等企业，组织考察南岭中段活动，102名会员参加。是年，香洲总支获评民进全国宣传思想先进集体，金湾总支、横琴总支第四支部、高栏总支第三支部获评广东民进先进基层组织，沈俊校、卢敦陆、廖晶遐被授予广东民进优秀会员称号。

参政议政 2018年，在市政协九届二次会议上，郝晋委员代表市委会作《“科技+文化”双轮驱动，打造珠港澳创新联盟新三角》发言。会议期间，提交集体提案7件，其中《关于建议把金山银山转化为旅游经济增长点的提案》被评为市政协优秀提案。在市各民主党派、工商联负责人和无党派代表人士暑期座谈会上，茹晴主委代表市委会作《高水平打造凤凰山、黄杨山、伶仃洋三大旅游板块实现“二次创业”突破性开局》发言。是年，市委会向民进广东省委提交调研报告《全力打造南岭江和海洋海岛三大旅游板块，五位一体推进乡村振兴》；社情民意信息《抓抓时间提升机场周边民宿服务质量》被中共珠海市委办《每日汇报》采用。全年，收到会员提案95件，内容涵盖创新驱动、城市化进程、区域发展、产业结构调整、文化旅游体育产业、教育改革、交通、社会治理、民生等经济社会多个领域。

社会服务 2018年，指导金湾总支联合开明棋院协办2018“开明杯”金湾区少儿围棋精英赛、横琴总支联合开明棋院协办第3届“开明杯”珠港澳围棋交流赛，690名少儿参加两项赛事。“七纵五横”微信方阵发布文章898篇、视频546条，拥有粉丝近15万；开展“围棋进校园”“围棋进社区”活动，开明棋院在全市18所小学建立同心实践基地，为1.5万名一年级学生提供围棋课4616学时。

（李　扬）

2018年10月13日，民进珠海市委会组织凤凰山长南迳古道徒步活动
（民进珠海市委会 供稿）

【中国农工民主党珠海市委员会】
1986年3月成立农工党珠海小组，同年12月成立农工党珠海支部，1989年4月成立农工党珠海市委员会。2016年7月成立农工党珠海市第六届委员会。主要成员和所联系的对象是医药卫生、人口资源和生态环境领域高、中级知识分子。至2018年底，有总支1个，支部15个、党员440人。全年新发展党员84人。

组织建设 2018年，农工党珠海市委会细化党员发展条件，坚持高标准发展党员，除医药卫生主界别外，注重发展人口资源、生态环境领域以及其他界别代表人士和高学历人才。全年发展新党员 84 人，其中博士研究生 6 人、在读博士生 3 人、硕士研究生 28 人，硕士以上高学历党员占比 44%；医卫界新党员 46 人，占比 55%，党员结构进一步优化。

思想建设　2018 年，学习贯彻中共十九大、农工党十六大、习近平总书记视察广东系列重要讲话精神，举办专题学习 5 次。10 月，开展“三学一讲”（“三学”指学习贯彻习近平新时代中国特色社会主义思想和中共十九大精神，学习贯彻《中华人民共和国宪法》，学习贯彻农工党十六大精神和党章党史、多党合作优良传统；“一讲”指市委会领导率先，各级组织主委带头，领导干部、专家学者、广大党员积极参与，以“三学”内容为主题讲党课）专题系列活动，阎武主委以《积极履行参政党职能的思考和探索》为题向党员授课，特邀农工党中央“三学一讲”推荐专家、深圳市委会副主委樊成玮向全体党员授课。11 月，在惠州举办“农工党珠海市委员会 2018 年骨干党员暨新党员培训班”，市委委员、支部正副主委、新党员等 150 人次参加培训。

参政议政　2018 年，党员参政议政能力和水平不断提升。阎武主委当选第十三届全国人大代表，在第十三届全国人民代表大会上提交《关于制定华侨权益保护法的议案》《关于制定学前教育法的议案》。市“两会”期间，围绕环境保护、旅游、卫生、经济、教育、民生、市政建设等议题，提交集体提案 13 件，个人提案 20 余件。在市政协九届二次会议上，大会发言《关于优化市场化、便利化营商环境的建议》成为市委书记郭永航领衔督办提案，开展多轮调研和座谈，有效推进营商环境优化提升；刘芳专职副主委的《民主党派民主监督存在问题和建议》、沈继光委员的《丰富提升“快乐四点半”，打造建设“书香珠海”》分别获优秀提案个人奖，市委会获优秀提案集体奖。在 2018 年各民主党派、工商联负责人和无党派代表人士暑期座谈会上，做《关于支持我市中小企业创新和科技成果转化的思考与建议》发言。全年参与各种民主协商会、座谈会和调研活动 30 余次。

社会服务　举办 2018 年珠海市健康教育技能竞赛活动，创新引进新浪直播进行网络现场直播，同时在线观看人数最高达 4.3 万人，累计在线观看 72.9 万人次，获社会广泛关注。4 月 22 日，联合珠海检验检疫技术中心、珠海市药学会举行珠海市药学会制药专业委员会成立大会暨揭牌仪式，搭建制药产业交流平台，促进医药领域产学研合作，推进珠海制药产业协调快速发展。持续开展珠海农工“光明行”义诊活动。11 月，市委会委员、省中医院珠海医院眼科主任祁勇军主导的免费白内障复明工程，到湖北京山为近 100 名患者免费实施白内障超声乳化手术。金湾支部开展“健康中国与我同行”健康公益活动和“国际科学与和平周”活动，举办健康讲座 11 场、义诊 5 次，服务群众 800 余人。（曹振飞）

2018 年 7 月 13 日，农工党珠海市委会联合市卫生和计划生育局举办 2018 年珠海市健康教育技能竞赛。图为获奖选手与工作人员合影

（农工党珠海市委会 供稿）

【中国致公党珠海市委员会】　1988 年 1 月成立筹备领导小组，1989 年 5 月成立致公党珠海市委员会。主要成员和所联系的对象是归侨、侨眷的中上层人士和其他有海外关系的代表性人士。至 2018 年底，有县（区）委员会 1 个、行政区支部 2 个、功能区支部 3 个、市直属支部 12 个，党员 363 人。全年新发展党员 24 人。

组织建设　2018年1月，香洲区政协会议增补凌志华、苏伟坤为香洲区政协委员；同月，致公党斗门区委会完成支部换届选举。至年底，致公党珠海市委会有省人大代表1人、市人大代表4人（其中常委1人）、区人大代表4人（其中常委1人）、市政协委员10人（其中常委3人）、区政协委员12人（其中副主席1人、常委3人）。与市发改局、市财政局、市司法局开展座谈会、考察戒毒所、课题调研等多种形式的对口联系活动。主委吕简承带队走访珠海学子锦程人力资源服务有限公司、珠海东方重工有限公司、广东昭阳信息技术有限公司、乔丹科技、珠海市湖北商会、天邦集团等党员企业十余家，了解企业发展状况，调动党员积极性，为珠海“二次创业”贡献致公力量。5月，组织新党员参加培训。12月，召开第六届领导班子届中述职和民主评议会议。

思想建设　2018年，以开展“不忘合作初心，继续携手前进”专题教育活动为主线，凝聚思想共识，巩固全党政治道路认同、奋斗目标认同和文化价值认同。1月，邀请中共十九大代表、市公安局网警支队副支队长徐飞为致公党员做中共十九大精神宣讲报告；3月，组织市委会领导班子及基层支部主委到致公党中央党部旧址陈列馆、致公党（汕尾海丰）人文历史陈列馆参观学习，重温党史事迹，缅怀致公先辈；5月，参加珠海市统一战线纪念“五一口号”发布70周年演讲比赛和征文系列活动，《“五一口号”的历史意义与民主党派的坚定选择》（邝德光）获征文比赛一等奖、《在习近平新时代中国特色社会主义思想的引领下坚持和发展新型政党制度》（王娜）获三等奖、《不忘合作初心，继续携手前行》（曹雅锐）获优秀奖，朱希获演讲比赛优秀奖；9月，召开《三灶1938》新书发布会；11月，邀请港珠澳大桥建设指挥者为党员讲述大桥建设过程中的感人故事。全年，“珠海致公”微信公众号编发微信137期、图文信息400条，关注人数273人。

参政议政　2018年，在市政协九届二次会议上提交提案35件，其中集体提案7件，大会发言《聚合本地高端资源打造珠海特色新型智库助力区域经济创新发展》获优秀提案奖。在2018年暑期座谈会上提交的《关于改善政府服务，促进珠海实体经济发展的若干建议》《关于打造一站式政策服务平台的建议》被市委、市政府采纳。全年，报送各类信息70余篇，其中致公党中央网站采用40篇、致公党省委会采用47篇，《致公党珠海市委会建议打造“青年求职驿站”吸引高校毕业生扎根珠海》《关于构建全民治水大格局的建议》《致公党珠海市委会建议我市打造一站式政策服务平台》《致公党珠海市委会建议以建设项目带动我市中小企业发展》被市委办《每日汇报》采用。

社会服务　2018年2月，与市妇幼保健院共同举办“践行价值观＋翰墨进万家”送春联到基层活动。3月，开展“致公林”义务植树活动。4—5月，举办珠海永济致福老年大学书法班8期。5月，开展“致公山区园丁工程”第四期培训班，邀请2名云南大理州山区教师来珠海参加培训。9月，副主委杨政带领市委会志愿服务突击队到吉大公交总站附近清理路面倒伏树木，清扫道路垃圾。开展“致福以老扶老”社会服务活动，在北岭社区、华发永济社区、乐百年护老中心等举办佳节慰问、长者生日会、义务看诊、养生保健讲座等活动58次。开展“同心100——教授英

2018年1月5日，致公党中央副主席吕彩霞（前排左五）到珠海“致福以老扶老”北岭示范基地调研，与市委会党员、志愿者合影　　（王　娜　摄）

语角”社会服务活动，每周定期举办，为社区中小学生提供英语学习平台。开展“食药科普及普法讲座”进社区进学校活动24场。

海外联谊　2018年3月，在珠海公共外交协会第二届理事会上，童超当选副会长、杨毓婷当选理事会副秘书长、伍文卓当选理事会理事。5月，副主委杨政参加珠海市印尼归侨侨友会第八届理事会就职典礼（暨印尼侨友联谊会年会）。8月，主委吕简承、专职副主委邹镭、副主委杨政等9人参加首届粤港澳大湾区对接“一带一路”论坛。10月，接待美洲波多黎各洪门致公总堂何永强会长一行。12月，主委吕简承参加纪念容闳诞辰190周年系列活动开幕式；同月，在珠海海外联谊会第九届理事大会上，邹镭、赖凯标当选珠海海外联谊会常委理事，童飞、黎晓军当选珠海海外联谊会理事。（王　娜）

【九三学社珠海市委员会】　1992年9月18日，九三学社珠海市委员会成立。主要成员和所联系的对象是科学技术界高、中级知识分子。至2018年底，有社员659人，其中女社员295人。社员平均年龄46.5岁，高级职称273人。

组织建设　2018年，九三学社珠海市委会加强机关能力建设，在机关正规化建设交叉检查中，社市委机关获市级组织机关规范建设先进单位和实际组织机关工作成效奖。10月，社市委成立医药卫生专门委员会；调整参政议政工作委员会、宣传工作委员会及参政党理论研究中心负责人及部分委员；对香洲区基层委员会、第三支社、第五支社进行届中调整。金湾区基层委员会、第九支社、第二支社、第六支社被评为社市委2018年度社务工作先进集体。获社省委“2018年度机关建设先进单位”称号。

思想建设　2018年，以纪念中共中央发布“五一口号”70周年、庆祝改革开放40周年为契机，开展“不忘合作初心，继续携手前行”主题征文活动，组织社员参加社省委、市委统战部举办的征文、摄影、演讲、羽毛球、乒乓球等各项活动。举办建社73周年纪念大会暨珠海九三科技创新论坛，邀请走在科技创新前沿的社员代表围绕“科技创新”进行主题演讲；与深圳、江门、东莞、中山、清远等地联合举办新社员培训班，学习社章社史，增强新社员政党意识与使命感。

参政议政　2018年，在市“两会”期间，提交提案建议38件，内容涉及科技创新、产业发展、文化旅游、节能环保、教育医疗、建筑交通等方面。在市政协九届二次会议上作《关于精准打造集约联动式创新医疗器械产业集群的建议》大会发言，获社会广泛关注。在2018年珠海市各民主党派、工商联负责人和无党派代表人士暑期座谈会上，贺军主委作《珠海实施科技创新战略面临的问题和建议》发言。《关于通盘考虑随迁子女入学，全面推进和谐社会建设的提案》《关于推动我市民营经济更快更好发展的提案》获评市政协2017年度优秀提案。陈利浩撰写的《社保入税后的政策建议》由社中央专报中共中央、国务院。推进与市科技和工业信息化局、市环境保护局、市城市管理行政执法局等相关职能部门对口联系工作，安排社员参观珠海市数字城管指挥中心，参加“城管执法体验日”“珠海2018纪念世界环境日”等活动。组织社内企业家与市科工信局领导班子及科室骨干座谈交流，加强信息沟通。邀请社内医疗专家为市环保局职工开展“健康机关”知识讲座，丰富联系内容，拓展联系领域。

社会服务　2018年，以“聚焦大湾区、展望新珠海”和“骨科常见病的预防和治疗”为主题，在横琴万象世界销售中心与对口联系

2018年10月28日，九三学社珠海市委员会医药卫生专门委员会成立
（吴莹莹　摄）

单位市环保局举办“九三专家讲坛”2期。与斗门区委统战部合作，打造“同心医疗基层行”品牌，组织社内医疗专家赴斗门区镇级卫生院开展社会服务。在“6·30”广东扶贫济困日，捐赠爱心善款3.3万元。联合君怡集团在阳江市南排小学举行“君怡奖教基金”颁奖大会，表彰优秀教师。香洲区基层委员会组织社员购买珠海对口帮扶的云南怒江滞销西红柿，替贫困地区农户解燃眉之急；金湾区基层委员会以弘扬中华传统文化、产学研对接交流为主题，多次策划组织“金湾统战同心100”活动；斗门区基层委员会慰问斗门区特殊教育学校学生，在新青工业园管委会开展“关爱生命”医疗小课堂活动；百分关爱基金第九支社与第二支社在六一儿童节慰问平沙北水小学，举办爱心游园活动，并定期开展市儿童福利院陪读志愿活动；第四支社为北师大（珠海）附属中学新疆班献爱心送知识；遵义医学院珠海校区支社举办“阳光励志助学活动”，捐助在校贫困大学生。（吴莹莹）

【台湾民主自治同盟珠海市支部委员会】 2003年11月5日，台盟珠海市支部委员会成立。2006年增补副主委1人、委员1人。2011年10月，举行第二次全体盟员大会。2016年8月，举行第三次全体盟员大会。主要成员和所联系的对象是居住在祖国大陆的台湾人士。至2018年底，有盟员32人。全年新发展盟员1人。

组织建设　2018年5月，台盟广东省主委张嘉极及调研组一行到珠海调研基层组织建设及后备干部队伍建设情况，与市委统战部、台盟珠海市支委座谈交流。

参政议政　2018年，参加省、市组织召开的各种协商会、座谈会、情况通报会以及学习调研活动37次。“两会”期间，向台盟广东省委、市人大、市政协、区政协提交提案、议案17件，其中人大议案《关于建立向人大报告禁毒机制的建议》由张锐副市长督办。在暑期座谈会上，主委容锦作《关于引进台湾领先技术推动珠海经济开放发展的几点意见》大会发言，并提出《关于解决东西部义务教育发展不均衡的建议》。助推珠海智慧教育落地，助推珠海成立“两岸青年创新创业基地”。参与盟中央及盟省委重要课题，完成《多措并举，推动两岸经济社会融合发展》《粤港澳大湾区建设中的问题和建议》等课题分报告，其中《发挥地方台盟自身优势，促进两岸交流与融合》被盟省委提交省政协提案。参加在福建厦门举行的第十届海峡论坛“两岸基层治理”分论坛。协助台盟广州市委、台盟辽宁省委组织的抚顺市新农合、医疗系统课题组来珠海调研。

对台工作　2018年，立足在珠台农台商实际情况开展调研，形成市政协及暑期座谈会发言和提案。台风“山竹”过后，及时关心在珠台农及老台胞安危，了解台农水果种植基地受损情况。促成台湾中华两岸科技交流促进会与珠海天达科技股份有限公司、珠海市华帝贸易有限公司交流。成功引荐台湾岛内青年吴秉泽在珠海就业。

盟务工作　2018年，在春节、中秋、国庆等重要节日开展庆祝活动，凝聚人心，形成盟组织向心力。参加市委统战部举办的珠海市统一战线“不忘合作初心，继续携手前进”暨纪念中共中央发布“五一口号”70周年主题活动；参加由市委统战部和珠海国税局共同举办的“同心再出发，创业新时代”——纪念中国共产党成立97周年主题党日活动，并送去盟员戏曲节目；参加金湾、高栏港区台商协会成立10周年庆典活动；参加由市委统战部组织的航展观摩团、市海外联

2018年10月27日，台盟珠海市支部委员会在汕尾市陆河县开展“书香漾螺溪”捐书送课活动
（台盟珠海市支部 供稿）

谊会理事活动、“同心”运动会；参加由市委宣传部举办的庆祝改革开放40周年交响音乐会。与市委统战部第四党支部、广东天章信息纸品有限公司开展“三方共建”活动。开展老台胞夕阳乐活动。

社会服务　2018年“五一”劳动节期间，组织台盟盟员、台胞到吉林大学珠海学院附近沙滩参加“净滩”活动。“6·30”广东扶贫济困日，发动盟员募集爱心捐款5000元。10月，联合台盟深圳市委向汕尾市陆河县捐赠图书价值7000余元。（邹佳平）

2018年10月9日，中共珠海市工商业联合会、总商会直属商会综合委员会成立大会在市委党校召开（市工商联 供稿）

【珠海市工商业联合会】　至2018年底，珠海市工商业联合会（简称珠海市工商联）、市总商会有县级工商联6个（香洲区工商联、金湾区工商联、斗门区工商联、横琴新区工商联、高栏港新区工商联、高新区工商联），直属社团71个，会员1.07万人。

参政议政　2018年，珠海市工商联落实省委、市委“深调研”部署，结合非公有制经济健康发展和非公有制经济人士健康成长的热点、难点问题，开展调查研究工作。4月，市工商联多名企业家参加全市民营企业座谈会，与市委书记、市长进行面对面交流，为出台扶持民营经济政策提出建议意见；8月，在暑期座谈会上作《推动营商环境改善，促进民营经济高质量发展》发言，为珠海民营经济发展建言献策；11月，市工商联主席董凡代表珠海市民营企业家参加省民营企业座谈会，就支持民营企业发展提出意见和建议。

非公有制经济管理　督促48个直属社团完成年审工作。组织召开直属社团换届辅导会议，指导17个社团完成换届工作。10月9日，挂牌成立“中共珠海市工商业联合会总商会直属商会综合委员会”。是年，金湾区红旗镇工商业促进会、斗门区科技创新企业协会、香洲区企业家协会3个直属社团被省工商联评为“省优秀商会示范点”。

社会服务　落实全国工商联“万企帮万村”以及省委关于打好脱贫攻坚战的要求，发动民营企业参与精准扶贫工作，通过产业项目、结对帮扶、捐赠款物等方式履行社会责任。“6·30”广东扶贫济困日，筹集捐款610万元；10月9—12日，到云南省怒江州实地考察调研并举办对接帮扶签字仪式；10月22—29日，在重庆巫山县委党校举办IYB（改善你的企业）培训班，促进当地民营经济发展。继续对口帮扶茂名化州市六马岭村脱贫致富。

教育培训　围绕“强化思想政治引领、坚定企业发展信心”主题，开展青年企业家理想信念教育实践活动。3月，组织89名青年企业家观看专题片《厉害了，我的国》；6月，组织青年企业家参加全省非公经济代表人士理想信念教育报告会；10月，组织90名青年企业家赴井冈山开展“不忘创业初心，接力改革伟业”理想信念教育培训班，引导青年企业家弘扬革命传统，树立崇高理想，坚定理想信念。加强和改进非公有制经济人士思想政治工作，帮助企业家提高政治素养，拓宽视野和工作思路，举办培训班9期，培训1200人次。3月30—31日，与会长协会在横琴创业谷联合举办珠海市首期主席、会长培训班；4月15—22日，举办IYB培训班；5月19—25日，组织91名民营企业家到天津南开大学参加培训；8月31日至9月2日，联合深圳联合大学、深商联在珠海市委党校举办珠海市民营企业家“二次创业再出发”高级研修班。（程淑芹）

·责任编辑：冯建华·

群众团体

珠海市总工会

【概　况】 1956年4月，珠海县地方工会（称县工会联合会）成立。1980年2月，珠海市总工会成立。内设办公室、组织部、宣传教育部、劳动保护部、维护权益部、财务部、经费审查委员会办公室7个工作职能部门和女职工工作委员会（设在维护权益部），下辖珠海市工人文化宫。截至2018年底，有基层工会1.01万家，工会会员69.38万人。

【工会组建】 2018年，珠海市总工会以“百日攻坚”带动基层工会建设和异地务工人员入会工作。开展基层工会建设集中攻坚行动，通过成立督导组、每日汇报、动态管理、出台激励措施、紧密依靠辖区党委政府等方式，组建100人以上未建会企业工会72家、重点工程建设项目工地工会10家，完成省总工会要求。推进企事业单位特别是“两新组织”建会工作，以异地务工人员较集中的劳务派遣、建筑、家政、物流（快递）等行业为重点，通过困难帮扶、法律援助、技能培训等方式推动异地务工人员入会。全年新建工会155家，发展异地务工人员会员2.71万人。

2018年9月21日，珠海市总工会召开全市基层工会建设工作专题会议

（市总工会 供稿）

【职工合法权益维护】 2018年，珠海市总工会做实窗口值班，律师值班时间由半天延长至全天，全年接待职工信访2998人次；提供法律援助56件，涉及职工72人，挽回职工经济损失62.98万元。强化律师团工作，聘请58名律师担任112家企业工会法律顾问，开展普法讲座和法律咨询86场，发放法律书籍3万余册，协助企业工会修改规章制度76则，协助调处重大劳资纠纷12件。参与制定《社会保险经办管理服务条例》，为职工建言献策。健全“法院＋工会”劳动争议诉调对接机制，成功调解39名职工劳动争议案件。

【劳动关系协调】 2018年，珠海市总工会发挥劳资纠纷应急处置分队、企业欠薪应急周转金制度、企业劳动争议调解员“三驾马车”作用，做实市、区两级工会劳资纠纷应急处置分队，健全工会维权维稳快速处置机制。处理“工人在线”“网络舆情”“工情在线”“信访系统”舆情案件79件，涉及1.01万人；调处兄弟公司、超毅公司等企业30人以上群体性事件19起，涉及职工9874人。

【劳动竞赛】 2018年，珠海市总工会联合市人社局、市文体旅游局、市卫计局和市国资委等部门开展职业技能竞赛30余项。推进企业班组劳动竞赛和群众性经济技术创新活动，发动车间班组开展合理化建议和“五小”（小革新、小发明、小改造、小设计、小建议）活动，全市1245家企业16.1万职工参加活动，提出合理化建议1.5万条、实施技术革新609项、发明创造1192项。联合珠海报业传媒集团主办“发现·珠海匠心”活动，评选出“2018年度珠海匠心人物”10人。

【劳动保护】 2018年，珠海市总工会印制安全生产法律法规宣传册，在安全生产月、职业病防治法宣传周等活动现场发放资料3000余册，参与劳动保护知识有奖竞答职工3.5万人。发动企业开展“安康杯”竞赛活动，组织职工查找事故隐患和职业危害563项，整改403项。加大“送清凉”力度，全市各级工会投入资金220余万元，慰问企业503家，惠及职工16.68万人。

【劳模管理服务】 2018年，珠海市总工会推荐全国五一劳动奖章1人、五一劳动奖状和工人先锋号各1个、广东省五一劳动奖章8人、五一劳动奖状10个，命名劳模和工匠人才创新工作室10个。举办庆祝五一暨劳模代表座谈会，市委主要领导出席。举办劳模“立足岗位作贡献，重整行装再出发”主题报告会6场，参与职工1500余人。做好劳模疗休养、健康体检、困难帮扶、学习深造、发放荣誉津贴等工作。

【职工困难帮扶】 2018年，珠海市总工会打通政务信息互通查询通道，简化困难职工申报流程。制定并下发《珠海市工会困难职工档案管理实施细则》，实施分级建档、梯度帮扶，增加慰问频次，提高慰问标准，精准帮扶对象3000元/户，市级困难职工1200元/户。开展送温暖慰问、大病救助、临时生活救助和金秋助学等帮扶活动，投入资金478.09万元，惠及职工6818人次。开展“暑期促团圆”抽奖、“最佳人气夏令营”评选等暑期关爱活动，吸引2万余名职工参与，惠及职工家庭2500余个。

【服务职工】 2018年，珠海市总工会制订并下发《珠海市困难职工解困脱困工作方案》，实行责任分工、包片入户，走访慰问精准帮扶对象59户，按照“政府兜底+工会补充”工作思路，主动对接民政、人社、教育等部门，落实扶贫解困、社会保障、社会救助、就业扶持、子女助学等政策，将困难职工纳入制度保障范围。开展“五一”专场招聘会，237家企业提供5112个工作岗位，现场录用315人，工会服务窗口推荐就业238人。组建市职工健康服务队，开展“健康有约”职工健康科普系列活动，举办健康讲座和健康沙龙13期、健康面对面42期，加大对一线女职工关爱力度。组织基层工会女工干部50人，赴深圳参加培训。开展“爱心妈妈小屋”建设，全市90家“小屋”服务女职工19.81万人次。市、区两级工会开展女职工“两癌”筛查，投入资金68万元，惠及女职工4500余人。

2018年7月4日，2018年珠海市职业技能竞赛启动仪式在珠海格力智能装备有限公司举行 （市总工会 供稿）

【工会文体活动】 2018年，珠海市总工会举办职工体育节，设立五人足球、拔河、登山等赛事近百场，吸引全市500余家基层工会5000余人参加。举办“五一”职工音乐会，来自基层的职工、劳模和先进集体代表1500人参加。举办形式多样的新年职工活动，送春联活动送出春联近2万副、正月十五猜灯迷活动吸引2000余名职工参与、为春节留守职工拍摄全家福活动拍摄职工家庭245个。完成市直机关工会换届工作，组织开展主题活动，近千名职工参与。开展“情系职工”慰问演出30场、“工友大家乐”活动80场，放映电影30场，并整合资源，把安全生产、创文、普法、廉政、双拥等知识融入其中。举办第二届职工集体婚礼，来自全市各行各业100对新人参加，500余名亲朋好友和市民群众现场观礼。

【珠港澳工会交流活动】 2018年9月13日，“澳门工会联合总会广东办事处”在珠海揭牌成立。珠海市总工会协调市公安局、市人社局、市国土资源局等单位与办事处建立沟通联系制度，更好服务在粤工作和生活的澳门居民。全年接待香港、澳门工会职工11批461人次到珠海参观学习，组织市、区工会干部3批次到香港、澳门开展业务交流。参加粤港澳大湾区首届职业技能大赛，深化大湾区工会合作交流。

【珠海匠心人物评选】 2018年12月15日，“发现·珠海匠心”2018珠海匠心人物颁奖仪式在珠海报业大厦举办，获“珠海匠心人物”称号10人，获提名奖称号10人。此次活动由珠海报业传媒集团与市总工会联合举办，8月启动，吸引来自珠海各行各业40余名行业匠人报名参加，组委会根据报名情况选出候选人20名角逐评选。经过网络投票、专家审评、社会公示，最终评选出“2018年度珠海匠心人物”10人，分别是：曹祥云（珠海格力电器股份有限公司）、石理（珠海市人民医院）、王海（珠海摩天宇航空发动机维修有限公司）、李小刚（中铁十八局集团有限公司）、李惠国（珠海罗西尼表业有限公司）、刘楚钿（珠海市潮绣工艺师）、何新超（珠海奔图电子有限公司）、麦汉明（珠海长隆横琴湾酒店）、陶永耀〔炬芯（珠海）科技有限公司〕、梁敏健（广东省特种设备检测研究院珠海检测院）。

（许建东）

2018年12月16日，“发现·珠海匠心”2018珠海匠心人物颁奖仪式在珠海报业大厦举行（吴长赋 摄）

中国共产主义青年团珠海市委员会

【概　况】 1953年5月1日，珠海县成立中国新民主主义青年团珠海县工作委员会，1955年5月改称“中国新民主主义青年团珠海县委员会”，1957年5月改称“中国共产主义青年团珠海县委员会”（简称共青团珠海县委员会）。1959年春，珠海并入中山县，中国共产主义青年团珠海县委员会改称“共青团中山县委珠海工委”，隶属共青团中山县委领导。1961年春，共青团珠海县委员会恢复。1979年3月，珠海建市，共青团珠海县委员会改称“共青团珠海市委员会”。1980年10月，共青团珠海市第一次代表大会在香洲召开。2018年，共青团珠海市委员会内设5部1室，分别是办公室、组织部、宣传部、社会工作部（志愿者工作部）、青少年权益和发展部、学校和少年部，下辖珠海市青少年妇女儿童活动中心。至年底，全市有直属行政区团委3个，功能区团委（团工委）5个，其他直属及垂直管理单位联系团委（团工委）101个，高校团委（团工委）7个；团干部1万人，其中专职团干部132人；团员约15万人，少先队员约14万人，少先队大队辅导员175人。

是年，全市共青团组织获评全国优秀共青团员1人、广东省五四红旗团委3个、广东省五四红旗团支部6个、广东省优秀共青团干部6人、广东省优秀共青团员34人，共青团珠海市委获评“2018年度广东共青团工作先进单位”。

【从严治团】 2018年，共青团珠海市委对标从严治党，全面从严治团打开新局面。

加强团系统党的领导和党的建设　落实党建工作责任制，完善团市委机关党组织架构，制订各级党组织职责分工和加强团市委党组织标准化建设实施意见，排查分析、精准整顿软弱涣散党组织，出台团市委党的基层组织建设三年行动计划。强化团的领导，机关领导干部落实党风廉政建设和团内监督主体责任，带头模范执行党内政治生活准则。坚决全面彻底肃清李嘉、万庆良恶劣影响，营造风清气正政治生态。

加强团组织和团干部管理　规范和加强团干部协管工作，强化团干部日常监督管理。依托“智慧团建”系统，推进整治软弱涣散基层团组织“命脉工程”，引导全市7509个团组织9927名团干部14.95万名团员完成在线报到，在团员管理、奖惩录入、团费收缴、关系转接等方面建立基础团务网络化管理，100%清除空心团委，初步实现网上共青团功能。

从严从实发展和管理团员　夯实基础团务工作，严格调控团青比例，实施“一人一号”制，稳妥有序处置不合格团员，规范团员组织关系转接，完善团员档案管理制度，有效缓解“失联团员”现象。严格履行入团程序和入团手续，合理控制团员发展规模。

【共青团改革】 2018年，共青团珠海市委区一级改革全面铺开，“四缺”（缺编制、缺人员、缺资金、缺场所）问题得到明显缓解，基层团组织工作活力显著增强，组织有效覆盖率显著提升。

优化团的组织格局和团干部队伍　落实党建带团建，建立稳定规范的共青团工作经费保障制度，主动协调将全市共青团改革列入市深化改革工作要点。召开共青团珠海市第七次代表大会，提高基层一线团干部、团员在常委、委员、代表中的比例，吸收务工青年、社会组织骨干和自由职业者等一线劳动者和新兴青年群体中的优秀党团员。市、区两级团委均打造专、挂、兼职相结合，符合共青团组织特点、充满生机活力的团干部队伍，选配优秀创业青年、社区团支部书记任团市委兼职副书记，从全市选拔11名优秀年轻干部到团市委机关挂职。

夯实共青团基层基础　市、区、镇（街）三级团工作经费均达到改革要求。推动区级团委工作力量配备与辖区常住青少年人口相适应，通过配备专职社工或购买服务等方式配备专职团干，改变区级团委工作力量总体薄弱现象。加强基层服务阵地建设，全市建立青少年服务工作阵地75个。

深化学校共青团改革　高标准召开珠海市学生联合会第八次代表大会，全市中学、中职学校100%建设团校，各区成立教育团工委，省级“红领巾示范校”成立学校少工委。常态化开展“三下乡”“青春议事厅”等系列活动，支持“一校一品”品牌化建设，为珠海大学生搭建交流合作、建言献策、创新创业、服务特区平台。坚持全团带队，深化团教协作，拓展社会协同，推动少先队改革实现新突破。

【青少年思想政治引领】 2018年，共青团珠海市委学习宣传贯彻习近平新时代中国特色社会主义思想和党的十九大精神，开展“新时代·新珠海·新青年”——珠海共青团“青年大学习”行动，全市各级团组织开展“学习总书记讲话·做合格共青团员”“我的中国梦”“不忘初心、牢记使命”“向国旗敬礼”“开学第一课”等主题教育实践活动1000余场，覆盖青少年30万人次。大学生文化艺术节成为珠港澳三地青年的文化盛会，吸引三地14万人次参与。开展“青年文明号”创建活动，引领青年岗位建功，培育和践行社会主义核心价值观。建设“网上共青团”，构筑全媒体宣教矩阵，“珠海青年”微信、微博和珠海“青年之声”平台综合影响力居全省前列。推进青少年网络文明志愿行动，凝聚网络文明志愿者1.5万人、“网络大V”等骨干志愿者 50 人，营造清朗网络空间。助力社会主义民主政治建设，推荐 14 名青少年和青少年工作者旁听市“两会”，开拓青少年有序参与政治新渠道。

【青年创新创业】 2018 年，共青团珠海市委服务青年创新创业，立足“菁创荟”青年双创综合服务平台，设立青年创业项目小额贴息贷款补贴资金 20 万元，协助 74 个优秀创业项目进行投资对接。举办“二次创业”策划大赛、菁创育才计划、金牌 CEO 校园助理培育计划、菁创学院珠港澳青年创业特训营等系列创新创业活动，覆盖创业青年 2500 人次。与中国邮政储蓄银行珠海市分行统筹联动，协助 45 名创业青年申请小额贷款 810 万元，扶持创业青年 228 人。实施“展翅计划”珠海大学生就业创业能力提升行动，为大学生开发优质实习就业岗位 2625 个。助力乡村振兴战略，制订《青年参与乡村振兴战略五年行动实施方案》，开展产业政策及农业技能培训，组建 191 人的青年致富“领头雁”队伍，建设乡村振兴青年实践基地 5 个，开展技术推广、政策宣讲、文化建设、乡风营造、精准帮扶等服务 92 场次。

【志愿服务】 至 2018 年底，珠海市有注册志愿者 35 万人、志愿者组织 2230 个，人均服务时数 209.71 小时，总考勤时数 7373 万小时，志愿服务项目 2.82 万个。珠海注册志愿者占常住人口比例和累计志愿服务时长位列全省第一。依托团属服务阵地建设志愿服务站点 485 个，常态化开展文明交通、社区民生、医疗健康、扶贫济困等志愿服务活动。发动 11 所高校和 6 个社会志愿服务组织，组织 4250 名志愿者为第二届“21 世纪海上丝绸之路”中国（广东）国际传播论坛、2018 珠海 WTA 超级精英赛、第十二届航展、中国—拉美企业家高峰会、第五届中国国际马戏节等大型高端赛会提供志愿服务，服务时长 11.29 万小时。发动 2.4 万人次志愿者参与抗台风救灾复产志愿服务活动。在香洲区、金湾区、斗门区等创建文明交通志愿服务示范点 23 个，组织志愿者 2000 余人次，常态化开展文明交通引导志愿服务，服务时长 6000 余小时。发动 2 万人次志愿者参与共享单车整理志愿服务，清理单车 5 万辆次。实施乡村环境美化服务行动，开展手绘墙、“河小青”等志愿服务行动 60 余场。

2018 年 11 月 6 日，共青团珠海市委在第十二届航展期间组织志愿者提供志愿服务 （团市委 供稿）

【社会治理参与】 2018 年，共青团珠海市委以创新开发社会服务项目为抓手，推动青少年服务项目阵地化、品牌化、社会化、标准化建设。实施“12355”“阳光行动”“青春护航”“亲青家园”等项目 42 个，建设“阳光之家”“青春护航站”“亲青家园”“蓝天小屋”等实体化阵地 62 家，培养凝聚青少年事务社会工作者 400 余人，构建覆盖社区、园区、学校、监所的服务体系，为基层青少年群体提供常态化、普惠性社会公益服务，输送法制教育、个案帮扶、困难救助等服务 8 万人次；针对不同青少年群体的特殊需求，坚持问题导向，不断输送全方位“菜单式”公益服务，依托“12355”服务热线，全年处理心理咨询、法律维权、矛盾化解等个案 100 余件；通过“新航计划”社矫青少年帮教及“阳光行动”在押青少年帮教计划，挽救违法犯罪失足青少年 200 余人；开展“禁毒展板千校巡展”、禁毒宣传“金点子”项目培育、“千名律师千场青少年法律服务”等公益宣传活动。助力在珠务工青年扎根珠海、融入珠海。19家“亲青家园”举办异地务工青年欢乐嘉年华、相亲交友、技能培训、普法宣传等活动近千场，服务异地务工青年22万人次，化解矛盾纠纷268起，帮助讨回欠薪及工伤赔偿350万元。开展“圆梦计划”新生代产业工人能力提升工程，整合资金128万元，帮助320名新生代产业工人提升学历。

【珠港澳青年交流和青年外事工作】 2018年，共青团珠海市委拓展港澳青年交流和青年外事工作的广度和深度。聚焦“围绕中心、服务大局”工作主线，以“青年同心圆计划”为统领，联合港澳青年社团启动“新时代大湾区青年启航计划”，打造“六位一体”（红色记忆、国防教育、文化艺术、就业创业、升学教育、乡村振兴）主题交流体系，全方位助力建设“大湾区青年发展共同体”。推动注册成立珠澳青年交流促进会，首批挂牌“珠港澳青年文创实践基地”10个。举办珠港澳青年五四成人礼、珠港澳青年说励志演说大赛、珠港澳青年步操乐团汇演暨国防教育、珠港澳大学生领袖交流营、澳门大学生暑期横琴实习行动等重点品牌项目10个，覆盖珠港澳三地青年约3000人次。组织青年代表团赴港澳出席博鳌亚洲论坛青年会议（香港）、共建粤港澳大湾区青年论坛等大型活动，为青年融入大湾区、对接国际资源、实现更好发展搭建平台。

【珠海市学生联合会第八次代表大会】 2018年6月14日在香洲召开。珠海市委书记、市人大常委会主任郭永航，市委副书记赵建国，副市长阎武出席会议。大会审议通过《珠海市学生联合会第七届委员会工作报告》；审议通过《珠海市学生联合会章程修正案》；选举产生珠海市学生联合会第八届委员会及主席团；聘任珠海市学生联合会第八届委员会秘书长、副秘书长；明确今后五年珠海市学生联合会工作任务；发布珠海市学生联合会新版视觉识别系统。珠海市学生联合会第七届委员会向大会做《不忘初心 筑梦远航 团结引领珠海青年学生为珠海实现在新的历史起点上“二次创业”贡献青春力量》工作报告，明确新时期市学联工作的总体要求、基本目标及主要任务，研究推进市学联学生会改革工作。珠海市学生联合会第八次代表大会以差额选举方式产生由中山大学珠海校区学生会、珠海市第一中学学生会、珠海市第一中等职业学校学生会等33个会员团体组成的珠海市学生联合会第八届委员会。其中，本科高校学生会7席，高职院校学生会3席，高等学校研究生会2席，普通中学学生会17席，中职学校学生会4席。珠海市学生联合会第八届委员会第一次全体会议选举产生由中山大学珠海校区学生会、珠海市第一中学学生会、珠海市第一中等职业学校学生会等15个会员团体组成的珠海市学生联合会第八届主席团；表决通过中山大学珠海校区学生会为珠海市学生联合会第八届主席单位。

【共青团珠海市第七次代表大会】 2018年10月30—31日，共青团珠海市第七次代表大会和共青团珠海市第七届委员会第一次全体会议在珠海度假村酒店召开。珠海市委书记、市人大常委会主任郭永航出席会议并讲话，市委副书记、市长姚奕生，市政协主席陈洪辉，市人大常委会常务副主任陈英，团省委副书记梁均达出席会议。来自

2018年10月30日，共青团珠海市第七次代表大会在珠海度假村酒店开幕
（团市委 供稿）

全市各族各界200余名团员青年代表出席会议。大会主题是：高举习近平新时代中国特色社会主义思想伟大旗帜，全面贯彻党的十九大精神，深入贯彻习近平总书记重要讲话精神，贯彻落实市委八届五次全会精神和团中央、团省委工作部署，不忘初心、牢记使命，团结带领广大青年为推动新时代珠海经济特区“二次创业”贡献青春力量。团市委书记闵云童代表共青团珠海市第六届委员会做《不忘初心跟党走，牢记使命建新功，为推动新时代珠海经济特区“二次创业”贡献青春力量》工作报告。共青团珠海市第七次代表大会以差额选举方式产生共青团珠海市第七届委员会；共青团珠海市第七届委员会第一次全体会议以差额选举方式产生共青团珠海市第七届委员会常务委员，以等额选举方式产生共青团珠海市第七届委员会书记、副书记。大会选举产生共青团珠海市第七届委员会委员33人、候补委员15人。闵云童、谢明华、林晓军、宋勇、成亮、李妙玲（女）、马昱、于国潞（女）、梁空军、戴海滨、吴洪明当选共青团珠海市第七届委员会常务委员；闵云童当选共青团珠海市第七届委员会书记；谢明华、林晓军当选专职副书记；宋勇当选挂职副书记；成亮、李妙玲（女）当选兼职副书记。（蔡秋园）

珠海市妇女联合会

【概　况】 珠海市妇女联合会（简称珠海市妇联）成立于1979年4月，是中共珠海市委领导下的全市各界妇女的群众团体组织。基本职能是代表和维护妇女权益，促进男女平等。内设办公室、组织联络部、宣传发展部、权益部、家庭儿童工作部和市妇女儿童工作委员会办公室6个部（室）。截至2018年底，全市有区级妇联8个（行政区3个、经济功能区5个）、镇（街）妇联22个、社区妇联196个、村妇联122个、村（社区）妇女之家318个。2018年，珠海市妇联在省妇联举办的“好歌颂党恩”等群众性文艺作品征集中获“优秀节目奖”6个，市妇联获“优秀组织奖”。玄阳、董明珠、侯雪梅当选中国妇女第十二次全国代表大会代表，董明珠当选中华全国妇女联合会第十二届执行委员会委员。围绕创新驱动、社区妇儿服务和妇女发展等主题，举办培训班5期，培训妇联干部300余人次。

【基层妇联组织建设】 2018年，珠海市妇联持续推进村（居）会改联及乡镇妇联组织区域化建设。扩充基层妇联组织工作队伍。镇（街）妇联新增兼职副主席60人、执委554人，村（居）妇联新增副主席363人、执委3506人，妇女代表1.04万人；各区妇联通过公开招聘和购买公益岗位，增设专、兼职副主席及专干，保税区增补兼职主席1人，横琴新区增设兼职副主席4人，高新区增设兼职副主席2人、专干3人，高栏港设立专职副主席1人。推动基层女性后备干部纳入村（居）党组织书记“领头雁”工程，推动制订出台《加强党的基层组织建设三年行动计划实施方案》，明确“每个村（居）要选拔1至2名后备人才作为党组织书记培养对象，其中未配备女性村委会主任的应优先选配1名女性”要求，为基层女性后备干部队伍不断壮大提供强有力的政策支持和保障。试点建设“两新”领域“妇女之家”。推进“妇女之家”向新组织新领域新群体延伸，各区

2018年5月23日，珠海市首个珠港澳女性创业创新基地落户乐士文化区
（市妇联 供稿）

妇联因地制宜，在企业、园区、“两新”组织和商务楼宇等新兴领域及社会组织中，成立“妇女之家”14个，为新领域、新阶层女性提供婚姻家庭、亲子教育等服务。

【妇女创就业服务】 2018年，珠海市妇联推进妇女创业创新基地建设，为女性创新企业和创业团队等提供融才、融智、融金一站式创业孵化服务。横琴新区创意谷获评首批“粤港澳大湾区妇女创业创新基地”，香洲前山乐士文化区、金湾智造大街、高新区清华科技园、高栏港区智谷产业园获评“珠港澳女性创业创新基地”，斗门区被省妇联确定为“乡村振兴巾帼行动”先行点。启动“创享e家·城乡互助体验店”项目，为“巾帼创业”小额担保贷款户和市巾帼创业示范基地打造线上销售平台，帮助融入互联网+农业体系。在华南农业大学举办全省首个市级妇联高校女性电商技能培训班。扶助巾帼创业，全年为142名创业女性发放贷款1678.4万元，回收率100%。三八妇女节期间，市、区两级妇联举办春风送岗位“三八”专场招聘会12场，搭建对接就业平台，为2.63万失业妇女提供免费服务，现场录用1695人。

【妇女网络宣传平台建设】 2018年1月，珠海市妇联自主开发建设的“珠海女声”综合服务平台通过验收，与微信公众号实现捆绑应用，微信公众号信息承载和发布能力得到拓展。市、区两级妇联以“地名+女声”统一命名微信公众号6个、关注用户3.1万人，建立微信群27个、用户5100余人，形成以“珠海女声”微信公众号及综合服务微站为主平台、各区妇联“女声”为节点的宣传服务矩阵。“珠海女声”微网站重点策划和制作各类宣传视频，形成“述说·巾帼故事”“女性双创故事”等主题系列，其中视频作品《用摄影陪伴另一个世界》获评全国妇联“巾帼志愿者十大暖心故事”。

【妇女普法维权】 2018年，珠海市妇联配合有关职能部门开展“平安珠海”建设普法宣传，动员广大妇女和家庭参与“扫黑除恶”专项行动。设立“学·知行”妇女儿童维权微课堂，开设婚姻家庭、心理调适、家庭教育、法律禁毒等空中课堂，开展有针对性的线下安全教育活动。全年，建立普法授课群3个，开展线上线下普法课堂34场。“学·知行”妇女儿童维权微课堂获2017—2018年度广东省“谁执法谁普法”优秀普法项目称号。依托珠海妇女维权站以及22个外展点，健全妇联主席接访、“12338”24小时妇女热线接听机制，为妇女提供法律帮助、情绪疏导、心理疏导等服务。全年，妇女维权站接待来访、来电、来信、网询1281件，其中办理个案30件；开展小组活动19次，261人次参与；开展外展服务222场，发放宣传品6.3万份，服务群众1.58万人次。市婚调委接待案件456件，达成调解协议51件，服务群众1332人次。

【家庭文明建设】 2018年，珠海市妇联全面建设社区家长学校，318个村（居）均建立社区家长学校、家庭教育指导服务点，实现全覆盖。开展“德行珠海·亲子讲堂”家庭教育公益讲座50场，在报纸发表专版50篇。开展“五好家庭”“文明家庭”“最美家庭”选树工作，37户家庭获全国、省、市“最美家庭”“文明家庭”和“优秀书香家庭”称号。举办“庆祝‘六一’儿童节暨第四届幸福‘家’年华开幕式”活动，约5000名家长孩子共度六一。围绕培育和践行社会主义核心价值观主题，历时5个月开展家庭教育实践活动80余场，参与群众约2万人。建立“儿童之家”203个，其中培育儿童友好社区33个、省级儿童友好示范社区17个。举办第三届“幸福·她”珠海妇女儿童家庭创新公益项目大赛，选取33个优秀公益项目落地基层，开展主题活动500余场，服务妇女儿童5万人次。

【困难家庭帮扶】 2018年，珠海市妇联实施妇女“两癌”免费检查，各区投入经费294.3万元，服务妇女1.27万人；筹集资金14.9万元，慰问救助困难患病妇女154人。持续开展农村低收入单亲母亲帮扶项目，解决贫困妇女实际困难。海关、税务、交通等巾帼文明岗参与“康乃馨”单亲特困母亲家庭援助活动，结对帮扶单亲特困母亲家庭。联合市青少年妇女儿童活动中心开展公益助学，免费服务困境儿童400人。与市精神文明义工队等社会组织合作开展系列关爱和帮扶活动，帮助农村留守儿童和困境儿童。

【港澳台妇女交流】 2018年，

2018年5月6日，香港东区妇女联会考察团到珠海参观考察（市妇联 供稿）

珠海市妇联发挥毗邻港澳独特优势，邀请港澳各界优秀妇女人才参加“粤港澳大湾区妇女创新创业大赛”，组织港澳执委开展“粤港澳大湾区姐妹同心、助力斗门乡村全面振兴”、万山区东澳村情系海岛新春慰问、香洲区慈安护老中心敬老等活动。开展港澳社团到珠海、珠海妇联赴台湾学习交流活动，拓宽交流互助平台。全年接待省妇联港澳执委、香港港区妇女代表联谊会、香港东区妇女联会、“东区青藤”大湾区交流训练团等港澳妇女代表团400余人次。

【首届粤港澳大湾区妇女创新创业大赛】 2018年12月6日，大赛总决赛在珠海国际会展中心举行。大赛由广东省妇联、省人社厅、横琴新区管委会主办，珠海市妇联、横琴新区党群工作部承办。以“汇聚巾帼力量助力湾区建设”为主题，以给广大女性人才搭建创新创业展示和服务平台为主线，引导和激励广大妇女为把粤港澳大湾区建设成为国际一流湾区和世界级城市群贡献巾帼力量。分企业组和团队组，14个省（市、区）和香港特别行政区、澳门特别行政区1457个项目报名参赛。大赛以“创新是第一动力”理念，筛选40个项目进入决赛，其中科技创新型项目占比75%。全国妇联、24个省妇联、广东省21个市妇联、港澳地区妇女社团和双创女性代表等约1000人出席决赛。邀请30家媒体（内地媒体23家、港澳媒体7家）进行宣传报道，并通过广东电视台、广州地铁、珠澳口岸、横琴地标建筑进行广告宣传，覆盖人群3200余万人，官网浏览量4万余人次。 （贾传恩）

珠海市科学技术协会

【概 况】 珠海市科学技术协会（简称珠海市科协）成立于1978年11月，是中共珠海市委领导下的人民团体。下辖行政区科协3个、功能区科协1个、团体会员（市级学会）47个、企业科协8个、高校科协2个。内设办公室、科普部、学会部3个部（室）。2018年，吸收珠海市先进装备制造行业协会、珠海市云计算与大数据学会为团体会员。

2018年，珠海市科协举办第十六届科协学术活动月，围绕“品质革命、创新引领”主题，举办各类专题学术报告320余个，参与人数3.3万人次。举办科技惠民志愿服务活动，支持项目10个，内容涵盖医疗卫生、社区健康教育、社区公共设施安全、企业服务等。举办技术创新方法培训班9期，为200余家科技企业培训创新人才700人。在2018年珠海科技工作者创想梦活动中，举办“区块链的发展与未来”“可拓学创新方法的理论与应用”等主题研讨活动。组织开展珠港澳科技创新资源现状、珠海市企业孵化器建设和培育状况等专题调研，提交《关于加快规划建设珠海科技馆的建议》《关于对重大科技及人才政策开展第三方评估的建议》《关于深化珠港科技创新合作的建议》等政协提案。是年，市科协被评为2017年度广东省科协系统统计调查工作优秀集体、2017年度地方科协财务决算工作先进单位。

【科协改革】 2018年5月8日，珠海市印发《珠海市科协系统深化改革方案》和《珠海市科协所属学会有序承接政府转移职能试点工作实施方案》。7月26日，市科协召开学会改革工作会议，在区、镇基层科协组织中开展“3+1”（“3”指吸纳医院院长、学校校长、农技站站长进入县乡镇科协领导机构兼职挂职发挥作用，“1”指加强上级科协指导）试点工作，在市级学会中确定6家学会开展学会改革试点工作。加强对科技工作者的政治引领和政治吸纳，推动成立市科协社会组织党委。

【重点人群科学素质行动】 2018年，珠海市科协加强重点人群科普工作。青少年科普。举办第三十四届珠海市青少年科技创新大赛，组队参加全国和省青少年科技创新大赛，在第三十三届全国青少年科技创新大赛和第三十三届广东省青少年科技创新大赛上均获优异成绩；举办2018年“大手拉小手——科普报告希望行”活动，邀请中科院7位老科学家，深入市内48所学校和2个部队基层连队做科普报告60场，受众3万余人次；开展科普大篷车进学校、进社区活动50余次，参加活动青少年及社区群众2万余人次；举办珠海市2018年迎春科普嘉年华活动、首届珠港澳青少年航空航天科普嘉年华暨青少年室内特技飞行展演体验活动；开展科学启蒙——科普魔法秀进校园活动76场。农村科普。围绕“乡村振兴、科普先行”，开展各类科技下乡活动。举办农村实用技术培训班10次，推广良种良法7项，助力农村干部群众走“乡村振兴、科学致富”之路。社区科普。支持香洲区科协联合狮山街道办、梅花街道办、拱北街道办举办社区科普嘉年华；依托科普讲师团，举办“科普大讲堂——社区科普行”活动，在香洲区9个镇（街）所辖社区开展科普讲座70余场。是年，市科协组织市医学会、市护理学会、市数理化学会、市科普讲师团等单位科技工作者分别走进驻珠部队9个基层连队，开展智力拥军、科普进军营活动。

【主题科普活动】 2018年，珠海市科协及所属团体围绕“创新引领、共享发展”等主题，组织开展全国科普日、全省科技进步活动月等系列活动。1月27日，由市科协主办的“珠海市2018年迎春科普嘉年华”活动在市青少年妇女儿童活动中心举行，活动内容包括科学表演秀、科学大闯关、科学作品展示等，吸引800余人参加。5月26日，2018年珠海市科协科技进步月系列活动启动仪式暨趣味科普体验活动在市妇女儿童活动中心广场举行，市工业互联网协会、市科普志愿者协会、市观鸟协会、广慧科普乐园、华翔航空有限公司、北理工毅恒团队等科技教育机构进行现场展示及科普汇演。全国科普日期间，市科协会同珠海科普联盟各成员单位，通过珠海科协微信公众号开展科普知识闯关活动，在圆明新园开展户外亲子定向科普体验活动。

【科普能力建设】 2018年，珠海市科协新命名科普教育基地4个（珠海市第一中学航空科普馆、拱北海关国门生物安全科普展示厅、北理工珠海航空学院、港珠澳大桥管理局），重新将“长隆海洋王国”认定为科普教育基地。至年底，全市有科普教育基地21个，其中获省科普教育基地称号6个、获国家级科普教育基地称号3个。组建科普联盟，23家联盟成员发挥各自优势，开展科学传播活动。推动中国科协“科普中国”e站应用落地，申报创建“科普中国”e站3个（珠海市第一中学“科普中国”e站、珠海市青少年妇女儿童活动中心“科普中国”e站、珠海市香洲

2018年5月30日，珠海市科技工作者权益保障联盟成立大会召开

（市科协 供稿）

区狮山街道红旗社区“科普中国”e站）。开展2018年度优秀科普作品征集、评审工作，择优资助观鸟学会科普作品《淇澳鸟类图鉴》。

【创新创业活动周】 2018年9月26日，珠海市科技工作者创新创业活动周启动仪式在南方软件园举行。活动以“高水平双创，高质量发展”为主题，以“激发双创活力，推动二次创业”为核心内容，联合市工业互联网协会、市技术创新方法研究会、市科技工作者创新创业联盟等创新创业平台及载体，推出“1+7”系列活动，即1个主会场（2018年珠海市科技工作者创新创业活动周系列活动启动仪式暨珠海市最新人才政策宣讲分享会）、7个专题活动〔创客驿站开放日活动、众创空间发展研讨会活动、首届中国创新方法大赛（广东珠海赛区）暨珠海市首届创新方法大赛、2018珠海市第七期技术创新方法培训班、海智人才创新创业交流会、珠海市创新创业先锋人物访谈活动、科技工作者创想梦主题活动〕，通过展示双创成果、开展学术研讨、举办创新大赛、创客经验交流及创新人才宣传推介等，营造双创氛围，推动双创工作。参与人数1000余人次。

【珠海市科协第七次代表大会】 2018年11月22日在香洲召开。大会以习近平新时代中国特色社会主义思想为指导，学习贯彻习近平总书记视察广东重要讲话精神，贯彻落实广东省科协第九次代表大会和市委八届五次全会精神，部署推进今后五年市科协工作。珠海市委书记、市人大常委会主任郭永航，省科协党组书记、常务副主席郑庆顺出席会议并讲话。市四套班子领导出席大会。市科协党组书记肖润新代表市科协第六届委员会做《再燃改革激情，勇担职责使命，在推动新时代珠海“二次创业”中争当创新先锋》报告。大会选举产生新一届市科协领导班子，刘治民当选主席，杨穆、卓颖强、李伟峰、王玉田、吴凡、张云飞、张枢玮当选副主席。来自全市200余名科技工作者代表参加会议。

2018年11月22日，珠海市科学技术协会第七次代表大会召开
（市科协 供稿）

【青少年科技创新大赛】 2018年3月30日至4月1日，第三十三届广东省青少年科技创新大赛在华南农业大学举行。珠海市8所学校25名选手参加本届大赛决赛展评，获一等奖3项、二等奖9项、三等奖17项、专项奖7项。8月14—20日，第三十三届全国青少年科技创新大赛在重庆市举行，珠海市第一中学学生李晨天的“一种基于饱和蒸汽压温变性的液体泵（变温变压泵）”获青少年科技创新成果竞赛项目二等奖和英特尔英才奖、西南大学专项奖。12月8日，珠海市科协和市教育局联合举办的第三十四届珠海市青少年科技创新大赛终评、展示和颁奖仪式在珠海中山大学附属中学举行，大赛主题为“创新、体验、成长”，全市100余所学校1000余名学生参与。参赛作品分发明创造作品、科学研究论文、科技实践活动、少年儿童科学幻想绘画四类，分学前组、小学组、初中组和高中组。收到各类作品489项，其中发明创造类作品128件、科学论文113篇、科技实践活动56项、科学幻想绘画192幅。评选出获奖作品315项，其中发明创造类80项、科学论文类62篇、优秀科技实践活动33项、科幻绘画类140幅，同时评选出优秀科技辅导员40人、优秀组织奖23个。

（谢益云）

珠海市归国华侨联合会

【概　况】 珠海市归国华侨联

合会（简称珠海市侨联）成立于1979年9月29日。2004年，珠海市侨联与市外事局合署办公，在市外事局内设侨联工作科。2009年，珠海市委统战部加挂珠海市归国华侨联合会牌子，其职责划入市委统战部，内设侨联工作科。下辖珠海市新马泰侨友会、珠海市印尼归侨侨友会、珠海市越柬老归侨侨眷联谊会、珠海市潮人海外联谊会、珠海市辛亥革命志士后裔联谊会、珠海市侨商企业协会6个社团。至2018年底，全市有区、镇（街）、村（居）、科技园区、大学园区基层侨联组织355个。

【侨联基层组织建设】 2018年，珠海市侨联落实中央、省关于群团改革、侨联改革的决策部署，对标《中国侨联改革方案》和《广东省侨联改革方案》，以“强三性”（政治性、先进性、群众性）、“去四化”（机关化、行政化、贵族化、娱乐化）为目标，推进侨联改革。通过出台《关于在全市全面推进“党建带侨建”工作的通知》，召开“党建带侨建”工作现场会，深入高校、社区、企业开展调研活动等，推动“党建带侨建”工作取得阶段性成果。是年，全市新成立村（居）侨联会48个、村（居）侨联工作组272个，村（居）侨联组织由原来的1个增加至321个，实现全市村（居）侨联组织全覆盖。香洲区拱北街道将军山社区、前山街道福石社区被省侨联授予“侨界人文社区示范点”称号。珠海市首个科技园区侨联（南方科技园侨联）、首个本科高校侨联（北京理工大学珠海学院侨联）成立，基层侨联组织建设实现新突破。

【侨界参政议政】 2018年，珠海市侨联畅通参政议政渠道，引导侨联委员、侨联干部、侨界群众有序参与基层实践活动。11月29日，在斗门区举办“走进侨乡——助推乡村振兴战略”首个侨联委员主题日活动。组织市侨联委员深入珠海各区、镇（街）、村（居）进行考察调研，倾听和收集侨界群众呼声。8月和11月，分别组织侨界人大代表、侨联界政协委员和基层侨联干部到中山、潮汕等地参观考察，学习当地在推进“侨界人文社区”建设、发挥侨务资源优势、服务经济社会发展等方面的经验和做法。推荐一批先进集体和个人，为广大侨联委员、侨联干部、侨界群众树立榜样。8月29日，在全国第十次归侨侨眷代表大会上，斗门区侨联获“全国侨联系统先进组织”称号，孔德梅获“全国侨联系统先进个人”称号，颜军、周昔文、张举生、吴育生、陈树佳获“全国归侨侨眷先进个人”称号。

【以侨引资引智】 2018年，珠海市侨联以侨为桥，主动作为，开展以侨引资引智引才活动。成功引进投资75亿元的友爱国际医院和国际康养中心项目落户珠海，日本前首相鸠山由纪夫出席项目奠基仪式。协调有关部门做好中新文化创意小镇项目引进和落户。引入2018智汇广东——曹祥东博士科技团队、玻利维亚 Foods Company 公司高层、中科大非洲校友会等海外高层次团队和人士10批300余人次到珠海进行项目对接工作。注册成立“珠海市侨商企业协会”，搭建珠海侨商与海内外侨商经贸往来新平台。

【侨界文化交流】 2018年，珠海市侨联以传承和弘扬中华优秀文化为核心，促进与海外文化交流。打造侨界文化品牌活动。7月18日，连续十二年举办“中华青年民族学习交流营”活动；7月24日至8月2日，举办海外华裔青少年“中国寻根之旅”夏令营；12月11—12日，承办第二十七届“珠港澳穗深”五地侨界乒乓球比赛。联合海内外侨界社团开展中外文化交流活动。3月20日，与市人大书画院联合在马来西亚沙巴州举办“翰墨丹青传友情”书画展；5月12日，与珠海印尼归侨侨友会联合举办“中印丝路情·四海同侨心”主题交流活动；9月27日，与日本珠海联谊会共同举办“‘一带一路’牡丹与樱花的对话画展”；11月12日，举办旅英侨胞、留学生珠海联谊交流活动暨英国珠海联谊会第四届、英国珠海留学生联谊会第三届就职典礼等，促进中外民间文化交流。发挥侨刊乡讯“集体家书”作用，编辑出版《珠海乡音》4期。建立珠海侨务侨联微信公众号，打造互联网＋新媒体宣传平台。全年，市侨联撰写、发布侨务侨联工作信息101篇，其中被省委统战部采用8篇。

【侨联对外联谊】 2018年，珠海市侨联坚持“两个并重”（海外国内并重、老侨新侨并重）、“两

2018 年 7 月 24 日，海外华裔青少年“中国寻根之旅”夏令营开营

（市委统战部 供稿）

个拓展”（拓展海外工作、拓展新侨工作），广泛联系海外华侨华人社团和海外侨胞。9 月 18—20 日，市侨务代表团出访美国、哥斯达黎加、墨西哥，推动成立第十六个海外珠海联谊会——美国纽约珠海联谊会。全年接待美国、马来西亚、挪威、印度尼西亚等近 30 个国家的海外侨团 23 批 500 余人次，不断拓展与“一带一路”沿线国家和地区侨团侨商的联系。把握港珠澳大桥通车契机，密切与港澳侨团的联系，组织港澳侨界代表人士参观港珠澳大桥、观看第十二届航展等，全年接待港澳社团 14 批 1700 人次。配合并支持珠海潮人海外联谊会申请在横琴举办 2021 年“第二十一届国际潮团联谊年会”。

【依法维护侨益】 2018 年，珠海市侨联利用法治思维和法治方式维护广大归侨侨眷和海外侨胞合法权益。开展侨资企业法律风险防范调研，形成《珠海市侨资企业在生产经营中遇到法律问题的调研及对策》专题调研报告，为侨资企业提供法律政策指引。7 月 6 日，与市法学会共同举办“以法兴企文化沙龙”活动，组织 160 余位以侨资企业为主的珠海企业家与法学专家、政府官员面对面交流，帮助企业解决涉法问题。11 月 1 日，在平沙镇平塘社区、红旗镇广安社区及香洲区福石社区成立“侨之家”，整合利用社区公共服务资源，为归侨难侨职工及群众提供服务。12 月 4 日，在广东常成律师事务所建立“为侨法律服务工作站”，为侨界群众举办为侨法律服务讲座并开展现场咨询活动。引导属下侨友会参与社会活动。6 月，珠海潮人海外联谊会捐资 7500 万元建设珠海市潮联学校。“印尼”“新马泰”“越柬老”3 个侨友会开展扶贫济困、助学奖学及敬老爱老活动。

【侨界精准扶贫】 2018 年，珠海市侨联凝聚侨界力量，将为侨服务与精准扶贫相结合，提升侨界帮扶的质量和成效。连续十七年开展“侨心工程”助学、“情暖侨心”义诊等侨联品牌活动。8 月 25 日，“侨心工程”向 119 名大学侨生发放助学金 37.7 万元；9 月 29 日，“情暖侨心”义诊为平沙华侨农场 500 余名侨界群众免费送医送药价值 10 万元；春节、中秋佳节，为 1049 人次困难归侨侨眷发放慰问品及慰问金 36 万元。发动侨界人士参与慈善公益活动。珠海司迈科技有限公司通过中国华侨公益基金会“侨爱心健康行”专项公益活动，向欠发达地区捐赠手术设备价值 5760 万元；市侨联名誉主席、顾问、常委等侨界热心人士为“6·30”广东扶贫济困日及“侨心工程”捐款近百万元；美国珠海联谊总会等海外侨界社团捐款 30 万元支持斗门区救灾复产重建。发动侨界力量参与对口帮扶。由市侨联名誉主席张志豪捐助的“珠海黄土计划”教育帮扶项目落户西藏米林和云南怒江，4 月和 6 月，分别开展“侨爱工程·情系西藏”米林慈善行活动、“江海同心·侨爱同行”教育帮扶活动，助力打赢脱贫攻坚战。

（市委统战部）

珠海市青年联合会

【概　况】 珠海市青年联合会（简称珠海市青联）成立于 1981 年 4 月，是中共珠海市委领导下的人民团体，是以共青团为核心力量的各青年团体的联合组织，是珠海各族各界青年广泛的爱国统一战线组织。至 2018 年底，珠海市青联第十届委员会有委员 235

人，来自科学技术、教育、农业、社会科学、经济、金融商务、法律、文化艺术、新闻出版和新媒体、体育、医药卫生、社会组织和社会中介、宗教、海外学人华侨、技能人才、台胞和港澳特邀人士16个界别，全体委员分6个小组开展活动，有共青团珠海市委员会、珠海市学生联合会、珠海市青年志愿者协会、珠海市青年企业家协会、珠海市青年书法家协会、珠海市海归青年交流促进会、珠海市青年发展现代农业促进会等会员团体24个。

【青年思想建设】 2018年，珠海市青联以中国特色社会主义教育为主要内容，打牢全市各族各界青年团结奋斗的共同思想基础。举办党的十九大、习近平总书记重要讲话精神宣讲会和青联委员培训班，开展“青联委员互访日”“青联委员走基层”“青年大讲堂”“青年大学习”“青年企业家创新创业沙龙”等主题教育实践活动、报告会和青年论坛50余场，线上线下覆盖青年10万人次，引导广大青年践行社会主义核心价值观。面向基层选树“向上向善好青年”“青年岗位能手”等先进典型，弘扬“最美青年科技工作者”张云飞、“都市菜农”邹子龙、“永动机医师”姜小飞、“叉车大王”曹祥云等时代青年先进事迹，保持和增强组织的政治性、先进性和群众性。

【青联扶贫】 2018年，珠海市青联整合青年优势资源，推进对口支援帮扶。组织青联委员前往对口帮扶点——茂名化州市新安镇曲径村调研考察3次，整合青联委员、社会各界爱心善款近50万元，用于贫困生教育补助、改造危房、建设光伏发电、发展中草药种植产业等。帮助四川甘孜州理塘县解决县圣地青年书屋“唐卡”演习基地部分经费，发动青联委员李宇亮、陈文耀出资6万元支持援建；发动青联委员筹集善款4万元，慰问珠海四中“西藏班”师生，为西藏林芝米林县贫困家庭捐建农田围网。支持“江海情　青春梦”怒江学子珠海冬令营、“七彩阳光与爱同行”2018斗门区关爱云南省怒江州福贡儿童公益夏令营等项目，为怒江“珠海班”、福贡县学生增加交流学习机会；开展“爱心衣橱向怒江”捐赠行动，组织青联委员和社会爱心人士为怒江福贡县居民捐赠衣物棉被。

【青联服务】 2018年，珠海市青联动员青年服务大局，助力党政中心工作。开展“青春情暖”关爱青少年系列活动50场，覆盖各类青少年群体10万人次。助力乡村振兴战略行动。整合各界资源12万元，围绕产业振兴、人才振兴、文化振兴、生态振兴等，引领青年建功乡村振兴战略。开展新生代产业工人“圆梦计划”。投入资金128万元，帮助320名新生代产业工人圆大学梦。服务青年创新创业。开展“领航100”亿元级青年领军企业实力提升计划，推荐1家高成长性千万级青年领军企业参加省级培训班，扶持青年领军企业发展壮大；开展“展翅计划”大学生就业创业能力提升行动，提供优质实习岗位2600个；开展“大咖公开课”，帮助大学生提升就业创业意识和能力。

2018年5月19日，珠海市“青联委员走基层”学习党的十九大及习近平总书记重要讲话精神宣讲活动在高栏港区绿手指有机农园举办（市青联 供稿）

【青联统战】 2018年，珠海市青联以“青年同心圆计划”和“新

2018 年 8 月 17 日，珠澳青年交流促进会成立典礼暨 2018 珠澳青年论坛在澳门科学馆会议厅举行　（市青联 供稿）

时代大湾区青年启航计划”为统领，打造红色记忆、国防教育、文化艺术、就业创业、升学教育、乡村振兴“六位一体”主题交流体系，助推珠港澳青年交流交往、交心交融、合作发展，全方位建设“大湾区青年发展共同体”。全年举办或参与珠港澳青年交流合作活动25场，覆盖约3000人次。

聚焦机制平台建设，确保工作规范化科学化发展　强化组织建设。推动成立珠澳青年交流促进会，广泛凝聚爱国爱澳青年骨干和珠澳“两栖青年”，引领两地青年深度交流、融合发展，助推珠澳合作迈上新台阶；与港澳 30 个有代表性和影响力的青年社团保持稳定联系和常态化合作，定期联合组织项目，重大活动互邀出席；加入“粤港澳大湾区青年行动联盟”，致力于深化青年交流、搭建青年成长平台、鼓励青年创新创业、培养青年人才，带动青年投身大湾区建设。强化框架领航。联合澳门青年联合会、香港青贤智汇，签订《新时代大湾区青年启航计划合作框架协议》，聚焦“青年学生思想引领”“文化创意及新媒体”“青年就业及创业”三大重点领域，拓展交流合作领域，提升交流合作层次。强化科学发展。联合中国移动公司开展青年发展大数据研究，重点关注珠港澳青年交流合作情况；联合香港明汇智库开展大湾区青年发展指数调研，为推进大湾区青年工作提供数据支撑和科学依据。

聚焦项目品牌建设，引领青年交心交友同心同向　强化爱国教育。联合香港珠海社团总会青委会、珠港青年交流促进会举办珠港澳青年步操乐团汇演暨国防教育，联合珠海海外联谊会举办珠港澳青年航展体验营，提升港澳青年的爱国情怀和民族荣誉感。强化思想引领。举办珠港澳青年五四成人礼，组织三地千名中学生在拱北口岸广场集体宣誓成人，并邀请亚运会冠军分享成长成才经历；联合香洲区团委举办“筑梦湾区·青年力量”珠港澳青年说，首次在澳门举办港澳专场，吸引港澳青年广泛关注及参与，引导三地青年围绕“中国梦”“大湾区”“青年担当”等话题积极发声，凝聚向上向善正能量；举办“红领巾动感假日”珠港青少年暑期交流实践活动，引领两地小学生“扣好人生第一粒扣子”。强化走心交流。举办珠港澳大学生领袖交流营，组织三地 70 名青年学生同吃、同住、同活动，在朝夕相处中结下深厚友谊；联合澳门中华青年进步协会、市侨联举办中华青年民族学习交流营，组织珠港澳台青年以文艺表演形式进行交流，倡导“互相学习、互相包容、互相理解、互相感动”理念，把四地青年的心拉得更近；举办珠澳大学生书画摄影艺术展、大湾区大学生美丽乡村系列赛事等活动，以生动载体引领青年学生交心交融。强化商情互动。先后组织青年代表团赴港澳地区参加博鳌亚洲论坛青年会议（香港）、共建大湾区青年论坛（澳门）等大型活动，为青年深度交流合作、布局湾区发展搭建平台；举办珠澳青年论坛、大湾区调研实践行动、大湾区青年英才主题对话等系列活动，引领珠港澳青年发掘商机、共享资源、合作共赢。

聚焦服务体系建设，助推港澳青年融入祖国发展　强化阵地服务。在横琴·澳门青年创业谷试点建设“大湾区青年家园”，针对珠港澳三地青年核心需求，逐步完善信息咨询、个案支援、成长发展、社会融入、公益志愿、期望管理等“一条龙”服务体系。强化就业服务。联合横琴新区澳门事务局举办“琴澳同心·筑梦飞翔”澳门大学生暑期横琴实习行动，组织近百名澳门在读大学生在横琴进行为期4周的实习，并开展“珠海英才计划”宣讲会，培养港澳青年学生来珠就业意愿；依托“展翅计划”平台，面向港澳青年学生开发含金量高的实习岗位。强化创业服务。联合港澳青年组织启动“珠港澳青年文创汇”项目，首批挂牌“珠港澳青年文创实践基地”10个，并开展交流营、公开课等项目，推动三地文创领域青年人才交流、优势资源共享、深度融合发展，助力产业协同发展；举办“菁创学院”珠港澳青年创业特训营，吸引三地20余个创业团队参加，为创业青年搭建对接交流平台；联合银行设立20万青年创业项目小额贴息贷款补贴资金，为珠港澳青年创新创业提供金融支持。

【新时代大湾区青年启航计划启动】 2018年7月7日，《新时代大湾区青年启航计划合作框架协议》签订暨“珠港澳青年文创汇”启动仪式在珠海乐士文化区举办，珠港澳三地青年组织、文创机构约100人参加活动。珠海市青联、澳门青联、香港青贤智汇代表共同签订合作框架协议，聚焦新时代青年视角和需求，重点立足“青年学生思想引领”“文化创意及新媒体”“青年就业及创业”三大领域，拓展交流合作领域，提升交流合作层次。启动“新时代大湾区青年启航计划”，旨在紧扣党政大局、青年需求，打通青年交流“最后一公里”，打造更多青年合作发展品牌项目，全方位建设“大湾区青年发展共同体”。启动“珠港澳青年文创汇”，为Bee+创新青年业态、北山大院、横琴·澳门青年创业谷等首批10个“珠港澳青年文创实践基地”授牌。“珠港澳青年文创汇”由三地有代表性和影响力的青年组织牵头发起，以青年群体为主体，以文化创意为重点，旨在助推珠港澳文创领域青年人才交流、优势资源共享、深度融合发展，助力三地产业协同发展，同时支持港澳青年更好融入国家发展大局。

（刘慧赟）

珠海市残疾人联合会

【概　况】 珠海市残疾人联合会（简称珠海市残联）成立于1989年4月，是珠海市委、市政府领导下的集残疾人自身代表组织、社会福利团体和事业管理机构于一体的人民团体，具有“代表、服务、管理”职能（代表残疾人的共同利益，维护残疾人的合法权益；团结教育残疾人，为残疾人服务；履行政府委托的部分行政职能，管理和发展残疾人事业）。承担市政府残疾人工作委员会日常工作。内设办公室（维权科）、教育就业科、康复和组织联络科3个科（室），下辖公益一类事业单位1个：珠海市残疾人综合服务中心。至2018年底，珠海市户籍持有第二代残疾人证残疾人1.88万人。

2018年，市残联向9488名残疾人发放重度残疾人护理补贴2327.1万元。机构集中托养重度残疾人73人，发放重度托养补贴133.72万元。投入资金50万元实施农村贫困残疾人家庭生活用品配置项目。为76户残疾人家庭实施无障碍改造。

【残疾人基本保障】 2018年，珠海市残联根据《珠海市重度残疾人寄宿制托养服务工作实施方案》，建立按残疾类别服务成本确定不同补贴标准和补贴标准浮动增长机制。一级、二级精神和智力残疾人服务标准由每人每月2400元提高到每人每月3400元，其中补贴部分增长40%；一级肢体残疾人服务标准由每人每月2400元提高到每人每月4000元，其中补贴部分增长70%。扩大服务对象覆盖面，在托人员适当放宽年龄至60周岁以上，填补60周岁以上重度残疾人寄宿制托养政策“真空区”。实施残疾人意外伤害保险项目，全市投入资金183万元，为1.73万名（含金湾区1025名）户籍残疾人购买每人不低于100元的意外保险，可提供最高10万元的身故或伤残补偿金等5项保障服务。

【残疾人就业服务】 2018年，珠海市残联落实《珠海市残疾人就业创业补贴实施办法》，向1402名残疾人发放就业创业补贴1017.39万元。加大服务企业力度。为37家企业提供指导跟踪服务，其中为伟创力等5家公司提供残疾人文体活动、心理咨询、手语培训、岗位适应培训班等上门指导服务，开办雇主培训班1期。举办2018年残疾人就业专场招聘会、伟创力残疾人专场招聘会、“全国助残日”残疾人专场招聘会，提供岗位907个，现场达成就业意向254人次、录用113人。加大职业技能培训力度。举办摄影、种养、服装制作、初级电工等培训班，为31名残疾人提供职业能力评估服务，为174人次残疾人进行就业推荐和职业指导，向5名残疾人发放职业培训补助1.92万元，残疾人新增就业培训121人。开展入校送岗活动，组织用人单位到市特殊教育学校进行现场招聘，达成就业意向7人。全年，全市就业年龄段城镇残疾人新增就业132人，农村残疾人新增就业60人，应届高校残疾人毕业生就业6人。

【残疾人教育扶助】 2018年，珠海市残联开展“南粤扶残助学工程”申报工作，申报新入学残疾大学生12人。落实残疾学生及残疾家庭子女教育生活补助政策，发放市级教育生活补助37.53万元，惠及348人。市教育局、市残联等七部门联合出台《珠海市第二期特殊教育提升计划（2018—2020年）》。

【残疾人康复服务】 2018年，珠海市残联推动自闭症儿童康复训练纳入社保病种管理，自闭症儿童康复训练可享受医保每人每年6000元门诊报销费用，还可向市、区残联申请每人每年2.4万元训练补贴，两项合计每人每年3万元，增长25%。加大政府购买康复服务力度，利用市残疾人康复协会会员医护专业优势，委托开展康复需求精准评估、精准建档，制定精准康复计划，提供医疗康复转介服务。委托市第三人民医院对全市精神残疾人服药定点机构进行督导巡查，及时发现和纠正机构康复服务不到位、不规范和转介不及时等问题。借助全市推进家庭医生签约工作契机，推进残疾人家庭医生签约工作，形成残联、卫计两线并举共同推进工作格局。是年，全市持证残疾人签约家庭医生1.37万人，签约率76.39%，其中签约普惠包占全部签约人数95.68%。引入UIC（北京师范大学—香港浸会大学联合国际学院）专业团队运营市铭爱家属资源中心，为残疾人家属提供更加专业、多样的支援性服务，全年举办残疾人及家属心理辅导、康复知识及护理培训36期，参加人数1097人次。全年，得到基本康复服务残疾人2464人，整体康复服务率96.78%，排名全省第一。为4595名残疾人开展康复救助，发放康复救助资金689.98万元。其中，发放精神残疾人住院治疗补贴54.63万元298人、精神残疾人康复期间服药补贴265.75万元3670人；发放0～6周岁四类残疾儿童机构康复训练补贴170.31万元137人；发放白内障复明手术费补贴9.09万元67人；发放肢体残疾人矫形器及假肢安装补助11.99万元42人、肢体残疾人治疗及康复补助（贴）121.73万元139人；发放验配助听器补助46.05万元140人。为98名残疾人适配价值10.09万元的基本型辅助器具。

2018年9月27日，珠海市残疾人综合服务中心开展残疾人就业安置跟踪服务活动。图为组织拓展训练 （蔡海洲 摄）

【残疾人组织联络】 2018年，珠海市残联召开第七次代表大会，完成换届工作。组织召开市残联第七届主席团第二次会议，按法定程序选举产生第七届执行理事会理事长。开展“快乐成长计划”送教上门服务、“水中善行、复健行动”志愿助残服务。推出“心悦关怀”志愿助残服务项目，通过每周2次电话访谈、每月不少于1次上门探访，为50名精神残疾人开展心理疏导、精神慰藉等志愿服务。以专门协会为纽带，举办自闭症儿童关爱活动7期，参与人数672人次；组织100余名肢体残疾人到苏兆征纪念馆开展“赞颂改革开放，共享发展成果”主题活动、70名聋人观看电影《信仰者》、60名盲人开展盲人沙滩趣味运动会、186名精神残疾人及家属开展精神卫生日活动。组织参加省残联举办的盲人沙滩运动会、国际盲人节、南粤狮声杯盲人象棋邀请赛、精神残疾人运动会等活动。举办全市残疾人专职委员培训班，近200名残疾人专职委员参加。

【残疾人文体活动】 2018年，珠海市残联打造残疾人精品文艺节目10余个，举办助残日广场文化活动和庆祝“第二十七个国际残疾人日”文艺巡演活动。开展“听党话跟党走”残疾人有奖征文活动，征收作品30篇。参加广东省第七届残疾人美术作品大赛，选送作品40件，获奖5件。参加省残疾人声乐器乐比赛，4个节目全部获奖，市残联获“优秀组织奖”。委托市蓝晶灵融合教育机构开展自闭症儿童书法、绘画培训。实施文化进家庭项目，为残疾人发放图书125册、电影票300张。由市残联输送到省残联的残疾人运动员在各类赛事取得佳绩，李彤彤获2018年全国羽毛球锦标赛混双第一名，潘惠莹获全国第十届残疾人运动会暨第七届特殊奥林匹克运动会自行车项目2项第一名，陈世堂等4人获2018年全国特奥运动会乒乓球比赛2项第一名、1项第二名、2项第三名。在省第八届残疾人运动会提前项目比赛中，珠海市夺得金牌18枚、银牌15枚、铜牌11枚，残疾人教练员麦文杰被评为全省群众体育工作先进个人。开展残疾人健身运动会系列活动，举办球类、特奥、田径等赛事10项，近千名残疾人运动员参加比赛，产生各类奖牌334枚。开展“十三五”残疾人体育健身示范点、康复体育关爱家庭计划等工作，建成残疾人体育健身示范点6个，为200名重度残疾人发放康复体育小型器材和指导资料，为重度残疾人提供基本康复体育服务。

【残疾人发展环境建设】 2018年，珠海市残联聘请专业媒体团队运营门户网站、微博和微信公众号等新媒体，及时发布残疾人工作相关政策和信息。全年，门户网站发布信息369篇，微信公众号平台推送消息295条，累计阅读量5万余次。提高新闻舆论引导力，加强与珠海“两报两台”以及《信息时报》、腾讯大粤网等媒体合作，借助各类新闻媒体全方位宣传残疾人工作。全年，在《珠海特区报》等报刊发表文章18篇，在珠海电视台播放新闻12条，播放、刊登专题专版2个。与珠海电视台合作录制手语新闻《手语七日》，为广大聋人提供新闻资讯平台。

【残疾人服务设施和基层基础建设】 2018年，珠海市有康园中心31个，补贴社工岗位20个。年内，康园中心残疾人训练、伙食及交通补贴提高至不低于每人每天40元，其中市级补贴由每人每天10元提高至20元。在全市15个康园中心开展督导服务，服务精神、智力、重度肢体残疾人近600人。市特殊儿童大楼、金湾区残疾人综合服务中心顺利封顶。

【珠海市残疾人联合会第七次代表大会】 2018年6月26日在珠海度假村酒店召开，参会代表129人。会前，珠海市委书记、市人大常委会主任郭永航会见大会全体代表并合影，市委副书记赵建国出席会议并讲话，副市长刘嘉文出席大会开幕式，省残联理事长张永安代表省残联致辞。会议听取、审议并通过珠海市残疾人联合会第六届主席团

2018年6月26日，珠海市残疾人联合会第七次代表大会在珠海度假村酒店召开（劳文启 摄）

工作报告，选举产生珠海市残疾人联合会第七届主席团成员37人，选举产生出席省残联第七次代表大会代表9人，副市长刘嘉义当选珠海市残疾人联合会第七届主席团主席。（陈玉娇）

珠海市社会科学界联合会

【概　况】　珠海市社会科学界联合会（简称珠海市社科联）成立于1993年6月21日，是珠海市委、市政府领导下的学术性人民团体。时为科级建制，由市委宣传部主管，2002年12月机构改革后升格为市直管单位，同时挂珠海市社会科学研究所牌子，副处级建制。2004年6月升格为正处级建制。内设办公室、学会科研部，有市社科规划办、市社科普及办2个办事机构。至2018年底，业务主管社科类社会组织45个，社科研究基地31个。香洲、金湾、斗门3个行政区均设有社科联，北师大珠海分校、北理工珠海学院、吉林大学珠海学院3所高校成立社科联。

【决策建议】　2018年，珠海市社科联向市委提供决策建议稿26篇，被市委办《每日汇报》采用13篇。其中，《关于我市加快打造国际化法治化便利化营商环境的建议》《关于港珠澳大桥通车后我市深化与港澳合作的建议》《关于加快珠海通用航空旅游发展的建议》《关于提升我市会议旅游竞争力的建议》得到市委领导批示，转至相关职能部门研究推进；《老年旅游产业发展状况、存在问题及对策建议》《粤港澳大湾区的金融合作建议》被省委办公厅《广东信息》刊发。在结项的2017—2018年度市哲学社会科学规划课题中，有96篇论文发表在省级以上刊物。

【学会管理】　2018年，珠海市社科联对业务主管的45个社团进行业务指导。修订印发《珠海市社团业务工作指引》，出台《珠海市民办社科研究机构业务工作指引》，规范社团及民办社科研究机构业务工作。成立中共珠海市社会科学界联合会社会组织委员会，以“行业党委”为引领，理顺市社科联所属社会组织已建党组织隶属关系，扩大市社科联主管的社会组织党组织覆盖面。

【社科普及】　2018年11月，珠海市社科联以中华优秀传统文化、珠海红色文化、珠海历史人文、珠海关爱文化、社科知识普及等内容为板块，开展第三届常态化社科普及活动。联合珠海电台“先锋951”频率，以微社科形式传播社科知识，制作《〈环境保护法〉法律法规普及》《〈见义勇为人员奖励和保障条例实施办法〉相关法律条文解读》等采访节目20期。开展“宪法宣传周”专题活动，在珠海电台举办宪法学习活动5期。

【社科成果】　2018年，珠海市社科联通过与社会科学文献出版社合作，实现《珠海潮》由理论内刊转为公开发行的学术集刊，全年出版4期，刊登文章44篇（75万字），全文进入中国知网检索系统。依托高校建成市级社科研究基地31家，研究领域涵盖经济、社会、文化、生态文明等学科，其中3家获教育部、省级人文社科项目、国家社科基金重大项目立项，承担政府委托课题4个。

2018年5月26日，珠海市社科联在格力海岸COAST PARK滨海商业无界书店举办“港珠澳大桥——我们身边的世界级地标”公益讲座活动

（市社科联 供稿）

【珠海市第十四届社会科学普及月活动】 2018年5月3—31日，珠海市社科联与市委宣传部共同举办珠海市第十四届社会科学普及月活动。活动以“新时代开创社科发展新境界，新思想引领人文素养新提升”为主题，以供给侧结构性改革和“互联网+”思维为指导，设置首场学术讲座及开幕式、社科学术讲座、展览展示展演、社科基层行、社科知识竞赛、咨询服务、微课堂七大板块43个项目，通过市、区联动，线下普及与新媒体宣传相结合，开展活动88场，直接参与活动6.59万人次。 （钱雪琴）

珠海市文学艺术界联合会

【概　况】 珠海市文学艺术界联合会（简称珠海市文联）成立于1980年11月，是中共珠海市委领导的，由全市性文艺家协会和各区、功能区、乡镇社区文学艺术界联合会以及各行业产业文学艺术界组成的专业性人民团体。内设秘书科、文艺部和组联部。办有“珠海文艺网”、珠海市文学艺术界联合会微信公众服务号和“珠海文艺”微信公众订阅号。受市委、市政府委托，为14个全市性文艺类社会组织提供业务指导。市文联实行团体会员制和文联系统建制，有市级文艺家协会10个（珠海市作家协会、珠海市戏剧曲艺家协会、珠海市美术家协会、珠海市书法家协会、珠海市摄影家协会、珠海市舞蹈家协会、珠海市音乐家协会、珠海市影视艺术家协会、珠海市民间文艺家协会、珠海市文艺评论家协会），行政区文联3个（香洲区文联、斗门区文联、金湾区文联），行业文联2个（珠海公安、珠海金融）以及珠海市文艺志愿者总队。至2018年底，市文联有会员3531人，其中国家级会员268人，年内新增10人；省级会员894人，年内新增31人。2018年12月19日，中共珠海市文学艺术界联合会社会组织委员会挂牌成立。市文联社会组织委员会由市文联党组和市“两新”组织党工委双重领导，负责指导全市文学艺术界联合会社会组织党的建设工作。12月20日，市委体制改革委员会原则通过《珠海市文联改革方案》。

【文艺创作】 2018年，珠海市文学作品获省以上奖项（含权威刊物发表）30余件，文艺作品获省以上奖项（含权威展览、展演入选）100余件。（详见P365“文艺创作”）

【文艺交流】 2018年，珠海市文联主办多场文艺交流活动。市音乐家协会、李需民音乐工作室承办“珠海第三届词曲创作大师班”培训，邀请著名作曲家张丕基、孟卫东，著名词作家瞿琮、车行主讲。市书法家协会举办书法学术讲座，邀请著名书法家张旭光、刘文华、周斌、高庆春主讲。市摄影家协会举办《纪实摄影还乡路》专题讲座，邀请世界新闻摄影大赛（荷赛）获奖者旷惠民主讲。市舞蹈家协会举办舞蹈创作知识讲座，邀请国家一级编导徐成华主讲。市影视家协会举办创作交流讲座，邀请中国电影研究中心主任傅红星、国家一级演员赵珈琪、中国传媒大学教授吕木子主讲。市摄影家协会举办中国“地对空”摄影艺术高峰论坛，特邀摄影名家牟健为、乔天富、周国强参加研讨。市文艺评论家协会举办石耿立新作《消失的乡村》暨新时代散文创作研讨会。举办罗马尼亚摄影展、珠海水原美术交流展、“西江能见度”珠中江三地摄影展和第四届珠中江美术联展、“珠澳欢舞”

2018年6月19日，中国书法家协会主席苏士澍（左一）到珠海调研，点评书法作品 （高爱华 摄）

2018 年 11 月 20 日，中国曲协“深入生活　扎根人民”主题实践活动走进珠海　（高爱华　摄）

等文艺交流活动。

【文艺评奖】　2018 年，珠海市文联开展系列文艺精品评选活动，推动文艺事业发展。1 月 21 日，市作家协会举办第三届苏曼殊文学奖颁奖仪式暨获奖作品研讨会，散文集《左边狐狸右边葡萄》（刘鹏凯）、《童年春秋》（盛祥兰），诗集《一些邮票在春天里飞》（万琼兰）、《夜桥》（步缘）获苏曼殊文学奖。10 月 26 日，市舞蹈家协会举办第三届“海之韵”舞蹈大赛，《晒鱼干》获成人组金奖，《我是小小工程师》获少儿创作组金奖。11 月 18 日，市民间文艺家协会举办第三届珠海“金秋奖”民歌大赛，南粤小调《斗门旧街》等作品获奖。12 月 14 号，举办第三届大湾区《城市·美好生活》微电影大赛，《初二三班》等 18 部作品获奖。

【文艺品牌活动】　2018 年 10—12 月，珠海市举办第六届珠海文联“文艺展示月”“艺术点亮人生”文艺名家下基层讲座、“文艺大篷车”惠民演出等文艺品牌活动，通过文艺精品创作成果展示，推动文艺“出精品、出人才”、服务群众，促进文艺事业繁荣发展。近 3 个月时间，广大文艺工作者开展文艺活动 300 余场，受益群众 15 万人次。10 月 27 日，第三届珠深港澳四地粤剧粤曲交流展演（珠海站）晚会在珠海大剧院举行，来自珠海、深圳、香港、澳门的粤剧粤曲演唱名家、评论家齐聚一堂，通过展演、交流，推动粤剧粤曲文化遗产保护与繁荣，为四地文化交流赋予更加丰富的内涵。展演活动每年举办一届，由四地轮流主办。

【文艺惠民与文艺志愿者服务活动】　2018 年，珠海市文联各文艺家协会和基层文联组织开展文艺惠民与文艺志愿者服务活动。在元旦、春节期间，开展“扎根生活沃土，服务基层群众——红色文艺轻骑兵”系列文艺惠民活动 114 场。举办“送万福进万家”义务写春联、“不忘初心，红船精神”戏剧曲艺惠民演出等系列活动。承办省文联“红色文艺轻骑兵”走基层文艺惠民小分队进珠海系列专场活动。1 月 25 日，省、市摄影家协会“红色文艺轻骑兵”小分队在市残疾人综合服务中心开展摄影家新春走基层活动，并于 2 月 3 日到前山社会福利中心开展慰问活动；1 月 31 日，省、市音协“红色文艺轻骑兵”小分队在斗门井岸镇开展新春走基层惠民演出活动。5 月 23 日是第五个“中国文艺志愿者服务日”，珠海文艺志愿者开展慰问演出、文艺支教、辅导培训、展览展示等文艺志愿服务活动 60 余场。3 月 22—25 日，市摄影家协会组织 10 名摄影师到茂南、化州采风，用镜头记录扶贫成果。

【主题创作活动】　2018 年，珠海市文联组织国内著名文艺家和珠海市文艺家骨干，深入建设一线进行艺术采风，开展庆祝改革开放四十周年和粤港澳大湾区建设主题创作活动。举办“勇立潮头——珠海市庆祝改革开放四十周年美术作品展”，展出美术作品 70 幅；举办庆祝港珠澳大桥建成“共绘美丽大湾区”粤港澳书画名家写生作品展；协办珠海市改革开放四十周年交响音乐会“永不停步的征程”；推出长篇报告文学《中国航展二十年》《中国桥——港珠澳大桥兴建始末》；创作庆祝改革开放四十周年大型画作和主题歌曲；举办“美丽斗门”美术精品展、“美丽珠海”“大美担杆·风情海岛”摄影展等活动。

【“深入生活 扎根人民”主题实践活动】 2018年11月21日，崇德尚艺 潜心耕耘——中国曲协“深入生活 扎根人民”主题实践活动走进广东珠海，启动仪式暨动员会在珠海市文联举行。中国曲协副主席籍薇、广东省曲协专职副主席宋枭楠，珠海市文联党组书记、主席马融，党组成员、副主席吴洪，市戏剧曲艺家协会主席琼霞等出席，来自全国各地参加采风活动的50名曲艺家参加启动仪式。活动为期5天，其间，在香州区市民文艺中心举办“学习贯彻习近平总书记视察广东重要讲话精神——‘到人民中去’广东省文联文艺志愿惠民演出曲艺专场·珠海站”活动，30余名曲艺工作者为群众献上精彩节目，200余名现场观众和3万名网络观众观看演出。 （陈 菲）

中国国际贸易促进委员会珠海市分会

【概 况】 中国国际贸易促进委员会珠海市分会（简称珠海市贸促会）成立于1986年，是中国国际贸易促进委员会在珠海设立的贸易促进机构，受中国贸促会及珠海市人民政府领导。1994年，经批准同时使用“中国国际商会珠海商会”名称。2014年8月，被列入群团序列，同年11月，调整为市商务局管理。2016年2月，重新核定市贸促会机构编制事项，内设办公室。2017年12月15日，中国国际贸易促进委员会（广东）自由贸易试验区珠海服务中心在横琴揭牌。

【国际经贸展览组织管理】 2018年，珠海市贸促会加强国际经贸展览组织管理。3月22—23日，与珠海再生时代文化传播有限公司在埃及开罗共同举办“2018年欧非中东打印耗材行业峰会暨展览会”。本届展会获埃及总理签发认证文件，成为当地唯一获官方支持的打印耗材展，吸引15个国家和地区87家企业参展，艾宝利通、Clover、美景联合、鼎诚盛、United Brothers等国内外耗材企业与组织亮相，来自38个国家1962名观众入场采购。展会期间，举办欧非中东打印耗材行业峰会，10位国际行业专家与现场212名行业人士分享行业最新发展趋势和热点话题，为企业发展出谋划策。4月11—14日，组织16家珠海相关电子企业赴香港参加2018年环球资源香港春季电子展，参展面积306平方米。4月12—14日，组织珠海兴业绿色建筑科技有限公司、珠海查理科技节能环保有限公司、珠海海天照明科技有限公司等10家节能降耗和绿色低碳优质企业赴澳门参加由澳门特别行政区政府主办的“2018年澳门国际环保合作发展论坛及展览”（MIECF），参展面积210平方米，市贸促会获“环保展台嘉许奖”。10月11—14日，组织14家珠海相关电子企业参加全球规模最大的移动电子产品展——环球资源香港秋季电子展，参展面积261平方米。11月8—10日，组织27家酒类企业赴香港参加香港国际美酒展。12月5—7日，组织7家企业赴香港参加由香港贸发局主办的“创智营商博览”，与广州、深圳、中山、东莞、汕头、惠州和江门共同组成粤港澳大湾区城市群展区，展示大湾区发展优势。12月13—15日，与中国国际贸易促进委员会上海浦东分会在澳门共同举办第

2018年4月12日，市贸促会组织珠海企业赴澳门参加“2018年澳门国际环保合作发展论坛及展览” （市贸促会 供稿）

2018 年 11 月 1 日，第十二届中国—拉美企业家高峰会在珠海开幕
（市贸促会 供稿）

二届澳门国际高级 HIFI 视听展（简称 MIAV）。

【涉外经贸】 2018 年，珠海市贸促会履行签发原产地证明和代办国际商事证明法定职责，签发中华人民共和国非优惠原产地证明书 1.15 万份、优惠原产地证明书 506 份，代办国际商事证明书 1564 份，领事认证 544 份，制作暂准进口 ATA 单证册（货物通关护照）26 份。妥善处置国际贸易预警信息 302 条，国际贸易摩擦应对信息 42 条，各国经贸报告 256 条，国际市场资讯 270 条，国际贸易商机 120 条。

【第十二届中国—拉美企业家高峰会筹办】 2018 年，珠海市贸促会全力做好第十二届中国—拉美企业家高峰会各项筹办工作。主动作为，务实推进。成立第十二届中国—拉美企业家高峰会筹办工作领导小组，组成工作组 7 个，统筹协调全市多个部门，明确责任，倒排工期，保障各项筹备工作有序推进。突出主题，精心筹划。围绕“促进‘一带一路’国际合作，把握中拉经贸发展新机遇”主题，策划组织配套活动。举办广东暨珠海经贸环境推介会，组织 300 名拉美嘉宾实地考察中拉经贸合作产业园和格力电器股份有限公司，展示中拉合作成果，宣传珠海城市形象；联合横琴新区组织“同心筑梦，美美与共”专场文艺演出，让与会嘉宾感受中国传统文化与拉美文化的完美融合。广泛宣传，提升形象。在秘鲁、巴拿马、古巴、智利、阿根廷、巴西等国家以及大连、成都、厦门、哈尔滨、秦皇岛、郑州、许昌、深圳等城市组织多场路演推介活动，发动中拉企业参会参展。11 月 1—3 日，第十二届中国—拉美企业家高峰会在珠海举办，44 个国家和地区 2000 余人参会，其中中方代表 1400 余人、外方代表 600 余人，与会国别数 44 个、项目成交额约 165 亿元、展览面积 2 万平方米，均创历届新高。会议期间，举办中国和拉丁美洲国家经贸关系国际学术研讨会、中国—拉美足球合作论坛、中拉美食嘉年华等活动；组织国内外 60 余家媒体对高峰会进行大范围、深层次、聚焦式宣传报道，扩大海内外影响力。（邱　青）

珠海市红十字会

【概　况】 1988 年 1 月 13 日，珠海市红十字会在原珠海县红十字会基础上成立。成立之初由原市卫生局管理，2005 年改由市政府直接管理。市红十字会是从事人道主义工作的社会救助团体，核心业务是应急救援、应急救护、人道救助（简称“三救”），宣传推动无偿献血、造血干细胞捐献、器官遗体捐献（简称“三献”），以及红十字志愿服务等。2013 年 6 月，市红十字会加挂“珠海市道路交通事故社会救助基金管理办公室”牌子。

2018 年，市红十字会接收社会捐赠款 2382.41 万元，拨付捐赠款 3010 万元；接收社会捐赠物资 304.38 万元，拨付捐赠物资 289.91 万元。

【应急救护培训】 2018 年，珠海市红十字会联合市教育局举办“原妙杯·第三届珠海高校红十字应急救护大赛”，吉林大学珠海学院、中山大学珠海校区、北京理工大学

2018年5月19日，原妙杯·第三届珠海高校红十字应急救护大赛在吉林大学珠海学院举行 （陈 勇 摄）

珠海学院等8支救护代表队40名红十字救护员参加。开展应急救护知识培训和普及进校园、进机关、进企业活动，在学校、公安、海关、横琴长隆等单位开展应急救护培训356场次3.11万人次，其中培训救护员3953人，普及救护知识2.72万人次。围绕“5·8”世界红十字纪念日主题活动“人道——为了你的微笑”，开展应急救护普及宣讲走进珠海卫校活动，30余名学生参加。5月12日，市红十字会、香洲区红十字会、香洲区狮山街道联合主办全国第十个“5·12”防灾减灾日”主题宣传教育活动，增强广大市民防灾减灾意识，来自香洲区狮山街道的70余名社区居民参加活动。发挥生命健康安全体验馆作用，开展应急救护科普教育，近万人参观体验。举办应急救护师资培训班，由中国红十字会总会培训中心专家担任授课老师，对教育、卫生系统工作人员和志愿者进行培训，经考核，48人取得初级救护师资格证。联合珠海电台在生命安全体验馆举办关爱生命健康亲子缤纷夏令营活动2期，促进家庭安全和救护意识，来自全市42个家庭参加活动。

【人道救助】 2018年，珠海市红十字会开展强台风“山竹”灾后救灾救助工作。9月16日强台风“山竹”过后，市红十字会及时启动救灾救助紧急预案，向斗门灾区运送家庭应急包100个，组织部分志愿者开展市政道路清障工作，并动员社会力量筹集善款17.5万元，对10户困难全倒户进行救助。在春节、中秋节期间，开展红十字博爱送万家慰问活动，帮扶救助困难群众2349人次，发放救助款物106.51万元。开展“重阳敬老”慰问活动，珠海元朗食品有限公司捐助蛋卷礼品价值73万元，慰问珠海及阳江、茂名、云南怒江等地老人1.62万人；日医（珠海）健康服务公司以及金杏堂医药有限公司为狮山街道老人发放物资价值5万元。开展市内道路交通事故社会救助工作，对62起交通事故进行人道救助，支出抢救费、困难补助费等427.97万元。动员社会力量参与珠海对口援藏工作，联合市人大常委会教科文卫外侨宗工委和爱心企业，开展第二期“光明格桑花”慈善复明行动，米林县296名眼疾患者接受义诊筛查，对符合手术条件的47名藏族同胞51例眼睛进行手术治疗，并帮助米林县医院建立眼科专科，购置仪器设备和培训医护人员。参与精准扶贫工作，向云南怒江州捐赠扶贫款639万元，捐赠物资价值15.07万元；向茂名、阳江捐赠扶贫款615万元；向阳春等地捐赠校服价值59.67万元；向平沙镇中小学在校14名贫困学生及沙美社区26名90岁以上孤寡老人捐赠7.44万元。联合第一届澳门珠海各级政协委员联谊会开展捐资助学活动，资助15名贫困大学生36万元。承办“关爱贫困失能老人、关注特殊儿童慈善之夜”公益活动，筹集款物2708万元。举办“曜阳关爱贫困失能老人行动——走进珠海”公益活动，为前山社会福利中心和博爱老年公寓140名老人进行义诊，捐赠护理床、除颤仪、偏瘫老人移位机、纸尿裤以及慰问金等总价值42万元。

【“三献”工作】 2018年，珠海市红十字会联合市中心血站，先后在中山大学珠海校区、北京理工大学珠海学院、吉林大学珠海学院等高校开展无偿献血、造血干细胞宣传采集活动；联合市旗袍协会开展“献一份热血、添一份美丽”庆“3·8”无偿献血活动；联合香港珠海商会、香港工业总会珠三角工业协会、市中心血站开展历时三个月的第三届“爱无边·情无限”无偿献血、造血干细胞宣传采集公益活动；协调市中心血站走进珠海长园共创电力安全技术股份有限公司、金山软件等爱心企业，开展无偿献血活动。是年，全市有3.12万人次参加无偿献血，造血干细胞留样入库450份，完成高分辨配型18人、体检7人，成功捐献造血干细胞3人；成功完成人体器官（组织）捐献7例，累计完成人体器官自愿捐献19例，协助中大五院开展器官移植手术资质申请工作。推动人体器官捐献工作。在市政协九届二次会议上做《建立健全体制机制，促进人体器官捐献移植健康发展》发言，完成市人大、政协有关开展人体器官捐献、移植议案提案答复4件。珠海市连续十次获全国无偿献血先进城市，市红十字会工作站连续十一年获中华骨髓库广东省分库先进集体。

2018年7月28日，珠海市红十字会在北山公园足球场开展“伴你成长义教课堂”活动　（梁才有　摄）

【志愿服务】 2018年，珠海市红十字会举办新志愿者入会培训12期，新加入志愿者859人。开展“四个陪伴”（二对一结对帮扶与陪伴、陪伴关怀计划、陪伴扶助计划、陪伴助康计划）、阳光海滩、伴你成长等特色志愿服务活动，全年开展志愿服务2500余次，服务总时间11.5万小时，受益群众53万人次。协助应急办等完成应急救援工作任务，参与应急保障314次，参与志愿者1500余人，受益群众3.5万人次，应急保障服务1.04万小时。市红十字会副秘书长、志愿工作者协会常务副会长史筱华在中国文明网开展的中国好人评选活动中被评为“助人为乐好人”，在省委网信办主办的2018“汇聚南粤正能量　争做中国好网民”之点赞正能量榜样活动中被授予“南粤十大网络正能量榜样”。

【红十字宣传】 2018年，珠海市红十字会通过媒体宣传报道各项活动60余次。通过编写《红十字信息快报》《珠海市红十字会工作简报》，及时向上级汇报工作动态。在市红十字会网站以及市委网群团版块发布工作动态、捐赠收支及媒体报道163篇，在“博爱珠海”微信公众号推送信息31条。

【“关爱贫困失能老人　关注特殊儿童慈善之夜”公益活动】 2018年8月30日在珠海国际会展中心举行。活动由中国红十字会总会事业发展中心、广东省红十字会共同主办，珠海市红十字会承办，世界华人协会、珠海怡华通投资集团有限公司、蓝吉尔国际数字宝石有限公司、珠海市华发公益基金会协办。活动旨在为失能老人、特殊儿童募集善款，传递温暖，奉献爱心。广东省红十字会党组书记、常务副会长陈文昌，珠海市副市长、市红十字会会长阎武等出席活动。活动当晚筹集款物2708万元，其中总会事业发展中心筹集善款1120万元，捐赠物品近千万元；珠海市红十字会筹集善款310万元，捐赠物品10万元。　（徐　琳）

·责任编辑：冯建华·

法 治

地方立法

【概　况】 2018年，珠海市人大常委会审议法规草案11件，其中新制定法规3件、修改5件、废止2件、继续审议1件；完成生态环保等24部地方性法规专项清理工作；备案审查规章3件、规范性文件19件，协助市委审查党内规范性文件42件。

【重点领域立法推进】 2018年，珠海市人大常委会以《珠海经济特区海域海岛保护条例》立法引领海洋生态保护，以《珠海经济特区无居民海岛开发利用管理规定》立法填补国家立法空白，以《珠海经济特区旅游条例》的制定引领旅游业发展提升，推动解决瓶颈问题。保护生态环境，修改《珠海市排水条例》《珠海市服务业环境管理条例》《珠海市防治船舶污染水域条例》《珠海经济特区前山河流域管理条例》《珠海经济特区生态文明建设促进条例》。废止《珠海市旅游条例》《珠海经济特区市容和环境卫生管理条例》。初次审议《珠海经济特区城市绿化条例（草案）》。

【立法工作机制完善】 2018年，珠海市人大常委会完善立法工作机制和方式方法，注重发挥人大主导作用，建立健全法规立项公开及论证、法规项目提前介入、法规起草定期报告等制度。注重科学论证，走访全国和省人大常委会法工委、省有关部门了解相关制度顶层设计和国家政策导向，多次委托专业机构、专家学者进行专题论证、课题研究。拓宽公众参与渠道，所有立法项目均征求人大代表意见。开展立法协商，听取政协委员、民主党派意见，通过报刊和互联网广泛听取社会各界意见。借鉴先进立法经验，比较研究上位法、港澳及其他省市立法。加强立法智库建设，发挥立法顾问、港澳法律顾问公司、高校立法咨询基地和专家学者作用。

【法规清理和备案审查】 2018年，珠海市人大常委会完成生态环保等24部地方性法规专项清理工作。组建备案审查工作队伍，建立事后审查与事中参与机制，完成珠海市全部法规和现行有效政府规章的电子报备，备案和审查政府规章3件，备案市政府规范性文件19件，协助市委审查党内规范性文件42件，被全国人大确定为推进地方政府备案审查工作8个试点省市之一。

（张天添）

政法工作

【概　况】 2018年，珠海市建立重点矛盾纠纷专案化解工作机制，推动多个重点、难点问题妥善解决。加强社会稳定风险排查研判，实现维稳工作信息化、精细化。将扫黑除恶专项斗争与基层社会治理紧密结合起来，有效增强全市打击涉黑涉恶犯罪整体效能。探索建立“法治实践创新＋标准化”工作新模式，评选首批优秀法治创新实践项目。坚持公正司法、司法为民，推动以审判为中心的诉讼制度改革，办案质效显著提升。深化社会治理体制改革，完善“社会治理制度体系、基层治理体系、社会治理多元参与体系、社会心理服务体系”建设。推进“飓风2018”“安网2018”“护航金融利剑”等专项行动，依法打击各类违法犯罪，效果显著。全市违法犯罪总警情数7.24万宗，比上年下降14.53%。其中，发生命案12宗，破12宗，破案率100%，命案发案率比上年下降36.8%；故意伤害案件下降15.6%，抢劫案件下降34.6%，抢夺案件下降21.3%，诈骗案件下降9.7%。在省公安厅通报中，珠海市“飓风2018”专项行动总体成效优秀，位居全省前列。创新司法行政戒毒工作模式，探索科学戒毒方式方法，市强制隔离戒毒所连续16年实现安全“六五”目标。

【矛盾纠纷化解】 2018年，珠海市建立由市领导牵头的重点矛盾纠纷专案化解工作机制，推动多个重点、难点问题妥善解决。成立市督导斗门区小濠冲村矛盾纠纷化解工作组。建立解决异地务工人员工资问题联席会议制度，全面落实用工实名制、工资专户、工资保证金、欠薪应急周转金等制度，异地务工人员工资支付工作考核获评A级，获全省通报表扬。加强社会稳定风险排查研判，健全市、区两级信访维稳专班运作机制，打造维稳工作“三预”（预测、预警、预防）信息化平台，逐步实现维稳工作信息化、精细化。搭建大数据监测预警非法集资系统平台，首创金融风险联防联控工作室，提升金融风险预警和防控能力，确保金融领域风险平稳可控。全市群体性事件、事件性苗头预警率99.32%，未发生重特大群体性事件。完成港珠澳大桥开通仪式、第十二届航展等重大活动维稳安保任务，全市社会大局持续稳定。

【平安珠海建设】 2018年，珠海市将扫黑除恶专项斗争与基层社会治理紧密结合起来，压实各级党政“一把手”第一责任人职责，强化纪委监委、公安等部门协同作战，推进源头治理，围绕“十类打击重点”，有效增强全市打击涉黑涉恶犯罪整体效能。颁布《珠海市扫黑除恶专项斗争线索举报奖励办法（试行）》，将举报奖励上限从20万元提高至50万元；与澳门签署扫黑除恶合作备忘录，出台涉黑涉恶案件衔接工作办法；围绕“十类打击重点”，抓住群众反映强烈、社会影响恶劣的涉黑涉恶问题，出重拳、下重手，成功侦办“7·27”罗某某组织领导黑社会性质组织案等涉黑涉恶案件一批。全年，打掉涉黑组织3个，恶势力犯罪集团9个；涉黑恶案件立案800余件，破案500余件，刑拘1900余人，逮捕1200余人，投案自首73人，缴获枪支22支。以扫黑除恶的良好成效带动和促进全市社会治安环境持续向好。配合中央督导组，强化督导问责，开展集中整改，推动扫黑除恶专项斗争向纵深推进，涉黑涉恶违法犯罪活动得到有效遏制。推进“飓风2018”“安网2018”“护航金融利剑”等专项行动，全市刑事立案比上年下降5.4%，其中严重暴力犯罪案件下降20.7%。成功侦破“一川”网络传销案，获评“全国打击涉众型经济犯罪十大典型案件”和“全国经侦精品案件”。健全完善严重精神障碍患者救治救助综合管理工作体系，成立珠海市首家法医精神病司法鉴定所。全年未发生严重精神障碍患者肇事肇祸案事件。做好预防青少年违法犯罪工作，不满18周岁未成年人涉罪率、犯罪率、命案率比2015—2017年平均率分别下降0.4%、1.34%、14.84%。健全

链 接：

“7·27”罗某某组织领导黑社会性质组织案

2011年底，为垄断珠海市金湾区红旗镇地下赌场行业，罗某某招纳社会闲散人员、刑满释放人员等，不断扩充势力，并使用暴力赶走其他从事地下赌场的人员，逐步发展成为层级明确、成员固定的黑社会性质组织。该组织在红旗镇一带，通过实施开设赌场、打砸或者强行入股其他地下赌场等违法犯罪活动，攫取巨额经济收益；发放高利贷、聚众赌博、非法倾倒垃圾并从中牟利；向派出所民警萧某及辅警张某（均另案处理）行贿47万余元，以寻求非法庇护和纵容。该组织的违法犯罪活动，严重破坏当地经济、社会秩序，造成极其恶劣的社会影响。2018年12月28日，珠海市斗门区人民法院对这起32人的涉黑团伙案公开宣判，以组织、领导黑社会性质组织罪、行贿罪、开设赌场罪、赌博罪、寻衅滋事罪、故意伤害罪、故意毁坏财物罪、污染环境罪数罪并罚，判处罗某某有期徒刑20年，并处没收个人财产100万元，剥夺政治权利3年，罚金9.5万元。罗某某等黑社会性质组织的组织者、领导者当庭认罪。

寄递物流安全风险分级管控和隐患排查治理机制，全面落实收寄验视、实名收寄、过机安检“三个100%”制度。优化升级后的平安指数2.0版运行成效显著，与平安指数2014年正式启用时相比，全市违法犯罪警情数下降45.96%。平安细胞工程建设实现全覆盖，平安建设整体合力明显增强。

【法治珠海建设】 2018年，珠海市探索建立“法治实践创新+标准化”工作新模式，评选首批优秀法治创新实践项目。与中国社会科学院法学研究所合作，编辑《法治蓝皮书·珠海法治发展报告》。以海域海岛保护立法引领海洋生态保护，无居民海岛开发利用管理立法填补国家立法空白；制定特区旅游条例，引领旅游业发展。作为全国推进地方政府备案审查工作试点城市，完成全部法规和现行有效政府规章的电子报备。经过5轮行政审批制度改革12批次调整，行政许可（主项）从1264项减少至332项，精简率73.7%；清理规范市直部门行政审批中介服务事项，公布保留服务事项122项。建立“政务信息共享、全城通办”政务服务新模式，65%的市级政务服务事项实现“全城通办”。在全省率先实施“先证后核”审批模式，通过简化程序取得生产许可证的企业，在获证后30日内便可完成现场核查。加强和规范行政复议和行政应诉工作，行政机关依法履职能力明显提升。加强普法志愿者队伍建设，推进宪法宣传实施和法治创建活动，营造崇尚法治的良好社会氛围；统筹规划一区一特色“珠海律道”建设，将法治文化融入全市1038千米绿道路网。成立珠海市法学会粤港澳大湾区仲裁研究会，成功举办粤港澳大湾区仲裁发展论坛，促进“一国两制”下大湾区仲裁深度合作、协同发展。成功承办广东省第十九期“以法兴企”文化沙龙，以法治服务促进企业创新发展。组建“珠海英才计划法律顾问专家库”，助力“珠海英才计划”，为珠海“二次创业”提供优质法律服务供给。加强涉外法律服务，创新互联网金融纠纷解决方式，珠海仲裁委互联网金融仲裁平台投入运行。成立全市首家专业商事调解机构“横琴新区国仲民商事调解中心”，完善专业商事调解工作。发挥涉外公证法律服务机构作用，30种涉外及涉港澳台公证事项均可在线自助申办，实现“互联网+微信+公证”一站式公证服务。

【执法司法工作】 2018年，珠海市坚持公正司法、司法为民，推动以审判为中心的诉讼制度改革，创新建立“道路交通损害赔偿纠纷一体化处理”工作机制、劳动人事争议裁审衔接工作机制和“知识产权交易保护”模式，同时加大失信惩戒力度，着力解决执行难问题，办案质效显著提升。全年全市法院受理各类案件6.37万件，审结5.5万件，比上年分别上升4.37%和5.72%；法定审限内结案率99.58%，员额法官人均结案245件；受理执行案件2.65万件，办结2.23万件，结案率84.06%，执行到位标的金额147.39亿元，呈现法定审限内结案率、结收案比、民事一审服判息诉率、撤诉率、执行标的到位率、实际执行率上升，一审判决案件改判发回重审率、生效案件改判发回重审率、再审启动率下降的“六升三降”良好态势。发挥国家司法救助制度保障作用，创新具有珠海特色的小额司法救助新举措，全年开展国家司法救助案件（含交通救助）151件207人次，救助金额754.34万元。全市检察机关发挥职能作用，依法履行公诉职能，强化对诉讼活动的法律监督，受理审查逮捕案件3539件5720人，案件数及人数比上年均上升16.6%；受理审查起诉案件4417件6832人，上升15%和18.1%；批准和决定逮捕2856件4290人，提起公诉3484件5157人。成功办理全国首例利用交友APP软件实施诈骗的案件——“9·20”特大网络诈骗案，涉案金额3.4亿元。开展检察机关提起公益诉讼工作，立案调查涉嫌土地闲置且未予认定并提出处置方案的案件6件，对相关部门发出行政公益诉讼诉前检察建议，有效督促其依法履职、维护社会公益。探索建立法治建设“四级同创”地方标准体系，统筹推进律师、公证、法律援助、司法鉴定、仲裁、人民调解工作，推动刑事案件律师辩护全覆盖，持续深化“法律顾问进村居”工作，法律顾问微信服务覆盖全市319个村（居），全年服务对象7.53万人次，提供服务1.34万件次。首次以中文和葡萄牙文发布《珠海法院涉澳民商事审判白皮书》，成功举办第五届“澳门·珠海警务论坛”，珠澳执法司法合作实现新突破。与澳门保安司签署《扫黑除恶专项斗争合作备忘录》，推动建立珠澳联合打击涉黑涉恶违法犯罪机制，促进两地在扫黑除恶方面信息共享和警务合作。

【社会治安防控体系建设】 综治领导责任制落实 2018年，珠海市将各级党政领导抓综治工作（平安建设）的实绩纳入其政绩考核内容，实行社会治安综合治理“一票否决权制”，逐级签订责任状，与其晋级晋职、评先受奖等直接挂钩。出台《珠海市社会治安综合治理重点治理镇（街）实施办法》（试行），明确需要挂牌整治的标准、流程、考核指标、责任追究等事项。

2018年2月8日，珠海市安保警务人员在央视春晚珠海分会场执勤
（冯 坚 摄）

综治信息化建设 推进数据信息整合共享，打造“信息资源一体化、打防管控一体化、网上网下一体化”的立体化、信息化社会治安防控体系。探索搭建全市综治大数据应用平台，打通上下信息数据通道。推进各级政法综治维稳部门数据流、业务流、管理流有机融合，把数据信息联通到基层一线。召开综治中心建设与管理规范工作推进会和“中心＋网格化＋信息化”建设工作现场推进会，成立市、区两级工作领导小组，制订工作方案，全面建成标准化、规范化综治中心。配齐各级综治中心工作人员，全市划分网格单元1346个，设综治网格员1875人。推进省综治信息系统推广应用，统筹各区各成员单位加强网格巡查，及时录入、更新综治基础信息数据，提升网格事件上报量。至年底，全市上报网格事件5.21万件，各单位录入综治基础信息数据52.48万条。在“省综治信息系统”应用基础上，深化综治信息系统个性化应用，形成全市各级人、地、事、物、舆情、组织及其他综治（平安）基础数据整合应用的社会治理工作平台。推进各级综治中心与公安机关视频互联对接，全市各级综治中心接入公安公共视频1.33万路，其中市综治中心接入公安监控视频9148路，各区综治中心接入公安监控视频4655路。探索“雪亮工程”建设模式，采取“综治视联网融合公共安全监控视频”和“综治信息化一体机作载体”方式，实现“雪亮工程”应用平台查看、推送和共享功能一体化应用。

平安珠海创建 2018年，珠海市印发《珠海市2017年“平安细胞”创建工作方案》和《珠海市“平安细胞”创建考核验收工作方案》，结合市综治委成员单位联系点工作，推进全市“平安细胞”建设。以香洲区翠香街道兴业社区为试点，开展“平安细胞示范点”建设，重点开展平安校园、平安医院、平安交通、平安家庭、平安企业创建，实现“平安细胞”建设全覆盖。拓宽平安指数指标纬度，新增城管事件指标，科学调整指标权重、计分方式和取值方法，升级改造系统平台，强化预警和督导。升级优化后的平安指数2.0版上线运行，平安指数微信公众号同步推出，新版平安指数从指标体系到趋势预警、从系统功能到工作机制均实现全面升级，与2014年平安指数发布相比，全市违法犯罪警情下降45.96%，群众安全感和对政法工作满意度持续提升，为推动平安中国建设提供珠海样本。制订《2018年珠海市综治（平安建设）宣传工作方案》，开展平安珠海宣传。发动党团员、民兵、青年志愿者、离退休人员等参与治保、调解、帮教、禁毒、防范邪教、普法等平安建设工作。在珠海电视频道开设“平安珠海”电视门户栏目，延伸工作触角。以平安指数发布四周年为契机，开展平安珠海建设主题宣传月活动，提高群众知晓率和参与度。借助社会组织力量，开展“平安务工，和谐珠海”系列宣传活动，增强平安宣传针对性和覆盖面。与市禁毒办联合举办“平安社区，无毒家园”电视宣传活动，通过“平安观察员”深入基层社区观察报道，有效提高宣传的互动性和参与性。

【重点地区整治】 2018年，珠海市香洲区前山街道、拱北口岸地区和斗门区白蕉镇3个重点治理和挂牌整治地区违法犯罪警情得到有效遏制，顺利摘牌。前山街道诈骗治安案件数量比上年下降11.7%，盗窃、刑事治安案件分别下降15.2%、13.1%。白蕉镇严重精神障碍患者检出率5.46‰，管理率92.5%，规范管理率92.1%，规律服药率53.5%，比上年均有所上升。拱北口岸地区在整治期间开展现场交通执法3029次，查扣违法车辆3000余辆；开展“507”非法换币专项整治行动，对58间重点商行进行检查，抓捕主要涉案嫌疑人4人，现场扣押赃款数百万元，收缴作案工具一批，拱北口岸地区交通秩序和外币兑换秩序明显改善。

【严重精神障碍患者救治救助】 2018年，珠海市发现并制止严重精神障碍患者肇事肇祸倾向性苗头4起，未发生严重精神障碍患者肇事肇祸案事件。加大强制医疗场所和精神卫生机构建设力度，首家“珠海市法医精神病司法鉴定所”正式揭牌。推进严重精神障碍患者监护人责任险工作，定期召开全市严重精神障碍患者服务管理工作会议，制订出台《关于集中开展严重精神障碍患者面访工作专项行动的实施方案》，健全珠海市严重精神障碍患者肇事肇祸案件判决结果通报机制。

【政法队伍建设】 2018年，珠海市委政法委推进“大学习、深调研、真落实”活动，在全市政法系统开展“纯洁政法队伍，建功扫黑除恶”主题警示教育活动，坚决全面彻底肃清李嘉、万庆良恶劣影响，打造政治过硬、本领高强的政法队伍。出台《珠海经济特区公安机关警务辅助人员管理办法》，强化对警务辅助人员的科学管理。先后举办全市政法系统“不忘初心、牢记使命”党性教育专题培训，为政法机关“二次创业”注入新的动力，体现政法担当。坚持正面宣传百花齐放、负面舆情及时应对，加强珠海政法门户网站和微信平台建设，提升正面宣传和舆情引导能力，树立珠海政法机关良好形象。珠海政法微信公众号获“2018广东政务新媒体年度权威发布奖”和“2018广东政务新媒体年度最具活力奖”。

（张华东）

法治政府建设

【概　况】 2018年，珠海市推进依法行政，法治政府建设呈现全面发力、多点突破、纵深推进新局面，在全省依法行政考评中获评优秀。加强法治政府建设组织领导。坚持把党的领导贯彻到法治政府建设的各方面，将法治政府建设作为党委和政府中心工作去谋划、部署和推动。强化法治政府建设督导。对全市各行政区和市直各部门44个单位开展依法行政考评工作，以法治政府建设的总体目标和具体任务为依据，建立法治政府建设指标体系，重点考评上一年度考评工作中凸显出来的“短板”，并对考评中发现的问题及时督促落实整改，发挥依法行政考评指挥棒作用，推动依法行政各项目标任务落到实处。提高政府工作人员法治思维和依法行政能力。健全领导干部学法用法制度，坚持将领导干部带头学法作为各级政府一项常态性工作，定期举办领导干部法治专题培训班，推行法院和政府部门主要负责人讲法制度，提高领导干部运用法治思维和法治方式开展工作、解决问题、推动发展的能力；在全市掀起学习宣传贯彻宪法的热潮，增强广大领导干部依宪治国、依宪执政观念，提高运用法治思维和法治方法深化改革、推动发展、化解矛盾、维护稳定的能力和水平，切实做到带头依法办事，带头遵守和维护宪法法律。

【立法制度建设】 2018年，珠海市法制局提请市人大常委会审议地方性法规草案6部。推动制定《珠海经济特区旅游条例》，为珠海旅游产业发展及旅游行业规范管理等提供制度支撑；推动制定《珠海经济特区无居民海岛开发利用管理规定》，理顺和健全珠海市范围内无居民海岛建设各环节的程序制度；推动修改《珠海市排水条例》《珠海市服务业环境管理条例》《珠海市防治船舶污染水域条例》，促进珠海市环境保护和生态文明建设；推动制定《珠海经济特区城市绿化条例》，完善城市绿化管理制度，建设国家生态园林城市。市政府审议通过政府规章3部。出台警务辅助人员管理办法，推动警务辅助队伍建设制度化、规范化、法治化，为创新社会治理、维护社会稳定提供有效的人力资源保障；出台历史文化名镇名村和历史建筑管理办法，为保护和传承优秀历史文化遗产提供法制保障；出台关于废止部分政府规章的决定，结合上位法修改情况及时废止政府规章。健全政府立法论证机制，与西南政法大学签订合作协议；完善全市政府立法人才库建设，组织开展立法人才培训，健全固定联络机制；全面清理现行有效的政府规章，坚持立改废释并举；推动立法听证工作开展，指导并推动各相关部门就重点项目召开立法听证会；推进立法民主协商，就相关立法项目征求意见；发挥法治政府基层联系点作用，召开座谈会收集基层群众意见。

【行政复议和应诉】 2018年，珠海市行政复议改革持续深入。开展行政复议受理“全城通办”。9月14日起，委托香洲区、金湾区、斗门区法制部门代为接收向市政府提出的行政复议申请试运行。与“12345”市民热线建立投诉处理机制，在规定时限内回复市民有关行政复议受理的投诉。完成行政复议新立案大厅建设和启用。在市政府行政复议案件审理室一楼建设新的行政复议案件受理大厅，设立行政复议受理窗口3个，为行政复议申请人提供及时、高效的案件受理服务。建立行政复议立案登记制。行政复议案件受理窗口收到行政复议申请的，一律当场登记并出具书面凭证；对当场能够判断符合行政复议申请条件的，当场出具受理通知书；对当场不能判断是否符合行政复议申请条件的，五日内作出是否受理的决定，其中不予受理的决定会载明不受理的理由。推动市政府领导出庭应诉工作。11月20日，金湾区法院开庭审理唐某不服珠海市公安局交警支队因法院判决其犯交通肇事罪，吊销其机动车驾驶证的行政处罚以及市政府作出的维持行政复议决定，以市政府和市公安局交警支队为共同被告提起诉讼的行政诉讼案件。市政府副秘书长方小勇代表市政府出庭应诉，成为珠海首个出庭应诉的市政府领导，受到社会各界广泛关注和好评。推动各级行政机关做好行政应诉工作。印发《关于加强行政应诉工作的意见》，要求各级行政机关严格按照法定期限向法院提交各项法律文书，主动执行生效判决、裁定及决定，积极落实并反馈法院提出的司法建议。全年全市受理行政复议案件1197件，审结1167件。其中，维持原行政机关决定（含维持、驳回）848件，直接纠正行政机关决定（含确认违法、撤销、变更、责令履行）49件，以被申请人改变行政行为申请人撤回的方式间接纠正行政机关决定198件，申请人自愿撤回申请58件，以不予受理等方式结案14件。以市政府为被告的行政诉讼应诉案件102件，其中共同被告60件，单独被告42件。

2018年8月3日，行政复议案件受理室挂牌成立并对外开放

（市法制局 供稿）

【政府法律事务】 2018年，珠海市法制局以服务政府中心工作为重点，做好重大行政决策、重大合同合法性审查，完善政府顾问工作机制，为市政府依法决策提供有效法律支撑。严把法律关。全年办理政府法律事务580件，参加涉法事务的政府和部门工作会议约210场次，组织市政府法律顾问开展专题法律事务论证123件次；通过专项委托论证方式，推动市政府法律顾问全程参与政府法律事务处理。完成市委市政府交办的专项工作任

务。9月18日至12月25日，指派法律事务科工作人员参加市督导斗门区小濠冲村矛盾纠纷化解工作组；发挥专业优势，创新工作方式方法，开展斗门龙山工业区土地问题第三方评估工作，完成所承担各项工作任务。完善全市政府法律顾问管理工作。完成市、区、镇（街）三级政府法律顾问人员名单备案工作，全面推行年度法律顾问工作报告制度和市政府合同备案制度；推动横琴新区和各经济功能区全部设立政府法律顾问室，市政府工作部门全部聘任政府法律顾问；推进政府法律顾问工作信息化建设，在全省率先建设“政府法律顾问工作和政府合同备案系统”。

【规范性文件管理】 2018年，珠海市法制局强化对规范性文件审查与备案监督，从源头上预防和减少违法行政行为发生。是年，经审查颁布的政府规范性文件20件、部门规范性文件76件，统一审查、编号、发布率均达100%；备案监督各区政府规范性文件7件。将经济功能区政府规范性文件纳入备案监督范围，实现备案监督全覆盖。为党内规范性文件提供合法性保障，对近40件党内规范性文件出具书面意见。完成清理珠海建市以来至2016年12月31日发布的政府文件760件，宣布失效532件。配合各行政主管部门开展公平竞争、市场准入、产权保护、军民融合等领域规范性文件专项清理。

【行政执法监督】 2018年，珠海市法制局以统筹依法行政工作为抓手，加强对全市行政执法部门的监督与指导。开展依法行政考评工作。根据省政府2017年度考评指标内容，修改珠海市依法行政考评指标体系，对2016年度考评工作中凸显出来的“短板”进行重点考评；完成全市各区（功能区）、市直部门44个单位依法行政考评工作，对考评中发现的问题及时督促落实整改；经省政府依法行政考评组实地考评，珠海市获评优秀，是全省四个考评优秀城市之一。开展行政执法案卷评查。根据《珠海市行政执法案卷评查办法》，对全市26个行政执法主体2017年度制作的110余件行政处罚、行政许可案卷进行评查，逐一通报，提高各行政执法单位依法行政水平。推进行政执法三项制度。提请市政府印发《珠海市推行行政执法公示制度、行政执法全过程记录制度、重大行政执法决定法制审核制度实施方案》，明确行政执法三项制度的主要任务、完成时限和考核评估，对各单位相关工作人员进行业务培训，推进行政执法三项制度落实。加强行政执法人员培训管理。举办全市行政执法人员综合法律知识培训班2期，培训行政执法人员700余人；落实行政执法人员持证上岗和资格管理制度，组织700余名新申领（或更换）行政执法证人员进行综合法律知识网上考试，完成600余名执法人员行政执法证审核办理工作。办理行政执法投诉和执法争议，做好“两法衔接”工作。通过群众电话、信函、12345热线等渠道，受理执法投诉10余件，及时进行转办和跟踪处理，监督行政机关依法行使职权，纠正违法或不正当的行政行为；协调市环保局和市城管局、市交通局和市住规建局等部门之间的行政执法争议，提高执法效率，有效防止行政执法不作为情况；加大与市检察院沟通衔接，通过行政执法案卷评查和定期登陆“珠海市行政执法与刑事司法信息共享平台”巡查等方式，及时掌握“两法衔接”工作动态，加强对“两法衔接”工作监督。（刘　琛）

公　安

【概　况】 2018年，珠海市公安机关把学习贯彻习近平新时代中国特色社会主义思想和党的十九大精神作为首要政治任务，开展“大学习、深调研、真落实”活动，强化政治学习，在全省公安机关学习习近平新时代中国特色社会主义思想和党的十九大精神知识竞赛中获第一名。规范制度建设，组织开展专项巡查工作。开展“加强党的政治建设、营造良好政治生态”等专项教育活动，永葆忠诚政治品格。开展“党支部建设”活动，夯实战斗堡垒，“党组织在线”手机APP等党建工作举措获公安部领导肯定；斗门分局在全省公安党建工作座谈会做经验介绍，交警支队车管所党支部先后获评“全国一等车管所”和全市基层党组织标准化建设示范点，“民需我为”工作法被中央和国家机关工委《紫光阁》刊载推广。加强和规范表彰奖励机制，创新公安宣传工作，成功举办珠海公安“初心·使命”警察故事讲述活动和“忠诚的旗帜”重大安保工作总结表彰会。在省公安厅组织开展的全省公安机关2018年度综合考评中位列第三，在全省群众安全感和公安工作满意度第三方调查中位列第三。

【重大活动安保】 2018年，珠海市公安局完成中央首长视察广东、港珠澳大桥通车仪式、第十二届航展等14个重大活动、敏感节点安保工作及若干批次警卫任务。其间，全市110接报违法犯罪警情大幅下降，未发生涉暴恐案事件，未发生重大刑事、治安案件及交通事故，全面实现“六个不发生”（不发生危害国家政治安全的重大案件，不发生暴恐袭击案件和个人袭击案件，不发生规模性到省进京集访和重大群体性事件，不发生重大恶性刑事治安案件，不发生群死群伤公共安全事故，不发生严重影响公安形象的重大舆情事件）工作总目标。第十二届航展期间，在人流量最大、治安状况最复杂的三天公众日“零发案”，实现“社会治安稳定、活动绝对安全、交通总体畅顺”的航展安保工作总目标，得到公安部、省公安厅及市委市政府肯定。

【扫黑除恶专项斗争】 2018年，珠海市公安局建立线索管理“四个一”（一个进出口、一档案管理、一专人跟进、一把手背书）机制，形成交办、转办、承办、核查、处理、反馈紧密衔接的工作流程，做实涉黑恶线索摸排核查工作。年内，打掉黑社会性质组织及恶势力犯罪集团一批，在全省扫黑除恶专项斗争中位列第四。推动标本兼治，牵头制订《重点打击操纵经营“黄赌毒”等违法犯罪活动黑恶势力工作方案》等方案，加强与行业监管部门协作，建立健全横向协作机制，从源头铲除滋生黑恶势力土壤。

【违法犯罪打击】 2018年，珠海市公安局强化合成作战，突出精确打击，“飓风2018”专项行动总体成效位列全省第四。全市刑事立案、严重暴力犯罪案件比上年分别下降4.9%和20.7%，全市刑事破案、刑拘、逮捕、移送起诉数上升4.9%、29%、8.8%和21.2%，命案大幅下降40%，成为全省连续四年命案全破的两个城市之一。策应“一带一路”倡议，主动适应国际警务合作和粤港澳大湾区建设，举办中巴经济走廊安全保障研修班和第五届“澳门·珠海警务论坛”，完善跨国案件扁平化指挥机制，创新推动以珠港澳、珠中江等区域警务合作为重点的大湾区警务合作机制。成功侦破“1·16”跨国网络赌博案、澳门南湾珠宝店被抢劫案、“6·01”特大跨境走私毒品案等重特大跨国跨境案件一批，得到公安部、省公安厅嘉奖令和贺电表扬。

2018年9月5日，珠海市委书记郭永航，市委副书记、市长姚奕生到市公安局调研指导扫黑除恶专项斗争及公安工作 （市公安局 供稿）

【治安防控体系建设】 2018年，珠海市公安局推进立体化、信息化、智能化社会治安防控体系建设，打造智慧指挥云平台，启用接处警APP，推进快速反应、高效指挥体系建设，夯实公安派出所和社会面巡逻防控网络两个防控支点，常态勤务社会面巡逻警力日均1150人次，全市接处警平均到场时间提速28.3%。全市接报违法犯罪警情数量比上年下降14.53%，其中，严重影响群众安全感的抢劫、抢夺、盗窃、诈骗类警情分别下降37.8%、54.5%、24.1%和4.5%。针对治安重点地区和突出问题，组织开展“板障山系列”专项整治行动，以辖区稳定保全市平安。在全省社会治安防控“铸盾”行动考核中排名第一。

【社会治理】 2018年，珠海市公安局推进“全民禁毒工程”，“逢嫌必检”率99.85%，社区戒毒、社区康复执行率99.56%，完成省禁毒委要求的攻坚目标任务；全市未发生吸毒人员肇事肇祸事件，“全民禁毒工程”排名全省第一。新版珠海平安指数正式上线运行，同步推出平安指数微信公众号。创建金融风险联防联控工作机制，经侦支队联合市金融、工商部门成立“金融风险联防联控工作室”，横琴分局研发“横琴自贸区企业涉经济犯罪风险监测预警系统”，有效提升金融风险防控效能，在全省护航金融“利剑行动”专项考核中排名第一。全力培育扶持“志愿警察”，建立志愿警察队伍4支375人。香洲区兴业社区警民议事厅激发人民群众参与社会治安的积极性和主动性，受到社区群众好评。

【公共安全监管】 2018年，珠海市公安局纵深推进危爆物品、大型活动、交通安全隐患排查等系列专项整治行动，完成“2018沙滩音乐节”等大型群众性活动安保任务21场次，全市未发生较大以上安全生产事故。助力中心城区交通治堵等十大民生实事工程建设，建成启用智慧交通综合应用平台和“智慧+交通管理”、文明交通管控等智慧管控系统，有效破解“逢节必堵”交通治理难题，完成第十二届航展交通保障任务。年内，全市交通事故宗数、死亡人数、受伤人数、直接经济损失比上年分别下降8.72%、8.14%、20.17%、49.95%，在全省公共安全隐患排查治理行动考核中排名第二，其中，“危爆物品安全隐患排查治理”排名第一。以保护人民群众生命财产安全为第一责任，完成强台风“山竹”抗风抢险及灾后清障复产重建工作，实现“零死亡、少伤人、降损失”目标。

【和谐警民关系构建】 2018年，珠海市公安局召开新闻发布会14次，开展公安主题策划宣传活动85次，刊发公安正面宣传报道7053篇，拍摄制作《不忘为民初心 担当平安使命》等大型专题汇报片10余部，成功处置“拱北综治队员被打”等重点舆情11起。珠海公安政务网站在全年政府网站考评中位列市直单位第一。“珠海公安”微信公众号在珠海政务机关各单位官方微信中名列榜首，“珠海交警”微信获评“全国政法系统十佳微信公众号”。全年，办理人大建议、政协提案答复率100%、沟通率100%、满意率100%。

【民生服务创新】 2018年，珠海市公安局创新打造新时代珠海公安服务民生特区体系。全力服务粤港澳大湾区建设，主动对接省公安厅服务大湾区建设举措18项，对有权限组织实施的11项全部落地实施，并创新推出高层次人才引进和重点企业办理出入境证件“绿色通道”等服务举措；突出简政放权，推动政务改革，26个项目实现“一证通办”、127个项目实现“全城通办”、28个项目实现“零跑腿”，完成“广东省政务服务事项标准化梳理系统”718项录入工作。按照“一镇（街）一办理点”思路，在拱北口岸、高新分局率先试点，将派出所户政窗口业务剥离至各区行政服务中心，提升服务群众效率和质量。

【智慧新警务建设】 2018年，珠海市公安局抓住智慧新警务建设契机，承接省公安厅智慧新警务四大赋能工程和八大创新应用，在全省智慧新警务考核中位列第三。8月底，在全省率先启动新一代移动警务平台，实现双系统移动终端配发率100%。“民警履职能力训练管理系统”等4个移动应用在公安部移动应用创新评选中获奖；“涉税类罪预警与研判模型”“旅客犯罪随机森林预测模型”在全省智慧新警务大数据建模大赛中分别获第三名和第五名。“人民警察职务序列职务套改与分类管理”“珠海智慧新侦查之黑恶克星”系统获上级推广应用；政治处、出入境管理支队、经侦支队、刑警支队、科信支队被推荐为全省智慧新警务各分项示范单位；科信支队数据标准化改造被列为广东省唯一全国示范单位。

【法治公安建设】 2018年，珠海市公安局制订法治公安“八项建设”（为“扫黑除恶”专项斗争提供法律服务保障、推动执法权力运行机制改革落地见效、创新完善执法管理机制手段、进一步加强执法监督、建立完善智能化执法公开体系、进一步完善公安立法和执法制度、全面提升民警法治理念和法律素质、推进执法全流程闭环系统建设）工作方案；推动警务辅助人员管理办法以政府规章形式出台；制订各类执法工作指引，组织开展执法资格考试，推进执法规范化建设。严格执法监督管理，推广办案区智能管家和案管平台系统，及时开展执法过错问责，实行民警失范行为登记等内部管理；在全省年终执法质量考评中位列第三；研发的执法信息公开平台在全省推广。组织法律顾问换届选聘，选派公职律师和法律顾问加入市局法律服务团。开展证明清理和职权梳理工作，清理证明事项 87 项，清理行政权力目录清单 192 项，调整权责清单 60 余项。在市普法办组织的全市首次国家机关“谁执法谁普法”履职报告评议工作中，以 97.33 分的优异成绩位列第一。

2018 年 6 月 19 日，第五届“澳门·珠海警务论坛”在珠海开幕

（市公安局 供稿）

【大案要案】 2018 年，珠海市公安局成功破获大案要案一批。

“1·16”跨国开设赌场案 2017 年底，市公安局在工作中发现一条涉赌犯罪线索，经初步调查发现，有犯罪嫌疑人利用互联网开设赌场。经查，该犯罪团伙在柬埔寨搭建同属一个赌博平台的 7 个赌博网站，运营现金网模式、“百家乐”等外围彩赌博方式，在柬埔寨西哈努克港市和贡布市开设赌博网站运营点 3 个。同时，该团伙在国内湖北武汉、重庆、江西九江、河南信阳等地注册合法公司掩护，进行财务结算、技术支撑和网站宣传推广。2018 年 9 月 22 日，市公安局调动警力 200 余名，在公安部和省公安厅统一指挥下，在广东、福建、湖北、河南、江西、重庆等 6 省市同步展开抓捕行动，先后抓获包括主犯易某能、易某煌等在内的违法犯罪嫌疑人 44 人，冻结扣押涉案资金 1313 万元，查封涉案房产 22 套（估值 1.3 亿元），缴获涉案银行卡 100 余张、计算机 60 台、手机 133 部、汽车 4 辆以及其他证书资料一批。9 月 29 日，在中国驻柬埔寨大使馆协助下，柬埔寨警察总署出动警力 200 名配合，专案组在柬埔寨贡布市抓获开设赌场犯罪嫌疑人 91 人，缴获电脑硬盘、工作手机、记账本等证据一批，实现对该案组织管理、赌博平台开发、技术维护、平台推广、财务管理等各个环节全链条、全方位打击。

澳门南湾珠宝店被抢劫案 2018 年 3 月 26 日凌晨 2 时许，一名男子持枪进入澳门商业学校街利富珠宝店，抢走现金港币 30 余万元。经澳门警方调查发现，张某吉有重大作案嫌疑，并马上向内地警方通报。粤澳两地警方立即启动跨境警务协作机制，市公安局迅速立案侦查并对犯罪嫌疑人展开抓捕工作。经侦查发现，嫌疑人在作案后当日凌晨 4 时许从横琴口岸进入珠海，市公安局迅速锁定犯罪嫌疑人藏匿地点。27 日凌晨 2 时许，抓获犯罪嫌疑人张某吉，现场缴获被抢赃款现金港币 30 余万元。至此，从市公安局接到省厅指令到案件告破仅耗时 6 小时。

【第五届“澳门·珠海警务论坛”】 2018 年 6 月 19—20 日在珠海举办。论坛由澳门警察总局、珠海市公安局联合主办，珠海市公安局承办，中国人民公安大学战略支持。论坛主题为“携手并进迈向未来——大湾区背景下的澳门珠海警务合作”。论坛坚持“理论上有探索，实践上有创新”原则，重点就跨境违法犯罪的防范与打击、港珠澳大桥应急救援管理、智慧新警务建设等新时代澳珠警务合作面临的新形势、新问题进行交流研讨，对未来警务合作发展方向做出富有前瞻性的探索和研究，推动澳珠警务合作向更深层次、更广领域发展，为维护澳珠两地社会治安稳定，助力粤港澳大湾区建设奠定坚实基础。

（胡 瑜）

检　察

【概　况】　至2018年底，珠海市有市级检察院1个，下辖香洲区、金湾区、斗门区3个基层检察院以及珠海横琴新区人民检察院、高新区知识产权检察室、高栏港经济区检察室3个派出机构；设政治处等15个内设机构、2个派驻机构、1个直属机构和1个事业单位。

2018年，珠海市检察机关主动向人大及其常委会报告工作，两级检察院就开展以审判为中心的诉讼制度改革、未成年人检察、侦查监督等工作向同级人大常委会做专项工作报告。办理2018年“两会”期间意见建议49件，确保件件有落实、事事有反馈。全面落实人民监督员制度，人民监督员评议各类案件42件。加强与人大代表、政协委员经常性联系，定期寄送《检察日报》《珠海检察》等报刊，邀请代表、委员及社会各界人士参加检察开放日、观摩公诉人出庭、参加公开听证等活动1300余人次。结合市委部署的推动“思想大解放、作风大转变、效率大提升”活动，进一步解放思想，加强纪律作风建设，开展检务督察122次。加大案件质量评查和流程监控力度，采取跨院、跨部门交叉方式评查案件290余件，严格规范司法行为。组织检察人员参加领导素能、专项业务、岗位技能等各项培训，提高队伍职业化专业化水平。加强检察文化建设，组织开展多种形式的文体活动，增强队伍凝聚力。做好案件信息公开工作，公开法律文书2836份、案件程序性信息7840条、重大案件信息112条，为诉讼参与人提供案件查询服务5090人次，以公开促规范、促公正。开展刑事申诉案件公开审查工作，对3起案件进行公开听证，对12起案件予以公开答复，以“看得见的方式”实现公正。加强公共关系建设，利用官方微信、微博等新媒体平台及时发布工作动态、普及法律知识，在微信公众号发布推文1643条、官方微博发布信息2640条、今日头条客户端发布信息490条，与社会各界良性互动。是年，市检察机关队伍涌现出全国检察机关集体一等功、全国检察宣传先进单位、全省检察业务专家、全省优秀公诉人、全省未成年人检察业务能手等一批先进集体和个人。

【审查批捕和审查起诉】　2018年，珠海市检察机关受理审查逮捕案件3539件5720人，案件数及涉案人数比上年均上升16.6%；受理审查起诉案件4417件6832人，上升15%和18.1%。经审查，批准和决定逮捕2856件4290人，提起公诉3484件5157人。其中，打击危害国家安全和公共安全犯罪，批准逮捕相关犯罪嫌疑人121人，提起公诉814人；打击严重暴力犯罪、毒品犯罪、“两抢一盗”等多发侵财犯罪，批准逮捕相关犯罪嫌疑人1656人，提起公诉1735人；打击网络电信诈骗、网络赌博犯罪，批准逮捕相关犯罪嫌疑人377人，提起公诉252人。

【控告申诉检察】　2018年，珠海市检察机关贯彻宽严相济刑事政策，对社会危害性较小以及犯罪情节轻微、达成刑事和解的案件，依法决定不批准逮捕331人，不起诉230人。加大控告申诉检察工作力度，及时解决群众合理诉求，受理控告申诉案件1085件，办理群众来信来访2937批4346人次，其中两级检察院检察长接访263批601人次。做好重点涉法涉诉信访案件风险评估、矛盾化解工作。开展司法救助，办理司法救助案件12件，

2018年1月20日，澳门检察院代表团到珠海市人民检察院开展访问交流活动（郑浩国 摄）

为陷入生活困境的39名刑事被害人或其近亲属累计发放司法救助金60余万元。

【民事行政诉讼监督】 2018年，珠海市检察机关办理民事行政诉讼申请监督案件184件，对认为确有错误的判决或裁定，发出再审检察建议5件，提出、提请抗诉4件，发现虚假诉讼线索3件并向法院发出检察建议。依法对珠海市某贸易公司买卖合同纠纷案提请省检察院抗诉，抗诉意见被全部采纳；提请省检察院抗诉的珠海某银行金融借款合同纠纷案获法院改判，保障公民、法人合法权益，维护司法公正。对裁判正确的，切实做好释法说理和服判息诉工作，维护司法权威。

【侦查活动监督】 2018年，珠海市检察机关加强立案监督，对应当立案而不立案或不当立案的，监督侦查机关立案12件、撤案31件。依托"两法衔接"平台，审查行政处罚案件6380件，防止有案不移、以罚代刑，促进依法行政。加强侦查活动监督，强化诉前主导和审前过滤，严把证据法律关，对不构成犯罪或证据不足的，依法不起诉243人，纠正遗漏犯罪嫌疑人10人，纠正遗漏犯罪事实184件。依托侦查活动监督平台，定期向侦查机关通报办案中存在的问题，发出纠正违法通知书、检察建议书、侦查活动监督通知书88份。

【刑事审判和刑事执行监督】 2018年，珠海市检察机关加强刑事审判监督，用好法律赋予的抗诉权，对认为确有错误的刑事裁判提出抗诉8件，两级检察院检察长列席法院审判委员会会议16次。加强刑事执行监督，维护在押人员合法权益，办理在押人员控告申诉案件166件，开展羁押必要性审查236件次，督促办案机关变更强制措施94人。加强社区矫正检察监督，监督司法行政机关对11名违反社区矫正法规人员予以警告处分，提请法院对8名严重违反社区矫正法规人员予以收监执行，依法纠正社区矫正人员伪造材料获得减刑案件1件。

【社会治理促进】 2018年，珠海市检察机关落实"谁执法谁普法"责任制，宣传宪法和刑事诉讼法等法律法规，运用指导性案例和典型案件"以案释法"，提高人民群众宪法和法律意识。建成集控告申诉、国家赔偿与国家司法救助、案件管理、业务咨询等功能于一体的"12309检察服务中心"，为群众提供更加便捷高效的"一站式"检察服务。结合珠海毗邻港澳的地域特点，对妨害边境管理秩序犯罪、"蚂蚁搬家"式走私犯罪等案件进行深入分析，剖析案件频发原因，查找管理漏洞，提出对策建议，促进源头治理。以开展"四个100%回头看"（行政处罚案件100%录入"两法衔接"信息共享平台，涉嫌犯罪案件100%依法移送公安机关，公安机关对涉嫌犯罪应予立案的案件100%依法立案，已立案的刑事犯罪案件100%及时侦查终结）专项监督活动为抓手，推动"两法衔接"工作取得新成效，在2018年全省"两法衔接"工作联席会议上做经验介绍。

【未成年人护航】 2018年，珠海市检察机关严厉打击侵犯未成年人合法权益的犯罪，批准逮捕相关犯罪嫌疑人151人，提起公诉136人，并为未成年被害人提供危机干预、心理疏导和司法救助。对涉罪未成年人坚持少捕、慎诉原则，不批准逮捕47人，不起诉33人。创

2018年5月31日，珠海市青少年法治教育实践基地揭牌启用

（郑浩国 摄）

建“三维”（引入专业力量，建立社工和心理咨询师帮教机制；检察机关与爱心企业、学校共建涉罪未成年人观护帮教基地；坚持党委领导，整合各方资源，打造帮教共同体）立体化涉罪未成年人观护帮教机制，对19名涉罪未成年人开展帮教工作。加强预防青少年犯罪工作，两级检察院检察长担任中小学法治副校长，带头宣传法治理念。创设“五化式”（形式多样化、内容趣味化、团队专业化、课程精品化、普法多元化）校园普法新模式，开展“法治进校园”巡讲活动40场次，最大限度预防和减少未成年人犯罪。拍摄未成年人检察专题微电影《爱的救赎》，“以案释法”进行普法宣传，被最高人民检察院、腾讯视频等转发。

【公益诉讼】 2018年，珠海市检察机关在生态环境和资源保护、国有土地使用权出让、食品药品安全、国有财产保护等领域全面开展监督。全年立公益诉讼案件42件，向行政机关发出诉前检察建议37份，支持海洋环境监管部门向法院提出海洋环境公益诉讼1件，向法院提出刑事附带民事公益诉讼2件。秉持“绿水青山就是金山银山”发展理念，加大对环境保护工作的监督力度，督促环保部门彻底关停污染企业7家，办理的“獭山轧钢厂非法排污案”“黄杨泵站一级饮用水源污染防治案”等多个案件被《南方日报》、新浪网等媒体报道；围绕市委关于提高土地利用效率的部署，对多宗工业用地使用效益低、长期闲置等问题开展专项监督，在充分调查的基础上向国土部门发出行政公益诉讼诉前检察建议5份，推动对76万平方米闲置工业用地启动处置程序；关注食品安全问题，依法对生产、销售病死猪肉的被告人蓝某某等人提起刑事附带民事公益诉讼，追偿销售金额10倍的惩罚性赔偿金，并对其适用从业禁止令。（关夏莲）

法　院

【概　况】 珠海市法院系统包括市中级人民法院（简称珠海中院）和基层人民法院。至2018年底，珠海中院内设机构25个，下辖事业单位（审判辅助中心）1个。其中包括高新区知识产权法庭、立案庭、刑事审判第一庭、刑事审判第二庭、民事审判第一庭、民事审判第二庭、民事审判第三庭、民事审判第四庭、破产审判庭（执行裁判庭）、行政审判庭、国家赔偿委员会办公室、审判监督庭和司法警察支队，下辖横琴新区、香洲区、斗门区和金湾区4个人民法院。全市基层法院设派出人民法庭6个，分别是香洲区人民法院南湾法庭、高新法庭，斗门区人民法院五山法庭、横山法庭，金湾区人民法院平沙法庭、三灶法庭。

2018年，全市法院新收各类案件5.47万件、办结5.5万件，比上年分别增长5.97%、5.72%。全市法院结收案比100.56%，员额法官年人均结案245件。其中，珠海中院新收各类案件6905件、办结6831件，比上年分别增长7.29%、5.4%，结收案比98.93%。法定（正常）审限内结案率、民事一审服判息诉率、撤诉率、执行标的到位率、实际执行率上升，人民群众获得感明显增强；一审判决案件改判发回重审率、生效案件改判发回重审率、再审启动率下降，审判质效提升。在收案持续增长的情况下，存案量连续两年下降。

【刑事审判】 2018年，珠海全市法院审结刑事案4139件，判处罪犯5692人。其中，严惩危害群众生命财产安全犯罪，审结故意杀人、故意伤害、绑架等暴力犯罪案1344件，判处罪犯1482人；审结两抢一盗、“黄赌毒”等多发性犯罪案1287件，判处罪犯1858人。严惩腐败犯罪，审结肇庆市原常务副市长刘惠祥受贿等职务犯罪案91件，判处罪犯102人。严惩涉民生犯罪，审结“e租宝”非法吸收公众存款、“4·30”跨境电信诈骗等经济犯罪案300件；审结污染环境、非法捕捞水产品等破坏环境资源犯罪案32件。贯彻宽严相济刑事政策，对1068名犯罪情节较轻的初犯、偶犯、未成年犯、老年犯，依法判处非监禁刑。成立扫黑除恶专项斗争工作领导小组，深挖涉黑恶犯罪线索83条，依法审理罗某某等32人组织、领导、参加黑社会性质组织案等涉黑涉恶案45件，确保社会安定有序。

【民事审判】 2018年，珠海全市法院审结民商事案2.77万件，结案诉讼标的259.76亿元。其中，审结借款、买卖、保险、证券等合同纠纷案2.03万件；审结财产权属纠纷案437件，股权转让、公司合并、分立及解散案259件；审结婚姻家庭和继承案1617件，发出人身安全保护令23份，促进家庭和谐；审结劳动争议案2094件，构建良性劳动关系；审结交通事故、医疗纠纷、房地产纠纷等案1682件，保障民生权益。建立涉军停偿工作机制，推动涉军停偿案件全部办结，成功调解诉讼标的金额近1亿元的广州军区珠海接待处诉珠海某公司房屋租赁合同案，促进军政军民团结。审结“格力”商标权被侵害纠纷等知识产权案807件，加大对高新技术企业和知名品牌保护力度。横琴新区法院与横琴工商局签署《知识产权侵权惩罚机制合作备忘录》，构建知识产权司法保护和行政执法双轨保护机制。

【行政审判】 2018年，珠海全市法院审结行政案752件，依法审查行政非诉案479件。完善行政案件由金湾区法院全面集中管辖机制，提高行政审判公信力。支持和监督行政机关依法行政，撤销或变更行政行为39个。发出司法建议131件，发挥其司法能动作用，妥善办结吴某某诉市政府行政复议案，实现司法与行政良性互动。行政机关工作人员出庭应诉率达100%。

【执行工作】 2018年，珠海全市法院受理执行案2.65万件，办结2.23万件，执结标的148.97亿元。破解执行难，发挥执行联动合力。与市司法局开展公证参与法院执行辅助事务试点工作，与市国土局、市住规建局等部门构建基本解决执行难协助机制，与市公安局、检察院建立拒不执行判决、裁定的刑事案件信息共享协助机制；建立便捷高效查控系统，打造具有珠海特色的天网司法查控系统V3.0，实现“查控、督办、管理、服务”一体化，“线上”与市公安局、市不动产登记中心、市主要商业银行等协执单位建立网络专线，年内查询9.76万次，查询到财产线索1.02万项；运用执行4G单兵系统，“线下”实现执行现场远程指挥，实现多平台、全方位快速查人找物。出台《房地产、车辆网络司法拍卖第一次起拍价、公告操作指引》，创新网拍底价确定方式，向税务机关定向询价，利用大数据网上询价。举办“天网·拍卖”818京东专场，司法网拍实现常态化，全年依托淘宝、京东等平台成功拍卖1455件，交易金额13.7亿元，节省佣金4924.19万元。加大执行威慑力度，推进信息公开，失信被执行人信用信息与市信用体系建设信息无缝对接。落实“南粤执行风暴”部署，惩戒拒执行为。全年，发布失信被执行人6160人，限制高消费3.19万人次，限制出境241人次，司法拘留162人，移送公安机关追究刑事责任18人。

2018年12月4日，珠海中院与担杆镇联合开展“尊崇宪法学习宪法遵守宪法维护宪法运用宪法”宪法宣传主题活动 （何 娟 摄）

【司法改革】 2018年，珠海全市法院推进司法责任制改革，制订《关于深化司法责任制改革的实施意见》，推出重要举措21项，明晰权责清单，完善配套保障。健全员额动态管理机制，完成第三批员额法官遴选工作，推荐员额法官13人；推进司法辅助人员单独职务序列管理，完成身份确认工作。发挥审判团队战斗力，以“员额法官+法官助理+书记员”模式搭建审判团队78个、执行团队22个。金湾区法院出台《关于进一步完善审判团队运作模式的意见》，打破部门架构，突出专业优势。推进审判委员会工作机制改革，修订《审判委员会工作规则》，强化审委会宏观指导职能，设立民事、刑事专业委员会。横琴新区法院制订《合

2018年4月18日，珠海司法查控网（第二期）上线开通　（苏　华　摄）

同制人员绩效考核办法》，推动审判团队精细化管理；斗门区法院出台《民商事审判书记员业务指引》，规范审判辅助工作；香洲区法院建立法官自主管理委员会，引导法官自主管理。启动全市基层法院内设机构改革，完善财物统管衔接工作，彰显专业法官会议积极作用，全年召开专业法官会议193次。推进以审判为中心的刑事诉讼制度改革，完善庭前会议制度，推进庭审实质化，落实证人、鉴定人、侦查人员出庭作证，退回补充侦查案件262件，当庭宣判案件442件。完善非法证据排除机制，启动非法证据排除17件。从5月1日起，实现刑事案件辩护律师全覆盖。

（李凌岩）

司法行政

【概　况】　至2018年底，珠海市有律师事务所100家，其中个人所24家、普通合伙所48家、律师分所17家、公职律师事务所4家、法援处4家、公司机构1家、合伙联营所2家。律师1501人，其中专职律师1177人、兼职律师25人、公职律师249人、公司律师5人、法援律师34人、香港律师3人、澳门律师7人、台湾律师1人。司法鉴定机构6所，司法鉴定人43人。公证机构5家，公证员40人。人民调解委员会405个，其中行业性专业性调委会61个。人民调解员2336人，其中专职人民调解员249人。

【基层法治基础建设】　2018年，珠海市把一村（居）一法律顾问工作列入《关于推进乡村振兴战略的实施方案》以及《珠海市加强党的基层组织建设三年行动计划实施方案（2018—2020年）》，开展第二批重点村（居）精准式法律顾问服务工作，总结推广“村（居）重大事项法律顾问审核把关机制”工作经验。全年，155名村（居）法律顾问为全市319个村（居）提供服务1.34万件次，服务对象7.53万人次。其中，提供免费法律咨询1万次，开展法制宣传讲座1437次，为村（居）委会审查合同、出具法律意见书等950次。推进公共法律服务体系建设，全市3个区级公共法律中心、24个镇（街）公共法律服务站、319个村（居）公共法律服务室全部完成规范化升级改造，有效对接省12348公共法律服务网络平台。整合利用粤港澳大湾区法律服务资源，创新商事调解、企业法律服务协同机制，构建便民高效的公共法律服务体系。是年，全市公共法律服务实体平台提供法律咨询、法律服务6.21万件次，4月和6月，珠海市位列全省各地市每万人咨询服务热度指数第一。年内，全市各级调解组织受理各类矛盾纠纷1.13万件，调解成功1.12万件，调解成功率99.3%。拓展行业性专业性人民调解网络覆盖面，新增行业性专业性调委会17个。市、区两级司法行政部门及各行业性专业性人民调解组织主动与各级信访部门访调对接，与法院诉调对接，建立各类联调联处工作机制。

【社区矫正】　至2018年底，珠海市累计接收社区服刑人员5714人，解除矫正5040人，在册674人。撤销缓刑8人，警告124人，居住地变更26人，无脱管、漏管。全年，为社区服刑人员提供技能培训和就业信息367条，为困难家庭提供经济和物质帮助10万元，为社区服刑人员自觉接受社区矫正、顺利回归社会创造条件；摸排线索23条，抽调监狱戒毒警察参与社区矫正延伸监管和远程会见工作；做好社区矫正案例选编，编报案例23篇，其中司法部采用10篇。

【安置帮教】 至2018年底，珠海市在册刑满释放人员3196人，落实安置3193人，安置率99.9%；落实帮教3196人，帮教率100%。通过服刑在教信息系统，及时核查、摸清、反馈本市服刑在矫人员基本信息，与监所建立信息交流沟通协调机制，做好刑释人员衔接登记、信息采集、个人档案建立等工作，做到底数清、情况明、不漏管。全市服刑人员信息核查率99.2%，核查成功率99.1%。严格落实重点人员“必接必送”和一般对象有效衔接制度，接收重点刑释人员6人，“必接必送”率100%，一般对象衔接率70%以上。

【法制宣传】 2018年，珠海市司法局与市委宣传部等六部门联合印发文件，组织开展宪法学习宣传教育活动，成立宪法宣讲团。建立公职人员宪法考试题库，编印宪法常识普及读本，组织宪法网络学考。牵头组织《宪法》及修正案、《珠海经济特区物业管理条例》《监察法》及国家监察体制改革、“4·15”国家安全教育日、“送法进校园”、“12·4”国家宪法日暨“宪法宣传周”集中宣传、宪法集中宣誓等主题宣传活动。设计制作宪法学习宣传教育文化产品，印发宪法读本5万册。组织开展“快闪”活动，拍摄宪法主题宣传片。在吉林大学珠海学院挂牌“大学生法治宣传教育实践基地”并启动“宪法宣传月”活动。指导珠海第十四届百里爱心徒步暨慈善万人行活动，融入宪法学习宣传教育元素。联合市委办、市府办印发“谁执法谁普法”责任制工作意见，以网络直播形式举行首次国家机关普法履职报告评议会，落实“谁执法谁普法”责任制。召开第七、第八次全市“七五”普法工作推进会，推动各项法治创建工作，申报省级“民主法治村（居）”113个。依托城市绿道、市民休闲健身场所，打造“律·道”。建设各类多功能法治实体平台，建成市级青少年法治宣传教育实践基地16个、青少年宪法主题教育馆1个、区级法治公园7个。实现法治宣传栏在全市319个村（居）全覆盖。组织开展“以案释法”优秀案例征集选编工作，编发《珠海普法动态》57期，印发《画说法律》《以案释法》《案·法》《民事篇》《婚姻家庭篇》等案例读本。加强媒体公益普法，与珠海广播电视台、珠海电台合作，录播“法律在线”等系列普法节目。利用短信平台、村（居）信息通知平台等推送“一句话普法”短语。利用“一起来学法”“创建全国法治城市”“香山网·法治珠海”等微信公众号和普法官网，定期推送普法案例及法律法规知识。借助珠海6所高校法律院系资源优势，建立“珠海大学生普法志愿服务团”，结对中小学开展“法制大课堂”活动。

【法律服务】 律师服务 2018年，珠海市律师办理诉讼案件2.1万件、非诉讼案件5570件，办理法律援助案件3069件，援助困难群众5048人。

公证服务 全市公证机构办理各类公证事项4.41万件，其中内地公证3.01万件、涉港澳台公证4888件、涉外公证9120件，收费2250余万元。开展“为70周岁以上老年人免费办理遗嘱公证”公益活动，办理免费遗嘱公证113件。提高公证信息化服务水平，落实全城通办、信息共享，全市5家公证

2018年4月9日，位于香洲区梅华西路市司法局一楼的珠海市公共法律服务中心投入使用，与12348广东法网实现对接 （市司法局 供稿）

2018年9月25日，中国法律服务（澳门）公司横琴公证服务窗口在横琴新区综合服务中心挂牌 （市司法局 供稿）

机构实现网络系统统一办证。7月23日起，横琴公证处工作日中午不休息，不间断为群众提供办证服务，除法定节假日，群众一周七天都可办理公证业务。珠海公证处实行周六常态化办公。8月2日，市司法局、市残疾人联合会、横琴公证处签订合作协议，联合开展关爱残疾人公证公益服务活动。9月25日，横琴公证处与中国法律服务（澳门）公司合作在横琴设立的"中国法律服务（澳门）公司公证服务窗口"揭牌，为在横琴工作、生活的澳门同胞提供便利，推动横琴新区法治软环境建设。全市统一规范《公证事项证明材料清单》受理标准138项，确定各公证机构"最多跑一次"公证事项7大类63项，统一属于协商范畴公证业务收费标准18项。

司法鉴定　全年办理司法鉴定业务3443件，收到司法鉴定业务投诉2件。新设立司法鉴定机构1家（广东邦德司法鉴定所），新增司法鉴定人9人。

公职律师　全市有公职律师254名，70个单位设立公职律师。委派公职律师常驻市人民来访接待大厅，参加接访，提供咨询，参与信访案件论证，为全市信访复核案件提供法律意见、出具法律意见书，全年出具书面法律意见14件次。向市人大、各党政机关出具书面法律意见56件次，为法规、规章、规范性文件制定出台和党内规范性文件备案审查提供有效参考；为各类合同、投诉、工作制度等提供法律意见、审核意见34件次。全年办理依法行政工作事务及其他事务110件次，承办市司法局作为被申请人或被告的行政复议、行政诉讼案件10件。

法律职业资格考试　全市报名参加2018年度首次国家统一法律职业资格考试2405人。完成2018年度法律职业资格考试工作。

法律援助　全年办理法律援助案件3083件，其中民事援助案件1416件、刑事援助案件1636件、行政援助案件30件，为5110名受援人挽回经济损失9000余万元；提供来访咨询7548人次，受理5人以上集体案件109件、30人以上集团案件11件。推进刑事法律援助工作。出台《珠海市开展刑事案件律师辩护全覆盖工作指引》，自5月1日起，在全市范围内全面推行刑事案件律师辩护全覆盖试点工作；与市委政法委、市中院、市检察院、市公安局等建立珠海市刑事法律援助工作联席会议制度；加强和规范法律援助律师值班制度，出台《开展法律援助值班律师工作的实施意见》，在全市各级法院及看守所设立法律援助工作站，安排律师全天候参与值班工作；深化以审判为中心的刑事诉讼制度改革，加强和规范刑事法律援助工作，保障司法公信建设和公民基本法律服务需求。推进特殊群体法律援助品牌建设。出台农民工、残疾人、老年人、军人军属等特殊群体法律援助工作方案，加大法律援助服务供给力度，降低特殊群体法律援助服务门槛，扩大法律援助覆盖面。妥善处理缠诉缠访及重大敏感案件，发挥法律援助社会柔性治理优势，有效化解蓝海之略等案件。

【强戒管理】　2018年，珠海市强制隔离戒毒所在册强制隔离戒毒人员471人，在所428人。市戒毒所规范和理顺戒毒人员收治工作，通过规范收治、体检、建档、分流流程，做到应收尽收，确保收治安全。坚持以场所安全管理为重点，实现全年安全"六无"（无毒品流入、无戒毒人员脱逃、无非正常死亡、无所内案件、无生产安全事故、无重大疫情）目标。构建大教育戒治格局，推进全国统一司法行政戒毒工作基本模式落地落实，统一外观标识，成立五大中心，完善软硬件设施，实现场所从整体风貌到区域划分、功能设置、卡牌标志整齐规范。8月，与暨南大学（珠海校区）合作成立珠海市运动戒毒研究基地，为科学运动戒毒开辟新绿色途径。开展戒毒工作理论探索，完成司法部案例库案例编写5篇，其中1篇被司法部中国司法（法律服务）网选用。开展心理矫治工作，新建心理档案225份、回归指导期档案106份，接受个体心理辅导152人次，进行心理危机干预10人次，开展团体心理辅导10批次420人次。加强职业技能培训，开展中式面点师、汽车故障检测、创业培训（GYB）等培训班7期，551人参加，265人获证。开展禁毒宣传工作，接待社会团体、组织所内参观学习1.55万人次；6月12日，利用“互联网+”技术，通过“空中课堂”对珠海香洲区和云南怒江泸水市3000余名中小学生开展禁毒教育，在线访问人数2万人。提高戒毒人员生活保障水平，开展戒毒人员食堂食品安全量化分级管理创建并通过A级验收。（陈荣辉）

仲 裁

【概　况】 2018年，珠海仲裁委员会受理案件2586件，受理案件标的总额17.94亿元。其中，线下案件357件、受理案件标的额17.86亿元，网络金融仲裁案件2229件、受理案件标的额849万元；线下案件中，涉外案件39件，占比10.92%。办结案件299件，其中调解撤诉案件77件。全年无被法院裁定撤销和不予执行案件。受理案件类型涉及经济各大领域，其中，金融合同纠纷107件、买卖合同纠纷40件、租赁合同纠纷35件、房地产合同纠纷34件、建设工程合同纠纷33件、物业合同纠纷24件、股权转让合同纠纷9件、保险合同纠纷3件、土地交易合同纠纷1件，其他合同纠纷71件。

【国内首个互联网金融仲裁平台建立】 2018年4月，珠海仲裁委员会建立互联网金融仲裁平台，并配套实施《珠海仲裁委互联网金融仲裁规则》。该平台是国内首个专门针对互联网金融纠纷的网上争议解决平台，体现低成本、高效率及全程在线优势，全年对接互联网金融平台10余家，受理互联网金融仲裁纠纷案件2229件，被列为广东自贸区30个“制度创新最佳案例”之一。

【粤港澳大湾区仲裁制度建设】 2018年，珠海仲裁委员会推动区域经济公平竞争，最大限度保护各类要素在资源配置中的权益，助力大湾区经济腾飞。11月14日，与市法学会共同成立珠海市法学会粤港澳大湾区仲裁研究会，探索粤港澳大湾区仲裁新思路、新举措；同日，举办首届“粤港澳大湾区仲裁发展论坛”，以贯彻习近平总书记视察广东讲话精神为指引，以“一国两制”下粤港澳仲裁服务深度合作、协同发展为主题，与会专家、学者汇聚一堂，献言献策。

【仲裁宣传与推广】 2018年，珠海仲裁委员会加强对外宣传与推广。3月15日，珠海国际仲裁院参加横琴消协举办的“3·15”国际消费者权益日活动，向群众普及

2018年11月14日，粤港澳大湾区仲裁发展论坛在珠海度假村酒店举行
（珠海仲裁委 供稿）

仲裁知识，扩大仲裁法律制度在基层群众中的普及率。5月14日，派员前往香港参加“和谐香港”约章典礼仪式，访问香港仲裁公会和香港博信法律专业调解中心，加强与香港仲裁及调解组织合作。5月29日，珠海仲裁委员会副主任吴学艇应邀出席第五届中国（北京）国际服务贸易交易会法律展区启动仪式，做《互联网金融仲裁的优势及应用》发言。11月，应香港大学法学院、香港博信法律专业调解中心及香港仲裁公会邀请访问香港，共商交流合作事宜。12月4日，参加市普法办举办的“12·4”国家宪法日暨2018年宪法宣传周珠海市主题活动。12月5日，参加澳门律师公会主办的“仲裁研讨会”。

2018年5月24日，“2018仲创天使”珠海仲裁助力创新创业（双创）志愿者服务活动发布会暨首场活动在珠海高新区举行　（珠海仲裁委 供稿）

【仲裁交流与合作】 2018年，珠海仲裁委员会加强与境内外仲裁和法律业界交流与合作，接待考察交流团多批。3月13日，香港仲裁公会、香港博信法律专业调解中心到访珠海国际仲裁院，双方就仲裁、调解深入合作展开交流。5月15日，上海市委常委、政法委书记陈寅一行17人到珠海国际仲裁院参观考察。5月22日，广东省律协副会长陈方、港澳台和外事工作委员会主任贾红卫等一行7人到珠海国际仲裁院参观考察。5月29日，珠海市发改局领导一行到珠海国际仲裁院调研。8月24日，广州仲裁委副主任李非淆、王天喜到访。11月13日，中国法学会副会长鲍绍坤、广东省法学会会长梁伟发一行到珠海国际仲裁院参观考察。12月3日，香港律师会会长彭韵僖、副会长陈泽铭等一行28人到访珠海国际仲裁院，双方就为粤港澳大湾区建设提供法律服务进行深入探讨。12月10日，莫桑比克律师公会主席弗拉维尔律师到访珠海国际仲裁院。

【珠海仲裁助力创新创业（双创）志愿者服务活动】 2018年，珠海仲裁委员会创新服务企业模式，开展“珠海仲裁助力创新创业（双创）志愿者服务活动”，为企业创新创业保驾护航。组建“双创天使专家团”，成员73人，由仲裁员、创业成功人士、行业专家、创新创业导师组成，为在孵企业和会员企业提供公益性法律服务。举办仲裁知识专题讲座，开展“2018仲创天使”志愿者服务活动5场，为企业提供法律政策、行业热点法律问题等咨询服务。举办企业创新创业仲裁沙龙，开展集交流、培训、法律及相关问题研讨为一体的沙龙活动，全年举办网络仲裁法律微信沙龙3场，参与活动300余人。

【横琴新区国仲民商事调解中心成立】 2018年3月8日，珠海国际仲裁院、横琴新区金融行业协会、横琴新区消费者协会共同成立全市首家专业商事调解机构——横琴新区国仲民商事调解中心。该中心是全市首家以民办非企业法人登记设立的商事调解中心，性质为从事非营利性社会服务活动的社会组织。作为独立第三方法律服务机构，该中心拥有熟悉国际、国内商事法律事务的法律专家团队，能为境内外企业提供快捷、高效、经济、灵活的纠纷调解服务，同时也承担民事纠纷调解，通过专业化服务，消解民事争端，化解社会矛盾，为社会和谐稳定发挥作用。　（梁淑廉）

·责任编辑：冯建华·

军　事

珠海警备区

【概　况】　2018年，珠海警备区深入贯彻习近平新时代中国特色社会主义思想和习近平强军思想，坚决贯彻上级决策部署，团结带领广大官兵，聚焦强军目标，全面推进政治建军、改革强军、科技兴军、依法治军，参加省军区军事课目评比性考核竞赛、国防动员综合演练、抢险救灾等活动成绩突出。

【思想政治建设】　2018年，珠海警备区先后组织军委主席负责制专题教育、4期党委中心组带机关理论学习和主题教育，引领官兵树牢“四个意识”、坚定“四个自信”、做到“两个维护”，贯彻落实军委主席负责制，部队纯洁巩固。认真开展主题教育，解决家属就业、子女入学、士兵职业技能鉴定等后顾之忧。突出抓好民兵思想政治教育，探索新时代民兵政治工作方法。协调召开市委议军会议，把国防教育纳入市委理论学习中心组计划和市委党校培训课程，推进国防教育进高校、进工厂、进社区。广泛开展双拥共建活动，参与对云南怒江州扶贫工作，继续巩固阳江阳春市大垌村精准扶贫工作成果。积极与地方协调，牵头驻军部队共同做好双拥共建工作。

2018年6月27日，珠海警备区组织全区官兵在射击场考核步枪射击（黄建超　摄）

【战备训练】　2018年，珠海警备区开展“和平积弊大起底大扫除”活动，党委议战议训形成机制。严格落实战备值班制度，保持良好戒备状态。扎实抓好按纲施训，先后组织警备区首长机关带团级单位集中学习训练、民兵教练员岗前培训、专武干部集训，参加省军区组织的军分区（警备区）首长机关军事课目评比性考核竞赛，取得省军区第一。完成基干民兵整组任务，后备力量体系编配合理、重点突出。完成学生军训、第十二届航展协调保障、防抗强台风“山竹”等任务，锻炼检验部队遂行多样化军事任务能力。

【国防动员】　2018年，珠海警备区完成新兵和直招士官征集任务，大学生新兵征集比例达74.6%，征兵“五率”（报名率、上站率、合

2018 年 10 月 20 日，珠海警备区组织驻珠海军警在第二中学参加自学考试（黄建超 摄）

格率、择优率、退兵率）量化考评排在省军区前列。开展役前集训，帮助预定新兵提高入伍适应能力。认真开展国防动员潜力调查统计，推动战争潜力向应急应战能力转化提供有力支撑。按照省国动委统一部署，组织国防动员综合演练，提高各级应急动员指挥协调能力，推动市、区国动委工作有序展开。

【党风廉政建设】 2018 年，珠海警备区深入学习贯彻军委党的建设会议精神，加强党的基层组织建设。持续深入肃清“郭徐房张”流毒影响，按要求召开党风廉政形势分析会、区团两级党委班子民主生活会。落实中央“钢八条”、军委“铁十条”，从严从紧纠治“四风”和“微腐败”，常态化组织明查暗访。对后备干部军事考核、廉洁征兵、经济适用房后续工程建设等进行全程监督，年度调整使用干部、推荐后备干部、遴选原社会招聘文职人员重新纳编、转改士官等工作反映良好。扎实抓好香洲区人武部基层风气监察联系点工作，通过省军区检查验收。

【综合服务保障】 2018 年，珠海警备区如期终止收回有偿服务项目，按时完成公寓住房清退、经济适用住房面积测绘和超面积核定。认真做好迎接军委审计署领导经济责任审计工作。主动做好官兵及家属日常医疗保障、区团机关干部体检工作，推进干休所营区综合整治，做好老干部看望慰问和解难帮困工作，提升服务保障水平。（李　兴）

武警广东省总队执勤第二支队

【概　况】 2018 年 6 月，广东省公安边防总队第五支队改革转隶，归属武警广东省总队领导指挥，7 月起暂名中国人民武装警察部队广东省总队第五支队。后调整组建武警广东省总队执勤第二支队，主要担负粤澳边界巡逻守卫和处突维稳等任务，新番号自 11 月 1 日起启用。

武警广东省总队执勤第二支队（简称执勤第二支队）坚决贯彻中央军委、武警部队、总队党委决策部署，团结带领全体官兵坚定看齐追随，主动对表强军目标，对标武警部队“两个维护”使命任务。完成部队转隶整编各项改革任务，部队全面建设稳中有进、向上向好。是年，完成改革开放 40 周年、博鳌亚洲论坛年会、港珠澳大桥开通仪式、第十二届航展等重大安保任务，有效维护粤澳边界安全稳定。获评中国人民武装警察部队“百日安全竞赛活动”优胜单位、武警广东省总队“安全工作”“新闻宣传”先进单位；获评武警部队“十佳优秀‘四会’政治教员”1 人；获评总队“基层建设先进大队”2 个，“标兵中队”1 个，“先进中队”6 个；荣立二等功 3 人，三等功 39 人，获各级嘉奖 296 人。自主创作微电影《利剑Ⅱ斩蛇行动》、歌曲 MV《战士荣耀》、专题形象片《大风歌》等战斗文化作品，获评总队、公安部边防管理局、公安部等相关奖项，其中《战士荣耀》被总队选送武警总部参加全军优秀文艺作品比赛；结合港珠澳大桥建成通车推出港珠澳大桥之歌——《乘风破浪》，深受广大官兵和港珠澳大桥设计者、建设者的喜爱；完成警史《征程》编纂工作。

【港珠澳大桥澳门口岸管理区边防防务移交】 2018 年 3 月 15 日 0

时0分，广东省公安边防总队第五支队根据《国务院关于港珠澳大桥澳门口岸管理区交付澳门特别行政区使用的批复》，港珠澳大桥澳门口岸管理区边防防务正式交付澳门特别行政区政府。粤澳双方在珠澳口岸人工岛澳门口岸旅检大厅内举行边防防务移交仪式，粤方将代表着澳门口岸的“微缩模型”交予澳方，表示澳门口岸边防防务工作正式移交澳门海关，澳门口岸区域正式按照澳门法律实施管辖，广东省公安边防总队第五支队担负澳门口岸区域内的防务勤务全面后撤至人工岛粤澳边界线以北的珠海口岸区域。

【改革转隶与调整整编】 2018年6月25日，广东省公安边防总队第五支队根据党中央《深化党和国家机构改革方案》，按照跨军地改革的具体要求和跨军地改革领导小组的统一部署，广东省公安边防总队与武警广东省总队在支队举行划转移交仪式。广东省公安边防总队将支队机构及人员、财务、装备器材、资产、文书档案等一并移交武警广东省总队，7月1日起，正式执行“中央军委—武警部队—部队”领导指挥体制，并开展为期一个月的“三转”“三学”“三整”“三规范”（转变思想观念、转变目标定位、转变工作方式，学职责、学任务、学规定，整军容、整作风、整纪律，规范工作制度、规范运行秩序、规范营院设施）作风纪律整顿活动，转隶移交工作进入实质性阶段。7月20日，经中央军委批准，武警广东省总队下发通知，原广东省公安边防总队第五支队暂时变更为中国人民武装警察部队广东省总队第五支队，正式隶属于武警广东省总队领导指挥。根据《中央军委关于部分武警支队整编命令》和武警广东省总队《第五、第六支队和深圳机动支队调整整编总体工作方案》，以中国人民武装警察部队广东省总队第五支队、深圳机动支队为基础，调整组建武警广东省总队执勤第二支队，番号为中国人民武装警察部队广东省总队执勤第二支队，主要担负粤澳边界巡逻守卫和处突维稳等任务。10月31日，执勤第二支队召开成立大会。11月1日起，启用部队新番号和印章。

2018年10月31日，武警广东省总队执勤第二支队举行成立大会

（张 乐 摄）

【警营主题教育】 2018年，武警广东省总队执勤第二支队围绕“传承红色基因、担当强军重任”主题，主动解决官兵普遍关注的难点热点问题，及时发现解决不稳定的苗头隐患和突出问题。实施“课堂教育、文化熏陶、影片励志”全体官兵参与一体化教育模式。召开专题会议研究部署改革期间部队管理教育工作2次，固化落实“周三教育日”制度，举行专题授课40余场次，党委理论中心组带机关理论学习12次，同步搭建“红连讲堂”“警营朗读者”等平台，定期开展演讲、访谈、交流讨论等活动，推进暖心励警等5个方面19项内容落实落地，确保部队工作不松懈、人员管理无死角、管区防控无漏洞。政治引领方面，坚持把思想引领作为部队转隶首要任务，巩固宣传教育主阵地，开展改革专题宣传教育。

【珠港澳青年“五四成人礼”升旗仪式】 2018年5月4日，广东省公安边防总队第五支队联合团市委在拱北口岸举行珠港澳青年“五四成人礼”升旗仪式。市委相关领导、部分青年官兵代表和珠港澳三地青年学生近千名。支队国旗护卫队第六次协助团市委在拱北口岸举行“五四成人礼”升旗仪式。

【维稳处突】 2018年，武警广东省总队执勤第二支队担负东起九洲港货运码头西侧至横琴大三洲，全长38.6千米的粤澳边界管理线的巡逻守卫执勤任务。开展“深源”“扫黑除恶”、整治枪爆违法犯罪等军地联合专项行动。成功破获偷越国（边）境团伙案、毒品案等，查获非法出入境案件56件302人，其中，抓获越南籍涉案人员150余人，查获冰毒3.08千克，抓获涉案嫌疑人5名，查扣涉案汽车3辆，在维护粤澳边界地区和驻地社会面安全稳定中作出贡献，受到公安部和省厅领导的批示肯定。

边界基础设施建设 完成海防标志牌100座、珠澳口岸人工岛和珠海连接线人工堤岸永久边防基础设施和永久性边界执勤安监系统等项目建设，初步完成珠海连接线茂生围段涉边界设施还建项目设计工作，建成执勤工作室海防监控站、高清视频监控摄像机和茂生围边境特别管理区卡口的智能验放系统，实行人员联网自动验放、一证通行的功能作用，组织修复台风损坏的澳大视频监控及周界报警系统、富祥湾智能管控系统。

抗击强台风“山竹”抢险救援行动 9月16日，第22号强台风“山竹”在江门台山登陆，严重影响珠海。派出官兵200名，参加全市抗击“山竹”抢险救援行动，全力抢救灾情、清除路障、打扫环境。

【联勤协作机制】 2018年，武警广东省总队执勤第二支队与澳门海关开展第一季度边界会晤。联合珠海市公安局八处、总队侦查队与澳门司法警察局举行粤澳反偷渡案件交流会2次。粤澳双方加强情报通联、信息共享，合力打击珠澳边界地区跨境违法犯罪活动，对联合打击粤澳边境东南亚籍组织偷渡团伙违法犯罪活动进行深入探讨和交流，在共同维护粤澳边界持续安全稳定上达成一致共识，联勤协作机制得到进一步深化。

【后勤服务保障】 2018年，武警广东省总队执勤第二支队开展“快运、快供、快救、快修”实战训练和综合保障演练，充实完善战备物资储备，实战化保障能力不断增强。严格执行武警部队经费使用审批规定，加强重点领域、重大项目和财经问题多发领域审计监督，核减不合理结算款13.5万元。完成官兵保障卡信息数据录入和机关大门、招待所以及营区改造工程。落实武警部队“1126”“6211”〔即：早餐1杯牛奶、1个煮鸡蛋、2种主食、6个菜（含小菜）；中晚餐6个菜、2种主食、1种汤和1种水果〕要求和新伙食标准，开展伙食专项检查，官兵伙食满意率实现100%。组织卫生健康巡查，及时补充短缺药品。办理76套住房不动产权证，解决长达20年住房定性确权问题。 （熊明国）

2018年3月15日0时0分，粤澳双方在珠澳口岸人工岛澳门口岸旅检大厅内举行港珠澳大桥澳门口岸管理区防务交接仪式 （张 乐 摄）

武警珠海支队

【概 况】 2018年，武警珠海支队坚持把学习贯彻党的十九大精神作为首要政治任务紧抓不放，坚持党委中心组带机关基层理论学习，用好教育日和党（团）活动等时间，组织学习党的十九大报告、习主席训令训词和《习近平谈治国理政》《习近平论强军兴军》等读本，定期进行理论领学释学、检查讲评，确保党的创新理论深入人心。扎实推进“传承红色基因、担当强军重任”主题教育，用好驻地爱国主义教育基地，赴杨匏安故居重温入党誓词、苏兆征故居追寻先辈足迹，为基层配发“红色书籍”1800

2018 年 9 月 17 日，武警珠海市支队组织官兵展开强台风“山竹”灾后重建活动
（武警珠海支队 供稿）

余套，开展“赞辉煌成就，话职责使命”主题演讲活动，在赓续红色血脉、践行训令训词中强化责任担当，矢志强军兴军。落实“开门备课、推门听课、闭门思课”抓教育，采用“集体备课、网上查课、官兵评课”自选路子，以“四会”政治教员比武、“大练基本功”活动为载体，落实政工干部每人一堂“精品课”，指导员队伍中开展“擂台赛”，持续提升授课质量、营造浓厚氛围、强化教育激励效果。支队在中国人民武装警察部队广东省总队 2018 年战士文艺调研中获组织奖，3 人在总队“卫士丹青”美术书法摄影作品评比中获奖。

【执勤训练】 2018 年，武警珠海支队对接珠海市委市政府用兵需求，按照市公安局的统一部署，完成各项任务，有效维护全市社会大局稳定。在参与强台风“山竹”抢险救援任务中，提前做好准备，主动对接任务，连夜出动、连续奋战，官兵在第一时间确保迎宾路、人民路和情侣路的畅通。在第十二届航展期间，配合市公安局加大展区巡逻防控，加强对出入口人流高峰时段的疏导，做好反恐应急准备，圆满完成任务。配合拱北、香洲公安分局和特警支队，完成在市委市政府周边和拱北口岸、轻轨站、情侣路等地段的常态化联勤武装巡逻任务。在军事训练上，开展“学大纲、研大纲、用大纲”活动，认真学习践行训词训令，坚持按纲施训谋打赢、实装实备抓备战，部队遂行任务能力明显提高。

【部队建设】 2018 年，武警珠海支队把学习《军队基层建设纲要》作为开篇起步“落子棋”，巩固深化上级培训成果，形成长效落实举措，注重精准帮建，增强基层“自我造血”功能，开展“大练基本功”活动，组织各级立足本职学习基本理论、基本业务、基本招法，较好地解决基层操作不得法、工作不熟练、工作不主动等问题。强化以建促安理念，树立“管理要严，安全靠建”大安全观，以开展“条令年”和“百日安全竞赛”活动为牵引，学通报、严教育、细排查、祛隐患，树牢枪弹“顶级安全”意识。全年，为患重病官兵申请医疗鉴定、办理评残事宜，看望慰问住院官兵及患重病家属 9 人，筹措 32.6 万元救

2018 年 11 月 6 日，武警珠海支队在第十二届航展中担负安保任务
（武警珠海支队 供稿）

助困难官兵33人，协调解决安置干部随军家属3人。年内，支队被武警广东总队表彰为“基层建设先进支队”，连续三年被武警部队评为“百日安全竞赛”优胜单位；获评中国人民武装警察部队“百名优秀士官”1人，获评武警广东总队“优秀党务工作者”2人。获武警广东总队转发“抓安全保稳定”经验做法文章3篇。

【后勤保障】 2018年，武警珠海支队按照“后勤变前勤”要求，修订完善后勤战备保障和抽组方案，采取以岗代训、季度考核、比武竞赛方式，建强两级应急保障力量。总队网上抽考、抗击强台风“山竹”等各类任务中，进一步锻炼和强化后勤综合快速保障能力。推进后勤领域重点问题“清仓归零”整治活动，坚持党委集体议财理财，推进停止有偿服务租赁物业4个，制定《物资采购实施办法》，推行小额物资军网商城集中采购，严把工程建设、零星维修、物资采购等敏感领域审核关，全年完成物资采购项目40个，全程阳光操作、程序正规，节约30余万元，节约率10%。抓好伙食保障，严格按标准制度落实，推行副食品集中配送招标，每半月组织市场调查1次，每月与配送企业碰头“议价”。坚持经费向基层倾斜，用于修缮基层单位基础设施50余万元，购置空气能热水器、空调以及更换炉灶等生活设备35余万元，采购帐篷、充气垫补充配齐后勤战备物资10万余元，官兵生活条件得到有效改善。推进支队公寓房建设，推进第三看守所和高栏港执勤二中队营房建设等工程。 （张洪金）

珠海市公安边防支队

【概　况】 2018年，珠海市公安边防支队根据《深化党和国家机构改革方案》进行调整整合，7月1日，珠海市公安边防支队船艇大队、司令部侦查队划归中国人民武装警察海警部队。12月10日，珠海市公安边防支队7个边防工作站、3个公安检查站（万山边防工作站、桂山边防工作站、外伶仃边防工作站、东澳边防工作站、鸡啼门边防工作站、虎跳门边防工作站、马骝洲边防工作站、九洲检查站、上冲检查站、金鼎检查站）划转移交珠海出入境边检总站。12月25日，公安边防部队全部退出现役。12月26日0时起，珠海市公安边防支队暂时划归珠海市公安局代管。

【思想政治建设】 2018年，珠海市公安边防支队党委把讲政治摆在首位，严格落实加强改革期间10条党建意见，深抓改革教育，牢筑廉洁底线，切实担起改革中的核心领导责任。完成各项边防安保、专项行动及船艇大队、侦查队划转移交和接收茂生围边境特别管理区查验任务，得到广东省公安边防总队高度肯定。塑牢基层各级党组织、广大党员官兵党员意识、党性观念，拥护支持改革的信心决心更加坚定，获评公安部边防管理局、广东省公安边防总队先进党支部3个、优秀共产党员（党务工作者）10人。

【边防中心工作】 2018年，珠海市公安边防支队严格落实案件集体审议机制，集中培训所站队长及执法办案骨干81人，加强执法队伍建设和执法办案水平。完成高清无线图传系统建设，提升基层集成应用、信息汇聚、快速处置能力。坚持以训促管，支队主官带头组训施训，组织官兵基本科目、基础体能和岗位技能训练，机动大队张亚光获全省教练员评比竞赛个人全能

2018年2月1日，广东省公安边防总队给珠海市公安边防支队代建的6艘BF850型摩托艇全部交付使用 （郝少蒙 摄）

2018年9月29日，珠海市公安边防支队经济适用住房（二期）项目奠基
（郝少蒙 摄）

第一。全年查破偷渡案件97件，抓获偷渡人员599人，其中越南籍383人、孟加拉籍2人、菲律宾籍1人；查破走私案件35件，案值1008.3万元；接收审查澳门遣返人员125批381人，查获网上追逃人员15人。破获涉恐案件，抓获涉案人员12人。实绩突出获记功嘉奖官兵23人。

【依法从严治警】 2018年，珠海市公安边防支队严格落实新条令条例、中央军委"禁酒令"和公安部边防管理局"九条铁规"，扎实开展"一人一事"思想工作，出台改革期间履职表现鉴定机制，签订教育管理责任状70份，开展专项督导检查3次、明察暗访160余次，坚持铁腕治警、从严执纪，受处分官兵2人。

【后勤保障】 2018年，珠海市公安边防支队投入780余万元用于车船、营房维修和基建项目，争取营区建设用地500平方米，3艘新建BF1500型摩托艇、广东省公安边防总队给支队代建的6艘BF850型摩托艇全部交付使用，支队"二期"经适房开工。完成港湾大道合作开发项目终止事宜，提前实现100%停止有偿服务，妥善解决"一期"经适房用水用电及产权问题。

（张　坤）

人民防空

【概　况】 2018年，珠海市人民防空办公室（简称珠海市人防办）围绕战时防空、平时服务、应急支援使命任务，积极推进和深度融合城市建设服务。取消市场准入门槛，监管模式由事前审核变为事中事后管理。取消人防工程建设监理备案，破除建设监理入市门槛。处理人防工程案件115件，办结率达100%；人防无人机首次参与"粤动——2018·珠海"跨区域（珠海、中山、江门、阳江）协同训练演练，全员参训率100%。人防通信会议系统覆盖4个镇（街）。组织专题教育学习研讨20次，形成专题调研报告25篇，撰写理论学习文章70余篇；城区中小学生接受人防知识教育率达100%。

【人防行政审批改革】 2018年，珠海市人防办组织搭建全市统一行政审批服务系统，实现市、区两级人防工程审批事项标准化、职权统一化、数据共享化，保证全市数据的唯一性和准确性。清理无法律、法规、规章依据的行政审批申报材料，取消行政审批中用于审查申请人主体资格证明材料。开发移动审批APP系统，线上办公和移动办公可同步进行，有效提高行政审批服务效率。推进人防工程行政审批事项全城通办改革，人防工程行政审批实现"审批不见面，办事零跑腿"，除涉密事项，其余可在全市跨区域办理，实现"企业办事不出区、市民办事不出街"。全年人防系统完成各项行政服务707项，市本级行政审批服务窗口服务满意率100%、零投诉，电子监察效能考核获得"优秀"。

【人防建设市场化改革】 2018年，珠海市人防办印发实施《珠海市人防工程防护（防化）设备企业从业行为事中事后监管评价暂行办法》，取消市场准入门槛，进入市人防工程防护设备企业由事前备案到事后告知，监管模式由事前审核变为事中事后管理。印发实施《转发省人防办关于加强人防工程监理监督管理工作的意见的通知》，取消人防工程建设监理备案，破除建设监理入市门槛；允许具有建设行业甲级资质的设计企业承接相应等级、规模的人防工程建设项目。发布《印发珠海市人民防空工程设计从业企业信息登记指引的通知》，实现规模较小的项目减少设计周期，节约企业建设时间成本。深化市场诚信管理改革，开展企业“双随机、一公开”检查。开展在建人防工程建设质量、安全以及人防工程平时使用和维护管理进行监督检查，通过“双随机、一公开”和“常态化”检查双轨并行，从业企业的质量、安全和经营行为的诚信信息及时公开，质量问题及时整改，安全隐患及时整治。印发《珠海市人防办关于成立安全生产工作领导小组的通知》，强化安全生产的应急准备与处置，明确职责任务和要求。印发《关于做好2018年度人防工程防汛工作的通知》，明确各级人防主管部门汛期工作要求，完善防汛制度、抓好隐患排查。印发《2018年度“安全生产月”和“安全生产万里行”活动方案》，组织从业人员观看《珠海市高栏港区“3·4”较大事故警示教育片》，签署《企业安全生产承诺书》，落实重大节日和活动期间领导分片包干安全生产检查。人防工程维护管理改革试点“四落实一公示”（落实责任单位、落实管理要求、落实维护资金、落实监管责任、公示落实情况）纳入新修订《珠海市人民防空管理办法》独立章节，报市法制局进行第二轮审查。完成广东省人防工程社会化管理试点暨人防工程建设管理规定3个课题，研究项目取得初步成果并报省人防办。

【人防防护工程建设】 2018年，珠海市人防办依法结建审批，力促专用工程建设符合控制要求，全年新报建专用工程占全市新报建人防工程总量的10.99%，确保人防工程建设稳增长、优结构。推进区级指挥所、公共人防工程建设。推动城市综合管廊兼顾人防工程要求工作落地，完成综合管廊落实防护要求试点任务。

【人防指挥通信建设】 2018年，珠海市人防办推进组织指挥通信体系建设。对各区（功能区）人防指挥室建设、防空警报建设和群众疏散演练活动进行业务指导。完成市人防无人机通信项目建设并培训操作员2人，实现与机动指挥平台技术对接，完善人防信息采集传输和保障手段。完成市人防视频会议系统与省人防办对接连通工作、市人防视频会议MCU设备升级改造及4个镇（街）人防视频会议系统建设。完成与市气象预警发布平台对接和签约工作、网络安全等级测评项目建设。检修更新防空设备，全市防空警报试鸣率96%。与市应急办、市信息化办、市环保局、市卫计局、市气象局等单位制订市级防化防疫专业队重组方案。完成第十二届航展人防装备保障备勤工作，承担市政府应急办使用人防装备紧急出动和装备保障演练。

【人防训练与演练】 2018年，珠海市人防办组织全市人防机关、人防指挥信息保障中心、珠中江区域人防协同等训练，各项参训率指标均达到《人民防空训练规定》和《人民防空训练与考核大纲》要求。组织“粤动—2018·珠海”综合演练；“9·18”组织全市防空警报试鸣活动，香洲区、金湾区、斗门区、高新区均分别组织部分居民、在校学生、企业员工等举行防空袭紧急疏散和消除空袭后果演练，参

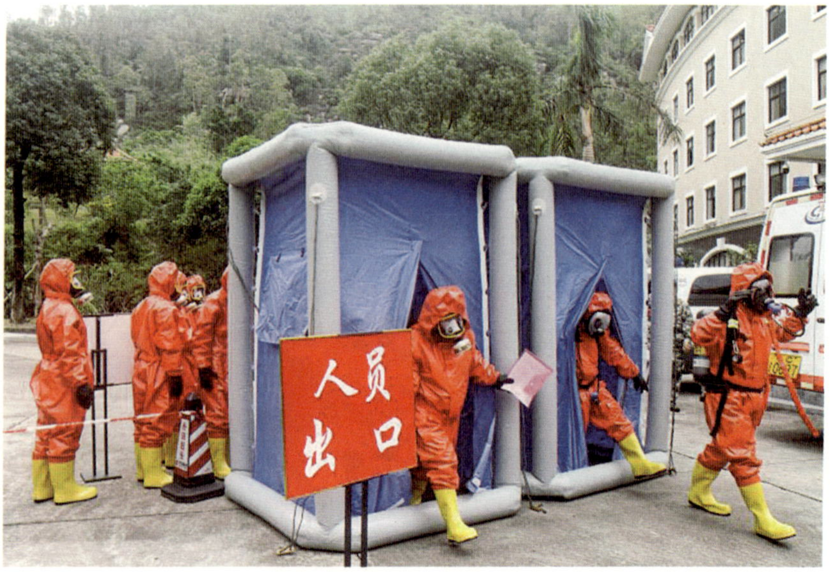

2018年10月8日，市人防办在人防办公大院内举行人民防空防化防疫专业队集训（甘绍波 摄）

2018 年 11 月 13 日，珠中江三市人防机动指挥所跨区域协同训练

（甘绍波 摄）

加演练人员 2 万人。

【人防法制宣传教育】 2018 年，珠海市人防办推进人防立法工作，修订《珠海市人民防空管理办法》；制定《珠海市人民防空办公室行政执法监督检查制度》《珠海市人民防空办公室“双随机、一公开”工作制度》；建立执法人员名录库和检查对象名录库。完成市公共人防工程经营管理权移交工作。全年开展人防法制知识讲座 2 期，完成省学法执法考试，优秀率 100%。处理人防工程案件 115 件，办结率达 100%。5 月至 12 月，创新拓展人防宣传教育“进机关、进学校、进企业、进社区、进媒体”模式，首次通过开发人防微信竞技小游戏、大篷车宣传下基层、大学生人防志愿者走进人防营区、“建设人防小镇”网络游戏等形式开展人防宣传。联合企业（企业园区）3 个、镇（街）4 个、中高等院校 7 所举办以“支持人民防空、创建平安生活”为主题的人防宣传周活动，参与人数超过 3 万人次，发放人防知识图册 5000 多份、人防应急包 300 多份。编制《2018 年珠海市人防宣教进社区（村）工作计划》，在全省各市人防办推广。制定《2018 年度人防自愿者培训方案》，完成大学生志愿者“人防第一响应人”培训高等院校 4 所，并颁发培训证书。全市有人防志愿者 780 人，其中大学生志愿者 280 人。做好学生和机关团体人防知识教育普及工作，全年培训中小学兼职人防教师 210 人；印发《珠海市人民防空知识图册》3.5 万册。完成市公共人防工程经营管理权的移交工作。制作人防宣传短片，在《国防报》《珠海特区报》《珠江晚报》《羊城晚报》《中国人民防空》《广东人防》、广东人防网站及融媒体等宣传人防知识和人防法治教育。在珠海人防公众微信号发稿 1284 条，珠海人防政务微博发稿 1564 条，气象平台发布信息 8 条，出版《珠海人防》4 期，受众人数约 870 万人次。开展党校处级班、中青班学员体验人防 101 工程活动；将人防知识教育片作为培训课件纳入“珠海市干部教育培训网”，参与学习培训 1.6 万人。

【珠中江跨区域协同训练】 2018 年 11 月 13—16 日，珠中江三市人防办在江门台山市开展为期 4 天的人防机动指挥所跨区域协同训练。参加培训人员 62 人，其中珠海市人防办 8 人。珠中江三市出动指挥通信车 8 辆，保障车 6 辆，长途拉动 350 千米。训练围绕跨区域支援联动信息保障课题，设置人防机动指挥所远程紧急拉动、人防机动指挥所开设与撤收等 9 个课目训练。增强人防信息保障装备性能和机动指挥保障分队跨区域协同能力。

【中小学人防教育】 2018 年 10 月 25 日，珠海人防办落实中、小学人防知识及技能普及教育工作，推进人防宣教进学校，联合市、区教育局及香洲区人防办组成督查组到夏湾小学、紫荆中学等学校开展人防教育落实情况专项督查。检查人防宣传栏、教案、开展疏散演练活动等有关工作。督查工作是首次对学校落实人防知识教育情况进行专项督查。对结合学生实际开展新颖、生动教育形式，进一步增强人防教育实效等问题进行探讨交流。

（汪 宁）

·责任编辑：曹 琨·

城乡建设

综　述

【概　况】 2018年，珠海市新增建设用地702公顷，城乡建设步伐加快。交通建设加速推进。莲洲通用机场一期完工。黄茅海5万吨级航道一期工程开工。高栏港区集装箱码头二期、东澳岛客货运码头等项目建设进展顺利。新开工板樟山隧道扩建、兴业快线南段、珠机城轨二期三个交通骨干工程。香海大桥、洪鹤大桥、鹤港高速一期、金琴快线、兴业快线北段等项目加快建设。珠机城轨一期全线贯通。完成88项道路挖潜，打通14条断头路，新建5座人行天桥。实现127处信号灯智慧联网控制。省中医院珠海医院新住院大楼投入使用。市妇幼保健院易址新建项目主体结构封顶。新建45千米市政燃气管道。完成8.1万户老旧小区户外公共管道加建工作。新增污水管网190千米，新增污水处理能力10万吨/天。富山工业园第一水质净化厂动工建设。新区新城建设有序铺开。十字门隧道、南湾大道改造工程动工。横琴隧道建成通车。金湾片区公共文化中心完工。斗门片区大信新都汇开业运营。61条道路完成路面改造美化。香山湖公园、海天驿站、大门口湿地公园建成开放。新建60千米绿道、70千米林荫道、40千米健康步道。完成香山古驿道6千米精华段修复。启动上冲、东桥、翠微等旧村改造。兴业玻璃厂、恒信工业城等21个旧厂房改造项目全面推进。乡村建设有力推进，实施村庄整治规划编制指引，改善农村人居环境。推进垃圾处理、厕所改造和危旧房拆除。清理积存垃圾14万立方米。建成垃圾收集点1106个。完成标准化公厕改造148座。拆除危旧房1866间。改善低收入群体住房553户。　（陈文辉）

【城市基础设施项目建设】 2018年，珠海市由珠海城市建设集团有限公司（简称城建集团）承担的项目82个，其中在建项目54个，前期项目28个。项目投资总额141

珠海斗门区莲洲镇光明村原小学改造成“停云小镇”民宿，2018年12月21日拍摄　（张　巍　摄）

亿元。市级政府投资在建项目总投资57.11亿元，年度投资产值计划19亿元，至年底完成18亿元。区级政府投资在建项目年度投资产值计划6.4亿元，至年底完成产值5.1亿元。板樟山隧道新增隧道工程包括2条新增车行双车道隧道和1条慢行隧道，均长1.2千米，3月23日动工。兴业快线（南段）总长4.77千米，工可批复总投资43.99亿元，12月28日开工。（鲍艳霞）

【西部城区开发建设】 2018年，珠海市西部城区开发建设局编制完成《珠海西部地区慢行交通（人行过街）设施专项规划》《西部中心城区定位提升规划研究》《珠海西部生态新区生态河道断面规划研究》《珠海市新城建设模式研究（2017—2035年）》《广东珠海西部生态新区发展总体规划（2015—2030年）"十三五"中期评估》。8月27日，印发《关于进一步加强西部生态新城规划统筹的工作方案》。西部生态新城起步区安排基础设施项目177个，年度计划投资131.76亿元，实际投资139.1亿元，完成105.57%；市政基础设施99项，计划投资66.93亿元，实际投资68.65亿元，完成102.57%，建成31条市政道路；公共服务配套设施34项，计划投资28.02亿元，实际投资27.34亿元，完成97.57%；产城融合项目13项，计划投资17.53亿元，实际投资19.85亿元，完成年度计划113.23%；安排生态低碳示范项目6项，计划投资4.31亿元，实际完成投资8.54亿元，完成年度计划198.14%；安排海绵城市建设项目19项，计划投资13.70亿元，实际完成投资13.42亿元，完成年度计划97.96%。安排其他项目6项，计划投资1.27亿元，实际完成投资1.3亿元，完成年度计划102.36%。金湾航空城公共文化中心、市技工学校金湾校区、珠峰大道升级改造工程（道路工程）、平东大道升级改造工程竣工。（吴 亮）

2018年11月30日，珠海金湾公共文化中心施工现场
（市西部城区开发建设局 供稿）

【城乡建设存在问题】 2018年，珠海市城乡建设工作主要存在以下问题：新一轮城市总体规划编制工作稳步推进，但规划编制内容、报批程序等工作与国土空间规划衔接存在一定难度。房地产领域亟须地方性立法，进一步规范市场交易各方主体。保障性住房现有供应水平未能满足城市发展需求。建筑行业从业人员技能水平不高，缺乏专业教育或岗位培训，制约建筑产业整体发展水平。政府工程代建缺乏统一管理机构，未形成全市统一的代建管理模式。（陈文辉）

国土资源管理

【土地利用总体规划】 2018年，《广东省土地利用总体规划（2006—2020年）调整方案》下达珠海市土地利用总体规划主要指标：至2020年，全市规划建设用地面积5.82万公顷，其中规划城乡建设用地5.12万公顷；耕地保有量不少于2.28万公顷，其中香洲区47公顷、金湾区3024公顷、斗门区1.54万公顷、高栏港区4265公顷；基本农田保护任务1.9万公顷，其中香洲区47公顷，金湾区2239公顷、斗门区1.4万公顷、高栏港区3087公顷。根据国家、省有关要求，珠海全域划定永久基本农田1.95万公顷，比上级下达的调整后基本农田保护任务多划133.34公顷。

【永久基本农田保护】 2018年，珠海市斗门区开展2016年度高标准

基本农田建设工作，完成2016年度建设任务826.71公顷，投入资金3100万元（省补助1860万元，市级补助1240万元），完成市级验收。通过2017年度省对市的耕地保护目标责任履行情况考核，获得全省耕地保护考核二等奖。至年底，全市按要求建成7713.72公顷高标准农田，获得省奖励新增建设用地指标113.34公顷。

【建设用地管理】 2018年，珠海市使用新增建设用地报批的各项指标720公顷，其中市级指标350公顷、省级指标347公顷、拆旧复垦指标23公顷。均按照国家、省土地利用年度计划管理。

【土地储备开发】 2018年，珠海市土地储备发展中心名下录入省土地储备监管监测系统的储备用地48宗，总面积152.69公顷。新收储用地15宗，总面积147.90公顷。全年供应储备土地6宗，总面积8.93公顷，全部公开挂牌出让。

【土地市场】 2018年，珠海市为落实中央提出的“房子是用来住的，不是用来炒的”总体要求，采用“限地价、竞配建”方式挂牌出让商品住房用地。落实新商品住房开发项目配建人才住房和公共租赁住房政策，配建面积不得低于住宅建筑面积10%，产权无偿归政府所有。强化对土地购置资金的监管。企业和个人参与商品住房用地“招拍挂”前，承诺土地购置资金来源不属于开发贷款、资本市场融资、资管计划配资等，违反承诺的取消中标资格并没收竞地保证金。全年采用“限地价、竞配建”方式出让10宗商品住宅用地，面积42.13公顷，总价款80.69亿元。房地产市场调控为主基调，房地产市场整体平稳。

【闲置地管理】 2018年，珠海市以土地市场动态监测与监管系统，对土地批后开发利用全程监管，统筹闲置土地管理，建立检查、建档和统计台账制度。处置闲置土地32宗233.84公顷，其中横琴新区3宗3.53公顷、金湾区10宗30.52公顷、香洲区4宗12.98公顷、高栏港区14宗153.47公顷、富山工业园1宗33.33公顷。

【地籍管理】 2018年，珠海市办理各类不动产登记20.96万宗。按照省厅的部署，完成2200个下发图斑的变更调查工作。启动全市第三次国土调查，完成机构组建、方案制定、作业单位选定等工作。完成全市农村地籍调查，查清每一宗农村集体建设用地和宅基地的位置、面积、范围及地上建筑物的情况。

【测绘数字化】 2018年，珠海市完成《基础测绘“十三五”规划》编制并印发实施。国土资源系统“2000国家大地坐标系”建设完成并在全市推广使用。更新珠海全市域地图、政务工作用图及图册。数字珠海地理空间框架（天地图）用户单位增加至30个单位（部门）。数字县区（横琴、香洲、金湾、斗门）地理空间框架建设完成并通过省级验收，进入应用推广阶段。地理国情普查市级国情数据整理建库工作完成，研制开发普查成果管理与服务发布系统，开展专题监测。

【土地执法监察】 2018年，珠海市在线巡查平均上线率92.11%，上报土地事件388件，面积57.69公顷，其中耕地6.52公顷，办结343件，办结率88.40%；上报矿产事件2件，办结。立案查处违法案件63件，其中土地案件47件，涉及土地面积5.53公顷，罚款68.5万元，其中4件涉及非法转让集体土地使用权追究刑事责任，依法移送公安机关处理。全年矿产案件16件，罚款62万元。

【矿产资源管理】 2018年，珠海市组织矿产资源总体规划编制实施。全市7个矿山企业（地下热水2个，矿泉水5个）均按照矿产资源开发利用方案对资源进行科学合理开发，履行矿山地质环境保护义务。按照矿业权人勘查开采信息公示要求，及时、准确公开采矿权人开采信息，接受社会监督。

【地质灾害隐患治理】 2018年，珠海市加强地质灾害监测，全面提升地质灾害预警预报能力。实现监测数据实时传输、信息及时发布。香洲区、斗门区和横琴新区完成8处地质灾害专业监测点建设。按照年度消减20%地质灾害隐患点的治理任务目标，层层分解任务，落实治理责任和措施，确保群众生命财产安全得到保障。全年治理完成地质灾害隐患点35处，年底在册地质灾害隐患点135处，其中组织治理26处。 （龚亚军）

城乡规划

【概　况】 2018年，珠海市围绕粤港澳大湾区经济新引擎和独具特色令人向往的大湾区魅力之城的发展目标，开展109项城乡规划编制项目，其中市住房和城乡规划建设局负责84项。推进法定规划“一张图”编制及动态维护工作。建立规划冲突协调与更新维护机制，全面清查并协调已批控规之间、控规与专项规划之间矛盾。组织编写《珠海经济特区历史文化名镇名村和历史建筑保护办法》《珠海市城市设计标准与准则》《珠海海岛规划技术标准与准则》《珠海市历史建筑修缮维护指引》《珠海市装配式组合结构建设规划设计与技术指引》等规范性文件。全年召开市城乡规划委员会及其专业委员会会议21次，审议89个议题，维护规划决策的科学性、民主性、权威性。加强对上会议题的会前、会后协调和全过程跟踪服务，保证议题质量。

【规划编制】 2018年，珠海市根据国家总体部署，结合总体规划改革要求和珠海市实际，全面开展新一版城市规划，组织开展《珠海市综合交通体系规划（2018—2035）》《珠海市轨道交通线网规划（2018—2035）》《深珠城际轨道（珠海段）选线规划》《珠海与中山综合交通衔接规划》等相关规划和研究。完成《珠海市应急避难场所规划》《珠海市机场净空保护规划》《珠海空港经济区产业功能与空间布局规划》。组织编制《珠海市历史文化名城保护规划》《珠海市（第二批）历史建筑保护规划》《珠海市历史建筑活化利用试点规划》《珠海市城市市政防灾标准专题研究》等专项规划。编制《凤凰山旅游小镇城市设计与控制性详细规划》《珠海市香洲区前山片区A105e编制单元控制性详细规划修改》等控制性详细规划47项，基本实现全市控制性详细规划全覆盖。以《珠海市城市设计试点工作方案》为抓手，编制《珠海城市景观环境精细化品质化提升规划》《珠海富山产业新城起步区城市设计》《珠海市城市设计意向规划研究》《珠海市建筑外立面管理规划研究》《珠海城市街道空间利用与规划设计研究》。组织开展《珠海市政基础设施整合规划研究》《珠海市万山海洋开发试验区2035发展战略研究》《珠海市老旧小区综合整治更新技术规范及标准研究》《珠海市近期城市环境提升研究》《香山古驿道（二期）保护与利用研究》等课题研究。

【总体规划修编】 2018年，珠海市完成新一轮城市总体规划的前期研究工作。市住房和城乡规划建设局牵头开展新一轮城市总体规划编制，系统梳理规划体系，对珠海发展近40年存在的问题进行全面总结，提出建议，形成调研报告。研判区域发展新形势，主动承接“一带一路”、大湾区、自贸区等国家战略，抓住港珠澳大桥建成通车的重大历史机遇，编制形成城市定位及空间发展战略研究，研究形成总体规划初步方案。坚持“战略引领、问题导向、部门协同、公众参与、理念创新”的编制原则，全方位、多角度、深层次开展37项专题并取得阶段性成果。其中针对建设珠江西岸核心城市开展6个专题研究，形成一套核心城市指标体系和可操作的实现路径，为总体规

2018年12月18日，建设中的平沙新城路网（市西部城区开发建设局 供稿）

划实施提供可测可评的依据。成立总体规划编制专责小组，创新参与机制，调动全市各单位力量，以“多规合一”的方式编制和实施规划，统筹生态保护红线、永久基本农田、城镇开发边界等各类控制线划定工作，形成《珠海市城镇开发边界划定方案》。强化城市总规与综合交通规划同步编制。全面开展综合防灾与安全系统规划研究，确保城市安全韧性发展。

【规划管理】 2018年，珠海市出具建设项目选址意见121份，核发乡村建设规划许可证3797个，建设用地规划许可证530个，建筑类建设工程规划许可证760个，核发市政类建设工程规划许可证138宗，建设工程规划条件核实合格证316个。

【规划行政执法】 2018年，珠海市开展规划检验1847宗，发现与规划许可不相符的问题184个；开展规划检查96宗（次），发现问题26个；立案查处各类违法建设案件29件，其中：行政处罚新增违法建设2件，罚没金额2137.6万元；依法调查处理国有小地块违法建设21件、历史违法建设6件。出台《珠海市国有小地块规划建设管理暂行办法》。建立市区联动、部门协同的工作机制，遏制“国有小地块”项目违法建设势头。完成《斗门区国有小地块（二期）规划建设情况与对策研究》，为解决“国有小地块”提供科学决策参考。开展城乡规划全程监督检查工作。组织市测绘院重新修订规划检验测绘作业指导书，规范验测点的选取要求，减少验测点数量，降低测绘费用，减轻企业负担。市测绘院建设规划检验APP（智能手机第三方应用程序）和微信公众号上线，实现网上申报、结果查询等功能。制定不影响规划实施情形工作的指引，纳入《珠海市城市规划技术标准与准则》（2017版）的修订内容，完善执法监察法规体系。根据《珠海市城市建成区违法建设专项治理工作五年行动实施方案（2016—2020年）》安排，完成《珠海市违法建筑分类处置办法》的起草并提交市政府审议；完成《珠海市违法建筑房屋安全鉴定工作指引》的起草和意见征求工作。配合住建部、省政府派驻珠海市城乡规划督察员开展2次专项督察。组织对国有小地块规划建设管理情况进行1次专项调研。（陈文辉）

市政建设和管理

【园林绿化建设】 2018年，珠海市建成10个市政特色公园和76个社区公园，完成60千米绿道，80千米林荫道、40千米健康步道的建设，进一步完善千里绿廊网络体系。各区完成2处繁花节点营造（提升）、2条城市主干道绿化景观提升、建设（提升）6处立面绿化，营造“花开四季”的多彩城市景观效果。野狸岛公园完成建设，向市民开放。市属各公园种植及摆放时花约84万盆、春节花展郁金香种球10万株。全市2040名市民参加认种义务植树活动，合计种苗765株。

【绿道网建设】 2018年，珠海市建成海天驿站绿道、莲洲八村乐旅游绿道、淇澳大澳绿道、金湖大道绿道等特色绿道。全市绿道网总里程达1098千米。建设海天驿站、香山湖公园、横琴天沐河公园等一批特色绿道公共目的地，为市民提供绿色休闲游憩空间。

【路灯建设】 2018年，珠海市市政和林业局出台《关于加强路灯

珠海金湾机场东路绿化景观提升工程，2018年12月21日拍摄（市西部城区开发建设局 供稿）

设施用电安全工作的指导意见》《道路照明设施抗风和抗腐蚀能力的指导意见》。按相关规定和程序审核办理城市公共照明用电电费挂账、接用城市公共照明电源申请等事项。审理电费挂账申请7项、接用城市公共照明电源申请45项、路灯迁移拆除申请8项。平均每月审核315个用户号资料，全年发现用电数据异常101单，向各区下发自查整改通知书33份。

【道桥设施管养】 2018年，珠海市修订《城市桥梁养护维修中长期规划》《市政设施维修养护年度费用估算指标》；起草《城市景观照明设施管理办法（初稿）》。全年开展城建设施日常巡查88次、重点检查33次、安全检查11次。加强城市桥梁安全管理，提高安全事故应急处置能力。各区（功能区）城市桥梁管理部门按照新版《城市桥梁养护技术标准》及省住建厅关于城市桥梁安全管理的要求，做好城市桥梁日常管养和安全管理。健全“一桥一档”工作，落实常规检测、维修加固、桥梁信息系统录入。（何文松）

【公共自行车服务】 截至2018年底，珠海市公共自行车租赁系统二期建设工程、东部城区慢行系统第一阶段一期工程和第二阶段工程竣工验收。完成东部城区自行车专用道第二阶段建设工程的结算和移交。珠海市有公共自行车服务站点680个，锁止器1.85万个，投放流通车辆1.10万辆，使用公共自行车租赁业务的用户23万人，日均租车量2.40万人次，每辆自行车使用频率为2～3次/天。1月25日起，实行免保证金租赁。珠海公共自行车公司通过银行转账退还原有用户租赁保证金。退还保证金后，已开通公共自行车租赁服务的用户仍可继续享受每天90分钟的免费骑行服务。8月，研发并上线有桩式扫码公共自行车租车服务程序（微信端），系全国首创。用户可以通过微信进行公共自行车租赁业务开通、挂失、注销及无卡租（还）车。扫码租车用户数量快速上升。全年扫码租车用户9.1万人，使用微信扫码功能租（还）车84.59万次。公共自行车故障率全年控制在5%以下。10月19日，中国道路运输协会城市客运分会“2018年度城市公共自行车专题工作会议”在潍坊召开。珠海城建公共自行车有限公司获“全国公共自行车行业优秀管理奖”，总经理颜湘徽获评“优秀管理者”。

【有轨电车服务】 2018年3月13日起，珠海市有轨电车1号线每天增加半小时运营时间，由原07：00—21：00调整至06：30—21：00；发车间隔由12分20秒缩短至12分10秒；每天增加8个开行列次。经独立第三方乘客满意度调查，乘客总体满意度95.38%。高考期间，有轨电车1号线加开4列次高考专列，护送535名考生赴考。（鲍艳霞）

【地下综合管廊建设】 2018年，珠海市横琴新区综合管廊项目按期建设完成，该项目总长33.4千米，采用BT（建设—转让）模式建设，总投资约20亿元。新开工综合管廊4.2千米，计划完成投资2.8亿元，实际完成投资3.4亿元。市政和园林局推进地下管线普查及信息系统建设，该项目分两期进行，第一期各行政区普查成果、各管线权属单位管线数据的交接和数据处理入库，地下管线综合信息系统的功能开发完成并通过项目验收。第二期主要对香洲主城区缺失、遗漏、误差较大的地下管线数据进行补测。除部分因道路美化工程正在施工的路段，完成普查范围内的所有地下管线普查、道路带状图修补测。编制《珠海市地下管线管理条例实施细则》，进入规范性文件审查程序。制定《地下管线管理工作年终考评实施方案（试行）》。（何文松）

村镇建设

【村居规划】 2018年，珠海市制定《珠海市农村整治规划编制标准指引》。选取农耕型虾山村和水乡型东滘村，编制《珠海市斗门区白蕉镇虾山村新农村整治规划》《珠海市斗门区莲洲镇东滘村新农村整治规划》，为全市覆盖自然村的村庄整治规划编制工作提供示范。编制《珠海市桂山镇桂山、桂海村传统村落保护发展规划》《珠海市担杆镇担杆村传统村落保护发展规划》，为传统村落的活化利用提供规划指引，助推海岛旅游发展。启动《珠海市传统村落历史建筑数字化保护规划》编制，完成13处历史建筑的数字化保护成果，为历史文化建筑保护提供数字化保护方式和3D（三维）新媒体宣传方式。编制《珠海市特色小（城）镇统筹规划》。完成《珠海市特色小（城）镇综合研究》。

【村居建设】 2018年，珠海市举办“乡村振兴战略合作协议签约活动”，与14家乡村振兴领域的高端团队签订战略合作协议，聘请专业带头人为珠海市乡村振兴战略顾问。开展乡村规划师培训，将各镇、村领导干部纳入乡村规划师范畴培训。11月，组织全市53名乡村规划师、建筑师和优秀镇村干部赴浙江湖州市安吉县美丽乡村院，学习乡村振兴成功经验。开展农村建筑工匠培训，安排包括负责乡村建设管理的村干部在内的107名学员前往省乡村振兴样板县——韶关市翁源县进行专业技能培训。

（陈文辉）

城市更新

【概 况】 2018年，珠海市完善“三旧”（旧城镇、旧厂房、旧村居）改造政策措施，理顺改造审批环节，让老城区焕发新活力。统筹兼顾公共利益和土地权利人、投资主体的利益，重点推进安全隐患突出、公共配套缺乏、功能用途已不符合城市发展规划的区域改造。加强规划管控，保护城市肌理，采用连片改造、小拆小建和修旧如旧等模式，分类推进改造项目。省下达珠海市全年“三旧”改造任务指标为：新增实施改造任务200公顷，完成改造任务133.33公顷。至年底，全市新增实施“三旧”改造用地257.88公顷，占比128.94%，完成实施“三旧”改造用地201.07公顷，占比150.80%，超额完成省下达的“三旧”改造任务目标。推进落实“放管服”，基本完成市级政府城市更新审批审查事项向区级政府委托下放工作。按照简政放权、放管结合、优化服务的原则，完成项目审批系统、诚信管理系统及经济评估业务系统研发，并全面推广启用。

【城中旧村更新】 2018年，珠海市城中旧村改造注重更新和保护的协调发展，强调历史建筑的活化利用，分批实施规划先行指导。洪湾村、湾仔银坑村等旧村项目更新单元规划方案及供地方案获香洲区政府批复。上冲村、东桥村等旧村项目取得更新规划条件。翠微村、联安村等旧村项目更新规划条件研究工作有序推进。

【旧厂房更新】 2018年，珠海市落实九洲商贸中心城市设计方案，推动丽珠、恒信、兴业等旧厂房改造项目加快建设。协调解决恒信项目公租房易地配建。确定勇达、雪天星、海城宏峰、人保珠海汽修厂、维亚娜酒店、中岛毛纺厂等工改商项目更新规划条件。推动港湾一号、乐士文化创意产业园等工改产项目和斗门青岛啤酒厂等综合体项目运营达产。开展“三溪”产业小镇、红旗糖厂工改产项目前期工作。

【旧城镇更新】 2018年，珠海市推动“城市之心”建设、拱北口岸南区改造前期工作，开展九洲新村老旧小区拆建更新试点项目研究。基本完成拱北、吉大、狮山、翠香、香湾、南屏十二村等老旧小区综合整治提升工程。

珠海金湾区红旗镇三板村改造出岭南风格的厕所，2018年4月19日拍摄

（张 巍 摄）

【城市更新政策】 2018年，珠海市出台城市更新政策文件3项。《珠海市城市更新项目申报审批程序指引（试行）》实现申报审批流程简明化和扁平化，审批时限由原来240个工作日缩短为120个工作日。《珠海市城市更新项目及“烂尾楼”处理项目经济评估工作指引（试行）》规范相关项目经济评估。《珠海市城市更新档案管理规范》实现城市更新业务档案管理的规范化、标准化和信息化。有序推动《珠海市城市更新领域信用红黑名单管理办法》《珠海市老旧小区更新实施办法》《珠海市城中旧村更新实施细则》《珠海市城中旧村更新开发规模测算指引》《珠海市香洲区城中旧村更新房屋面积认定和补偿暂行办法》等5项政策文件的编制工作。

【“烂尾楼”处置】 2018年，珠海市出台《珠海市城市更新项目及“烂尾楼”处理项目经济评估工作指引（试行）》，规范项目经济评估工作。市政府批复夏湾农副产品批发市场“烂尾楼”项目规划方案及供地方案。拱北口岸南区力宝等“烂尾楼”项目动工建设。

（陈文辉）

城市管理

【概 况】 2018年，珠海市城市管理行政执法局（简称市城管执法局）制定《关于在全市城管执法系统开展“律师驻队”工作模式的试点方案》《关于开展“律师驻队”试点工作模式的指导意见》，推进律师驻队试点工作。制定《珠海市城市管理行政执法局行政执法全过程记录制度》《珠海市城市管理行政执法局行政执法音像记录清单》等，实现行政执法全过程留痕、可追溯，促进严格规范公正文明执法。全市城管执法系统查处各类违法案件24.09万件，其中教育整改23.33万件，立案7582件，作出处罚决定6210件，执行结案5836件。市城管执法局受理并立案信访事项144件，各区城管执法局受理信访事项2001件，转办率100%，处理率100%。市城管执法局新浪政务微博发布消息2890条，腾讯网发布信息2311条；处理网络投诉19件。市城管执法局与省住建厅、市政府签订《安全生产工作目标责任书》，市、区两级城管执法部门按要求组织安全生产督查1877次，检查单位（场所）6166个，立案处罚30件，罚款30.85万元。

【市容和环境卫生整治】 2018年，珠海市城管执法局统筹对重点区域、重要场所实行“定人员、定岗位、定任务、定时间”的“四定”管理，强化“门前三包”（包卫生、包绿化、包秩序）管理制度。组织市容环境执法整治行动2.21万次，出动执法人员12.20万人次；其中教育整改占道经营行为10.27万次、流动商贩9.01万次；立案查处占道经营案件1431件、流动商贩3217件；市容类罚款5213次，罚款总额165.68万元。从乱摆卖、乱搭建、市政设施缺损引起的安全隐患等焦点难点问题着手，开展学校周边市容环境专项整治行动。学校周边市容环境秩序明显改观，全年案件量由整治前的410件减至99件，比上年减少75.9%。

【违法建设专项治理】 2018年，珠海市根据省住建厅下达的治理违建目标，下发《关于下达2018年违法建设治理指标的通知》，明确各区治理指标，分解年度治理目标；制定《珠海市违法建设专项治理攻

2018年3月25日，小学生学雷锋，参与整理共享单车　（市城管局 供稿）

坚行动方案（2019—2020年）》和全市《违法建设治理中长期规划统计表（2019—2025年）》。协调推进历史遗留违法建筑的普查工作，印发《珠海市存量违法建筑信息普查工作方案》《珠海市存量违法建筑信息普查工作操作指引》。由城市管理指挥（应急）中心牵头，加快城市综合运行平台建设。推进《珠海市违法建筑分类处置办法》出台。印发《新增违法建设案件处理流程规定（试行）》，完善严查严控工作机制，优化工作流程。全市查处新增违法建设1447宗，面积31.87万平方米；查处存量违法建设2191宗，面积33.56万平方米。提前完成上级下达的（18.72万平方米）治理任务。

【户外广告整治】 2018年，珠海市整治乱拉乱挂乱设置户外广告设施行为。原有251处户外立柱广告设施，至年底拆除240处。教育整改户外广告6424处。清理、整治及拆除各类户外广告设施、横幅、灯箱2.54万处（个），没收横幅或灯箱949条（个）。立案查处“牛皮癣”等违法小广告行为188件，罚款9550元。

【城市污染防治管理】 2018年，珠海市对在建工地泥头车出入口污染路面、夜间施工噪音扰民、国控点周边违法建设、禁燃区烧煤、露天烧烤等违法行为进行重点整治。出动城管执法队员4.61万人次，出车9898辆次。检查建筑工地4746次，责令工地对路面进行清扫、对121起泥头车带泥污染道路教育整改。对夜间施工立案查处270件，罚款151.9万元。检查商铺4.12万家，发现违规燃烧蜂窝煤等722家。查处占道经营烧烤555家；发现并处理63次焚烧垃圾、树叶行为。市城管执法部门会同交警等部门开展泥头车专项治理，检查泥头车2120辆，协助交警部门查处违规泥头车558辆。数字城管巡查人员出动1.31万人次，发现并派遣（处置）730件大气污染类案件。

【城管执法督察督办】 2018年，珠海市城管执法局针对“数字城管”平台、信访部门、市爱卫办、中央环保督察组和领导交办案件，市文明办“随手拍”曝光问题，大气污染防治、安全生产等重点案件，开展常态化督导。完成中央环保督察组交办案件办理任务。水源保护地平岗泵站、黄杨泵站、广昌泵站周边违建被拆除。处理高新区竹林铺废品回收站点、TOD（以公共交通为导向的开发）小镇、前山河排污、黄杨大道侧汽车维修企业污染违建等案件。

【城管系统防御台风】 2018年9月，在台风“百里嘉”和“山竹”的预防、应急处置期间，市城管执法局组织城管执法系统出动人员6232人次，出车988辆次。排查户外广告设施1101处。拆除广告牌、广告横幅和支架设施746个。排查临时窝棚309处、建筑工地134个。查出存在安全隐患的违法建筑292处，拆除69处，面积6377平方米。在台风登陆期间，转移受灾群众4420人。台风过境后，清理树木、市政道路障碍物及各类堆放杂物6143处，排查各类安全隐患广告、棚户、老旧房屋240余处。

【数字城管】 2018年，珠海市“数字城管”系统平台受理各类案件23.76万件，结案案件为22.75万件，结案率为95.75%。其中，案件巡查员上报案件7.94万件，占全部受理案件的33.4%；案件巡查员自查自纠案件12.62万件，占全部受理案件的一半以上；“城市管家”接报案件2.2万件，占全部受理案件的9.25%；“12345”市民服务热线转办案件2.97万件，占全部受理案件的12.52%；其他来源投诉案件338件，占全部受理案件的0.14%。

推动违建信息管理平台建设 9月启动平台建设，主要由13个子系统构成，分为违建普查大数据功能、违建问题业务处理功能、决策分析功能三大功能板块。至12月底，该系统平台已支持违建信息的采集和入库，满足全市存量违建普查的工作进度需要。

助力“美丽乡村”建设 珠海市实现数字城管公共服务覆盖全市122个村。巡查员普查全市农村存在的村容村貌、卫生环境等问题，并将问题分门别类，建立较完整的农村环境问题详细台账，用数据分析助力“美丽乡村”建设。11月18日，《人民日报》以《数字城管下乡啦》为题报道珠海市将城市管理服务覆盖农村的创新机制。

大数据助力珠海“平安指数” 珠海市数字城管与市平安办合作，在新版“平安指数”中引入“数字城管”《巡城日报》中的民生热门数据，在“平安指数”数据模型中新增“万人城管事件宗数”版块，通过对接“数字城管”大数据平台，将市民关心的噪音扰民、乱搭乱建、乱摆卖等热点问题数据纳入标准。推动“城市治理”与“社会治理”互相支撑、共同提升。

城市综合管理服务平台 珠海市在数字城管系统基础上扩展，强化服务功能，全面直观掌握城市运行管理情况，实现集指挥、考核、服务三大功能一体化，探索建设全国第一个“城市综合管理服务平台”。该平台于年底通过住建部专家组织评审。

【城管执法体验与宣传】 2018年，珠海市城管执法局与香山网联合组织在校小学志愿者开展“雷锋在行动，文明小城管”志愿者体验活动。联合市义工协会开展市容文明劝导与基层城管执法、社区综合治理对接试点工作，组织志愿者参与“翠香共治”。邀请九三学社委员和媒体开展“九三学社—珠海城管执法体验日”活动，组织委员和媒体记者街头体验城管执法和市容文明劝导，参观数字城管，举行座谈。营造共建共治共享的社会治理格局。

（曹春蕾）

建筑业

【概 况】 2018年，珠海市新开工建设房屋建筑和市政工程633项，总造价858.72亿元，比上年增长35.7%。建筑业实现税收47.87亿元，增加15.17亿元，增长46.4%，占全市总税收比重6%。全市有在建房屋、市政工程966项，建筑面积3801万平方米，合同造价1652.5亿元，施工从业人员约7万人。危险性较大的分部分项工程125项（其中深基坑56项，高支模50项，附着式升降脚手架19项）。起重机械设备1715台（其中塔吊927台，施工电梯621台，物料提升机167台）。工程建设规模总量持续增长。全市有1家建筑业企业获广东省政府质量奖；3项工程获全国建筑工程装饰奖；19项房建工程、12项市政工程获省优质工程奖；25项房建工程、18项市政工程获市优质工程奖；56项工程获“广东省安全生产、文明施工示范工地”称号。培育市级建筑节能和绿色建筑示范工程项目13个，获省级节能减排专项资金补助200万元。

【建筑市场监管】 2018年，珠海市住房和城乡规划建设局审批超限高层建筑工程抗震设防29项，核准建筑业企业资质258项，办理各类企业诚信评价5579项。全市852家施工企业取得建筑业企业资质。为保障房屋建筑和市政基础设施工程建设领域的建筑工人工资支付，继续落实工人实名制管理和工资保证金制度，开展外来务工人员工资支付专项检查。全年配合人社部门处置建筑施工领域拖欠工人工资事件18件，通报欠薪企业6家，有效解决建筑业欠薪问题。完善建筑业信用评价体系建设，推行信用“红黑名单”管理制度，按照住建部、省住建厅要求严厉打击无证施工、转包和违法分包等建筑市场违法违规行为。通过在信息登记环节，要求企业录入系统的报建人员必须具有社保证明和劳动合同，防止人员挂靠行为。将项目施工现场市场行为检查落实到日常的质量安全管理中。全年检查568个项目，对存在项目经理长期不在位等不良市场行为发出执法检查通知书303份，扣分通知书222份，有效整顿建筑市场秩序。根据《关于公布广东省房屋建筑和市政基础设施工程施工图审查机构在我市开展业务有关工作指引的通知》，8月14日起，向纳入广东省房屋建筑和市政基础设施工程施工图审查机构名录的机构开放审图中介市场，凡纳入名录的机构登记信息后即可在珠海市开展审查业务。至年底，有7家市外审图机构登记信息。在珠海市开展业务的施工图审查机构达到9家。

【建筑质量安全监管】 2018年，珠海市在房屋市政工程范围内开展建设工程质量安全提升工作，开展各类安全专项检查和大检查37次，下发暂停施工通知书378份，动态扣分通知书2211份，实施行政处罚16宗，罚款149万元。印发《监督工作标准化实施手册》，将工程质量常见问题作为质量治理主要对象，开展工程质量专项检查，出动检查人员6398人次，检查工程项目1218个、商品混凝土生产企业145家次；抽查建材2799批次。发现使用不合格材料的工程项目，由项目监督员跟踪处理，重点监管，确保现场建筑材料“先检后用”。编制《珠海市城市建设施工围挡图集》，对工地围挡设置提出统一标准。印发《开展珠海市房屋建筑和市政基础设施工程施工扬尘集中整治行动防治大气污染工作方案》

2018 年 10 月 28 日，珠海市斗门区首座城市生活广场大信·新都汇开业
（市西部城区开发建设局 供稿）

《关于加强建设工程施工扬尘治理的倡议书》。重点对工地施工扬尘管控及泥头车洗车槽使用情况进行专项检查，督促在建项目按照“六个 100%”要求施工。在强台风“山竹”来临之前，提前部署，全市房屋市政工程无人员因台风“山竹”伤亡，1 台塔吊倒塌，2 台塔吊变形受损，实现防风目标。修编《珠海市建设工程防御气象灾害工作预案》《珠海市建设工程防御台风灾害工作预案》《珠海市房屋建筑和市政基础设施工程较大以上生产安全和质量事故应急预案》《珠海市房屋建筑和市政基础设施工程一般质量安全事故（Ⅳ级）应急预案》，提升建设工程应急抢险救援能力。强化对一线作业人员，特别是新进场人员的岗前培训工作，未经培训合格的，一律不得上岗。全年 1.43 万人参加岗前培训。利用中午、晚上等时间送教育下工地 582 期，2.6 万人受教育。

【绿色建材推广】 2018 年，珠海市全面实现预拌混凝土企业绿色生产。组织珠海春禾材料研究院联合武汉理工大学硅酸盐国家重点实验室完成《中低强度混凝土高性能关键技术研究与应用》课题研究。开展建设工程预拌砂浆使用情况专项检查，完成 19 个在建项目抽样检查，发出责令整改通知书 11 份，对使用袋装水泥现场搅拌砂浆的 4 个在建项目责任主体给予诚信扣分。开展 2 次预拌混凝土和蒸压加气混凝土砌块企业诚信综合评价。推进墙材革新，全年抽查建设项目 28 个，处理新墙材应用投诉 20 起。组织新型墙体材料确认和年审。通过确认和年审企业 42 家。“珠海市预拌混凝土预拌砂浆信息监管平台”通过初步验收。全市 25 家预拌混凝土（砂浆）生产企业基本完成平台系统硬件安装和数据对接，为平台正式运行奠定基础。

【建筑节能建设】 2018 年，珠海市获得绿色建筑设计标识的民用建筑项目 51 个，面积 328.4 万平方米；获得绿色建筑运行标识的民用建筑面积 31.78 万平方米。“珠海兴业新能源产业园研发楼”成为珠海市首个向住建部申报的绿色建筑运行三星级标识项目。至年底，全市累计获得标识项目 129 个，建筑面积 1230.22 万平方米。新建民用建筑 100% 实行绿色建筑标准要求，其中 50% 达到二星或以上标准。开展《珠海市绿色建筑隔声应用技术指南》《珠海市既有公共建筑绿色化改造研究》《珠海市绿色建筑后评估技术指南》《珠海市建筑节能关键技术研究》等 4 项课题研究。评选“珠海横琴保利国际广场二期”等 13 个项目为市级绿色建筑和建筑节能示范工程项目，给予 200 万元资金奖补。开展以“建设美丽珠海，促进绿色发展”为主题的“建筑节能宣传月”活动，宣传低碳、节能的理念。举办“第十四届国际绿色建筑与建筑节能大会暨新技术与产品博览会”，承办“规划引领·精细管理·品质提升”为主题的珠海分论坛。

【建筑节能监管】 2018 年，珠海市出台《2018 年建筑节能、绿色建筑、绿色建材和装配式建筑发展目标责任实施方案》，将其纳入各区党政班子考核指标。加大对新建建筑节能设计的监管力度，落实建筑节能标准，规范节能设计审查管理，把好建筑节能设计文件质量关。规范实施细则和工作方案，加强对建筑节能项目施工过程的监管，加大对工程建设各责任主体和节能施工重点环节的检查力度，严格按要求验收建筑节能工程。通过强化检查、抽查，监督设计和施工过程中建筑节能标准的落实，确保全市新建建筑设计、施工、验收阶段节能监管执行率达到100%。印发《珠海市超高超限建筑节能设计专项论证工作指引的通知》，指导超高超限建筑节能工作。10月30日起，取消全市建筑节能施工图审查网上备案，改为绿色建筑基本信息登记管理。

【建筑科技应用】 2018年，珠海市开展120栋建筑能耗信息统计，18栋建筑能源审计。利用分析统计数据开展《珠海市既有公共建筑绿色化改造研究》，引导企业开展既有建筑节能改造。培育的三星级既有绿色建筑改造项目“银坑办公楼节能改造工程”按计划施工。全年完成公共建筑节能改造面积56.8万平方米，新增太阳能光热应用建筑面积5.1万平方米、太阳能光伏装机容量10.65兆瓦。“珠海市建筑节能能耗监测平台”完成一期建设投入稳定运行，整合全市各建筑能耗管理平台及数据，实现50栋建筑能耗信息实时上传，月均生成能耗汇总数据180万条。

【建筑产业现代化发展】 2018年，珠海市鼓励建设单位开展装配式建筑住宅建设，编制《珠海市装配式建筑发展奖励实施办法》；制订《珠海2018—2019年度建筑产业现代化实施计划》，将年度装配式建筑指标要求纳入用地规划条件。发布《珠海市建筑易建性评价导则》《珠海市建筑易建性评价实施细则》，引导全市装配式建造向简单、易建、绿色方式转变。出台《珠海市装配式建筑住宅项目建筑面积奖励实施细则》《关于印发珠海市装配式建筑住宅项目办理商品房预售许可证的通知》。完成《珠海装配式混凝土建筑工程施工图设计文件技术审查要点》《珠海市装配式绿色建筑围护结构技术研究》《珠海市BIM（建筑信息模型化）建筑设计模型制作深度和交付指南》等课题研究，指导珠海市装配式建筑稳步有序发展。全市在建PC（聚碳酸酯）生产基地3家，PS（热塑性合成树脂）生产基地1家。开展20个装配式建筑项目申请设计阶段技术认定，通过认定19个，建筑面积超过290万平方米。全年开展装配式建筑在建项目联合巡检3次，对施工阶段进行严格把控。举办装配式建筑培训班4期，800余人次参训。举办“国标《装配式建筑评价标准》宣（传）贯（彻）培训暨珠海市现场交流会”。 （陈文辉）

房地产业

【概　况】 2018年，珠海市房地产市场总体保持稳定态势。全市完成房地产开发投资787.09亿元，比上年增长18.20%；房地产项目规划报建面积1073.94万平方米，增长116.86%；施工报建1027.45万平方米，增长42.83%；竣工面积695.82万平方米，增长6.67%、预售许可面积413.98万平方米，增长23.15%。新建商品房屋（住宅）交易登记面积208.29万平方米，增长13.81%；金额419.67亿元，增加25.68%。全年核发房地产开发资质证40宗（其中一级0宗，二级1宗、三级7宗、四级22宗、暂定级10宗）；核发预售许可证（主城区）33宗83.23万平方米。在核拨预售监管资金方面，正常拨付374宗20.65亿元；解除资金监管171宗，107.98亿元。至年底，全市累计筹集新建小区物业维修资金20.30亿元。

【房地产市场监管调控】 2018年，珠海市执行“限购、限贷、价格备案、限售”等调控措施，实行房地产市场调控联席会议、每日分析报告等制度，密切关注、监测市场运行态势。市场总体理性，全市平均房价稳定。出台《珠海市供给侧结构性改革商品房去库存行动2018年工作方案》，加大商品房库存化解力度。全年召开联席会议11次，通报房地产市场秩序整治工作情况，对市场调控过程中发现的重大问题和重要事项，及时协调解决。按照《珠海市整顿和规范房地产市场秩序联合督查工作方案》，在全市范围内开展针对在售楼盘和中介机构的专项整治行动。全年排查165个（次）房地产项目，在售楼盘118家（次）；排查中介机构39家（次），发出责令整改通知书19份；对存在违规行为的14家房地产开发企业进行诚信扣分。6月，市房地产交易监管平台上线试运行。为配合交易监管平台上线和加强预售资金监管，6月底出台《珠海市商品房预售资金监管办法》。

【住房租赁】 2018年，珠海市住房和城乡规划建设局起草《加快建立多主体供给、多渠道保障、租购并举住房制度的实施意见》，报送市委全面深化改革领导小组审查。6月底，成立珠海市住房租赁发展投资有限公司。市住房租赁监管服务平台6月上线试运行。市住规建局起草《珠海市租赁管理办法》等配套文件和示范文本。

【物业管理】 2018年，珠海市制订《关于珠海市2018年物业管理专项整治工作方案》，开展对物业服务企业违规违法行为的专项检查，检查物业项目385个，查处案件28件，发出整改通知书7份，曝光案件4件。

【《珠海经济特区物业管理条例》施行】 2018年3月15日，《珠海经济特区物业管理条例》施行。年内，珠海市出台配套文件，落实各区属地管理职责，提升全市物业管理整体水平。完善业主大会和业主组织制度。以党建带动业主组织建设，探索建立物业小区监事会制度。（陈文辉）

不动产登记

【概　况】 2018年，珠海市不动产登记中心完成全市范围内有效宗地数据整理约4万宗，存量房屋数据整理约90万套，房屋落宗率超过97%。对历年不动产登记原始档案进行数字化整理，完成档案扫描（累积）约240万卷，资料影像7000万页，图像信息近25TB（千千兆），"大数据"管理模式基本建立。全面实现无纸化审批，受理资料扫描前置，系统随机派件。审核人员严格按照受理顺序在线审批，做到"受理一宗、扫描一宗、批转一宗、审批一宗"。不动产登记与公安、税务、教育等多部门实现信息共享，以信息通路代替群众跑路，全年分享信息600万条（次）。

【不动产登记窗口建设】 2018年2月，珠海市不动产登记中心推出"EMS邮寄送证服务"，领证"少跑一趟"。7月，市中心、金湾、斗门、高栏港、横琴、高新分中心共6个服务点均开设登记、税务"联办窗口"。不动产登记和税收征缴实现"一窗联办"。9月，54项不动产登记业务实现"全城通办"。10月，推出业务申办预审预约服务，除房屋首次确权登记、海域、林权登记外，所有业务均可通过中心网站或微信提交申请资料，预约现场办理时间。"党员志愿服务岗"每周三、周五中午办事大厅不下班，满足错峰办事需求。

【不动产登记一证一码】 2018年3月，珠海市不动产登记中心推出"一证一码"服务。在不动产权证上设置二维码，扫码实时查询该不动产的坐落、抵押、查封、异议等情况；不动产的宗地图、分户图也通过扫码实时查询。在业务受理回执上设置二维码，扫码可掌握办理进度、缴纳登记费用。"一证一码"操作简单，年内平均每月使用3.7万次。

【不动产登记"互联网＋金融服务"合作模式上线】 2018年5月，珠海市不动产登记"互联网＋金融服务"合作模式在省内率先上线运行，在银行设置不动产登记便民服务点，实施不动产登记与商业贷款办理"一窗式服务"。银行工作人员通过系统录入信息、上传影像后提交登记申请。登记机构依法依规在线审核，发放不动产登记电子证明，让企业和群众办理抵押登记"只跑一趟银行，只交一次材料"。

【"珠海不动产"微信公众号上线】 2018年7月，"珠海不动产"微信公众号上线，运用人脸识别技术进行身份绑定，微信"开证明、查档案"。"刷脸"通过实名认证后，即可随时查询个人名下不动产的产权、抵押、查封等登记信息。选择开具证明的，系统自动生成登记信息查询结果，供用户自行下载打印。功能启用后，每月平均通过微信开出证明4500份。合同、发票、税单等日常需求迫切的档案资料，可通过公众号在线查询打印，解决80%以上的档案查询需求。至年底，通过微信端口查询原始档案的业务量占查询总业务量的一半。

【不动产登记智能服务】 2018年9月，珠海市集不动产登记和税收征缴业务咨询于一体的"贝贝2.0"加入服务队伍，能够回答购房、抵押、查询等各类咨询问题1200条，既能满足群众日常业务咨询需求，又具有交流、人像识别等功能。同月，"全天候不打烊"服务试点运行，以抵押权注销登记、预告抵押转现房抵押登记为试点，探索"线上自助申请、系统智能审批"的"不见面"服务模式。（朱颖欣）

公用事业

城市供水

【概　况】 珠海市供水系统以西江磨刀门为界，分主城区和西区两部分，实行全市供水一体化。2018年，珠海水务环境控股集团有限公司（简称珠海水控集团）拥有原水取水泵站7座，总取水能力537万立方米/日。使用供水水库17座（其中海岛3座），总库容1.04亿立方米；管理隶属水库8座。直径75毫米以上管道长2675千米；拥有拱北、唐家、西城、龙井、乾务、南区等12座水厂，总供水能力112万立方米/日。日均供澳门原水量27.7万立方米，占澳门原水供应总量的99%。出厂水质符合国家《生活饮用水卫生标准》。全年总供水量5.44亿立方米，比上年增长7.04%；其中净化水供水量4.05亿立方米，增长5.62%；原水供水量1.30亿立方米，增长4.18%，其中对澳门供水量1.01亿立方米，增长3.62%。全市建卡水表74.2万个，增长3.38%。水质综合合格率99.6%。

【水质监测】 2018年，珠海市运行以珠海水控集团负责水质内控监测和市水质监测中心监测、卫生部门负责水质卫生监测的水质监测体系。隶属珠海水控集团管理的住建部国家城市供水监测网珠海监测站（简称珠海监测站）除人工检测外，还采用在线仪表、生物法等多种方式，对原水地、水厂、管网水质进行24小时实时监控，确保供水水质符合国家生活饮用水卫生标准。珠海监测站配有移动式水质监测车，利用与清华大学、暨南大学合作的“863”课题研究成果构建饮用水水质应急监测三级联动系统，与西江流域广东段各城市水质监测站建立西江水质预警平台，及时有效监测和处理各类突发性水质事件，保障珠澳两地供水安全。珠海监测站在实验室微生物4项能力验证中，被国际权威机构评为“卓越实验室”。

2018年12月3日，水质监测人员在工作　　（珠海水控集团 供稿）

【供水基础设施建设】 2018年，珠海水控集团推进平岗至广昌原水供应保障工程、第四条对澳门供水管道工程、广南梅供水管工程等原水供应保障工程建设，推进唐家水厂改造工程等重大供水工程建设项目，均取得进展。

平岗—广昌原水供应保障工程　该项目是珠澳安全供水保障性工程，工程主要内容为新建泵站（130万立方米/日）1座、输水隧道（直径3.3米）1.8千米，管道（管径2.4米）约21千米。输水管道从斗门区平岗泵站开始，主要沿白蕉海堤内侧敷设，至珠海大桥附近采用顶管法穿越磨刀门水道到达广昌新泵站。新增输水能力约100万立方米。工程总投资8.56亿元，由粤澳双方共同出资。是年完成形象进度41%。

对澳门供水第四条水源管工程　为解决路氹地区用水问题，同时提高澳门原水系统的抗风险能力，另建1条原水通道从横琴方向进入澳门路氹，直接作为石排湾水厂的原水来源，设计供水能力为20万立方米/日，总投资约5.2亿元。是年完成形象进度至99.8%。

广南梅供水管工程　平岗—广昌原水供应保障工程的下游配套工程，分别为广南段和南梅段输水管道，建设原水管道总长14千米，新建净水管道总长2.6千米。改造南沙湾泵站。项目总投资3.8亿元。是年，一标段完成形象进度45%，二标完成形象进度22%。

对澳门第一、第二与第三条水源管连通工程　为完善对澳供水系统，提高珠澳供水系统调蓄能力和保障能力，保障对澳供水安全，根据《关于建造平岗—广昌原水供应保障工程的合作协议》连通澳门第一、第二与第三条水源管。该工程项目由竹仙洞水库七号隧洞接驳口为起点接驳至南湾大道对澳第三水源管。新建管道管径1.6米，管总长642米，总投资1782.20万元，12月完工。

水厂扩建工程　为进一步提高供水保障率，珠海水控集团投资1.4亿元，在南区水厂一期预留地新建15万立方米/日的净水系统，投资1.4亿元，在西区水厂新建一条16万立方米/日的净水系统。是年，两项目完成地面以下构筑物施工。

唐家水厂改造工程　针对该厂原水水质常年低浊高藻的特点，珠海水控集团投资1.5亿元对唐家水厂净水处理工艺进行改造，采用臭氧接触、生物活性炭过滤、气浮处理三大工艺，改善出厂水水质及口感。是年，基本完成设备安装。

（方　胜）

城市供电

【概　况】　2018年，珠海电网主网有110千伏及以上输电线路1971.2千米、变电站71座、主变压器164台、容量1643.9万千伏安。其中500千伏变电站2座，容量400.8万千伏安，500千伏输电架空线路204.6千米；220千伏变电站17座，容量730万千伏安，220千伏输电架空线路677.2千米、电缆138.4千米；110千伏变电站52座，容量504.1万千伏安，110千伏输电架空线路712.9千米、电缆239.5千米。配电网方面，有10千伏公用线路1041条，公用配变6133台；10千伏用户专线316条，用户专用变压器1.28万台。20千伏公用线路21条，公用配电变压器96台，20千伏用户专线15条，用户专变952台。全社会用电量175.99亿千瓦时，比上年增长8.19%，每度电支撑GDP产出达16.9元。其中，工业用电量104.22亿千瓦时，增长7.64%；非工业用电量71.77亿千瓦时，增长8.99%。珠海供电局供电可靠性排全省第一名；综合标杆一流评价位列南方电网66个地市供电局的第一名，综合标杆指数达到世界一流企业水平。第三方客户满意度得分排全省第一名，连续十年获珠海市政府公共服务（40项）公众满意度第一名。

【供电保障】　2018年，珠海供电局安全生产局面总体平稳，全年未发生四级及以上事件，获评南方电网公司安全生产先进单位。完成2018年央视春晚珠海分会场、港珠澳大桥通车仪式、第十二届航展等重大活动供电保障任务。电网受强台风“山竹”破坏，珠海供电局连夜抢修，用时两天全面恢复全市公共电网的正常供电。全年客户平均停电时间0.42小时，供电可靠性排名全省第一。

【供电服务】　2018年，珠海供电局在全市推广远程渠道应用，实现线上报装办电率100%，让企业和群众办电“一次都不跑”。降低实体经济企业成本。通过降低电价、落实售电侧改革、提升业扩投资界面延伸比例等措施降低企业用电成本14.71亿元。发展清洁能源。全年建成公交充电桩529个，充电量2604万千瓦时，占广东电网充电总量的56%，居广东电网第一位。新增替代电量3.64亿千瓦时。其中神华粤电码头高压岸电、海虹路公交巴士充电站项目被收录为电能替代典型案例，在全省范围内推广应用。南方电网公司唯一的新能源研究中心落户横琴。

【电网规划与建设】　2018年，珠海供电局推进电网投资向农配网倾斜。电网建设完成投资20.94亿元，其中配网投资14.99亿元，占比72%，提升城市配电网的网架及装备技术水平，实现电力侧基本公共服务均等化。推进海岛电网规划建设。全面实现东澳、大万山等海岛与大陆联网。在台风季来临前，珠海境内形成1条完整的对澳门供电220千伏全电缆线路通道，完成10回220千伏线路抗风加固改造工作，提升电网防风抗灾能力和对澳门供电保障能力。2月24日，发布《中国（广东）自由贸易试验区珠海横琴新区片区供用电规则》。在横琴全面推行低压供电模式，为客户提供“不出岛一站式”用电服务。受理并投运7个项目，平均送电时间26天，平均每户节省投资120万元，优化区域营商环境。打造横琴先进电力技术示范区。推进分层、分区、自治、自愈的高可靠性智能配电网建设，在横琴岛建成两组“双链环”馈线组，实现闭环运行，提高供电可靠性。推进成立珠海横琴供电局，服务横琴自贸区经济发展。

【对澳门供电】 2018年，珠海电网对澳门供电量达49.11亿千瓦时，比上年增长24.28%，支持澳门社会经济发展。

【桂山海上风电场】 2018年5月14日，珠海桂山海上风电场示范项目完工。该项目是中国交通建设股份有限公司第三公路工程局有限公司海上风电建设重点工程之一，工程造价2.23亿元，风电场装机容量102兆瓦。海上风机采用导管架结构基础形式，属国内首次。

【唐家湾多端交直流混合柔性配网互联工程】 2018年12月25日投运，是世界容量最大、电压等级最多、采用诸多原始自主创新关键技术的多端柔性直流配电网工程，引导一系列标志性、带动性强的重点产品和装备推广应用，形成柔性直流配电网系统技术标准规范，填补国内外空白。该工程由3个柔性直流换流站、1个直流微电网构成，各换流站之间采用地下电缆相连接，为国际首个±10千伏、±375伏、±110伏多电压等级交直流混合配网示范工程，也是世界最大容量的±10千伏配网柔直换流站。该工程实现示范区协同能量管理、新能源和储能灵活接入、需求侧主动响应、多能源灵活交易，能源互联网数据共享，构建面向能源消费革命、具有示范意义的“互联网+”智慧能源新模式。

（曾繁源　施　怡）

2018年9月19日，珠海市副市长张宜生（前左三）一行到香洲区检查加建天然气工程和台风灾后复产重建工作　（市市政和园林局 供稿）

城市供气

【概　况】 2018年，珠海市液化石油气供应量10.4万吨，天然气供气总量1.56亿标准立方米。全市有14家城镇燃气经营企业，其中，瓶装气液化石油气经营企业9家，液化石油气库9座，瓶装液化石油气用户约40万户；管道燃气经营企业3家，实行特许经营，全市供气住宅小区449个，居民用户32.1万户，城镇居民天然气用户占45.3%；汽车加气站经营企业2家，加气站13座。全年燃气供应安全平稳。

【市政燃气管道及配套设施建设】 2018年，珠海市新建市政燃气管道45.38千米，全市供气管道达755千米（东部525千米、西部230千米）。东部主城区初步形成天然气城市输配系统。天然气利用工程“两站一线”（南屏门站、前山储配站及相连高压管道）、金湾天然气门站投入使用。市政燃气管网基本覆盖各区辖工业园区。新建住宅小区全面配套使用管道天然气。全年全市完成8.1万户老旧小

2018年珠海市管道天然气居民用户阶梯价格

档　次	年用气量	价　格
第一档	0～300（含300）立方米/年	3.45元/立方米
第二档	301～480（含480）立方米/年	4.14元/立方米
第三档	480立方米/年以上	5.18元/立方米

区住宅公共燃气管道加建，完成年度任务的106%。

【瓶装气管理】 2018年，珠海市推进瓶装液化气供应全过程电子化监管和全电子化服务。10月15日，启用电子化监管系统。是年，建成体育西站、高新一号站、平沙中转站、南水站、红旗一号、红旗二号、三灶站、横琴站、三台石站、金鸡站、港二路站、白蕉一号站、白蕉二号站等13个供应站并投产使用。（何文松）

城市生活垃圾处理

【概　况】 2018年，珠海市产生生活垃圾98.30万吨（2693.13吨/日），全部运至市固废处理中心和珠海中信生态环保产业园进行集中处理。城乡生活垃圾无害化处理率为100%，其中焚烧处理66.85%，填埋处理33.15%。全市运行生活垃圾处理设施3座，包括市固废处理中心的西坑尾垃圾填埋场（库容1120万立方米）、市垃圾发电厂（600吨/日），共同配套渗滤液处理厂（1000立方米/日）；中信生态环保产业园的环保生物质热电一期工程（1200吨/日），配套渗滤液处理设施（400立方米/日）。

【环境卫生规范管理】 2018年，珠海市市政和园业局出台《珠海市环境卫生作业单价指标》，提高环卫作业经费标准，其中清扫保洁比原单价标准提高109%。修订《珠海市环境卫生质量标准》《珠海市环境卫生作业服务规范》，提高环境卫生质量标准。出台《珠海市大件垃圾处理暂行管理办法》，规范全市大件垃圾的收运和处理。结合港珠澳大桥通车、国家卫生城市和全国文明城市复查、第十二届航展等重大活动，加强专项检查和每周巡查，发现问题要求2小时内响应4小时内整改完成。强化城市环境卫生保洁和机械化清扫工作，次干道及背街小巷保洁频次增加，保洁时间延长。全市环境卫生质量进一步提高。

【餐厨垃圾规范处理】 2018年，珠海市印发《关于加强餐厨剩余物（泔水）管理切实做好非洲猪瘟疫情防控工作的通知》《关于规范餐厨垃圾收运处置的通告》。4月，市环卫主管部门与餐厨垃圾运营单位签订《珠海市餐厨垃圾收运处理试点项目运营协议书》，运营单位与餐厨垃圾产生单位签订收运合同。

【生活垃圾分类试点】 2018年，珠海市市政和林业局编制《珠海市城市生活垃圾分类管理办法》。举办“垃圾分类进校园”宣传活动。印刷张贴垃圾分类宣传画、海报3.1万张。利用“互联网+”模式将大镜山馨园、龙光海悦、五洲花城（一、二期）、华发四季（A、B区）、岭南世家（荣景园、碧景园）等10个小区（7514户），建成“垃圾分类示范小区”。通过采购标准分类设施设备和专业服务单位，向居民提供垃圾分类服务。为各区提供样板，带动开展垃圾分类工作。各区基本完成全年分类投放覆盖面30%的工作目标。

城市生活污水处理

【概　况】 2018年，珠海市有污水处理厂15座（东部城区7座，西部7座，桂山海岛1座），总设计规模93.4万吨/日。全市污水管网总长1615千米。全年污水处理总量2.74亿吨。城镇生活污水集中处理率96.40%。

【城市水环境建设】 2018年，珠海市平沙水质净化厂和三灶水质净化厂的提标改造及扩建工程完成，投入运营。拱北水质净化厂提标改造完成形象进度30%。吉大和南区一期水质净化厂提标改造动工。香洲和北区水质净化厂提标改造完成工程总承包招标，开始施工。新建污水管网190千米。按照“正本清源、雨污分流、集散结合、清淤疏浚”的要求，综合采取截污工程、排污口整治、分散式处理、清淤、生态补水等措施，推进建成区黑臭水体整治。至年底，全市12条黑臭水体整治截污主体工程初步完成。

【排水管理体制机制改革】 2018年，珠海市市政和园林局为建立排水设施统一规划、统一建设标准、统一管养的厂网一体化管理体系，牵头起草《珠海市排水管理体制机制改革工作方案》，经市政府印发实施。是年，珠海水控集团与北京排水集团签订战略框架合作协议。（何文松）

·责任编辑：曾维浩·

环境保护

【概　况】 2018年，珠海市出台《珠海市生态环境保护工作责任清单》，明确各级党委、政府和有关部门生态环境保护工作职责；对各区党政领导班子考核的内容新增“单项指标优秀率占比评分、审核否决项和述职测评”等，生态文明建设考核指标数量和权重占比为七个考核板块之首。出台《珠海市环境保护责任考核实施方案》推动形成各地各部门各司其职、齐抓共管的生态环境保护工作机制。印发《珠海市2018年度推动落后产能退出工作方案》，完成广东省下达淘汰落后产能任务。制定《珠海市“十三五”期间绿色清洁生产工作推行方案》。完成43家实施清洁生产企业的审核验收工作。超额完成省下达的地区生产总值二氧化碳排放下降任务。超额完成省林业重点生态建设任务，完成碳汇造林1028.87公顷。通过全国水生态文明城市建设试点验收。全市水污染防治行动计划考核断面水质100%达标。推进农村人居环境整治，清理积存垃圾14万立方米，建成垃[illegible]和涉农社区生活污水直接接入市政污水管网，建成145个小型农村生活污水处理设施。投入4.15亿元整治黑臭水体，摸排黑臭水体流域范围内涉水企业73家。清拆畜禽养殖场129家。完成7条黑臭水体主体截污工程，黑臭水体整治完成比例为58.3%。空气质量达标率为89.0%。

【生态环境法制建设】 2018年，珠海市环境保护局对《珠海经济特区生态文明建设促进条例》《珠海服务业环境管理条例》与上位法及国家生态文明理念不符的部分进行修正。《珠海服务业环境管理条例》经市人大常委会表决通过，提交省人大常委会审议。1月1日，随着《中华人民共和国环境保护税法》实施，全市停止自1983年起持续开展的排污费征收工作。

【生态环境规划】 2018年1月12日，《珠海市人民政府关于印发珠海市高污染燃料禁燃区划的通知》印发，重新定义和选取高污染燃料，扩大高污染燃料禁燃区范围面积，禁燃区面积占全市陆地面积的94.9%。4月19日，《珠海市人民政府办公室关于印发珠海市生态

2018年10月25日，广东省第四批第一环境保护督察组督察珠海市工作动员会召开
（市生态环境局 供稿）

文明建设“十三五”规划的通知》印发，制定任务分解、措施可行的时间表和路线图，突出绿色发展。

【环境执法】 2018年，珠海市出动环境执法人员9897人次，检查企业4246家次，发出责令改正违法行为决定书308份，作出行政处罚决定181件，罚款金额1573.29万元。实施按日计罚1件，查封扣押案件12件，限产停产案件15件，移送行政拘留案件8件，移送涉嫌污染环境犯罪案件12件。采用突击检查、夜间执法等形式，加强巡查黑臭水体周边重点工业企业，并重点检查企业废水处理设施、排放口在线监控设备运行等情况。开展黏土砖厂排查整治专项行动。对钢铁、进口废物加工利用、垃圾焚烧发电等行业进行环保专项检查。对危险废物规范化管理、重点行业排污许可证等环保专项进行执法检查。按照《珠海市环境保护局中山市环境保护局关于印发2018年珠海—中山前山河流域跨界污染联合执法行动工作方案的通知》，两地环保部门按人员交叉、异地主导的形式成立两个联合执法小组，于3月27日、6月28日、9月27日、12月20日对前山河流域的多家排污企业进行现场检查。

【污染源自动监控】 2018年，珠海市完成49家重点排污单位自动监控设备安装和联网工作，其中20家为氮磷重点排污单位。完成广东省粤电集团有限公司珠海发电厂、广东珠海金湾发电有限公司自动监控直连改造工作。全市142个污染源自动监控站点与珠海市污染源自动监控平台实现联网并稳定传输，其中废水污染源监控站点100个，废气污染源监控站点42个，覆盖97家工业企业。

【大气污染防治】 2018年，珠海市出台《珠海市2018年空气质量提升攻坚行动工作方案（第一阶段）》《珠海市环境空气质量提升计划（2018—2020）》《珠海市打赢蓝天保卫战2018年工作方案》。重点管控淇澳、吉大、前山、斗门、横琴、高栏港、金湾7个区域。市政府领导挂点督导，市委督查室、市政府督办室、市环保局“三轮驱动”督查督办。实行重点时段每日实地巡查，强化攻坚力度。编发通报各类大气攻坚简报761期。梳理涉“散乱污”企业（场所）673家，整治完成478家，完成率71%。开展VOCs（挥发性有机物）专项整治“百日行动”，查处不符合VOCs治理要求机动车维修企业37家、年排放量50吨以上工业企业9家。落实控煤工作。新建市政燃气管道45.38千米。3家企业共完成30条生产线的“煤改气”改造工作。组织检查各类“三小场所”32万余家次，没收煤球13万余个。推进公交电动化工作。新投放的1153辆新能源公交车已下线上牌，除保留部分应急车辆外，提前完成全市公交电动化工作。建成充电站41座、充电桩288个；购置电动出租车266辆。开展扬尘防治工作。制定《建设工程施工扬尘污染防治标准》《珠海市建设工程施工扬尘污染防治管理手册》，全面实施“六个100%”扬尘污染防治。泥头车全密闭运输机制基本健全。全年投入运行机械化清扫车辆较上年增加近2倍，对城区主干道开展16小时深度保洁，日均降尘8617千米。开展移动源污染防治。除高栏港经济区、富山工业园区外，市辖范围其他区域划定为禁止使用高排放非

2018年7月10日，珠海市香洲区环保局在工地进行扬尘监测

（市生态环境局 供稿）

2018 年 11 月 6 日，环卫降尘车在情侣南路作业　（朱　见　摄）

道路移动机械区域。建成非道路移动机械信息管理系统进行登记和进出场管理。完成机动车遥感监测设备安装及联网平台建设，并与省生态环境厅平台联网。全市 119 个加油站、55 辆油罐车、10 座储油库全部完成油气回收改造。

【水污染防治】 2018 年，珠海市制定《珠海市水污染防治行动计划实施情况考核规定》《珠海市水污染防治攻坚战 2018 年工作方案》。通过考核断面攻坚、饮用水源保护、黑臭水体整治等抓重点水体保护治理。通过截污纳管、污水厂提标改造、污泥处理处置及生活垃圾无害化等提升治理效率。通过优化产业布局、工业企业达标治理、加油站地下油罐更新改造及清理整治“散乱污”企业等加强工业污染防治。通过畜禽养殖污染治理、控制农业面源污染、农村生活污水和垃圾处理推进农业农村污染防治。通过近岸海域、港口船舶污染防治加强海域水质保护。通过河道（渠）治理、河道（渠）清淤等加快河道综合整治。实施水生态扩容提质，加强入河排污口规范化管理。全市 73 家加油站、285 个地下油罐完成改造。9 月 4 日，珠海市饮用水水源地保护区调整方案获批复。根据方案，珠海市取消正坑水库、坑尾水库、青大水库饮用水源保护区；新增月坑水库饮用水水源保护区。开展集中式饮用水水源地环境保护专项排查，迎接两轮全国集中式饮用水水源地环境保护专项督查，发现 23 个环境问题，至 12 月 15 日全部完成整治。新增污水管网 187 千米，污水日处理能力增加 10 万吨。新动工富山工业园工业污水处理厂。城乡环卫一体化作业，城乡生活垃圾无害化处理率为 100%。

【土壤污染防治】 2018 年，珠海市印发《珠海市土壤污染防治 2018 年工作方案》《珠海市工业企业地块再开发利用环境管理技术指引》《珠海市重点行业企业用地土壤污染状况调查实施方案》。完成农用地土壤污染状况详查样品采集工作，核实 441 个点位，采集表层土样 468 个、深层土样 101 个、农产品样品 71 个，基本查明全市农用地土壤污染的面积、分布及对农产品质量的影响。完成 323 家重点行业企业用地信息采集工作，基本完成 301 个企业地块的风险筛查和市级质量控制工作，启动 48 家企业第二阶段初步采样调查，公布 7 家土壤污染重点监管企业名单并签订责任书。完成涉重金属企业减排 7% 的目标任务。排查全市工业固体废物堆存场所 27 个及非正规垃圾堆放点 467 处。在斗门区莲州镇开展 2 公顷受污染耕地综合治理与修复试点示范工程。在国维广场（丽珠制药厂地块）开展工业污染地块环境调查、风险评估和治理修复试点示范工程，确定为非污染地块。在斗门区、金湾区、高栏港经济区开展 46.67 公顷受污染耕地安全利用和治理修复工作。建立建设用地准入联动监管机制。

【固体废物处置】 2018 年 7 月 18 日，珠海市环保局印发《珠海市固体废物污染防治三年行动计划（2018—2020 年）》，明确相关职责和要求；8 月 2 日印发《珠海市危险废物污染防治工作联席会议制度》，加强与其他监管部门的协同管理。

工业危险废物处置　全市有通过广东省固体废物管理信息平台转移危险废物的企业 912 家，全年转移危险废物 14.1 万吨，其中跨市转移 5.74 万吨，市内转移 8.25

万吨，跨省转移0.09万吨。主要类别为废矿物油、表面处理废物、含铜废物等。长兴材料工业（广东）有限公司、长兴特殊材料（珠海）有限公司、卡德莱化工（珠海）有限公司等3家企业通过配套污染防治设施自行处置其危险废物。

医疗废物处置　全市全年产生医疗废物2269.84吨，比上年（2047.87吨）增加10.8%。医疗垃圾由珠海市珠城市容环卫综合服务有限公司收集后，交珠海海宜环境投资有限公司医疗废物焚烧厂焚烧处置，处置率100%。该焚烧厂年内从江门接收处理药物性医疗废物8.1吨。

重金属治理　全年无突发涉重金属环境事件和突发公共卫生事件。

【主要污染物减排】　2018年，珠海市继续推进主要污染物总量减排工作。完成三灶水质净化厂扩建工程（处理能力5万吨/日）、平沙水质净化厂扩建工程（处理能力5万吨/日）建设。全市新增10万吨/日的污水处理能力。前山水质净化厂（处理能力10万吨/日）运行负荷进一步提高。加强对电厂、钢铁厂等重点行业企业的监管。4台燃煤机组的综合脱硫效率均达95%以上，脱硝设施综合效率达80%以上，钢铁厂烧结综合脱硫效率达80%以上。

【辐射安全管理】　2018年，珠海市产生废旧放射源7枚，按照要求安全回收（收贮），收贮率100%。11月14日，印发《珠海市辐射应急预案》。12月27日，珠海市环保局组织开展广东省首次辐射事故应急专项演练。

【环境应急管理】　2018年，珠海市修订《珠海市突发环境事件应急预案》，11月20日印发实施。2015年印发的《珠海市突发环境事件应急预案》是日起废止。

【环境保护督察】　2018年6月5日至7月5日，中央第五环境保护督察组对广东省开展为期1个月的“回头看”工作。期间，珠海市接收中央督察组交办案件32批次117件。至年底，办结109件，责令立即整改企业41家，限期整改93家，立案24件，治安处罚（拘留）1件，关停取缔企业15家，罚款金额182.1万元，约谈7人，问责7人。10月25日至11月3日，广东省第四批第一环境保护督察组对珠海市开展为期10天的环境保护督察工作，转办案件为131件。至年底，办结92件。

【环境信用评价】　2018年5月22日，珠海市环保局印发《珠海市企业环境信用评价办法》，自7月1日起实施，对环保警示企业（黄牌）和环保不良企业（红牌）采取约束性措施，对“环保良好企业”（蓝牌企业）引导改进，对“环保诚信企业”（绿牌企业）进行守信激励。6月29日，公布2017年度企业环境信用评价（市级）结果，绿牌10家，黄牌11家，红牌29家，未公布名单的均为“环保良好企业”。

【环境管理服务】　2018年，珠海市审批建设项目环评文件470份，备案环评登记表1083个。对兴业路迎宾支线、古元大道、香山湖公园等20个项目实施环境影响预评估服务，对其中多个项目提出选线调整要求。

【自然生态保护区】　2018年，

2018年12月27日，珠海市开展广东省首次辐射事故应急专项演练

（市生态环境局 供稿）

珠海市各级各类自然保护区9个，其中国家级1个（珠江口中华白海豚自然保护区）、省级1个、市（区）级7个，为中华白海豚、红树林、猕猴、原生森林、水松等物种提供栖息保护，总面积6.2万公顷。其中海洋类保护区2个、面积4.84万公顷，陆地类7个、面积1.36万公顷。年内，市环保、国土、林业、海洋等部门联合执行“绿盾2018”自然保护监督检查专项行动，保护区内未发现矿山开采、房地产、风电水电等违法违规建设问题。

2018年9月28日，珠海市香洲区召开第二次污染源普查入户调查工作宣传动员大会（市生态环境局 供稿）

【农村环境保护】 2018年，珠海市按照《畜禽规模养殖污染防治条例》《关于下达“十三五”农村环境综合整治目标任务的通知》的要求，开展农村环境综合整治，加强禁养区内畜禽养殖污染防治。完成省政府下达的农村环境综合整治目标，分别整治金湾区鱼林村、斗门区东澳村、斗门村、乾东村、高栏港经济区的高栏村等5个建制村。6月，斗门区发布禁养区限养区新公告，禁养区包括饮用水水源保护区、自然保护区、城镇居民区和文化教育科学研究区、基本农田、工业园区、主要交通要道，总面积620.51平方千米，占全区总面积674.8平方千米的91.96%。除禁养区之外的其余区域为限养区，总面积54.29平方千米，占全区总面积8.04%。

【排污权有偿使用和交易试点】 2018年，珠海市环境保护局与珠海华润银行股份有限公司、珠海农村商业银行股份有限公司签订《排污权抵押贷款合作协议》。印发《珠海市环境保护局关于排污权抵押办理排污许可证手续事项的通知》，规范交易抵押合同当事人办理排污权抵押登记手续。截至2018年底，22家企业通过市公共资源交易中心完成排污权交易。

【水环境质量自动监测站建设】 2018年，珠海市完成尖峰大桥、石角咀水闸、布洲、珠海大桥、鸡啼门大桥等5个国考断面的水环境质量自动监测站建设。

【第二次全国污染源普查】 2018年，珠海市全面开展第二次全国污染源普查工作，范围包括工业污染源、农业污染源、生活污染源、集中式污染治理设施、移动源及其他产生和排放污染物的设施。普查内容包括普查对象的基本信息、污染物种类和来源、污染物产生和排放情况、污染治理设施建设和运行情况等。年内完成清查建库，全市5300多家普查对象纳入全面入户普查范围。500名接受过专业培训的普查指导员或普查员，佩戴污染源普查证件入户走访，执行污染源普查任务。

【环保宣传教育】 2018年，珠海市设置“生态文明”教育课程，推行电子政务和无纸化办公，提升党政干部的绿色发展认识。通过健全企业环境信用评价、清洁生产培训、“两法衔接”知识宣讲、排污权有偿使用和交易宣传等方式，增加企业的责任感。开展“市民走进生态珠海”“环保公益交换会”“环保公众日”“珠中江阳中学生环保活动”“环境监测车进校园”“12·4宪法日普法宣传”等系列活动，倡导“低碳出行”绿色生活方式。全市累计建成“绿色学校”213所，“绿色社区”70个，“环境教育基地”12个。中小学环保宣传教育普及率达100%。（余乐富）

·责任编辑：曾维浩·

经济监督管理

经济体制改革

【供给侧结构性改革】 *去产能方面* 2018年，珠海市国有经济结构明显优化，国有资本配置效率显著提高。非国有“僵尸企业”基本实现市场出清。加快国际产能合作和产业梯度转移，推动向粤东西北地区转移落户项目17个，推动23个亿元以上工业项目在对口共建产业园区落地建设。全面完成省下达的淘汰落后产能任务和年度节能降耗考核目标任务。

去库存方面 2018年，珠海市完成住房保障投资8.47亿元；新开工城市棚户区改造住房1653套，开工任务完成率103.3%；基本建成棚户区改造住房3818套，基本建成任务完成率954.5%；全市列入国家和省计划的政府投资公租房3349套，分配3273套，分配率97.7%，分配任务完成率102.7%。

去杠杆方面 2018年，珠海市地方法人银行机构杠杆率达到银监会规定4%的监管最低要求；保险公司杠杆率达标；小额贷款公司、融资担保公司、融资租赁公司杠杆率符合相关监管要求；国有企业资产负债率降至65%以下。推动金融行业安全平稳运行，加强全方位金融监管，有效防范各类金融风险，切实维护地方金融稳定，守住不发生区域性金融风险的底线。至年底，全市银行机构不良贷款率1.13%，比全省平均水平低0.26个百分点。推动金融有效服务实体经济和创新驱动发展。按照金融服务实体经济和创新驱动发展的总体要求，完善各类金融服务，发展直接融资，优化信贷投向，着力降低融资成本，有效提升服务质量和效率。至年底，全市有各类金融机构6678家，金融业增加值210.05亿元，占GDP比重的7.21%。备案私募股权、创业投资基金管理人超过315家，管理资本规模超过1200亿元。

降成本方面 2018年，珠海市帮助实体经济企业减负84.47亿元，实体经济企业综合成本合理下降，企业盈利能力明显提升，形成企业发展与宏观经济发展良性循环的格局。

补短板方面 2018年，珠海市完成农村配电网工程10（20）千伏线路78千米，低压线路98千米，10（20）千伏配电变压器68台，总容量3.41万千伏安，开关柜80面，电缆沟1.8万米。新一代信息基础设施建设工程，全市固定互联网宽带接入端口214.6万个，光纤FTTH/O端口180.1万个，光纤覆盖用户超过385万户，光纤接入用户累计90.4万户，光纤入户率158.6%，位居全省第一。新能源汽车充电基础设施工程建成集中式充电站110座（含“十三五”期间建成的96座），分散式充电桩1900个（含“十三五”期间建成的1622个）。其中集中式充电站建设提前达到省“十三五”充电设施规划下达新增建成22座的目标任务。城市地下管网和园区基础设施配套工程进展顺利。综合管廊建设、海绵城市建设、园区基础设施配套方面项目有序推进。完成高速公路工程投资114.17亿元，完成计划的242.2%。乾务联围海堤达标加固工程、白蕉联围新环三围段海堤修复工程等项目正在施工建设，完成投资2.51亿元，完成计划的77.5%；城镇供水工程方面，平岗至广昌原水供应保障工程、广南梅供水管道工程、唐家水厂改造工程正在施工建设，完成投资3.50亿元，完成计划的85.2%。垃圾处

理设施工程完成投资0.54亿元，完成计划的178.3%；污水处理设施工程完成投资0.36亿元，完成计划的120%；城市黑臭水体治理工程完成投资3亿元，完成计划的81.7%。

【横琴、保税区、洪湾片区一体化改革发展】 2018年，珠海市编制《横琴新区与保税区、洪湾、湾仔区域一体化发展规划》，旨在打造珠海城市新中心、粤港澳深度合作新引擎、大湾区城市客厅，成为引领大湾区魅力之城建设的新中心；依托港澳的深度合作示范区与制度结合部；服务内地的大湾区西部现代服务中心和面向世界的新兴跨境贸易中心。率先创新供用电规则，5月1日，实施《中国（广东）自由贸易试验区珠海横琴新区片区供用电规则》。7月18日，印发《中国（广东）自由贸易试验区珠海横琴新区片区供用电规则实施细则（试行）》，对接世界银行“营商环境评价指标”，推动“获得电力”指数大幅跃升，助力打造一流营商环境。参与粤港澳大湾区建设，横琴新区管委会与澳门特区政府相关部门协商确定粤澳合作产业园剩余土地项目落地新机制。10月30日，召开粤澳合作产业园新一轮项目评审小组工作会议，与澳方商讨“评审委员会”运作机制和新一轮项目评审工作流程、标准等。

【横琴自贸试验区社会投资项目建设管理体制机制改革】 2018年，珠海市完善横琴自贸试验区工程质量安全管理制度，强化工程质量安全监管，借鉴港澳工程领域先进的管理模式和经验，探索试行香港工程建设管理模式，实现“港人港模式”“澳人澳模式”，提升建设工程质量安全管理水平。加强横琴与香港建筑领域的深入合作，研究开发“港澳施工许可系统”，已基本成型。解决香港专业人士在横琴执业问题。推动建立三地联营工程事务所，加速推进粤港澳建筑领域资本、技术、人才自由流动，逐步覆盖一体化区域，更大范围内复制推广积累经验。9月5日，横琴新区“粤港澳”三地联营设计顾问公司——华众联创公司在横琴创意谷揭牌运营。每年引进港澳与内地专业人士举办专业讲座培训不少于10场，每年引入港澳大学生、青年参观横琴新区不少于2批次。制定专业人士在横琴执业的配套政策。华众联创设计顾问（横琴）有限公司员工享受横琴新区生活补贴制度的福利。

【政府投资项目管理体制机制改革】 2018年，珠海市将市本级18个职能部门的61个大项（87个子项）建设项目审批事项全部纳入审批综合管理平台管理，涵盖建设项目立项、报建、施工、竣工验收等各环节的审批事项。全面清理政府投资项目审批事项，进一步压减投资建设领域的行政审批事项，优化投资项目审批流程。取消投资项目审批事项19项；改为征求涉及部门意见1项；委托或认定第三方机构实施7项，不再列入审批事项；整合20项为8项。项目审批事项从110项压减到71项，压减率超过1/3。出台《珠海市优化政府投资项目前期管理加快项目审批工作方案》，建立政府投资项目全流程管理制度，规范项目从生成储备到办理项目施工许可等审批环节、非审批环节的管理，精简、优化审批环节，采取技术审查和行政审批相分离，明确各环节主体责任，各阶段无缝衔接，项目前期工作审批时间（含技术审查时间）压缩到85个工作日以内，其中行政审批时间压缩到35个工作日以内。

【资源向优质企业和产品集中体制机制】 2018年，珠海市推进“十百千”工程。依托政企云平台初步搭建完成“工业企业培育‘十百千计划’专栏”，企业可通过线上平台全天候与“腾飞行动”资源池服务机构开展对接。完成独角兽企业培育库遴选申报工作，受理入库申请企业113家。建立独角兽评价委员会，评价委员会第三方机构选定长城战略研究院、广州快公司、珠海科创投联合承接全年独角兽企业遴选工作。确定优势企业目录。根据市属国有企业自主创新能力、资源配置能力、风险管控能力、市场竞争能力、品牌影响力等要素综合评价，分别选出格力集团、华发集团、九洲集团、水控集团、交通集团、城建集团、农控集团等高端制造业、生产性服务业、基础设施建设等领域实力靠前的市属企业作为优势企业。向优势企业倾斜资源。在党政机关事业单位可经营性资产统一移交方面，注重资源配置效率，优先对优质企业进行分配，分别向格力集团划转资产3790万元、华发集团7278万元、水控集团1亿元、交通集团10.04亿元、城建集团4.70亿元、农控集团4156万元。支持优势企业整合同业资源。加强对市管企业经营范围的管理，对不同集团间业务交叉、产业链上下游的子企业，通过换股、合并、委托管理等方式，把资源向经营效益好、管理能力强的企业集中，着力解决市管企业内部重复投资、同业竞争的问题。格力集团及下属企业通过并购和增资扩股的方式，在吸收九洲集团持有的海岛公司股权后，引进具有海岛运输配套产业的珠海市横琴岛顺达运输有限公司，将有关资源整合到新设的运营平台格信发展公司，建立更加适应市场竞争要求的产业链和价值链，促进海岛旅游板块的有序发展。深化企业内部资源整合。华发集团通过构建以城市运营、房产开发、金融产业、产业投资为四大核心板块，以商贸服务、现代服务为两大配套板块的业务格局，集中整合集团内部优势资源，各板块协同发展，逐步实现由产业单一的区域性房地产企业向一流创新驱动型企业集团转型的目标，初步形成创新驱动型城市、金融、产业综合投资运营的领先企业格局。格力集团组建专业化子企业珠海格信发展有限公司，推进相同或类似业务整合到同一板块，实施统一管理、推进专业化整合，促使建设工作和运营工作各司其职。专业运营板块的成立初步解决部分下属成员企业间管理错位、链条脱节等问题，提高内部业务集中度，提升行业影响力。支持上市公司优先发展。支持有上市平台的企业通过定向增发、资产注入、股权并购等方式，实现主营业务整体上市。华发集团利用旗下“华发股份”“华金资本”“卓智控股”三家上市公司，将优势资源整合注入上市公司，快速实现由区域性房地产企业向创新驱动型综合企业集团的转变。格力集团通过将格力电工、凌达压缩机和格力机电等下属公司通过股权转让方式注入格力电器，形成家电制造、销售、安装配套业务统一格局，在实现上市公司业务链条优化的同时，提升相关资源的市场价值。珠海港集团持有的远洋运输公司股权通过公开挂牌方式出售给上市公司，与上市公司下属的航运公司形成合力，共同开拓沿海和西江航运市场，提升珠海港的集疏运能力。构建更加有利于优势企业发展的经营机制。出台《珠海市属国有创业投资企业转让所持创业企业股权管理暂行办法》，优化国有创投企业股权转让的决策程序，提高创投企业投资退出效率。

【预算制度】 2018年，珠海市印发《珠海市市级财政专项资金管理办法》，明确市级财政专项资金分配管理，实行部门自主审批项目，强化绩效评价、监督检查以及信息公开。优化项目库系统，完善项目库管理。通过进一步优化预算编审及项目库系统，实现项目库全生命周期管理，打通项目库—预算编审—预算执行系统，形成项目申报、预算编制、预算执行联通，预算编制必须以项目库为基础，限制直接编制预算的操作方式。完善预算编审及项目库系统要素，增加二次分配资金主管部门、自有收支编制等要素并更新项目保障次序。印发《市直党政机关和事业单位会议费管理办法》。实施绩效管理。

【信用信息机制】 2018年，珠海市召开全市创建国家信用示范市工作推进会。打造“智慧信用云平台”，加强信息归集共享。全国信用信息共享平台（广东珠海）和“信用中国（广东珠海）”网的升级改造纳入珠海市智慧城市“十三五”行动规划，根据《珠海市智慧信用云平台项目建设方案》完成大部分核心功能开发。全年全国信用信息共享平台（广东珠海）涉及信用目录3993个，信息量近1亿条，企业累计约27万家、社会组织3043家、机关事业单位1163家和建立个人信用档案280多万个，初步实现政府部门之间信用信息的互通共享。建立企业等信用主体的数据模型，提供信用评级报告。推动信用信息查询应用联合奖惩措施落地。印发《珠海市建立完善守信联合激励和失信联合惩戒制度实施方案》《珠海市守信联合激励和失信联合惩戒实施细则》，建立“守信得益、失信受惩”的守信激励和失信惩戒机制。印发《珠海市在政府服务大厅嵌入信用信息并建立信用信息查询使用机制的工作方案》，将信用信息查询和联合奖惩措施应用作为必要环节嵌入政务服务大厅。转发40个国家发布的联合奖惩合作备忘录，率先将联合奖惩模块嵌入珠海市投资项目管理平台（珠海）试运行。在青年志愿者、税务领域发起号召，建立联合激励措施，推动多方联动，建立新型联合激励模式，营造诚信兴商的社会氛围。

【政务服务】 2018年，珠海市建立完善全市企业专属网页和市民个人网页，珠海市企业专属网页和市民个人网页完成集约化改造，并连接省统一身份认证平台，实现“一次登录，全网通行”。不断优化服务，为企业、市民提供信息资料归集、证照到期提醒、专题服务、热点服务、智能导办、证照应用等个性化、主动化服务，实现“人找信息”到“信息找人”的转变。

【商事登记改革】 2018年7月11日，珠海市政府印发实施《珠海市商事主体信用信息管理办法》，明确商事主体信用信息义务，强调对重点领域商事主体的信用约束，规定商事主体信用信息范围，规定信用信息来源，构建珠海市商事主体社会化监督和管理新格局。12月26日，市政府印发《珠海市商事登记同城通办暂行办法》，申请人可通过珠海市商事主体“一照一码”登记全程电子化服务系统办理商事登记业务，自主选择任一商事登记机关打印纸质营业执照、相关登记决定文书。

【创新平台】 2018年，珠海市有各级工程中心、企业技术中心728个。其中，国家级工程研究中心4个、省级工程中心190个、市级工程中心94个；国家级企业技术中心5个、省级企业技术中心94个、市级重点企业技术中心341个。发挥科技创新平台创新创业“加速器”作用，加强科技成果向生产力转化的中心环节，促进新旧动能转换与科技创新发展。全市规模以上工业企业研发机构覆盖率39%，其中年主营业务收入5亿元以上企业设立研发机构比例达100%。新增国家级技术中心2家，省级技术中心17家，市级技术中心43家。

【企业社会责任】 2018年，珠海市国资委官网和市政府信息公开目录依法依规、及时准确披露全市国有资本整体运营和监管、经营情况、财务状况等信息，督促企业在企业官网披露企业负责人薪酬信息，建设阳光国企。履行民生事业领域社会责任。为全市16家市管企业单独开通珠海12345市民服务热线账号，第一时间接收市民咨询、投诉、建议、意见并在处理后及时反馈，将市民服务热线考核情况纳入市管企业年度考核指标。提升市管企业承担的水、气、公交、菜篮子、米篮子等公共产品和服务的供给质量和效率。完成“珠海市主城区天然气置换”民生工程，使主城区基本实现管道天然气全覆盖。公交集团所有公交线路实施一票制，票价一律降为1元，票价平均降幅达六成。华发集团将北京国际设计周引入珠海，举办第四届中以科技创新投资大会、承办21世纪海上丝绸之路中国（广东）国际传播论坛、2018珠海WTA超级精英赛、2018 Soccerex全球足球产业峰会等国家级会议。市管企业加快政府园区和企业园区建设，推动格力智能装备产业园、富山工业园、智慧产业园、航空产业园等产业园区开发，启动中以加速器产业园、中以创新机构（珠海）建设。城建集团打造大数据产业孵化和应用创新基地。珠光集团与横琴新区合作共建“澳门特色金融产业园”。水控集团参与和推进中心环保产业园生物质热电、污泥处置、医疗废物处置等环保项目。3月，海投公司承建的港珠澳大桥珠海口岸项目完工，并投入使用。公交集团做好公交上岛、专线接驳、长途转运、的士巡游、大桥穿梭等港珠澳大桥公交配套服务。

发展规划管理

【发展规划编制】 2018年，珠海市统筹编制《珠海市2018年国民经济和社会发展计划》《珠海市2018年政府投资项目计划》及《珠海市2018年重点建设项目计划》。对各区各部门稳增长工作进行督促考核指导，制定实施地区生产总值、固定资产投资、重点项目等目标任务分解方案。对经济运行进行监测分析，科学研判经济形势，形成针对性、操作性较强的政策建议，为市委、市政府精准施策提供重要参考。

【改革计划】 2018年，珠海市制定改革工作方案及行动计划，各重点领域改革有序推进。供给侧结构性改革深入推进，发展活力动力持续增强。“破立降”各项工作取得进展，完成省下达淘汰落后产能任务。新增建设用地702公顷，收储土地186公顷，处置闲置用地622公顷。土地利用计划执行情况良好，全年使用新增建设用地指标691.04公顷，超出近五年平均使用指标数（610公顷）。其中，省下达指标350.6公顷使用完毕，争取到省调整指标207.5公顷。落实减税降费政策，累计为企业减负262亿元。完成基础设施补短板项目投资391亿元。深化营商环境综合改革，出台《珠海市深化营商环境综合改革行动方案》，促进投资和贸易自由化便利化、企业开办便利化、推动建设工程项目加快落地、提高要素资源供给水平、提高市场监管和法治化水平五个方面，提出改革举措21条、政策点109个，提升营商环境“硬环境”与“软环境”，促进营商环境在制度层面升级。深化“放管服”改革。新增下放市级行政管理事权44项。深化“一门式一网式”服务改革，市政务服务大厅设立“一门式”综合窗口15个，实现“最多跑一次”办理事项348项，实现“全城通办”政务服务事项1302个。投融资体制改革加快推进，出台《珠海市优化政府投资项目前期管理加快项目审批工作方案》和《珠海市优化营商环境深化社会投资项目审批改革加快项目落地实施方案》，实行行政审批与技术审查相分离、推行施工图联合审图，竣工联合验收等；各类项目审批时间再压缩一半，行政确认类备案事项、技术审查后审批部门的程序性备案时间原则上不超过1个工作日；投资项目全流程政府审批压缩至37个工作日，压缩幅度达62.2%。加快融资体制改革。探索金融服务实体经济的有效模式，发挥珠海基金引导和放大作用，健全珠海基金管理体制机制，规范管理运作，推进珠海基金子基金设立和项目落地工作，成立子基金15只，总认缴规模289亿元，撬动社会资本规模217亿元。有效支持实体经济发展，促进民间投资较快增长。社会信用体系建设稳步推进，在创建国家信用示范市第一阶段初评，在参评的26个城市中排名第五，广东省排名第一；在全国262个地级市综合信用指数2018年10月排名中位列第十。印发《珠海市加强政务诚信建设实施方案的通知》《珠海市加强个人诚信体系建设实施方案的通知》，加强政务与个人诚信建设。印发首部市级层面奖惩综合性实施方案《珠海市建立完善守信联合激励和失信联合惩戒制度实施方案》，促进运用信用激励和约束手段，构建政府、社会共同参与的跨部门、跨领域奖惩机制。

【投资管理】 2018年，珠海市编制政府投资项目投资计划，市发改局加强政府投资项目投资计划管理，完善市区各级发改部门投资监控的联动机制，组织各区分解目标任务并督促各区实现年度目标。建立珠海市固定资产投资运行监测指标体系。组织市直有关部门梳理全市促进民间投资政策并形成政策汇编。

【重点项目建设计划】 2018年，珠海市编制省重点建设项目计划，安排市重点项目411个，年度计划投资780.46亿元。其中，计划新开工项目149个，计划投产项目64个。构建现代基础设施支撑保障体系，加快建设高速公路、铁路、机场和港航等现代综合交通运输工程，加快完善市政道路建设，优化提升能源保障水平，加大水利基础设施建设力度，加强环保设施建设，加快“三旧”改造和城市建设提升工程，安排基础设施重点项目156个，年度计划投资408.46亿元。构建现代产业新体系，实施创新驱动发展战略，启动一批创新发展孵化项目，推进产业结构战略性调整，发展战略性新兴产业，推进产业园区扩能增效，发展壮大高端制造业、高新技术产业和高端服务业，增强先进制造业核心竞争力，提升现代服务业发展水平，安排产业重点项目199个，年度计划投资309.80亿元。推进国民教育、医疗卫生、文化体育、居住保障等社会事业载体建设，安排民生保障重点项目56个，年度计划投资60.95亿元。全年全市重点建设项目累计完成投资985.84亿元，完成年度计划的126.5%，超过计划进度26.5个百分点。基础设施工程完成投资506.60亿元，完成年度计划的124.0%。产业工程完成投资408.62亿元，完成年度计划的131.9%。民生保障工程完成投资70.65亿元，完成年度计划的115.9%。

【房地产调控】 2018年，珠海市严格落实对房地产的市场调控，按照上级有关房地产市场调控精神。9月26日起，执行新建商品房销售价格备案规则。至年底，办理新建商品房销售价格备案164宗，备案均价26685元/平方米。

【粮食仓储保障措施】 2018年，珠海市完成2017年度省对市粮食安全责任考核。协调推进粮库仓储物流设施建设。落实珠海中心粮库二期工程代建管理和明确项目主管部门，审议项目建设用地方案；推进项目建设前期工作，明确粮食加工建设规模；推进粮库智能化建设工作。落实市级储备粮油任务，完成储备粮油轮换及前山粮食批发市场搬迁出库工作。开展市级储备粮油专项检查，对市级储备粮库及军供站点进行实地督导检查、统计排查安全隐患。建立市级储备粮油质量独立抽检机制。制定《珠海市市级储备粮质量处置监管流程》，强化质量安全风险防控，规范质量处置监管流程。（刘慧娜）

国有资产监督管理

【概　况】 2018年，珠海市国有资产监督管理委员会（简称珠海市国资委）监管的16家市属国企资产总额7183.68亿元，比上年增长16.81%；所有者权益2595.33亿元，增长28.92%；归属于国有权益总额1181.77亿元，增长19.31%。实现营业收入2816.72亿元，增长31.70%；利润总额422.11亿元，增长22.21%；净利润346.56亿元，增长22.44%，其中：归属国有净利润81.44亿元，增长20.07%。营业收入、净利润、国有净利润分别完成全年目标的131.01%、143.21%和107.16%。社会贡献显著，市管企业累计上交税费213.91亿元，实现就业岗位12.6万个，承担市政府重大投资建设项目88个，涉及总投资额1568.96亿元。上缴国资收益11.59亿元，其中利润收入11.42亿元，产权转让收入0.17亿元。

出台《珠海市国资国企质量提升工作指导意见》《珠海市属国有资本布局结构优化实施方案》等深化改革方案。

【混合所有制改革】 截至2018年末，珠海市属混合所有制企业382家，占各级控参股企业总户数的47%。其中，年内新增35家企业（股权投资6家，新设合资21家，组建基金8只），引入社会资本171.3亿元，引入外资1.53亿美元。进行员工持股试点企业3家，实施股权激励计划上市公司2家。7家控股上市公司的营业收入和利润约占市属国企总和的九成，上市发展成为全市发展混合所有制经济的主要实现方式。

【供给侧结构性改革】 2018年，珠海市管企业通过负债规模和资金成本有效控制，资产负债率呈逐月下降趋势，12月末降至63.87%，分别比2017年末和2016年末下降2.87个百分点和5.03个百分点，完成去杠杆65%的目标。完成出清重组任务，处理国有“僵尸”企业133家，其中实现脱困企业31家。

【国企薪酬改革】 2018年，珠海市落实中央和省市薪酬制度改革和收入分配工作要求，改革考核分配具体办法，构建与企业功能定位相适应、与企业经营业绩相挂钩的差异化薪酬考核机制，强化以市场为导向、效率优先的收入分配管理制度。免税集团和交通集团等完成薪酬方案改革。

【国有企业发展】 2018年，珠海市属国有企业16家，8家企业收入增速超过30%，6家企业净利润增速超过30%，7家企业收入利润率高于15%，其中免税集团利润率32.67%。至年末，市属国有控股上市公司总市值2447.5亿元，约占全市上市公司六成以上，国有股权市值505.39亿元。龙头骨干企业效益显著，格力集团和华发集团净利润增幅分别达25.57%和15.74%。华发集团举办第三届、第四届中以科技创新投资大会，实现项目金额30.3亿美元，打造科技创新资源国际对接交流平台，中以加速器等大会成果相继落地。协助

2018年3月30日，港珠澳大桥珠海公路口岸竣工验收　（海投集团 供稿）

IDG资本总部基地落户横琴，为富山工业园、智慧产业园引进龙头企业3家、规模以上企业9家。

【优势资源整合】 2018年，珠海市支持优势企业通过换股、合并、委托管理等方式，整合不同集团业务交叉、产业链上下游子企业，把资源向经营效益好、管理能力强的企业集中。通过整合内部优势资源，推动国有资本从低效领域向高效领域集中，优势资源向优秀企业集中。格力集团和九洲控股集团的海岛资源整合，金控集团股权整合，解决市属国企间重复投资、同业竞争问题。实现企业资源的优化整合配置。

【监管模式优化】 2018年，珠海市建立高效协同的外部监督机制，强调全方位监管，注重加强投资监管体系建设。加强和改进外派监事会制度，明确职责定位，强化与有关专业监督机构协作，以各类型监管报告为载体，以资金联签为手段，搭建监管信息沟通桥梁。全年收集、传递监管事项报告54份、财务总监专职监管意见45份。

【创投企业运作新机制】 2018年，珠海市建立创投企业退出机制。出台《珠海市属国有创业投资企业转让所持创业企业股权管理暂行办法》，解决困扰市属国有创业投资企业的国有股转持问题，使国有创投机构与民营、外资创投机构在上市退出方面处于公平竞争态势。

【国资布局优化】 2018年，珠海市推动国有资本向支柱产业、优势企业、核心主业集中，推动产业转型升级，出台《珠海市属国有资本布局结构优化实施方案》，在全国率先提出国有资本向实体经济领域集中，要求50%以上新增投资投向先进制造业和高端服务业。围绕战略性新兴产业，组建产业发展基金。至年末，市属国企管理各类基金70只，资产管理规模约400亿元。华发集团全年投资实体经济项目220个，投放金额176亿元，完成对云洲智能等20家珠海本地高科技企业的投资，其中新增投资项目40个、投资金额23.6亿元。

【实体经济发展】 2018年，珠海市优化调整国有资本布局和结构，提出国有资本向实体经济领域集中，要求50%以上新增投资投向先进制造业和高端服务业。组建产业发展基金，在培育企业中发现有高成长空间的企业，通过参股、控股、并购等形式发展战略性新兴产业、未来产业。以华发为试点创建“科技+金融+产业+城市”模式。以科技园区为载体，为实体经济提供物理载体。推进中以加速器产业园区、富山工业园、智慧产业园等精品园区建设，孵化器、加速器建设超过70万平方米，促进培育孵化优质创业创新项目。推进PPP项目拓展，探索特色小镇、“园中园”开发和一级二级开发联动等新模式，推进斗门特色小镇项目实现落地。

【风险排查】 2018年，珠海市集中开展企业风险专项排查活动，对16家企业集团实施专项风险排查，强化风险排查整改责任，从制度层面和组织层面健全企业重大决策管控体系，完善企业核心业务部门和关键业务流程的内部控制，建立健全企业自身“免疫系统”，完善风控机制。对重点企业政府性债务情况展开检查，监控资金风险，严控融资规模与融资成本。

【审计和后评价工作】 2018年，珠海市重点加强内部控制审计、财务收支审计和投资项目后评价审计。修订企业投资后评价工作指引，强化责任追究。完成5类16个出资人审计项目。完善审计、纪检、人事、企业内部审计机构的审计联动机制与整改责任机制。

【考核体系完善】 2018年，珠海市印发《关于进一步做好珠海市市属国有企业领导班子和领导人员综合考评工作的通知》，在企业领导班子年度考核工作中引入创新驱动发展战略，明确对企业在招商引资、创新驱动、资本运营、先进制造业、科技成果产业化等方面取得突出成效，或在管理创新、重大项目等专项工作中做出突出成绩的，给予加分奖励。

【重大项目建设】 截至2018年末，珠海市管企业累计承担全市93个重大投资建设项目，涉及总投资额1500.77亿元，其中完工项目39个，在建项目43个，拟建项目11个，投放资金747.23亿元。港珠澳大桥珠海口岸项目、珠海中心投入使用，珠海国际金融大厦封顶，洪鹤大桥、香海大桥、鹤港高速、金琴快线等重点项目顺利推进，通用机场一期建设完成。（胡钰婍）

审　计

【概　况】 2018年，珠海市审计机关完成审计（调查）项目105个，查出主要问题金额79.47亿元，其中，违规金额1.35亿元、损失浪费金额2200万元、管理不规范金额77.90亿元；损益（收支）不实1.96亿元;审计处理处罚金额3.58亿元，其中应上缴财政约6400万元、应减少财政拨款或补贴约8500万元、应归还原渠道资金约7100万元、应调账处理金额1.37亿元；审计发现非金额计量问题919个；审计期间整改金额5.99亿元；审计促进整改落实有关问题资金1.93亿元，其中上交财政3700万元、减少财政拨款或补贴3700万元；审计后挽回（避免）损失8200万元，核减投资额8300万元。移送纪检监察机关和有关部门处理事项29件，涉及金额2.73亿元；出具审计报告和专项审计调查报告143篇，被批示、采用15篇；提出审计建议315条，被采纳审计建议87条；提交审计专题、综合性报告和信息简报104篇，被批示、采用22篇。

是年，拟订《关于贯彻落实“三个区分”更好地履行审计监督职责的意见》，提出审计机关大力支持改革发展、建立健全容错试错机制。实施《审计工作报告审定业务会议指引》和《审计工作报告审定办法》，优化市区审计机关的职责分工，加强市级对基层审计业务指导。印发《关于运用大数据技术加强审计监督的意见》，提出推动大数据审计走在前列举措34项；审计大数据“五大平台”（数据分析、资源统筹、虚拟云终端、在线监督、主体责任系统）建设作为全省唯一创新经验，入选审计署示范经验在全国推广。制定《珠海市审计局打造阳光、微笑、服务审计实施方案》。全年公示审计项目开展情况68个，参加国家审计署、省审计厅对地方政府债务和隐性债务审计3次，化解审计风险提供大量对策建议。向市委、市政府专题报送审计工作开展情况7次，审计要情4篇，为各区、各部门提供审计咨询服务453宗。

【审计工作机制创新】 2018年，珠海市打造出一系列可复制、可推广的“珠海样板”，被新华社、人民日报社等10家中央媒体采访报道。具体措施包括：为组建市委审计委员会出谋划策；为优化市审计机关职责精准调研；为非建制区的审计监督堵塞漏洞；向高层次人才倾斜、重新评聘现有人员、实行同工同酬同责、强化考核结果运用；为精简程序、提高效率，多措并举再造“批量审计”流程；坚持全市审计“一盘棋”，在全省地级市中率先建立市级审定区级审计工作报告工作机制，实现区级审计项目“质”的提升。

【审计整改】 2018年，珠海市审计机关出台《关于改进审计查出突出问题整改情况向市人大常委会报告机制的实施意见》，明确整改监督程序、整改报告内容和审计结果运用，压实审计整改监督职责。联合纪委、组织、市府办等部门出台《珠海市审计机关审计整改监督管理办法》，明确对整改不力且无客观原因的，可依法采取提请约谈、追责问责等措施。提升审计整改督办规格，将重点审计整改问题纳入政府督办督查事项，并纳入年终绩效考核内容。

【大数据审计】 2018年，珠海市审计机关将大数据审计发展划分为“模型分析、挖掘分析、预测分析、人工智能”四个阶段。年内完成模型和挖掘二阶段，攻克经济责任决策批量分析技术；建立审计执法“全程留痕”机制；突破“模型分析”全覆盖瓶颈；利用“挖掘分析”揭露专案要案；利用“预测分析”做参谋；实施“复合型”的审计人才培养计划。发挥大数据团队作用。

【政策跟踪审计】 2018年，珠海市审计机关，集中力量审好市委市政府关注的重大问题，揭示宏观问题和风险，提出有效的解决对策。推动相关单位制定完善非法集资风险监测预警体制机制和失信商事主体联合惩戒办法等多个规范性文件。

【财政资金审计】 2018年，珠海市审计机关深化财政管理改革，以大数据技术推动财政资金审计全覆盖，实现财政资金从预算编制到决算草案全过程监督200多家市直一、二级部门预算单位的横向集中分析、转移支付资金到区镇的纵向跟踪审计。全年查出问题金额28.81亿元。

【经济责任审计】 2018年，珠海市审计机关实现经济责任批量审、交叉审、巡查审。根据上一年度审计中高发、频发问题，加大对镇（街）、敏感部门、重大事项的交叉审计力度，逐步推广应用重大决策“批量审”技术，增强全市经济责任审计的威慑和成效。全年对25名党政、国有企业等领导干部进行任中、离任审计，查出主要问题金额20.88亿元，其中，违规金额1.14亿元，损失浪费金额约1500万元，管理不规范金额19.58亿元。

【政府投资审计】 2018年，珠海市审计机关全过程跟踪强化投资审计质量，对开展项目关键环节把好总关，及时召开审计现场业务会，确保重大问题不疏不漏。全年完成政府投资审计项目11个，项目投资额37.44亿元，核减投资7400万元，查出主要问题金额3.57亿元。

【企业审计】 2018年，珠海市审计机关首次将监督覆盖面扩展到功能区。对珠海大横琴投资有限公司董事长、原总经理任期经济责任同步审计，揭示横琴政府投资建设管理制度机制不规范、不健全等六大类问题25个，涉及资金约5亿元，提出审计建议和整改要求12条。全年完成国有企业及国有资本审计项目3个，查出问题金额4.55亿元。

【民生资金绩效审计】 2018年，珠海市审计机关聚焦民生资金绩效审计，促进精准扶贫和精准脱贫。开展怒江州、茂名、阳江扶贫项目跟踪审计，涉及资金超4.85亿元，项目100多个，揭示部分项目管理不到位，效率偏低等问题。规范对口帮扶阳江产业园建设专项资金，完成对口帮扶阳江专项资金审计任务，涉及资金23.34亿元，揭示资金管理不完善，共建机制落实不到位等问题48个，规范问题资金11.76亿元。推动对口帮扶茂名市海丰村，做大“蛋美人”海鸭养殖帮扶产业项目，鸭场养殖规模扩建至1万只；引入珠海农控集团专营增效，推动海丰村危房改造项目，巩固帮扶效果。

【资源环保审计】 2018年，珠海市审计机关推进领导干部自然资源资产离任审计，加强特区污染防治。推进经济责任与自然资源资产离任同步审计，审计水资源、森林资源等内容。推进餐厨垃圾循环利用审计，发现各区未履行餐厨垃圾收运处理职责、欠款用地单位违规处理地块等问题21个，提出处理意见29条。摸清资源底数、梳理政策法规、创新审计理念，探索ArcGIS（地理信息系统）、GPS等大数据技术应用，首次组织全市审计系统开展资源环境审计专题培训，培训87人。

【内部审计】 2018年，珠海市内部审计项目2281个，审计总金额867.66亿元，增收节支19.78亿元，提出建议意见被采纳2421条。

（黄健梅）

市场价格监管

【价格监督】 2018年，珠海市开展价格监督检查与反垄断，对港口收费、春运客运票价、房地产价格、酒店客房价格、金融收费、水电气和燃油价格、电信价格、殡葬价格、生猪屠宰收费、超市商品零售价格等14项价格和收费专项进行检查。进一步规范相关行业的明码标价，纠正不按规定收费等不正当价格行为。受理价格举报投诉1951宗，投诉按时办结率100%，满意率保持在90%左右。比上年增长58%，投诉量居前三位的是交通运输、宾馆酒店、资源价格。严格查处价格违法行为，立案查处价格违法行为9宗，没收22.02万元，罚款25.3万元。制定第十二届航展期间酒店住宿业价格监管方案，报备航展期间客房价格宾馆酒店334家，立案查处价格违法行为4宗，妥善处理投诉举报16宗，保障航展期间酒店客房价格稳定。

【价格监测】 2018年，珠海市价格监督检查与反垄断所做好日常、节假日和重要防护期的价格监测和分析预测，监测品种包括食品、日用工业消费品、液化石油气、畜禽鱼产品及饲料、停车、土地、砂石、钢材等，全年报送价格监测数据842次、价格监测分析54篇。密切关注CPI（居民消费价格指数）变动情况，落实社会救助和保障标准与物价涨挂钩联动机制。

【成本监审】 2018年，珠海市价格监督检查与反垄断所开展生猪、蛋鸡、淡水养殖等农产品成本调查，做好成本调查资料的收集整理、审核汇总和分析。完成管道天然气配气价格和物业服务收费定价的成本监审。

【价格认定】 2018年，珠海市价格监督检查与反垄断所（加挂珠海市价格认定中心）办理公安、检察院、纪检等部门委托的价格认定1933宗2.06亿元。经省价格认定中心对全市认定案卷质量综合评查，评价较好，受到省发改委的通报表扬。

【价格改革】 2018年，珠海市开展生活垃圾处理收费改革，简化收费分类，将生活垃圾处理费归并为居民类、行政事业单位及社会团体类、企业及个体工商户类等三类。探索对非居民类采用"水消耗量折算系数法"计收，扩大生活垃圾处理费开征范围。按照《珠海市公立医院医疗服务价格调整方案》，建立调整医疗服务价格动态机制，理顺医疗服务比价关系。2月1日起，降低全市居民管道天然气价格，第一档气价由每立方米3.9元调整为3.45元，降价幅度12%，每年可减轻市民用气负担约900万元。2月10日起，对全市二级及以上公立医院综合医疗服务类、临床诊疗类、医技诊疗类和中医民族医诊疗类4大类医疗服务价格项目中的888项进行调整。11月18日起，全市所有公交（含有轨电车）实行无人售票，票价均为1元。

【企业负担降低】 2018年，珠海市落实国家和省各项政策，坚持执行省定涉企行政事业性"零收费"。1月1日起，取消茂生围边境特别管理区通行证办证收费。4月1日起，降低部分无线电频率占用费标准，减轻负担约4亿元。根据《广东省定价目录（2018年版）》清理涉企经营服务性收费，严格规范涉企经营服务性收费，对部分价格管理文件进行清理废止。取消住房以外的其他房地产交易手续费、取消强制性培训收费项目。更新《珠海市市级涉企行政事业性服务收费目录清单》《珠海市市本级行政事业性收费执收单位名称目录清单》《珠海市市级政府定价的经营服务收费目录清单》《珠海市实行政府定价的市政府部门行政审批中介服务收费目录清单》等清单，在市发展和改革局门户网站向社会公开，接受社会监督。落实省发改委降低电价政策，降低企业用电成本，年内降低一般工商业电价8.19元。全年全市一般工商业电量约28亿千瓦时，降低企业用电成本1.94亿元。 （刘慧娜）

统　计

【概　况】 2018年，珠海市统计部门做好第四次全国经济普查、第三次全国农业普查、2017年全国投入产出调查、2018年人口抽样调查等重大普查调查工作。

【统计服务】 2018年，珠海市统计部门加强预警监测，强化统计服务的超前性。全年向市委、市政府及相关部门报送统计分析报告81篇，针对经济运行中存在的问题提出预警意见和工作建议。组织相关专业人员撰写改革开放40周年经济社会发展系列统计报告，全面反映改革开放以来珠海工业、投资、服务业等方面的发展情况，出版《数说珠海改革开放40年》。

【统计指导】 2018年，珠海市统计部门实施"干在一线"工作方法，以开展"大学习、深调研、真落实"为契机，到基层和企业一线进行调研，掌握企业生产经营情况和存在问题，指导基层和企业统计工作；开展服务实体经济活动，协同市科工信局、市商务局等单位，重点对小微企业、重点企业等进行调研，形成《珠海市企业经营情况调研报告》《珠海市网购对消费统计影响分析和促进消费工作情况报告》等调研报告。

【法治统计】 2018年，珠海市出台《关于提高统计数据质量的工作方案》《珠海市统计局统计行政约谈制度》《珠海市统计局关于开展区域间"交叉"统计执法检查实施办法》等规章制度。建立统计数据质量动态监控机制，加强企业填报数据比对工作。组织开展防范和惩治统计造假专项执法检查、"以数谋私、数字腐败"全面排查和专项整治工作，全年检查企业295家，约谈企业负责人9人次，约谈统计部门负责人7人次，追回漏报瞒报产值（营业收入）11.5亿元。

【统计改革】 2018年，珠海市统计局落实与国家调查队业务分工调整优化实施方案，加强局队联合业务培训，确保"四下"（规模以下工业企业、资质等级外建筑业企业、限额以下批零住餐企业、限额以下服务业企业）企业调查工作平稳过渡、顺利交接。推进信息化建设，统计宏观数据库系统开发项目通过验收，规范统计宏观数据的存储，使数据的查询、提取更便捷，为数据二次开发打下良好基础。按规范化要求，对市统计局网站进行全面改版。

【第四次全国经济普查】 2018年，珠海市完成第四次全国经济普查单位清查工作，全市核查单位16.94万家，清查法人和产业单位9.73万家，比第三次全国经济普查增长1.28倍，清查个体经营户9.04万家，比第三次全国经济普查个体经营户总量下降7.2%。

【第三次全国农业普查】 2018年，珠海市做好第三次全国农业普查工作总结、公报发布和数据开发利用等工作。4月，在《珠海特区报》刊登《珠海市第三次全国农业普查主要数据公报》第一号至第五号及相关解读，向社会各界公布普查主要成果。

【全国投入产出调查】 2018年，珠海市实施2017年全国投入产出调查。组织相关企业、各区局进行培训，树立数据质量责任意识，全面核实名录库信息，强化数据审核和质量检查工作，开展数据会审，确保数据质量，报表上报率100%。

【2018年人口抽样调查】 2018年，珠海市组织人口抽样调查，全市抽中调查小区24个，分布在4个区（功能区）、14个镇（街）的24个社区。抓好经费保障、普查物资调配、受调查小区行政记录收集等工作，组织选聘调查员48人，推进培训及现场调查工作。

（曹玉华）

工商行政管理

【概　况】 2018年，珠海市工商行政管理局以“六个更加”（观念更加先进、转型更加迅速、履职更加全面、服务更加创新、作风更加严谨、落实更加到位）为工作总原则和总目标，完成商事制度改革、市场监督管理和行政执法等任务，营造宽松平等准入环境、公平竞争市场环境、安全放心消费环境。

商事制度改革　5月10日，《珠海市工商行政管理局关于印发珠海市商事主体名称异议认定暂行办法的通知》印发，作为《珠海市商事主体名称申报管理办法》的配套制度，保障商事主体名称权利人的合法权益。6月30日，实施全国统一“多证合一”改革。全市所有新设立的商事主体均通过“多证合一”工商登记业务系统，进行“一窗受理，并行办理”，完成“一次登录、一口受理”系统改造，实现“多证合一”备案信息申报“一口一网”“零见面、零跑动、零收费、无纸化”办理。12月26日，《珠海市人民政府办公室关于印发珠海市商事登记同城通办暂行办法的通知》印发，申请人通过珠海市商事主体“一照一码”登记全程电子化服务系统（简称珠海易注册），可同城通办商事登记。

承接冠省名企业的名称核准业务　8月20日，市工商局开启冠省名企业名称预先核准工作。清理企业名称库，补录、纠正企业名称3万条；为企业名称自助查询比对建立数据基础；完善名称自主申报服务系统、升级工商登记业务信息系统。

助推各类市场主体发展　6月，实施《市工商局等十一部门关于印发珠海市推进个体工商户转型升级促进经济结构优化工作方案的通知》。引导企业通过股权出质、商标质押、动产抵押等方式，争取银行贷款，解决资金不足困难；引导企业采用抵押登记方式，对购销合同履行进行担保，化解合同风险，办理企业动产抵押登记144宗45亿元。开展广东省“守合同重信用”

链　接：

冠省名企业名称核准下放

2018年8月10日，广东省实施名称登记改革，将除涉及前置审批事项及依法应当由国家市场监管总局核准的名称外，企业名称不再实行预先核准，申请人通过广东省企业名称自主申报服务系统自助查询比对、自主选定并申报企业名称，和企业登记一并办理并将冠省名的企业名称核准业务下放至各市局办理。

企业公示活动，公示2017年度广东省“守合同重信用”企业1571家，比上年度增长23%。2018年实有商事主体33.61万户（含横琴新区），比上年增长15.75%。

【事中事后监管】 2018年，珠海市工商局开展年度报告、经营异常、随机抽查、信息公示、联合惩戒和清理长期停业未经营企业等事中事后监管工作。7月5日，实施《珠海市商事主体信用信息管理办法》，全年商事主体提交年度报告13.24万份；企业年报率（企业每月年度报告申报率均值）84.95%；全市工商和市场监管系统对商事主体拟载入经营异常名录记录5.76万条，载入经营异常名录2.99万家；商事主体自主公示信息5.46万条；抽查商事主体1.16万家，完成抽查结果公示；全市工商（市场监管）系统对5230家“死亡主体”启动立案程序，完成现场核查，进行吊销工作。8月，实施工商、海关年报“多报合一”改革。推行“双随机，一公开”监管，不断加强“一单、两库、一细则”（“一单”为随机抽查事项清单；“两库”为市场主体名录库、执法检查人员名录库；“一细则”为规范“双随机”抽查工作细则），探索跨部门联合抽查监管方式，与市海洋农业和水务局、市质监局联合对35家农资类商事主体进行抽查。推动联合惩戒信用信息公示，促进市场主体依法诚信经营，严格保护信用主体合法权益，维护市场正常秩序，营造守信者“处处守信，事事方便”、失信者“一处失信，处处受限”的诚信社会环境。加强红黑名单管理，列入红名单企业1451家，列入黑名单企业13家，实施联合惩戒（限制任职及公示）一批。

【商标品牌战略】 2018年3月1日，珠海市工商局印发《珠海市贯彻落实广东省深入实施商标品牌战略服务经济社会发展的若干政策措施实施意见》，强化商标品牌创造、保护和运用。加大对商标注册财政资助及奖励政策的宣传力度，全年全市资助和奖励91.70万元。对斗门鸭扎包、白蕉海鲈等地理标志进行重点指导培育，上门为珠海丹德图像、珠海双喜电器、珠海金山软件、珠海手信协会等提供商标法律服务。开展打击商标侵权“溯源”专项行动、地理标志注册商标专用权保护行动等，全年查处商标侵权案58件，案值30.07万元，罚没27.03万元。至年底，全市拥有有效国内注册商标6.72万件；马德里商标国际注册申请量累计188件；中国驰名商标11件、集体商标10件。

【广告监管】 2018年，珠海市加强广告行业行政指导，通过提示通知、行政告诫和行政约谈等形式，对多发、轻微违法广告进行警示，倡导正确广告宣传导向。强化广告监测，及时发现制止违法广告行为，全年监测大众传播媒介7个，监测广告12.5万条次，广告时长464.35万秒，未发现涉嫌严重违法广告。重点整治违法问题易发多发的食品、保健品、房地产、互联网金融、涉赌、医疗服务等广告。开展互联网金融广告专项整治，5月起，市工商局与人民银行珠海中心支行、市金融局、横琴新区金融局、香洲区金融局一起约谈全市12家通过互联网开展资产管理及跨界从事金融业务从业机构。全年查处互联网广告案件29件，罚没款30.87万元。8月起，市工商局联合市住规建局、市不动产登记中心等部门对全市各区开展房地产领域广告及格式合同专项整治督查行动，全年全市工商和市场监管系统查处广告案件57件，罚没款140万元；其中，查处房地产广告案件10件，罚没款58.77万元。

【市场监管】 *农贸市场和商品交易市场监管* 2018年，珠海市工商局落实家禽“集中屠宰、冷链配送、生鲜上市”，加强农贸市场食品安全监管，落实非洲猪瘟疫情防控。开展农贸市场“健康市场”创建，参与创建市场61个，占全市农贸市场64%。全年出动执法人员9559人次，执法车辆3180辆次，检查整治农贸市场3177个次，检查经营户4.81万次，清理规范摊位1.79万档，清理规范燃煤经营户409户，责令整改市场3个次，取缔无照经营5户，发出责令整改通知书1186份，发放宣传资料3.65万份，立案查处市场违法行为案件221件。开展“珠海市文明诚信市场”活动，柠溪市场等27个市场被评为2016—2017年度“珠海市文明诚信市场”，占全市农贸市场30%。推进商品交易市场信用体系建设，加强和完善商品交易市场规范管理，全市农贸市场完成信息采集并认定的市场95个，四个季度考核分数均为100分，年度测评得分99.63分，测评等次优秀。开展红盾护农工作。检查农资经营户550户次，开展春季、秋季两次农资抽检工作，抽检肥料95批次，合格90批次，合格率95%，不合格5批次，涉及商事主体2家，立案查办农资案件2件，案值5.45万元，罚没款5.66万元。

公平竞争执法　6月6日，印发《关于进一步加强反不正当竞争执法工作的意见》，推进反垄断和反不正当竞争执法，加大对网络交易、农村市场、医药、教育等重点行业和领域的监管执法力度，依法查处市场混淆、商业贿赂、虚假宣传、商业诋毁、不正当有奖销售、互联网不正当竞争等行为，查办不正当竞争案件8件。开展扫黑除恶专项斗争，摸排移交或处理线索36条，其中成案办理6条。全年全市各级工商行政管理和市场监督管理部门查办经济违法案件1459件，罚没款606万元。

网络市场监管　开展核准登记注册的网络经营主体核查和数据建库，推进网络经营主体亮标亮照和红盾电子标识发放，受理红盾电子标识申领69个，生成电子标识30个。制定《珠海市网络市场监管部门间联席会议制度》，实现部门间信息共享。完善联合惩戒机制，增强执法协作能力，实现对网络市场各环节、全链条的整体监控。组织开展2018网络市场监管专项行动（网剑行动），整顿规范网络市场交易秩序。针对“双11”时间节点，强化定向监测，加强市场行政指导。至年底，全市有网络经营主体7062家，网站9949家。全年全市工商和市场监管系统线上检查网站和网店4797个次，实地检查网站和网店经营者890个次，删除违法商品信息37条，责令整改网站16个，受理价格举报和投诉3818宗，查处网络违法案件8件，罚没款31.42万元。

打击传销和规范直销　市工商局协同公安部门、当地政府加大打击传销，突出重点区域（城乡结合部等）、重点部位（工业区、校园周边、人才劳务市场、居民社区等）和重点场所（酒店会议场所、出租屋、以往传销人员聚集窝点等），加强日常监控，发现零星传销人员及时清退。开展排查监控，重点打击整治异地聚集式传销、跨境传销、网络传销等。全年工商部门联同公安部门、综治部门清查涉嫌传销窝点10个，教育劝返涉嫌传销参与人员近百人；工商部门通过举报及时处置4起疑似境外传销组织事件；排查处置传销组织关联市场主体121家，其中载入异常名录8家，行政告诫20家。通过实地走访、现场抽查、核对资料、约谈等方式对注册的直销企业总部和直销企业分支机构进行检查监督。监管直销企业培训活动现场44场次。专项查处以直销名义和股权激励、资金盘、投资分红等形式实施传销违法行为。

2018年8月3日，珠海市工商局召开迎接2018年国务院大督查全面推进“双随机一公开”监管迎检工作会议　（张述桐　摄）

消费领域执法　市工商局组织流通领域乳胶制品、电子产品、玉石、成品油、电动车、床上用品等产品抽检228批次，加大流通领域商品质量抽查检验不合格商品后续处理的清查力度。抽检商品中，合格164批次、不合格32批次，未出结果32批次，立案14件，处理被抽查检验经营者11家，违法商品货值254.59万元，罚没款10.24万元。加强流通领域节日商品、旅游商品（手信）以及服装等6类重点监管商品的产品质量监管；组织开展清查无厂名、厂址等来源不明商品，检查发现销售来源不明商品经营户120家，发出《责令改正通知书》120份，对拒不整改的经营户立案查处，立案46件，查获违法商品142件，罚没款2.33万元。开展流通领域建材商品、插头插座、燃气器具等产品质量专项整治，以及电动车“正源清违”专项治理，查处无厂名厂址等来源不明的流通领域建材商品案件10件、生产和销售假冒伪劣商品有关违法行为3宗、车用柴油质量抽检不合格案1件、销售不合格燃气具4宗。

【消费者权益保护】 “3·15”宣传活动 2018年3月15日，珠海市工商局以“品质消费 美好生活”为主题，开展宣传活动。与市消委会、珠海广播电台联合制作消费维权专题直播节目，现场接受广大听众的咨询及投诉，为消费者提供专业的法律咨询服务。在香洲区星园市场主会场以及斗门、金湾、高栏港等23个“2018年消费维权和系列宣传活动”分会场，通过派送公益宣传资料，张贴宣传海报，鉴别商品真假，现场接受咨询投诉、解答群众疑难问题等形式，向广大群众宣传相关法律法规，呼吁全社会崇尚品质消费理念。参与人数1.76万人次，现场接受消费者投诉25宗，接待群众咨询6436人次，发放“3·15”专刊、新消法宣传手册等宣传资料3.46万份。

健全消费维权机制 以“属地管理、分级负责”为消费申诉举报处理原则，加强12315系统与12345市民服务热线的对接和协调，使消费者诉求事项分级、高效转派至各区，得到及时快速处理。全年转办12345市民服务热线、全国12315互联网平台等渠道的投诉举报7390宗，及时处理率100%。推动本地区内相关经营者成为平台在线消费纠纷解决单位，鼓励引导本地区其他有较强消费者权益保护意识、自觉履行消费维权社会责任、企业客服售后机构健全的经营者成为平台在线消费纠纷解决单位，自行通过平台与消费者和解消费纠纷。

2018年12月15日，“珠中江澳消费维权漫画联展”（珠海站）在珠海市奥园广场举行 （张述桐 摄）

【消费者权益保护联席会议制建立】 2018年8月，珠海市建立由市工商局牵头、市委宣传部（市网信办）、市质监局、市食品药品监管局、市发展改革局、市科技工业和信息化局、市公安局等28个成员单位组成的珠海市消费者权益保护联席会议，旨在加强对消费者权益保护工作的组织领导，强化部门间协作配合，提升消费维权工作效能，保护消费者合法权益。8月24日，印发《珠海市消费者权益保护工作联席会议制度》，统筹协调放心消费环境创建及消费者权益保护相关工作。9月，开展放心消费创建工作调研，研究制定放心消费创建工作的措施和意见。全年受理消费者投诉1.5万宗，为消费者挽回损失477.68万元。

【珠海市企业开办服务大厅运行】 2018年8月31日，珠海市企业开办服务大厅正式运行，市工商局、香洲区工商局、市税务局进大厅开展商事登记、发票申领、公章刻制和银行开户咨询业务，各项业务集中办理，压缩工作时间，降低制度性交易成本、缩短企业开办时间。实现商事登记、公章刻制、申领发票三个程序时间压缩至2个工作日内（其中商事登记1个工作日内，公章刻制0.5个工作日内，申领发票0.5个工作日内），全面提升企业开立银行账户服务效率，实行银行开户与商事登记、公章刻制、申领发票同步并行办理，有效减少企业跑动次数，提升企业开办服务效率。

【珠中江澳消费维权漫画联展（珠海站）】 2018年12月15日在珠海市奥园广场举行。珠中江澳四地消费者组织首次以校园消费教育为主题联合举办，旨在加强中小学生的消费价值观，交流绘画及创意。展出优秀漫画作品69幅。

（张述桐）

质量技术监督

【概　况】 2018年，珠海市质量技术监督部门实施国家质量发展纲要，推进质量强市和名牌发展战略、技术标准战略。牵头起草《珠海市开展质量提升行动实施方案》，完成全国质量强市示范城市创建工作省级验收的整改工作，做好对各区2017年度的质量工作考核。出台《十百千企业品牌培育工作方案（2018—2021年）》，加快全市品牌培育工作。标准国际化创新型城市创建工作纳入市委推动"二次创业"决定的总体部署以及省建设标准化综合改革试点重点任务，在全省率先出台《公共服务地方标准管理办法》，开展城市可持续发展及公共安全标准化研究、首次以市政府名义主导制定国家标准《城市可持续发展城市服务和生活品质的指标》，并获批发布。特种设备及产品质量安全监管工作有序开展，保障经济社会的平稳发展。

3月，珠海市获2016—2017年度地级以上市人民政府质量工作考核A级，成为全省唯一连续三年获A级地级市。

【质量强市建设】 2018年，珠海市质量技术监督部门推进全国质量强市示范城市创建工作，整改意见上报总局。完成2017年度对各区的质量工作考核，完善质量工作考核指标体系，纳入2018年度市委组织部对各区党政领导班子绩效考核体系，质量强市工作机制进一步健全。

【品牌发展战略实施】 2018年，珠海市质量技术监督局开展品牌培育工作，格力电器获第三届中国质量奖，优特电力、建星建造获2017年度广东省政府质量奖，珠海供电局、汤臣倍健获2017年度市长质量奖。推荐申报2018年度广东省名牌产品123个，其中，工业类93个，服务业类30个。香洲区创建全国打印耗材产业知名品牌示范区和高栏港区创建全国深海海洋工程装备产业知名品牌示范区，已申请总局验收。

【标准化战略实施】 2018年，珠海市质量技术监督部门推进标准国际化创新型城市创建工作，创建工作纳入市委推动"二次创业"决定的总体部署，列入省建设标准化综合改革试点重点任务。推进企业标准自我声明公开，294家企业公开1482项标准。全国增材制造（3D打印）标准化技术委员会专用材料工作组落户珠海；获批创建国家级高端装备（智能制造）、农贸市场管理、消费品标准化试点，省级农业示范区4家、省级联盟试点通过验收1个；省市两级实施标准化战略资金资助珠海企事业单位670万元。承办ISO/TC268城市可持续发展国际标准化技术委员会第七次全会，主导制定《智慧城市基础设施——综合管廊运维管理》国际标准，设立珠澳葡语系国家标准化研究推广中心，服务澳门多元发展。

【计量服务】 2018年，珠海市质量技术监督部门落实计量奖励政

2018年5月14日，国际标准化组织ISO/TC268第七次全会及工作组会议在珠海召开

（李　苑　摄）

策，获测量管理体系认证（AAA）企业7家、获二级计量保证体系确认企业11家，发放奖励资金125万元。全年完成新建计量标准29项，复查12项。免费为全市172家基层医疗卫生单位检定计量器具3449台（件），免除费用140余万元；完成全市巡游出租车计价器运价调整工作，调整计价器3687台（套）；首次安排20万元财政资金在全市范围内开展停车场计时计费装置检定工作，检定84家使用单位计时计费装置202台（套）。加强能源计量监管，审查能源计量重点用能企业20家，其中，省监管企业5家，市监管企业15家。加强制造计量器具企业证后监督，全覆盖检查取证企业23家，并抽查10家计量器具生产企业的20个批次计量器具，合格率100%。全年获测量管理体系认证（AAA）证书企业4家，比上年增长3倍；获二级计量保证体系确认合格证书企业2家；获三级计量保证体系确认合格证书企业49家。

【检验检测公共技术服务平台建设】 2018年，珠海市质量技术监督部门推进第三个国家质检中心建设工作，发挥现有国家级和省级公共服务平台作用，国家耗材质检中心新签订技术服务协议10余份，提供质量咨询100余次；国家船舶及海工质检中心完成5000万新增项目设备招标、采购、安装调试及验收工作，参与制定国家标准3项、行业标准1项；完成油气产品省站、振动及噪声省站筹建，并获批成立。

【认证认可监管】 2018年，珠海市质量技术监督部门开展机动车安全性能检验机构检验能力比对试验，对全市10家安检机构的18条检测线进行检验能力比对。开展机动车检测和环保监测专项监督检查，检查机动车检测机构10家和涉及环保监测业务的检测机构9家。加强强制性认证产品监督检查，全年出动行政执法人员150余人次，检查企业60余家。

【特种设备安全监管】 2018年，珠海市质量技术监督部门严格落实安全生产“一岗双责”，加强市区两级监察部门联动，开展特种设备安全隐患排查整治，坚决遏制重特大事故发生，保障全国“两会”、港珠澳大桥通车、第十二届航展等重大活动期间的特种设备安全运行。全年开展电站锅炉“四大管道”、公众聚集场所电（扶）梯、大型游乐设施等10余项专项整治行动，出动监察、巡查及检验人员1.21万人次，检查单位5751家次，发出特种设备安全监察指令书316份。排查安全隐患732项，其中，完成整改684项，整改率93.44%，动态整改完成率100%。责令长期停用或报废拆除存在严重安全隐患的特种设备264台（套）。妥善处理各类安全投诉（其中90%以上为住宅电梯投诉）85次。提升液化石油气瓶“一瓶一码”“一瓶一档”和“一瓶一险”信息化监管基础和实际应用，140万只液化石油气瓶打上“二维码”，录入信息化系统的现场充装记录1000万条，强制报废违规翻新、超期使用不合格气瓶7.39万个。推进电梯监管体制改革，全市电梯使用管理人确权率100%，电梯制造企业维保率75%，电梯责任保险覆盖率维持在95%以上，各项指标均保持全省前列。至年底，全市登记注册在用特种设备4.62万台（套），其中，锅炉579台、压力容器9487台、压力管道6072单元、电梯2.21万台、起重机械4293台、场（厂）内专用机动车辆3553辆、大型游乐设施66台（套）、客运索道2条；纳入管理的各类气瓶162.25万个，其中，液化石油气钢瓶147.45万个、工业气瓶14.46万个、车用气瓶3326个。

【产品质量安全监管】 2018年，珠海市质量技术监督部门开展工业产品质量监督抽查，全年市级监督抽查产品737批次，不合格26批次，不合格率3.5%；省级监督抽查产品90批次，不合格9批次，不合格率10%；国家监督抽查涉及全市辖区范围内的产品15批次，不合格2批次，不合格率13.3%。开展产品风险监测，完成风险监测抽查涂料6批次、家用电器24批次及仿真饰品100批次，不符合标准产品27批次，不符合标准率20.8%，比上年降低5个百分点。完成重点产品（墨盒）质量比对研究提升工作，找出行业短板并形成工作报告。开展危险化学品专项检查，聘请技术专家对获得危险化学品生产许可证企业20家、委托第三方技术机构对非获得危化品生产许可证企业17家进行生产过程隐患排查，排查安全问题34个，并逐个提出改进建议。监督抽查与风险监测相结合，强化食品相关产品安全风险防控，对获得食品相关产

2018年9月6日，珠海市打假办组织开展海岛联合执法检查行动
（李　苑　摄）

品生产许可证企业74家进行生产过程风险监测，市级监督抽查46家食品相关产品生产企业的102批次产品，3批次不合格，不合格发现率2.9%。至年底，全市取得生产许可证的工业产品生产企业37家、食品相关产品生产企业77家、危险化学品生产企业10家、危险化学品包装物及容器生产企业7家。

【稽查执法打假】 2018年，珠海市质量技术监督部门以服装、儿童用品、家用电器、农资、汽车配件等民生产品为重点，开展"双打"和"质检利剑"专项打假行动，出动执法人员491人次，检查生产经销和使用单位143家，立案19件，移送公安部门案件2件，作出行政处罚决定21单，收缴罚没款74万元。开展电子商务领域执法行动，通过电商平台匿名购买本市企业生产并在电商平台销售的儿童玩具、纺织服装、家用电器、食品相关产品、打印机及打印耗材等产品31批次，立案调查1件。牵头开展全市打击侵权假冒工作，全市行政执法机关出动执法人员2.77万人次，查处制假售假案件420件，其中大案要案8件，涉刑案件16件，涉案金额138.47万元，查处窝点32个，销毁假冒伪劣产品货值550万元。公安机关抓获制假犯罪嫌疑人32人，检察机关依法逮捕4人，人民法院依法判决2人。

【质监审批改革】 2018年，珠海市质量技术监督部门落实"放管服"改革，推进行政审批制度、"证照分离""全城通办""互联网+"等改革工作，完善线上线下办理流程，提高行政审批工作水平。压减行政许可、行政服务事项办理时限50%。采取快递邮寄书面资料+网上办理方式，实现足不出户即可办理行政许可。全年办理特种设备使用（变更）登记1.23万台（套）；特种设备作业人员发证3887人4083项，复审1623人1839项；工业产品生产许可证发证1宗，变更地址1宗；气瓶（移动式压力容器）充装许可发证8宗，延续6宗；计量标准器具核准发证4宗28个标准。重点围绕高新技术企业、战略性新兴企业、新业态企业，建立党员结对帮扶制度，深入企业开展宣传员、服务员、监督员"三员"活动。发挥计量小分队作用，精准服务企业发展需求，解决企业计量难题。组成质量服务小组，为耗材生产企业提供"零距离"质量服务，深入了解企业生产经营情况以及在产品质量方面的需求，为企业提出改进建议49条。

【国家质检中心建设】 2018年，珠海市质量技术监督部门推进第三个国家质检中心——国家新能源汽车动力电池及电驱动系统质检中心基建工程和技术能力建设工作。该项目批复总规划用地面积3.27万平方米，总建筑面积4.71万平方米，工程投资估算金额3.92亿元，基建工程正在同步开展用地软基处理、项目设计、施工图设计等工作。完成实验室设备配置与能力建设等论证工作、第一批约7600万元设备的招标、启动第二批设备招标文件编制工作。（李　苑）

食品药品监督管理

【概　况】 2018年，珠海市食品药品监督管理部门监督性抽检食品（保健食品、餐饮）、药品、化妆品、医疗器械1.4万批次，其中，食品抽检量每千常住人口7.3批次，超额完成省下达任务；食用农产品快检19.99万批次，快检总合格率99.11%，筛查发现和销毁快检不合格食用农产品1786批次5407.93千克；全年办结案件777件，处罚金额684万元，分别比上年增长37.52%和92.13%；处理群众投诉举报2952件，及时办结率、群众满意率100%。全年未发生重大食品药品安全事件。全市有食药械妆企业3.32万家，其中，食品生产经营单位3.06万家（食品生产企业260家，保健食品生产企业13家，食品生产小作坊83家，食品流通企业1.7万家，餐饮服务单位1.32万家），供港澳食品生产企业34家；药品生产经营企业1293家（生产企业37家，经营企业1256家）；医疗器械生产经营企业1205家（生产企业156家，Ⅱ、Ⅲ类经营企业1049家）；化妆品生产企业64家。备案农业经济合作组织283家。

【食品药品管理】 2018年，珠海市食品药品监督管理部门推进“创建省级食品安全示范城市”取得成效；推行“全城通办”，政务服务更加便利化；加强政策扶持，发展生物医药产业；完善法规制度，食品安全风险研判常态化；推行互联网+“食安现场”、互联网+“明厨亮灶”、小餐饮备案制，首次将托幼机构“小餐桌”纳入监管；坚持长春疫苗事件等隐患排查，增强风险防范化解能力，药械妆生产环节风险总体可控；坚持乱点难点重点整治，净化营商环境。

【食品药品安全宣传】 2018年，珠海市食品药品监督管理部门建立汤臣倍健、元朗食品等科普基地10个；举办“科普进基层”“食品安全宣传周”“全国安全用药月”“宪法宣传日”“3·15国际消费者权益日”等五大主题宣传活动，派发宣传资料8.12万份；在特区报融媒体、微信公众号链接“食安现场”直播，珠海电视台、电台开辟“创城工作”专栏；发动行业协会、志愿者队伍、高校社团力量，协调教育等部门资源，开展安全常识“四进”（进社区、进校园、进市场、进工厂）等活动；拓展新媒体运用，整合并完善全市系统微信公众号、今日头条矩阵，链接监督抽检、行政处罚、明厨亮灶、校园食品安全科技工程等文字视频信息。至年底，市食品药品监督管理局官网政务公开在市政府门户网站市直单位稳居第一；“食安珠海”今日头条号在全国市场监管政务头条号居前2名；“食安珠海”微信公众号在南方号·珠海矩阵政务自媒体中稳居前10名；全年举办“食安现场”阳光执法直播活动30期，投票人数约20万人次，浏览量接近100万人次；“红马甲”志愿者队伍等社会力量进企业宣传6000余家次、进家庭宣传8000人次；科普基地接待参观群众近20万人次。

【食品药品“全城通办”】 2018年，珠海市食品药品监督管理部门与各功能区签订职权委托合同，与各区局签订“全城通办”代接件合同，制订下放事权实施方案，直接或委托下放事权至各功能区35项、行政区3项；印发通知明确事项和要求，制定统一标准、统一流程业务指南，开展系统政务服务相关工作人员培训。除省局委托事项外，行政许可、公共服务事项全部纳入“全城通办”，11月1日，正式运行“全城通办”，实施事项35项。

【生物医药产业扶持】 2018年，

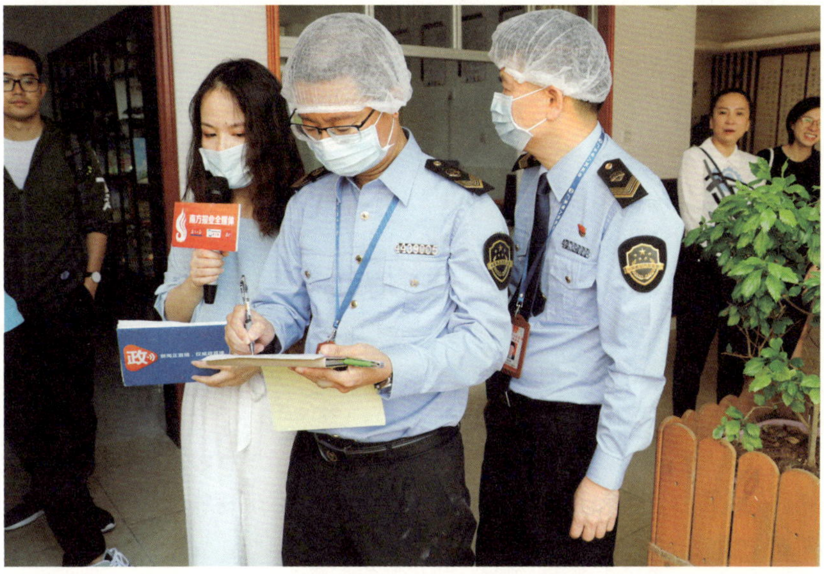

2018年10月12日，市食药监局执法人员联合南方日报社记者在金湾区三灶镇第二中心幼儿园开展“食安现场”阳光执法直播活动 （刘宾山 摄）

2018年7月25日，广东省食品药品监督管理局驻粤澳合作中医药科技产业园联络办公室和中医药技术与政策研究中心，在粤澳合作中医药科技产业园举行揭牌仪式　（刘宾山 摄）

珠海市食品药品监督管理部门成立工作领导小组和生物医药专家委员会，为横琴粤澳合作中医药产业园、金湾国际健康港和生物医药企业提供政策咨询和技术指导；收集整理全国各地人才、税收、财政、土地等相关产业扶持政策，为生物医药扶持政策的调整提供依据。协助海王集团药品制造等项目洽谈，做好政策和业务咨询服务。加强横琴粤澳合作中医药产业园建立药品检验点等事宜技术服务。

【互联网＋“食安现场”】 2018年，珠海市食品药品监督管理部门每周选取一个镇（街）辖区，根据网友投票，检查得票数前3位的餐饮服务、食品经营企业，在食品安全监督员参与下，开展“食安现场”阳光执法，并实时连接微信公众平台、特区报融媒体进行现场直播。每周一在特区报和微信公众号上公布前一周现场执法发现的问题和整改情况，并公布下期活动拟检查的镇（街）区域企业名单，供网友投票确定下期检查对象。全年举办“食安现场”阳光执法直播活动30期。投票人数约23万人次，浏览量达到200万人次。

【互联网＋“明厨亮灶”】 2018年，珠海市食品药品监督管理部门将校园食品安全科技工程监控网、餐饮业“明厨亮灶”视频，通过互联网技术与微信公众平台对接，让校园食堂、餐饮单位食品经营活动实现实时播放，发挥广大群众的监督作用，促进上线经营单位主体责任落实。至年底，实施互联网＋“明厨亮灶”工程企业500余家。

【小餐饮备案制推行】 2018年8月6日起，珠海市食品药品监督管理部门对不含制售刺身、生鱼片类“小餐饮”店的开办实施备案制，满足备案条件者，到行政服务窗口递交书面办理材料，即获得“小餐饮备案凭据”，当天可开展相关经营活动。市食品药品监督管理部门加强事中事后监管，对违法违规经营行为依法取缔和严厉处罚，解决无证经营监管执行难的问题。至年底，“小餐饮”备案登记400余家。

（刘宾山）

安全生产监督管理

【概　况】 2018年，珠海市安全生产监督管理部门开展安全生产大检查，加大安全生产执法力度，加快安全风险分级管控和隐患排查治理双重预防体系建设，开展安全生产应急宣教，推进安全生产领域改革发展，持续保持全市安全生产稳定。全市发生各类生产安全事故118起，比上年增长2.61%；死亡65人，下降10.96%；受伤93人，增长16.25%；直接经济损失2359.35万元，下降52.13%。事故四项指标“两升两降”，核心指标死亡人数明显下降，没有发生较大以上生产安全事故。

【安全生产标准化】 2018年，珠海市安全生产监督管理部门推进冶金等行业企业安全生产标准化建设与危险化学品安全生产标准化。7月6日，召开全市安全生产标准化工作推进会，全市危险化学品安全生产标准化意向企业95家、参加会议105人。全年持有安全生产标准化达标证书危险化学品企业119家，其中，危险化学品生产企业38家，危险化学品经营企业81家；持有二级以上安全生产标准化达标证书企业3家。9月11日，印发《关于进一步规范全市冶金等行业企业安全生产标准化评审工作

2018年11月23日，珠海市安委办在高栏港大厦三楼会议室召开全市危险化学品企业事故警示教育会议 （陈嘉仪 摄）

的通知》，明确冶金等行业企业安全生产标准化评审工作有关事项、规范办理流程。年内办理推荐（审核）冶金等行业企业安全生产标准化一级企业1家、二级企业7家、三级企业1家、审核中企业10家。至年底，全市冶金等行业企业安全生产标准化持有证书并过期企业1133家，在有效期内企业30家，其中，一级安全生产标准化企业1家，二级安全生产标准化企业28家，三级安全生产标准化企业1家。

【安全生产执法监察】 2018年，珠海市安全生产监督管理部门开展节假日、汛期、港珠澳大桥开通仪式和第十二届航展等重大活动、重点时段安全生产大检查，深入一线、基层、生产经营单位严查严治事故隐患，堵塞监管漏洞和薄弱环节，确保重点时段、敏感时期全市安全生产形势稳定。开展企业主体责任落实专项执法、联合执法等行动，加大执法力度，按从重从严、顶格处罚的原则查处安全生产违法违规行为，督促企业落实主体责任。全市各级各部门检查生产经营单位20.34万家（次），比上年增长43.21%；行政处罚6474宗，增长87.06%；罚款4862.9万元，增长24.07%；责令停产停业1034家，增长17.23%；发现整治各类隐患和问题7.34万处，增长18.84%。

【城市安全风险管控】 2018年，珠海市安全生产监督管理部门开展常态化城市风险点危险源排查整治，排查各类风险点、危险源1920处，按照“红、橙、黄、蓝”四个等级编制管控清单，落实管控责任人和措施。委托北方工业大学深入全市企事业单位开展城市安全风险评估，全面梳理、准确辨识风险点、危险源，落实管控措施，提高城市运行安全管理能力。纳入隐患排查治理信息系统进行信息化监管企业8636家，涵盖重点行业部门8个和行业部门监管企业（单位）16家，全年排查上报并整改隐患12.13万处。

【危险化学品和烟花爆竹安全监督专项整治】 2018年，珠海市安全生产监督管理部门印发《珠海市安全生产委员会办公室关于进一步推进危险化学品安全综合治理工作的通知》，牵头开展危险化学品和易燃易爆物品安全整治，对全市危险化学品和易燃易爆物品生产、经营、储存、使用、运输和废弃处置开展全方位、全链条、全环节的安全整治。通过安全评估、专家会诊、隐患自查自纠等各种措施，建立长效机制，强化安全基础工作，确保全市危险化学品领域安全稳定。年内检查危险化学品企业2014家次，排查整治隐患5548处，下达责令限期整改指令书719份、整改复查意见书767份、强制措施决定书2份，行政处罚24次，罚款51.5万元，责令暂时停产停业2家。

【冶金工贸专项整治】 2018年，珠海市安全生产监督管理部门以粉尘涉爆企业、涉氨使用、有限空间作业安全专项整治为重点，牵头开展钢铁企业、粉尘涉爆等安全生产专项整治工作，督促企业开展隐患自查自纠，减少事故风险。全年检查涉可燃爆粉尘企业769家次，查处隐患1208处；下达行政执法文书449份，责令停产停业整顿企业9家，立案查处企业8家、罚款17.3万元；检查涉氨制冷企业73家次，查处隐患163处，下达行政执法文书58份；检查涉及有限空间作业企业682家次，查处隐患1440处；下达行政执法文书418

份，责令停产停业整顿企业 1 家，立案查处企业 3 家、罚款 7 万元。

【职业健康安全专项整治】 2018 年，珠海市安全生产监督管理部门开展职业健康执法年活动，监督检查用人单位 4636 家，查处隐患（问题）5884 处。全市职业健康检查人数 11.95 万人，重点行业用人单位职业病危害项目申报率 100%，重点行业用人单位工作场所职业病危害因素定期检测率 100%，重点行业用人单位主要负责人、职业卫生管理人员职业卫生培训率 100%，重点行业用人单位接触职业病危害的劳动者在岗期间职业健康检查率 90% 以上。

【安全生产宣传】 2018 年，珠海市安全生产监督管理部门开展“安全生产月”“安全生产万里行”“安康杯”“安全生产法宣传周”“职业病防治宣传周”等安全生产宣教活动。制定《珠海市安全生产宣传教育“七进”活动实施方案》，成立“七进”活动指导委员会，推进安全生产进企业、进学校、进机关、进社区、进农村、进家庭、进公共场所等“七进”活动。制作“3·4”闪燃引发高坠较大生产安全事故警示教育片，组织生产经营单位 8783 家员工 4.6 万人集中观看。加强公益宣传、隐患曝光、案例警示、事故教训、法制宣传，在《珠海特区报》开设安全生产宣传专栏，每月刊登 3 期安全生产宣传稿件，在珠海电视台、广播电台黄金时段定期播放安全生产公益广告，全年播放 779 次。打造“珠海安监”微信公众号，“粉丝”2.85 万人，发布推送安全生产主题文章 286 篇，文章最高点击率 1.83 万次。印制《致全市生产经营单位并主要负责人的一封信》2 万份，发放给全市生产经营单位。通过商场、社区 LED 显示屏、宣传栏等广泛宣传安全生产知识，提高全民安全意识。

2018 年 9 月 19 日，珠海市安全生产监督管理部门组织港珠澳大桥生产安全事故应急演练 （赵 婧 摄）

【安全生产从业人员培训考核】 2018 年，珠海市安全生产监督管理部门开展安全生产从业人员考核培训工作，提高从业人员安全生产综合素质和技能。全年组织特种作业人员、危险化学品（烟花爆竹）等生产经营单位主要负责人和安全生产管理人员培训考核 2.78 万人次；组织特种作业人员培训考核，发放特种作业操作证 1.05 万本。邀请专家举办危险化学品、粉尘防爆、涉氨制冷、液氨使用、有限空间作业、职业卫生等各类专题安全培训，培训相关企业负责人和管理人员 1.03 万人次。

【安全生产应急救援管理】 2018 年，珠海市安全生产监督管理局督促企业做好应急预案的编制、修订、评审和备案等工作，加强应急演练，提升应急救援组织协调和现场救援实战能力。全市按要求编制预案并备案企业 800 家，开展演练 2926 场（次），参加人数 22.28 万人次。

【港珠澳大桥综合应急演练】 2018 年 9 月 19 日，珠海市安全生产监督管理部门组织协调开展港珠澳大桥综合应急演练。港珠澳大桥管理局、珠海市公安（消防、交警）、交通、口岸、环保、海洋渔业、卫计、气象以及海事等 26 个部门参加演练，交通部南海救助局和香港、澳门方面也参与演练。出动人员 367 人，各类救援及社会车辆 53 辆，救援船只 31 艘，直升机 1 架，各类救援装备 54 台（套）。

（刘 毅）

·责任编辑：曹 琨·

口　岸

口岸管理与服务

【概　况】　2018年，珠海有国家一类口岸9个（港珠澳大桥珠海公路口岸、拱北口岸、横琴口岸、九洲港口岸、高栏港口岸、湾仔轮渡客运口岸、万山港口岸、斗门港口岸、珠澳跨境工业区专用口岸），国家二类口岸7个。全市口岸开设旅客出入境通道578条，车辆通道150条，涉外码头泊位65个。全年口岸出入境人员1.52亿人次，比上年增长8.1%；进出口总值370亿美元，增长9%，关税环节税收入110.6亿元，增长5.30%，货运量1.46亿吨，下降14%；出入境交通运输工具430万辆（艘、架）次，增长6%。立案查办各类走私案件1.29万件，案值27.88亿元，涉税3.93亿元，其中超千万元以上案件31件，公开销毁查扣“三无”船只132艘。推进粤澳新通道（青茂口岸）规划建设工作，各方就连接通道方案基本达成一致意见。7月13日，国务院常务会议批准22个城市新设一批跨境电商综合试验区，珠海位列其中。

【查验机制改革创新】　2018年，港珠澳大桥珠海公路口岸首次建设并实行客车、货车“一站式”系统查验放行，实现客车和货车“一次申报、一次核放、一次查验”新型监管模式；珠澳旅检通道在全国率先实行边检“合作查验，一次放行”通关新模式；卫生检疫实现由出境方负责公共卫生风险筛查，由入境方负责对风险旅客排查处置的“合作查验”创新模式。

【国际贸易“单一窗口”建设】　2018年，珠海市国际贸易“单一窗口”上线25个项目，其中国家标准版项目15个，地方特色项目10个。全年举办国际贸易“单一窗口”政策宣讲会8场，培训企业1058家1684人次。8月1日，全国启动关检融合申报，全市报关报检单一窗口申报实现覆盖率100%。至12月31日，总申报单量169.73万票，其中，报关单38.85万票，报检单12.65万票，水运舱单申报单量40.63万票，跨境电商申报单77.61万票，总金额1.748亿元。

【口岸区域合作】　2018年，珠

2018年9月21日，国家口岸办公室在珠海大桥口岸主持召开港珠澳大桥珠海公路口岸对外开放验收专题会议　（荆　蕾　摄）

海市口岸局牵头完成港珠澳大桥三地口岸执法联络协调等工作。推进港珠澳大桥珠澳、珠港口岸合作，大桥顺利通车，口岸通关安全顺畅。组织召开珠澳口岸通关合作工作小组会议，研究湾仔口岸重建、拱北口岸关前风雨连廊维修、珠澳跨境工业区专用口岸扩大功能（供澳门鲜活产品）、防台风等事宜。推进港澳游艇自由行和划定港澳籍游艇自由行珠海市水域活动范围工作，获广东省口岸办公室批复在万山港口岸桂山港一湾增设港澳游艇码头。督促横琴新区、万山区加快游艇码头建设。

【外贸营商环境优化】 2018年，珠海市落实口岸提效降费工作。为压缩货物通关时间，拱北海关简化作业流程，优化税收征管方式，推进通关环节“去繁就简”；优化出入境货物检验检疫程序，实现“通报、通检、通放”和“出口直放、进口直通”。珠海边检总站推进出入境船舶边检申报无纸化。珠海海事局优化船舶通航服务，缩短进出港船舶等候时间。全年免除查验集装箱4075个，箱式货柜车3213辆次。出口整体通关时间压缩92.30%至2.14小时，进口整体通关时间压缩70.64%至11.94小时；珠海地区通关时间位居全国领先水平。落实全国、全省口岸提效降费工作要求，制订《珠海市口岸提效降费工作方案》，采取16条措施推进口岸减证、提效、降费工作。全年，免除查验无问题集装箱3897个，箱式货柜车2895辆次，免除吊装、移位、仓储费用379.85万元，惠及外贸企业396家，货值5.77亿美元。

【口岸安全管理和通关服务】 2018年，珠海市口岸局定期组织安全检查、安全工作会议和培训。全年从拱北、横琴等口岸快捷通关团体、嘉宾60多批。完成第十二届航展期间参展人员、货物、交通运输工具通关及飞行器地面服务保障工作。协调做好第四届中以科技创新投资大会、第二届“21世纪海上丝绸之路”中国（广东）国际传播论坛、港珠澳大桥开通仪式、中国国际马戏节、WTA超级精英赛等重大活动的通关服务。督导洪湾港水域交通安全隐患整治工作，洪湾港水域交通隐患基本消除，船舶过往安全有序。

【反走私工作】 2018年，珠海市完善反走私长效机制，巩固深化基层反走私综合治理，签订反走私综合治理责任书，建立职能部门之间工作机制。开展“国门利剑2018”“蓝天2018”专项行动，严厉打击成品油走私等各类违法活动。全年全市查获各类走私违法案件1.29万件，案值27.88亿元，涉税3.93亿元。查获案值超千万元以上案件及重大非涉税刑事案件31件，打掉较大走私团伙16个，其中，“水客”走私洋酒、红酒、燕窝进境案，案值1.05亿元；“3·25”走私固体废物案，涉案固体废物31.3万吨；“4·23”团伙走私宝石进境案，案值4.8亿元；“5·18”团伙走私日用品进境案，案值5000万元，涉税500万元。查获“三无”船舶132艘、成品油2715.47吨、走私冻品1375.47吨、走私香烟719万支，对504名犯罪嫌疑人采取强制措施，抓获外逃犯罪嫌疑人57人（其中1人为潜逃10年红通逃犯）。批准逮捕走私类案件32件49人，提起公诉走私类案件85件199人。处分违规流动渔船36艘，其中4艘给予开除

2018年9月21日，国家口岸办公室牵头组成的验收组进行港珠澳大桥珠海公路口岸对外开放验收会议，签字仪式在珠海市举行 （荆 蕾 摄）

会籍处分。

【海防工作】 2018 年，珠海市推进海防基础设施项目建设，7 月，完成万山区东澳岛直升机停坪项目建设，用于岛上应急救援和海岛与陆地客运交通，方便海岛军民生活。以进社区（村居）、学校、工地、军营等举措开展海防打私宣传教育活动，举办反走私文艺宣传晚会 3 场（次），组织志愿服务活动 16 场（次），组织学校开展海防打私主题教育班会，组织“流动电影院”“流动图书馆”进工地活动 8 场（次）、趣味运动会 2 场（次），举办海防打私网格员专题培训班 3 次，累计发放各类宣传品 1.5 万份。

【旧口岸重建和改造】 2018 年，珠海市口岸局配合九洲控股集团推进九洲口岸片区概念性规划，确定九洲港临时旅检大厅规划设计工作及方案。落实湾仔口岸迁建工作，完成用地控规调整、用地审批手续。建设横琴口岸综合交通枢纽。对拱北口岸旧建筑物安全隐患及通关大厅等配套设施项目进行整改立项。完成拱北口岸风雨连廊修复工作。组织对西域码头进口肉类冷链设施审核验收，建成湾仔口岸西域高盛进口肉类冷链查验及储存一体化设施并使用。

【港珠澳大桥珠海公路口岸开通】 2018 年 8 月 15 日，港珠澳大桥珠海公路口岸通过省口岸办组织的预验收，9 月 21 日通过国家口岸验收组的对外开放验收。10 月 23 日上午，举行港珠澳大桥开通仪式，习近平总书记出席仪式并宣布大桥正式开通。10 月 24 日上午 9 时，港珠澳大桥正式全线通车，实施“合作查验、一次放行”新查验模式，落实口岸区域运营管理、安检、后勤保障等各项工作，运行平稳有序。口岸设出入境旅检通道 177 条，其中珠港出入境旅检大厅查验通道 84 条（出境 52 条、入境 32 条），珠澳出入境旅检大厅查验通道 68 条（出、入境各 34 条），出境随车验放厅查验通道 12 条，入境随车验放厅查验通道 13 条；出入境车道 113 条，其中客车一站式验放通道出入境 48 条，货车一站式验放通道出入境 30 条，客车二道闸通道出入境 12 条，货车二道闸通道出境 23 条。 （黄启初）

拱北海关

【概　况】 2018 年，拱北海关是直属于海关总署的进出境监督管理机关，关区范围包括珠海、中山两个地级市。4 月，按照中央机构改革部署，原出入境检验检疫部门划入海关。截至年底，拱北海关在珠海市设有 11 个隶属海关单位：高栏海关、湾仔海关、九洲海关、万山海关、闸口海关、港珠澳大桥海关、青茂海关、香洲海关、横琴海关、斗门海关和风险防控分局。在职在编 4000 余人，是一个业务门类齐全的综合性海关。

是年，拱北海关监管进出口货物 1.5 亿吨、总值 4250 亿元，分别比上年增长 -14.1%、2.1%。检验检疫进出口货物 19.1 万批、货值 757.7 亿元，分别增长 2.7%、13.1%。监管进出境运输工具 431.1 万辆（艘）次，增长 6.2%。全年税收入库 144.4 亿元，增长 2.1%。

【服务实体经济发展】 2018 年，拱北海关支持新兴产业发展，推广以企业为单元的加工贸易监管改革，推进边角废料内销网络交易等保税监管模式创新，拍卖成交额位居广东省内海关前列。创新开展航空零配件保税维修、AOG（紧急航材）紧急支援业务、耗料账册试点，助力打造“全国航空标准件配送中心”。推进公共技术服务平台建设，为关区提供技术创新、检测认证等“一站式”公益性技术服务企业 2295 家。建设海关企业信用体系，落实国家社会信用体系建设措施和 AEO（经认证的经营者）国际互认合作部署，开展企业认证 269 家，调整信用等级 286 家。依托全国首批制冷设备、办公设备及耗材 2 个技术性贸易措施研究评议基地，应对技术壁垒。保障第十二届航展等多项重大活动顺利举办。

【服务开放型经济发展】 2018 年，拱北海关配合推进青茂口岸、横琴口岸及综合交通枢纽等新口岸项目规划建设。2 月，获国务院批复设立高栏港综合保税区，助力珠海拓展“一带一路”市场。支持外贸新业态发展，助力珠海市获批第三批跨境电子商务综合试验区。积极应对中美贸易争端，加强对地方外贸运行情况监测分析。参与完成对 WTO 成员国涉及机电产品能效标准等7项TBT（技术性贸易壁垒）通报的评议，提交2项SPS（《卫生与植物卫生措施协定》）特别贸易关注。

【关区营商环境优化】 2018年，拱北海关推进口岸提效降费，建立月度通报、季度评估机制。10月，关区口岸收费实现“明码标价”，实现每集装箱降费100美元目标。完成整体通关时间压缩1/3目标；12月，进、出口整体通关时间比上年分别压缩64.97%、70.16%，关区进、出口整体通关时间分别为全国整体通关时间的30%、44%。建设国际贸易“单一窗口”，货物申报应用覆盖率达100%，舱单申报应用覆盖率稳定在80%以上。深化行政审批制度改革，下放审批层级2项。推广《海关专用缴款书》企业自行打印，取消通关单。规范进出口环节经营性服务和收费，免除查验无问题相关费用675万元。

【通关一体化改革】 2018年，拱北海关推进构建“三纵一横两制高点”业务新格局。加强关区二级风险防控中心建设，建立健全制度规范11项，查获率从5月的2.1%逐步提升到12月的4.7%，风险防控水平提升。提升关区执法统一性水平，对单证验估等20余项业务集约到指定隶属海关办理。推进税收征管方式改革，在关区落实税款多元化担保、税费电子支付等税收征管方式改革15项，关区电子支付比例达97%。发挥业务监控指挥中心作用。深化放行信息电子化改革。

【通关监管】 2018年，拱北海关严控安全准入风险，构建货运、跨境电商等多领域、跨部门防控机制。推进“双随机、一公开”；推广移动查验单兵作业，开展“先期机检”作业试点；推广智能审图应用；打造全国海关首条旅检智能分拣线，实现对17种重点行李物品智能审图、自动分拣。抓好重大传染病疫情防控，拱北口岸以“优秀”等次通过全国口岸核心能力复核，检出传染病症状旅客2308人次，确诊各种传染病例577例，完成出入境人员监测体检2.3万人次，确诊各种传染病例388例。在全国首次监测发现波氏曼蚊、截获浅黄麻蠊。加强重点领域、重点商品安全防控，截获禁止进境物8.2万批次70.2吨，检出不合格进出口食品181批，检出有害生物5969种次；全国口岸首次检出检疫性有害生物鳄梨织蛾。进口528.8万吨，比上年下降20.1%，严格管控煤炭进口，坚决落实联合国安理会对朝制裁决定，全年进口煤炭528.8万吨，同比下降20.1%，检验不合格率达58.7%。做好武警海关执勤兵力撤收工作。

是年，拱北海关推进关检融合“多查合一”，构建集约化、专业化后续监管模式。推动关区企业注册登记实现无纸化、网络化，企业年报实现“多报合一”。加强企业注册备案信息核对，发挥稽核查作用，常规稽查随机选取率97.7%。落实主动披露和引入中介等制度，不断丰富后续监管方式。组织开展减免税货物、打印耗材翻新行业等行业性专项稽查行动11个。全年，办结稽查企业304起，稽查作业有效率62.4%，办结核查作业553起，有效率38.5%，各主要绩效考核指标居全国海关前列。强化进出口数据核查监督，虚假贸易联防联控综合管控机制有效运行。

【海关综合治税】 2018年，拱北海关开展综合治税7项措施和全年税收22项重点工作，形成综合治税工作合力。分解各征税单位具体目标，加强监控分析。围绕税收质量，落实税收征管评估指标11项，实现审价、归类补税超2亿元。开展预裁定改革宣传推动工作，落实属地化验改革工作要求。发挥原产地辅助决策作用，做好自贸区原产地规则谈判和关税减让实施等工作。做好优惠贸易安排项下原产地证书认证核查，全年接受认证咨询386份，对外核查证书527份，分别比上年增长107.5%和113.4%；开展出口原产地核查，受理外方对中方发起原产地证书核查100份，涉及澳大利亚、瑞士、韩国及印度尼西亚等国。全年实现税收入库144.36亿元，增长2.1%，完成全年税收目标。

【智慧缉私】 2018年，拱北海关实施“全员打私”，查获各类走私违法案件1.2万件、案值31.6亿元、涉税4.2亿元。查办案件数、千万元大案数、打掉较大走私团伙数量等多项指标破历史纪录。关区非涉税刑事案件查获率提升36.8%。推进“智慧缉私”建设，情报中心、指挥中心、办案中心、案管中心建设取得实效。强化反走私综合治理能力，筑牢“打、防、管、控”立体防线。

【海关统计分析】 2018年，拱北海关开展关检融合整合申报项目工作，建立切换应急保障机制，制定下发《拱北海关关检融合整合申报项目业务应急保障预案》等。编发《拱关统计监测预警分析》265期，获中央领导批示专题分析文章10篇；向广东分署报送专题报告5篇；撰写总署《美国对我加征关税商品分析》材料13份；向珠海、中山两市地方党政有关部门报送分析文章20期，其中关于中美贸易摩擦影响专题分析6篇。举办关检融合整合申报项目宣讲培训会6场，参加企业1672家2470人。

【服务粤港澳大湾区建设】 2018年，拱北海关完成港珠澳大桥建设开通任务204项，保障大桥顺利开通和高效运作；落实《海关总署与香港海关、澳门海关开展港珠澳大桥口岸合作互助项目备忘录》，打造大桥口岸创新高地，实施珠澳海关“执法互助、便捷通关”通关信息互换合作、珠澳“合作查验、一次放行”旅客卫生检疫、珠港澳三地病媒生物联合监测、“进口食品检验前置”等新模式，内地海关“跨境快速通关”模式与香港海关“多模式联运转运货物便利计划”在港珠澳大桥实现对接。开展服务粤港澳大湾区建设、优化关区营商环境等重点课题研究，提出加快发展珠港陆空联运政策建议，获地方高度肯定。支持横琴自贸片区建设，做好国务院42项、广东省52项自贸区创新制度复制推广工作，推进支持横琴深化改革创新7项重点改革任务，横琴口岸通关效率连续三年居广东自贸区榜首。加强跨境合作，实行澳门CEPA（内地与港澳关于建立更紧密经贸关系的安排）食品检验前置制度，被澳门特别行政区政府写入年度施政报告；与澳门民署启动珠澳两地“前店后仓”物流合作，推行进口展销酒类“预检直放”模式；珠澳联合开展供澳花卉苗木电子植物检疫证书系统研究及应用，合作共建供澳门种苗花卉隔离圃。

【税则调研获国家部委采纳】 2018年，拱北海关对“电动剃须刀头”“通道锁”等商品开展税则调研，撰写并上报税则调研报告12篇，其中“电动剃须刀头”“通道锁”税则调研建议获国务院税委会和财政部采纳，并在11月1日实施：进口电动剃须刀零件的最惠国税率由原来的24.5%调至8%，通道锁的出口退税率由原来的5%提高至13%。 （黄孝永）

2018年拱北海关业务量统计表

项 目	2018年	与2017年相比（%）
进出口货运量	1.5亿吨	-14.1
其中：进口	0.2亿吨	-8.4
出口	1.3万吨	-14.9
进出口总值	4250亿元	2.1
其中：进口	1627.8亿元	9.4
出口	2622.2亿元	-2
实际税收入库	144.4亿元	2.1
进出境运输工具（汽车、船舶）	431万辆（艘）次	6.2
集装（标准）箱数	154.2万箱次	-6.9

（续 表）

项 目	2018 年	与 2017 年相比（%）
进出境旅客	1.5 亿人次	8.1
海关注册备案企业	1.8 万家	6.9
查办走私违法案件	案件 1.2 万件	1.6
	案值 31.6 亿元	19.7
	涉税 4.2 亿元	-9.9
罚没收入	1.3 亿元	-2.5
进出口货物检验检疫数量	19.1 万批次	2.7
其中：进口	5.9 万批次	3.7
出口	13.2 万批次	0.9
进出口货物检验检疫货值	757.7 亿元	13.1
其中：进口	537 亿元	19.6
出口	220.7 亿元	-11
进出口货物检出不合格货值	103.9 亿元	-4.5
出入境人员监测体检数量	2.3 万人次	4.4
发现动植物疫情数量	8096 种次	-52.4

海 事

【概 况】 2018 年，珠海辖区船舶进出港 35.24 万艘次，比上年增长 5.9%；货物吞吐量 2.07 亿吨，减少 1.9%；水路旅客流量 1125.40 万人次，减少 4.6%。全年辖区发生一般等级以上事故 4 宗、死亡 4 人、沉船 1 艘、经济损失约 100 万元，与上年相比，水上交通事故 4 项指标（事故宗数、死亡失踪人数、沉船数、经济损失）3 降 1 升。

【水上安全监管】 2018 年，珠海海事局开展珠江口水域交通安全综合整治，牵头组织珠江口“归巢”行动，联动执法、联合巡航与全天候蹲守相结合，从严治理内河船舶非法从事海上运输、违法违规运砂等行为。全年查处参与海上运输内河船 289 艘次，行政处罚 170 万元，劝返采砂船 395 艘次，召回珠海籍内河船 9 艘次，向公安、海警部门移送无证驾驶被行政拘留人员 7 人，移送涉嫌非法采矿被刑事拘留人员 37 人。开展临时码头及“未批先建”码头联合专项整治行动，有效规范临时码头统筹规划和审批布设。深化“平安西江”建设，完善马骝洲、泥湾门等水道的电子布控和预警服务。开展客运（旅游、渡船）船舶安全检查专项行动，从严从细管控可能引发群死群伤事故的风险。定期开展航运公司安全监管工作小组集中办公，强化本港籍船舶安全管理。实施新的内河船员配员标准，开展辖区海事劳工条件检查试点工作。

【海事服务】 2018 年，珠海海事局完成重大码头工程通航安全核查、大型装备浮卸作业交通管制，护航高栏港主航道、黄茅海航道疏

2018年11月19日，东盟及南亚国家学员来珠海交流非公约船舶管理经验
（米佳强 摄）

浚施工。服务洪鹤大桥、香海大桥等“珠海大交通建设”战略系列重点工程。推行船舶登记多项业务并联办理，压缩办结时限，多证联办从33个工作日压缩至7个工作日。实施绿色通道制度，助力3艘万吨级集装箱船落户珠海，首次完成融资租赁登记2亿余元。提前实现“单一窗口”国家标准版系统正式运行，推进国际航行船舶联合登临检查，提升口岸查验效率。推进珠海港集团、西域码头港口建设费代征，方便申报缴费。印制《防止船员工伤和人员落水宣传单》《珠海港（高栏）船舶安全宣传册》等宣传资料，免费向航运公司和船舶发放。开展“典型事故案例”进公司、培训机构活动，开展水上交通安全知识进校园活动，组织主题教育活动，增强行业和公众安全意识。

【水上安全隐患治理】 2018年，珠海海事局开展安全大巡察“隐患清零”行动和月度识别排查评估，消除安全风险源15项，整改安全隐患13项。清理处置违章且拒不接受调查的“老赖”船，滞留并上报重点跟踪船舶12艘次，协查5艘次，通报交通部门后被注销运营资质公司1家，被取消《符合证明》公司1家。开展防范船舶触碰桥梁专项治理，推动珠海市安排建设桥梁防撞系统专项资金4.8亿元，强化桥梁水域通航环境巡航检查，查处违章船舶234艘，化解涉嫌超出桥梁净高险情3宗。

【应急处置】 2018年，珠海海事局与广州、惠州、中山、江门等海事局探索防台区域合作，与中山局建立防台风联动机制。组织多家单位摸底调研磨刀门水道，寻找内河船舶合适避风水域，为防台风工作打下坚实基础。联合渔政、高栏港区开展防范商渔船碰撞、应急知识培训2期，约300人参加。组织搜救成员单位协调员赴湖南大学开展业务培训1期，60人参加。全年全市海上搜救中心组织协调水上救助54次，涉及遇险202人，获救194人，人命搜救成功率96.04%。

【船舶污染防治】 2018年，珠海海事局推进船舶排放控制区海事监管，开展船舶燃油取样426艘次，处罚62艘次。配合市政府迎接国家海洋督察、中央和广东省环保督察。加强溢油应急设备库管理。召开《船舶污染物排放控制标准》实施座谈会，印发《内河船舶防污染须知手册》，开展船舶生活污水专项治理。加强一级饮用水源保护区、供澳门取水口附近水域巡查，保障供水安全。拓展码头货物数据来源，推广使用船舶载运危险货物比对系统。加强船载危险货物申报管理和现场监督检查，加大开箱检查力度，严肃查处瞒报谎报违章行为。推动危险品集装箱联合开箱检查。全年辖区未发生船舶污染事故和船舶载运危险货物事故。

【防抗强台风“山竹”】 2018年9月16日，强台风“山竹”在江门台山登陆，珠海海事局采取分时段、分类别，全面摸排、动态掌控的防台举措，播发预警信息1.8万条，出动执法人员561人次，开展海上巡航63次，组织辖区离港或进入安全水域避风船舶1368艘次，珠海辖区取得“零险情”、人员“零伤亡”、船舶“零损失”成绩。

2018年6月6日，浅吃水应急拖轮“海巡09173”船在珠海举行列编仪式
（马　涓 摄）

年9月16日，强台风“山竹”在江门台山登陆，珠海海事局采取分时段、分类别，全面摸排、动态掌控的防台举措，播发预警信息1.8万条，出动执法人员561人次，开展海上巡航63次，组织辖区离港或进入安全水域避风船舶1368艘次，珠海辖区取得“零险情”、人员“零伤亡”、船舶“零损失”成绩。

【服务港珠澳大桥开通】 2018年，珠海海事局制订《港珠澳大桥开通前海上巡查联防联动工作方案》，牵头组织珠海渔政、边防、广州海事局港珠澳大桥海事处以及港珠澳大桥管理局，围绕港珠澳大桥桥梁水域，从水上安全宣传、整治通航环境、规范通航秩序、维持水上治安入手，以日常巡查、持续值守和联合执法方式，开展近一个月的港珠澳大桥开通前海上巡查联防联动工作，出动执法船艇49艘次、执法人员124人次，检查过往船舶861艘次。

（谢　芳）

出入境边防检查

【概　况】 2018年，珠海出入境边防检查总站（简称珠海边检总站）下辖拱北、九洲、横琴、湾仔、高栏、万山、斗门、茂盛围、港珠澳大桥、中山、湛江、江门、开平、新会、台山、阳江、茂名17个边检站。主要承担驻地口岸出入境人员、交通运输工具的检查、监护和口岸限定区域管理等职责，囊括海、陆、空边防检查工作任务。全年，查验出入境人员1.5亿人次，查验出入境交通运输工具429万辆（艘/架）次。10月27日，珠海口岸单日客流量超50万人次，比上年增长23%，再创新高。年内，微信平台“边月清风”“拱北边检”发布新媒体推送文章117篇，官方微博156篇，《新春话边检》《中国边检与您相约港珠澳大桥》等4部新媒体作品被公安部宣传局微信平台、人民公安报微信平台转载，观看量超20万次；微电影《护照碎片》获第三届全国公安民警“三微”大赛微电影类三等奖，是总站连续

2018年11月24日，珠海边检总站拱北口岸单日客流量突破46万人次，创历史新高
（张子恒 摄）

号“边检姐姐”在全国政务号影响力50强中位居第十九名，在全国公安政务抖音号7月榜位居第三。

【港珠澳大桥口岸建设】 2018年，珠海边检总站参与港珠澳大桥口岸建设方案制定、设计图纸绘制、执勤场地建设、边检设施建设、项目查漏补缺、口岸验收开通等工作，为港珠澳大桥珠海公路口岸顺利开通运行作出重要贡献。在口岸规划上贡献智慧，研究设计图纸1000余份，落实口岸分设珠港、珠澳旅检楼，设置随车人员查验厅，增设边检重点车辆查验场，实现海关熏蒸消毒房与边检执勤场所隔离，拓宽车道前后遮雨棚，配备出入境车辆尾气排放系统，出入境大厅前沿设置反恐安检设施设备等；在政策研究上精心谋划，推动明确口岸限定区域划分、管辖及功能定位，开展“合作查验、一次放行”新型查验模式研究，参与跨界通行政策制定，明确工作人员及车辆通道管理模式；在项目建设上攻坚克难，协调开展边检旅客查验通道等39大项74小项边检查验设施设备需求对接、招标采购及安装调试等工作，协调解决涉及30个项目建设难题60个，如期完成边检执勤场地及边检查验监管设施设备建设工作，确保大桥口岸顺利开通。

【边检信息化建设】 2018年，珠海边检总站强化运用科技信息化，为口岸安全管控提供技术和信息支撑。通过研发程序实现深圳边检“快捷通”备案数据与珠海边检“一站式”数据整合，为18万辆具备行驶大桥口岸资质的备案车辆通关提供免加签便利。升级完善“车辆通关一站式查验系统”备案系统，澳门单牌车入出横琴的车辆与司机备案数据实现自动推送，减少数据重复采集和备案手续，惠及备案车辆2万余辆、司机3.6万人。多管齐下提升自助通道效能，在拱北口岸一层新增自助通道50条，在拱北口岸、港珠澳大桥口岸增设自助通道防尾随视频设备74套，拱北口岸为28条老旧自助通道新配闸机驱动器及配套电源，有效应对自助通关旅客人数持续攀升趋势，保障中国公民出入境通关排队不超过30分钟每人次。

2018年，港珠澳大桥边检站率先实施“一地两检”新型查验模式

（王相国 摄）

【口岸管控】 2018年，珠海出入境边防检查总站强化安全防范措施，制定强化口岸安全管控系列具体措施、督导机制，确保各项措施落到实处；加强工作调研，规范问题处置，完成留存入境外国人指纹和生物签证识别项目系统启用工作；自主研发并全面启用“货车强化检查随机抽取软件”，规范使用处理流程，提升震慑效果；加强与珠海市公安局的沟通协作，协调解决寄押人员超过三天手续办理问题，完成边检羁押病房改造项目；加强数据分析排查，排查发现多名疑似变换身份在逃在控人员，全国边检机关、地方公安机关和纪检监察等部门根据总站通报案件线索查获多名在逃在控人员；加强口岸管控动态分析预警及情报线索收集研判，与新疆驻珠海口岸工作组及珠海市反恐等部门沟通协作；配合地方公安机关开展扫黑除恶专项斗争，向地方公安机关通报涉黑涉恶线索多条；协助珠海市公安局做好内地居民出售、变造赴台湾签注等案件侦办工作。

【口岸处突联防工作】 2018年，珠海出入境边防检查总站健全应对不法分子在口岸闹事、应对生化和核辐射等极端风险的处置预案，完善旅客出入境高峰期客流疏导和防拥堵踩踏方案；组织开展反恐处突、暴力恐怖音视频核查培训以及防核辐射、防剧毒和生化武器袭击讲座，做好应对各类极端、突发情况的准备；推进车辆冲闯关防范应对，协调地方政府完善陆路口岸车道外围标志，健全口岸防闯关设施；完善地图导航系统，与澳门警方建立对口边检站对讲通讯互通机制，开展珠澳边检机关应对车辆闯关联合演练，切实提升应对车辆闯关事件的能力；组织8个边检站和200多名警力在拱北、大桥口岸开展口岸突发事件大型联合处置演练，提升总站处置突发事件的能力和水平；参与港珠澳大桥跨界通行政策研究和执法协作机制建立工作，协调建立港珠澳大桥三地口岸执法联络协调机制，大桥警务、应急救援及应急交通管理合作机制、粤港工作车辆跨境掉头便利通行机制，推动并参与制定珠海市港珠澳大桥突发事件处置预案、暴力恐怖袭击事件处置预案，明确各方应急处置任务。

【口岸自助查验通道建设】 2018年，珠海出入境边防检查总站为满足新开口岸的警力需求，在主要旅检口岸开展减人工、建自助项目，累计减少人工通道32条，新增自助通道79条。探索出“驻地建设、边检使用”与“中央经费配套，边检自建自用”相结合的口岸建设模式，高标准建设覆盖全面、智能报警的限定区域管理系统和珠澳“合作查验，一次放行”、车辆“一站式”等查验系统，提高旅客自助查验通道的建设比例，提升监管能力、疏导效率，降低警力投入。

2018年2月1日起，按照公安部统一部署，珠海边检总站在拱北、九洲港、横琴、珠澳跨境工业园区等4个口岸为自助通关旅客提供出入境记录凭证自助打印服务 （聂亮超 摄）

【全国首创“合作查验，一次放行”】 2018年，珠海出入境边防检查总站全国首创的“合作查验，一次放行”新查验模式在港珠澳大桥口岸率先实施，旅客只排一次队，接受一次集中检查，利用20～30秒时间完成珠海与澳门双方出入境查验，成为“一国两制”框架下出入境边防检查工作的历史性重大创新。年内，在大桥口岸使用“合作查验”自助及人工通道旅客达21.54万人次。在中央电视台《24小时》《新闻直播间》《新闻联播》《东方时空》《生活提示》5个栏目报道，中央和地方各级主流媒体刊播刊发新闻1100余篇次。

【港珠澳大桥出入境边防检查站挂牌】 2018年10月21日，港珠澳大桥出入境边防检查站在珠澳口岸人工岛监护楼前举行揭牌仪式。其隶属于珠海出入境边防检查总站。主要担负港珠澳大桥公路口岸出入境人员、交通运输工具及其携带、载运的行李物品和货物等的边防检查任务，依法对口岸限定区域实施管理。港珠澳大桥珠海公路口岸限定区域由五部分组成，查验区由珠港、珠澳两个方向10个查验场地构成，设计出入境旅客25万人次/日、出入境车辆4.3万辆次/日。远期预留通关量为出入境旅客45万人次/日、出入境车辆6.3万辆次/日。口岸设计建设通道量322条，其中珠港旅检方向132条、珠澳旅检方向108条、随车人员验放厅16条、车辆查验通道62条。工作人员通道4条，工作车道、消防应急车道各2条。 （叶嘉骏）

·责任编辑：曹　琨·

财 税

财 政

【概　况】 2018年，珠海市一般公共预算收入完成331.5亿元，比上年增长5.4%，完成全市汇总调整预算的100.1%，税收收入占比为78.5%，一般公共预算收入总量排名全省第六。全市政府性基金预算收入完成386.4亿元，完成调整预算的84.3%，下降0.7%。全市一般公共预算支出完成572.6亿元，为调整预算的94.3%，增长16.0%。至年底，全市库款余额113.5亿元，库款保障水平为1.0，控制在合理区间，国库资金使用效益得到充分发挥。支出结构更加优化，与GDP核算相关的八项科目支出466.7亿元，占一般公共预算支出的81.2%，增长12.4%，增速位居全省第六，保障经济平稳增长。按照“保基本、兜底线、可持续”原则，加大民生实事和重大民生工程资金保障，全年全市九项民生支出完成399.93亿元，占一般公共预算支出的69.8%，增长12.9%。

【财政资金支出】 2018年，财政部门坚持有保有压，集中财力保障重点支出。保障重点项目建设，全年审核拨付市政府投资项目工程款59.89亿元，确保港珠澳大桥珠海口岸、洪鹤大桥、香海大桥等重点和民生工程的推进。扎实办好民生实事，全年全市安排25.97亿元用于十件民生实事，推进疏导交通拥堵、发展公交事业、提高医疗保障水平、推广使用管道天然气、污水整治等任务。进一步提高基本公共服务保障标准，特困人员基本生活标准提高至每人每月1568元，人均基本公共卫生服务经费标准由55元提高到60元。支持修复因遭受台风袭击造成的市容环境破坏，依据工程实施进度落实资金3亿元。落实生态保护经济补偿政策，拨付莲洲镇生态保护财政补偿资金4812.6万元、斗门区饮用水源保护区扶持资金8500万元、斗门区碳汇造林工程项目补助资金724.6万元。下拨省级乡村振兴战略专项资金（森林资源培育及管护）1126.9万元，国家级公益林中央财政森林生态效益补偿补助资金201.5万元。落实财政支农惠农政策，拨付储备粮油补贴和米袋子资金5711.3万元、基本农田保护补偿资金5766.68万元、土地整理项目资金2.28亿元（含中央、省级资金）、现代农业发展专项资金3439.6万元。

【三大攻坚战财政保障】 2018年，珠海市财政局充分发挥财政职能作用，坚决支持打好三大攻坚战。加强政府债务管理。建立政府性债务通报制度，按季度通报各区债务余额，层层传导压力，压实责任。修订《珠海市政府性债务管理办法》，对政府债务的“借、用、还”形成闭环管理。出台《珠海市政府性债务风险应急处置预案》，明确债务风险分级处置机制。实施债务风险评估预警机制，对债务风险偏高的地区进行风险提示，削减申报置换债券的额度，逐条落实化解措施，确保债务风险可控。完成2018—2020年财政还本付息中期规划编制工作，严格执行2018年还本付息预算。全年全市财政还本付息支出30.25亿元，全市的政府性债务总体安全、风险可控。落实扶贫资金。全面落实中央和省、市关于脱贫攻坚的决策部署，有序推进精准扶贫各项工作落实。全年市财政局拨付扶贫专项资金3.86亿元，其中，阳江、茂名地区103个村精准扶贫项目资金2.69亿元；凉山对口帮扶资金94.4万元；云南怒江9781.90万元；西藏林芝510万元；巫山210万元；四川甘孜960万元；其他扶贫资金100万元。支持打好污染防治攻坚战。全年全市支出垃圾及其衍生物处理费3022万元、污水污泥处理费3.18亿元。安排3000万元市级补贴资金，支持香洲区范围内未配套燃气设施老旧住宅小区加建天然气管道工程。支持旭日陶瓷和白兔陶瓷煤改气1000万元。投入10.32亿元，支持珠海公交百分百纯电动化。

【财政服务发展】 2018年，珠海市财政局支持实体经济健康发展，助力珠海“二次创业”。牵头降成本行动计划。印发《2018年珠海市供给侧结构性改革降成本行动工作方案》，从合理降低企业税费负担、有效降低企业融资成本、着力降低制度性交易成本、合理降低企业人工成本、进一步降低企业用能用地成本、有效降低企业物流成本、提高企业资金周转效率、鼓励引导企业内部挖潜以及建立健全降成本工作推进机制九方面，制定46条具体工作措施，指导成员单位有序开展全年降成本各项工作。全年为企业减负84.47亿元，超额完成减负目标任务（目标是60亿元）。支持创新驱动，全年全市财政安排创新驱动产业扶持类专项资金68.2亿元，重点支持科技创新、企业研发、高企培育、技术改造、军民融合、创新平台、科技企业孵化等方面产业发展，发挥财政资金杠杆作用，对为外贸企业提供融资服务成效明显的外贸融资服务平台给予资金支持。进一步降低企业融资成本，安排“四位一体”融资贷款贴息专项资金930万元。推动新一轮技术改造，安排1.25亿元技术改造及技术创新专项资金，支持技术改造事后奖补（普惠）、工业技术改造设备补贴、推动智能化技术改造等。推动外贸发展形成开放新格局，安排外贸发展方面的专项资金3.72亿元，其中安排外贸综合服务平台资金69万元、电子商务平台资金1200万元、外贸综合服务平台资金5262万元，专项用于扶持打造各类电商公共服务平台、搭建外贸综合服务平台、外贸特色产业服务平台、加工贸易创新发展公共服务平台、走出去公共服务平台、服务贸易和服务外包公共服务平台等。下放各区外贸发展类专项资金2.7亿元，支持各区兑现区级外贸新业态扶持政策，做好外贸稳增长扩规模工作。

【财政改革】 2018年，珠海市财政局起草《珠海市国有土地使用权出让收入及教育事权与支出责任划分调整方案》，对市、区之间土地出让收入划分体制和教育事权进行调整，加大对土地、规划、项目的全市“一盘棋”统筹力度，集中财力办大事、促进区域均衡发展。修订《珠海市市级财政专项资金管理办法》，进一步明确专项资金的范围、申报、审批、拨付、分配权限、绩效管理、信息公开等，加强和规范市级财政专项资金管理，防范资金风险，提高资金使用效益。印发《关于清理整合现有市级财政专项资金的通知》，对市直相关部门的财政专项资金进行清理整合，2019年预算，实行一个部门一个专项。起草《关于深化市级预算编制执行监督管理改革的意见》，就优化预算编制管理、改革预算执行、规范预算调整程序、强化绩效评价与监督等方面提出措施意见，明晰财政部门和业务主管部门分别在预算编制、监督及执行环节权责，精简预算执行流程，加快预算执行进度，提高各方积极性。

是年，市财政局加快推动绩效管理改革，不断丰富和完善财政绩效管理“珠海模式”。进一步完善绩效管理标准和规范，建立分类型的项目绩效目标指标体系，推动绩效业务标准化管理。改革项目绩效预算专家事前评审方式，统一指导思想和评审原则，提高评审质量。探索开展绩效事中监控与预算执行“双监控”，对绩效管理项目调整、新增情况进行智能化监控。引进外地第三方机构开展重点项目事后绩效评价工作。加强专家评价结果应用，把绩效管理效果落到实处。组织专家对申报纳入2019年度预算的301个项目进行绩效预算评审，申报总金额为46.45亿元，专家建议核减金额为2.19亿元，评审结果全部予以应用。

【财政管理】 2018年，珠海市财政局推进预决算公开，组织开展2016年、2017年预决算公开检查发现问题整改落实情况“回头看”和2018年预算公开专项检查，进一步提高预决算公开工作的规范性，确保预决算及时公开、内容完整。加强资金拨付审核和会计核算，全年市财政国库支付中心办理国库集中支付业务15.95万笔，金额561.46亿元，分别比上年增长9.45%和20.71%。加强政府投资项目预决算审核，市财政投资审核中心全年受理预算、结算及竣工财务决算364个、二类费用1350项，审结项目354个、二类费用432笔（1323项），合计审核金额149.77亿元，审定金额140.86亿元，节约财政资金8.91亿元，应上缴国库152.81万元。（吴利锋）

税　务

【概　况】2018年，在珠海市经济稳步发展的良好环境下，全市税务部门组织税费收入（不含海关代征）规模再创历史新高，首次突破千亿元大关，达1056.54亿元，比上年增长9.8%，增收94.20亿元。其中：税收收入完成852.86亿元，增长8.8%，增收68.89亿元；社保费收入完成172.87亿元，增长12.9%，增收19.70亿元；其他费金收入完成30.81亿元，增长22.3%，增收5.62亿元。海关代征进口税收101.61亿元，增长4.9%，增收4.77亿元。办理出口产品退税124亿元，增长27.4%，增退26.67亿元。按照市财政口径，全市一般公共预算收入完成280.43亿元，增长9.9%，增收25.38亿元。其中，市本级一般公共预算收入完成97.88亿元，增长0.5%，可比（指考虑高栏港区税费项目预算级次划分比例调整因素）增长3.5%。

是年，全市国内税收增速（8.8%）平稳，高于全省平均增幅（7.6%）1.2个百分点，居全省第十二位、珠三角第六位。从税收规模来看，全市国内税收总量（852.86亿元）在全省排名第六位，列深圳、广州、东莞、佛山、惠州之后，居中山之前。从季度累计税收增速看，1—4季度税收累计增幅分别为8.7%、8.3%、9.0%、8.8%，全年税收总体保持稳定增长态势。

货物劳务税收入369.15亿元，占总税收比重43.3%，增长5.0%，增收17.44亿元。其中，主要受增值税税率下调、部分行业留抵退税及调库收入下降影响，国内增值税收入351.49亿元，增长5.0%，增收16.69亿元，占总税收增量24.2%。直接征收的国内增值税受营改增收入（增长28.7%，增收28.16亿元）拉动实现收入291.29亿元，增长12.0%，调库收入60.2亿元，下降19.5%；车辆购置税收入12.95亿元，增长18.7%，增收2.04亿元；国内消费税收入4.36亿元，增长4.3%，增收0.18亿元。

个人所得税与企业所得税两项合计收入354.94亿元，占总税收比重41.6%，增长9.4%，增收30.59亿元。其中，主要受横琴新区拉动，个人所得税延续近年来较快增长趋势，收入102.66亿元，增长27.9%，增收22.41亿元，占总税收增量32.5%；企业所得税收入252.28亿元，受部分重点税源减收影响增长3.4%，增收8.19亿元。

财产行为税合计收入128.77亿元，占总税收比重15.1%，增长19.3%，增收20.86亿元。其中，土地增值税收入45.29亿元，受清算收入及大额土地、房产转让收入拉动，同比增长48.1%，增收14.72亿元，占总税收增量21.4%；契税收入28.30亿元，同比增长5.8%；城建税收入25.98亿元，增长10.8%；房产税、土地使用税分别收入12.89亿元、5.54亿元，主要受征期因素影响增幅分别为-6.9%、53.0%。

中央级收入408.24亿元，增长7.5%，主要受企业所得税低增长影响增幅略低；省级收入184.32亿元，增长11.6%，主要受土地增值税及电力企业增值税增收拉动，增幅分别高于中央级、市区级4.1、2.6个百分点；市区级收入260.30亿元，增长9.0%。

第二产业实现税收363.32亿元，占总税收比重42.6%，增长6.6%，增收22.48亿元，占总税收增量32.6%，拉动总税收增长2.9个百分点。其中，规模居首的制造业实现税收275.80亿元，主要受增值税改革、调库收入下降及留抵退税政策影响下降1.3%，减收3.58亿元，其中，高技术制造业、先进制造业分别实现税收167.31亿元、81.07亿元，分别增长2.5%、8.9%，分别高于制造业税收增幅（-1.3%）3.8、10.2个百分点；建筑业主要受高新区某公司土地一级开发收入及斗门区某公司土地转让税收拉动，实现税收52.88亿元，增长46.6%，增收16.81亿元，占总税收增量24.4%，拉动总税收增长2.1个百分点；电力、热力、燃气及水的生产和供应业收入27.62亿元，受调库收入增收拉动增长42.2%，增收8.20亿元。

第三产业实现税收489.34亿元，占总税收比重57.4%，高于第二产业14.8个百分点；增长10.5%，高于第二产业3.9个百分点；增收46.47亿元，占总税收增量67.5%，拉动总税收增长5.9个百分点。其中，现代服务业实现税收378.33亿元，占第三产业税收的77.3%，增长18.7%，高于总税收增幅9.9个百分点，反映全市产业转型升级取得明显成效。房地产业主要受土地增值税清算收入及横琴新区拉动，实现税收174.29亿元，增长16.7%，增收24.95亿元，占总税收增量36.2%，拉动总税收增长3.2个百分点；金融业受横琴新区个人所得税较快增长及资管产品征收增值税政策性因素拉动，实现税收90.21亿元，增长39.7%，增收25.62亿元，占总税收增量37.2%，拉动总税收增长3.3个百分点；租赁和商务服务业实现税收64.21亿元，受上年同期高基数（增长26.2%）影响低增长3.5%；新兴产业中的信息传输、软件和信息技术服务业实现税收16.81亿元，增长12.5%。

从税收规模看，香洲区（368.14亿元）、横琴新区（180.67亿元）税收均超过百亿元，香洲区主体地位明显，占全市总税收超过四成（43.2%），金湾区（85.77亿元）、斗门区（73.72亿元）、高栏港（70.86亿元）、高新区（61.56亿元）税收规模相近，万山区（12.14亿元）税收规模相对较小。

从税收增幅看，横琴新区（29.8%）领跑全市，西部的高栏港（13.4%）、金湾区（11.0%）、斗门区（9.9%）均取得较快增长，高于全市税收增幅，高新区（3.0%）、香洲区（2.3%）、万山区（-34.1%）低增长或负增长。

7月5日，国家税务总局珠海市税务局挂牌成立，原珠海市国家税务局、原珠海市地方税务局合并。

2018年7月5日，国家税务总局珠海市税务局挂牌成立，原珠海市国家税务局和原珠海市地方税务局合并　（汪　洋　摄）

【征管体制改革】　2018年，国家税务总局珠海市税务局党委召开改革工作部署会议24次，改革办召开专项改革会议23次，班子成员深入基层开展改革调研和督导42次、带头讲党课48场。建立组织推进工作机制体系，构建“改革方案+组织实施工作方案+若干操作文件+若干工作指引”的制度规范体系，明确8大门类的方案和指引，共54项162条措施，出台业务融合全员培训等工作方案34个。建立改革工作台账，细化19大类289项工作任务，实行挂图作战、对表推进、督导问效、到点验收。高效完成市区镇三级税务机构合并挂牌工作，逐级落实“三定”暂行规定，整合设置机构144个、精简机构68个；上线运行省社保集中式一体化信息系统，完成城乡居民养老保险、城乡居民医疗保险，以及首批中央级非税收入“免税商品特许经营费”和省级非税收入项目“村镇基础设施配套费”的征管职责划转。整合优化税费业务和信息系统，完成管户调整26万户次，落实金税三期系统并库，完成管户对照1.12万户。

【依法治税】　2018年，国家税务总局珠海市税务局落实行政执法“三项制度”，将法制审核范围延伸覆盖至税收管理制度、重大税收执法事项以及对外签订的民商事合同。完成重大案件审理21件，其中，对9件案件提出指导修改意见11条，对1件给出处理意见，有效化解执法风险。开展行政复议和行政应诉，举办第一届行政复议听证会。创新打造“五有”普法品牌，获全市普法工作第二名。全年立案查处涉税违法企业151家，清理积案68件。深入开展扫黑除恶专项斗争，发现上报相关线索16条，对7条线索立案并查结2件。

【税收征管】 2018年，国家税务总局珠海市税务局持续加强增值税发票风险管理，全市一般纳税人非正常户数比上年下降43%，录入问题发票数下降64%，及时发现走逃失联小规模纳税人565户。编写《企业所得税微细化征管规范》，优化管控平台，企业所得税汇算清缴质量和税源管控水平不断提升。开发应用防骗税系统，推送风险企业进行核查评估393家，发现问题企业36家，移送稽查立案2家。优化房地产交易税收服务和管理体系，实现“两精简两加强”（精简流程、精简资料、加强纳税服务、加强后续管理）。开发应用土地增值税智能预缴清算系统，推动清算步伐，降低执法风险，全年完成清算审核项目35个，强化非居民企业税收分析监控。强化反避税案件调查，加强税收风险管理，全年完成中低风险应对2.8万户次。税费征管手段不断优化。拓展“以地控税以税节地”综合税源管理平台功能，被纳入珠海“数字政府”和“智慧城市”建设，通过平台查补应税土地面积95.99万平方米。

【纳税服务】 2018年，国家税务总局珠海市税务局办税厅人员512人，占全系统人员的19%。第三方调查显示，纳税人满意度在全省排名较上年上升两位。纳税人投诉量比上年下降11.2%。提升办税效率，落实“全程网上办”477项和“最多跑一次”555项清单，实现涉税事项无纸化办理137项。推进新办纳税人“套餐式”服务，从税务信息采集到首次领用发票等10项涉税业务0.5个工作日内一次性办结，企业从商事登记到印章刻制到领取发票压缩至2个工作日办结。联合市不动产登记中心在市、区两级同步上线联办窗口，实现不动产登记、缴税“一窗受理”“一次办结”，业务办理时间缩短50%以上。推广应用电子税务局、移动端微信办税，升级智能税务机器人“贝贝”和“税小能”。自助办税终端进驻机动车登记服务点、4S店，实现缴纳车辆购置税和办理机动车登记上牌一站式服务。日均免费“邮递发票”次数超700户次，纳税人从网上申请并收到发票只需24小时。全年办理税费业务中，网上办税占62%、窗口办税占36.2%、自助办税占1.8%。落实纳税信用扩围工作，全市有参加评价纳税人11.8万户，增长253.4%。推进“银税互动”“税保行动”，新增1092家小微企业凭借纳税信用获得无抵押贷款24.45亿元。

【国地税合并】 2018年7月5日上午，国家税务总局珠海市税务局在珠海市香洲区九洲大道东1273号挂牌成立，标志着原珠海市国家税务局、原珠海市地方税务局正式合并。国家税务总局珠海市税务局是正处级单位，主管部门是国家税务总局广东省税务局。有15个内设机构：办公室、法制科、货物和劳务税科、所得税科、财产和行为税科、社会保险费和非税收入科、收入核算科、征收管理科、国际税收管理科、税收经济分析科、税收风险管理局、财务管理科、督察内审科、人事教育科、考核考评科；4个另设机构：机关党委、老干部科、系统党建工作科、纪检组；4个派出机构：第一税务分局、第二税务分局、稽查局、第一稽查局；3个事业单位：纳税服务中心、信息中心、机关服务中心；7个所属机构：国家税务总局珠海市香洲区税务局、国家税务总局珠海市斗门区税务局、国家税务总局珠海市金湾区税务局、国家税务总局珠海保税区税务局、国家税务总局珠海万山海洋开发试验区税务局、国家税务总局珠海经济技术开发区税务局、国家税务总局珠海高新技术产业开发区税务局。国家税务总局珠海市税务局有干部职工1935人，科级干部297人，处级以上干部20人，其中14人是市局领导班子成员。

【税务“一厅通办”】 2018年1月，珠海市原国税、原地税全面推行“一厅通办”联合办税，纳税人可在全市24个原国税、原地税全职能办税服务厅同时办理原国税地税综合业务。最大限度解决纳税人办税“多头跑”、资料重复报等问题，实现原国地税办税服务深度融合。联合办理业务覆盖原国税、原地税所有通办业务，包括社保费和房地产涉税（费）业务等，为全市纳税人和参保人办理涉税（费）事项带来更多便利。通过服务资源整合、服务信息共享和服务质效提档升级，原国税、原地税实现“服务一把尺子、办税一个标准”，确保各环节业务顺畅衔接，提升税务机关税收征管效能。12366纳税服务热线实现“一键咨询”，落实“全程网上办”477项和“最多跑一次”清单555项，实现无纸化办理涉税事项137项。

【不动产实现登记办税“一窗受理”、一次办结】 2018年，珠海市税务局和市不动产登记中心通力合作，通过数据共享、流程优化、资料整合等方式，彻底打破不同部门间的业务办理屏障，实现个人涉税二手房转移登记业务一次性收件、并联式审核，二手房过户“一次覆盖”。改变原办理二手房过户先跑税务部门缴税、再赴登记机构申请的状况，市民在线成功预约办税业务后，只需到不动产登记中心的登记办税联办窗口，只取一个号、只排一次队，便可一次性办理税费缴纳、过户登记申请并领取不动产登记受理回执单，业务办理时间缩短50%以上。税务部门和不动产登记部门在市不动产登记中心及金湾、斗门、高栏港、横琴、高新五个分中心设立集不动产交易、登记、税务于一体的“联办窗口”，市民在全市各个区域办理不动产登记业务，均可享受“一窗受理”带来的便利。

【个人所得税改革推动与宣传】 2018年，珠海市税务局加强组织领导，设立集中办公区，成立六个专项工作组，多渠道开展精准培训和宣传，防范负面涉税舆情，全方位发力推动个人所得税改革在珠海落地。作为全省税务系统个税扣缴客户端上线试点单位，珠海市税务局采取线上线下结合、内外兼顾、统筹开展的方式，分步有序推进客户端上线工作。客户端推广期间，建立征纳微信联络群、设置纳税人咨询专线，及时对纳税人在使用扣缴客户端过程中遇到的问题在线辅导，确保扣缴义务人及时完成个税申报。对上门申报的扣缴义务人，现场宣传并引导其使用客户端，确保客户端全覆盖。结合税制变革前后的征管数据，从行业、地区、收入区间、征收品目等出发，及时跟踪，切实开展改革效应分析，从减税人群、减税幅度和减税规模充分展现个人所得税改革的成效。借助网络媒体强大的传播率和覆盖面，迅速扩大改革影响力、营造改革好氛围。举办政策宣讲，确保纳税人对个税政策变化应知尽知；在全市22个办税厅安排专人向纳税人发放个税宣传折页4万余册，进行政策辅导；在“珠海税务”微信公众号发布个税改革系列推文100多篇，在网站和内部刊物设立个税改革专题及专辑，第一时间宣传个税改革政策、动态；在十余个微信公众号及微信朋友圈投放个税改革政策图文、视频，强化持续宣传效果；在《珠海特区报》《南方日报》等多家媒体刊登个税改革宣传40篇次，深入细致宣传解读个税政策；在市区主要路段路名牌、大型小区电梯广告、机场候机厅、轻轨站等人流量大的区域开展个税改革宣传，通过户外大屏等渠道播放个人所得税改革公益广告，持续扩大宣传覆盖面。 （张申际）

2018年7月30日，珠海市税务局联合珠海市不动产登记中心推出不动产登记和税收征缴“一窗受理”、一次办结业务 （陈 懿 摄）

2018年珠海市分级次分税种税收收入情况

单位：万元

项目	年度			
	本年收入	上年同期收入	增长％	增收额
税费收入	11581475	10591739	9.34	989736.16
其中：税务部门组织税费收入	10565396	9623384	9.79	942012.04
一、税收收入合计	9544692	8808109	8.36	736583.40
（一）税务部门组织税收收入	8528613	7839754	8.79	688859.28
其中：①中央级	4082419	3799053	7.46	283365.58
②省级	1843207	1651791	11.59	191416.24
③市区级	2602987	2388910	8.96	214077.46
1. 国内增值税	3514880	3347983	4.99	166897.42
其中：直接征收	2912881	2599983	12.03	312897.56
调库收入	601999.9	748000	-19.52	-146000.13
其中：营改增	1262535	980925	28.71	281610.45
2. 营业税	3541	18244	-80.59	-14703
3. 企业所得税	2522825	2440975	3.35	81849.82
4. 个人所得税	1026593	802542	27.92	224051.05
5. 国内消费税	43595.31	41802	4.29	1793.31
6. 车辆购置税	129474	109092	18.68	20382.05
7. 印花税	70887.97	61126	15.97	9761.97
8. 城建税	259789.9	234373	10.84	25416.93
9. 资源税	5999.44	3714	61.54	2285.44
10. 城镇土地使用税	55437	36226	53.03	19211
11. 土地增值税	452880	305691	48.15	147189
12. 房产税	128882	138476	-6.93	-9594
13. 车船税	19342	22126	-12.58	-2784
14. 契税	283003	267466	5.81	15537

（续 表）

项 目	年 度			
	本年收入	上年同期收入	增长 %	增收额
15. 环境保护税	895.30	0	--	895.30
16. 耕地占用税	10588	9919	6.74	669
（二）海关代征进口税收	1016079	968355	4.93	47724.12
二、费金收入合计	2036783	1783630	14.19	253152.76
1. 教育费附加	114004.8	100932	12.95	13072.85
2. 文化事业建设费	4199.56	3452	21.66	747.56
3. 社会保险基金	1728705	1531744	12.86	196961
4. 地方教育附加	75978.54	67200	13.06	8778.54
5. 税务部门其他罚没	417	241	73.03	176
6. 堤围费	42	24	75	18
7. 残疾人基金	41324	16543	149.80	24781
8. 工会经费	63685	57896	10	5789
9. 海上石油矿区使用费	4646.76	1400	231.91	3246.76
10. 废弃电器处理基金	3772.56	4198	-10.13	-425.45
出口退（免）税	1240000	973310	27.40	266690

珠海市 2018 年分行业税收收入情况

单位：万元

项 目	累 计			
	本年收入	上年同期收入	增长 %	增收额
合计	8528613	7839754	8.8	688859
一、第一产业	2043	2695	-24.2	-652
二、第二产业	3633204	3408410	6.6	224794
（一）采矿业	70121	59660	17.5	10461
（二）制造业	2758036	2793830	-1.3	-35794

（续 表）

项 目	累 计			
	本年收入	上年同期收入	增长 %	增收额
（三）电力、热力、燃气及水的生产和供应业	276234	194215	42.2	82019
（四）建筑业	528813	360705	46.6	168108
三、第三产业	4893366	4428649	10.5	464717
（一）批发和零售业	834701	901570	-7.4	-66869
（二）交通运输、仓储和邮政业	94503	76730	23.2	17773
（三）住宿和餐饮业	26256	22537	16.5	3719
（四）信息传输、软件和信息技术服务业	168064	149344	12.5	18720
（五）金融业	902119	645920	39.7	256199
（六）房地产业	1742948	1493426	16.7	249522
（七）租赁和商务服务业	642139	620262	3.5	21877
（八）科学研究和技术服务业	140428	141850	-1.0	-1422
（九）居民服务、修理和其他服务业	138796	219458	-36.8	-80662
（十）教育	20460	16211	26.2	4249
（十一）卫生和社会工作	10664	7686	38.7	2978
（十二）文化、体育和娱乐业	31251	17333	80.3	13918
（十三）公共管理、社会保障和社会组织	30741	19730	55.8	11011
（十四）其他行业	110296	96592	14.2	13704

2018 年珠海市分区域税收情况

单位：万元

项 目	累计税收			
	本年收入	上年同期收入	增长 %	增收额
全市	8528613	7839754	8.8	688859
横琴新区	1806743	1391496	29.8	415247

（续 表）

项 目	累计税收			
	本年收入	上年同期收入	增长 %	增收额
香洲区	3681402	3597490	2.3	83912
斗门区	737160	670991	9.9	66169
金湾区	857662	773013	11.0	84649
万山区	121443	184247	-34.1	-62804
高新区	615638	597930	3.0	17707
高栏港	708565	624588	13.4	83977

2018 年珠海市税务系统完成地方一般公共预算情况

单位：万元

项 目	累 计			
	本年收入	上年同期收入	增长 %	可比增长 %
全市财政收入	2804301	2550549	9.9	9.9
（一）市直	978828	973712	0.5	3.5
（二）县区级	1825473	1576837	15.8	13.8
1. 横琴新区	533768	415974	28.3	28.3
2. 香洲区	346442	329270	5.2	5.2
3. 斗门区	262230	232243	12.9	12.9
4. 金湾区	249328	213384	16.8	16.8
5. 万山区	30659	42412	-27.7	-27.7
6. 高新区	161509	152051	6.2	6.2
7. 高栏港区	241536	191503	26.1	10.3

备注：“可比增长 %”为考虑高栏港区税费项目预算级次划分比例调整后增幅。

·责任编辑：曹 琨·

金融

综述

【概　况】　2018年，珠海市本外币各项存款余额7542.91亿元，比上年增长8.9%，余额位居全省第五；本外币各项贷款余额5238.24亿元，增长9.0%，余额位居全省第五。全年全市证券经营机构股票、基金、债券成交总额12580.65亿元，下降8.12%；保险业实现保费收入128.54亿元，增长10.39%；理赔给付支出40.17亿元，增长3.86%。跨境人民币结算业务总量2317.16亿元，增长24.0%。金融业实现增加值210.05亿元，增长3.4%。全年珠海市银、证、保三类机构151个，其中银行业机构49个、证券公司39家、期货公司3家、产险公司25家、寿险公司35家。

【货币信贷】　2018年，中国人民银行珠海市中心支行召开全市金融形势分析会暨金融支持经济高质量发展专题会、季度金融形势分析座谈会，对辖区内8个法人金融机构的信贷投放做出具体指导，加强金融支持经济高质量发展；按照人民银行总行普惠金融定向降准的有关要求，引导珠海华润银行、珠海农商银行加强管理，规范操作；建立珠海市民营及中小微企业转贷引导平台，降低小微企业续贷资金成本，扩大中小微企业小额票据贴现服务中心服务覆盖面；了解小微企业融资现状，开展全市深化小微企业金融服务系列活动；建立“科技贷”融资模式；推广全市投融资增信平台及“四位一体”融资平台；参与再贴现“绿色通道”操作试点；推动排污权质押贷款业务落地，开展绿色金融改革创新专题研究。

【粤澳合作人民币结算】　2018年，中国人民银行珠海市中心支行通过对粤澳基金业务开展进行引导，协助企业做好资金路径设计等，推动粤澳合作发展基金落地横琴。7月4日，由澳门汇入的粤澳基金首笔20亿元资金到位，标志着粤澳双方共同设立的粤澳基金进入实际运作阶段，全年到位资金40亿元。做好辖区重点项目港珠澳大桥相关人民币结算服务工作，先后就港珠澳大桥穿梭巴士资金结算、港珠澳大桥通车费收费等问题对银行和企业开展专项业务辅导，针对资金结算路径、资料审核等问题进行解答，指导银行进一步优化方案，切实在依法合规的前提下做好服务工作，便利企业和珠港澳三地居民。

【银联移动支付应用平台上线】　2018年，中国人民银行珠海市中心支行多次召开银行卡移动支付港珠澳大桥应用协调会、推进会，落实指导中国银行为港珠澳大桥人工收费站安装聚合支付受理设备等措施，在大桥正式通车之际联合中国银联广东分公司推动银联移动支付应用平台上线，为港珠澳大桥在“车辆通行缴费、紧急救援服务、穿梭巴士收费、商业区商户消费、停车场缴费、政府机构缴费”等六大方面提供联网通用的支付服务，全面支持受理境内各类银联卡、支持扩展境外银行卡并叠加增值应用。

【非居民身份证件信息核查试点】　2018年4月9日，珠海市作为全国首批非居民身份证件信息核查试点城市，开展试点工作。中国人民银行珠海市中心支行推动落实银行账户实名制，解决非居民身份证件真实性识别难的问题，优化非居民银行账户相关业务流程，提高金融权益保护力度，为全国推广非居民身份信息核查积累经验。

【货币发行及反假货币】 2018年，中国人民银行珠海市中心支行探索解决硬币流通循环不畅问题，试点硬币兑换主办银行、主办网点制度，引导银行机构配置纸硬币自助兑换设备；推进现金投回环节科学化和精细化试点工作；通过警银合作，开展打击整治假币专项行动；与澳门地区开展反假货币跨境培训合作机制建设；建立首个校园反假货币宣传教育基地；做好航展期间现金供应保障。

【支付清算】 2018年，中国人民银行珠海市中心支行与拱北海关下属的闸口海关签署《联合打击支付结算领域违法违规行为及优化金融服务合作备忘录》，提升对跨境支付违法违规行为的打击力度；与市公安局共同推出用于出入境办证缴费的银联移动支付应用，提高出入境办证缴费速度；开展无证经营支付业务整治工作；开展银行机构支付结算综合执法检查；部署辖内支付结算宣传年活动与辖区云闪付APP宣传工作。

【政府采购类应收账款线上融资业务模式】 2018年，中国人民银行珠海市中心支行通过深入宣传引导，广泛调研论证，跟踪开发进度，促成珠海市政府采购系统与中征应收账款融资服务平台对接，在全国率先实现政府采购类应收账款线上融资业务模式，辖区全年通过平台成交融资942笔，融资金额462.34亿元；拓宽融资渠道，提高中小微企业融资可得性和效率，拓宽银行获客渠道，提高银行业务效率。

【征信管理】 2018年，中国人民银行珠海市中心支行上线个人信用报告查询前置系统，实现自助查询设备微信、支付宝、银联收费方式改造；深化广东（珠海）中小微企业信用信息和融资对接平台推广，促成平台融资交易468笔，成交金额158.57亿元；加强信息安全管理，对接机构开展征信执法现场检查和信息安全巡查；推动农村信用体系建设，落实信用创建支持乡村振兴“5·21行动”；推动社会信用体系建设，在创建国家信用示范市第一轮评审中获全省第一、全国第五。

【国库业务】 2018年，国家金库珠海市中心支库办理各类国库业务293万笔，比上年增长20.6%。收纳各级预算收入1963.51亿元，增长14.4%，其中：中央级收入341.12亿元，增长7.1%；省级收入198.75亿元，增长14.2%；市级收入566.5亿元，增长24.8%；区级收入857.14亿元，增长11.4%。办理地方公共财政支出1418.05亿元，增长15.1%。办理出口产品退税184.2亿元，增长7.0%。协助税务部门，依法查补大额国家税款；开展“国债下乡”活动，全年农村购买储蓄国债近5000万元；指导金融机构开展国债到期资金约定转存，让已到期未及时兑付的国债资金获得利息收益，切实保护投资者合法权益。

【反洗钱监管】 2018年，中国人民银行珠海市中心支行落实反洗钱执法检查“双随机”抽查制度，首次采用抽查软件、合理设置抽取条件，现场随机抽取检查对象2家和执法检查主查人2人；在社会组织、贵金属、房地产领域开展反洗钱监管试点工作；根据2017年反洗钱分类评级结果，对辖区金融机构合理实施分类监管措施，强化对重点领域和薄弱环节的监管，按照高、中、低风险有针对性地对金融机构采取分类监管手段；及时向市税务局与市扫黑除恶办移送案件线索，组织辖区义务机构开展扫黑除恶推进会，开展涉税异常交易专项排查工作。

【金融消费权益保护】 2018年，中国人民银行珠海市中心支行依托珠海市金融业诚信与社会责任促进会，开展金融知识进学校、进社区等系列宣传活动，举办珠海市首届亲子金融知识竞赛；做好12363金融纠纷热线电话的接听和金融纠纷的处置，完善诉调对接工作机制，全年处理投诉116宗，受理咨询97宗。

【国际收支】 2018年，珠海市金融机构外汇各项存款余额62.04亿美元，比上年增长4.1%。外汇各项贷款余额8.05亿美元，比年初减少8.24亿美元，减幅50.6%。全年全市跨境资金流动总额640.33亿美元，比上年增长15.9%，其中流入354.09亿美元，增长10.5%，流出286.24亿美元，增长23.3%，顺差67.85亿美元，比上年同期减少23.1%。

【货物贸易外汇收支】 2018年，珠海市货物贸易名录登记企业6475家，外贸进出口总额505.27亿美元，比上年增长14.14%，其中出口290.80亿美元，增长4.28%；进口214.47亿美元，增长30.93%。货物贸易外汇收支总额318.60亿美元，增长11.48%，其中跨境收入187.39亿美元，增长7.05%；跨境支出131.21亿美元，增长18.48%。

【外商投资企业业务】 2018年，珠海市办理外商投资企业存量权益登记3607家，企业参检率87.61%。办理直接投资项下外汇新登记377笔，变更及注销登记332笔，外商直接投资（FDI）入账登记736笔，对外直接投资登记81笔；新登记外商投资企业投资总额155.20亿美元，注册资本116.40亿美元，其中外方注册资本41.92亿美元。境内投资主体新登记境外直接投资总额133.92亿美元。外债新签约登记97笔，登记变更180笔，注销登记211笔，至年末，珠海辖区外债余额34.60亿美元。办理全口径项下跨境融资业务92笔，金额11.05亿美元；单笔最高意愿外债结汇金额1亿美元；企业对外担保29笔，担保责任余额21.99亿美元。珠海跨国公司全年外汇资金集中收付汇122.24亿美元，比上年下降24.83%；其中集中收汇60.84亿美元，下降25.20%，集中付汇61.40亿美元，下降24.46%。

（黎玮茵）

金融管理与服务

【概　况】 2018年，珠海市金融业增加值首次突破200亿元，达210.05亿元，占GDP比重的7.21%。金融业实现税收90.21亿元，占全市财税收入的10.58%，比上年增长39.7%，领跑全市各行业税收增长。全市金融业（不含新兴金融业）总资产9327.75亿元，比年初增加645.24亿元，增幅7.43%。全市有各类金融类机构6678个，其中银行类60个、证券类48个、保险类60个、新兴金融6510个。

【金融合作体系建设】 2018年，珠海市初步形成跨境金融合作示范区建设方案体系。推动外商投资股权投资企业（QFLP）试点落地，成为省内继深圳后第二个实行该试点的城市。出台专项扶持措施，引导私募基金投资本地产业，最高可奖励120万元。授牌珠海市金融科技中心；横琴智慧金融产业园正式开园，聚集小米金融科技、得分金融科技、金邦达金融科技等一批金融科技公司。横琴新区出台区块链产业发展扶持办法，举办国际高校量化金融大赛、量化金融高峰论坛、十字门金融周ATOM宽客大会等大型金融科技活动，打造珠海金融科技特色品牌。

【金融领域开放合作】 2018年，珠海市在珠澳合作会议会商机制下，设立金融合作工作小组，推动珠澳金融开放合作、协同发展特色金融。以横琴新区为核心载体，吸引港澳金融企业聚集，推进珠澳金融相关产业融合发展。至年末，引进港澳资金融类企业176家，注册资本超700亿元。首期规模200亿元粤澳合作发展基金落户横琴；横琴澳门青年创业谷产业孵化功能凸显，累计孵化初创企业（项目）311家，获得风险投资资金企业20家，融资额突破4亿元。

【珠港澳金融市场互联互通】 2018年，珠海市推动资本项目收入支付便利化改革试点在横琴自贸片区落地，极大简化资本项目外汇收入支付手续，促进珠澳投融资合作更加自由便利。推动跨境投融资便利化取得突破，广东金融资产交易中心获批开展银行不良资产跨境转让试点业务，成为国内首家获此资格的省级金融资产交易场所。不断深化跨境保险合作，三地保险机构为港珠澳大桥通车推出“三地通保通赔”一站式跨境车辆保险服务，车主可在内地、香港、澳门任意一地一次性购买三地车辆保险，也可选择在三地任意一地进行理赔。

【企业融资扶持】 2018年，珠海市出台《珠海市进一步加强中小微企业金融服务若干措施》，加大财政资金金融扶持力度，缓解中小微企业融资难。制定面向“珠海市产业发展导向目录”企业、战略性新兴产业、科技型企业的融资扶持政策。研究设立融资担保基金，构建政府性融资担保体系，推动融资担保行业转型升级、做优做强，加大融资担保风险代偿补偿力度，增强中小微企业融资的信用保障。至年末，全市融资担保在保余额6.75亿元，其中政府性融资担保公司在保余额占比84.74%。出台《珠海市商业银行支持实体经济发展评价暂行办法》，并被省金融办作为金融工作先进经验在全省推广。

【企业融资渠道建设】 2018年，珠海市搭建市区两级上市和挂牌后备企业库以及金融、中介机构和企业的对接平台。顺应资本市场形势修订企业上市挂牌奖励扶持措施，加大奖励扶持力度，引导更多企业实现直接融资。落实兼并重组奖励政策，助推企业兼并重组、做大做强。梳理科技型企业情况，培育科创板上市资源，为推出科创板做好准备。制定《珠海市促进上市公司稳定发展工作方案》。至年末，全市境内外上市企业38家，新三板挂牌公司82家，位居广东省地级市前列。

【基金管理】 2018年，珠海市设立粤港澳前沿产业投资基金、科技天使基金，市、区两级创业投资引导基金规模进一步扩大。出台《珠海市支持金融机构加强对中小微科技型企业融资服务实施细则》《珠海市科技信贷和科技企业孵化器创业投资风险补偿金资金管理办法（试行）》，高新、斗门等区研究制定科技型企业融资扶持办法，通过科技融资奖励和风险补偿等措施，支持科技金融机构做专科技金融服务、做大科技贷款规模。银行机构优化信贷投向，加大对科技型企业的支持力度。出台《珠海市人才创新创业基金设立方案》，设立市人才创新创业基金首期规模2亿元，对高端人才种子期、初创期创新创业项目，通过股权投资提供精准金融支持，吸引高端人才落地。珠海中行等银行机构推出“珠海英才贷”等贷款产品，为海内外优秀人才和团队在珠海市创新创业提供有效贷款支持。

【金融风险防控】 2018年，珠海市金融部门对辖内重点领域的企业进行摸排；妥善处置非法集资线索并移交各职能部门32条；组织开展涉嫌非法集资广告资讯信息排查，检查各类广告经营户974户，现场检查广告5073个，非现场监测广告7.75万条次，查处清理涉非广告资讯信息合计170条。出台《珠海市非法集资案件处置攻坚三年规划（2018—2020）》，全年审结非法集资案件68件，结案率78.16%，提前完成非法集资案件处置攻坚三年规划设定目标。对40家互联网金融从业机构进行整改、清退、存量不合规业务化解，完成清理整顿、整改验收等各阶段任务。其中，13个P2P网贷机构已平稳清退8个，剩余5个整改工作有序推进，存量机构总体平稳，未发现有重大风险的迹象。

【“新三板”企业赴港上市业务对接】 2018年，珠海市推动珠海企业赴香港上市，组织“新三板”挂牌企业赴港与港交所开展上市业务对接，力促“新三板”企业走向国际金融市场；联合相关单位在珠海举办“新三板+H股”对接活动和政策培训，邀请原港交所专家到场讲解“新三板+H股”政策及赴港上市程序等，为新三板挂牌企业提供香港上市的经验和指导。6月9日，珠海市金融工作局举办2018年“新三板”挂牌企业港股直通车培训会，让企业深入了解“新三板+H股”政策和珠海市人才、挂牌上市奖励新政，广东省各市新三板挂牌企业189家和金融（银行、风投、基金等）、中介机构（券商、律师、会计事务所）126个，共550人参加培训。

【《珠澳金融合作备忘录》签署】 2018年5月31日，2018年珠澳合作会议在珠海召开。珠澳两地签署《珠澳金融合作备忘录》，旨在加强珠澳两地金融合作，加快推进粤港澳大湾区建设，支持澳门发展特色金融业，促进澳门经济适度多元化发展，打造珠澳国际化的珠江西岸区域金融中心。备忘录涉及推动两地金融市场深度开放合作、支持金融机构互设和申请金融牌照、推动创新金融产业发展、扩大人民币跨境使用等七大方面内容。珠澳双方在珠澳合作会议机制下成立金融合作工作小组，统筹协调和具体推动珠澳金融合作各项工作。

【QFLP试点落地】 2018年，珠海市推动扩大金融开放，进一步提升港澳跨境投资便利化水平，支持澳门经济适度多元发展，印发《珠海市外商投资股权投资企业试点管理暂行办法》，成为广东省第一个实行外商投资股权投资企业（QFLP）试点地级市。符合条件的境外企业或个人可发起设立外商股权投资基金管理公司和外商股权投资基金，募集境内外投资者的资

链 接：

外商投资股权投资企业（QFLP）

外商投资股权投资企业是指由境外企业或个人参与投资设立的，以非公开方式向境外投资者募集资金，投资于国内非公开交易企业股权的企业。实施 QFLP 试点，是扩大港澳等境外资金投资境内实体产业的重要渠道，有利于引入境外资金支持粤港澳大湾区实体经济高质量发展和基础设施的建设。

金；符合条件的境内股权基金管理公司也可发起设立或受托管理外商股权投资基金。（周维军）

银行业

【概 况】 2018 年，珠海银行业资产负债规模持续增长、结构继续优化。至年末，全辖区有银行业金融机构 12 类 60 个，营业网点 514 个，从业人员 1.1 万人。其中横琴自贸区营业网点 32 个，从业人员 662 人。银行业各项存款余额 7542.91 亿元，比年初增加 614.17 亿元，增长 8.86%；贷款余额 5238.24 亿元，比年初增加 431.05 亿元，增长 8.97%；存贷比 69.45%，居全省第六位。资产质量继续提升，不良贷款余额 59.21 亿元，比年初减少 10.59 亿元；不良贷款率 1.13%，比年初下降 0.33 个百分点，实现“双降”（不良贷款余额和比例下降）。盈利能力持续较快增长，全年实现利润 108.37 亿元，同比增长 10.15%。

【服务实体经济】 2018 年，珠海银行业结合辖区实际，围绕“一带一路”战略、制造业转型升级、地区产业结构调整，深化供给侧改革，提升服务实体经济水平。银行业向实体经济加大信贷投放，扭转辖内制造业贷款下滑趋势。至年末，辖内制造业贷款余额 503.79 亿元，比年初增加 95.19 亿元，增长 23.3%。强化房地产贷款跟踪监测，合理控制房地产贷款发放节奏，防止房地产贷款过快增长。至年末，全辖区房地产贷款余额 2527.07 亿元，占各项贷款比重 48.22%，比重较年初小幅提升 0.39 个百分点，增加 232.70 亿元，比上年同期少增 101.55 亿元，比年初增长 10.14%，增速较上年同期放缓 5.76 个百分点。推动供给侧改革不断深化，跟踪监测“僵尸企业”信贷发放情况，至年末全市国有“僵尸企业”出清率达 100%。

【横琴银行业发展】 2018 年，珠海银行业紧抓国家重大区域发展战略之利，以支持横琴自贸片区发展为载体，加强粤港澳金融合作。优化监管，加强辅导，加快流程，引进、升格符合条件的各类机构。至年末，横琴有各类银行业金融机构 26 家，各项存款余额 885.90 亿元，比年初增长 36.26%。加大对重点项目和基础设施工程的信贷投放。至年末，横琴贷款余额 642.60 亿元，比年初增长 15.04%。推动金融改革创新。区内跨境人民币结算、跨境人民币贷款、跨境双向人民币债券、跨境双向人民币资金池、跨境金融资产转让业务五项跨境业务快速发展；跨境住房按揭贷款试点、粤澳两地保险机构合作提供跨境车险服务试点、车险电子保单试点等多个全国首创顺利开展，粤港澳金融合作不断深化。至年末，辖内银行机构参与粤港澳大湾区基础设施互联互通项目超过 50 个，项目授信总额突破 600 亿元。

【小微企业金融服务】 2018 年，珠海银行业金融机构参与“银税互动”，主动服务小微企业，缓解融资难、融资贵问题。全辖区内开发出税易贷、税融通、税务代等 11 个“银税互动”贷款产品，累计发放贷款 24.45 亿元，惠及小微企业 1092 家。至年末，全辖小微企业贷款金额 1208.4 亿元，贷款增速 8.87%。从监管指标完成情况看，全年完成“两增两控”指标地方法人银行 4 家。

【普惠金融服务】 2018 年，珠海银行业农村中小金融机构坚持“服务三农”定位，持续推进普惠金融工作，确保基础金融服务覆盖全市包括离岸海岛在内的乡镇 15

个及行政村122个。至年末，珠海辖内农村中小金融机构涉农贷款余额14.80亿元，比年初增加1.77亿元，增幅13.6%。

【银行业收费治理】 2018年，珠海银行业落实“七不准”（不得以贷转存、不得存贷挂钩、不得以贷收费、不得浮利分费、不得借贷搭售、不得一浮到顶、不得转嫁成本）、“四公开”（收费项目公开、服务质价公开、效用功能公开和优惠政策公开）和“两禁两限”（严禁收取承诺费、资金管理费，严格限制收取财务顾问费、咨询费）要求，明确服务收费项目及标准，严格清理不规范收费，为实体企业减负让利。全年，辖内银行业取消收费项目63项，精简收费项目42项，降低收费标准项目22项，累计减少服务收费1840.48万元。

【辖区联合授信】 2018年，珠海银行业金融机构有序开展联合授信工作，摸清大额授信底数，优化信息搜集与共享机制，对联合授信推进情况和企业风险状况进行监测。指导银行业协会协调企业的债权银行按要求建立联合授信机制，做好各会员单位的协调组织，完善各项配套工作机制，有效防范系统性金融风险。至年末，两个批次共15家试点企业组建联合授信委员会并完成成员银行协议签订工作。

【辖区债权人委员会组建】 2018年，珠海银保监分局推动债权人委员会（简称“债委会”）组建工作，防范化解企业信用风险。至年末，完成辖内7个债委会组建工作。其中，对辖内某企业流动性危机导致的信用风险，迅速协调珠海8家债权银行组建债权人委员会，化解企业债务危机，防范化解金融风险。至年末，辖内重大授信风险客户贷款余额0.317亿元，比年初减少46.27%。

【P2P网络借贷机构清理整顿】 2018年，珠海银行业根据市互联网金融风险专项整治工作要求，配合市金融工作局组织各区开展网络借贷信息中介机构的整改验收工作，督促机构做好自查、行业自律检查等工作，协同市金融工作局对围绕网络借贷机构108条问题清单对辖内两家业务规模超过1亿元的机构“民生易贷”“粤财汇”开展现场核查，在规定时限内完成全市P2P网络借贷机构的清理整顿工作。

【非法集资活动监测预警】 2018年，珠海银行业构建涉嫌非法集资可疑资金和账户监测预警和报送机制，通过加强实时监测预警，提升主动发现和截堵能力。全年，辖内银行业金融机构累计排查客户16.76万户，排查账户金额36972.73亿元，发现资金流向异常、涉嫌非法集资线索18条，涉及账户27个，涉及交易笔数3.26万笔，交易金额13.9亿元。组织辖内银行机构深入开展防范和处置非法集资宣传月活动，广泛宣传非法集资的风险及危害性，教育公众远离非法集资。

【银行业违规行为行政处罚】 2018年，珠海银保监分局全面树立强监管严监管态势，开展各类现场检查20项，涉及机构17个，检查发现问题164个，督促被查机构的整改问责工作，责成辖内机构问责164人次，对4个机构及7名相关违规责任人进行行政处罚，罚款金额700多万元。

【工商银行珠海分行】 2018年末，中国工商银行珠海分行在珠海辖内有网点50个，员工1147人。资产总额902.28亿元，比年初增加104.7亿元；负债总额880.06亿元，比年初增加103.62亿元。各项贷款余额685.08亿元，比年初增加29.8亿元；各项存款余额854.57亿元，比年初增加96.29亿元。全年实现净利润18.15亿元。

【农业银行珠海分行】 2018年末，中国农业银行珠海分行有网点48个，员工978人。资产总额675.95亿元，比年初增加52.38亿元；负债总额665.22亿元，比年初增加50.23亿元。各项贷款余额537.51亿元，比年初增加10.62亿元；各项存款余额648.21亿元，比年初增加54.98亿元。全年实现净利润10.69亿元。

【中国银行珠海分行】 2018年末，中国银行珠海分行有营业网点44个（含横琴分行），员工1063人。资产总额870.59亿元，比年初增加363.34亿元；负债总额855.31亿元，比年初增加362.89亿元。各项贷款余额391.53亿元，比年初增加52.03亿元；各项存款余额518.34亿元，比年初增加36.30亿元。全年实现净利润7.28亿元。

【建设银行珠海分行】 2018年末，中国建设银行珠海分行有营业网点49个，从业人员1035人。资产总额815.39亿元，比年初增加100.04亿元；负债总额824.63亿元，比年初增加104.96亿元。各项贷款余额643.23亿元，比年初增加79.36亿元；各项存款余额765.55亿元，比年初增加103.92亿元。全年实现净利润15.08亿元。

【交通银行珠海分行】 2018年末，交通银行珠海分行有营业网点25个，从业人员569人。资产总额497.49亿元，比年初减少18.05亿元；负债总额487.61亿元，比年初减少18.95亿元。各项贷款余额384.28亿元，比年初增加17.54亿元；各项存款余额469.26亿元，比年初减少6.62亿元。全年实现净利润9.8亿元。

【珠海华润银行】 2018年末，珠海华润银行有89个营业网点（异地分支机构47个），员工2593人（异地分支机构员工1123人）。资产总额1736.59亿元，比年初增加217.75亿元；负债总额1609.73亿元，比年初增加197.61亿元。各项贷款余额872.71亿元，比年初增加150.49亿元；各项存款余额1148.75亿元，比年初增加235.61亿元。全年实现净利润13.7亿元。为补充资本金、优化股权结构和支持战略发展，在综合研判外部经济形势、资本市场环境以及自身发展需求要等多种因素下，制定增资扩股方案，获广东银保监局筹备组批复，成功引入战略投资者深圳市深汇通投资股份有限公司，增加资本金约10亿元。

【珠海农商银行】 2018年末，珠海农商银行有营业网点105个，其中乡镇营业网点68个，离岸海岛网点3个，员工1347人。资产总额596.69亿元，比年初增加31.63亿元；负债总额545.82亿元，比年初增加28.46亿元。各项贷款余额267.91亿元，比年初增加21.86亿元；各项存款余额426.1亿元，比年初增加32.61亿元。全年实现净利润5.58亿元。通过搭建平台、创新金融产品等方式，加大对“三农”的支持服务力度，推进普惠金融工作。开发多种针对农户、农村小微企业需求贷款产品；打造并优化“银担”合作平台，与多家担保公司签订担保合作协议，解决农业经营主体缺乏抵押物难题；通过发放“精准帮扶小额贷款”，推行“党建＋金融”模式，设立“精准帮扶金融服务站”等方式，开展金融扶贫工作。至年末，涉农贷款余额12.22亿元，比年初增加0.30亿元，增幅2.52%。（雷　帅）

证券期货业

【概　况】 2018年，珠海市有证券营业部60家，比上年增加3家；证券公司分公司4家；期货公司3家，下辖期货营业部3家。证券、期货从业人员总数878人，减少57人，减幅6.24%。全年全市证券经营机构股票、基金、债券成交总额12580.65亿元，减少1111.69亿元，减幅8.12%。其中，股票成交总额6311.99亿元，减少1902.33亿元，减幅23.16%。证券业资产总额52.67亿元，减少5.5亿元，减幅9.46%。

【广发证券股份有限公司珠海分公司】 于2006年设立广发证券珠海业务总部。2007年，完成托管整合原珠海国际信托投资公司、原珠海特区信托投资公司。2011年2月，更名为广发证券股份有限公司珠海分公司，下设营业部15家。2018年，广发证券珠海分公司沪深股市总成交额6476.41亿元，占珠海市沪深股市总成交额比例54.55%。

【国信证券股份有限公司珠海分公司】 于2014年7月15日成立，是国信证券股份有限公司的全资附属分支机构，内设部门15个。2018年，有客户15.7万户，托管市值69.76亿元。是年，珠海文园路五洲花城证券营业部手续费收入5395.3万元，沪深股市总交易额（不含权证）953.96亿元，在珠海市56家营业部排名第一。

【中投证券珠海营业部】 2018年，中投证券珠海营业部主要代理买卖股票（A股、B股），基金（含定投），期货（含商品、股指等），场外期权，国债，大宗交易，金融衍生品，股票质押式回购等业务。营业部专设财富管理中心，并配备多名擅长为高净值个人及机构财富管理客户提供全球金融市场个性化配置的资深投资经理和出色的大众客服团队，为客户提供全面的资产配置与财富管理增值服务。

保险业

【概　况】 2018年，珠海市有保险机构60家，含法人机构2家，其中产险机构25家，寿险机构35家。保险从业人员2.04万人（不含保险代理公司）。全年保险总资产329.03亿元，比上年增长12.03%；全年保费收入128.54亿元，增长10.39%，其中产险保费收入35.14亿元，增长11.52%；寿险保费收入93.40亿元，增长9.97%。产寿险赔（给）付金额40.17亿元，增长3.86%，其中产险机构赔款23.09亿元，增长7.13%，寿险机构赔（给）付金额17.07亿元，减少0.27%。

【保险产品】 2018年，珠海市新增香洲区、斗门区、平沙镇投保精神障碍患者监护人责任险；开展环境污染责任保险，承保企业15家，提供风险保障金4200万元；在横琴新区推出知识产权质押贷款保证保险业务，承保企业4家，提供风险保障金1410.72万元，涉及赔付金额200万元；推动安全生产责任保险，承保企业165家，提供风险保障金19亿元，每家投保企业获得不少于800万元人身伤亡风险保障，提供针对员工及企业外来人员保险金额每人不少于30万元；在横琴新区推出住宅工程质量保险，提升工程质量安全水平，促进建筑业持续健康发展。

【政银融模式】 2018年，珠海市保险业支持涉农银行信贷，推动保险公司与政府、银行合作，以政府投入扶持基金为引导、保险公司出具保单承保为保障、银行见保单即放贷的“政银保”农业小额贷款保证保险项目；中国人民财产保险股份有限公司珠海市分公司（以下简称珠海人保）和银行、政府合作开展推出“政银保”支农融资模式，支持农业融资20笔，总额1740万元；珠海人保通过“政融保”模式，引导全市农业企业、农村合作社、农户等主体利用人保在行业内独家经营的险资直投业务，获得人保资金融资支持，降低融资门槛和融资成本，提高农村金融服务水平；“天鸽”“帕卡”台风后，珠海人保与市海洋农业和水务局、市财政局、市金融工作局共同合作“政融保”模式，由市农业局推荐企业，财政局拨款扶持，珠海人保直接放款，符合条件的受灾企业可以按照相对低成本融资进行灾后重建和发展，无须抵押和担保，支持农业融资8笔，总额2800万元。

【商业保险】 2018年，珠海市保险业协会推进大病保险，中国人寿累计支付大病补充医疗保险3939万元，完成基本医疗调查672件，其中省内404件，省外268件；发展计划生育保险，计生家庭、独生子女等特定社会群体居民购买计生保险计划7万人次，全年赔付917人次，赔付712万元；推动银龄安康保险，承保老年人15.83万人，占全市老年人口100%，完成60周岁以上老年人全覆盖，全年累计赔付3909人次，赔付1071万元；在市政府、市社保中心的主导下，承办“大爱无疆”附加补充医疗保险项目，为全市社会保障体系的优化升级提供服务。

【保险业便民服务】 2018年，珠海市保险业协会推动“广东事故e处理”，注册用户数5.15万人，总案件数1.71万件；配合市交警支队开展工作，提高快处快赔金额，简化理赔流程，全年报案量10.90万件，快处快赔中心处理案件1.53万件，占总案件量的14%；提升“一证通”信息互通系统，机动车年检、上牌等业务更便捷；春节、清明、国庆、航展期间组织开展车险理赔主题服务活动；推进“放管服”改革，9月1日起，联合市交警支队推行交强险电子保单服务，更加方便保险消费者办理交通管理业务；联合市交警支队，人保财险开启“警保联动”道路交通事故处理新模式，在辖区主要干道、商圈设置10个服务点，每个服务点派驻工作人员开展交通事故现场勘查、引导等工作，截至12月受理案件7709件。

【保险消费者调解】 2018年，珠海市保险业协会与市、区法院建立良好合作关系，发挥调委会的调解作用，受理“诉调对接”案件35件，达成调解协议27件。涉案金额660万元，结案金额420万元，调解成功率77.14%。调解协议进行司法确认案件26件，涉案金额437万元，结案金额360万元，司法确认案件占比96.3%。（黎玮茵）

·责任编辑：曹　琨·

区域合作

大湾区经贸合作·珠台经贸合作

【珠港澳台贸易】 2018年，珠海市与香港贸易总额272.01亿元，其中，对香港出口265.23亿元，比上年下降6.8%；自香港进口6.78亿元，下降28.03%。珠海市与澳门贸易总额61.99亿元，其中，对澳门出口60.8亿元，下降31.55%；自澳门进口1.19亿元，增长72.02%。珠海市与台湾贸易总额120.82亿元，其中，对台湾出口28.8亿元，增长25.16%；自台湾进口92.02亿元，增长10.91%。

（赵 静）

【港澳投资】 2018年，珠海市新设立港澳投资企业3837家，实际吸收港澳资金19.37亿美元。全市实有港澳投资企业9977家，到位港澳资金122.21亿美元，其中，香港投资企业5695家，到位香港资金86.93亿美元；澳门投资企业4282家，到位澳门资金35.28亿美元。（刘少仰）

【珠台经贸合作】 2018年，珠海市新增台资企业48家，增资扩产6家，投资总额7149万美元，比上年增长15%。珠海市与台湾贸易额120.82亿人民币，比上年增长14%。投资12亿元人民币的横琴台商营运总部大厦项目稳步推进。珠海历年累计批准台商投资企业1150家，投资总额37.18亿美元，现存台商投资企业655家。台商在珠海投资领域涉及电子、机械制造、医疗设备、化工、软件、制衣、制鞋、五金加工、工艺饰品、食品加工、农业、旅游、酒店、餐饮、娱乐、房地产、生物科技、仓储物流、咨询服务等20多个行业。8月，富士康科技集团与珠海市政府签订战略合作协议，深化半导体设计服务、设备和芯片设计合作。（刘池明）

区域协调发展

【概 况】 2018年，珠海市与中山、江门、阳江市开展重点合作项目18项，和澳门签署《珠海市体育总会与中国澳门体育总会体育交流合作框架协议》。10月，港珠澳大桥建成通车，中共中央总书记、国家主席、中央军委主席习近平出席开通仪式。

【交通建设协调】 2018年，连接珠海斗门至江门台山的黄茅海大桥项目建设前期工作进展顺利。广江珠澳（原澳珠江肇）高铁（350千米/小时）纳入省发改委《粤港澳大湾区城际铁路建设规划》。中山珠海综合交通衔接规划、伶仃洋公路通道及西延线交通详细规划、深珠铁路通道选线规划加快推进。黄茅海航道一期工程、高栏港区15万吨级主航道扩建工程、高栏港区20万吨级主航道工程等项目建设进展顺利。

【区域产业共建】 2018年12月17—19日，第四届珠江西岸先进装备制造业投资贸易洽谈会（简称珠洽会）在佛山市举行。珠洽会以“珠西智造、装备未来”为主题，以佛山、珠海、韶关、中山、江门、阳江、肇庆、云浮8市为单位设置分展区，以产品实物为主，重点展示企业在技术自主创新、首台（套）装备产品、重大项目引进、产业平台建设、产业链集约集聚发展等方面的最新成果。是届珠洽会签约项目16个，协议（或意向）投资总额913.2亿元，其中，珠海签约项目2个，总投资105亿元。在江门市联合举办第九届珠中江进出口商品展销会。建设珠港澳国际物流园，对接港澳国际物流业务。珠港两地分别举办以“港珠澳大桥通车后—珠港两地物流发展新路径”为主题的推介活动，促成超级一号货站、敦豪等开展物流合作。加强区域旅游合作，珠海牵头组织中珠澳、广深珠旅游联盟赴济南、泉州、贵阳、苏州举办“昔日大香山，今日中珠澳”旅游推介会，深挖山东、福建、贵州、浙江旅游市场；组织60余人次赴珠海市参加“尽享文化之旅，畅游浪漫之城”“美丽海岛”及“城市活动”等旅游产品踩线活动。

【区域环境共治】 2018年，珠中江三市共同开展前山河流域综合治理。联合采用网格化监管前山河流域企业，加大对前山河流域污染源日常巡查和突击检查力度。对跨市河流磨刀门水道布洲断面（江门、中山和珠海交接断面）和前山河交接南沙湾断面（中山和珠海交接断面）每月进行一次水质监测，互通监测数据。珠海市和中山市共同印发《2018年珠海—中山前山河流域跨界污染联合执法行动工作方案》，分期开展跨界污染联合执法行动，构建前山河全流域系统治水、协作共治机制。深化区域大气污染联防联控，珠海市印发实施《联合开展柴油车排气专项整治行动方案》；全市公交电动化率达100%。珠海、中山、江门、阳江四市联合开展以“粤环保粤时尚，低碳引领生活，绿色改变未来”为主题的“珠中江阳”中学生环保活动。

【区域基本公共服务对接】 2018年，珠海市48家定点医院上线省异地就医联网结算系统，将中山、江门、阳江三市92家上线省异地就医联网结算系统的医院全部纳入珠海市联网结算机构。在阳春举办“南粤春暖”新春大型人力资源招聘会，在江门联合举办珠海、中山、江门、阳江、茂名公益性人才招聘会。珠海、中山、江门三市在江门市举办公共卫生创新联动学术研讨会，推进珠中江三地疾病防控、传染病疫情、信息化管理、突发公共卫生事件等基本公共服务一体化工作。在中山市联合开展珠海、中山、江门、阳江四市公共法律服务暨法律援助业务交流。在阳江市联合开展珠海、阳江两市公证业务交流。珠海、阳江继续实施百家学校结对、百名校长培养、百名名师培养、百名教研员培养“四百工程”，共建教学评价体系。推动阳江实施“双元制”职业教育培训、“粤教云”共享计划。3月，珠海市与澳门联合签署《珠海市体育总会与中国澳门体育总会体育交流合作框架协议》。是年，珠澳联合举办第十四届珠澳智力运动友谊赛、第二十一届珠澳网球埠际赛等；珠海、中山、江门、阳江、澳门五地开展各种形式的区域群众体育交流活动。

（甘述英　兰　顺）

链　接：

黄茅海大桥

根据2017年2月广东省交通厅发布的《黄茅海跨海通道工程可行性研究报告编制招标公告》，黄茅海跨海通道工程里程长度约30千米，采用高速公路技术标准，设计速度为100千米／小时或120千米／小时，双向六（或四、八）车道，设计荷载为公路－Ⅰ级。黄茅海大桥是珠海香洲区至江门台山市高速的重要组成部分（该高速还包括洪鹤大桥、鹤州至高栏港高速2段）。香洲至台山高速起点接港珠澳大桥连接线，经珠海市香洲区、金湾区、斗门区，向西跨越黄茅海水域后，在江门台山赤溪镇登陆，终点与西部沿海高速及新台高速衔接。路线全长约75.29千米，按双向六车道高速公路、设计速度100千米／小时标准建设，总投资约236.6亿元。黄茅海大桥建成后可缩短香港、澳门、珠海与江门大广海湾经济区的距离。

（珠　鉴）

·责任编辑：曾维浩·

脱贫攻坚·乡村振兴

脱贫攻坚

概　述

【概　况】　2018年，珠海市落实对口帮扶阳江、茂名资金5.18亿元，实施到村到户帮扶项目13.49个。东西部扶贫协作落实财政援助资金2.2亿元，社会帮扶资金1.16亿元。对口支援四川省甘孜州理塘、稻城县，落实上解省财政资金6000万元。市财政落实对口支援西藏自治区林芝市米林县、米林农场资金510万元，援建米林县省统筹在建项目7个、计划外援建项目4个。米林县通过国家扶贫考核验收，脱贫摘帽。对口支援重庆市巫山县三峡库区，落实对口支援资金595万元。

【扶贫领域作风建设】　2018年，珠海市贯彻落实中央和省关于扶贫领域作风建设年的部署要求，研究制定《关于开展对口阳江茂名扶贫领域作风问题专项治理的实施方案》。开展监督检查工作，重点检查扶贫领域工作作风情况，形成问题清单、督查情况报告，督促落实整改。5月召开驻阳江、茂名扶贫工作组会议，9月召开市扶贫工作会议，结合省对扶贫领域专项检查有关情况及农村基层党员干部违纪违法线索排查中发现的问题，集中传达中央和省关于扶贫领域工作作风建设要求和全市贯彻落实意见。12月28日，出台《珠海市扶贫开发项目资金公告公示制度》。

【对口扶贫（支援）地区名优特农副产品展销会】　2018年9月8—12日，珠海市举办对口扶贫（支援）地区名优特农副产品展销会。对口帮扶（支援）省内外19个地区、90家企业联合展销特色鲜明的产品5000多种。珠海市50家企业达成扶贫地区农副产品采购意向，金额2.2亿元。

【扶贫开发成效考核】　2018年，广东对上年度全省扶贫开发成效考核，珠海市各项成绩在全省前列。珠海经验在全省全国推广。8月27日，国务院扶贫办《扶贫信息》刊登珠海“搭平台、建基地、联市场”产业扶贫经验。中央电视台、广东电视台、《南方日报》报道珠海扶贫攻坚工作。

珠海市对口帮扶茂名市信宜市金垌环球村百香果基地，2018年10月25日拍摄　（丘立贺　摄）

省内精准扶贫

【概　况】 2018年，珠海市落实对口阳江、茂名精准扶贫帮扶资金5.18亿元（2016—2018年累计落实帮扶资金15.45亿元），实施到村到户帮扶项目13.49万个。帮扶贫困人口9979人预脱贫（累计4.42万人）。预脱贫有劳动能力贫困户人均可支配收入达1.01万元，比帮扶前增长150%；贫困村居民人均可支配收入达1.44万元。

（陈锫榔　李势丰）

【区域对口帮扶】 2018年，珠海市对口帮扶阳江的26个亿元以上工业项目动工（计划投资额达217.73亿元）。探索“销售研发在珠海、生产经营在阳江”招商模式，建立200多家目标企业库作为招商对象。教育投入4238.6万元，在全省首次创新开展4批次“同课同构”交流活动。医疗投入7373万元，举办两地医疗卫生帮扶专家系列讲座，推进第三批、第四批珠海对口帮扶阳江医疗卫生专业技术人才进驻阳江。劳动就业投入651万元。文化体育投入170万元。组织多场招聘活动，完成5000名劳动力就业转移安置工作。推动合山机场改扩建二期建设，引进航空教育、航空娱乐、航空文化等模块打造有吸引力的、可持续发展的航空文化产业。划拨650万元支持阳江开展创建国家森林城市工作。协助将阳西红心鸭蛋、溪头五彩薯打造成国家地理标志产品。协助阳江编制《阳江市全局旅游发展规划》，开展“汉鼓遗风阳江味道”阳江地道美食评选活动和阳江旅游特色村评选活动；与阳江改革部门联合举办城市建设与管理创新、政务服务改革提升研讨班，与阳江金融部门联合举办金融提升培训班等三期珠海阳江合作共建改革工作培训班。

（甘述英　兰　顺）

云南怒江州兰坪县兔峨乡扎局村傈僳族小伙子和保佳，骨结核导致脊柱变形弯曲而无法正常学习生活，被接到珠海治疗；经过手术“挺直”了腰板、有了工作。2018年，和保佳参加中央电视台纪念改革开放40周年纪录片《四十不惑》拍摄。图片拍摄于2018年11月12日　（市农业农村局　供稿）

东西部扶贫协作

【概　况】 2018年，珠海市落实东西部扶贫财政援助资金2.2亿元，社会帮扶资金1.16亿元。投入资金1.04亿元开展69个产业帮扶项目，受益的建档立卡贫困户8288户32102人，带动1748户6730人增收脱贫。

【对口云南省怒江傈僳族自治州扶贫】 2018年，珠海市帮扶销售云南怒江傈僳族自治州（简称怒江州）特色农产品和手工艺品294万元，带动建档立卡贫困人口1630人，其中230人实现脱贫。组织劳务培训70期，参训人员4084人次（其中建档立卡贫困人口2490人次），转移至珠海就业1938人（其中建档立卡贫困人口1017人），稳定率达90%。选派37名党政干部到怒江州挂职。接收19名怒江

易地扶贫搬迁——建设中的泸水市大兴地镇珠海小区维拉坝安置点，2018年11月10日拍摄　（市农业农村局 供稿）

州干部到珠海挂职。选派134名教师、医生到怒江州支医支教。接收116名教师医生到珠海跟岗学习。开展“百企帮百村”活动，珠海148家企业与怒江州144个贫困村结对帮扶，结对数占怒江州深度贫困村总数的66.1%。3月，国务院扶贫办组织对2017年国家东西部扶贫协作考核，珠海成绩等次为“好”。11月19日，国务院扶贫办《扶贫信息》刊发《百企帮百村携手奔小康——珠海市积极拓展企业参与东西部扶贫协作新路子》。

对口支援藏区库区

【对口支援四川省甘孜藏族自治州理塘、稻城县】 2018年，珠海市统筹推进对口支援四川省甘孜藏族自治州（简称甘孜州）理塘、稻城县工作，落实年度上解省财政资金6000万元，项目资金871万元。在珠海星园扶贫专业市场开设甘孜馆。在珠海农科中心建设对口支援甘孜州文化体验园，举办甘孜特色农牧产品和旅游推介会，引导甘孜特色农牧产品走进粤港澳大湾区。组织珠海市民赴甘孜州旅游。

【对口支援西藏自治区林芝市米林县、米林农场】 2018年，珠海市财政落实对口支援西藏自治区林芝市米林县、米林农场资金510万元，援建米林县省统筹在建项目7个、计划外项目4个；援建米林农场省统筹项目4个、计划外项目1个。全部项目进入施工建设阶段。经国务院扶贫开发领导小组办公室9月28日发文确认，米林县通过国家扶贫考核验收，脱贫摘帽。

【对口支援重庆市巫山县】 2018年，珠海市对口支援重庆市巫山县落实资金595万元，用于巫山县龙水小学、巫山县中医院江东分院等7个项目建设。至年底，7个项目完成4个，3个在建，惠及当地群众8万余人。选派卫生、教育专业技术人才到巫山开展人才支援活动，帮助巫山提升发展内生动力。推进产业合作开发，邀请巫山县党政领导和企业来珠海参加对口扶贫（支援）地区名优特农副产品展销会。组织对接大客户。帮助巫山产品打开粤港澳市场。

（陈锫榔　李势丰）

乡村振兴

【乡村振兴政策制定】 2018年，珠海市构建“1+1+N”乡村振兴战略政策体系〔两个“1”即《关于推进乡村振兴战略的实施方案》《珠海市乡村振兴战略规划（2018—2022年）》，“N”是《关于全域推进农村人居环境整治建设生态宜居美丽乡村的工作方案》《珠海市加强党的基层组织建设三年行动计划实施方案（2018—2020年）》《珠海市农村低收入群体精准综合帮扶工作方案》《关于打赢脱贫攻坚战三年行动方案（2018—2020年）》《珠海市加强城乡社区协商实施方案》《珠海乡村工匠培训和评价暂行办法》《关于在全市农村开展文明乡风建设活动的工作方案》等〕，全面展开乡村振兴工作。建立市领导班子成员挂点联系村制度。党政机关、企事业单位与乡村挂钩帮扶。建立稳定乡村振兴专项资金投入机制，加强财政资金使用监督。完善督查考核体系，促进乡村振兴各项工作落实。

【乡村产业发展】 2018年，珠海市实施现代农业产业园区建设工程，创建斗门区白蕉海鲈产业园、斗门区休闲农业产业园、金湾区黄鳍鲷产业园和高栏港区特色园艺作物产业园。推动三产融合，国家重点项目岭南大地综合体项目完成投资1.8亿元。水果采摘体验活动、乡村音乐节、营地文化节等吸引游客超150万人。新增16个广东省名牌农产品。白蕉海鲈获“2018年度广东省最具影响力渔业区域性公用品牌”称号。白蕉镇昭信村被

2018年3月26日，珠海市春耕生产暨农业科技、放心农资、农业机械“三下乡”现场会在斗门区乾务镇新村的千亩水稻示范基地举行。图为插秧比赛

（斗门区志办 供稿）

农业农村部认定为全国一村一品示范镇村。全市工商登记的农民专业合作社累计289家，认定家庭农场74家。

【乡村人居环境整治】 2018年，珠海市进行农村环境大巡查，建立完整的农村环境问题详细台账，建立挂图作战机制。抓好“四沿”（沿铁路、高速路等交通线，沿市际边界线，沿城市郊区，沿旅游景区）清理整治，复垦复绿，打造美丽风景线。全面启动“三清三拆三整治”工作。召开动员推进会、编制工作指引、逐户发放指导手册、每周督导走访，推进清拆整治。开展“厕所革命”，完成标准化公厕改造148座。开展农业废弃物管理和综合利用。全市农作物秸秆综合利用率90%以上。全市畜禽粪污综合利用率80%以上。全年有效减少农药包装废弃物13.5吨。建立“户收集、村集中、镇转运、区处理”农村生活垃圾收运处理体系，实现保洁覆盖面、生活垃圾收运率、无害化处理率“三个100%”。制定污水处理规划建设指引，接入市政污水管网与修建独立污水处理设施分步进行。全市有160个行政村和涉农社区实现污水处理设施覆盖，覆盖率94%。

【乡村振兴样板打造】 2018年，珠海市选取18个行政村（涉农社区），由市领导挂点、市属国企挂钩帮扶，对标江浙等先进地区，引入高水平战略合作团队，全要素、高起点、高标准，科学规划，精准施策，合力打造市级乡村振兴和乡村旅游样板村，使全市乡村建设看有典型，学有榜样。发动169个党政机关事业单位和国有企业开展乡村振兴挂钩帮扶，分阶段、分步骤，全面推进乡村建设。培育发展特色小（城）镇，万山海创小镇、珠海拾梦莲洲水产特色小镇、岭南大地乐活小镇、斗门莲洲康体小镇、莲洲停云生态艺术小镇等5个特色小镇成功申报省级特色小镇创建工作示范点。

【乡村基础设施升级】 2018年，珠海市建设“四好农村路”，落实2.39亿元推进斗门区乡村道路（34条23.43千米）硬底化、万山区一批乡村道路建设项目。完成农村电网投资1.9亿元。圆满完成553户农村低收入群体住房改善工作。实施“公交优先”战略，城乡一体价，统一收取1元/次车费。

【乡村振兴人才培训】 2018年，珠海市培训“粤菜师傅”300人次。举办首届粤港澳大湾区“粤菜师傅”技能大赛。市代表队获一等奖和自选特色粤菜金奖。制定实施《珠海市乡村工匠培训和评价办法》。241名农民获新型职业农民证书，2人获“广东省百佳新型职业农民”荣誉称号。建成农村青年实践基地5家。开展基层服务94场次，举办“领头雁”青年人才培训8场次，培训“领头雁”青年人才325人次。加强农村女性后备人才队伍建设，发挥农村留守妇女在乡村振兴发展中的巾帼力量。

【农村综合改革】 2018年，珠海市出台完善农村土地所有权、承包权和经营权“三权”分置实施意见，加快推进农村土地承包经营权确权登记颁证工作。全市完成实测承包地面积1.67万公顷，颁发证书4.18万本，颁证率98.27%。出台推进农村集体产权制度改革方案和试点方案。稳步推进以农村集体经营性资产为重点的农村产权制度改革。全面完成集体资产清产核资工作。（陈锫榔 李势丰）

·责任编辑：曾维浩·

开放型经济·民营经济

开放型经济

对外贸易

【概　况】 2018年，珠海市外贸进出口额3246.28亿元，比上年增长8.5%。其中，出口额1887.13亿元，增长0.2%；进口额1359.15亿元，增长22.5%。进出口额、出口额、进口额在全省分别位居第六位、第六位、第四位。

【出口贸易】 2018年，珠海市外贸出口额中，一般贸易出口1082.77亿元，下降2.6%；加工贸易出口747.62亿元，增长9.2%。外商投资企业出口829.59亿元，增长5.3%；国有企业出口202.76亿元，下降4.7%。集体企业出口20.25亿元，下降29.9%；私营企业出口834.54亿元，下降2.2%。出口商品销往216个国家和地区。

2018年珠海市外贸出口主要市场情况

国家（地区）	出口额（亿元）		
	总　量	增速（%）	比重（%）
总计	1887.13	0.2	100.0
东盟	226.52	6.7	12.0
欧盟	274.27	-7.5	14.5
“一带一路”沿线	702.06	11.6	37.2
主要国家	1217.72	3.9	64.5
美国	274.49	-5.3	14.5
印度	249.57	28.0	13.2
日本	119.22	21.3	6.3
印度尼西亚	66.92	115.6	3.5
德国	61.58	-12.9	3.3
墨西哥	45.43	7.6	2.4
荷兰	40.60	-0.1	2.2
越南	33.88	11.2	1.8

【进口贸易】 2018年，珠海市外贸进口额中，一般贸易进口717.48亿元，增长31.4%；加工贸易进口375.22亿元，增长13.6%。外商投资企业进口706.04亿元，增长20.2%；国有企业进口258.96亿美元，下降8.6%；集体企业进口19.28亿元，增长19.0%；私营企业进口374.87亿元，增长68.5%。进口商品来自141个国家和地区。

（刘少仰）

【服务贸易】 2018年，珠海市服务贸易进出口额436.97亿元，

2018年珠海市外贸出口主要商品情况

商　品	出口额（亿元）		
	总　量	增速（%）	比重（%）
总计	1887.13	0.2	100.0
机电产品	1440.44	4.2	76.3
高新技术产品	662.34	9.0	35.1
空气调节器	133.53	-7.7	7.1
印刷电路	60.61	-8.2	3.2
服装及衣着附件	37.63	-35.0	2.0
电视机（包括整套散件）	35.55	69.9	1.9
自动数据处理设备及其部件	26.58	4.3	1.4
灯具、照明装置及类似品	25.38	-32.9	1.3
医药品	24.12	9.3	1.3
塑料制品	24.02	-23.5	1.3
通断保护电路装置及零件	23.91	10.1	1.3
集成电路	22.92	152.8	1.2
家具及其零件	21.25	-7.0	1.1
电话机	20.45	-38.6	1.1
纺织纱线、织物及制品	20.00	2.5	1.1
电动机及发电机	19.25	-3.3	1.0
钢材	18.14	-4.6	1.0
液化石油气及其他烃类气	17.95	-18.0	1.0
陶瓷产品	17.70	-34.2	0.9
打印机（包括多功能一体机）	17.32	16.0	0.9

2018年珠海市外贸进口主要市场情况

国家（地区）	进口额（亿元）		
	总　量	增速（%）	比重（%）
总计	1359.15	22.5	100.0
东盟	182.88	13.3	13.5
欧盟	88.49	22.5	6.5
“一带一路”沿线	470.65	3.8	34.6
主要国家	847.33	23.1	62.3
韩国	185.82	147.0	13.7
伊朗	175.95	-13.5	12.9
日本	94.80	14.5	7.0

比上年增长10.92%，总量列全省第五位。服务贸易占对外贸易比重与上年基本持平。全市完成服务外包执行金额5.95亿美元，增长122%，增速居全省首位；其中离岸执行金额5.09亿美元，占比85.5%，高于全省平均水平约27个百分点；登记服务外包企业164家，服务外包从业人员3.86万人，其中大学（含大专）以上学历1.84万人。全市登记61份技术进出口合同，其中技术进口41份，技术出口20份，涉及金额3.81亿美元，其中出口1.06亿美元，增长56.2%。是年，全市服务贸易企业获中央资金694万元，省级资金326万元，分别增长70%和52%。组织56家企业参加国内外经贸活动8场。举办2018全球服务外包大会，吸引370家企业和单位参会，现场达成7个签约项目，涉及金额3亿元。　（刘　勋）

【加工贸易】 2018年，珠海市加工贸易企业总数454家，加工贸易进出口额1122.84亿元，比上年增长10.6%，占全市份额34.6%。其中出口747.62亿元，增长9.2%，占全市份额39.6%；进口375.22亿元，增长13.57%，占全市份额27.6%。加工贸易高新技术产品出口287.63亿元，增长3.4%，占全市份额43.44%。加工贸易机电产品出口653.04亿元，增长8.1%，占全市份额45.3%。是年，组织40家企业77名高管赴国内各类知名企业开展工业考察；11家企业参加中国加工贸易产品博览会，意向成交金额4000万元。　（廖　慧）

（续 表）

国家（地区）	进口额（亿元）		
	总 量	增速（%）	比重（%）
美国	87.14	-7.5	6.4
新加坡	59.28	-4.2	4.4
马来西亚	50.91	14.9	3.7
澳大利亚	43.89	123.3	3.2
泰国	30.43	26.2	2.2
德国	27.09	8.0	2.0

2018 年珠海市外贸进口主要商品情况

商 品	进口额（亿元）		
	总 量	增速（%）	比重（%）
总计	1359.15	22.5	100.0
机电产品	695.68	35.9	51.2
高新技术产品	510.97	52.7	37.6
集成电路	295.51	73.5	21.7
原油	202.35	-7.9	14.9
二甲苯	66.42	42.8	4.9
液化石油气及其他烃类气	54.19	4.3	4.0
铁矿砂及其精矿	44.25	89.3	3.3
初级形状的塑料	31.96	10.1	2.4
通断保护电路装置及零件	31.84	4.3	2.3
成品油	29.86	12.7	2.2
二极管及类似半导体器件	20.10	12.9	1.5
变压、整流、电感器及零件	19.95	6.1	1.5
印刷电路	18.84	9.9	1.4
纸浆	18.49	26.7	1.4
液晶显示板	15.39	38.0	1.1
印刷、装订机械及零件	14.53	12.3	1.1
鲜、干水果及坚果	11.37	1277.9	0.8
自动数据处理设备的零件	9.32	67.4	0.7
医药品	8.67	7.5	0.6
电容器	8.60	49.6	0.6

【2018 全球服务外包大会】 2018 年 6 月 8—9 日，全球服务外包大会在珠海国际会展中心举行。大会以“开放协同，互联共享”为主题，由商务部国际贸易经济合作研究院、广东省商务厅、珠海市人民政府共同主办，商务部研究院国际服务贸易研究所、《中国外资》杂志社、《服务外包》杂志社、珠海市商务局、珠海国家高新技术产业开发区联合承办。这是全球服务外包大会创办以来，首次在粤港澳大湾区城市举行。来自国内外 370 家企业和单位的 650 人参会。会上 7 个签约项目涵盖芯片研发设计、金融科技创新、政务大数据建设、业务流程外包、商务信息交流等领域，签约金额 3 亿元。（珠　鉴）

对外和对港澳台经济合作

【概　况】 截至 2018 年底，珠海市累计对外和对港澳台投资项目达 459 个，协议投资总额 103.72 亿美元，投资遍及全球 40 个国家和地区，主要集中在北美及中国港澳地区，其中对北美地区协议投资 47.04 亿美元，所占比重为 45.4%，对中国港澳地区协议投资 40.03 亿美元，所占比重为 38.6%。珠海市对外和对中国港澳台地区投资行业领域广泛、门类齐全，投资产业主要集中在第三产业（占 60.4%）及第二产业（占 39.3%），涉及 18 个门类。

（温晓敏）

【引进投资】 2018 年，珠海市新设外商和港澳台投资企业 3973

家，比上年增长153.9%；其中，合同资金额1000万美元以上的有82家。实际吸收资金23.92亿美元，下降1.7%；其中，中国香港8.46亿美元，下降21.9%；中国澳门10.91亿美元，增长160.1%；英国3.28亿美元，增长1076.1%。制造业实际吸收资金8.20亿美元，下降5.4%；服务业实际吸收资金14.81亿美元，增长15.6%。（刘少仰）

【劳务合作】 2018年，珠海市对澳门派出1.38万人，在澳门劳务人员实际工资收入3.85亿美元，比上年下降0.2%。输澳门劳务人员主要分布在住宿和餐饮业、建筑业、批发零售业。（温晓敏）

【经贸代表处工作】 2018年，珠海市在境外设立驻欧洲、北美、东南亚、以色列和中国香港5个经贸代表处，发挥“窗口、桥梁、协调、辐射、服务”作用，促进境外招商引资、招才引智，服务本土企业走出去投资、并购搭建服务平台和网络，有效加强与欧美等发达国家、“一带一路”沿线国家和地区的直接联系。对接有效项目90个（含在珠海注册企业21家，投资额约为3.88亿元），在谈意向投资总额约605亿元。其中在谈投资项目66个、合作项目21个、贸易项目2个、增资扩产项目1个。90个项目中包括生物医药类26个，现代服务类25个，装备制造类8个，电子信息类10个，高新技术类8个，其他产业13个。（程春燕）

民营经济

【概　况】 至2018年底，珠海市实有民营（非公有制）商事主体（含私营企业、外商投资企业、个体工商户、农民专业合作社）31.9万户（含横琴新区，下同），占全市各类商事主体（33.61万户）的94.9%。其中：私营企业13.68万家，比上年增长24.1%，注册资本（金）2.53万亿元，增长17.2%；外商投资企业1.24万家，增长49.4%，注册资本（金）596.51亿美元，增长28.8%；个体工商户16.95万户，增长8.5%，投资金额83.47亿元，增长22.5%；农民专业合作社290户，增加20户，增长率为7.4%，在各商事主体中增速最慢，出资总额4.44亿元，增长20.4%。全市商事主体以个体工商户的户数最多，占比为50.43%；其次为私营企业，占比40.71%。各类商事主体呈稳定增长态势，总体结构变动不大。与上年商事主体总量对比，个体工商户比重有所下降，企业总体比重有所提升，私营企业所占比重提高2.73个百分点，对拉动商事主体增长贡献最大。全年市财政安排3429万元民营经济发展专项资金，用于支持民营经济发展。（张述桐）

【民营经济创新能力】 2018年，珠海市民营企业拥有国家级和省级工程中心、企业技术中心297家，占全市比重73%。拥有省级民营企业创新产业化示范基地20家。新认定市级民营企业创新产业化示范基地19家，总数达113家。新认定市级民营科技企业36家，总数达209家。

【民营经济融资服务】 2018年，珠海市拓展融资平台，在担保贷、助保贷、支小贷企业融资扶持政策基础上，设立技术改造风险补偿专项贷款的技改贷和6000万元转贷资金池的续贷转贷项目，完善风险补偿机制及到期贷款“过桥”资金扶持政策。为中小微企业提供183笔共14.74亿元贷款，其中，担保贷106笔4.57亿元，支小贷20笔0.89亿元，助保贷13笔0.96亿元，

2017—2018年珠海市商事主体总量结构变动情况

商事主体	商事主体占比对照（%）	
	2017年	2018年
内资（非私营）企业	5.26	5.09
私营企业	37.98	40.71
外资企业	2.86	3.69
个体工商户	53.80	50.43
农民专业合作社	0.09	0.09

技改贷11笔1.3亿元，转贷平台提供33笔7.02亿元资金。融资增信子平台撮合2269笔企业贷款，合计101.35亿元，缓解部分民营中小微企业融资难问题。

【民营经济公共服务】 2018年，珠海市升级平台（政企云）服务能力，建立覆盖市、区、镇（街）38个“珠海政企云服务平台工作站”，联络员达100人，初步建成三级联动服务体系。通过统一门户网站、热线电话及网上客服、政策信息发布推送、诉求办理、融资增信等系统模块为民营中小企业提供各项服务。吉林大学珠海学院、同望科技股份有限公司获国家级中小企业公共服务示范平台认定；广东科学技术职业学院等3家单位获认定为省级中小企业公共服务示范平台。至年底，珠海有国家级平台3家，省级平台12家，总数位居全省第二位。新认定市级中小企业公共服务示范平台25家，总数62家。全年开展民营中小企业培训活动120场，参训1.11万人次，参训企业5576家。组织250名企业家或管理人员到南开大学等知名高校参加短期培训班。

【民营经济政策与研究】 2018年，珠海市修订《民营及中小企业发展专项资金管理暂行办法》。民营经济发展研究院对外交流加强，智囊作用日渐凸显，提交18篇民营经济发展信息和11篇民营经济发展决策参考。出版《2018年珠海市民营经济发展蓝皮书》，编制印发《珠海市战略性新兴产业重点产品推广指导目录》。180个产品进入该目录。

【中小微企业扶持】 2018年，珠海市从民营及中小微企业发展专项资金中安排536.9万元，对中小企业信用担保体系、民营及中小企业公共服务平台给予财政资金支持。发放中小微企业服务券845万元，支持中小微企业采购第三方服务。争取省级中小企业发展专项资金1854万元，用于支持民营中小企业提质增效、转型升级、挂牌融资、应收账款融资等。（邓 宇）

【私营企业】 2018年，珠海市有私营企业13.68万家，比上年增长24.1%，注册资本（金）2.53万亿元，增长17.2%。新登记私营企业3.21万家，增长36.3%；注册资本（金）3436.67亿元，下降39.5%。在各类商事主体中，私营企业户均资本规模下降5.5%，为1849.87万元/户。

【个体工商户】 2018年，珠海市新登记个体工商户3.20万户，比上年增长30.8%；注册资金25.60亿元，增长30.8%。至年底，全市实有个体工商户16.95万户。个体工商户增长速度有所放缓，原因主要有：登记注册改革的实施使得企业注册更加便利、门槛降低，自然人投资者更加倾向于注册小微企业；全市工商和市场监管系统宣传并支持个体工商户转型升级，引导经营能力强的自然人依法申请企业登记注册，减少个体工商户登记数量。

【外商投资企业】 2018年，珠海市新登记外商投资企业4253家，比上年增长135.8%，在各商事主体中增速最快；注册本（金）111.37亿美元，下降1.7%。至年底，外商投资企业1.24万家，增长49.4%，注册资本（金）596.51亿美元，增长28.8%。

【农民专业合作社】 2018年，珠海市新登记农民专业合作社20户，比上年增长7.4%；至年底，投资总额为4.44亿元，增长20.4%。

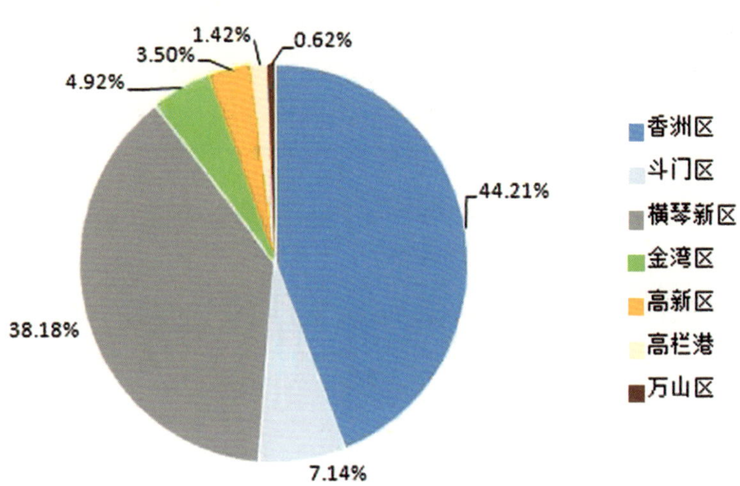

2018年珠海市各区（行政区、功能区）私营企业分布图

（市市场监督管理局 供稿）

【民营经济行业分布】 2018年，珠海市民营经济商事主体中，交通运输、仓储和邮政业比上年增长146.33%。物流行业呈现出以交通运输邮政仓储业为生力军、商事主体不断发展壮大、基础设施不断完善、第三方物流快速成长的特点。得益于新常态经济形势背景，“互联网+”和“智能制造”的提出以及政府政策对科技服务业的支持，新登记制造业商事主体增长82.8%，新登记科学研究和技术服务增长62.1%。全市排前五位的分别是批发和零售业、租赁和商务服务业、住宿和餐饮业、科学研究和技术服务业以及居民服务、修理和其他服务业。外资企业的特色表现在科学研究和技术服务业、租赁和商务服务业以及制造业，呈集聚效应。个体工商户半数以上集中于批发和零售业。

【民营经济区域分布】 2018年，珠海市民营经济商事主体接近半数的外商投资企业在横琴新区，新登记企业集中在横琴新区；农民专业合作社绝大多数在斗门区。批发和零售业是实有商事主体分布最为集中的行业，除横琴新区外，在各区均占最高比重，呈现特点：香洲区、万山区的商事主体还集中在租赁和商务服务业（分别11.7%和11.2%）；斗门区、金湾区、高栏港集中在住宿和餐饮业（分别为10.8%、12.2%和10.9%）以及居民服务、修理和其他服务业（分别为10.2%、6.3%和10.2%），高新区集中在交通运输、仓储和邮政业（25.5%），横琴新区突出在租赁和商务服务业（33.0%），批发和零售业、科学研究和技术服务业也较为突出（分别为22.6%和18.4%）。 （张述桐）

2017—2018年珠海市新登记商事主体增长情况

	新登记商事主体总量（户）		增长量（户）	同比增长（%）
	2017年	2018年		
内资（非私营）企业	3102	2544	-558	-18.0
私营企业	23530	32080	8550	36.3
外资企业	1804	4253	2449	135.8
个体工商户	24439	31977	7538	30.8

2017—2018年珠海市实有商事主体产业分布变化情况

	2017年		2018年		户数增长率（%）
	户　数	占　比（%）	户　数	占　比（%）	
第一产业	1544	0.53	1967	0.59	27.40
第二产业	22758	7.84	27606	8.21	21.30
第三产业	266058	91.63	306515	91.20	15.21

·责任编辑：曾维浩·

海洋产业·农业·水利

海洋产业

【概　况】　2018年，珠海市主要海洋产业总产值1429.30亿元，比上年增长14.87%。其中，海洋渔业21.00亿元，海洋水产品加工业25.72亿元，海洋油气业165.78亿元，海洋船舶工业14.80亿元，海洋化工业226.28亿元，海洋生物医药63.74亿元，海洋工程建筑业67.56亿元，海洋可再生能源利用业1.62亿元，海水利用业100.04亿元，海洋交通运输业35.81亿元，滨海旅游业466.16亿元，海洋工程装备制造业149.48亿元，海洋技术服务业9.58亿元，海洋信息服务业28.28亿元，海洋科学研究53.45亿元。

【海域使用"放管服"改革】　2018年，珠海市落实广东省海域使用"放管服"改革工作，承接办理广东省管项目的用海预审工作和广东省管填海项目的竣工验收工作，成为全省第一个承办填海竣工验收的地级市。承接推进海砂开采海域使用权出让工作，选划海域作为海砂开发的砂源地。

【海洋法规政策】　2018年5月28日，珠海市实施《珠海市海洋功能区划（2015—2020年）》。制定《关于进一步加快海洋经济发展建设海洋强市的实施意见》，对珠海建设海洋经济强市的总体要求、发展目标、规划布局和重大举措等提出具体化的内容。出台《珠海经济特区海域海岛保护条例》和《珠海经济特区无居民海岛开发利用管理规定》，加强海域海岛管理，促进海洋经济社会可持续发展。

【入海排污口调查】　2018年，珠海市开展入海排污口普查工作，排查出入海排污口125个，包括规模以上排污口31个（混合污废水排污口24个，生活污水排污口7个）。5月起，将高栏港经济区粤电集团有限公司珠海发电厂2号混合废污水入海排污口、高新区东岸社区东岸排洪渠混合入海排污口、金湾区吉林大学1号生活污水排污口纳入常规监测。

【海洋生态补偿机制】　2018年，珠海市继续实施《珠海市海洋与渔业资源环境损失赔偿款收缴使用管理办法》，全年落实生态补偿措施海洋工程项目14个，缴交补偿款891万元。制定《珠海市海洋生态修复和生态补偿专项资金管理办法》，收取的海洋与渔业资源环境损失赔偿款用于海洋生态修复和生态补偿专项资金，探索渔业资源增殖放流、人工鱼礁建设、海洋环境监测评估等新举措。

【非法渔业设施清理】　2018年，珠海市重新研究制定非法渔业设施清理整治工作方案，并划分出优先清理区域和一般清理区域，优先清理影响码头、船舶通航、防风避风安全和重大用海项目建设的非法渔业设施所在海域。全年全市清理蚝排144.87公顷、滩边罟9150余米。其中，香洲区、斗门区、横琴新区、高新区基本完成优先清理区域的清理任务。金湾区、高栏港经济区、万山海洋开发试验区经过阶段性的清理基本完成港池及航道水域的非法渔业设施清理。

【海监执法】　2018年，珠海市海监部门落实"碧海""靖海""海盾"等系列专项执法任务，推进国家海洋督查反馈问题整改工作，及时开展上级下达的用岛、用海预警的核查处理与全国围填海现状核查等工作。派出执法人员5488人次，出动执法船艇953艘次、航程3.17万海里，执法车辆182车次、行程6718千米。检查海岛261个998次，检查海洋工程项目37个、海域使用项目88个、倾废区1个。查处各类海监案件59件，分别为海洋环保相关采砂47件、非法倾废1件，海域使用10件，海岛开发利用1件。

【渔业资源增殖放流】 2018年，珠海市投入资金423万元，分别在万山区东澳岛人工鱼礁区、斗门区磨刀门附近海域、高栏港海域放流斑节对虾、鲷科鱼苗6000多万尾，促进水生生物多样性。

农 业

概 述

【概 况】 2018年，珠海市完成农林牧渔业总产值100.25亿元，比上年增长5.1%。其中，农业产值增长15.5%；林业产值增长47.8%；牧业产值增长23.8%；渔业产值增长1.7%；农林牧渔服务业产值下降5.6%。第一产业增加值50.09亿元，增长1.2%，对GDP增长贡献率为0.3%。三次产业比例为1.7 ∶ 49.2 ∶ 49.1。农村常住居民人均可支配收入26198元，增长11.5%，扣除价格因素实际增长9.0%。人口城镇比90.08%。

【"菜篮子"政府负责制】 2018年，珠海市成立以市长为组长的“菜篮子”工作领导小组，实施《珠海市“菜篮子”区级行政首长负责制考核办法》及相配套的考核分工方案、实施细则等政策文件，逐步建立政府推动、企业为主、部门协作、社会参与的“菜篮子”工作格局。授予珠海强竞水产养殖有限公司、珠海市顺明有限公司等20家企业为“珠海市‘菜篮子’基地”称号。市财政下拨扶持新型经营主体发展资金2836万元，吸引50家新型农业经营主体投入3000万元以上，完善肉类、蔬菜、水产品等“菜篮子”生产基地的育苗车间、产业温室大棚、水肥一体化等农业基础设施建设，补齐“菜篮子”工程发展短板，保障优质“菜篮子”农产品供应。

【农业产业化经营】 2018年，珠海市实施品牌强农、质量兴农战略，品牌意识和质量意识不断增强，品牌红利逐步释放，农业发展质量和效益稳步提高。出台《关于扶持珠海农产品品牌建设补助方案》，奖励获得“三品一标”、国家和省级农业类名牌、地理标志证明商标和集体商标农产品，培育“珠字号”农产品品牌119个，白蕉海鲈获“2018年度广东省最具影响力渔业区域性公用品牌”称号，“强竞海鲈”“鲜泉鲩”获“2018年度广东省名特优水产品”称号，白蕉镇昭信村被农业部认定为全国一村一品示范镇村，莲洲镇被评为“中国禾虫之乡”。市场前景好、附加值高的水产、水果、蔬菜、花卉等特色农业产业快速发展，产值占全市农业总产值90%以上，全市初步形成优质化、专业化、规模化和区域化的生产格局。

【农产品质量提升工程】 2018年，珠海市出台《珠海市生产商品有机肥推广政府补贴政策》《珠海市海洋农业和水务局限制使用农药定点经营规划》《2018年购买限制使用农药实名登记制度实施方案》，加强对农业投入品生产、经营、使用等各环节的监督管理，落实生产企业主体责任。推进落实农产品追溯制度，创建农产品追溯示范基地8个。

【农业电子商务】 2018年，珠海市斗门区的农村淘宝覆盖斗门区5镇1街，其中，全职服务站42个，农村淘宝特约服务分站70个，节省生活或生产成本近1000万元。12月，珠海十亿人社区农业科技有限公司入选广东省“十佳最美农电商”，打造“珠海渔都”“十亿人果蔬网”和“一览网”等农产品电商平台。

【观光休闲农业】 2018年，珠海市通过举办春节、暑期特色蔬果采摘体验休闲活动推介宣传，吸引大批市民到乡村体验采摘乐趣，接待游客45万人次，通过水果采摘体验活动销售特色水果1000万元，成为珠海旅游的新焦点和现代农业经济的新增长点。

【农产品加工业】 2018年，珠海市斗门白蕉现代农业示范园的绿兴冷链物流、珠海诚丰优品产业园等项目进场施工，总投资25亿元，重点打造集水产品深加工、展销、交易、冷链物流、科研等多功能于一体的现代农业科技园，推进金湾区德洋水产公司投资兴建水产品加工园建设。全市农业主要产品（水产品）初加工（以加冰为主）约占90%，解决全市农产品销售难题，农产品价格稳中向好。

【农村综合改革】 2018年，珠海市稳步推进农村土地承包经营权确权工作，完成农村土地确权市级检查验收工作，斗门区、金湾区、高栏港区均通过市级检查验收。作为全国改革试点，珠海市实施《珠海市农村集体产权制度改革试点工作方案》。金湾区作为广东省农村集体产权制度改革试点，完成农村集体资产清理核实、成员界定、机构制度完善等，基本完成试点工作。

【农业现代化建设】 2018年，珠海市以规模化种养基地为基础，依托农业产业化龙头企业带动，聚集现代生产要素，建设“生产+加工+科技”的现代农业产业园，创建斗门区白蕉海鲈产业园、斗门区休闲农业产业园2个现代农业产业园，在金湾区打造具有金湾特色的“黄鳍鲷”产业园，在高栏港区打造特色水果产业园。推进台创园核心区建设，完善园区基础设施建设和管理，把台创园打造成为现代农业科研中心、现代农业样板、生态农业产品基地、休闲旅游观光基地的示范基地。完善园区水、电、路、通讯等基础配套设施，推进岭南大地田园综合体、白蕉现代农业示范园等重点项目建设，形成无公害种植、河口渔业健康养殖、农产品深加工、批发交易、物流配送、进口贸易的现代化农业产业链。依托大林八一片区山水田园打造集鲜果采摘、绿道骑行、垂钓、农家乐、精品民宿等带动生态休闲观光旅游产业发展为一体的“金湾都市农业示范区”。推动金湾区农业的景观化布局、立体化养种、特色化生产、庄园化经营、市场化运作和品牌化发展，构建现代农业发展新模式。

【新型农业经营主体】 2018年，珠海市扶持新型经营主体发展，推荐湖江渔业、德洋生物、绿阳等3家企业申报省重点农业龙头企业。以培育新型农业经营主体带头人、农业职业经理人和现代青年农场主，壮大新型职业农民队伍为目标，年内，新型职业农民培育项目通过省级验收，全市394人获得新型职业农民证书。

【农产品安全监管】 2018年，珠海市实行农产品质量飞行巡查制度，开展质量随机抽样检测、生产技术普及和法律法规宣传。全市监督抽查农产品278份。其中，种植产品131份，合格率93.13%；畜禽产品74份，合格率100%；水产品抽样73份，合格率98.60%。风险监测抽检农产品2.66万份，其中，种植产品6376份，合格率99.39%；畜禽产品1.94万份，合格率99.99%；水产品809份，合格率100%。抽检兽药20个批次，全部合格。

【农产品安全执法】 2018年，珠海市开展农产品安全执法检查，开展春季、秋季农业生产资料打假专项治理行动，重点打击销售假劣农药、兽药、种子、化肥等违法行为，检查企业2775家。其中，市级执法检查企业117家，出动执法人员7310人次；全市农业综合执法部门立案32宗，其中移送司法机关7宗，罚款金额5.24万元，查扣非法屠宰生猪5351.4千克，假劣农药82箱、农产品150千克、兽药50瓶（支）。

【农业机械化】 2018年，珠海市拥有农业机械18.81万台（套），农机总动力27.12万千瓦。实现水稻综合机械化水平达93.8%，水稻田机耕率98%、机收率97.5%、机插率84.3%，水产养殖使用机械率95%。全市使用中央、市、区农机购置补贴资金265.92万元，补贴910户农民购买7169台（套）农业机械及机具；水稻机械化插秧作业面积3100公顷，补贴资金280万元（市财政按60元/亩补贴）；农用无人机植保作业面积8026公顷，补贴资金240万元（市财政按20元/亩补贴）。

【农机安全监理】 2018年，珠海市拖拉机保有量1633台，其中，大中型拖拉机69台，小型拖拉机1504台，联合收割机60台。拖拉机注册登记1523台，占拖拉机总量93.26%；年度检验649台，年检率42.61%。全市持有农机驾驶操作证人员1422人，占农机驾驶人员总数96.73%。

【农业科技】 2018年，珠海市主要农作物良种覆盖率达96%，科技对农业科技进步贡献率达56%。珠海市现代农业发展中心科研成果获广东省农业技术推广奖二等奖3个、三等奖1个。“简易大棚”获得国家实用新型专利。“绿珠8号苦瓜”通过广东省农作物品种审定委员会审定。

【政策性农业保险】 2018年，珠海市出台《2018—2020年珠海市政策性农业保险工作实施方案》，加快珠海市政策性农业保险“扩面、提标、增品”，参保对象范围扩大到全市种养户、企业、农场，新增农业设施险、珠海特色品种番石榴种植险等险种，保险品种增加至16个。提高财政补贴标准，粮食作物实行零保费，享受政府保费补贴100%；农业设施险，农户自负保费从40%下降到20%。农户自负比例为全省最低。全市水稻投保面积为3873.33公顷，保费149.42万元，水稻保险全年报案92宗，涉及赔付金额722万元。农房承保103单，投保户数42721户，农房保险全年报险20宗，涉及理赔金额3.4万元。结合台风暴雨等灾害性天气多发的特点，农业设施险种分简易大棚和钢结构大棚，农户保费分别为36元/亩和64元/亩，一旦遭受强台风突击，最高可获得赔偿3000元/亩和8000元/亩。

是年，政策性能繁母猪、育肥猪和仔猪保险投保数分别为9352头、6万头和6万头。其中，中央财政保险保费补贴为99.24万元；市级财政应承担额64.83万元。

【“互联网+三农”信息平台建设】 2018年，珠海市海洋农业和水务部门推进农村、农业、农民“三农”信息服务平台建设，全年发送信息185.3万条，服务农户2.5万户。“三农”信息服务平台通过“互联网+”信息渠道，分门别类具有针对性为全市种养殖户、涉农企业、农业中介组织、农业合作社、家庭农场等提供生产技术，灾前预防、灾后复产、产品销售价格等信息，全年全市农产品畅销，未发生大规模价贱伤农与产品滞销现象。

种植业

【概　况】 2018年，珠海市农作物播种面积比上年增加1773公顷。其中，粮食作物播种面积增加378公顷；甘蔗种植面积增加5公顷；油料种植面积减少20公顷；蔬菜种植面积增加1048公顷。全年粮食总产量增产10.3%；甘蔗产量增产14.9%；油料产量增产41.6%；蔬菜产量增产17.5%；水果产量增产26.0%。

【种业建设】 2018年，珠海市以广东省种业中心珠海分中心为平台，围绕园艺作物种业建设，推进展览检测试验综合楼、热带兰花（国际）种业研发中心、园艺作物引种繁育智能温室、园艺作物品种展示区等4大重点项目。办好广东种业博览会珠海分会场，推动种业交流合作和良种推广应用。重点支持建设种业研发基地和生产示范基地，引导基地实行企业化、基地化、标准化生产。通过以点带面，提高全市农业研发能力，提高创新示范带动能力，促进农民持续增收。

【农作物绿色防控】 2018年，珠海市实施农药化肥负增长行动。开展主要粮食作物病虫害绿色防控技术（飞行植保统防统治技术），水稻和经济作物莲藕无人机“统防统治”植保作业面积8025.8公顷，按每亩次节省农药0.3千克计算，减少使用农药36.3吨，农药利用率提高40%以上。推广测土配方施肥技术，指导农民科学施肥，降低化肥面源污染，全年测土配方施肥技术推广面积2.63万公顷，技术覆盖率达95.2%。开展有机肥替代化肥行动，实行使用珠海商品有机肥推广补贴政策，有机肥补贴2694吨，每吨补贴150元。开展农业废弃物管理和综合利用，出台《珠海市农业投入品包装废弃物回收处置三年（2018—2020年）整治工作方案》，加强固体废弃物处置，提高固体废弃物减量化、资源化和无害化水平。推进秸秆综合利用，全市农作物秸秆综合利用率90%以上。（杨泳豪）

林　业

【概　况】 2018年，珠海市推进森林进城、公园下乡、绿廊串联建设，构建城乡一体化大格局的森林生态网络。全市林业用地面积4.59万公顷，有林地面积3.16万公顷，森林覆盖率32.16%，林木绿化率32.65%，活立木蓄积量229.28万立方米；新增森林碳汇林1028.86公顷，完成森林抚育3614.66公顷；养护生态景观林373.45千米；全市森林公园18个，湿地公园11个，其中，新增（提升）森林公园3个、湿地公园1个；打造乡村绿化美化点10个。

【植被和生物资源】 2018年，珠海市有野生维管植物201科722属1462种。其中，蕨类植物有103种，隶属于36科59属；裸子植物2科3属6种；被子植物163科660属1353种。现有珍稀濒危保护植物25种，隶属18科。从植物类群分，蕨类植物5种，裸子植物2种，被子植物18种。从保护等级分，一级保护植物1种（水松），二保护植物14种，三级保护植物4种，省级保护植物6种；从濒危等级分，濒危种5种，渐危种15种，稀有种5种。全市古树名木资源较为丰富，有古树名木1855株，组成种类95种，分属38个科，70个属。

全市动物种类多样，有陆生脊椎野生动物279种，包括两栖纲1目5科19种，爬行纲3目10科50种；鸟纲16目50科174种；哺乳纲8目17科36种。其中，国家重点保护物种23种，一级1种（蟒蛇），二级22种；广东省重点保护动物29种。

【林业有害生物防治】 2018年，珠海市加强林业有害生物监测预警、开展林业有害生物监测普查，做好薇甘菊和松材线虫病防治工作，健全林业有害生物突发事件应急机制，开展林业植物检疫执法行动，严防外来有害生物入侵。全市实施林业有害生物防治作业面积541公顷，无公害防治率100%、监测预报准确率98%，产地检疫率100%，成害率控制在4‰以下，完成省下达目标任务。

【林地使用审核】 2018年，珠海市市政和林业局向广东省林业局申报办理兴业路快速通道工程（北段）、华南珍稀野生动物物种保护中心（二期）、金海大桥等林地征占用项目34宗，审核合格率为100%，未发生越权审核审批使用林地项目的行为。

【野生动植物保护管理】 2018年，珠海市市政和林业局落实野生动物疫源疫病监测属地管理责任制，规范野生动物疫源疫病监测数据流程，畅通野生动物疫情信息发布渠道，以候鸟迁徙季节为重点，定期开展对野生动物进行疫源疫病的监测。落实野生动物应急救护属地责任制，指导和培训区级野生动物救护力量，推动区级野生动物救护点建立。编制并发放手册1000余本。加强野生动物监测工作。在横琴记录到9只全球濒危物种黑脸琵鹭；在东澳岛观测并清晰拍摄赤胸鸫，是珠海市鸟类新记录。启动珠海市陆生野生动物资源本底调查和动态监测项目，及时掌握陆生野生动物资源的多样性。开展野生动植物保护宣传教育，在“世界湿地日”“鸟节”“爱鸟周”“野生动物宣传月”等开展4次大型主题宣传活动，发放宣传手册4000余份，参加活动3000余人。全年涉野生动物刑事案件立案4件，非法毁坏国家重点保护植物案1件，非法狩猎案1件。查获国家一级保护野生动物梅花鹿（活体）1只；濒危野生动植物国际贸易公约附录Ⅰ保护的辐纹陆龟2只（活体），濒危野生动植物国际贸易公约附录Ⅱ保护的豹纹陆龟1只（活体）、苏卡达陆龟1只（活体）、河马牙181千克、省“三有”（有重要生态、科学、社会价值的陆生野生动物）保护野生动物鸟类20只以及作案工具一批。全年涉野生动物行政案件立案5件，违反禁猎规定猎捕野生动物案1件，查获省重点、“三有”保护动物一批。

【山林纠纷调处】 2018年，珠海市市政和林业局以“预防为主，教育指导，依法处理，防止激化”的原则，根据《完善集体林权制度实施方案》，结合集体林权制度深化改革，印发《珠海市完善集体林权制度的实施方案》；建立完善集体林权制度改革工作联席会议制度。召开全市完善集体林权制度改革动员会。建立山林纠纷调处协调机制，依法依规调处林权争议纠纷。全市无新增林地纠纷案件，没有发生群体性上访、群众性械斗或重大乱砍滥伐事件。

【林业执法】 2018年，珠海市市政和林业局将林业执法监督纳入珠海市检察院的监督平台，与广州、深圳、中山等中部片区12市森林公安建立联防联动协作工作机制和情报信息互通机制；开展“绿剑2018”“春雷2018”等专项行动，打击破坏森林资源和野生动植物及其制品的违法犯罪行为，消除林区治安隐患；全年立案66件，其中，立刑事案件13件，破案10件，破案率76.92%；立行政案件53件，办结49件，查处率92.45%。

（何文松）

畜牧业

【概　况】 2018年，珠海市肉类总产量比上年增长33.1%。其中，猪肉产量增长42.2%，禽肉产量增长 0.4%。生猪饲养量比上年下降 10.4%。其中，生猪存栏下降 27.6%；生猪出栏增长 39.4%。饲料和饲料添加剂生产企业 22 家，产品总量增长 3.2%。

【畜禽养殖废弃物综合利用】 2018 年 3 月 27 日，珠海市印发《珠海市畜禽养殖废弃物资源化利用工作方案》，为全市统筹资源环境承载能力、畜产品供给保障能力和养殖废弃物资源化利用能力，通过源头减量、过程控制、末端利用，加快畜牧业转型升级和绿色发展，制定具体的目标、时间表和任务分工。斗门区制定《斗门区畜禽养殖废弃物资源化利用工作方案》《斗门区规模养殖场废弃物资源化利用“一场一策”实施方案》等并组织实施，因地制宜落实“一场一策”方案，推广干清粪、雨污分流、沼气利用、病死动物无害化处理等废弃物处理工艺，推进健康养殖。制定《种养循环规划》，督促种养业协调布局，构建养殖主体小循环、区域中循环和县域大循环的废弃物收集、转化、利用网络体系。推广有机肥使用，做好沼气相关的增值税优惠、农机购置补贴等相关政策扶持。

【广东省首例非洲猪瘟疫情】 2018 年 12 月 19 日，珠海市香洲区前山屠宰厂排查出一起非洲猪瘟疫情，同批待宰生猪 50 头，发病 11 头，死亡 11 头，这是广东省主动排查出的首例输入型非洲猪瘟疫情。疫情发生后，严格按照有关规定实施一级应急响应措施，当天对屠宰厂存栏生猪 1598 头全部扑杀并作无害化处理和全面消毒，发布封锁令，将前山肉联厂划定为疫点，向外延伸 3 千米为疫区和受威胁区，禁止所有生猪及其产品调出封锁区；关闭该加工厂，加强防疫和无害化处理工作，处理生猪冻品 88.66 吨。在国道 G105 线上冲检查站外设置生猪屠宰检疫临时预检岗点，对进入辖区的所有生猪进行预检。疫情得到有效处置。

经连续监测 15 天，未发现新的病例和监测阳性。

渔　业

【概　况】 2018 年，珠海市水产品产量 31.36 万吨，比上年增长 1.3%。其中，海洋捕捞 2.03 万吨，下降 4.3%；海水养殖 8.45 万吨，增长 1.4%；淡水捕捞 1755 吨，下降 1.5%；淡水养殖 20.71 万吨，增长 1.8%。

【海洋捕捞业转型升级】 2018 年，珠海市通过推进实施减船转产、渔船更新改造，逐步提高渔船安全性能、提升渔业装备水平、改善海洋捕捞作业结构、促进渔业可持续发展，完成淘汰减船 290 艘 5867.6 千瓦，完成更新改造并领取“四证”（渔船检验证书、所有权证书、国籍证书、捕捞许可证）渔船 16 艘。

【水产健康养殖】 2018 年 12 月，珠海市实施《珠海市养殖水域滩涂规划（2018—2030）》，合理划定禁止养殖区、限制养殖区和养殖区，稳定基本养殖水域面积。发展工厂化循环水养殖等设施渔业，创建水产健康养殖示范场、发展深水抗风浪网箱，探索建立半潜式新型深海渔场。珠海市斗门区长丰水产种苗科技有限公司被广东省海洋与渔业厅评定批准为省级斑节对虾良种场；珠海市斗门区长丰水产种苗科技有限公司与珠海龙胜良种鱼苗培育有限公司被农业农村部授予农业农村部水产健康养殖示范场（第十三批）称号；珠海市新平茂渔业有限公司实施的半潜式新型智能化渔场项目和珠海强竞农业有限公司实施的广东白蕉海鲈现代化养殖示范园区项目开展养殖试验。

【洪湾中心渔港开港】 2018 年 12 月 29 日，珠海洪湾中心渔港开港。该港自 2014 年 8 月动工，按高标准设计，首期工程建设规模总占地 72 万平方米，其中，挖入式港池 41.3 万平方米，陆域 30.7 万平方米，项目总投资约 12 亿元；在挖入式港池内新建码头长 727 米，划分为卸渔泊位、物资补给泊位、供冰泊位、渔政执法泊位、供油泊位等；渔用岸线长 1064 米，预留岸线长 1626.7 米，可停泊渔船 800 艘以上，设计年渔货卸港量 8 万吨，达到国家中心渔港建设标准。

【渔政执法】 2018 年，珠海市渔政部门出动执法船艇 1850 艘次、车辆 712 辆次、执法人员 9521 人次，检查渔船 1.37 万艘次。查获一般违规案件 343 件，查获电鱼行为 36 起，没收无船名船号、无船舶证书、无船籍港的船舶“三无”船舶 96 艘，通过行政执法和刑事司法“两法衔接”以“非法捕捞水产品罪”移送公安机关涉刑案件 2 件，联合公安机关查获涉刑非法捕捞行为29起；在港口、停泊点、水上执法收缴违规网具3.09万米，清理蚝排等非法渔业设施13万平方米。全年全市渔船没有发生渔业安全生产事故。

水　利

【概　况】 2018年，珠海市水资源总量20.18亿立方米，比上年增长11.2%。平均水资源量为17.57亿立方米。4座中型水库蓄水总量0.61亿立方米，增长5.4%。全年总用水量5.66亿立方米，增长5.2%。其中，生活用水增长5.0%，工业用水增长7.2%，农业用水减少2.9%，生态补水增长51.7%。万元国内生产总值用水量19.42立方米，下降7.4%。万元工业增加值用水量11.95立方米，下降3.3%。人均用水量310立方米，与上年持平。全市总售水量3.66亿立方米，增长4.3%。其中，居民1.29亿立方米，增长5.5%；工业1.19亿立方米，减少2.0%。农村自来水入户率96.6%。

是年，出台《珠海市水利建设市场主体信用信息管理办法（试行）》，建立失信惩戒和守信激励机制，实施失信“黑名单”制度和“一票否决”制度。至年底，水利行业获得加分的企业101家。

【民生水利项目建设】 2018年，珠海市民生水利工程完成项目投资3.31亿元，外江堤防达标率92%。完成金湾区小林片区排涝及主河道清淤、淇澳红树林海堤达标加固等工程；推进斗门区乾赤联围易涝区整治、莲洲联围易涝区整治工程，完成河涌清淤疏浚18条48千米；推进黄杨河东堤整治达标、乾务联围海堤达标加固、白蕉联围新环三围段海堤修复等海堤修复工程；完成木头冲水库、青年水库、柠檬坑水库、福溪水库、东坑水库、黄绿背水库等6宗工程除险加固任务；斗门区白藤大闸完成旧闸拆除，并开工重建。

【三防工作】 2018年，珠海市启动防风、防暴雨应急响应58次，投入应急抢险人员2.4万人次，转移临险人员18.8万人次，发动军警部队官兵、志愿者等参与救灾复产6.66万人次，投入吊车、铲车、运输车、移动泵车等机械设备约15万台次，有效应对台风“艾云尼”“贝碧嘉”“山竹”和48场强降雨。应对强台风“山竹”，全市坚持以人为本、科学研判、顶格应对，预警信息发布全覆盖，市民配合，举全市之力防抗强台风带来的风、雨、浪、潮等灾害，实现“零死亡、少伤人、少损失”防风目标。民意调查满意度为98%。

【国家水生态文明城市试点通过验收】 2018年12月20日，珠海市创建国家水生态文明城市试点工作通过水利部验收。2014年，珠海市被水利部确定为第二批全国水生态文明建设试点城市。其间，围绕稳固可靠的水安全、健康畅达的水环境、和谐秀美的水生态、严格集约的水管理和彰显水乡特色的水文化五大体系建设，系统开展水资源监管、水污染治理、河湖水生态保护与修复、城乡防洪排涝减灾、水文化保护和传承五大工作任务；实施重点项目建设55个及金湾区大门口水道引水、68个行政村污水处理等9大示范工程；构建系统完整、空间均衡的现代化城市水生态格局，探索形成“陆海统筹、水为脉络、望山见水、人水和谐、山海相拥、陆岛相望”南方滨海山水城市的特色模式。

【“河长制”建设】 2018年，珠海市河长制湖长制管理覆盖范围内有江河涌渠486条、水库68宗、山塘20座、湖泊22座，设立市、区、镇（街）、村（居）四级河长483人，设置公示牌706块。镇级以上落实党政主要领导双总河长负责制，形成高位推动态势。印发“一河一策”“一库一策”实施方案，为各级河长把脉河湖、精准施策提供科学有效支撑。下发市总河长1号令，开展全市河湖清漂、清淤、清污、清障、清违“五清”专项行动和整治问题河涌（渠）70条工作。各级河长巡河基本实现常态化，巡河发现问题1964个，落实整改1581个。

【水资源管理制度】 2018年，珠海市严控水资源消耗总量，实行用水总量控制，推进节水型社会建设，加强水资源保护，严控入河湖排污口监督管理和入河排污总量控制，改善河涌流域水环境质量。2017年度实行最严格水资源管理制度考核中各项指标达到省下达目标要求，居全省21个地级市第一名。

【对澳供水】 2018年，珠海市基本建成第四条对澳供水管工程，增加澳门路环方向水源，使澳门水源形成环状，增加安全保障率，对澳供水能力从50万立方米/天提高至80万立方米/天；推进平岗至广昌原水供应保障工程，新建输水管道（DN2400）21千米，广昌泵站取水能力100万立方米/天；推进广南梅供水管道工程建设，新建DN1800～DN2000输水管道20.4千米，旨在大幅提升北库群的补库能力，有利于改善北库群水库水质，提升供澳原水水质。（杨泳豪）

港澳流动渔民

【概　况】 2018年，珠海市有港澳流动渔船1141艘，总马力43万千瓦，港澳流动渔民（含渔工）8546人。全年在内地销售水产品4.1万吨。联络港澳社团20个，走出请进港澳流动渔民代表32批次，1200人次。全年办理港澳流动渔民渔工入户手续2579人次，港澳流动渔民证件初审8289本，办理港澳流动渔民各类保险金额613.1万元，协助各类理赔金额158.9万元，发放港澳流动渔船2017年度油价补贴3611.8万元。

【港澳流动渔民宣传教育】 2018年，珠海市港澳流动渔民工作办公室（简称珠海市港澳流渔办）加强对港澳流动渔民爱国主义教育，突出港澳统战工作，在全市统战工作会议上介绍港澳统战工作经验。组织港澳流动渔民到中国海洋大学进行业务培训，组织港澳流动渔民青年到河源国情教育基地开展爱国主义教育。休渔期在香港长洲、香港仔和澳门举办“珠海港澳流动渔民安全生产暨反走私培训班”3期，培训的港澳流动渔民委员、代表、连心工程联络员210人。支持香港渔民青年会开展活动，支持澳门港澳流动渔民到中山、茂名、阳江等地参观学习。组织开展扫黑除恶专项斗争，印发扫黑除恶、反走私和国家反恐怖主义法宣传手册等资料1.8万份。加强反走私宣传教育，加大对违规港澳流动渔船处理力度，处理违规港澳流动渔船36艘，其中，开除会籍4艘，留会察看13艘，警告处分13艘，纳入黑名单管理6艘。

【港澳流动渔民服务管理】 2018年，珠海市港澳流渔办推进“渔民连心工程”，扩充联络员队伍至199人，表彰优秀联系员，丰富联系群众的形式。坚持“情系珠港澳，服务无边界”服务理念，为港澳流动渔民提供志愿服务和预约服务。协调解决港澳流动渔船油价补贴结余资金使用、港澳流动渔民招工难、港澳流动渔船更新改造补贴政策等13个关系到渔民群众切身利益问题。落实国家惠渔政策，牵头组织发放港澳流动渔船油价补贴，为809艘港澳流动渔船发放2017年度油价补贴资金人民币3611.8万元。渔船更新改造补助政策惠及港澳流动渔民，为港澳流动渔船申请2017年度更新改造补助资金680万元。推动设立港珠澳现代农业示范园，支持港澳渔民融入粤港澳大湾区建设。修改完善受灾、困难渔民慰问和补助制度，发放港澳流动渔民子女考上大学助学金等40多万元。完善防御强台风应急预案，加大应急卫星电话通讯网络建设，配合渔政部门完成592艘港澳流动渔船安全生产检查，台风期间，全市港澳流动渔船无安全事故。落实休渔期各项工作，组织682艘港澳流动渔船休渔，协助70艘钓具作业捕捞渔船和辅助船办理免休渔申请。

【港澳流动渔民会务交流活动】 2018年，珠海市港澳流渔办加强与港澳社团联谊交流。2月1日，珠海市港澳流动渔民协会召开第八次代表大会，总结部署流渔工作，选举产生市港澳流渔协会第八届委员会、监事会。2月26日，召开全市统战工作会议，市港澳流渔办在会上作题为《立足港澳统战，贡献流渔力量》经验介绍。4月15—17日，由市港澳流渔办相关领导及香港渔农界组成的访京团赴北京拜访国家农业农村部、国务院港澳办公室等，就当前港澳流动渔民反映有关问题与有关部委沟通反映。7月9日，市港澳流渔办召开港澳流动渔民连心工程总结表彰大会，表彰基层办事处5个、优秀联络员31人。8月26—27日，珠海市领导率团出访香港，分别与中央人民政府驻香港特别行政区联络办公室新界工作部、香港特别行政区渔农自然护理署、香港渔民团体联会等就港澳渔农界参与粤港澳大湾区建设进行交流座谈，达成初步共识。

（甘松华）

·责任编辑：曹　琨·

工　业

综　述

【概　况】　2018年，珠海市拥有规模以上工业企业1170家，规模以上工业总产值比上年增长13.3%；规模以上工业增加值增长14.1%，工业增加值占GDP比重43.1%，对GDP增长贡献率为74.9%，是国民经济重要支柱。

【产业结构优化】　2018年，珠海市工业结构呈现高端化趋势，现代产业比重进一步提高。先进制造业增加值比上年增长11.2%，占规模以上工业增加值比重54.9%，比上年下降2.2个百分点。高技术制造业增加值增长13.0%，占规模以上工业增加值比重29.7%，提高1.9个百分点。装备制造业增加值增长8.6%，占全市规模以上工业增加值比重39.1%，下降0.2个百分点。

【六大主导产业发展迅速】　2018年，珠海市六大主导产业规模以上增加值比上年增长13.1%。电子信息、家电电气、石油化工、生物医药和精密机械制造、电力能源等产业快速增长，成为全市工业经济增长主要推动力。家电电气增加值增长24.8%，电子信息增加值增长7.2%，石油化工增加值增长8.9%，精密机械制造增加值增长8.9%，生物医药增加值增长23.5%，电力能源增加值增长7.0%。

【大中型企业增长较快】　2018年，珠海市大型企业完成占规模以上工业增加值比重44.8%，比上年增长18.0%；中型企业完成占规模以上工业增加值比重30.9%，增长13.6%；小微企业完成占规模以上工业增加值比重24.2%，增长8.3%。大中型企业增速高于小微企业。

【工业各项投资】　2018年，珠海市完成工业投资比上年增长4.8%。其中，制造业投资增长-11.7%，技改投资增长-15.3%；装备制造业投资增长-20.7%。　（冯影雪）

石油化工产业

【概　况】　2018年，珠海市石化产业实现规模以上工业总产值比上年增长9.9%；增加值增长8.9%。其中，化学原料及化学制品制造业增加值增长11.4%；橡胶和塑料制品业增加值增长3.1%；化学纤维制造业增加值增长14.9%。

【石化产业发展】　2018年，珠海市依托高栏港区石化基地，集聚英国BP、英荷壳牌、美国路博润、韩国晓星氨纶、比利时索尔维、华润聚酯、万华化学、中海油能源发展等国内外100多家知名化工企业，打造精细化工和新材料产业集群，初步形成PTA（精对苯二甲酸）上下游，以合成树脂、氨纶、润滑油及添加剂等为主的化工产业链条，进一步拓展烯烃和芳烃产业链条，发展锂电池材料、海洋新材料以及生物降解塑料、高性能纤维等高端精细化工材料。加快建设精细化工和新材料产业项目，珠海恩捷新材料科技有限公司锂电池隔离膜生产基地项目总投资23.6亿元，实现投产；万华化学集团股份有限公司投资20亿元，建设华南基地项目，实现投产；珠海市三顺中科新材料有限公司石墨烯、碳纳米管建设项目、广州熵能创新材料股份有限公司功能性聚合物项目、金发科技高性能塑料材料研发与生产基地项目等加快建设。完善园区载体环境，建设高栏港区新材料产业园，规划面积3平方千米，坚持“高技术、高产出、高效益、低污染、低能耗、低风险”原则，推进高端产业项目集约集聚发展。推进两化融合建设智慧型园区，通过实时数据库和视频采集系统，对园区安全、环境和生产过程的实时数据进行在线监测和预警。引进“新材料在线”，打造新材料创业第一服务平台及新材料创新解决方案专家顾问机构，为新材料企业及科研机构提供资本对接平台，为下游厂商和上游材料供应商提供连接平台。

（曾素菲）

电力能源产业

【概　况】　2018年，珠海市全社会用电量累计175.99亿千瓦时，比上年增长8.19%，其中，工业用电累计104.22亿千瓦时，增长7.65%。第一产业累计用电量7.95亿千瓦时，占全社会用电量4.51%，增长16.29%；第二产业累计用电量108.50亿千瓦时，占全社会用电量61.65%，增长7.58%；第三产业累计用电量34.99亿千瓦时，占全社会用电量19.88%，增长8.45%；居民生活累计用电量24.55亿千瓦时，占全社会用电量13.95%，增长8.07%。

【网电、地方电供购】　2018年，珠海市供购电量171.02亿千瓦时，其中，省网电供电量167.09亿千瓦时，比上年增长8.31%。全市有珠海发电厂、珠海金湾发电厂、珠海深能洪湾电厂、望洋电厂（中电投）、依海电厂（中海油）、珠海垃圾电厂、西坑尾沼气电厂、珠海环保电厂、珠海桂山风电厂、珠海高栏风电厂、碧辟化工余热余压发电厂、威士茂光伏发电12家电厂，及部分小型光伏发电厂，累计发电量204.44亿千瓦时，增长4.26%，发电设备年平均利用小时为8223.15小时，增长2.57%。

【电网建设】　2018年，珠海市电网工程累计完成投资20.94亿元，完成年度投资131.65%。建成投产220千伏加林至珠海双回线路工程、220千伏加林站配套220千伏线路、220千伏烟墩输变电工程、220千伏珠海至凤凰双回线路电缆化改造工程、220千伏珠海至拱北第二回线路工程、110千伏高石输变电工程、110千伏夏湾站扩建第三台主变工程等7个110千伏及以上项目，建成投产110千伏及以上线路65.3千米，建成投产110千伏及以上变电容量50万千伏安，建成投产20千伏及以下配网项目和配网线路、配变容量一批，超额完成年度投资任务。

（李以诚）

生物医药产业

【概　况】　2018年，珠海市生物医药产业规模以上工业企业总产值比上年增长25.2%；规模以上工业增加值增长23.5%。生物技术产业拥有国家高新技术企业145家，增加29家，占全市高企总数7.06%；拥有丽珠、联邦、亿胜生物、健帆生物、汤臣倍健、宝莱特、和佳医疗、溢多利、中珠医疗、赛隆药业、润都制药上市企业11家，占全市上市企业29.95%。

【生物医药产业发展】　2018年，珠海市重点支持产业核心和关键技术攻关方向项目，生物医药与医疗器械作为竞争性扶持领域，对获评项目择优支持300万～500万元。有珠海市丽珠单抗生物技术有限公司等12家生物医药企业进入年内全市培育引进高成长创新型企业（独角兽企业）培育库。至年底，生物医药领域建设创建各类创新研发机构70个。其中，国家级工程技术中心、国家级企业技术中心4个，省级工程研究开发中心19个，省级企业技术中心10个，市级生物医药工程技术中心20个，市级重点企业技术中心23个，国家博士后科研工作站3个，省级博士后科研工作站2个。吉林大学“无机合成与制备化学”国家重点实验室，引进院士（1名）、教授、博士、硕士生22人长期在珠海从事科研工作，为丽珠、联邦、金鸿制药、和佳医疗等企业提供技术研发服务。

是年，各生物医药重点企业坚持实施创新驱动战略，稳步发展。粤澳合作中医药科技产业园建成符合中国内地及欧盟认证标准的GMP（药品生产质量管理规范）中试生产、研发、检测等具有国际先进水平的专业化公共服务平台，发挥中医药科技创新平台的优势；丽珠集团丽珠制药厂开展信息化、智能化的升级改造，实现由“传统制造”向“智能制造”转变，打破各信息化系统间孤岛格局，形成系统间互联互通，占领市场先机。珠海圣美生物诊断技术有限公司不断升级突破肿瘤细胞提取分离技术，对接蛋白、DNA、RNA多维度的下游分子检测平台，突破性地融合人工智能技术，促进“医疗人工智能技术”的跨越式发展。汤臣倍健公司大幅提高生产系统和供应链的效率效益，持续导向、建立以奋斗者为本的企业理念、制度、环境。

【生物医药产业成果】 2018年，珠海联邦制药股份有限公司糖尿病治疗药物门冬胰岛素及制剂的技术开发与产业化项目获得广东省重大科技成果产业化扶持专项资金支持，门冬胰岛素及制剂申报药品生产注册，糖尿病治疗药物利拉鲁肽注射液药物临床试验注册获批；盈科瑞（横琴）药物研究院有限公司被广东省科技厅认定为省级工程技术研究中心，命名为“广东省雾化吸入工程技术研究中心”；珠海瑞思普利生物制药有限公司获得2018年“创客中国”广东省创新创业大赛暨第二届“创客广东”大赛企业组“一等奖”；健帆生物科技集团股份有限公司在技术创新上也取得新突破，新增血液净化领域授权专利16项，其中发明专利10项，实用新型1项；珠海赛乐奇生物技术股份有限公司取得载脂蛋白E基因型检测试剂盒（PCR荧光法）、ALDH2基因多态性检测试剂盒（PCR荧光法）两个三类医疗器械产品注册证书。（郑 敏）

电子信息产业

【概 况】 2018年，珠海市电子信息制造业产业实现规模以上总产值比上年增长4.3%，规模以上增加值增长7.2%。规模以上电子信息制造企业223家，伟创力制造产值超百亿元。拥有东信和平和全志科技2家国家级企业技术中心。

【电子信息产业布局】 2018年，珠海市新一代信息产业布局基本成形，高新区是软件和信息技术服务业主要集聚区，软件开发与服务、集成电路设计特色显著，战略性新兴产业快速成长，获批建设国家自主创新示范区，拥有国家软件产业基地、广东省集成电路设计与生产基地以及魅族科技、金山软件、全志科技等龙头企业。香洲区依托赛纳科技、天威等企业发展打印复印耗材产业，兼具以东信和平、金邦达、杰理科技、优特科技为代表的软件和信息技术服务业。斗门区是电子信息制造业主要集聚区，富山工业园依托方正科技、紫翔电子等打造信息通信产品制造产业链，新青科技工业园依托伟创力、光宇电池等形成电子终端产品、电子线路板、电池类产品为主的产业集群。金湾区依托航空航天、新能源汽车、生物医药等产业，探索发展应用电子产业，推进智慧工厂建设。高栏港经济区依托烽火科技珠海项目等，发展光缆、中继器等新一代信息技术制造业。横琴新区产业设计高端，设施完善，拥有商事改革和税政制度等优势，是珠海人才管理改革试验区，成为布局高新技术产业与开展港澳合作的优选区域。

【电子信息重点企业】 2018年，珠海市产值在5亿元以上的电子信息制造企业35家，其中百亿元以上企业1家、10亿元至100亿元企业20家。依托魅族科技、艾派克科技、伟创力等企业发展通信设备、计算机外设及印刷线路板制造业。（崔玉霞）

家电电气产业

【概 况】 2018年，珠海市家电电气产业规模以上企业实现工业总产值比上年增长26.9%；工业增加值增长24.8%。家电电气规模以上工业企业151家，其中，产值超百亿元企业1家。家电行业拥有院士工作站2个（电机与控制院士工作站、建筑节能院士工作站）、国家重点实验室1家（空调设备及系统运行节能国家重点实验室）、国家级技术研究中心2家（国家节能环保制冷设备工程技术研究中心、国家认定企业技术中心）、国家级工业设计中心1家、机器人工程技术研究开发中心1家、中国WTO/TBT-SPS国家通报咨询中心制冷设备技术性贸易措施研究评议基地1个。

【家电电气产业发展】 2018年，珠海市形成以格力电器为龙头，空调、小家电和相关配套为主的产业格局。龙头企业格力电器创新能力和市场竞争力较强，围绕空调制造，延伸出漆包线、空调压缩机、电子元器件、有色金属管板材等配套产业。格力电工、蓉胜超微线材等为格力电器配套生产漆包线等上游产品，凯邦电机为空调生产配套线束、电机等产品，松下马达等为家电生产配套马达及其配件等。珠海小家电制造产业也初具规模。飞利浦、德豪润达、双喜电器等公司生产烤炉、微波炉、压力锅、电吹风等上百种小家电产品。电气领域主要产品为自动化配网设备、智能电网设备、电力电缆附件等，拥有珠海许继电气有限公司、长园电力技术有限公司等一批电力系统微机五防、电力电缆终端头、开关设备细分领域的知名企业，产业集群初步形成。是年，格力电器获得中国质量领域最高奖——“中国质量奖”；格力电器董事长兼总裁董明珠为第一发明人的“光伏直驱系统及其控制方法”获颁“中国专利金奖”，这是中国空调行业迄今唯一的专利金奖；格力·领御柜机（15-35）的创新设计，第三次获中国外观设计金奖。格力电器自主研发的“空调光伏直流化设备关键技术研究及应用”“基于G-PLC的无通讯线多联机系统”“高效变频变容螺杆压缩机关键技术研究及应用”及“地铁车站用高效直接制冷式磁悬浮空调机组”通过中国机械工业联合会的科学技术成果鉴定，认定项目成果达到“国际领先”水平，至年底，格力拥有“国际领先”技术24项。珠海英搏尔电气股份有限公司“交流电机控制器、叠层母排组件及其制作方法”获得中国专利优秀奖，企业获评“省级企业技术中心”称号，企业法人姜桂宾获得创新人才推进计划——科技创新创业人才称号，多项产品获广东省“高新技术产品”称号，主营产品新能源汽车用电机及其驱动系统获评“广东省名牌产品”称号。珠海光宇电池有限公司的博士后创新实践基地被认定为国家“博士后科研工作站”，进站博士后6人；公司获得“珠海市独角兽潜力企业”“广东省制造业五百强”等称号，主营产品获评“广东省名牌产品”。（丹祯昂懋）

装备制造产业

【概　况】 2018年，珠海市装备制造业工业总产值比上年增长6.6%；装备制造业增加值增长8.7%，工作母机类制造业增加值增长14.9%。全市装备制造高新技术企业262家，先进装备制造产业领域企业工程中心、技术中心、重点实验室等各类创新平台279个。建成广东省海洋工程装备技术研究所、广东省航空航天装备技术研究所等装备领域的新型研发机构。基本建成国家新能源汽车动力电池及电驱动系统质检中心。珠海万山无人船海上测试场正式启用。

【装备制造产业发展】 2018年，珠海市出台《珠海市推进珠江西岸先进装备制造产业带聚焦攻坚行动计划（2018—2020年）》，做大做强工作母机制造业、新能源汽车、智能通信设备等优势产业，优化提升机器人、高端海洋工程、通用航空及卫星应用等新兴产业，做精做优高端医疗装备、智能电网设备、高端打印设备及耗材等特色产业。培育发展“专精特新”单打冠军企业，中航通飞研制的世界最大的水陆两用飞机AG600成功实现陆地和水上首飞；中兴智能汽车研制的氢能源汽车样车已落地；欧比特公司成功发射“珠海一号”遥感微纳卫星星座02组卫星，完成7颗卫星组网布局；云洲智能自主研发的无人船艇参与第三十四次南极科考、青藏高原冰川湖泊科考以及西沙南沙岛礁调查等重大任务；珠海纳睿达研发的智能化相控阵雷达填补国内空白。

【第四届珠江西岸先进装备制造业投资贸易洽谈会】 2018年12月17—19日在广东（潭州）国际会展中心（顺德北滘）举行，珠西八市（佛山、肇庆、云浮、韶关、江门、中山、珠海、阳江）220家企业804件展品参展。珠海市参展企业32家、近100件展品，全方位展示“海陆空＋智能制造”特色鲜明的产业体系，彰显珠海先进装备制造产业发展的创新成果。会上珠海市组织项目总投资达368.7亿元，其中，超10亿元项目14个，涉及航空航天、智能制造等重点领域。其中，现场签约项目2个，包括投资90亿元的利盟激光打印机高端智能装备项目和总投资15亿元的优必选机器人智能产业基地项目。

（曾素菲）

珠海航空产业园

【概　况】 2018年，珠海航空产业园实行“省市共建、集中支持”模式，“市区共管，以区为主”管理体制。园区逐步形成以滨海商务区、机场核心运营区和高端产业集聚区为主体的三大项目承载片区。完成《珠海市生物医药及新能源产业园环境报告书》编制、《白龙河尾滨水区景观工程概念方案设计国际招标》和《机场东路美化绿化提升工程概念方案设计国际招标》规划编制。开展《三灶北产业带和航空产业园核心区控规修编》规划编制范围内地形图测绘，完成三灶北产业园控规修编项目经费预算及支付。完成市重点项目珠海市新能源动力检测中心工业用地招拍挂组织工作，并办理土地挂牌手续，该工业用地项目由金航公司通过竞拍方式摘牌。办理珠海国际健康港能源动力中心约1公顷用地，土地利用规划调整事项，编制完成调整成果，提交国土部门进行方案报批。协助交通运输部南海第一救助飞行队完成规划飞机联络道入口报建手续。协助区供电局进行生物医药产业园临时供电线路建设事宜，保障生物医药产业园项目施工临时用电需求。

【航空产业园区基础设施建设】 2018年，是珠海航空产业园建园以来基础设施投资任务最重、项目最多的一年。至年底，航空产业园按计划达到接近完工状态工程8项，包含市政道路32.8千米，排洪渠1.3千米，城市海滨绿化走廊6.4千米。全年航空产业园重点建设计划项目22个，其中，省重点项目1个，市重点建设项目12个；计划投产项目9个，计划续建项目10个，计划实现新开工项目3个。全年计划完成投资任务19.08亿元。全年航空产业园累计完成投资27.24亿元，超额提前完成年度计划，完成年度计划的143%。全年完成立项批复35项，其中，企业投资备案批复18项，政府投资项目建议书批复8项，政府投资项目可行性研究报告批复9项；完成园区项目进度情况月度报表10份、市重点建设项目进度情况月度报表统计10份。完成项目概算审核批复6项，批复金额2.24亿元；完成产业园区在建工地现场扬尘防治督促及洒水情况的报送；牵头组织召开各拟建项目前期可行性研究报告阶段专家评审会4项；完成产业园区项目落户地块标高偏低涉及的土石方回填方量的确认3项；完成涉及产业园区建设工程年度建设任务7项。

【航空产业园招商引资】 2018年，珠海航空产业园组织精准招商活动11批次。引进高端商业及检测检验机构、无人机企业、产业基金等项目，推动项目落户发展。第十二届航展期间，签约落户项目10个，投资总额47.3亿元；举办军民两用新材料产业对接会、通航之夜、无人机创新发展研讨会、西锐20系列飞机推介暨国内建线新闻发布会、重点在跟项目（客商）会谈考察等36项系列活动，参加人数1000人。

【航空产业园高端产业发展】 2018年，珠海航空产业园签约新材料研究院落户珠海，中国复合材料学会与金湾区政府签署合作框架协议，举办本地新材料企业与中国工程院院士、军科委专家、火箭军代表等产业对接会，推进航空与新材料融

2018年10月25日，“鲲龙”AG600转场珠海欢迎仪式现场。图为AG600机组成员等合影
（徐珅珅 摄）

合，助推产业转型升级。签约落户新材料相关项目6个，投资总额2.1亿元，预计产值12.5亿元，实质性支撑产业未来高端突破。2月5日，举行“航空产业和新材料学科进展”产学研对接活动，邀请哈尔滨工业大学航天学院复合材料研究所教授、博士生导师李垚做专题讲座，吸引电致变色航空舷窗项目落户，促成凯利得等企业与高校创新资源对接。

【华南地区首个无人机验证飞行空域获批】 2018年7月，珠海航空产业园获批华南地区首个无人机验证飞行空域，有效解决无人机研发制造、验证维护、飞行培训等业务空域需求。飞行空域位于航空产业园内，面积为20平方千米，飞行高度为真高100米（含）以下，可飞无人机型号：XV-3、CW-007、MEGA-V4、SD-60等。10月25日，珠海隆华直升机科技有限公司研制的XV-5型无人机，在无人机试飞区验证持续无落地飞行时间4小时50分钟，打破国内旋翼机悬停飞行时间纪录。

【水陆两栖飞机AG600水上试飞成功】 2018年10月20日，大型灭火/水上救援水陆两栖飞机“鲲龙”AG600在湖北荆门漳河机场完成水上首飞任务，这是继国家自主研发的大型客输机运实现交付列装、C919大型客机实现首飞后，在大飞机领域取得的又一大重大突破，填补中国在大型水陆两栖飞机的研制空白。 （梁佩兰）

富山工业园

【概　况】 2018年，珠海富山工业园作为实体经济发展的重大平台，被打造成服务高效、审批便捷、土地集约、环境优美、管理科学的新一代专业化园区，集聚方正科技、杰赛科技、格力电器、青岛啤酒、华润热电、太平洋海洋工程、中国中车等知名企业，引进深联电路、中京电子、广东骏亚、明阳电路等国家级高新技术企业，形成新一代电子信息、智能电气、高端装备制造等产业集群。全年实现园区生产总值60.57亿元，比上年增长6%；规模以上工业增加值56.31亿元，增长5.3%。固定资产投资29.04亿元，增长12.2%。其中，工业企业投资21.86亿元，增长24%；装备制造业投资14.88亿元，增长15.9%；基础设施配套投资8.67亿元，增长64.1%。外贸进出口总额预计持平，实现56.45亿元；实际利用外资2501万美元，增长137.9%。

【富山工业园园区建设】 2018年，富山工业园总体规划为“一核、三心、三轴”的结构，将园区设计为产、城、人融合的现代新城。一核为富山产业新城；两心为起步区新镇中心及富山南新镇中心；三轴为雷蛛大道产业发展轴、新城大道生活发展轴、珠峰大道交通发展轴。推动大配套建设，建设项目100个，总投资290亿元，重点打造“一张路网、两个片区”，一张路网涵盖37千米市政道路，两个片区为新城起步区与智造小镇，搭配全方位景观提升与环保设施后盾保障，整体优化基础配套水平，保障产业健康快速发展。在建市政道路项目20个，总长37千米，总投资105亿元。一围片区、七星大道北片区、起步区一期等区域骨干路网全面动工建设，加快建设与道路相配套的供电、供水、给排水、燃气等综合管线和路灯、公交站亭和公交

2018年12月26日，富山工业园产业服务中心封顶。总建筑面积7.9万平方米，以办公和商用相结合 （张　宁　摄）

配套工程。建设专业工业污水处理厂——富山第一水质净化厂。

【富山工业园土地资源整合】 2018年，富山工业园从国土、镇政府、档案馆等部门收集从1992年以来的全部土地征收补偿资料100多份，汇总梳理建档，并数字化。清理补偿土地11.6平方千米，其中清理各村土地5.7平方千米，收回二围国有土地5.9平方千米；完成土地补偿4.54平方千米，推进青苗补偿清场工作。

【富山工业园产业发展】 2018年，富山工业园规模以上工业企业有89家，高新技术企业65家，世界500强投资企业5家，拥有国家级众创空间1家（华南理工大学珠海现代产业创新研究院），省级科技创新平台30个，市级科技创新平台35个。园区产业涵盖电子信息、船舶制造、电器、化工、纺织、家具、环保等多个种类，初步形成以方正科技、中京电子为引领的新一代电子信息产业，以格力凌达压缩机、凯邦电机为龙头的智能电气产业，以太平洋海工、中车装备为代表的高端装备制造产业等三大产业集群。是年，与骏亚电子、泰和电路、玛斯兰电路、东江环保等20家企业签订总投资70多亿元的投资协议。

【富山工业园创新驱动】 2018年，富山工业园新增技术研发中心8家，各级公共技术研发中心38家，增长26.7%；新增企业工程中心9家，各级工程中心27家，增长50%。格力新元、双赢柔软、永兴盛环保等40多家企业进行技术改造备案，投入资金12.13亿元，完成年初目标任务110.3%。拥有格力电器、坚士制锁等驰名、著名商标13个，广东省名牌产品8个、工业类名牌产品15个，全年发明专利申请量274件，有效发明专利拥有量294件。新增高新技术企业13家，高新技术企业总数达65家，增长25%，占全区规模以上企业数81.25%。华南理工大学珠海现代产业创新研究院获批国家级众创空间等。年内，园区获得“广东省绿色升级示范工业园区”“广东省循环化改造试点园区”称号。

【专业工业污水处理厂】 2018年7月18日，珠海市第一座专业工业污水处理厂——富山第一水质净化厂动工。该项目位于富山工业园一围片区，占地面积5万平方米，投资8亿元，总体设计为半地下式污水处理厂，污水处理设计规模为5万吨/日，其中工业废水4万吨，生活污水1万吨，主要处理对象为园区一围片区PCB产业园及周边区域内企业经预处理达到纳管标准的工业废水及生活配套区的生活污水，水质净化工艺采用“物化预处理+BFBR（立体生态污水处理技术）景观生态技术+砂率深度处理+紫外消毒处理”的先进净水方式，最终将净化后的水体排入江湾涌。

【方正PCB高端智能化产业基地动工】 2018年8月10日，方正PCB（印刷线路板）高端智能化产业基地项目二期项目动工。打造全球高端通讯、服务器及存储PCB的生产中心，占地面积12万平方米，两栋6万平米厂房，主要经营通信系统光模块电源工控等领域的PCB项目及生产新一代智能终端可穿戴设备消费电子领域的HDI（高密度互连）。拟建成全球首家智能化PCB工厂，基本上实现无人化操作，年人均产出达200万元。

（张　宁）

2018年，珠海市第一座专业工业污水处理厂——富山第一水质净化厂项目施工现场

（张　宁　摄）

·责任编辑：曹　琨·

商贸服务业

综　述

【概　况】 2018年，珠海市社会消费品零售总额1160.64亿元，比上年增长7.4%。其中，批发业零售额236.05亿元，增长5.9%；零售业零售额780.14亿元，增长7.2%；住宿业零售额31.22亿元，增长18.7%；餐饮业零售额113.23亿元，增长9.9%。粮油食品饮料类、服装鞋帽针纺织品类和化妆品类商品保持平稳增长，限额以上企业零售额分别增长3.8%、4.5%和10.6%；日用品类消费有所回落，限额以上企业零售额下降2.6%；受全年油价保持高位影响，石油及制品类商品消费保持较高增速，增长17%；家具类、家用电器和音像器材、金银珠宝类消费保持较快增长，限额以上企业零售额分别增长21.2%、20.9%和23.8%。汽车类商品增速持续下滑，零售额125.74亿元，下降4.1%。

【新零售业态发展】 2018年，珠海市实体零售企业发展线上线下融合的新型零售模式，山姆会员店、家乐福超市、天虹百货、得一超市等零售企业利用APP商城、微信小程序等网络手段，拓展线上消费，并与饿了么、美团、京东到家等线上平台合作，为顾客提供方便快捷的外送服务。其中，家乐福超市在珠海率先引入“微信扫码购”“刷脸支付”等自助购物模式，改善顾客购物体验；得一超市推出“得一到家”服务，依托实体店打造一个服务于本土的以生鲜为主的全品类电商平台；京东专卖店开设3家实体店，推行线下体验、线上买单的模式，销售额比同类型传统实体店高出100%以上。

> 链　接：
>
> **限额以上企业**
>
> 限额以上企业（简称限上企业）是指年销售额达500万元以上的零售企业、2000万元以上的批发企业和200万元以上的住宿餐饮企业，以报表形式纳入社会消费品零售总额统计。与此相对，限额以下企业以估算的方式纳入社会消费品零售总额统计。

批发零售业

【肉菜流通追溯体系建设】 2018年，珠海市新增肉菜流通追溯体系试点企业7家，分别是珠海市食品公司前山屠宰场、柠溪市场、唐家市场、朝阳市场、山场市场、南屏市场、美丽湾市场。至年底，全市有21个重要流通节点初步建成肉菜流通追溯子系统，覆盖屠宰企业、批发市场、连锁超市、农贸市场等多个业态，财政累计发放补贴资金316万元，初步建成珠海市肉类蔬菜流通追溯城市平台和微信服务平台，实现省、市平台互联互通。便于市民查询和应用追溯信息，提供可靠的肉类蔬菜流通追溯服务。珠海家乐福商业有限公司（吉大店）建成肉菜流通追溯系统后，1月，成为珠海市首批国家级“放心肉菜示范超市”。

【批发市场】 2018年，珠海市主要批发市场有11家，包括农产品综合批发市场4家，肉禽类批发市场3家，水产品批发、茶叶批发、花卉批发、钢材批发市场各1家。经销商约2600户，从业人员约7500人，冷库库容8500吨。批发市场年成交总额279.7亿元，其中，肉禽类交易额24亿元，蛋类年交易额2.5亿元，水产品年交易额46亿元，水果类年交易额70亿元，蔬菜类年交易额60亿元，茶叶类年交易额2.5亿元，花卉类年交易额4.2亿元，其他农产品年交易额15.5亿元，钢材类年交易额55亿元。

【商业网点建设】 2018年，珠海市奥园广场、斗门区大信·新都会、高新区格力海岸COAST PARK等大型商业网点开业，商业体量合计约17万平方米。其中，奥园广场商业面积12.5万平方米，定位城市生活中心，集时尚零售、多元餐饮、儿童成长、健身体验、精品超市业态于一体，汇聚百余家国际国内一、二线知名品牌，及珠海首家真冰场。大信·新都会斗门店是西部城区集零售、餐饮、文化、休闲、娱乐为一体的大型商业综合体，配套一站式大型大润发超市、中影银河国际电影城、近2000平方米的真冰场，商户总数200多家，顶楼建设摩天轮，成为珠海西部城区新的浪漫地标。格力海岸COAST PARK是格力地产精心设计打造的滨海艺术文化融合空间，构筑观展、阅读、电影三合一的艺术文化新体验。是年，珠海在建商业网点有香洲区中海环宇城、华发水岸·华发新天地、横琴新区中央汇、梧桐树·时代广场、励骏庞都广场、保税区利是达星际广场等多个项目，在建商业面积超过70万平方米。

【珠海购物节】 2018年9月20日至12月31日，珠海购物节以“提升品质供给、推动消费升级、满足美好生活需要”为主题，发动在香洲、吉大、拱北等各城区主要的商圈、商业中心、名品名店，围绕品牌消费、体验消费、主题消费和智能消费，通过新技术、新媒体、线上与线下相结合，串联起中秋节、国庆节、“双11”、圣诞节等重要商业节庆，组织知名商贸企业20余家，知名品牌及门店2000个参与，融合线上线下消费，聚焦节庆消费、体验消费、服务消费，举办主题促消费活动100余场，为消费者带来丰富的体验和更多的实惠。市财政参与商家投入促销费用1200万元，商家折扣让利超过2000万元，覆盖客流500万人。其中，华发商都、茂业百货、山姆会员店、得一超市等主要商贸企业客流同比增长10%，销售额同比增长20%。

【市场应急供应稳定】 2018年9月，强台风“山竹”袭击珠海。12月，发现全省首例非洲猪瘟疫情。珠海市商贸流通企业充分配合市委市政府有关工作部署，采取加大库存、跨市调运等措施，作出保供应和稳物价承诺，保证全市米面、肉类、饮用水等生活必需品供应充足、价格稳定，确保全市人民生产生活平稳。 （冼超文）

餐饮业

【概　况】 2018年，珠海市餐饮消费市场总体保持平稳运行态势，市场规模不断扩大，餐饮业零售额113.23亿元，比上年增长9.9%。限额以上法人企业零售额21.96亿元，增长17.3%；限额以上个体零售额16.74亿元，增长10.2%，限额以下单位零售额74.53亿元，增长7.9%。珠海餐饮业呈现以港式海鲜粤菜、港式粤味早茶、澳门葡国菜等高档餐饮为主流特色，与风味各异的潮州、湖南、四川、东北、中原、西北菜系相融合的移民城市餐饮文化特征。

【斗门美食节】 2018年10月1—5日，由珠海市斗门区人民政府和珠海特区报社联合主办的斗门美食节在斗门体育馆广场举行。设展位150个，汇集特色美食300多种。美食节增设文艺表演、灯光秀等文娱板块，引进德国餐饮大棚运营模式，以多元方式提升美食节展览品位和观展效果。 （郭沐阳）

【首届粤港澳大湾区“粤菜师傅”技能大赛】 2018年12月16日，在珠海大剧院中心广场举行。大赛由广东省人社厅、珠海市政府联合主办，珠海市人社局、珠海市餐饮协会、珠海市厨师协会共同承办。来自粤港澳大湾区33支代表队参

2018 年 12 月 16 日，首届粤港澳大湾区“粤菜师傅”技能大赛颁奖现场
（市人社局 供稿）

赛。大赛吸引逾万名群众观赛。珠海代表队的蒋栋强获得总分第一名，成为首届大湾区粤菜“厨神”。40 多家媒体进行系列持续报道。

（市人社局）

现代物流业

【概　况】 2018 年，珠海市交通运输、仓储和邮政业生产总值 62.37 亿元，比上年增长 13.4%。全市货物运输总量 1.34 亿吨，增长 11%。其中公路运输 9760.3 万吨，增长 1.7%；水路运输 2817 万吨，增长 50.5%；航空运输 1.4 万吨，下降 7.3%；铁路运输 868.7 万吨，增长 36.2%。全市货物运输周转量 222.31 亿吨公里，增长 32.7%。其中，公路 53.62 亿吨公里，增长 2%；水路 152.86 亿吨公里，增长 48.4%；航空 0.23 亿吨公里，下降 7.4%；铁路 15.60 亿吨公里，增长 33.8%。

【物流业投资建设】 2018 年，珠海市交通运输、仓储和邮政业固定资产投资 211.90 亿元，比上年下降 15.4%。至年末，公路通车里程 1560.54 千米，增长 7.2%；新设立外商投资企业 13 家，合同外资金额 1153 万美元，实际吸收外资金额 563 万美元。

（罗祖娟）

【港口物流】 2018 年，珠海市完善广珠铁路西站、高栏港铁路专用线码头装卸配套建设等，广珠西站拓展“第三方物流”功能，实现区域内物流运输零距离服务，高栏港铁路专用线实现码头铁路装卸零距离对接，打通公海联运、海铁联运、公铁联运“最后一公里”。推进海铁联运扶持政策的执行，高栏铁路公司“专用线综合作业费”收费标准大幅度降低，其中干散货收费从 12.5 元 / 吨减至 6.5 元 / 吨、20 英尺集装箱收费从 245 元 / 箱减至 195 元 / 箱。开展港口收费的清理规范工作，监督港口经营单位严格落实有关货物港务费、港口设施保安费、集装箱班轮航线及集装箱优惠政策。“营口—高栏—衡阳”北粮南运海铁大通道等海铁联运通道不断拓展。珠海高栏欧港物流分拨中心一期项目竣工，填补华南地区缺乏专业纸浆物流集散中心空白。加快“川贵广—南亚国际物流大通道”建设，由珠海港控股集团和贵州黔南州贵定县政府共同投资建设的昌明国际陆港项目被列入国家第二批多式联运示范工程，4 月，一期工程建成投产；珠海港加强与越南、泰国、柬埔寨等国家交流合作，设立驻越南、柬埔寨办事处；参与瓜达尔港的合作开发，加强人员沟通、培养等工作，并输出设备管理、运营管理经验。开拓拉美国际航线，落实《中国—巴西跨境电子商务与服务贸易一体化项目合作备忘录》，6 月，巴西维多利亚港—珠海高栏港首航成功。年内，珠海港维持集装箱班轮航线 74 条，其中国际航线 24 条（内支线 9 条）、沿海干线 25 条、西江驳船支线 25 条。高栏港口铁路专用线发货量 825 万吨。

（黄　翔）

【珠港澳跨境电商和现代物流业协同发展新机遇专题论坛】 2018 年 11 月 20—21 日，在第八届亚洲物流及航运会议上，珠海市举办主题为“粤港澳大湾区建设背景下——珠港澳跨境电商和现代物流业协同发展新机遇”的大型专题论坛。论坛邀请国家和珠港澳相关部门领导，三地物流商协会专家、企业代表等 700 多名嘉宾参与。香港空运货站、珠海市港口协会、澳门物流货运联合商会等 9 家物流商会共同签署港珠澳物流联盟合作及打造香港—珠海贸易便利电子平台的

相关协议，旨在进一步推动珠海与港澳的跨境电商和现代物流业的合作发展迈上新台阶。（罗祖娟）

供销合作社

【概 况】 2018年，珠海市供销合作社有市级社1个，区级社2个，基层社13个，所属法人企业26家。全市供销合作社系统领办、参办农民专业合作社21个，农民专业合作社联合社1个；实现销售总额6.58亿元，比上年增长5.62%；费用总额5560.40万元，下降0.60%；利润总额1070.50万元，增长25.80%。

【农村互助金融服务】 2018年，珠海市供销社社员资金互助中心业务范围覆盖斗门、金湾、香洲三个行政区的多个镇村，对10多个农民专业合作社、30多家涉农企业和种养农户进行资金调剂。是年，社员人数从373户发展到463户；社员资金互助中心为涉农企业、农民专业合作社、农民种养农户，发放调剂资金82笔；实现利润250.57万元，比上年增长38.84%；资金使用周转额1.33亿元，增长10.13%。

【农资供应与科学推广】 2018年，珠海市供销合作社系统农业生产资料销售额2.09亿元，比上年增长6.26%。农资经营网络有斗门农资配送中心1个、直营店3家、农资综合超市2家、连锁加盟店43家。斗门区供销社联合市海洋农业和水务局、市农机所、区农业局等单位，在白蕉镇东湖村举办斗门区农产品质量安全暨绿色防控宣传培训班，在莲洲镇东湾村举办2018年植保无人机统防统治全程带药服务暨植保植检知识培训，增强村民对科学用肥、安全用药的认识及理解，参加人员420余人，派发“放心肥”420份、宣传资料4000余份。在斗门区井岸步行街举办集中便民服务活动，向农民、城镇居民宣传推广放心农资资料，发放《如何辨别真假农药》《如何识别真假化肥》《蔬菜生产安全用药常识》等15个类别宣传资料2000余份，接受咨询250余人次，派发“放心肥”300份。

【百分百商业有限公司】 2018年，珠海市供销合作社下属百分百商业有限公司实现商品销售总额1.16亿元；百分百超市总店1家、配送中心1个，连锁经营网点35个，其中，货仓连锁超市直营分店21家，特许加盟店14家。是年，百分百商业有限公司新推出各类促销优惠活动42次，不间断与各网络消费平台、银行推动优惠吸引并锁定大批顾客到店购物消费，增加卖场热点、丰富顾客购物体验、提升企业的销售额。

【再生资源】 2018年，广东省珠海市物资回收公司经营收入255.29万元，比上年增长33%；销售总额6867.91万元，其中：废钢（铁）销售913.17万元，废铜销售2801.61万元，废锡销售365.82万元。

【百分百商业有限公司支付宝自助收银】 2018年10月，珠海市百分百商业有限公司引进支付宝自助收银设备，在百分百购物中心及19家货仓连锁分店投入试运行，通过智能化的自助收银机，实现“无人”收银，降低人力成本，提升运营水平和公司形象。（钟洁丹）

2018年10月，珠海市百分百商业有限公司引进支付宝自助收银设备，启用“无人”技术、智能化的自助收银设备（钟洁丹 摄）

2018 年珠海市供销合作社系统经营情况

单位：亿元

项　目	实　绩	比上年增长（%）
全系统销售额（统计数）	6.58	5.62
其中：直属企业	2.30	6.88
县级及基层社企业	0.93	16.29
全系统购进（统计数）	6.62	8.44
全系统利润总额	0.11	25.82

拍卖·典当业

【拍卖业】　2018 年，珠海市有拍卖企业 41 家，累计注册资本 4.47 亿元，从业人员 261 人。全年举行拍卖会 121 场次，拍卖成交总额 3.66 亿元。其中，房地产 2.64 亿元、土地使用权 768.50 万元、机动车 257.31 万元、债权和股权 1000 万元、无形资产 1257 万元，其他 6945.27 万元。

【典当业】　2018 年，珠海市有典当企业 28 家，累计注册资本 4.8 亿元，从业人员 148 人。全年典当总额 7.66 亿元，其中，动产 2.41 亿元、房地产 4.56 亿元、财产权利 6890 万元。　（张　平）

商贸流通行业管理

【烟草专卖】　2018 年，珠海市烟草部门实现税利总额 8.22 亿元，比上年增长 4.34%，销售卷烟 8.91 万箱，增长 0.70%，上缴地方税收 1.39 亿元，上缴地方利润 6457 万元。有卷烟零售户 8900 户，烟草部门成立卷烟零售客户自律互助小组 225 个，覆盖 36% 的零售客户，全年零售客户毛利率 13.81%。成立珠海市二十支商业连锁有限公司，选购直营门店 5 个。推进文明吸烟环境建设，投放户外烟蒂采集器 512 个。查处各类涉烟违法案件 770 件，其中，5 万元以上案件 49 件，增长 48.48%，查获违法卷烟 2045 万支，增长 7.65%，涉案总值 1082 万元，成功申报国标网络案件 1 件、省标网络案件 3 件。严格控制大户比例，查处违法违规大户案件 35 件，取消经营资格 2 户，劝诫注销 5 户，降档 8 户，停供 16 户，全年未发生不规范经营行为。

卷烟打私　市烟草部门健全联合执法机制和跨区协作机制，组织拱北口岸“水客”走私烟专项治理行动，全年拱北口岸地区未发生重大涉烟违法犯罪案件。查处广西过境走私烟大要案 17 件，查获走私烟 548 万支，申报省标网络案件 1 件。打击新型烟草制品走私行为，立刑案 7 件，刑拘 8 人，逮捕 2 人，查实偷逃税款超千万元。

政务服务　市烟草部门开展质量管理小组活动 5 项，其中，自主研发工业送货车倒车入库系统，提高入库效率 300%；资金精细化管理课题实现利息收入 1300 万元；下属卷烟配送中心利用报废配件，仅花费 9800 元，重组异型烟手工分拣线 1 条，实际分拣效率超 800 条 / 小时。依托“互联网 + 政务服务”模式，通过减缩程序、加速办结、一网通办等举措，提高卷烟零售许可审批效率，其中，“一网通办”措施实现零售客户“零跑腿”。

（林俊清）

【食盐专营】　2018 年，珠海盐业部门“以盐为基，以盐带路，严把盐关，广开盐路”的经营方针和“强品牌、提品质、增品种、优服务”的营销战略，保证食盐质量和供应安全。全年食盐销售量 1.56 万吨，其中小包装销售 8721 吨（比上年下降 7.11%），食品加工用盐销售 6629 吨，实现销售收入 2938 万元，经营净利润 218 万元。全年全市监测居民户食用盐 900 份，碘盐覆盖率、合格碘盐食用率分别为 97.78%、95.89%。全年出动巡查员 3014 人次，巡查生产经营单位 4242 个，发现涉嫌终端非法经营外省盐并劝退 76 宗，报送食药监管部门 10 宗。严格按照规范管理政府储备盐，储备盐管理费用由市财政局按 924.90 元 / 吨，贷款贴息 50 元 / 吨拨付。为响应广东省盐业集团落实“渠道 + 产品 + 信息化”为一体，构建“粤盐粤安全”服务体系，正式实施“食安云商”APP网络服务平台。该平台能够实现客户经理考勤签到、外出巡访签到、工作汇报、代客下单及订单管理，提高企业全面提质增效、实际平台共享、管理信息化、管理标准化、服务标准化等市场服务能力。

是年，珠海食盐市场监管职能由珠海市盐务局移交给珠海市食品药品监管局，食药监局发放辅助执法证28张至珠海盐业，由珠海盐业进行全市食盐市场的辅助执法。

盐务经营管理　珠海盐业部门培育配送商的黏性和优化服务，降低季度返利门槛，扩大享受返利的配送商数量，更多配送商享受到返点红利；通过签订配送服务协议，明确配送商季度返利标准及年度激励方案；实现多门点直达配送，提高产区发运效率，降低出入库和二次配送费用；增大客户拜访频率，建立工作交流群、客户后勤保障群等微信沟通平台，更深层次地为客户服务。严格执行质量管理要求，对购进的食盐按批次进行质量检测，杜绝不合格盐品投放市场。对在售的储备盐产品每半年度进行一次抽样送第三方检测单位检测。全年抽检135批次盐产品均达到相关标准，未出现不合格品采购及销售。加大对本土连锁商服务力度，加挂“粤盐”品牌食盐指定供应点牌匾，推进新版“粤盐”专柜进店，指定专职团队维护高端海盐产品推广培育市场。实施特殊、特色产品分渠道特约经销，打破市场上普通产品恶性价格竞争局面。借助餐饮协会平台推广中高端餐饮用盐。与大品牌（老干妈、叠石调味品等）的地区代理商、配送商合作，推广中高端海盐产品。

盐务市场监管　珠海盐业部门采取主动巡查辅助执法，严防食盐市场管理出现“空档期”“真空期”。加强执法力量，全市有食盐辅助执法巡查员28人，比上年增加9人；组织食盐执法培训1期，63人参加；加强巡查力度，全年巡查经营食盐商家526家，查获违规经营1家，处罚5万元；查封经营“脚臭盐”1家。

盐政宣传　是年，珠海盐业监管职能移交的第一年，对盐政宣传时间点主要在“3·15”消费者权益日、“5·15”防治碘缺乏病日，以及各类“粤盐公益行，科普进校园”等宣传活动。主要通过现场咨询问答、发放宣传单、宣传画报等形式，突出宣传“少吃盐、吃碘盐”的观念，普及食用碘盐知识，宣传碘缺乏病的危害，让群众知晓长期坚持食用碘盐是最简便、安全、有效预防碘缺乏病危害的措施。同时帮助市民学习辨别真假盐和劣质盐，做好食盐安全知识的宣传贯彻。

（甘　云）

2018年9月20日，珠海食药监局、特区报社和珠海盐业等部门联合在珠海市第十七小学开展主题为“悦放心，悦滋味——粤盐公益行·科普进校园”的宣传活动　（陈　劼　摄）

【二手车市场】　2018年，珠海市有经省商务厅备案和市工商部门注册登记二手车交易市场22家。定点报废汽车回收拆解企业1家。全年二手车交易量2.4万辆，交易金额15.6亿元。

【报废机动车回收拆解】　2018年，珠海市报废机动车回收拆解企业1家，注册资本500万元，从业人员23人。全年全市回收拆解机动车4567辆，其中：小型客车2990辆、大型客车709辆、轻型货车549辆、中型货车33辆、重型货车68辆和摩托车218辆。　（张　平）

·责任编辑：曹　琨·

交通·邮政

公　路

【概　况】　至2018年底，珠海市公路通车里程1560.54千米（含高速公路），全市公路密度平均84千米/百平方千米。按行政等级划分：国道131.15千米，省道307.04千米，县道319.04千米，乡道412.55千米，专用公路0米（年内取消），村道390.77千米。按路面类型划分：水泥混凝土路1075.12千米，沥青混凝土路477.18千米，简易铺装路2.94千米，未铺装路面5.30千米。按技术等级划分：高速公路171.81千米，一级公路327.53千米，二级公路117.55千米，三级公路432.50千米，四级公路491.43千米，等外公路19.71千米。全市有公路桥梁497座12.82万延米，其中，特大桥28座7.02万延米，大桥108座4.67万延米，中桥152座8358延米，小桥209座3158延米。全市有公路隧道9座18处3.78万延米，其中特长隧道2座4处2.07万延米，长隧道3座6处1.37万延米，中隧道1座2处1325延米，短隧道3座6处2119延米。

【公共道路建设】　2018年，珠海市完成公共道路建设投资33.03亿元，完成率106%。协调各区推进14条110千米的县道改造项目及乡村道路硬底化建设工作。全年完工通车项目46个，包括市政道路15条、维修加固桥梁9座、公交专用道7条、人行天桥5座（过街设施）以及多项道路挖潜等建设任务。

干线路网建设　金琴快线工程（港湾大道至梅华立交、造贝立交至珠海大道、珠海大道至北三路）及板樟山隧道新增隧道工程、兴业快线（南段）等5个重点建设项目全面按期开工建设；情侣路南段拱北口岸至横琴大桥路段主线改造工程按计划完成年度政府投资任务；完成兴业快线（南段）、兴业快线（迎宾路支线）、高新互通（金琴路口至兴业路口）立交工程、前山至南屏次干道4个项目前期工作；完成古元大道（一期）前期工作（按市政府要求已暂停）；推进金琴快线北延段（至珠中边界）工程、珠海大道（珠海大桥东至泥湾门大桥西段）扩建工程的前期工作。

国省道公路建设　完成港湾大道路面改造工作。10月，省道S272线白蕉高速公路至尖峰桥头段工程开工建设，12月，省道S270线南水桥至珠海发电厂段路面改造开工，推进国道G228线黄杨大道、启动省道S272线井岸至莲洲北段路面改造前期研究工作。

市政道路建设　安排市政道路项目63个。其中，省道S272线尖峰大桥东桥头至湖心路口段沥青罩面及人行立体过街设施工程、省道S366线改造工程——交通安全工程（一期）、第二、第三、第四批主城区道路路面改造及美化工程完工、翠屏段市政配套工程(一期)、造贝路工程、南琴路及其附属设施修复工程、拱北海关执勤武警部队营房配套路工程、兰埔路市政工程、前山立交地面辅道、UIC新校区项目市政配套工程实现完工通车。兴业快线（北段）、海燕桥拆除重建工程、市妇幼保健院新址配套市政道路、港三路（港昌路至粤海路段）改造工程等项目完成年度投资计划；完成石花西路（白石路至桂花北路段）、造贝路北延段、珠海大道（南湾立交至珠海大桥）新增车行通道（三期）、海滨路改造、

2018年11月4日，前山大桥至明达路段拓宽工程新建辅道桥开放通行（刘明哲 摄）

珠海大道辅道沥青罩面等5个市政道路新、改建项目前期工作。推进第五批道路路面改造及美化项目、梅界西路、滨山路、环山路等项目前期工作。

交通设施建设　完成屏东四路、沿河路交情侣路交叉口、G105交沥溪路交叉口改造、G105交南福路交叉口改造、华威路停车整治、环宇路交前河东路交叉口、粤海路（莲花路—迎宾路）段、岭南路交桂花路交叉口、心华路交怡华路交叉口、梅界路交敬业路交叉口等10处改造提升工程；建成三台石路前山市场段、三台石路交粤海路交叉口、情侣路南段主线改造工程（南联村处）、金琴快线工程人行过街设施等6处人行立体过街设施和粤海路、桂花路、翠前路3条公交专用道建设任务。

农村公路建设　全市农村公路1122千米，其中，县道319千米、乡道412千米、村道391千米，桥梁211座。县道建设：推进高新区X588唐淇线、斗门区X583（珠峰大道）、高栏港区低标准县道、X582（平东大道）升级改造和X763（升平大道）等5个县道升级改造项目，概算总投资12.47亿元、里程47.28千米。新启动斗门区X584鹤竹线和X582赤三线等2个县道升改造项目，估算总投资2.85亿元、里程9.86千米。乡村道路建设：推进斗门区乡村道路（34条23.43千米）硬底化、万山区桂山岛滨海大道南公路、东澳岛求子泉路和大万山岛二环路等4个乡村道路建设项目，概算总投资1.07亿元、里程29.22千米。新启动斗门区乡村道路（18条15.8千米）硬底化、万山区大万山岛缸瓦洲至浮石湾公路和桂山岛小东山康体公路等3个乡村道路建设项目，估算总投资1.32亿元、里程23.64千米。

【路政管理】　2018年，珠海市公路部门出动巡查人员3549人次，巡查天数242天，巡查里程11.98万千米。查处违法案件210件，其中，自行处理160件，移交告知交通综合执法局50件。办理行政许可21宗，依法收取路产赔（补）偿费18.6万元。办理涉路司法诉讼4件，结案3件。

公路路域环境整治　配合环保“蓝天保卫战”和“创文”行动，联合多部门，对辖区范围内的珠海大道、湖心路、机场路、黄杨大道、白蕉路、机场高速公路、高栏港高速公路等主要干线公路两侧影响公路路容路貌的“抛洒滴漏”、违法设置广告牌以及更换因台风“山竹”造成行车安全的所有指路牌及禁止标牌，整治污染路面案件21件，拆除广告牌141块。

桥下空间治理　对G228线白石路线桥、S366线（珠海大道）南水桥、Y418线南水桥及Y609大冲桥等桥梁桥下空间施工工棚、违法建筑、建筑垃圾乱堆乱放问题进行集中整治，清拆临时棚架7间190多平方米、违法建筑1间24平方米、清理桥下堆积物800多平方米，整治行动有效消除桥梁安全隐患，保障公路桥梁安全畅通。完成尖峰大桥、西沥大桥、南水大桥、井岸大桥、井岸二桥、斗门大桥、白石村跨线桥、横坑大桥、南门大桥等20座重点桥梁桥下空间围蔽工程，围蔽桥下空间6200多米，有效防止遏制和防范桥下空间违法占用的情况出现。

路政管理信息化建设　提升公路路政巡查管理科技化水平，建立西部可视化桥梁监控中心，对西部地区公路桥梁42个点位进行24小时不间断监控，实现24小时实时画面和数据传输，实时对桥梁桥下空间的情况进行监控和指挥，及时发现处理侵占公路桥梁的违法行为，确保桥梁安全畅通。

【养护管理】 2018年，珠海市公路部门统筹全市公路养护工作，对各区公路养护进行培训、考核、检查，年末全市国省道优良路率98.6%，优等路里程355.9千米；农村公路优良路率88.6%，优等路里程850.8千米。

公路与桥梁养护 完成市属高速公路及108座大型桥隧日常养护工作，对13座大桥进行水下结构检查或定期检查，复测11座大桥永久性观测点，全面掌握全市大型桥梁状况。开展全市通航大型及公路桥梁风险评估、防撞设施建设规划，完成全市公路生命安全防护工程1187千米。

桥梁维修加固 新接收管理养护新月桥、海工大桥、幸福桥、知青桥等4座大型桥梁和南屏大桥、南屏二桥、前山大桥3座临时钢便桥。完成定期检查大桥26座，准确掌握全市大型桥梁状况。牵头完成通航大型桥梁及下放的通航公路桥梁防撞风险评估及防撞设施建设规划，完成珠海大桥主动防撞系统实施工作。推进斗门大桥上部结构加固、黄镜门大桥、上横大桥改建工程前期工作。全年完成双排桥等6座三类桥维修，完成斗门大桥桩基应急抢险加固、高栏港珠港互通L匝道桥独柱墩加固、友谊河大桥桩基础抢险修复等工程。

【公路安全生产整治】 2018年，珠海市公路部门派出检查组585个，出动1794人次，检查各生产单位529次，发现隐患703处，落实整改703处，确保在建项目不发生影响较大生产安全事故。组织20余次900多人次参加桥梁安全应急演练和高速公路安全应急演练。

【空港与轨道交通管理中心组建】 2018年3月23日，珠海市公路局与市交通运输局举行划转人员交接仪式。组建市空港与轨道交通管理中心（简称空轨管理中心），为市交通运输局下属单位，人员从市香洲公路养护管理与应急中心（香洲养护中心）、市地方公路养护管理与应急中心（地方养护中心）调剂编制12个、划转人员8人构成，承担执行国家省、市相关方针政策、法律和法规、参与空港建设项目与轨道交通建设项目推进及协调空港与轨道交通运营管理等职责。

【T3标电力隧道验收】 2018年10月17日，正式完成工程竣工验收。该项目位于前山翠屏路延长段，隧道主体采用混凝土框架结构，长1130.5米，另加转接井一座。为电力隧道土建工程及安装工程（不包括电力线路的迁改及敷设），于6月建成并投入使用。翠屏段市政道路工程电力隧道的建设不仅能够进一步提升220KV加珠线的电力扩容能力、管线寿命及日常管理效率，满足不断增长的用电需求，电力隧道相对传统电塔，减少电力管线对公共道路以下及两侧的占用面积。该项目的建成为迁改影响香海大桥施工的220KV加珠线电塔，提供地下电力路由通道，有效促进交通基础设施建设。 （张松其）

链 接：

整治抛洒滴漏

整治“抛洒滴漏”是2018年配合珠海市蓝天保卫战开展的行动。据资料显示，空气中约35%的悬浮颗粒物，都来自各种运输车辆在运输过程中产生的扬尘、车辆抛洒滴漏以及车轮带泥行驶所造成的污染，而渣土车在运输过程中经常发生超速行驶、超载运输、敞篷运输等行为，产生的沿途环境污染问题引发市民极大的关注和不满。

查处违规操作渣土工程车辆和全市工程渣土车“抛洒滴漏”情况，要求各项目负责人按照文明施工要求，完善施工围挡和除尘清洗设施，严管渣土运输车，做到工地湿化作业、围挡作业、配齐保洁人员、清扫施工现场等，坚决不准车辆带泥上路、不准运渣车超载、不准现场焚烧、不准高空抛洒，严禁“抛洒滴漏”。

2018年珠海市公路局市政道路项目完工情况表

项目名称	项目位置	总投资（万元）	建设内容	代建单位	开工时间（年·月）	完工时间（年·月）
前山大桥至明达路段拓宽工程	起于前山大桥东，终于明达路	29581	前山大桥两侧各加建一座宽12米的辅道桥与港昌路连接；并拓宽珠海大道（前河西路—明达路段），使双向六车道扩建至双向十二车道等	珠海交通集团	2017.6	2018.10
珠海大道（南湾立交至珠海大桥）新增车行通道工程（二期）	A线东接现状临时路，西接B线与规划路的交叉口，B线南接珠海大道辅道现状道路	4500	实施范围为B#路及其附属设施，道路工程包括A线和B线两段，其中A线东接现状临时路，西接B线与规划路的交叉口，B线南接珠海大道辅道现状道路。全长1043.17米，路幅宽度24米，按城市次干路标准进行建设，设计时速40千米/小时。主要建设内容包括：道路、交通、安监、给排水、电缆沟、照明、绿化等	珠海交通集团	2016.12	2018.10
省道S272线尖峰大桥东桥头至湖心路口段沥青罩面及人行立体过街设施工程	尖峰大桥东桥头至湖心路口	10141	项目起点为尖峰大桥，终点为湖心路口，路线全长为5.5千米。主要包含：不均匀沉降路段调坡，水泥砼路面病害处理，沥青砼罩面，完善交通设施，新建2座人行天桥等	珠海交通集团	2016.12	2018.1
省道S366线改造工程—交通安全工程（一期）	起于金湾互通立交，终于高栏港	24819	起于金湾互通立交，终于高栏港，路线长度26千米，主要建设内容包括：新增机非物理隔离、行人过街设施完善、车行掉头口改造、路口临时路灯及平东跨线桥范围内的路灯、新建三座人行天桥、公交站亭硬化和珠海大道南水段市政配套维护（人行道修复及管井标高提升）等	珠海交通集团	2016.10	2018.6
吉大路、迎宾北路（人民西路以北段）、银桦路、翠微路路面改造及美化工程	吉大路、迎宾北路（人民西路以北段）、银桦路、翠微路	12000	建设内容包括：吉大路、迎宾北路（人民西路以北段）、银桦路、翠微路四条道路车行道沥青罩面、人行道及附属设施维修改造等；完善机非共板的自行车道、做好交叉口改造衔接、取消或调整不合理的路内停车；并考虑优化道路断面布置、公交站亭的改造提升等	珠海城建集团	2017.9	2018.1

（续　表）

项目名称	项目位置	总投资（万元）	建设内容	代建单位	开工时间（年·月）	完工时间（年·月）
第二批主城区道路路面改造及美化工程	敬业路、红山路、香华路、沿河东路、翠景路、翠仙路、吉柠路（包含吉莲路）	16000	包括：敬业路、红山路、香华路、沿河东路、翠景路、翠仙路、吉柠路（包含吉莲路），改造长度总计约13千米，建设内容包括车行道沥青罩面、人行道及附属设施维修、交叉口改造等	珠海城建集团	2018.3	2018.6
第三批主城区道路（十条路）路面改造及美化工程	健民路、三台石路、金鸡路、岱山路、白云路、梅界路（旅游路以东段）、蓝盾路、心华路、志威路、翠前路	35000	健民路、三台石路、金鸡路、岱山路、白云路、梅界路（旅游路以东段）、蓝盾路、心华路、志威路、翠前路。建设内容包括：车行道沥青罩面、人行道及附属设施维修、交叉口改造等，做好与自行车专用道工程的衔接	珠海城建集团	2018.5	2018.11
粤海路、桂花路、凤凰路路面改造及美化工程	粤海路、桂花路、凤凰路	20000	改造的道路总长度约9.3千米。建设内容主要包括：水泥混凝土车行道板块修复及沥青罩面；非机动车道提升；人行道及路缘石提升及更换；临街商铺前人行铺装改造；检查井提升及更换、雨水口改造；交叉口改造优化；桥梁维修加固；照明设施整体改造；交通标志标线优化等	珠海城建集团	2018.6	2018.11
第四批主城区道路（十四条道路）路面改造及美化工程	侨光路、港二路、粤华路、白石路、岭南路、友谊路、水湾路、华海路、翠香路、乐园路、先烈路、星园路、鞍莲路	28720	包括侨光路、港二路、粤华路、白石路、岭南路、友谊路、水湾路、华海路、翠香路、乐园路、先烈路、星园路、鞍莲路共十三条市政道路，均为旧路改造，改造总长度约14.3千米，在原址范围内完善设施、改造和翻新路面，不突破道路用地红线范围	珠海城建集团	2018.7	2018.11
港湾大道路面改造工程	南起情侣路，北接金峰路	9600	港湾大道南起情侣路，北接金峰路，全长约15.5千米，路幅宽度为35～45米，双向六车道，为城市主干道。本工程主要建设内容包括：改造交叉口及路段，封闭及增设调头口，增设信号灯及绿波控制	珠海城建集团	2017.12	2018.1

（续 表）

项目名称	项目位置	总投资（万元）	建设内容	代建单位	开工时间（年·月）	完工时间（年·月）
2014年市政道路维修美化工程（二期）	情侣南路、情侣南路延长线、九洲港路、洲仔路	1069	该项目实施范围包括以下四段道路，总长约7.634千米，包括：情侣南路4265.39米、情侣南路延长线1650.75米、九洲港路1102.73米、洲仔路614.98米	珠海城建集团	2018.3	2018.6
梅界中路荔枝园山包平基工程	位于梅界中路—沥溪路交叉口南侧	1185	位于梅界中路—沥溪路交叉口南侧，根据用地使用性质不同，分为梅界中路路基填筑区（红线内）及路外填筑区，场地平整总面积4.98万平方米，其中路基填筑区平整总面积2.78万平方米，平整面标高12.4米；路外填筑区场地平整总面积2.19万平方米，平整面标高13米；场地平整总挖方量33.66万立方米，其中回填利用方量约4.46万立方米，弃方量约29.20万立方米	珠海城建集团	2018.1	2018.7
兰埔路市政工程	西起三台石路，东至圆明新园停车场	9342	西起三台石路，东至圆明新园停车场，全长约610米，宽24米，道路等级为城市次干路，采用沥青混凝土路面结构	珠海城建集团	2017.7	2018.9
南琴路及其附属设施修复工程	分为三段：洪屏段、南洪段、南洪改线段。洪屏段起点位于南琴路与南湾大道交叉口，接红东互通立交市政道路衔接工程，南洪段南接红东互通立交市政道路衔接工程，北接南洪改线段，南洪改线段终点接珠海大道	21916	该项目道路总长约为8.6千米，分为三段：洪屏段、南洪段、南洪改线段。洪屏段起点位于南琴路与南湾大道交叉口，经横琴北互通至洪湾互通处，顺接红东互通立交市政道路衔接工程，道路全长约4.55千米，道路等级为城市主干道，道路红线宽度为50米，双向六车道，设计时速60千米/小时。南洪段南接红东互通立交市政道路衔接工程，北接南洪改线段，道路全长约1.92千米，道路等级为城市主干道，道路红线宽度为50米，双向五车道（北向三车道，南向两车道），设计时速60千米/小时。南洪改线段终点接珠海大道，主线长度约1.48千米，A匝道长约490米，B匝道长约252米，道路等级为城市次干路，道路红线宽度主线为26米，双向四车道，匝道为16米，单向两车道，主线设计时速40千米/小时，匝道设计时速30千米/小时	珠海城建集团	2016.10	2018.2

（续 表）

项目名称	项目位置	总投资（万元）	建设内容	代建单位	开工时间（年·月）	完工时间（年·月）
造贝路工程	起点为翠屏路，终点为前河北路	7488	位于前山片区，道路起点为翠屏路，终点为前河北路，道路等级为城市主干道，全长约1195米，宽度为30～36米，主要建设内容包括：道路工程、管线工程、照明工程、绿化景观工程、交通工程、安监工程等	珠海城建集团	2017.4	2018.4
UIC新校区项目市政配套工程	珠海市唐家湾片区赤花山大学园区周边	5803	UIC新校区项目市政配套工程位于珠海市唐家湾片区赤花山大学园区周边，次干路等级，设计总长度889.15米。道路起于会同食街（现状路），终于规划一路（规划路）。道路红线宽度24米，双向四车道	珠海城建集团	2017.3	2018.2
拱北海关执勤武警部队营房配套路工程	南屏珠海大桥以东、珠海大道以北、沿江快速路西侧	2813	位于珠海市南屏珠海大桥以东、珠海大道以北、沿江快速西侧。起点始于B#路，设计终点止于规划沿河路，道路设计总长约456.66米，道路红线宽度为24米，双向四车道，道路等级为城市次干路	珠海城建集团	2017.7	2018.4

港　口

【珠海港】　2018年，珠海港新增非生产性泊位2个，3000吨级通用件杂货泊位1个，新增港口泊位设计通过能力40万吨。全港现有泊位165个，其中，生产性泊位157个、非生产性泊位8个，万吨级以上生产性泊位28个，设计年通过能力1.60亿吨，集装箱吞吐能力198万标箱。其中，高栏港区生产性泊位72个，万吨级以上生产性泊位27个，设计年通过能力1.44亿吨，占全港通过能力90%。全港有干散货泊位22个，年吞吐能力8009万吨；油、气、化工品液体散货泊位44个，年吞吐能力4901万吨；多用途泊位26个，年吞吐能力货物917万吨、集装箱112万标箱；集装箱专用泊位4个，年吞吐能力86万标箱；件杂货泊位22个，年吞吐能力503万吨；客运及陆岛交通泊位39个，年吞吐能力旅客946万人、货物2万吨。投入运行储罐305个，罐容352.2万立方米。

【港口生产】　2018年，珠海港完成货物吞吐量1.38亿吨，比上年增长1.6%。其中，外贸2922万吨，下降1.9%；港口集装箱231万标箱，增长1.6%。旅客吞吐量829万人次，增长12.6%。全港完成煤、油、矿、箱等重点货类1.28亿万吨，占全港吞吐量93.0%。其中，煤炭5361万吨，占货物吞吐量38.8%；油气化工1736万吨，占12.6%；矿石1550万吨，占11.2%；集装箱4185万吨（231万标箱），占30.3%。西江流域驳船支线完成货物吞吐量4159万吨，增长3.7%。港口铁路专用线发送货物826万吨，增长29.8%。全年珠海港停航外贸航线1条、新增外贸航线1条，维持集装箱班轮航线74条。其中，国际航线24条（内支线9条）；沿海干线25条，通往海口、日照、厦门、大连、连云港、青岛、烟台、太仓、宁波、泉州、上海、营口、天津、钦州、京唐等全国沿海主要港口；西江驳船支线25条，通往贵港、梧州、新会、黄埔、南沙、高明、佛山、小榄、中山、广州、虎门、云浮、肇庆、阳江等西江沿线主要港口。

【港口建设】 2018年，珠海市新开工及续建的港口项目20个，完成投资14.4亿元。其中，重点项目有珠海港高栏港区集装箱码头二期工程、珠海港万山港区桂山岛十三湾陆岛交通客货运码头防波堤工程、珠海港高栏港区万江物流码头工程、珠海港高栏港区5万吨黄茅海航道一期工程、珠海港高栏港区北方石油石化码头工程5个，全年完成投资9.04亿元，年度投资计划完成率为111.6%。珠海港高栏港区5万吨黄茅海航道一期工程、深水海洋装备制造基地3号滑道工程、珠海航海文化中心公共码头工程、三角岛后勤码头工程、高栏港区海洋通信系统产业项目配套码头工程等开工建设。建成交工的有：珠海格力海岸游艇会工程、广东省珠海水上交通检查站交通局码头工程、珠海港高栏港南迳湾作业区宝塔公用5千吨级液体化工品码头工程、高栏国码6号、7号仓库工程、珠海高栏欧港物流分拨中心（一期）、珠海港高栏港区南水作业区鑫和3000DWT（载重吨）件杂货码头工程。完成竣工验收的有：珠海港高栏港区三一港机码头工程、中铁武桥重工（珠海）有限公司珠海基地配套码头工程、海油工程珠海深水海洋工程装备制造基地（一期、二期工程）、珠海港高栏港区南水作业区鑫和3000DWT件杂货码头工程。

【港口安全】 2018年，珠海港深化安全监管体制改革，编制港口安全审批“十统一”（编制港口安全审批基本编码、实施编码规则、事项名称、子项拆分、事项类型、设定依据、办理流程、办理时限、提交材料及表单内容要素）服务清单，通过购买服务委托有资质的社会中介、协会、大专院校提供技术支撑，下放日常监管审批，强化审批“事中、事后”监管。加强同属地政府、海事、交通执法等部门的联合协作，建立健全属地横向、行业纵向的监管责任体系；加强对新建项目安全预评价、设施设计审查、设施施工和竣工验收“三同时”的审查审批，实行港口安全风险分级管控和事故预警预防等差异化管理机制，建立危险货物港口经营人经营资质年度审核机制。招聘具有化工、安全等专业的坐班专家充实行业安全监管队伍，采取专家授课、现场教学等方式加强对现有安全监管人员的专业技术培训，重新修订港口3项应急预案，强化同消防、环保、卫生部门的沟通和应急救援联动。以安全隐患排查整治为重点，加大现场、专项及联合执法检查力度，继续委托第三方安全机构聘请专家开展隐患排查整治，全年检查企业505家次，排查整改安全隐患1235项。珠海港全年未发生较大以上安全事故。

【港口节能减排】 2018年，珠海港落实《大气污染防治法》《水污染防治行动计划》等法律法规和《珠海市打赢蓝天保卫战2018年工作方案》《珠海市水污染防治攻坚战2018年工作方案》，推进珠海港“绿色港口”建设，按职责落实船舶排放控制监管。新建港口码头要求配套建设岸电设施，已建码头逐步推进岸电设施改造，珠海港神华煤炭码头改造建设岸电设施2套，福陆重工码头建设岸电设施2套，高栏国码集装箱码头推进岸电设施改造，所有客运码头都具备岸基供电设施，珠海港工作船舶、公务船靠泊基本实现靠泊使用岸电。完成全港干散货码头和煤炭码头防尘抑尘网建设，落实堆场及辅区道路的洒水喷淋等抑尘防尘措施。印发《船舶污染物接收、转运、处置联合监管制度》和《船舶污染物接收、转运、处置联单制度》，实施《珠海市防治船舶及其有关作业活动污染水域环境应急能力建设规划》。

【珠海港集团】 2018年，珠海港控股集团有限公司（简称珠海港集团）旗下企业106家，业务覆盖集装箱码头、干散货码头、油气化学品仓储物流、船代、理货、报关、水上运输、专业运输、航道疏浚、供应链管理、软件开发与维护、工程建设与管理、管道燃气供应、电力能源投资、物流地产开发等，形成以集装箱码头经营为主，干散货码头经营为辅的完备港口运营服务体系。承担着珠海市高栏、万山、香洲、九洲、井岸、洪湾、唐家等

2018 年 11 月 8 日，珠海港首艘自有 2 万吨货轮“高栏 303”首航
（张　洲　摄）

2018 年珠海港分货类货物吞吐情况统计表

分货类货物		单　位	吞吐量
集装箱吞吐量		万标箱	231
旅客吞吐量		万人次	736
货物吞吐量总计		万吨	13799
主要货种	1. 煤炭及制品	万吨	5361
	2. 石油天然气及制品	万吨	1356
	3. 金属矿石	万吨	1250
	4. 其他主要货种（化工原料）	万吨	379

2018 年珠海港泊位情况统计表

泊位长度（米）	泊位个数（个）	泊位年通过能力				
		集装箱吞吐量（万标箱）	旅客吞吐量（万人次）	煤炭及制品（万吨）	石油天然气及制品（万吨）	金属矿石（万吨）
19323	157	198	965	6364	4901	1700

7 大港区的开发建设和经营管理任务。全年完成港口货物吞吐量 1.25 亿吨，比上年增长 1.40%；完成集装箱吞吐量 236.71 万标箱，增长 2.83%。完成营业收入 56.36 亿元，增长 35%；资产总额达 263 亿元，增长 17%；实现净利润 4600 万元，增长 6%。开通集装箱班轮航线 64 条，其中国际航线 17 条；在柬埔寨、越南等地设立海外办事处，为东南亚业务进一步开展打下基础；沿海干线升级优化后共 25 条，通往海口、日照、厦门、大连等多个全国沿海主要港口。贵州昌明国际陆港一期工程正式运营，推进“川贵广—南亚物流大通道”建设；构建多式联运通道 19 条，成立内陆办事处 9 个，打通延伸至粤北、湘南、西南等腹地的物流大通道。获“广东省法治文化建设示范企业”“广东省企业文化名片”等称号。

是年，珠海港集团首艘自有 2 万吨级船舶“高栏 303”完成首航任务，非公开发行股票事项获得中国证监会无条件审核通过，助力珠海港加快自有船舶建设；全球首辆无人驾驶集装箱卡车精准完成港区作业，推动港口行业创新发展；建成集装箱业务集疏运协同系统，服务企业 20 家；欧港纸浆物流分拨中心投产，成为珠海市第一家在码头海关监管区设立保税仓的企业，全年实现吞吐量 118 万吨，比上年增长 78%；高栏港冷链物流有限公司成立，推动冷藏货物运输、仓储、零售等业务发展；培育西江集装箱市场，汇聚珠江—西江经济带腹地货源；收购桂平新龙码头，西江流域控货能力增强；由珠海港集团倡议成立的西江港口企业联盟规模达37家，成为西江各港口合作共赢的重要平台；开通西江驳船快线22条，遍及西江流域卸货网点40多个；与上海泛亚、上海中谷、泉州安通等多家航运企业签订合作协议提高向纵深腹地发展能力；与中粮集团、泰星盛集团、北京世纪国辉能源科技有限公司、高力国际等公司合作，以高栏港为核心，做大外贸进出口货物供应链业务。

（黄　翔）

航道管理

【概　况】 2018年，珠海航道事务中心辖区位于珠江出海口西岸，濒临南海，管辖鸡啼门、泥湾门、磨刀门3个口门。辖区内有内河航道190条676千米，沿海航道28条618千米。维护航标401座，其中沿海标123座。以洪湾水道、十字门水道、澳门内港航道为代表的毗邻澳门的珠澳区界河航道是珠海航道特色。维护管理联石湾船闸和石角咀船闸。石角咀船闸位于前山水道珠海与澳门边境处。联石湾船闸位于中山市境内，联石湾船闸拆除重建工作中。

【航道建设】 2018年，珠海航道事务中心承建省重点建设项目3个，磨刀门水道及出海航道整治工程、泥湾门—鸡啼门水道航道工程进入竣工验收阶段，联石湾船闸工程实施中，全年未出现工程质量问题及安全事故、廉政举报、投诉事件。

【航道养护】 2018年，珠海航道事务中心航道维护水深保证率、航标维护正常率、船舶联检优秀率、船舶完好率均达100%，船闸设施设备安全。通过工程措施将泥湾门水道、鸡啼门水道的航道维护尺度由通航500吨级内河船标准，提到通航1000吨级港澳船舶标准；将赤粉水道通航能力由通航500吨级内河船标准，提到通航1000吨级内河船标准。全年开展航道养护专项工程8项，疏浚航道162.95万立方米。运用界河航道养护补助资金开展航道测量、航道疏浚及洪湾站场3个专项工程，全年61千米区界航道维护水深保证率、代澳门保养航标维护正常率均达100%。配合省航道事务中心开展航道规划和项目前期工作，协助省航道事务中心完成磨刀门二期、白鹤通道等前期调研工作。

【航道安全生产监管】 2018年，珠海航道事务中心以抓好航道建设的安全监管为重点，落实各项安全措施，细化责任，强化现场监督、

2018年9月29日，珠海航道事务中心香洲航标与测绘所一线工作人员在粤澳区界航道维护保养航标（朱芮青 摄）

监管，深化隐患排查治理，落实安全生产责任制，按要求公布安全生产责任人名单，逐级签订安全生产责任书。加强安全生产宣传教育和培训，定期召开安全生产工作例会。落实年度工作计划和检查计划，不定期开展安全生产工作检查和隐患排查治理。落实台风、洪水等季节性危险天气的安全防范措施，在遭遇暴雨、台风期间，因措施得当，未发生安全事故。加强对联石湾船闸工程的安全监管，确保项目安全、有序开展。完成应急预案模板编制。保证安全生产形势持续稳定，全年没有发生安全生产责任事故。

【辖区通航环境整治】 2018年，珠海航道事务中心推进珠海市内河航道航标整治，完成珠海市境内辖区Ⅰ～Ⅶ级内河航道上航标情况调查、核查工作，对调查核查中发现的航标设置维护不规范等问题形成整改清单报市政府，完成整改。配合市政府做好碍航渔业设施清理工作，制定《广东省珠海航道事务中心加快推进航道通航水域内非法渔业设施清理整治工作方案》，分批次、分类摸排辖区内非法渔业设施，其中，Ⅴ级以上内河航道及沿海航道排查出非法渔业设施29处；协调中山航道事务中心、江门航道事务中心对其辖区内位于珠海市的航道进行非法渔业设施排查，开展航道内渔网渔栅拆除工作。

【航道信息化建设】 2018年，珠海航道事务中心做好航标遥测遥控系统等信息化系统的运维管理，确保正常运行使用，辖区安装航标遥测遥控系统的水道有前山水道、洪湾水道、白沥水道、十字门水道、赤粉水道、泥湾门水道、鸡啼门水道，航标84座、桥梁4座，视频监控系统2处，水位遥测遥报系统1处，桥梁净高显示系统1处，全年系统运行良好；配合省中心开展保障系统工程信息化建设，项目ZB4合同段的交工验收及珠江航运综合信息服务系统广东省单项工程省级水上监控视频整合平台建设工程实施。 （朱芮青）

城市客运交通

【概　况】 2018年，珠海市拥有公共汽车2498辆，均为清洁能源汽车；出租汽车3687辆，其中，主城区3487辆、西区200辆。全年公交总客运量3.23亿人次，日均客运量88.5万人次。公路客运量2540.57万人次，比上年下降7.96%，货运量9760.34万吨，增长1.68%；水路客运量650.06万人次、货运量2816.99万吨，分别增长2.74%、50.54%。广珠城际轨道珠海段客运量2315.16万人次，增长29.12%；广珠铁路珠海段货运量868.73万吨，增长36.24%；优化延长跨线列车线路2条，高铁跨线列车通达城市52个。珠海金湾机场航线通达航点73个，旅客吞吐量首次迈入千万级行列达1122.1万人次；机场货邮吞吐量4.64万吨、运输起降8.11万架次。

【交通规划】 2018年，珠海市完成《珠海市围绕粤港澳大湾区建设的综合交通发展战略研究》《港珠澳大桥珠海口岸近期对外交通组织方案与接驳交通研究》等编制工作。修编《珠海金湾机场总体规划》《珠海港口发展“十三五”规划》。《珠海市干线路网规划》并通过市政府审议，谋划构建“六横十纵”干线路网骨架格局。开展《粤港澳大湾区超级枢纽港战略可行性研究》编制。推动《伶仃洋公路通道及西延线（珠海段）交通详细规划》编制，协调推进中山东部外环高速公路二期与珠海金琴快线北延段衔接方案，配合省交通运输厅开展黄茅海跨海通道项目前期工作。启动《澳珠江肇高铁（珠海段）线站位选址规划研究》，推进该项目纳入粤港澳大湾区城际铁路建设规划。持续推进城市轨道项目建设。协同推进“川贵广—南亚国际物流大通道”，其中贵州昌明国际陆港项目被定为国家第二批多式联运示范工程。

干线路网规划 2018年12月25日，珠海市政府批复《珠海市干线路网规划》，谋划珠海未来区域通道格局和市域骨架网络，提出到2035年规划构建“六横十纵”骨架路网，包含高速公路、快速路、交通性主干路三个层级。其中，“六横”为深珠（伶仃洋）通道及其西延线（规划）、西部沿海高速公路、香海大桥及其西延线（部分在建）、珠海大道、港珠澳大桥及其西延线（部分在建）、金海大桥—金港大桥（部分在建）；“十纵”为高栏港高速公路、高栏港快线（规划）、机场高速公路、机场北路（规划）、机场东路、江珠高速公路、广珠西线高速公路、横琴第三通道（规划）、金琴快线—南湾大道（在建）、兴业路快线（部分在建）。

黄茅海通道　东起珠海鹤港高速公路与高栏港高速公路互通，西接江门新台高速公路与西部沿海高速公路互通，全长约31千米，按双向六车道高速公路标准设计。至年底，完成由省交通运输厅组织开展的可行性研究报告编制工作。

深珠（伶仃洋）通道　起于深圳前海、对接广深沿江高速公路和南坪快线，跨越伶仃洋至珠海唐家北边界，途经中山五桂山、珠海斗门莲洲，向西延伸至珠海高栏港和江门台山及粤西。至年底，省交通运输厅开展该通道线位方案研究，在珠海段线位较为明确。

【交通枢纽建设】　2018年，珠海市重点交通项目27个，全年完成投资190.33亿元，完成年度计划的173.44%。建立市交通工作联席会议制度，以常务副市长为总召集人统筹全市44家单位高效推进交通规划、项目建设及交通治理工作。港珠澳大桥及珠海连接线于10月24日通车运营。香海大桥、洪鹤大桥、鹤港高速公路一期、金琴快线、兴业快线（北段）建设进展顺利，香海大桥支线、兴业快线（南段）开工建设。珠机城轨一期工程全线贯通，二期工程开工建设。高栏港区5万吨黄茅海航道一期工程、中海福陆码头3号滑道工程、海洋通信系统产业项目配套码头工程开工建设，高栏港区集装箱码头二期工程、桂山岛十三湾防波堤工程建设进展顺利，完成格力海岸游艇码头工程、东澳岛客货运码头工程建设。斗门莲洲通用机场一期工程完工。珠海金湾机场升级改造项目铺开建设，东指廊改造完成并投入使用，航站楼保障能力达到1200万人次/年。珠海金湾机场改扩建工程、珠海金湾机场综合交通枢纽工程前期工作有序推进。

香海大桥　位于珠海大道北侧的东西向交通要道，项目分香海大桥段和香海支线段同步推进，批复概算76.72亿元。完成年度投资7.5亿元，完成计划的100.01%。9月30日，香海大桥支线完成施工单位招标，进入施工阶段。

2018年5月29日，香海大桥TJ4标项目预制箱梁顺利架设

（香海大桥有限公司 提供）

洪鹤大桥　位于珠海大道南侧的东西向交通要道，项目总投资39.75亿元。完成年度投资7.56亿元，完成计划的100.83%，

鹤洲至高栏港高速公路　洪鹤大桥的西延段，起点对接洪鹤大桥终点鹤洲南互通枢纽，终点接高栏港高速公路，路线全长34.6千米，总投资82.08亿元。项目分2期组织实施，一期工程于2017年6月动工建设，完成年度投资7.47亿元，完成计划的109.82%；二期工程进入施工招标阶段。

金海公路大桥工程　位于珠海市区西南部，起自港珠澳大桥珠海连接线洪湾互通枢纽，止于机场高速公路珠海金湾机场西互通枢纽，路线总长约26.3千米，批复概算82.53亿元。公路铁路合建并行段纳入珠机城轨二期工程于2018年3月16日开工建设。

金琴快线　起于港湾大道金凤路口，经凤凰山隧道，于梅华西路立交接香海高速至造贝立交，再经新南屏大桥，沿南湾大道至终点接港珠澳大桥连接线，全长13.8千米。同步推进金琴快线工程分港湾大道至梅华立交、造贝立交至珠海大道和珠海大道至北三路3段建设。完成年度投资分别为2.50亿元、1.00亿元和1.02亿元，分别完成年度计划的166.79%、100.12%和127.88%。

兴业快线（北段）　呈“Y”字形南北走向，东线起于唐乐路，沿线下穿中山大学、鸡山村；西线起于哈工大路，沿线上跨金唐东路。

2018 年 2 月，洪鹤大桥主塔墩二标段的 8 号墩完成承台浇筑

（洪鹤大桥有限公司 提供）

东线、西线以隧道形式穿过凤凰山，合并后经过大镜山社区公园下穿梅华路接兴业路，道路总长 18.8 千米，道路等级为城市快速路。工程采用 PPP 模式推进建设，年内完成投资 6.20 亿元，完成年度计划 124.04%。

兴业快线（南段） 南起九洲大道与建业一路交叉口，向北以桥梁形式上跨白莲路，再以隧道形式穿过板樟山，沿着香宁一街、胡湾路、兴业路的地下向北延伸，下穿柠溪路、人民路、银桦路后与兴业快线（北段）衔接，线路总长 4.77 千米。其中，穿越板樟山的石景山隧道段为双向六车道，道路设计速度为每小时 60 千米。12 月 28 日，兴业快线（南段）动工建设。

【中心城区交通议案办结】 2018 年，珠海市办结为期三年（2016—2018 年）的市人大重点议案《关于加快建设东西交通通道和治理中心城区交通拥堵议案》，东西部通道建设取得实质性突破，交通路网功能有效提升，热点拥堵道路明显改善。总投资 182.5 亿元，完成治理措施 249 项，拓宽三台石路、凤凰路等 6 条干道，实施 132 处道路挖潜工程和 20 条片区道路的单行组织，跨前山河桥梁的车道总数增加至 30 条，中心城区内循环路网通行能力提升 12% 以上。中心城区 124 处主要交叉口实现信号灯智慧联网控制，重要干道设置“绿波带”，减少市民等候信号灯时间。完成61条道路路面“白加黑”工程，前山大桥至明达路段拓宽工程建成通车，板樟山隧道扩建工程动工。3 月 22 日，板樟山隧道扩建工程动工。11 月 4 日，前山大桥至明达路段拓宽工程建成通车。在交通服务人口增加 15%、机动车保有量增长 50.4% 的情况下，全市交通运行状况基本保持平稳。

【公共交通发展】 2018 年，珠海市交通运输局与市财政局、珠海公交集团等部门践行公交优先发展、绿色出行理念，推动各项公共交通便民惠民政策落地。投放新能源公交车 1153 辆，实现营运公交车 100% 纯电动化；建成公交专用道 6 条，强化执法管理保障公交路权，提高公交运行速度；新开通普通公交线路 14 条、东西部直达的“826 路”特快公交专线 2 条和定制公交线路 3 条，加密班次 17 条次，优化线路 401 条次；加快智慧公交支付建设，全市公交车实现通达卡刷卡、微信、支付宝扫码、银联卡、手机闪付等多种支付方式，落实全国交通一卡通服务；全市公交车、有轨电车票价全部下调至 1 元，公交日均载客量增幅 6.1%。加密淡旺季陆岛交通航线，增加直达航班、夜间航班，逐步推进陆岛交通公交化。完成城市轨道交通线网规划报批。调动公交运力完成重大节假日及大型活动期间公交接驳和乘客疏散任务，台风“山竹”防御期间调动公交车、客运大巴等应急运力紧急疏运临险人员 6600 多人。牵头组织第十二届航展交通保障工作，落实“票务引导、全公共交通出行、交通组织管控、主干道单双号限行、智慧交通支撑”等交通保障措施，航展公众日 3 天公共交通方式运送观众 21.8 万人，实现相关道路零拥堵、观展群众零滞留、参运车辆零事故，交通整体保障服务水平达到“历届最好”。

【智慧绿色交通】 2018年，珠海市运用“海陆空铁交通大数据”，通过平台展示、定期报告、专题报告等为交通行业的规划建设、政策调控、拥堵治理提供数据支撑；“珠海交通”微信公众号、APP等增加驾车服务、出行服务等便民利企新功能，微信粉丝数量突破8万。新建交通仿真平台、信号协调控制系统、航展交通组织指挥调度平台等，珠海市新能源车动态监管平台与省级平台实现数据共享。汽车电子健康档案系统进一步推广，全市注册汽车维修企业232家，建立电子维修档案车辆10万辆。完成国家重点科技研发项目《面向智能道路建设的基础设施感知理论方法研究及设计》申报工作，完成省级科技研究项目《多源数据环境下城市公共交通客流出行分布研究》，形成《非全封闭式城市轨道交通运营服务规范》等科研成果。开展交通运输行业大气污染防治攻坚，实现营运公交车100%纯电动化；联合公安交警等部门开展余泥渣土车辆专项整治行动，道路运输扬尘污染有效减少；督促各交通项目参建单位严格落实扬尘防治措施，实现工地“6个100%”；港口岸电建设逐步铺开，工作船舶和港务管理船舶基本实现靠港使用岸电。

【法治交通建设】 2018年，珠海市交通运输局印发《珠海市交通运输局扫黑除恶专项斗争实施方案》《珠海市交通运输局扫黑除恶专项斗争工作制度（暂行）》，成立扫黑除恶专项斗争领导小组；设立涉黑涉恶涉乱线索举报服务热线12328，公布举报邮箱、电话，摸排行业涉黑涉恶线索112条，移交市扫黑除恶办37条；协助市公安局侦破“1·29”特大污染环境案，抓获犯罪嫌疑人122人，查处非法储油点9个，扣押作案车辆39辆、废旧机油100余箱；查处某运输公司使用无效许可证件从事道路货物运输经营案，涉案金额逾1100万元。实施《珠海市建设项目交通影响评价管理办法》；启动《珠海经济特区出租车管理条例》修订工作，修订《珠海市交通运输行政处罚自由裁量权细化标准》等制度；发布《珠海市人民政府关于划定金湾机场净空保护区的通告》《珠海市出租汽车行业驾驶员信用红黑名单管理办法》；成立市交通运输行业标准联盟并与65家单位签订联盟标准合作协议书。开展违法网约大巴、非法营运、危险品运输等专项违法行为整治行动，开展珠中江跨市道路运政执法行动；率先在全省完成普通公路治超监测点建设及应用。全年出动执法人员4万人次，检查运输车辆5万台次、船舶1500艘次，立案查处交通运输违法违章行为8658宗，其中，科技执法办案3820宗。

【公路治超非现场执法】 2018年4月10日起，珠海市高栏港区南水桥路段开展普通公路治超非现场执法，至年底，查处普通公路治超非现场案件1189件，超限车辆比上年下降70%。升级“交通大数据”完善智慧交通运行管理平台，完成全市公交、客运、航空等15家单位的多源数据对接，每日数据吞吐量超过2000万条；在进出市区重要卡口、重点路段和重点桥梁铺设高清智能视频监控系统，整合共享公安、公路、口岸等5000多个高清智能视频监控资源；建设高栏港航道疏浚监管及智能取证分析系统，智能监管高栏港区主航道水域等施工作业船舶，查处难以取证违法抛泥案25件；建设营运车辆智能分析系统，实现监控模式向主动防控、智能分析转变，提高非现场执法智能化水平。全年办理非现场执法案件3820件，占案件总数45%。

链　接：

公路治超非现场执法

公路治超非现场执法是公路管理机构根据技术监控设备记录资料，对违法超限运输车辆的当事人依法给予处罚，是公路治超执法的重要组成部分。

【平安交通建设】 2018年，珠海市交通运输行业强化安全生产工作建章立制，对一批港口、道路运输、公交、巡游出租车企业进行约谈整改。落实加强危险货物港口经营人、营运车辆驾驶人资质管理、集中治理营运车辆安全隐患、集中整治货车超载超限违法行为等措施。升级改造“企业主要负责人和安全管理人员考核系统”，开发“珠海市交通运输安全生产监督管理系统”并试运行；严格实施公路、水运工程质量监督，加强现场监督检查，确保“应监不漏”。开展高栏港航道测量、疏浚监管，港口公共设施保障得到新提升。开展“安全生产月”等专项活动；创新安全监管社会治理模式，组织企业开展“安全管理沙龙”；依托社会机构技术协同开展安全风险评估和安全检查，完成港口危险货物储存港区安全生产风险评估、港口企业安全生产隐患排查整治，提高专业化监管水平。推行“双随机一公开”（即随机抽取检查对象、检查人员，公开查处结果）事中事后监管方式；会同属地政府和公安、公路、海事等部门集中整治违法运输从业单位、清除安全隐患、查处违法行为。落实防台防汛应急保障，台风“山竹”期间未发生旅客或乘客滞留和人员伤亡事故。春运安全生产稳定向好，连续三年春运实现“零事故”。

【交通行业管理改革创新】 2018年，珠海市交通部门推进客运行业改革，鼓励企业根据市场需求调整运力结构；推进公交停靠站点资源共享试点改革，试点开行珠海金湾机场至市区的小型化商务专线；推动巡游出租车电动化，优化网约车车辆审验和证件办理流程；加快推动普通货物运输车辆“三检”流程依法合并。引进大型水运企业中谷航运公司落户珠海，拉动全市货运周转量快速提升。防范广珠铁路资金链断裂风险工作取得实质性进展。市港务管理中心受理进出港船舶3.15万艘次，为大型船舶清航5623次，安全率100%。构建“一站式”港口阳光服务平台，珠海港引航站被中国引航协会授予“阳光引航机构”称号。推进“互联网+政务服务”，实施“一证通办”“全城通办”“零跑腿”等便民利企措施，办理“马上就办”事项1.64万宗、“最多跑一次”事项1539宗，推进“全城通办”23个事项；驾校新增或注销教练车与教练员备案业务直接通过网上采集图片、视频等办理材料，实现“零跑腿、无等候”；一站式办理交通、交警违章业务；研发启用“珠海市出租汽车管理服务信息平台”，依托政务信息共享平台实现数据资源互联互通。推进海铁联运扶持等政策落地，高栏铁路公司为高栏港区海铁联运相关客户减免物流运输收费4956万元；通过补贴、优惠等降低航空物流费用，减免各类航空运输收费及机场服务收费3496.39万元；落实民航补贴专项资金和奖励金，促进金湾机场航线网络通达性提升，航班正常率显著改善，年均航班放行正常率达82.26%，比上年增长21.14%。

【交通行业文明建设】 2018年，珠海市交通运输行业全力投入到创文复检和创建全国卫生城市工作中，对标全国文明城市测评体系标准，排查整改交通行业不文明现象，开展“随手拍”文明整改行动，深化交通运输行业“厕所革命”，推广i志愿服务平台，开展“高考爱心车队”“情满旅途畅享交通”等品牌志愿服务。建立交通运输商务诚信领域信用承诺制度、出租车“红黑名单”及其管理制度和信用分级分类监管制度。优化交通为民便民服务，市政务服务大厅交通运输局窗口被评为“全国交通运输行业文明示范窗口”。启动《珠海市交通志》编撰工作，拍摄《航展中的交通人》等“微电影”五部。

【港珠澳大桥正式开通】 2018年10月23日上午，港珠澳大桥开通仪式在珠海口岸旅检大楼出境大厅举行。中共中央总书记、国家主席、中央军委主席习近平出席仪式，宣布大桥正式开通并巡览大桥。

港珠澳大桥跨越伶仃洋，东接香港特别行政区，西接广东省珠海市和澳门特别行政区，总长55千米，是“一国两制”下粤港澳三地首次合作共建的超大型跨海交通工程。10月24日9时，港珠澳大桥正式通车运营。

【公交车票价调整至1元】 2018年11月18日，珠海市182条公交线路全部实施一票制，票价1元/人次；现代有轨电车1号线与公交车票价同步调整，由2元/人次调至1元/人次。本次调价涉及票价体系、票价标准、票价类型三方面。乘客在120分钟内刷通达卡于B字头、Z字头线路与常规公交线路任意两者之间换乘，依旧享受差额换乘优惠；离休干部、革命伤残军人、伤残警察、盲人、残疾人、年满60周岁老人（不限户籍）、本市重点优抚对象、本市孤残儿童、现役军人九类人群，办理相应通达卡后，依旧享受免费乘车待遇；刷通达卡相应乘车折扣比例保持不变，即市民刷卡乘坐公交0.9元/人次，中小学生0.6元/人次。有轨电车优惠方式与公共汽车相同。

【“826路”特快公交专线开行】 2018年12月18日，珠海市为缩短东西部城区之间的公交出行时间，开行第一期“826路”特快公交专线2条，票价均为1元/人次。

其中，1号线自前山总站至南水客运站，经停华发新城、湖心路口、省科干学院、小林东城路口、平沙路口、高栏港大厦等6个站点，全长约48千米；2号线自城市轨道珠海站至海泉湾，经停华侨宾馆、兰埔、华发新城、湖心路口、省科干学院、小林东城路口、平沙路口、平沙邮局、京华假日湾等9个站点，全长约55千米。“826”是为纪念8月26日珠海经济特区成立而命名。该公交专线采用“专用道+停大站+枢纽换乘”模式，首期线路停站数量仅为原常规线路停靠站点的10%，市区至湖心路口段采取公交专用道通行方式，比以往K字头的公交快线更快捷。

2018年12月18日，珠海市交通运输局在前山公交总站举行826路公交专线开通仪式　　（陈彦斌 摄）

2018年珠海市交通运输生产运行情况统计表

指标名称	2018年	2017年	同比增长（%）
货运量（万吨）			
铁　路	868.73	637.67	36.24
公　路	9760.34	9599.33	1.68
水　路	2816.99	1871.25	50.54
货物周转量（亿吨公里）			
铁　路	15.60	11.66	33.81
公　路	53.62	52.57	1.99
水　路	152.86	103.00	48.41
客运量（万人）			
铁路（市内铁路五个客运站总吞吐量）	2315.16	1792.87	29.13
公　路	2540.57	2760.40	-7.96
水　路	650.06	632.70	2.74
旅客周转量（亿人公里）			
公　路	45.80	51.18	-10.52

（续　表）

指标名称	2018 年	2017 年	同比增长（%）
水　路	2.80	2.59	7.82
机场货邮吞吐量（吨）	46393.00	37379.00	24.12
机场旅客吞吐量（万人）	1122.07	921.68	21.74
运输飞行起降架次（架次）	81138	69720	16.38
航线通达航点（个）	73	63	15.87

轨道交通

【概　况】 2018 年，珠海市区至珠海金湾机场城际轨道交通工程拱北至横琴段（珠机城际轨道一期工程）全线贯通，站点主体工程基本完成；3 月 16 日，市区至珠海金湾机场城际轨道交通工程横琴至机场段（珠机城际轨道二期工程）开工建设。广珠城际轨道珠海段客运量 2315.16 万人次，比上年增长 29.12%；广珠铁路珠海段货运量 868.73 万吨，增长 36.24%；7 月 1 日起，珠海始发开往贵阳和长沙的跨省列车终点分别延伸到成都东站和怀化南站，至此珠海始发的 9 条跨线列车可抵达城市增至 52 个。

【城市轨道建设】 2018 年 6 月 12 日，珠海市现代有轨电车 1 号线试运营一年，总体情况基本正常，累计开行 4.6 万列次，运行图兑现率 99.2%，发车正点率 99.4%，试运营里程 38.47 万千米，总计客流量 159.56 万人次，日均客流量 4372 人次。市交通运输部门开展城市轨道运营安全管理工作方案编制、城市轨道交通运营突发事件应急预案编制、珠海衔接广州市域快线方案研究、城市轨道交通近期建设规划研究、TOD 综合开发研究与轨道设施用地控制规划招投标等工作，推进城市轨道项目建设；启动《澳珠江肇高铁（珠海段）线站位选址规划研究》，推进纳入粤港澳大湾区城际铁路建设规划。

【珠机城轨一期工程全线贯通】 2018 年 12 月 18 日，珠机城轨一期工程实现全线贯通。2014 年 1 月 20 日开工建设，起点位于广珠城际铁路珠海站，沿昌盛大道向西跨前山水道，沿南湾南路地下敷设，下穿马骝洲水道至横琴岛，沿环岛东路穿横琴山至珠海长隆海洋公园，全长 16.86 千米，沿线设车站 7 座，分别为珠海站、湾仔北、湾仔、十字门、金融岛、横琴、横

2018 年 3 月 16 日，珠机城轨横琴至机场段暨金海大桥开工仪式在横琴新区举行 （冯　博　摄）

琴长隆站。站点主体工程基本完成，完成车站装修总工程量的85%，机电工程全部进场施工；珠海站到湾仔北站间的线路开展铺轨作业，除进行防沉降处理，部分轨道板就位。完成年度投资11.5亿元，年度投资计划完成率达100%。

【珠机城轨二期工程开工建设】2018年3月16日动工。工程起于横琴长隆拱横段，向西北穿越大横琴山至北侧设井湾站，跨越环岛西路后与金海公路大桥合建金海大桥跨磨刀门水道，在鹤洲南围垦区设鹤洲南站，再跨白藤河水道，沿机场路东南侧在机场路与县道X590交叉处设三灶东高架站，以地下敷设方式向西至本线终点珠海金湾机场站，线路全长22.80千米。完成2018年度工程投资6亿元，年度投资计划完成率达100%。

（陈清模）

民用航空

【民航运输】2018年，珠海金湾机场完成旅客吞吐量1122.1万人次，货邮吞吐量4.64万吨，运输起降8.11万架次，分别比上年增长21.7%、24.1%和16.4%，三项指标均创珠海金湾机场历史新高。全年开辟新航点13个，新开及优化航线40条，有30家航空公司执行128条国内航线，通达航点73个，平均每天进出港航班222架次，航班平均客座率83.7%。全年发生不安全责任事件（鸟击事件）2起，不安全事件万架次率0.23，低于年度安全指标，均未影响航班安全运行，安全生产保持平稳态势。

【机场管理】2018年，珠海航空城（机场）集团在机场建设指挥部基础上，成立珠海金湾机场改扩建及综合交通枢纽项目组，推进珠海金湾机场改扩建及综合交通枢两大重点项目的主体建设。向民航中南地区管理局申报珠海金湾机场飞行区升级改造、珠海金湾机场升级改造——IT弱电系统、2018年珠海金湾机场反恐处突应急装备及设备购置、珠海金湾机场通航飞行模拟器购置、珠海金湾机场设施设备改造——对空指挥业务传输系统采购等五大项目，获批2018年民航发展基金自主安排项目资金1.26亿元申请。为解决珠海金湾机场客货运发展不平衡、货运增长乏力问题，推进空港国际智慧物流园项目建设，11月28日，下属单位珠海航空城物流有限公司通过公开招拍挂方式成功摘牌7.18万平方米物流用地，打通项目建设中的关键一环。是年，珠海航空城（机场）集团保持平稳快速发展态势，企业营业收入、利润及净利润均实现大幅增长，净利润增幅超过八成。机场运营单位珠港机场管理有限公司延续良好发展势头，实现净利润1.19亿元。

【通用航空】2018年，珠海通用机场项目取得突破性进展，完成一期项目建设。推进珠海通用机场规划经营和运营筹备工作，编制完成机场通航运行制度和使用许可相关文件，配置空管、通导、安检等专业人员，落实机场航油保障单位及运行保障体系，与多家通航企业签订合作协议。珠海航空城（机场）集团旗下阳江合山机场一期投入使用，机场运行和服务保障能力提升，机场业务迅速拓展，全年签订保障服务协议23份，驻场运行飞机17架，保障飞行2595小时8162架次，保障飞行日324天；参与应急救援保障行动10架次，实施人工增雨作业31小时56分钟12架次；全年无机场责任飞行事故发生。11月，合山机场青少年航空科普文化基地一期项目投入运营，举办公益科普活动10场，服务科普对象2500人次。

【基础设施建设】2018年，珠海航空城（机场）集团加速推进航空产业园基础设施项目建设，全年完成投资29.57亿元，超额完成年度投资任务，比上年增长75%。承接机场东路美化绿化提升工程一期、机场东路西侧环境整治提升工程、金海岸大道西端及机场西路升级改造工程、机场西路至青湾连接线工程以及航展P5、P6停车场等项迎航展重点应急工程项目，保障第十二届航展顺利进行。金湾“情侣路”机场东路美化绿化提升工程完工，珠海金湾机场门户通道焕然一新。

【珠海金湾机场年旅客吞吐量突破1000万人次】2018年11月20日，珠海金湾机场旅客吞吐量突破千万人次庆典仪式在珠海金湾机场举办，标志珠海金湾机场正式跨入国内千万级大中型机场行列。在珠海航空市场向好和航空发展资金补贴的双重吸引之下，国内各航空公

2018 年 11 月 20 日，珠海金湾机场举行年旅客吞吐量破 1000 万人次庆典
（陈新年 摄）

链　接：

落户珠海国际健康港五大重点项目

一、数字精准医疗科技：拟在珠海实现光学分子影像手术导航设备及配套示踪剂药物的产业化生产。

二、“天然全人源抗体的发现”产业化：解决抗体药物临床使用的 ADA 反应难题，推进治疗抗体的迭代。

三、肝癌免疫精准治疗研发生产基地：专注于肿瘤免疫精准治疗，研发系列过继免疫细胞治疗产品。

四、发明专利化合物——特效解毒剂：无上市药物的创新品种，有望破解镉中毒“无药可救”的国际难题。

五、丽珠集团 mRNA 项目：运用 mRNA 技术共同开发肿瘤疫苗、传染病疫苗及治疗罕见病的药物。

司不断加大在珠海的运力投入，航班量和客流量逐年稳步提升，机场航线网络结构日益完善，运营航空公司达 27 家，通达国内 60 个航点（全年累计通达航点 73 个），日均进出港航班超 200 架次。通航城市覆盖全国省会及二三线城市，每日航班 4 班以上的航点占比 28%，在全国机场中排名第 35 位，是全国 37 个旅客吞吐量突破千万人次的机场之一，成为珠江西岸地区重要的空中门户。

【珠海通航飞行服务站获资质备案】 2018 年 7 月，珠海通航飞行服务站的服务范围首次获民航中南局认可和备案，获得民航中南地区三类飞行服务站资质备案，纳入民航空管行业管理体系，接受民航空管行业管理部门监管，珠海通用飞行服务站规范化运行取得实质性突破。是年，服务站发挥和拓展功能，通过“珠海—阳江—罗定”低空航线及其连接起来的三地空域为核心向周边地区延伸服务，在“珠海—阳江—罗定”低空航线结点阳江设立分站，初步建立阳江分站与合山机场塔台、飞行服务室业务融合的工作流程。

【珠海国际健康港开港】 2018 年 7 月 26 日，由航空城（机场）集团下属珠海市第二城市开发有限公司建设的珠海国际健康港在金湾区举行开港仪式。该项目总投资约 17.8 亿元，定位为高端化、国际化的生物医药综合产业园，是集生物医药产、学、研、销、服等功能于一体的综合性平台，建筑面积达 27.8 万平米，分为政务服务平台区、生活配套区、生物孵化研发区、生物制造生产区和医药物流区五大功能区域，可为入驻的生物医药企业提供研发、检测、孵化、中试、生产、仓储物流、融资等服务。通过打造医学动物实验中心、仿制药质量研究中心、生物医药检验检测中心、广东省食品药品审评认证中心（凑齐 5+1）等“5+1”公共技术服务平台，建设粤港澳大湾区乃至全国的核心医药示范区。开港仪式期间，首批 10 家企业签约落户，包括开发肿瘤疫苗、破解镉中毒“无药可救”、肝癌免疫精准治疗等重点项目。　（陆先念　桂子叶）

邮　政

【概　况】 2018年，珠海市邮政企业和规模以上快递企业完成业务总量22.55亿元，比上年增长18%；业务收入（不含邮政储蓄银行直营业务收入）18.3亿元，增长19.32%。至年底，全市有快递营业网点725个，其中法人企业75家，备案分支机构232家，末端备案网点418个。快递从业人员7000人。全市快递企业收派件业务总量2.58亿元，增长36.5%。其中，收件量9774.74万件，增长34.42%；派件量16082.66万件，增长38.41%。快递业务收入14.21亿元，增长27.77%，在全省各市中排名第九。全市建制村直接通邮率100%，没有设置村邮站，主要通过直接投递到户和转接点投递两种方式实现直接通邮。全市有邮政标识车辆326辆，其中摩托车146辆，汽车280辆。

【邮政服务】 2018年，珠海市邮政寄递业务收入2.4亿元，其中，函件业务收入2.08亿元；包裹业务收入168.91万元；报刊业务收入1032.53万元。

邮政营业场所　全市有邮政营业场所69个，其中，城市自办13个、委代办营业场所10个；农村自办19个、委代办营业场所27个。

邮政终端服务设施　全市有智能包裹箱99组，街道邮筒（箱）22个，邮政信报箱（群）850个，营业报刊亭67个，信筒74个。

邮政服务网络　全市设有邮路39条。按属性划分：邮区内自办邮路36条，委代办（海岛水路）3条。按区域划分：市内转趟邮路28条，单程路线长度457千米；农村邮路11条，单程路线长度791千米。全市邮路单程总长度1248千米，其中陆路汽车1039千米、水路委代办船运输209千米。

投递线路　全市设有投递线路225条，单程投递线路总长度4916.32千米。其中：城市投递线路128条（汽车投递28条、摩托车投递39条、电动自行车投递61条），单程投递线路长度2140千米；农村投递线路97条，其中，汽车投递7条、摩托车投递53条、电动自行车投递35条、步班2条；单程投递线路长度2776.3千米。

投递服务　城市主城区每周营业为6天及以上，每天营业8小时及以上；乡镇人民政府所在地每周营业为5天及以上，每天营业6小时及以上；乡镇其他地区及交通不便的边远地区每周营业为5天及以上，每天营业5小时及以上。主城区日平均投递2次，乡镇人民政府所在地为周一至周六投递，行政村为周一至周五投递，均能达到普遍服务标准。

省内邮件全程时限　全市省内收寄邮件全程时限按《邮政普遍服务》标准，达到省内三天内送达的比例不低于70%，五天内送达的比例不低于95%的标准。其中，省内互寄普包类邮件时限三天内送达率为93.96%，五天内送达率为98.87%；挂信邮件时限三天内送达率为98.52%、时限五天内送达率为99.8%；挂刷邮件时限三天内送达率为97.62%、时限五天内送达率为100%。市邮政管理局全年抽取3个单位开展《人民日报》当日见报情况检查，当日见报率达100%。

【快递末端投递能力建设】 2018年，珠海市有丰巢、近邻宝、中邮速递易、日日顺、云柜等企业投资建设智能柜1410组，格口1.26万个。全年快件箱投量2660万件，比上年增长30%。有邮政快递新能源汽车50辆。

【邮政普遍服务监督】 2018年，珠海市邮政管理部门。全年受理备案申请106项。其中，新增邮政普遍服务网点1个，暂停办理邮政普遍服务业务27项，暂停办理汇兑业务62项，网点信息变更16项。撤销沥溪邮政代办所。

执法检查　邮政管理部门开展邮政普遍服务执法检查252人次，实现全市邮政网点全覆盖。其中，机要通信检查10次，“扫黄打非”专项检查78次，邮票发行监督检查9次。

社会监督　全市有邮政特邀监督员2人。对热点问题进行及时跟踪和持续监督，及时反馈相关社会监督情况，开展社会监督活动106次，监督邮政普服网点34个次，监督快递网点24个次，监督邮票发行网点6个次，反馈监督报告106份，走访用户76人。

【快递市场监管】 2018年，珠海市邮政管理部门依法开展快递企业经营许可年审、换证、许可变更、分支机构备案等工作，全年完成企业年审57家、续证、换证企业25家、核查注销企业2家、受理许可变更申请79件，完成快递经营许可证协查11件，完成末端网点备案418家。全年检查企业252家，抽查市场覆盖率90%，出检222人次，发现一般隐患9项，约谈告诫2次，行政处罚4次，整改完成率100%。严厉查处无证经营、三项制度落实不到位、存在安全隐患的企业。

【邮政业消费者申诉受理】 2018年，珠海市邮政管理部门受理申诉案件6240件，比上年下降4.8%。其中，有效申诉（确定企业责任的）345件，无效申诉5895件。涉及邮政服务问题247件，占总申诉量3.96%；涉及快递业务问题5993件，占总申诉量96.04%。申诉反映的问题集中在投递服务、延误以及丢失短少三类，分别占有效申诉案件量40.87%、22.31%和19.13%。妥善处理全部申诉案件，挽回经济损失16.74万元，消费者对邮政管理部门申诉处理满意率98.4%，对企业申诉处理满意率96.82%。

【农村电商服务】 2018年，珠海市邮政部门通过邮乐购站点、邮乐小店、微信公众号等进行线上服务，帮助本地农产品及怒江扶贫产品进行展示、销售，在邮政“9·19电商节”珠海邮掌柜订货会现场怒江扶贫产品销售额超1万元。其中，邮乐购站点铺设扫码支付，年内通过扫码支付300多万元。利用珠海邮乐市馆销售斗门、金湾等区域农产品6吨7.8万元，带动邮政寄递量2000余件。

【邮政服务跨境电商孵化园】 2018年，珠海邮政部门创建珠海邮政跨境电商孵化园，提供“仓储+办公+金融”等全方位服务，培育和促进珠海本地跨境电商的发展。进一步促进本地跨境电商业务的发展，盘活现有物业资源约1600平米作为跨境电商办公、生产和仓储用地。引进跨境电商企业6家，销售额约2000万元；为促进园区客户业务尽快上轨道，快速发展，邮政指定专人，运用专业知识，帮助入园电商客户解决运营困难，提供客户面单打印的调试、发货流程的衔接和数据平台的对接测试、邮件的揽收出口、跟踪和查询及小额贷款等服务支撑。

2018年10月30日，珠海市邮政管理局、中国邮政集团有限公司珠海市分公司举办《港珠澳大桥》纪念邮票首发仪式暨全国集邮巡回展览（珠海站）（詹爱民 摄）

【“互联网+邮政+政务服务”平台】 2018年，珠海市邮政管理部门与市公安机关交通管理部门协同开展交通管理便民服务，通过搭载“互联网+邮政+政务服务”平台，利用邮政的网点优势，办理机动车号牌、行驶证和驾驶证补办、换领等交管业务。全市有开办交管代办业务营业网点28个，代办交管业务1.2万笔，服务1.2万人次。

【海岛邮件运输】 2018年3月，珠海市邮政管理部门根据海事部门监管要求，寄往海岛的邮件由客船托运改为货船托运，给海岛邮件运输带来安全保障较低、航班时间不固定、成本增加等问题。市邮政管理局与市交通运输局、市海事局、万山区政府等部门沟通协调，达成由万山区政府给予运费补贴的方式解决海岛邮件运输困难问题。

【《港珠澳大桥》纪念邮票首发】 2018年10月30日，《港珠澳大桥》纪念邮票首发仪式在珠海市博物馆（九洲城）举行。该邮票是继唐家湾古镇、中国航展后，第三次发行以珠海为题材的纪念邮票，邮票图案名称分别为：青州桥、东人工岛和海底隧道，1套3枚，全套面值4.20元。（沈小婷 李馨博）

·责任编辑：曹 琨·

信息业

信息化建设

【概　况】 2018年，珠海市出台《珠海市信息基础设施建设三年行动计划（2018—2020年）》。全市宽带建设发展综合得分为61.43分，位居全省第二。光纤入户率达163.9%，位居全省第一。全市电子信息制造业产业实现规模以上总产值比上年增长4.3%，增加值增长7.2%。软件和信息服务业实现收入489.49亿元，增长11.47%，其中集成电路设计行业收入60亿元，增长30%，产业规模位列全国第八。

【软件和信息服务业科技研发】 2018年，珠海全行业年度研发经费总支出38.60亿元，平均研发经费投入强度为16.01%。新增东信和平和全志科技2家国家级企业技术中心，累计拥有省级以上工程中心48个，技术中心31个，国家重点实验室珠海机构1个，博士后工作站及分站11个。金山软件列入“2018年中国软件业务收入百强企业”。东信和平、远光软件等11家企业纳入国家规划布局内重点软件企业。全志科技、艾派克微电子纳入国家规划布局内重点集成电路企业。全志科技入选“十大中国IC设计公司”。高新区智慧产业园入选省级大数据产业园和人工智能产业园。（崔玉霞）

【中国平安助力珠海打造智慧城市】 2018年12月24日，珠海市人民政府与中国平安签署《“智慧珠海”合作框架协议》。双方本着互惠互利、共同发展、稳步推进的合作原则，在珠海市智慧城市总体规划及“四梁八柱”总体框架的建设基础上，通过平安集团“金融＋科技＋生态”专业优势及优质资源的介入，在党建、政务、财政、城市建设、公共安全、便民生活、交通、教育、养老、医疗、环保、口岸以及产业促进等方面不断探索创新服务，实现“科技优政、数字兴业、惠民引才”。中国平安全面助力珠海打造粤港澳大湾区智慧城市标杆。（珠　鉴）

【两化融合】 2018年，珠海市推进国家两化（信息化、工业化）融合管理体系贯标评定工作，引导企业改进管理模式，提升核心竞争力。新增123家企业（累计186家）成为省级两化融合管理体系贯标试

2018年12月28日，珠海公交NFC产品发布会暨高新区公交大数据项目签约仪式举行（珠海移动 供稿）

点企业。新增11家企业(累计34家)通过国家两化融合管理体系贯标评定，总量排全省第五。开展国家两化融合管理体系评估诊断和对标工作，新增144家企业开展两化融合对标诊断。全市累计630家企业完成两化融合评估诊断和对标工作。12月，启动珠海市规上工业企业两化融合评估诊断和对标全覆盖行动。

【工业互联网】 2018年，珠海市发展工业互联网，完善工业互联网产业政策体系。8月，经市政府批准，市科工信局印发《珠海市关于深化“互联网+先进制造业”发展工业互联网实施方案（2018—2020）》，明确主要目标、重点任务和保障措施。11月，市科工信局出台《珠海市促进新一代信息技术产业发展的若干政策》，设立支持工业互联网发展、企业“上云上平台”、两化融合发展的条款，推动制造业向“数字化、网络化、智能化发展，促进实体经济高质量发展。（方　慧）

无线电管理

【概　况】 2018年，珠海市网上办理无线电审批事项107项，指配频点60个，发放电台执照946份。加强无线电监测技术设施和能力建设，完成风波山小型站更新、无人机压制设备和便携式监测设备采购验收以及边界公众移动通信协调分析系统的前期采购。完成对市政府应急无线通信800兆数字集群、市气象局、市人防工程等项目电磁环境监测评估。1月，根据《广东省人民政府关于将一批省级行政职权事项调整由各地级以上市实施的决定》，完成16项省级无线电管理行政职权委托事项交接工作。按照规范化管理要求，开展无线电管理政务服务事项标准化梳理，完善网上办事大厅事项目录管理系统，公布权责清单。9月25日，市科工信局联合市住规建局出台《珠海市通信基站建设技术规范》。协调解决民航珠海空管站、民航珠海进近管制中心、珠海广播电视台、港珠澳大桥穿梭巴士公司、珠港机场管理公司、珠海金湾发电厂等重点单位业务用频需求。

【无线电监督检查】 2018年，珠海市根据上级无线电管理部门统一部署，组织完成辖区内广电、民航、海事、铁路等部门主要频段的频率使用和在用无线电台（站）专项监督检查，未发现未经许可擅自使用无线电频率和未经许可擅自设置、使用无线电台（站）等违法行为。全年组织出动192人次排查对民航、铁路和公众移动通信等各类干扰16起。出动监测车161台次，人员484人次，测向定位“伪基站”21个(信号源位于澳门区域内，及时向公安部门和澳门方面通报情况）、“黑广播”1个（信号源位于中山区域内）。协助公安部门鉴定“伪基站”设备2套。

【无线电安全保障】 2018年，珠海市为做好重要无线电安全保障，出动监测车62台次、人员160人次，完成春运、“两会”，央视春晚珠海分会场、港珠澳大桥开通仪式、第十二届航展等重大活动和防御强台风“山竹”等自然灾害的无线电安全保障。出动监测车101台次、人员256人次，对公务员招考、普通高考、各类型专业技术（会计师、经济师、教师、建造师、消防师、医师、执业药师等）资格考试等考点考场进行无线电监测保障，防范和打击利用无线电设备作弊行为。协调澳门邮电局落实珠澳边界公众移动通信网络信号越界覆盖定期测试活动。10月上旬，联合香港通讯事务管理办公室完成港珠澳大桥公众移动通信网络信号越界覆盖首次测试任务。10月17—18日，在广东省无线电管理办公室指导下，市科工信局联合中山市经济和信息化局、江门市网络信息统筹局、民航珠海空管站和珠港机场管理有限公司，举办“2018珠中江三地协同查处民航（珠海）无线电干扰培训演练”活动。（何锡权）

软件业

【概　况】 2018年，珠海市软件和信息服务业实现收入489.49亿元，比上年增长11.47%。其中，集成电路设计行业收入60亿元，增长30%，产业规模位列全国第八。

【重点软件企业】 2018年，珠海市软件业务收入超亿元企业66家。超10亿元企业9家。软件人员1000人以上的企业15家，其中5000人以上1家，4000～5000人1家，2000～4000人3家。亿元企业合计软件业务收入 444.74 亿元，占全行业收入的 90%。全市有 41 家境内外上市软件企业，其中主板、中小板、创业板公司 13 家，新三板 26 家。

【科技研发】 2018 年，珠海市软件和信息服务业研发经费总支出 38.60 亿元，平均研发经费投入强度为 16.01%。全市软件和信息服务业企业有省级以上工程中心 48 个，技术中心 31 个，国家重点实验室珠海机构 1 个，博士后工作站及分站 11 个。珠海全志科技股份有限公司通过国家信息消费试点示范项目评选。在第十三届“中国芯”评选中，珠海杰理科技的“一体化低功耗双模蓝牙系统级 SOC 物联网芯片 AC691X”获评优秀技术创新产品；炬芯科技的“儿童智能高清陪护机器人 SOC 芯片 ATJ229R2”获评优秀潜质产品。高新区智慧产业园入选省级大数据产业园和人工智能产业园。

【软件产业园区】 2018 年，珠海高新区唐家主园区实现软件业务收入 294.79 亿元，软件业务收入占全市行业比重 60.22%。主要发展互联网与移动互联网、集成电路设计、电力应用软件等领域。香洲区（含南屏科技园）实现软件业务收入 141.16 亿元，主要发展信息增值服务、电力新能源、IC 卡应用等领域。斗门区和金湾区，以高端智能制造产业为基础，为制造工厂提供智能制造解决方案及硬件的企业逐渐壮大，传统企业产品的信息化和智能化水平提升，促成斗门区和金湾区实现软件业务收入翻倍。横琴新区全年实现软件业务收入 13.87 亿元。

【中国集成电路设计业年会暨珠海集成电路产业创新发展高峰论坛】 2018 年 11 月 29—30 日，在珠海市举办，设产业展示专区 500 平方米，集中展示全市集成电路产业链上的企业和产品。年会发布 2018 年中国设计业规模的十大城市排名。珠海市产业规模位居全国第八。珠海“芯”成为中国“芯”的重要组成部分。高新区与香洲区分别与零边界、英诺赛科、杰理科技等 8 家企业签署投资合作协议，总投资超过 18 亿元。艾派克微电子总经理汪栋杰获评中国 IC 设计业 2018 年度企业家。 （崔玉霞）

电信业

【珠海电信】 2018 年，中国电信股份有限公司珠海分公司（简称珠海电信）宽带、移动、固定电话用户突破 146 万，其中移动用户比上年增长 17.87%。4G 室外站达到 2054 个，4G（第四代通讯技术）网络覆盖率达 96.15%，平均下载速率 50Mbps。扩容高负荷小区 214 个，动态扩容解决率 92.64%，电信移动业务 NPS（净推荐值）同业排名第一。持续推进 Wi-Fi 网络建设，打造第四张网络。全年安装 AP（无线访问接入点）设备 12600 个，开通 AP 设备 12500 个，完成人工岛口岸、5 个轻轨站等关键点建设，基本实现重点公共区域全覆盖。10 月底完成海岛 4G 网络提速项目，海岛电信 4G 用户的感知速率平均提升 2 倍。完成港珠澳大桥移动网络全线覆盖。在第十二届航展上，开通 5G（第五代通讯技术）演示站。开通 VoLTE（高清通话）功能，同时实现语音视频通话和手机上网功能。拓展网上营业厅功能，为客户提供一站式线上服务。完成 2018 年央视春晚珠海分会场、“两会”、上合组织青岛峰会、港珠澳大桥开通仪式、第十二届航展等重大活动通信保障工作。自 7 月 1 日起，取消手机流量国内“漫游费”。流量单价年度降 30%，流量包资费由 30 元 /G 下调至 20 元 /G，加拿大等 60 个方向国际漫游流量业务资费均大幅下降。平均带宽价格下降 30%，家庭及商业宽带免费提速至 100M，光纤宽带覆盖小区 20M 以下光宽带无条件提升至 20M。天翼高清装维满意率、宽带装维满意率、实体渠道（自有营业厅 / 合作营业厅）满意率及投诉处理综合满意率月均超过 92%。珠海电信获省总工会授予五一劳动奖状。

光网建设 珠海电信全年建设光端口 3.17 万线，光纤端口规模达 92.6 万，光端口占比达到 95%，光缆线路长度超 3.1 万皮长公里，覆盖用户能力超过 180 万。光纤宽带覆盖 1703 个小区，覆盖率达到 99.2%。光纤接入用户达 45.19 万，占全市宽带接入用户的 86.6%。加快千兆网络升级，实现网络大提速，推进光网迈向千兆入户时代，重点建设全市 100 个精品小区业务升级，满足家庭用千兆光宽、4K 视频（高清视频）业务需求。光纤宽带平均速率到达 87.6Mbps，其中 100Mbps 及其以上宽带用户占

2018 年 11 月 6 日，珠海电信员工在第十二届航展现场安装设备

（戴文骏 摄）

比接近 70%。落实“三旧改造”政策，改造老旧小区光纤接入网。支持全市校园网建设。完成北师大等 4 个校园网建设和优化工作。推动珠海基础教育网络升级。学校接入速率可达千兆每秒，核心侧增加防火墙、审计设备。

助力城市信息化建设　围绕《珠海市智慧城市建设总体规划（2013—2020）》，助力城市信息化建设。与市公安局合作，打造反恐重点部位动态人脸识别系统、重大活动智慧安保应急指挥体系。加快云业务发展，同规划院合作，打造珠海企业上云的第一单专属云项目以及省内首单千兆云网通专线业务，跟深信服科技有限公司合作，基于天翼云搭建云等保资源池，实现云等保全国首单，进一步推进企业上云，借助云技术快速实现业务和管理信息化。

12345 市民服务热线　逐步向云平台迁移，持续优化平台功能，优化和调整人力管理系统、白皮书功能、省 12345 研判中心考核接口、红黄牌监察系统等，进一步促进资源共享和信息整合，提升公共服务的高效化、便捷化、智能化水平。

打击通信诈骗　贯彻实名制要求，实名登记准确率和人证一致率都达到 95% 以上。依托天翼蓝盾等反诈系统，完成异常号码处理。协同公安查询信息。多部门联动，对 12321 举报，新型疑似漫游茂名、龙岩和海口诈骗等工单核查、处置，进行数据分析和防范预防，打击电信诈骗取得成效。（刘小珠）

【珠海移动】　2018 年，中国移动通信集团广东有限公司珠海分公司（简称珠海移动）利用大数据营销，整体不限量渗透率 61.1%。流量增幅达 132.6%，流量份额 56.9%，4G 客户渗透率 77.5%。4G 客户平均每户每月上网流量 6G。宽带业务市场份额达 48.2%。宽带净增份额 100%，列全省第一。电视业务市场份额达 48.1%。电视净增份额 87.6%。发展码店 6950 家，全市重点商圈码店覆盖率达 100%。移动互联网渠道开展 138 个大数据项目，涵盖 15 个行业。完成 2018 年春晚珠海分会场、港珠澳大桥开通仪式、第十二届航展等 286 场重大通信保障任务，服务客户超百万人次。大数据项目入选工信部大数据产业发展试点示范。

大数据支撑营业厅新模式　珠海移动营业厅作为广东省首批试点单位，探索以大数据为支撑的营业厅新模式。9 月 7 日、10 月 21 日在光大厅、柠溪厅测试目标号码对接到厅号码采集方案，测试短信的发送和对到厅号码触发短信的发送能力。在 NG 系统弹窗实现实名提醒业务及 4G 套餐、宽带业务推荐、敏感投诉客户身份提醒。在光大店实现智能蜂巢机器人办理业务。

（袁　剑）

4G 网络客户感知　2018 年，珠海移动完成 8812 个故障站点修复、3805 个弱信号优化。针对拥塞类投诉，通过扩容及均衡参数调整，解决 726 个容量类问题点。VoLTE 全程呼叫成功率提升至 99.94%，排名至全省第二。投诉满意度指标获得满分，其中无线网投诉工单解决率年度指标达 89.58%，黑点解决率从年初的 19.15% 提升至 100%。（刘　祎　蒋跃军）

海岛光纤传输网络建设　9 月 29 日，建成综合楼—三角岛—南屏机楼为节点的 100GOTN 波分环，并同时打通东澳—三角岛，万山—

2018 年 11 月 12 日，珠海移动员工圆满完成第十二届航展通信保障后合影
（珠海移动 供稿）

三角岛，桂山—三角岛的波分链。每个岛上可用带宽从 1G 提升到 200G。首次建成连接桂山岛、万山岛、东澳岛、三角岛与陆地光纤传输网络，打通万山群岛与大陆间的信息高速公路。（严岳林）

网络新技术试点　珠海移动在珠海长隆海洋王国入口开展多波束球状透镜天线（即龙波天线）应用试点。对天线的性能、试用场景、容量情况进行全面测试，并与 3D-MIMO 及 3+1 天线进行性能对比，为集团的天线选型提供有效的数据支撑。针对珠澳周边伪基站猖獗的情况，公司自主研发伪基站察打一体系统。该系统主动攻击环澳地区的伪基站，第一时间抑制伪基站影响，保护用户免受伪基站短信的骚扰。协助省公司开展 LTE 载波动态调度系统的研发与试点。11 月，在第十二届航展展馆部署珠海第一个 5G 基站，现场实现高清视频回传等业务演示，下载速率达到 1.5Gbps。（郭　靖）

【珠海联通】　2018 年，中国联合网络通信有限公司珠海分公司（简称珠海联通）围绕粤港澳大湾区建设战略，配合珠海市产业转型升级，打造“大物移云（大数据、物联网、移动互联网、云计算）”四项产业互联网基础能力。4G 投资 0.83 亿元，基站比上年增加 10%，4G 基站数超 2900 个，覆盖率 97.57%，主城区、乡镇、行政村、交通干线等实现 4G 连续覆盖；峰值速率达到 370Mbps，平均下载速率超 150Mbps。数据网总出口带宽扩容至 600Gbps，FTTH 端口总容量 27 万余端，百兆接入能力用户占比 86% 以上。

应急通信保障　作为珠海重大活动项目保障组成员单位，珠海联通为第十二届航展、中以创新合作大会、WTA 网球公开赛、沙滩音乐节、国际帆船赛、国际马戏节、2018 年中央电视台春节联欢晚会珠海分会场、中德人工智能大赛等重大活动提供通信服务保障。4 月 14 日，率先开通港珠澳大桥全程移动网信号。7 月，提出建设珠海横琴国际通信专用通道的建议函。11 月，第十二届航展上，在展区架设 5G 基站，组织 72 人驻守现场，完成航展的通信保障任务。为市食药监局搭建“互联网 + 明厨亮灶”视频监控平台，首次将社会共治理念和“互联网 + 明厨亮灶”技术引入保障工作，提升食品安全保障效率和效果。

智慧城市建设　珠海联通发挥多年积累的大数据、物联网、移动互联网、云计算四大核心能力，为数字政府及智慧城市建设提供全方位一体化集成服务，承建珠海市大数据中心机房、斗门区智慧医疗、市妇幼云平台、高栏港经济区“智慧环保 + 河长制”平台、斗门区智慧烟感、市住规建局数字工地平台等重大项目。

数字化创新　1 月 26 日，珠海联通承办的“珠海市工业控制系统信息安全培训暨工业互联网研讨会”召开。5 月 23 日，由珠海联通与香港浸会大学联合国际学院共同建设的大数据产学研实验室“联通 · UIC 大数据产学研中心”揭牌成立。中国联通“下一代互联网宽带业务应用国家工程实验室”在珠海横琴新区工作取得新进展。9 月 20 日，“首届 AIIA 杯人工智能巡回赛——中国联通 & 腾讯站”决赛在横琴 · 澳门青年创业谷举行。9 月 29 日，由中国联通集团与广州市政府联合投资的联通凯兴股权投资管理（珠海横琴）有限公司挂牌成立，注册资本金为人民币 3000 万元。（许国水）

· 责任编辑：曾维浩 ·

旅游业·会展业

旅游业

【概　况】 2018年，珠海市接待旅游总人数4311.31万人次，比上年增长8.3%，其中，接待入境游客513.73万人次，境内游客3797.58万人次。全年实现旅游总收入466.16亿元，增长26.8%，其中国际旅游收入14.68亿美元，增长21.3%，国内旅游收入368.99亿元，增长29%。全年接待过夜游客2452.62万人次，其中入境过夜游客325.97万人次。

【旅游产业规模】 2018年，纳入统计范围的宾馆饭店平均开房率为62.38%。旅行社组团境内游116.94万人次，出境游60.44万人次。旅行社接待境内游客176.91万人次，接待入境游客94.01万人次。纳入统计范围的景点全年接待游客2778.27万人次。

【入境旅游】 2018年，珠海市接待入境游客513.73万人次，比上年增长2.9%；旅游外汇收入14.68亿美元，增长21.3%。入境游客按客源地分，外国人67.51万人次，增长7.3%；香港同胞178.94万人次，增长1.9%；澳门同胞186.63万人次，增长2.7%；台湾同胞80.65万人次，增长2%。

【出境旅游】 2018年，珠海旅行社组团出境游60.44万人次，比上年增长25.2%，其中，香港游19.8万人次，增长29.8%；澳门游16.87万人次，增长92%；台湾游0.86万人次，增长24.2%；其他地区游22.92万人次，下降2.6%。

【国内旅游接待与收入】 2018年，珠海市接待国内游客3797.58万人次，比上年增长9.1%，实现旅游收入368.99亿元，增长29%。旅行社组团国内游116.94万人次，与上年持平，其中，省内游83.05万人次，增长0.9%；省外游33.89万人次，下降2.1%。

【假日旅游】 2018年，珠海市春节黄金周、“五一”小长假和“十一”黄金周接待游客总人数606.68万人次，比上年增长19.4%；实现旅游收入35.94亿元，增长30.5%。其中春节黄金周接待游客193.03

2018年11月24日，珠海大剧院广场举行职工集体婚礼，吸引游客围观
（文　燕　摄）

万人次，增长18.9%；实现旅游收入12.19亿元，增长29.7%。“五一”小长假全市接待游客160.7万人次，增长18.6%；实现旅游收入7.88亿元，增长29.4%；“十一”黄金周接待游客252.95万人次，增长20.4%（按7天可比口径，下同）；实现旅游收入15.87亿元，增长31.7%。

【旅游市场监管】 2018年，珠海市文化体育旅游局制定《关于开展旅游市场扫黑除恶专项整治的工作方案》，开展旅游市场专项整治。制定并下发《珠海市旅游市场综合整治春季行动方案》，明确以购物市场和旅行社经营业务规范为整治重点，严厉打击扰乱旅游市场秩序的违法违规行为。开展暑期旅游市场秩序专项整治行动，根据《文化和旅游部办公厅关于暑期旅游市场秩序专项整治的通知》要求，开展“利剑行动-2”暑期旅游市场秩序专项整治，解决“不合理低价游”等突出问题。市文化体育旅游局牵头联合市公安、工商、交通、物价、税务、质监和香洲区、高新区、斗门区等部门开展旅游市场联合执法，并建立和完善旅游市场监管信息沟通和互动机制。

【旅游行业培训】 2018年4月13日，珠海市文化体育旅游局联合市总工会在珠海度假村酒店举办“2018年珠海市旅游饭店服务技能竞赛”，28家饭店企业和154名选手参赛。5月12日，市文化体育旅游局举办新考导游岗前培训班，170名导游参加，并签署《珠海市导游文明诚信服务承诺书》。5月18日，举办“2018年珠海市旅游饭店星级标准培训”，60家企业的代表100人参加培训；7月13日，举办“2018年珠海市旅游景区标准化培训”，30家企业的代表参加培训。

【旅游安全管理】 2018年，珠海市文化体育旅游局与旅游企业签订《珠海市文化体育旅游系统安全生产责任承诺书》和《珠海市旅游行业守法经营承诺书》。重点抓好元旦、春节、“五一”“十一”以及暑期等节假日旅游高峰期的旅游安全工作。5月28日，市文化体育旅游局举办“2018年珠海市旅游安全生产知识培训暨消防突发事故应急处置演练活动”，各区（功能区）旅游管理部门负责人、旅游星级饭店、旅行社、旅游景区（点）等旅游企业分管安全生产负责人290余人参加。6月16日，市文化体育旅游局参加“珠海市2018年安全生产咨询日活动”，派发《平安旅游须知》《旅游突发事件应急手册》170份。

【旅游投诉处理】 2018年，珠海市文化体育旅游局接到旅游投诉192件，涉及人数691人，涉及金额147.41万元。其中投诉旅行社102件337人，涉及金额59.03万元；投诉酒店6件6人，涉及金额2348元；投诉景点4件10人，涉及金额550元；投诉购物64件139人，涉及金额86.04万元；其他投诉16件199人，涉及金额2.06万元。投诉处理率100%。

【旅游推广】 2018年，珠海市围绕十大旅游产品体系，以“浪漫四季”为主题，设计珠海旅游全新形象，在全市公交站亭、自行车站亭定期展示，在珠海金湾机场LED屏上播放视频广告。在香港巴士车身投放珠海旅游形象及产品广告60车（次），平均每台每天18次循环英皇道、轩尼斯道、皇后大道中及金钟道等人流密集区，涵盖暑假和寒假；辅以融入珠海旅游形象的雪糕车，通过免费派发雪糕、微视频传播等手段，加大珠海在香港的推广力度。加大在新媒体投入及新模式的探索创新，推出“漫游珠海”微信资讯公众号，改版《珠海旅游指南》《珠海全域旅游导览图》《珠海人文历史导览图》《珠海美食地图》。新编印《美食带你游珠海》《漫游珠海》等旅游宣传资料15万册发放全市景区景点和星级酒店。

【旅游合作】 2018年，珠海市继续深化与港澳旅游部门合作。1月初组织各区旅游部门及19家重点旅游企业和市旅行社行业协会在黑河举办“悦享暖冬，浪漫珠海”旅游推介会。4月，珠中江阳（珠海、中山、江门、阳江）旅游联盟在杭州、南京分别举办“最美珠江西岸游”旅游推介会。5月，与中山、澳门联合在山东济南、福建泉州举行“昔日大香山—今日中珠澳”旅游推介会，共同推出“一程多站”精品线路。5月19日，在珠海海韵城广场举办“2018年中国旅游日·珠海黑河旅游推介”活动。6月，与广州、深圳在香港国际旅游展上共同推出162平方米的“精彩广深珠”联合展馆。8月，广深珠旅游联盟赴西藏林芝开展旅游交流，分别在米林县和波密县举办“活力广东·精彩广深珠”旅游推介活动。9月，在马来西亚吉隆坡、槟城举办“活力广东·精彩广深珠”旅游推介会。12月，在万山岛举办广深珠旅游联盟年度工作联席会议暨珠海海岛旅游资源考察活动。

【村居休闲旅游】 2018年，珠海市重点推动乡村旅游项目落地，塑造乡村旅游品牌并逐步形成以斗门、金湾和高栏港为代表的重点乡村旅游产品体系。按照“资本+合作平台+农户”模式，以民宿撬动旅游产业发展，开发融“生产、生活、生态”为一体的休闲农业。斗门区构建“春赏花，夏采摘，秋收获、冬精品”四季游业态，形成以客家美食虾山村、岭南水乡南澳村、生态田园莲江村等为代表的“一村一品”“一家一艺”休闲村居旅游新格局。斗门区2个项目入选“2018广东旅游产业投融资对接会”项目手册，其中珠海在河之洲生态度假项目成为全省15个路演项目之一。

【旅游景区建设】 2018年，珠海市文化体育旅游局按照国家《旅游景区（点）质量等级的划分与评定》，召开景区复核专题会议。汤臣倍健透明工厂申报AAAA级景区获批。

【旅游厕所建设】 2018年，珠海市制定《珠海市旅游厕所建设管理新三年行动计划》，提出2018—2020年珠海市分别完成新建改建旅游厕所40座、30座、20座厕所的任务目标。全年完成新建改建旅游厕所45座。

（李伟华　黄玉玲　周　靖　高　超）

会展业

【会议业】 2018年，珠海市举办会议3739场，比上年增长5.2%；55.72万人次参会，3000人以上大型会议10场，1000～3000人大型会议67场。中以科技创新大会、中国航空航天高峰论坛等各类会议为全市带来直接经济影响57.86亿元，间接经济影响89.04亿元，总计146.89亿元。会议产生总体经济效应占全市GDP的5.04%。

【展览业】 2018年，珠海市全年举办各类展览27场，展览总面积79.84万平方米，其中室内展出面积39.84万平方米，观众总数72.74万人次。各类展览会带来直接经济影响31.77亿元，间接经济影响52.81亿元，总计84.58亿元。

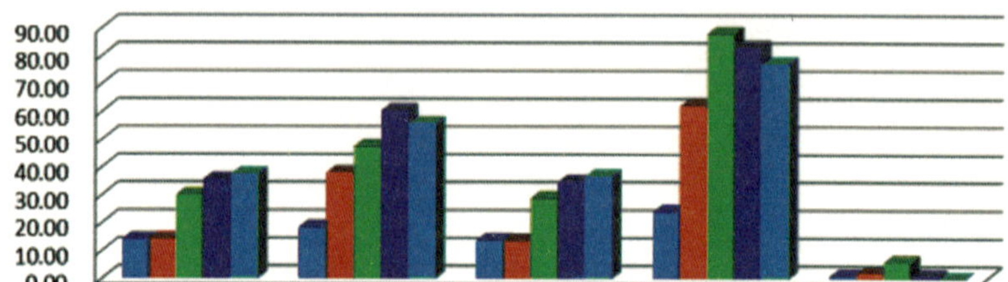

	会议场次（单位：百场）	参会总人数（单位：万人）	1000人以下会议场次（单位：百场）	1000-10000人会议场次（单位：场）	10000人以上会议场次（单位：场）
2014	14.08	18.49	13.83	24	1
2015	14.28	37.94	13.64	62	2
2016	29.82	47.50	28.88	88	6
2017	35.54	60.40	34.70	83	1
2018	37.39	55.72	36.62	77	0

2014—2018年珠海会议数据对比图　（市会展局 供稿）

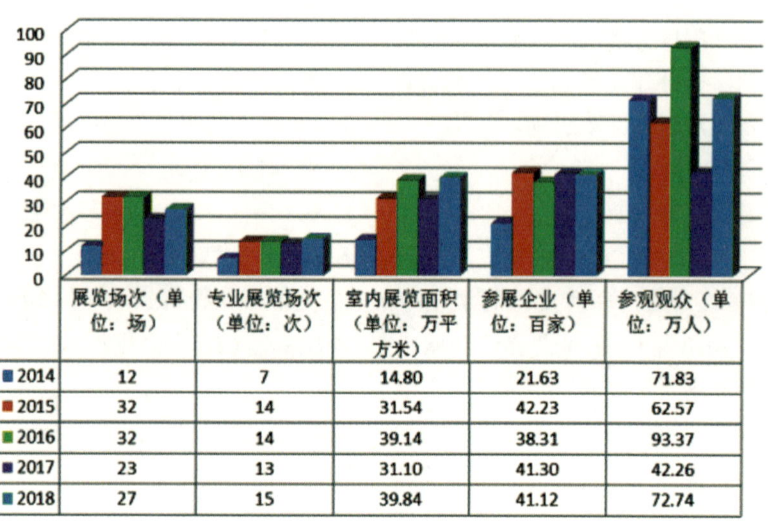

	展览场次（单位：场）	专业展览场次（单位：次）	室内展览面积（单位：万平方米）	参展企业（单位：百家）	参观观众（单位：万人）
2014	12	7	14.80	21.63	71.83
2015	32	14	31.54	42.23	62.57
2016	32	14	39.14	38.31	93.37
2017	23	13	31.10	41.30	42.26
2018	27	15	39.84	41.12	72.74

2014—2018年珠海展览数据对比图　（市会展局 供稿）

展览产生总体经济影响占全市 GDP 的 2.90%。11 月 6—11 日，第十二届中国国际航空航天博览会在珠海国际航展中心举办。

【会展招商】 2018 年，珠海市引进并举办第十四届国际绿色建筑与建筑节能大会暨新技术与产品博览会、2018 亚洲微重力年会、世界前沿新材料大会、中华医学会第十三次全国重症病学年会等新项目。洽谈引进生物制药体外诊断展、亚太水产养殖展、中兴通讯全球合作伙伴大会等品牌会展项目。市教育局举办中国教育创新成果（国际）公益博览会。

【会展交流合作】 2018 年 7 月 5 日，珠海国际会展中心、珠海长隆横琴湾酒店和香港亚洲国际博览馆、香港富豪酒店在珠海签署合作备忘录，成立"港珠澳大桥会展旅游带"品牌联盟，推广"一会两地"模式，共同在国际市场上参展推广品牌形象、消化展会业务订单，探索全产业链互补互动。市会议展览局联合香港贸易发展局、珠海驻香港经贸代表处、珠海国际会展中心在香港举办"大湾珠海面面观之珠港会展新机遇专题研讨会"，向香港会展业界宣传推介珠海会展优势及目的地形象。

【第十二届中国国际航空航天博览会】 2018 年 11 月 6—11 日在珠海国际航展中心举办。来自 43 个国家和地区的 770 家参展商参展。室内展览面积超 10 万平方米，展示各种型号飞机 146 架。室外展览面积 40 万平方米。期间举行签约仪式、峰会论坛、主题推介会、新产品发布会、市场预测会等 190 场次。签订 569 个项目总值 212 亿美元的合作、协议书和意向书，成交各种型号飞机 239 架。接待 53 个国家 200 个代表团（其中包括 40 多个国家的空军代表团），15 万人次的专业观众参观。航展上举办军民两用新材料产业对接会、"2018 通航之夜"、无人机创新发展研讨会等系列招商活动，促成 15 个新项目签约，总金额 1.2 亿元。其间，有 15 个（总投资 51.3 亿元）项目签约落户珠海，其中 13 个项目落户珠海航空产业园。

【第十四届国际绿色建筑与建筑节能大会暨新技术与产品博览会】 会议于 2018 年 4 月 2—3 日在珠海市举办，包括主论坛和 48 场分论坛，绿色建筑领域的院士、国际知名学者等 400 位嘉宾和 3000 名代表参会。围绕大会主题交流国内外绿色建筑与建筑节能的最新科技成果、先进理念、发展趋势、创新材料、成功案例；研讨相关技术标准、政策措施、评价体系、检测标识；分享全球范围内发展绿色建筑与建筑节能工作新经验。附属专业展览会面积 1.5 万平方米，参展企业 400 余家。

【2018 中国医院建设与发展大会暨中国国际医疗建筑、装备及技术展览会】 2018 年 4 月 20—23 日在珠海国际会展中心举行。来自全国各地卫生行政管理部门的负责人、医院院长及基建、后勤管理部门的负责人 3000 余人参会。大会从绿色医院实用技术、工程管理问题解析、医院建筑设计最新趋势、后勤管理创新思维、建立信息化医院等方面切入，研讨医院及专业医疗机构的建设与发展，促进相关专业技术领域的学术研究与交流。

【第十二届亚洲微重力会议】 会议于 2018 年 11 月 12—16 日在珠

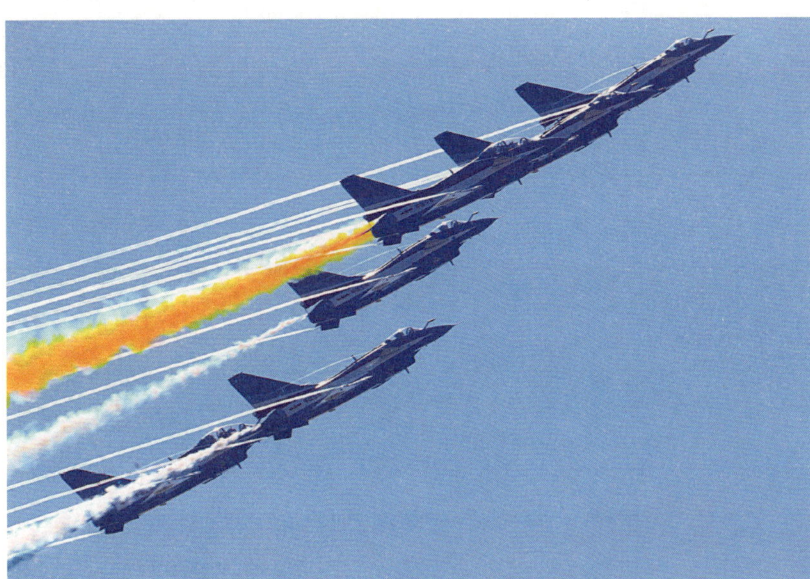

2018 年 11 月 6 日，中国八一飞行表演队在第十二届航展作飞行表演（市会展局 供稿）

海市举行，由中国空间科学学会微重力科学与应用研究专业委员会（微重力专委会）主办。中国科学院力学研究所研究员赵建福与中山大学教授何振辉担任会议主席。日本、韩国、印度等国专家担任会议共同主席。参会代表240人，分别来自中国、日本、韩国、印度、以色列、比利时、美国，就微重力科学、空间生命科学与生物技术以及载人航天其他相关领域最新成果和交叉前沿发展趋势，进行广泛深入的交流和研讨。会议期间开展“‘空间科学’科普珠海行”活动。

2018年11月12—16日，第十二届亚洲微重力会议在珠海市举行
（市会展局 供稿）

2018年珠海市主要会议（展览）项目一览表

序　号	举办时间	展会名称	举办地点	主承办单位
1	3月21—24日	中国通用机械工业协会珠海会议	珠海度假村酒店	中国通用机械工业协会
2	4月2—3日	第十四届国际绿色建筑与建筑节能大会暨新技术与产品博览会	珠海国际会展中心	中国城市科学研究会、中美绿色基金、中国绿色建筑与节能专业委员会和中国生态城市研究专业委员会
3	4月17—18日	2018 Soccerex 全球足球产业峰会	珠海国际会展中心	Soccerex
4	4月20—23日	2018中国医院建设与发展大会暨中国国际医疗建筑、装备及技术展览会	珠海国际会展中心	《中国医院建筑与装备》杂志社
5	5月21—25日	第三届“青年企业家创新发展国际合作周”	珠海海湾大酒店	中国青年企业家协会
6	5月30日至6月1日	西门子工业软件大中华区用户大会	珠海国际会展中心	西门子工业软件（上海）有限公司
7	6月4—5日	2018广东军民两用技术应用推广对接会	珠海国际会展中心	珠海市人民政府、广东省经济和信息化委员会
8	6月8—9日	2018全球服务外包大会	珠海度假村酒店	商务部国际贸易经济合作研究院、广东省商务厅、珠海市人民政府
9	6月8—10日	第六届中国市县医院论坛	珠海国际会展中心	《中国医院院长》杂志社、中国医院院长网

（续　表）

序　号	举办时间	展会名称	举办地点	主承办单位
10	6 月 20—22 日	2018 年第二十一届国际包装研究机构协会世界包装大会	珠海国际会展中心	国际包装研究机构协会、湖南工业大学、暨南大学包装工程学院（PEI）
11	6 月 8—10 日 8 月 24—26 日 12 月 14—16 日	珠海车展	珠海国际会展中心	太平洋汽车网
12	7 月 2—3 日	第四届中以科技创新大会	珠海国际会议中心	国家发改委国际合作中心、以色列驻华大使馆、以色列驻广州总领馆、珠海市人民政府
13	7 月 26—28 日	2018 珠港澳国际电玩动漫展	珠海国际会议中心	珠海市华昇展览有限公司
14	7 月 27—28 日	广东省医学会第二十九次骨科学术年会	珠海国际会议中心	广东省医学会
15	8 月 7 日	第十届香港知识产权研讨会暨 2018 粤港澳大湾区知识产权国际运营闭门峰会珠海站	横琴国际知识产权交易中心	横琴国际知识产权交易中心
16	8 月 10—12 日	广东省医学会第十七次放射医学学术会议暨第七次影像技术学学术会议	珠海国际会议中心	广东省医学会
17	8 月 17—18 日	广东省医学会超声医学学术年会	珠海国际会议中心	广东省医学会
18	9 月 6—8 日	2018 第五届珠海先进制造业机械装备展览会	珠海国际会展中心	广东亚联展览股份有限公司
19	9 月 10—21 日	阿迪达斯 2019 产品订货会	珠海国际会展中心	阿迪达斯体育（中国）有限公司
20	9 月 19—21 日	第二届“21 世纪海上丝绸之路”国际传播论坛	珠海国际会展中心	主办：中央广播电视总台和广东省人民政府 承办：广东省政府新闻办公室和珠海市人民政府
21	10 月 10—12 日	智能制造与仿真技术论坛暨 2018 年中国仿真大会	珠海国际会展中心	中国仿真学会
22	10 月 18—20 日	2018 中国（珠海）国际打印耗材展览会	珠海国际会展中心	珠海再生时代文化传播有限公司
23	10 月 18—20 日	2018 中国（珠海）3D（三维）打印展览会	珠海国际会展中心	珠海再生时代文化传播有限公司
24	10 月 26—28 日	广东省医学会检验医学学术年会	珠海国际会展中心	广东省医学会
25	10 月 29—31 日	2018 世界自贸区（中国）论坛	珠海国际会议中心	世界自由区组织、珠海再生时代文化传播有限公司
26	11 月 4—6 日	中国（珠海）国际无人系统大会	珠海国际会展中心	中国人工智能学会

（续 表）

序号	举办时间	展会名称	举办地点	主承办单位
27	11月6—11日	第十二届中国国际航空航天博览会	珠海国际航展中心	广东省人民政府、中国人民解放军空军、中国国际贸易促进委员会、中国民用航空局、中国航空工业集团有限公司、中国商用飞机有限责任公司、中国航天科技集团有限公司、中国航天科工集团有限公司、中国兵器工业集团有限公司、中国兵器装备集团有限公司、中国电子科技集团有限公司、中国电子信息产业集团有限公司、中国航空发动机集团有限公司
28	11月12—15日	第四届中国教育创新成果公益博览会	珠海国际会展中心	教育部、广东省人民政府、九三学社中央、中国科协共同指导，北京师范大学、中国经济改革研究基金会联合主办
29	11月12—16日	第十二届亚洲微重力会议	珠海国际会展中心	中国空间科学学会微重力科学与应用专业委员（NSMSA/CSSR）、空间生命科学专业委员会（NSSLS/CSSR）
30	11月18—22日	2018中国国际日化产品原料及设备包装展览会	珠海国际会展中心	中国洗涤用品工业协会
31	11月23—30日	沃尔玛新年订货会	珠海国际会展中心	沃尔玛（中国）投资有限公司
32	11月29—30日	2018年中国集成电路设计年会	珠海国际会展中心	中国半导体行业协会、“核高基”国家科技重大专项总体专家组及高端通用芯片实施专家组、广东省经济和信息化委员会、珠海市人民政府
33	12月5—7日	2018粤港澳大湾区电力创新高峰会	珠海国际会展中心	中国电力企业联合会、中国国际贸易促进委员会电力行业委员会、中国南方电网有限责任公司、华北电力大学、珠海市会展集团
34	12月6—7日	2018香港珠三角工业协会总会年会	珠海国际会展中心	香港工业总会
35	12月7—9日	2018第五届珠海国际汽车展	珠海国际航展中心	珠海东望洋展览有限公司
36	12月13—14日	第四届2018中国猪业（珠海）高峰论坛暨首届中国（珠海）世界猪业博览会	珠海国际会展中心	中国猪业高层交流论坛组委会

（彭智敏）

·责任编辑：曾维浩·

教育·科技

教　育

概　述

【概　况】 2018年，珠海市地方教育经费总投入100.82亿元，比上年增长8.35%，其中国家财政性教育经费79.94亿元，增长10.26%。珠海有幼儿园335所，在园幼儿7.91万人；小学124所，在校生17.21万人；普通中学75所，在校生9.50万人，毕业2.74万人；中等职业学校13所，在校生2.72万人。普通高中与中等职业学校在校生比例为53 ∶ 47。特殊教育学校2所，在校生497人。有中山大学珠海校区、珠海城市职业技术学院等10所高等学校（校区、学院），全日制本专科在校生13.89万人。47项教育公共服务事项全部实现“全城通办”。全年新增12名省特级教师。“平安校园”创建达标覆盖率100%。

【教师队伍建设】 2018年，珠海市教育局联合市编办、人社局、财政局印发《关于推进全市基础教育学校公办教师“县管校聘”管理制度改革工作的意见（试行）》，启动“县管校聘”市直属学校岗位统筹使用工作，推进区域内编制、岗位统筹。经遴选，130名教师成为广东省新一轮名教师、名校长、名园长工作室学员。新增12名省特级教师。把师德建设纳入学校领导政绩考核和教师业绩考核。完成市专业技术职称评委库信息更新和人员增补、调整。

【学校建设】 2018年，珠海市推动创新型应用型高校建设。印发《珠海市与北京师范大学共建珠海校区行动方案》。签署《珠海市人民政府与中山大学进一步加强新型战略合作协议的补充协议》，推进基础建设以及“天琴计划”基建工程。金湾区、斗门区、高栏港区和横琴新区的中小学专项规划通过市政府审定。北山小学和梅华中学9月投入使用。确定珠海中学与华中师范大学合作办学。加大学位供给，提高普惠性幼儿园覆盖率。市十件民生实事中承诺的8所公办幼儿园建成3所、移交2所、收购1所、开工2所。至年底，普惠性幼儿园覆盖率80.46%，比上年提高3.28%。

【教育科研】 2018年，珠海市

2018年3月21日，珠海市教育局与广东省教育研究院共同推进珠海教育“提质创优建高地”战略合作签约仪式在珠海举行　　　　（市教育局 供稿）

教育局与广东省教育研究院签的共同推进珠海教育"提质创优建高地"。完善高中学生学业质量监测评价体系，举行7次高中各年级学生学业质量监测及3次义务教育学段学生学业质量抽测，并进行数据分析与反馈。增加高中质量监测分析指标，研究综合评价系统，为学校提升教学质量提供及时准确的指导性意见和建议。市教育局与广东省爱飞客公益基金会合作编辑出版的《筑梦航空——中小学生航空科普知识读本》，被省教育厅审定为广东省中小学地方课程教材。中小学生航空科普基地获批为全国中小学生研学实践教育基地。全市教研水平整体提升，"一师一优课"省级"优课"数量610节，"省优率"全省第一；部级"优课"总数170节，首次位居全省第一。

【素质教育】 2018年，珠海市开展"美丽校园，文明有礼"活动，推进"无尘"学校、文化厕所、精细管理、主题文化和家校融合。金湾区凤鸣学校入选教育部"2018年全国中小学德育工作典型经验"名单。香洲区第十九小学入选"广东省大中小学德育工作成果展"。在广东省第十五届运动会上，市代表团学校体育组团体总分第十一名，获二等奖和"体育道德风尚奖"。获批全国青少年足球特色学校34所、广东省校园足球推广学校50所。构建幼儿园、小学、初中、高中四级校园足球常态化竞赛体系。全市13名学生入选广东省青少年校园足球夏令营最佳阵容。举办全市第一届中小学生机器人大赛。市教育局与市文体旅游局联合举办第三十届青少儿艺术花会。

【教育信息化建设】 2018年，珠海市编制《教育信息化三年行动计划》，新建20间"粤教云"智慧课室，优质教育资源的覆盖面继续扩大。探索基于互动反馈的课堂评价，信息化与课堂教学融合向多样化发展。开展全市中小学师生数字教育资源应用情况调研，编写白皮书。举办10场创客师资培训，开展多元化创客教育课程、分享与竞赛活动。18所创客教育基地被市教育中心评为优秀基地。

【珠港澳教育交流合作】 2018年，珠海市在姊妹学校建设、教学研讨、课程建设、互派师生等方面与香港、澳门开展教育交流与合作。全年新签订姊妹学校15对。

2018年珠海与香港结成姊妹学校名单

序　号	珠海学校	香港学校
1	珠海市第二中学	香港培桥中学
2	珠海市第一中学	香港拔萃女书院
3	珠海市斗门区城南学校	香港东涌天主教学校
4	珠海市实验中学	香港汇知中学
5	珠海市特殊教育学校	香港匡智松岭学校

2018年珠海与澳门结成姊妹学校名单

序　号	珠海学校	澳门学校
1	珠海市第一中学	澳门培正中学
2	珠海市横琴新区第一小学	澳门葡文学校
3	珠海市特殊教育学校	澳门明爱特殊教育学校
4	珠海市香山学校	澳门海星中学
5	珠海高栏港经济区李兆南纪念小学	澳门沙梨头坊众学校
6	珠海市九洲中学	澳门濠江中学
7	珠海市文园中学	澳门化地玛圣母女子学校
8	珠海市斗门区特殊教育学校	澳门协同特殊教育学校
9	珠海容闳学校	澳门教业中学
10	珠海市文园中学	澳门教业中学

2018年8月30日，珠海市副市长阎武（前右二）带队开展2018年秋季开学专项督导和校园安全检查（市教育局 供稿）

【"珠海特区教育"微信公众号】2018年，珠海市47项教育公共服务事项全部实现"全城通办"。利用官方网站、微信、微博，加大政务信息公开和教育宣传力度。加强"珠海特区教育"微信公众号建设，及时发布教育信息、密切关注回应教育热点问题、有效引导应对社会舆情。发布政策解读和重要信息720余条，阅读量近千万次，单篇文章最高阅读量超30万。与全市50万师生家长"粉丝"密切互动，新增中考报名费微信支付、中考成绩查询等服务功能。

【依法治教】2018年，珠海市创建依法治校示范校和达标校80所，全市示范校和达标校131所，完成省和市下达的任务。组织市督学开展各类专项督导检查20次。各区责任督学挂牌督导创新区创建调研和指导工作。开展校外培训机构专项检查执法，规范校外培训市场秩序。11月29日，全市按省教育厅要求，完成校外培训机构治理和整改工作，整改率100%。市、区检察院为中小学校开展"法治进校园"巡讲活动22场。团市委举办"千名青年律师千场青少年法律服务"暨"送法进校园"青少年普法宣讲活动22场。市税务局制作税收知识宣传教育课件发放至全市中小学校。

【校园安全】2018年，珠海市"平安校园"创建达标覆盖率100%。开展宪法知识暨第二届"平安校园"安全知识竞赛。市教育局联合市金融工作局、市外汇管理局、市公安局开展珠海大学生金融安全知识教育宣传活动。采用信息化技术手段新建校车管理系统。市一中、市三中、田家炳中学全员聘请专业保安公司特保维护校园安全。香洲区、金湾区通过政府统一购买服务方式，聘请专业保安公司特保维护校园安全。

【民办教育改革】2018年，珠海市落实国家和省关于民办教育分类改革的决策部署，开展民办教育基本情况调查，召集市民办教育联席会议各成员单位、民办学校代表和市各相关职能部门代表座谈。与广东省教育研究院共同开展实地调研。市教育局起草《珠海市人民政府关于鼓励社会力量兴办教育促进民办教育健康发展的实施意见（初稿）》。出台《珠海市购买高中阶段民办学校学位暂行办法》。完成市直属三所普通高中的年检报告并

2018年珠海市民办教育情况

类　别	学　校（所）	毕业生（人）	招生（人）	在校生（人）	教职工（人）	专任教师（人）
高等教育	5	20872	23209	91368	6053	4181
普通高中	6	1147	1215	3523	1023	697
初　中	14	3181	3697	9475	2328	1598
小　学	15	5721	9676	47218	1004	812
幼儿园	294	23415	23980	66318	10269	5134
中等职业学校	4	541	960	3381	172	107
技工学校	3	1585	1505	3613	250	173

向社会公布。解除与女子中学合作办学。

【助学帮扶】 2018年，珠海市资助家庭经济困难儿童学前教育337人，金额50.5万元。发放普通高中2322名学生助学金464.4万元、中等职业学校2206名学生助学金441.2万元。免中等职业学校1.12万名学生学费3933.3万元。财政补贴为特困家庭子女减免书杂费32.9万元。采取“智志双扶”模式，在怒江实施“一堂两班、百校千人”帮扶计划；对口阳江教育帮扶采取“高精准、深对接、全覆盖”模式；对口支援西藏米林教育事业；组织实施对韶关市南雄市的支教工作；推进对口黑龙江省黑河市教育帮扶工作。10月25日，《人民日报》在要闻版刊文介绍珠海格力集团捐建的泸水市格力小学及幼儿园项目。

【特殊教育】 2018年，珠海市有特殊教育学校2所，招生98人，在校生497人，毕业57人，教职工149人，其中专任教师110人。根据市残疾人联合会提供的适龄残疾儿童、少年未入学名单，督促各区逐个核实学生入学情况，保障三残儿童、少年义务教育入学率达到90%以上，其他类型残疾儿童、少年受教育机会明显增加。为尚未入学的适龄残疾儿童、少年建立学籍，纳入送教上门工作计划。推动第二期特殊教育提升计划项目库建设。开展融合教育培训，提高特殊教育教师的专业技能。蓝晶灵融合教育支持中心举办自闭症日文艺汇演，创造平等、尊重、接纳、融爱的校园与社会环境。

【第四届中国教育创新成果公益博览会】 2018年11月12—15日，在珠海国际会展中心举行，由教育部、广东省人民政府、九三学社中央、中国科协共同指导，北京师范大学、中国经济改革研究基金会联合主办。博览会展出教育创新成果1401项，举办特别活动12场、主题论坛41场、沙龙125场、工作坊400场。来自美国、加拿大、英国、德国等27个国家的97位国际嘉宾和300余位国内专家受邀出席，近2万人注册参会。100万观众通过网络直播在线观摩。首次设立湾区教育论坛，有针对性地邀请旧金山湾区、纽约湾区、东京湾区、布里斯班湾区等国际著名湾区的教育官员、学者、教育机构和学校负责人组团参加。其间举办“从东亚教育到粤港澳湾区教育”大会特别活动。

基础教育

【学前教育】 2018年，珠海市有幼儿园335所，在园幼儿7.91万人，招生2.99万人，毕业2.77万人。全市幼儿园教职工1.12万人，其中专任教师5768人。出台《关于进一步落实住宅小区配套幼儿园移交验收和使用工作的通知》《珠海市幼儿园规范办园整改实施意见》，开展幼儿园小学化专项治理工作。印发《珠海市学前教育第三期行动计划（2018—2020年）》，并纳入市委改革举措，明确全市学前教育未来三年发展的目标任务、保障措施和具体措施。促进学前教育公益普惠发展。

【义务教育】 2018年，珠海市有小学124所，招生3.26万人，在校生17.21万人，毕业2.34万人。学龄儿童净入学率103.96%；小学毕业生升学率97.31%。全市小学专任教师6900人。有初中56所，招生2.28万人，在校生6.44万人，毕业1.77万人。初中毕业生升学率93.31%，高中阶段毛入学率113.70%。初中专任教师5319人。出台《关于统筹推进区域内城乡义务教育一体化改革发展实施方案（2018—2020））》。印发《珠海市中小学办学联盟评估细则》，推动珠海基础教育均衡、优质、特色发展。实施义务教育学位扩容行动，全市小学阶段公办学校计划招生2.18万人，录取2.29万人，比上年增加3.7%；初中阶段公办学校计划招生1.89万人，录取1.91万人，增加3.4%。全市公办学校积分入学报名人员录取率60.9%。

【普通高中教育】 2018年，珠海市有普通高中19所，招生1.04万人，在校生3.06万人，毕业9651人。普通高中专任教师3040人。出台《关于做好普通高中学校新高考改革工作的指导意见》，推进新高考制度改革、绿色可持续发展教育研究与实验。推动普通高中特色发展，开展提升普通高中教育教学质量研究专题调研。引入国内知名学校，通过高位嫁接名校等合作办学方式，培育优质教育资源，提升办学质量和办学水平。

中等职业教育

【概　况】 2018年，珠海市有中等职业学校13所，招生8765人，在校生2.72万人，毕业8704人；教职工1696人，专任教师1350人。

其中技工学校4所，招生2548人，在校生8194人，毕业1961人，教职工561人，专任教师418人；普通中专2所，招生1533人，在校生4010人，毕业1395人，教职工208人，专任教师120人；职业高中7所，招生4684人，在校生1.50万人，毕业5348人，教职工927人，专任教师812人。

【中等职业教育改革】 2018年珠海市普通高中与中等职业学校在校生比例为53 ∶ 47。扩大“三二分段”（中等职业学段三年和高等职业学段二年）招生规模，“三二分段”招生人数1600人，占招生计划的24%，完成计划数90%以上。

高等教育

【概　况】 2018年，珠海市有中山大学珠海校区、暨南大学珠海校区、珠海城市职业技术学院等10所高等学校（校区、学院），全日制本专科在校生13.89万人，招生3.58万人，毕业3.52万人，专任教师6596人。出台《关于高等院校引进建设重点科研平台扶持资金管理暂行办法》，促进高校科研水平提升。开展第一轮“珠海特聘学者”、市优势学科、市重点实验室（或重点研究基地）和市协同创新中心等“四大项目”第二年度考核。落实中山大学、北京师范大学、暨南大学战略合作协议。

【中山大学珠海校区】 2018年，中山大学珠海校区在校本科生、硕士生、博士生、留学生和港澳台各类学生9000余人。有旅游学院等16个整建制学院和8大学科实验平台。4月14日，中山大学与珠海市人民政府为加强新型战略合作签订补充协议，提出中山大学珠海校区为市校双方共建共有共赢，完善珠海校区科研设施及周边配套设施建设。涉及加快推进金唐东路建设、建设共有产权房、建设“天琴计划”山顶激光测距平台，共建海洋实验室和附属妇儿医院，以及建设附属幼儿园等项目。

【暨南大学珠海校区】 2018年，暨南大学珠海校区设有6个专业学院、2个研究院，分20个本科专业和4个硕士专业学位授权点。拥有12个研究中心（所）和9个综合实验室（内含33个分实验室），其中，产品包装与物流防护实验室为广东省普通高校重点实验室，电气与智能控制工程技术中心为广东省工程研究中心，包装工程实验室、电气自动化实验室是珠海市公共实验室。有研究生55人，本科生5609人；其中留学生570人。有教职员工344人；其中，专任教师168人，正高职称22人，副高职称教师69人，博士生导师9人，硕士生导师50人。

【北京师范大学珠海分校】 2018年，北京师范大学珠海分校设有文学院等15个学院（部），涵盖8大学科门类的61个本科专业，形成以经济类、管理类及工科类等应用型学科为主体，教育类学科为特色，文学、艺术、法律、理学等传统学科协调发展的综合性学科布局。是年，在校生2.3万余人；新生中省外一本线以上学生占60%。

【北京理工大学珠海学院】 2018年，北京理工大学珠海学院新增无人驾驶航空器系统工程、数字媒体艺术、数据科学与大数据技术、翻译、智能科学与技术和金融数学6个专业，设有18个专业学院（教学部）61个本科专业，其中理工科专业34个，占比55.73%。有统招全日制本科在校生2.6万余人。学院专业结构基本对接通用航空、电子信息、智能制造、软件、化工、集成电路、智能电网、新能源汽车、物联网、大数据、3D打印等粤港澳大湾区重点发展的支柱产业。4月，学校被华人教育家大会评为“国际影响力独立学院”。5月，在2018中国民办教育领袖峰会上获评“改革开放40年最具影响力教育品牌”；在第十一届美国IDA国际设计奖（International Design Awards）比赛中，学院获2个组别金奖、3个银奖。

【吉林大学珠海学院】 2018年，吉林大学珠海学院设有9个教学、科研和管理机构，10大特色鲜明的学科专业群体系研究中心，分为24个二级学院、9大学科专业集群，58个本科专业，有全日制普通本科在校生3万余名。1月，与市海洋农业和水务局签署战略合作协议，共同开展智慧海洋、海洋经济、海洋环境保护与利用、海洋生物制药、海洋高端装备制造、滨海旅游与港口物流等领域研究，推动珠海海洋产业转型升级持续发展。5月26日，珠海市吉珠中小企业先进技术研究院在吉林大学成立。6月，与欧洲科学院院士、意大利特伦托大学教授Fausto Giunchiglia签订合作协议，建立Fausto Giunchiglia院士人工智能研究室。11月14日，物流管理与工程学院与南京奥派信息产业股份公司举行“教育部·奥派股份产学合作协同育人”项目——电子商务实验室实践条件建设项目揭牌仪式。

【遵义医科大学珠海校区】 2018年12月，经教育部和贵州省人民政府批准，遵义医学院更名为遵义医科大学。原遵义医学院珠海校区随之更名为遵义医科大学珠海校区。设8个教学院部系，9个本科专业，医学类专业在全国一半以上的省份实现一本招生，临床医学、口腔医学、护理学为国家级特色专业。研究生教育涵盖4个学科门类。有专任教师363人，校区教师中高级职称占57%，硕士研究生及以上学历占96%，有海外留学经历人员占15%，硕士生导师99人。遵义医科大学第五附属（珠海）医院是学校直属附属医院，设有37个临床科室、12个医技科室，在岗职工1248人，开放床位1439张，年门诊量超68万人次。11月10日，消化内科与中国工程院院士李兆申工作站签署合作协议。

【北京师范大学—香港浸会大学联合国际学院】 2018年，学院设有4个学部23个专业方向。11月15日，在第三届中德人工智能大会上，四维时代创始人、中德人工智能研究院院长崔岩与学院吴清辉校长代表双方签署战略合作协议，在实习、就业、科研、设立奖学金等方面展开合作。

【广东科学技术职业学院】 2018年，广东科学技术职业学院有珠海和广州两个校区，一体化管理，教职员工1320人，其中专任教师1050人。专任教师中，正高职称70人，副高职称270人，珠海市特聘学者1人。全日制在校生2.2万名。设有16个二级学院，广东省人才研究所、高职教育研究所、电子与信息技术研究所、软科学研究所4个科研机构。招生专业48个，其中国家骨干高职院校重点建设专业5个，央财支持建设专业2个。年内获“广东省高等院校对外交流与合作先进集体”、全国职业院校技能大赛高职组导游服务一等奖、中国机器人及人工智能大赛6项全国冠军。（李日虹）

【珠海城市职业技术学院】 2018年，珠海城市职业技术学院优化专业设置，新增2个专业，关停并转6个专业，招生专业数28个，理工科专业15个，专业直接对接珠海高端产业比例达到90%。各类在校生1.42万人，其中，全日制高职高专学生6200人，各类非全日制成人学历教育在校生约8000人。全年招生录取2396人，报到2120人，报到率88.48%。以珠海开放大学为载体开展各类培训，参训人数达2.1万人次。物流管理专业通过省重点专业验收。主持和参与国家教学资源库建设2项。电子信息工程技术专业通过IEET（中华工程教育学会）认证。与腾讯云计算（北京）有限责任公司、南京五十五所合作开展腾讯云创新工坊的现代学徒制合作项目。在第四届“互联网+”大学生创新创业大赛广东省分赛中获金奖。12月，学院完成省示范性高职院校终期验收。（谢王艳　杨凤莲）

【珠海艺术职业学院】 2018年，珠海艺术职业学院设有5大学科门类31个专业。学院面向全国20多个省、市、自治区招收普通高等教育、成人高等教育学生。拥有首饰工艺与设计、环境艺术设计2个省

2018年9月30日，珠海城市职业技术学院师生参观珠海移动智慧城市体验馆（珠海移动 供稿）

级品牌（重点）专业，音乐表演等8个校级特色（重点）专业。与广东长隆集团（珠海横琴）、香港中旅（海泉湾）温泉有限公司等知名企业共建校外实习就业基地。

（李日虹）

2018年3月13日，中银科创企业投贷联动直通车（珠海站）联动周启动

（市科技创新局 供稿）

科学技术

概　述

【概　况】 截至2018年底，珠海市通过高新技术企业认定的企业总数2055家。全市拥有省级以上新型研发机构12家；国家级工程研究中心4家，省级246家。科技企业孵化器总数33家，孵化器总面积75.5万平方米，在孵企业1298家，当年毕业企业113家。拥有广东省战略新兴产业基地5个。

【科技政策】 2018年，珠海市出台《科技创新促进高质量发展三年行动计划（2018—2020年）》，部署10个重点行动45项具体任务。制定出台《关于培育引进前沿产业独角兽企业若干政策措施（试行）》《珠海市产业核心和关键技术攻关方向项目实施暂行办法》《关于加强科技成果转化和产业化的若干政策措施》《珠海市创新创业团队和高层次人才创业项目管理办法》《珠海市科技信贷和科技企业孵化器创业投资风险补偿金资金管理办法（试行）》等，进一步优化完善创新驱动政策环境。

【科技计划项目】 2018年，珠海市地方财政科技投入45.48亿元，占本级财政支出7.9%，在珠三角九市排名第四名。下达高新技术企业申报后补助资金8350万元，对835家高新技术企业予以支持。下达2017年度市引进创新创业团队项目首期资助资金4756.5万元，对18个项目予以支持。（黄昭颖）

【产学研合作】 2018年，珠海市出台《珠海市科技创新公共平台专项资金管理办法》《珠海市院士工作站管理办法》。新增对初次认定的国家重点实验室、省级（企业）重点实验室、省级新型研发机构的奖励。对初次认定的市级院士工作站，一次性给予最高150万元建站经费资助。南方海洋科学与工程广东省实验室（珠海）挂牌。珠海复旦创新研究院注册。万山无人船海上测试场启动建设，并于年内正式启用。全市省级以上创新平台新增73个，总数累计379个。与创新紧密相关的生产性服务业发展加快，新增1家国家级工业设计中心。（罗雯雯）

【科技企业孵化器】 2018年，落实《珠海市科技企业孵化器管理和扶持暂行办法》，组织企业参加国家级、省级科技企业孵化器考核评价。珠海市新增省级孵化器4家、市级孵化器3家，省级众创空间2家、市级众创空间5家。出台《珠海科技创业天使风险投资基金管理办法》。设立5亿元政策性天使基金、2000万元省市联动科技信贷风险补偿准备金，扩大科技金融普惠面，增强对科技型中小微企业支持力度。（郑　敏）

【南方海洋科学与工程广东省实验室（珠海）建设】 2018年12月26日，南方海洋科学与工程广东省实验室（珠海）揭牌仪式暨理事会成立大会在珠海举行。该实验室由珠海市与中山大学合作组建，采取“一核心、多模块”的建设模式、“政府所有、大学管理”的管理模式，计划以海洋重大科学问题、共性关键技术和海洋基础公共平台为核心，建设8个基础研究和应用基础研究功能实验室，6个综合性集成创新中心，6个“海洋+”产业园区，引领全省海洋经济整体发展，形成陆海统筹、人海和谐的海洋发展新格局。（罗雯雯）

【科技成果与奖励】 2018年，珠海市登记科技成果84项，均为应用技术类成果。有3个项目获国家科技进步奖，其中，中国铁建港航局集团有限公司参与完成的“复合地基理论、关键技术及工程应用”项目获国家科技进步奖一等奖，珠海市魅族科技有限公司参与完成的“高磁导率磁性基板关键技术及产业化”和珠海亿胜生物制药有限公司参与完成的“我国原创细胞生长因子类蛋白药物关键技术突破、理论创新及产业化”项目获国家科技进步奖二等奖。有5个项目获广东省科学技术奖：珠海格力电器股份有限公司与珠海格力节能环保制冷技术研究中心有限公司的“双级压缩变容积比空气源热泵技术及应用”获省技术发明奖一等奖；中海石油深海开发有限公司牵头完成的“海洋水合物钻探装备研发和矿体识别技术创新及成功应用”项目获省科技进步奖一等奖；珠海市现代农业发展中心参与完成的“姜科园林花卉新品种研制及产业化关键技术”、广东省特种设备检测研究院珠海检测院和珠海市安粤科技有限公司共同完成的“自动扶梯安全检测成套关键技术研究与仪器产业化”，以及珠海格力电器股份有限公司完成的“多联机组风机流道系统研究及产业化应用”获省科学技术奖二等奖。（肖茜虹）

专利与知识产权

【专利数量】 2018年，珠海市专利申请31167件，比上年增长50.30%；其中发明专利申请13139件，实用新型申请15133件，外观设计申请2895件。专利授权17090件，增长36.24%，其中发明专利授权3452件，实用新型授权11174件，外观设计授权2464件。年末有效发明专利11739件，每万人口拥有有效发明专利量62.1件，排名全省第二位。

【知识产权保护】 2018年，珠海市印发《珠海市知识产权局2018年专利执法维权“护航”“雷霆”专项行动实施方案》《珠海市知识产权优势企业培育和认定工作方案》《珠海市专利资助管理办法》《珠海市专利行政领域红黑名单管理办法》。全年受理专利纠纷和涉嫌假冒专利案件51件，结案51件。5个专利项目获中国专利金奖，2个获中国专利银奖，20个项目获中国专利优秀奖，有中国专利奖获奖项目77个。5家企业通过国家知识产权示范企业认定，2家企业通过国家知识产权优势企业认定，有国家知识产权示范企业7家、国家知识产权优势企业7家。2家企业通过省示范企业认定，5家企业通过省知识产权优势企业认定，有省知识产权示范企业16家、省知识产权优势企业23家；10家企业通过市知识产权优势企业认定，有市知识产权优势企业97家。开展系列专利宣传与培训活动35场，培训5000人次，派发相关宣传资料1500册。（权 超）

2018年8月8日，青年选手在第七届中国创新创业大赛（广东珠海赛区）复赛暨珠海市“科创杯”创新创业大赛决赛上阐释参赛项目 （市科技创新局 供稿）

防震减灾

【概 况】 2018年，珠海市开展防震减灾示范城市创建活动；做好地震监测工作，及时跟踪核实地震宏观异常现象，调查、排除异常。完成各季度地震趋势分析报告，为领导决策提供基础数据。配合市应急办和市住规建局等其他职能部门开展全市公共安全风险分析及应急资源普查、《珠海城市总体规划》项目编制等相关工作，推进综合防灾减灾救灾能力建设。推进落实2个省防震减灾科普教育基地和8个全国综合减灾示范社区的创建工作，在全市范围内新建6个地震应急避难场所。

2018年10月24日，粤港澳大湾区气象发展规划研讨会在珠海市举行

（市气象局 供稿）

【防震减灾知识讲座与应急演练】 2018年，珠海市开展防震减灾系列活动。珠海市第八中学、九洲中学、紫荆中学等举办防震减灾知识讲座。斗门社区、横山社区、虹桥社区、夏湾中学、六乡中学等开展地震应急疏散演练。全市各中学3万余名学生参加省地震局、省教育厅和省科协联合组织的“5·12”防震减灾知识网络竞赛，67名学生在竞赛中分获一、二、三等奖。第三中学、第八中学、文园中学、九洲中学、紫荆中学等11所学校2万余名师生参加中国地震局、中国科学技术协会联合举办的“平安中国防灾科普文化影视季”活动。编印《防震减灾基本知识手册》5.5万册、宣传折页30万张分发到全市40多个单位、学校和社区。举办“地震应急救援志愿者培训班”，培训167名地震应急救援志愿者，并将其纳入到市地震应急救援志愿者队伍。（王 昭）

气 象

【气象现代化建设】 2018年，珠海市完成“风暴潮灾害预报预警项目”（十件民生实事之一）建设，风暴潮监测能力跃居全省气象部门最前列。在全国率先建成网络化X波段相控阵天气雷达系统，4台双偏振X波段有源相控阵天气雷达组网，与原有珠澳多普勒天气雷达协同观测，进一步提高各类气象灾害监测预警精准度。完成突发预警发布平台二期项目建设。基于大数据和GIS（地理信息系统）的手机短信全网靶向发布系统，在强台风“山竹”灾害防御和航展气象保障服务中发挥重要作用。在港珠澳大桥和珠海通用机场等重点区域增加能见度仪、云高仪等设备。在横琴、斗门等地新增GPS/MET水汽观测站、大气负离子监测仪、生物舒适度仪等设备，完善生态气象观测体系。

【气象监测与预报】 2018年，珠海气象台发布预警信号187次，其中台风预警19次、暴雨预警70次、雷暴预警61次，其他预警37次；发布决策短信339批，送达60.5万人次；发布重大气象信息快报70期。各类气象服务信息送达公众超过6.01亿人次。

【气象依法行政】 2018年，珠海市气象局梳理修订权责清单，合计行政职权41项（包括行政许可3项、行政处罚24项、行政强制3项、行政检查6项、行政确认1项、行政奖励1项、其他3项），相关事项录入“广东省政务服务事项标准化梳理系统平台”，并将“双公示”产生的数据及时推送至“信用中国”。

【气象服务】 2018年，珠海市气象局为桂山岛南方海上风电场、珠海港国际码头、横琴口岸及综合交通枢纽开发工程、珠海城际轨道拱北至横琴段工程等全市75个重大规划、重点工程和重要企业提供定制化气象保障服务。保障珠海航展、央视春晚珠海分会场表演等气象敏感类大型活动。气象行政许可

及相关服务事项下沉到各区气象服务站。各区气象服务站为大气治理、森林防火等提供个性化气象服务。灾害天气中，气象技术骨干到各区指挥一线现场服务。各气象服务站均加入区安委会。金湾区红旗镇三板村水产养殖气象服务被评为广东省优秀特色气象服务创新工作。

【防雷减灾安全监督】 2018年，珠海市开展防雷装置技术评价建（构）筑物2291栋，跟踪检测建（构）筑物1728栋，定期检测建（构）筑物1.27万栋，有效降低各类建筑物雷击风险。开展《广东省气象灾害防御重点单位气象安全管理办法》宣传活动33次。完成400家气象灾害防御重点单位排查，建立重点单位信息库，确定74家防御重点单位。

【气象合作】 2018年，珠海市与香港、澳门气象部门合作建立气象观测数据共享平台，建立恶劣天气信息通报、会商机制，为港珠澳大桥交通运营安全提供气象保障。针对粤港澳气象预警信号差异，提出恶劣天气大桥通行（封闭）方案，被采纳为三地政府大桥运营应急预案内容。与中山大学大气科学学院数值预报模式团队开展业务化合作，利用"天河二号"超级计算机运行精细化数值预报模式，为春晚珠海分会场提供精细化气象服务。由中山大学、澳门科技大学和珠澳气象部门共同参与的"珠江口区域多尺度强天气过程的动力学与预测研究"项目申报国家自然科学基金与澳门科学技术发展基金联合资助获批。

2018年10月31日，由广东省气象局和珠海市政府联合举办的"珠三角城市群台风防御研讨暨预报技术交流会"在珠海举行　　（市气象局 供稿）

【气象科普宣传】 2018年，珠海市气象新媒体壮大。气象视频直播受市民欢迎。气象微信公众号文章阅读率居全省气象部门前列。开展百场气象宣讲"七进"活动，气象防灾减灾和法律知识宣传讲座活动进学校、进农村、进社区、进企业、进工地、进机关、进部队计202场。派发宣传资料10万份。市民的防灾减灾意识强化。

【气象防灾减灾救灾综合能力】 2018年，珠海市在台风"山竹""贝碧嘉""艾云尼"等重大灾害天气过程中，市三防、教育、交通等部门通过突发事件预警发布平台，及时发布紧急动员令、停课消息、停航停运等综合应急信息，实现信息发布高效集约。手机短信全网本地发布系统首次投入运行、发挥重要作用，实现移动、联通、电信所有手机（含外地来珠）用户均可在珠海接收到全网短信。首次与广电网络集团合作实施台风信息走字幕"霸屏行动"，实现预警及综合应急信息在全市各频道滚动播报。利用微信、微博、今日头条等社交新媒体和直播平台，实现预报预警信息高频率更新、爆发式传播。

【珠三角城市群台风防御研讨暨预报技术交流会】 会议于2018年10月31日在珠海举行，由广东省气象局和珠海市政府联合举办。是省气象局首次与地方政府合作举办、粤港澳三地共同参与的关于台风防御的研讨会。会议总结"天鸽""山竹"等台风防御及预报预警工作的成功经验和不足，研讨珠三角城市群台风防御措施，提升全社会抵御气象灾害能力。中国工程院院士丁一汇，同济大学教授戴慎志和中央气象台首席专家许映龙作专题报告。粤港澳气象和防台风部门专家分享台风防御应对经验。

（杨丽蓉）

·责任编辑：曾维浩·

文 化

文化综述

【概　况】 2018年，珠海市制订《加快推进公共文化基层设施建设实施方案》。金湾区图书馆被评为国家一级馆。香洲区图书馆对外开放。13个文化站升级改造。推进28个市民艺术中心建设。市民艺术中心达54个。全市318个村居文化中心100%达到综合性文化服务中心标准。每万人拥有室内公共文化设施面积超过1600平方米。打造市区“十分钟文化圈”、西部地区“十里文化圈”。推进公共文化服务供给东西部均衡发展。编制完成《珠海市公共文化设施规划》《珠海市创建国家公共文化服务体系示范区工作方案》。推动市图书馆总分馆建设，构建公共图书馆服务网络。金湾区图书馆总分馆为广东省第一批图书馆总分馆试点。

【社会文化活动】 2018年，珠海市举办市民艺术节、滨海之声音乐会、青少儿艺术花会等品牌文化活动。市民艺术节涵盖赛事活动、艺术主题活动、群众文艺原创作品评选、优秀节目展演及惠民巡演4个板块，万人参赛参演，观众达20余万人次。第三十届青少儿艺术花会囊括戏剧、合唱、舞蹈、美术、书法等多个艺术领域，百余所学校的近万名学生参与，1100件作品参赛。“艺术课堂”开讲50余场。形成乐韵香洲、金湾航空艺术节、斗门区沙田民歌大赛等“一区一品”文化品牌活动。承办“同饮一江水”2018广东打工者歌唱大赛启动仪式暨送文化进企业惠民演出活动，为企业员工送上演出。市文联开展文艺展示月活动。

【公益电影】 2018年，珠海市以“一村一月一场电影”配置放映资源，推进放映单位开展设备更新，提高放映质量。全年农村电影公益放映1464场，完成任务100%，21.54万人次观影。其中：斗门区放映1212场、金湾区放映108场、万山区放映84场、高栏港区放映60场。播放《战狼2》《厉害了，我的国》《十八洞村》等影片。结合广东省面向特定人群观影活动工作要求，全市服务城镇环卫工人、残疾人士、孤儿、低收入居民等3468人次，每人观影不少于4场。

2018年9月23日，珠海市文联在珠海大会堂举办中秋诗歌朗诵会暨文联文艺展示月开幕式（市文联 供稿）

8月，电影开播前播放全国征兵宣传短片2800场，扫黑除恶宣传短片不间断播放。

公共文化服务

【概　况】 2018年，珠海市有市、区级图书馆（文化馆）8个，其中6个为国家一级馆。有镇（街）综合文化站24个，21个达到省一级站标准（其中17个镇街文化站达到省特级站标准）。318个村居文化中心100%达到综合性文化服务中心标准。每万人拥有室内公共文化设施面积超过1600平方米。全市市民艺术中心54个，建成39个开放，15个在建。

【图书馆】 2018年，珠海市有市图书馆、斗门图书馆、金湾图书馆和香洲图书馆（乐士馆），其中市图书馆、斗门图书馆和金湾图书馆为国家一级馆。全市图书馆接待读者193万人次，举办4·23“粤读越精彩”系列活动、“百馆荐书，全城共读”半小时活动、阅读推广走入校园、珠海文化大讲堂、播放优质视频讲座活动、选送优秀展览资源下基层、学校巡展等活动。

珠海市图书馆　占地面积3万平方米，建筑面积1.6万平方米，藏书总量125万册；全年完成新书采购5.6万册，新书上架3.35万册。征集地方文献733册；征订年度报刊1488种；接待读者119万人次，办理借书证9049个。图书外借39.58万册次，11.60万人次。为读者解答各类咨询3.11万例，其中免费远程传递文献3.11万篇。举办展览100场次，其中举办书画摄影艺术等展览46场次，科普展览（含巡展）12场次，接待参观35万人次。举办各类阅读推广活动294场。承办珠海文化大讲堂，邀请雷颐、韩竞生等10名知名专家学者演讲。

斗门区图书馆　建筑面积3081平方米。与市图书馆实行通借通还业务并建立总分馆制。2018年5月，实施读者积分信用制管理制度，取消滞纳金管理制度。全年外借图书（含电子文献）40.97万册次，接待读者20.75万人次。8月13日被国家文化旅游部评为“一级图书馆”。

金湾区图书馆　占地总面积3.97万平方米（含文化馆），藏书51万册，订阅年度报刊450种。馆内设有图书借阅厅、期刊阅览室、电子阅览室、读者自修室、少儿阅览室、少儿体验区、少儿活动室等功能室，有7台电子借阅机、3台少儿机。全年图书入库8.57万册次，办理读者证4574个，借阅纸质图书14.92万册次，归还纸质图书14.71万册次。举办各类全民阅读推广活动341场次。

【文化馆】 2018年，珠海市有珠海市文化馆、斗门文化馆、金湾文化馆以及香洲文化馆，其中市文化馆、斗门文化馆以及香洲文化馆为国家一级馆。全市公共文化场馆常年免费开放，开展文化艺术培训、讲座、沙龙、活动等有特色、有针对性、群众喜闻乐见的公共文化服务。市文化馆开设公益培训班42个，完成广场文化活动和下基层演出13场，百姓舞台演出130场，展览14期。各区利用区镇村基层文化基础设施，开展各类免费文化艺术培训及公益演出。全市镇街以上公共文化场馆开展群众文化活动3000场次。

【博物馆】 2018年，珠海市登记在册的博物馆8个，其中国有博物馆2个（珠海市博物馆和斗门区博物馆），非国有博物馆6个。至年底，市博物馆登记在册的文物藏品5559件（套），资料品8918件（套），其中，一级文物有清光绪唐绍仪“钦差议约全权大臣”银赏牌、民国八年“南北议和全权总代表”象牙印等15件；二级文物有民国十六年杨匏安烈士手迹《寄小梅》、1909年美国纽约首版容闳英文原著《西学东渐记》等250件；三级文物近千件。全年举行重要文物捐赠仪式7场，有巨幅国画长卷《大美珠海》、珠海市作家协会会员邓桥发特区文物资料、珠海县老干部潘孝基特区文物资料等捐赠仪式。市民孙志忠捐赠大批珠海特区早期开发建设老照片；珠海新古书店创办人付洪波捐赠1964年油印版民国8年（1919年）《广东中华新报选辑》、1929年《西洋史要》初版书；山猪坑知青代表捐赠1979年“学大庆学大寨群众运动”先进工作者奖状；中国致公党珠海市委员会金湾支部副主委刘昌言捐赠民国21年（1932年）唐绍仪题《中山县县政汇刊》等。持续一年的特区文物资料征集活动征集到相关特

2018年9月5日，珠海市第二届中国写意人物画高研班作品展在古元美术馆开幕。图为高研班画家合影　　（古元美术馆 供稿）

区文物资料、实物4000多件（套）。围绕珠海、香山、岭南历史文化，征集到鲍少游画作74幅，鲍俊、古元、关山月、黎雄才、赵少昂、方成、方人定等书画家代表作品多件。开展“5·18国际博物馆日”“文化和自然遗产日”年度主题活动，组织省、市文博专家到基层开展系列文物保护工作培训，制作《城市文脉——珠海市各级文物保护单位图片展》。

（李伟华　金　璐　张　茜　陶　俪　梁家亮）

【美术馆】 古元美术馆　以中国杰出的人民美术家、美术教育家古元命名的公益性公立美术馆。2018年，珠海市古元美术馆办展61个，其中馆内展览59个，赴外巡展2个，组织学术研讨会活动10次，接待参观人数超过20万人次。接受参展艺术家和团体捐赠各类艺术作品93件（其中国画45件、油画8件、版画7件、水彩画7件、陶艺2件、漆画1件、民间工艺品2件、综合材料2件、素描2件、书法15件、摄影2件）。使用专项经费收藏古元学生曹文汉珍藏的与古元相关的往来信札、名家撰写的纪念性文章、报刊图书等文献资料77件。

（李伟华）

珠海画院美术馆　2018年，举办《净土家园》吴国言中国画展、珠海女画家作品展、中国油画名家写生示范·珠海油画家作品展、第四届珠中江美术作品联展、“美丽斗门”美术精品展、珠海画家惠安写生作品展、珠海水原美术交流展、北江渔歌——大塘写生作品展、第四届中国珠海舒童美术粉画邀请展、第三届珠海青年美术作品展、第六届珠海美术双年展等。全年展览100位艺术家900余幅油画、国画、水粉画、写生、书法作品。全公益展览，接待5000人次观展。

（周晓楠）

文艺创作

【文　学】 2018年，珠海作家在刊物发表（出版社出版）200余篇（部）文学作品。耿立的散文《向泥土致敬》获第七届全国鲁迅文学奖提名奖。卢卫平的组诗《一万或万一》获中国作家协会诗歌委员会、四川省作家协会主办的首届草堂诗歌奖年度实力诗人奖。陈继明的长篇小说《七步镇》在《十月》发表后由人民文学出版社出版，获《十月》年度长篇小说奖，中篇小说《母亲在世时》在《湘江文艺》发表后被《中华文学选刊》第十二期转载。陈维的小说《肩膀上的黄大仙》获广东省作家协会主办的首届“广东好童书”奖。裴蓓的中篇小说《水击三千里》在《芒种》发表后被《小说选刊》第九期转载并入选年度中国文学排行榜。

【美术·书法】 2018年，珠海市美术、书法作品获省以上奖项或入展国家级展览18项。刘文伟、李真真创作的油画《高原之魂（六）》入展中国美术家协会主办的2018首届中国大芬国际油画双年展。曲湘平创作的国画《我们像葵花》入展中国美术家协会主办的“国风盛典——首届全国中国画作品展”。王春华创作的油画《郭家沟之一》入展中国美术家协会主办的纪念何香凝先生诞辰140周年暨首届“香凝如故”全国美术作品展。马丁创作的水彩画《余热》入展中国美术家协会主办的首届中国深圳国际水彩画双年展。陈晓华创作的国画《铿锵玫瑰》入展中国美术家协会主办的“入蜀方知画意浓”全国美术作品展（中国画）。朱建中创作的水彩画《蛟龙》、罗灵创作的油画《重返得胜河》获广东省教育厅、广东省美术家协会主办的首届广东省美术教师作品展（高等院校类）一等奖，叶又绿创作的水彩画《再生》获二等奖。黄远立创作的国画《山那边》获广东省教育厅、广东省美术家协会举办的首届粤港澳大湾区高校美术作品展暨第三届广东省高校美术作品学院奖双年展二等奖。张秀清、朱建中创作的水彩画《集市归来》《穿牛仔裤的女孩》获首届粤港澳大湾区高校美术作品展暨第三届广东省高校美术作品学院奖双年展二等奖。珠海市书法家协会杜为行书作品《王文治论书诗》、周志华草书作品《李白夜泊牛渚怀古诗》入展中国书法家协会主办的全国第三届大字书法艺术展。朱起明行书作品《邓千江望海潮词》获广东省书法家协会主办的广东省第六届“南雅奖”书法篆刻展金奖。

【戏剧·曲艺】 2018年，珠海市戏剧曲艺获省以上奖项或入选国家级展演15项。苑文茜创作、梁晓博表演的评书《九月九的酒》应邀参加中国曲艺家协会举办的第三届“走马杯”讲好中国故事曲艺展演活动并获优秀节目奖。吴伶创作并与陈金勇、吴昇煌、宗妮、刘军冈共同表演的情景快板书《草地夜话》获第四届广东省曲艺大赛（非职业组）节目一等奖，吴伶获表演一等奖；该节目还获得广东省文化厅举办的第九届群众戏剧曲艺花会金奖。张林枝、黄少飞创作，黄少飞表演的粤曲说唱《海魂》获得广东省第九届群众戏剧曲艺花会金奖。吴东梦表演的《焚香记》之《打神》、刘继军表演的《伶仃洋》之《葬海》获广东省第九届中青年戏剧演艺大赛银奖。梁晓博表演的评书《雪山上的小太阳》获第四届广东省曲艺大赛（非职业组）节目二等奖、表演二等奖。胡皓童表演的京剧《慈母情》获第九届广东省少儿戏曲小梅花荟萃活动“银花”奖。付钰涵表演的评书《雪山上的小太阳》获第十二届广东省青少年曲艺“明日之星”选拔赛二等奖。

【摄影·影视】 2018年，珠海市摄影、影视作品获省以上奖项或入展国家级展览25项。其中，张建林的摄影作品《文明坐车》入选中国摄影家协会主办的中国第十七届国际摄影艺术展览和深圳国际摄影大赛。黎彤的摄影作品《筑梦蓝天》入选中国摄影家协会主办的“我们时代的筑梦英雄——中国梦”主题摄影征集。周萍的摄影作品《绿叶对根的情意》入展第十八届平遥国际摄影大展。朱泽辉的摄影作品《珠港澳大桥宣传视频》获广东省摄影家协会举办的广东省第二十七届摄影展览（多媒体类）银奖。组织第三届大湾区“城市·美好生活”微电影大赛，评出《初二三班》为一等奖，《车祸》《保外遭途》《我是综治网格员》为二等奖，《衡》《声涛》《荔枝妈妈》《你好北理》《无法接触的爱》为三等奖。

【音乐·舞蹈】 2018年，珠海市音乐、舞蹈作品获省以上奖项（或在国家主要媒体播出，权威出版社出版）28项。李需民作曲的歌曲《雁儿飞》入选中国音乐家协会主办的“中国当代歌曲创作精品工程”、《中国梦》《路到哪里我到哪里》《雁儿飞》《桂花》《你和人民心连心》在中央电视台播出；《雨岭

2018年10月27日，珠深港澳粤曲交流（珠海站）展演　（市文联 供稿）

南》《丹顶鹤》分别获中央人民广播电台中国民歌榜排行冠、亚军。《著名作曲家李需民音乐专题》在中央人民广播电台经典音乐广播播出200分钟。李需民编著的《情感唤醒歌唱法》由中国社会科学出版社出版。刘和智作曲的歌曲《好老师》在中央电视台播出。在广东省音乐家协会主办的广东咸水歌（渔歌）歌会大赛中，蒋永君作词作曲的歌曲《绿梦·水乡》，黄华欢、蒋永君作词，黄华欢作曲的《阿妹有顶竹篾帽》获表演金奖。蔡景湛作词，左政华作曲，李思音演唱的歌曲《十月的村庄》入选广东省“唱响我们这四十年——庆祝改革开放40周年暨2018寻找广东好歌曲征集活动”优秀作品。廖一璇作曲的《警中姐妹》获国家公安部金盾艺术奖。夏炎彬作曲的合唱作品《天空》《林海老人》获教育部第五届大学生艺术展演（专业组）优秀创作奖。在“2018唱响中国”词曲展演盛典中，蒋永君作词作曲的歌曲《那滨岸，扬起出征的帆》，缪红鹰作词、蒋永君作曲的歌曲《因为有您》，刘博作词、蒋永君作曲的歌曲《不忘初心》，王红作词、蒋永君作曲的歌曲《奔向中国梦》获创作类金奖。谭甜编导的男子三人舞《敢为先》获广东省文联、广东省舞协举办的广东省第六届岭南舞蹈大赛铜奖。在广东省文联、广东省舞蹈家协会主办的第四届中老年舞蹈展演活动中，赵睿编导的女子群舞《老人院老人愿》获银奖，陈文静编导的女子群舞《那海·那鱼·那人》获铜奖。（陈　菲）

文化遗产

【文物保护】　2018年，珠海市实施文物保护单位及名人故居陈列馆保护利用工程，开展红色革命遗址保护利用行动，重点修缮和提升陈芳家宅、甄贤社学旧址、容闳故居遗址、万山海战遗址、拉塔石炮台陈列馆、杨匏安、苏兆征、林伟民等革命先驱及唐国安等名人故居和陈列馆。市政府公布第七批文物保护单位。全境核定公布334处文物点为珠海市不可移动文物，各级文物保护单位共73处，其中，国家级3处、省级23处、市级39处、区级8处。建立全市文物安全工作联席会议制度，明确政府各部门的文物安全责任，形成长效工作机制。搭建珠海市智慧文博云平台（一期），实现文物预防性保护、日常管理、保护工程、文物研究、文物利用的综合化、一体化管理与服务。推进历史文化名城申报工作，以香山古驿道（岐澳古驿道、长南迳古道）示范段建设沿线100处不可移动文物为重点，挖掘沿线历史人文及自然资源，为全省古驿道保护利用工作做好示范。

【非物质文化遗产】　2018年，珠海市有44项非物质文化遗产，其中4项国家级，16项省级，28项市级；斗门区19个，金湾区8个，香洲区6个，高新区7个，万山区3个，横琴新区1个。市级以上传承人28名，其中省级传承人12名，国家级传承人3名。有省级传承基地2个。市级传承基地由上年的10个增加到14个，区级传承基地由24个增加到32个，其中香洲区7个，高新区5个，斗门区15个，金湾区5个。

【文化和自然遗产日】　2018年6月3日，珠海市在野狸岛海韵城广场举行“文化和自然遗产日”系列活动启动仪式，展演粤剧、醒狮、鹤舞、粤曲、鸡山牛歌、前山凤鸡舞、装泥鱼工具现场编织、沙田民歌等进校园非遗项目，颁发第七批省级非物质文化遗产代表性项目名录、第五批国家级非物质文化遗产代表性项目代表性传承人证书等。3000余人参与该活动。各区4—6月举办2018年“文化和自然遗产日”系列宣传活动：斗门区6500人参与曲艺演唱会活动、培训班（沙田民歌、曲艺、粤曲）、非遗图片展、传习活动；高新区1.05万人参与“淇澳端午祈福巡游”“粤韵唐曲夜”——纪念唐涤生诞辰101周年戏曲晚会、非遗图片展；香洲区9100人参与非物质文化遗产培训班、文化遗产日宣传展示活动、沙田民歌邀请赛等活动；金湾区5000人参与非遗文化展示、展演、普及非物质文化遗产知识。

【珠海市公布第七批文物保护单位】　2018年2月10日，珠海市人民政府公布南屏康真君庙、翠微韦氏大屋、山场北帝庙、唐家广达唐氏祠堂群、那洲古氏大宗祠等古建筑18处，南屏碉楼、东岸绵始大楼近现代重要史迹及代表性建筑2处不可移动文物为第七批文物保护单位。至此，珠海市级文物保护单位达39处。

珠海市第七批文物保护单位

序号	类别	名称	地点	年代
1	古建筑	南屏康真君庙	珠海市香洲区南屏镇南屏社区西大街	清同治十年（1871）
2	古建筑	翠微韦氏大屋	珠海市香洲区前山街道翠微社区前山中和里二横巷5号	清同治十二年（1873）
3	古建筑	界涌陈氏大宗祠	珠海市香洲区前山街道界涌社区东闸街	清代
4	近现代重要史迹及代表性建筑	南屏碉楼	珠海市香洲区南屏镇南屏社区西大街一巷入口处	民国
5	古建筑	南屏郑氏家宅	珠海市香洲区南屏镇南屏社区西大街10号	清代
6	古建筑	前山刘思远堂	珠海市香洲区前山街道前山社区前山新城内	清光绪元年（1875）
7	古建筑	山场北帝庙	珠海市香洲区翠香街道山场社区	唐、宋、清
8	古建筑	北山保遐杨公祠（含澄川杨公祠）	珠海市香洲区南屏镇北山社区北山正街北四巷28号、北山正街北三巷8号	清代
9	古建筑	北沙卢氏孖祠（景福卢公祠、浚菴卢公祠）	珠海市高新区（唐家湾镇）北沙社区下北村79号	清光绪三十年（1904）
10	古建筑	唐家翠屏唐公祠	珠海市高新区（唐家湾镇）唐家村边山直街	清光绪二十七年（1901）
11	近现代重要史迹及代表性建筑	东岸绵始大楼	珠海市高新区（唐家湾镇）东岸社区大石街19号	民国二十二年（1933）
12	古建筑	官塘乡主庙	珠海市高新区（唐家湾镇）官塘社区官塘社区上埔北一巷4号	清咸丰三年（1853）
13	古建筑	会同祠及古建筑群	珠海市高新区（唐家湾镇）会同社区下横街	清代
14	古建筑	那洲古氏大宗祠	珠海市高新区（唐家湾镇）那洲社区三村	清道光十八年（1838）
15	古建筑	唐家翘卿家塾	珠海市高新区（唐家湾镇）唐家村大同路5号	清代
16	古建筑	上栅梁氏大宗祠（昌远梁公祠、聪进梁公祠）	珠海市高新区（唐家湾镇）上栅社区三村	光绪十七年（1891）
17	古建筑	上栅乡约祠	珠海市高新区（唐家湾镇）上栅社区泰兴巷1号	清光绪十二年（1886）
18	古建筑	上栅易初卢公祠	珠海市高新区（唐家湾镇）上栅社区上栅大街56号	清光绪二十一年（1895）
19	古建筑	唐家古围墙	珠海市高新区（唐家湾镇）唐家山房路	明末
20	古建筑	唐家广达唐氏祠堂群	珠海市高新区（唐家湾镇）唐家山房路	清代

修复后的长南迳古道。2018 年 12 月 31 日拍摄　（朱　见　摄）

【长南迳古道修复开放】 2018 年 10 月 1 日，承载珠海及澳门交通发展史的南粤古驿道——长南迳古道经修复后向游客开放。古道长 6 千米，连通唐家湾官塘村与前山东坑村，南北贯穿凤凰山，开凿年代不详，古道边有“雍正三年佘非凡重修长南迳”摩崖石刻，记录重修长南迳古道的经过。佘非凡是雍正年间官塘村人，因女儿嫁东坑村而出巨资重修，以方便亲人间走动。

文化产业与文化市场

【文化产业】 2018 年，珠海市安排文化创意产业发展专项资金 1284.28 万元，用于资助创新、创业、公共平台、奖励、贷款贴息等项目和入园成长性文化企业房租补贴。产业集聚逐步壮大，布局更加优化。有 V12 创意产业园、金地动力港、金嘉创意谷、乐士文化区 4 个市级文化创意产业园区，吉莲 19 艺文空间、左右创意园、北山中西文化创意产业基地、珠海东方文化艺术交流与发展基地 4 个产业特色基地。珠海 V12 文化创意产业园获得年度省级文化产业示范园区创建资格。珠海金嘉创意谷文化产业创新创业服务平台入选文化和旅游部文化产业司年度“文化产业双创扶持计划”。珠海海泉湾度假区被认定为“第二批省文化旅游融合发展示范区”。举办 2018’广东（珠海）文化创意设计大赛，助推珠港澳文化创意产业合作。组团参加第十四届深圳文博会，获得“优秀展示奖”“优秀组织奖”。全市有文化创意产业经营单位近 3000 家。

【文化市场监管】 2018 年，珠海市开展各类专项整治和“以案施训”活动，出动执法人员 8420 人次，检查各类场所 3681 家次，其中检查娱乐场所 568 家次，网吧 678 家次，出版物经营店档 414 家次，印刷复制企业 274 家次，互联网文化经营单位 216 家次，取缔“黑网吧”19 家，扣押电脑主机 463 台、显示器 514 台，没收各类非法出版物 1547 册（份）、非法光碟 3600 张。受理投诉 160 件，回复办理 127 件。查办各类案件 142 件（其中简易程序 60 件，一般程序 82 件），办结案件 141 件，行政处罚 32.51 万元，没收非法所得 7.32 万元。市文化体育旅游局综合执法支队网络大队姚罗斌参加国家文化和旅游部随机抽考获广东省第一名。11 月，市文化体育旅游局综合执法支队办理的《珠海市傲某电子科技有限公司通过信息网络擅自向公众提供他人作品案》获评全省新闻广电（出版）行政处罚十佳案卷。

【文化创意设计大赛】 2018 广东（珠海）文化创意设计大赛由广东省文化和旅游厅主办，珠海市文化体育旅游局、广东省非物质文化遗产保护中心、广东文创联盟、珠海市文化产业协会联合承办，各地级以上市文化广电新闻出版局（文体旅游局）协办，5—12 月在珠海举行。大赛以“创意改变生活，文化提升品位”为主题。征集方向分为文博创意产品设计、非遗创意产品设计、地域特色文化旅游创意产品设计、广东文化创意设计大赛 LOGO 设计。收到全省各地文化部门选送并报组委会审核确定的文化资源项目 380 项、大赛标志设计参赛作品 296 件，符合参赛要求的文博、非遗、地域特色文化旅游创意产品设计参赛作品 1152 件。评出大赛标志最佳设计奖 1 名，优秀奖 4 名；文博、非遗、地域特色文化旅游创意设计产品一等奖各 1 名，二等奖各 3 名，3 等奖各 5 名，优秀奖 142 名。大赛期间举办文化创意设计讲座，大赛作品成果展暨粤港澳文化创意设计展示交流、合作对接、签约及颁奖等活动。

文化交流

【概　况】　2018年3月28日，文化和旅游部在珠海召开对港澳台文化工作会议。市文体旅游局协助配合各项工作，香港特别行政区民政事务局、香港康乐及文化事务署、香港西九文化区管理局、澳门文化局等港澳文化管理部门，9次率领港澳演艺、场馆、文化创意产业等方面负责人到珠海考察文化事业和文化产业发展情况，并与珠海市文化体育旅游局就珠港澳三地文化合作与交流项目进行探讨。市文化体育旅游局于7月、10月三次分别赴香港康文署、澳门社会文化司、澳门文化局商谈第五届马戏节和2018珠港澳合唱音乐会等合作项目事宜。全年开展对外和对港澳台文化交流活动43项，比上年增长139%。严格规范全市对外和对港澳台文化交流管理工作，强化区级文化管理部门属地责任。12月11日，召开珠海市对外和对港澳台文化交流业务工作会议。

【第五届中国国际马戏节】　2018年11月16—23日，由文化和旅游部与广东省人民政府主办，珠海市人民政府与广东长隆集团有限公司承办的第五届中国国际马戏节（简称“马戏节”）在横琴长隆举行，来自16个国家的25支马戏表演队、260名演职人员参演，为近4.5万名观众表演16场，其中11月11日在珠海市体育中心、12日在珠海市区（马戏文化大巡游）、13日在香港、19日在澳门举行4场文化惠民演出。

【珠海沙滩音乐节】　2018年10月1—2日，由珠海华发实业股份有限公司主办，珠海华发文化传播有限公司承办，珠海市文化体育旅游局和香洲区人民政府担任指导单位，在吉大海滨泳场举行。入场观众3万人次。除珠三角地区外，还有湖南、福建、上海、北京、新疆等地观众前来旅游观演。

【珠港澳合唱音乐会】　2018年12月28日，由珠海市文化体育旅游局、香港特别行政区康乐及文化事务署、澳门特别行政区文化局共同主办，在珠海大剧院举行。珠海大剧院成人合唱团、童声合唱团、香港圣乐团、香港新青年合唱团、香港弦乐团、澳门演艺学院合唱团、澳门少年合唱团等艺术院团共同组台参与，1500名观众到场观看。

（李伟华　全　璐　张　茜
陶　俪　梁家亮）

档　案

【概　况】　2018年，珠海市有国家综合档案馆4个（市档案馆、香洲区档案馆、金湾区档案馆、斗门区档案馆），专业档案馆1个（市城市建设档案馆）。专职档案工作人员67人，其中研究馆员2人、副研究馆员8人、馆员9人。各级综合档案馆馆藏档案59.01万卷（件），市文件管理中心保存归档文件71万件。档案馆建筑面积4.1万平方米。全年全市接收档案2.3万卷（件），编研档案资料8种，新增政务照片6479张，接待档案、资料利用者1.41万人次，提供档案利用5.22万卷（件）次。全年举办档案专题展览3个，接待参观档案展览7400人次。市档案馆全年组织接待100多个各类党组织以及各大、中、小学学生和社区居民5000人参观学习。11月29日，经评审，珠海市档案局（馆）为机关档案目标管理省特级单位。

【档案服务】　2018年，珠海市档案局（馆）参与拍摄市委、市政府主要领导重要公务活动、港珠澳大桥、第十二届航展、海丝论坛等重大活动360次，拍摄照片3万余张。香洲区档案局（馆）收集区重大活动照片2594张。斗门区档案局（馆）拍摄区重大活动照片300余张。市档案局（馆）编写《挖掘红色文化资源讲述档案背后的故事》等档案资政参考。编纂《珠海市大事记（2018年）》《红色珠中江——珠海、中山、江门馆藏红色档案史料及地情资料选编》。为《珠海经济特区好——珠海改革开放历史陈列展》《伟大的变革——庆祝改革开放40周年》《春天的故事》《大潮起珠江——广东改革开放四十周年》等展览和《国家记忆》《四十年四十个第一》等节目（纪录片）提供档案资料。服务经济社会发展，对全市56个重大建设项目档案工作进行动态跟踪。完成乾务赤坎联围四个水闸应急工程等项目档案专项验收。市档案局（馆）联合罗西尼表业有限公司承办国家档案局全国非公企业档案协作组（第二组）工作会议，联合市海洋农业和水务局推进农村土地承

2018 年 6 月 9 日，一名年近八十的党员观看《信仰的力量——中国共产党人的家国情怀》展览（市档案馆 供稿）

包经营权确权登记颁证档案工作。国务院扶贫办考评组评价对口怒江州东西部扶贫协作工作“档案资料详实规范，佐证真实有力”。以“档案服务进家庭”为抓手，推进家庭建档活动。

【档案收集】 2018 年，珠海市各级综合档案馆开展馆藏档案资源普查，全面、准确、细致掌握档案的数量和结构状况。市档案馆全年接收新增各类档案 1.34 万卷，将 27 类专题 32 余万件原生电子专业档案接收进馆；到北京、广州、上海、南京等地档案馆、图书馆查阅收集杨匏安有关档案资料 690 件，为杨匏安陈列馆展览提供档案史料。加大对《珠海新闻》等音视频档案在线采集力度，采集高清视频档案 5475 分钟。香洲区档案馆接收电子文件 500 余件、电子目录 4.6 万条。金湾区档案馆印发《关于做好全区档案移交进馆工作计划的通知》，全年接收档案 7863 卷、3996 件。斗门区档案馆接收档案文件 500 卷（件）。全市各级各类档案馆接收进馆档案及归档文件 11.98 万卷 12.07 万件。香洲区档案馆征集“迎接大桥时代”摄影大赛获奖作品 73 张、“2018 香洲巨变摄影大赛”作品 99 张。

【依法治档】 2018 年，珠海市档案局按照“执法与评估相融”，“施法与业务相合”的原则，采取“网上填报 + 现场评估”，开展档案行政执法调研检查和年度评估。以档案安全工作为重点，对 26 家单位进行现场检查评估。香洲区档案局处置 1 起档案丢失案件，并按《档案法》及有关条例的规定将案件移交区纪委监委处理，在全区通报，严格依法依规治档。金湾区档案局继续以《金湾区区直单位（镇）档案工作年度检查评估办法》和档案综合目标管理达标复查为抓手，把年检范围扩大到市驻区单位和区属国有企业，实现档案年检全覆盖。斗门区档案局为协助推动乡村振兴战略，联合区农业局和区民政局检查 127 个村居，对全区村居档案事业发展情况进行全面调查了解，基本摸清底数。在“12·4”国家宪法日宣传活动期间，通过播放档案法规公益广告、开展现场档案法治宣传咨询活动。

【档案业务督导】 2018 年，珠海市档案局以开展档案目标管理为抓手，深入地税拱北分局、横琴环建局、市编办等 30 家单位系统指导档案目标管理升级复查。金湾区档案局指派专人，分批上门对档案工作任务重、新建档及有档案移交任务的区属单位指导服务。斗门区加大对重点单位监督指导力度，全年为 70 多个区属单位提供服务。按照省委、市委统一部署，全市档案部门做好市、区两级机构改革中的档案处置工作，确保机构改革过程中档案的完整与安全。

【档案业务培训】 2018 年，珠海市档案局完善档案网络教育平台，培训珠海、中山、江门三地档案人员 6000 余人次，为南光集团等 20 家驻澳企业 100 多名档案人员提供网上业务培训。强化全市档案人员持证上岗制度，全年完成 280 名档案员《珠海市档案人员上岗证》年审工作。香洲区档案局举办两期档案业务培训班，培训 220 人次。金湾区档案局举办全区性档案工作会议，培训 150 人次。斗门区举办机关和学校两期档案业务培训班，培训 170 人次。

【档案安全管理】 2018 年，珠海市健全档案安全保密工作制度，完善应急管理机制，确保档案实体和信息安全。各级综合档案馆在强台风“山竹”来袭前及早部署防御工作，确保台风来袭期间档案馆库、实体、信息和人员绝对安全。金湾区档案局馆印发《金湾区档案局（馆）突发事件应急处置预案（修订）》，定期开展档案安全检查。斗门区档案局（馆）成立专职安全检查小组，实行一日一小查，一周一大查。

【档案馆舍建设】 2018年，珠海市香洲区、金湾区、斗门区档案馆新馆建设顺利推进，其中香洲区、金湾区基本完成新馆建设。

【大数据+档案】 2018年，珠海市档案局（馆）推进全市数字档案馆（室）一体化建设。香洲区数字档案馆基本建成。金湾区、斗门区数字档案馆完成项目招投标。珠海醋酸纤维公司、华发集团等单位数字档案室建设取得进展。将馆藏近3万条开放档案通过“数字政府”和智慧珠海平台实时共享，面向社会有序开放。推进档案全文数字化工作，其中市档案馆完成馆藏100万页新进馆公证档案的数字化工作，香洲区档案馆完成40万页档案数字化工作，金湾区档案馆完成34万页档案数字化工作，斗门区档案馆完成120万页档案数字化工作。

【跨省档案利用合作】 2018年，珠海市档案馆打破地域和馆际界限，首次与杭州市档案局（馆）开展跨省档案利用合作，将珠海市档案馆馆藏14.8万卷民生档案按规范要求向杭州市民提供，珠海市民亦可通过珠海市档案馆申请查阅保存在杭州市档案馆的部分民生档案。

【国际档案日】 2018年6月9日为国际档案日，珠海市档案局（馆）推出《信仰的力量——中国共产党人的家国情怀》档案展览，以中国共产党人坚守信仰为主线，集中展示老一辈无产阶级革命家在新民主主义革命时期和建国初期舍家为国的高尚品格与情怀。香洲、金湾、斗门区档案局（馆）以“档案见证改革开放”为主题，以展板宣传、趣味活动、知识问答和向市民派发资料等形式，开展宣传活动。

【红色档案文化进校园】 2018年6月11日，珠海市档案局（馆）开展“红色档案文化进校园”“寄存青春梦想·守候成长华章”主题活动，将红色主题档案展览《红星照耀中国——外国记者眼中的中国共产党人》送进香山学校，现场向师生发放《小红的兰台奇遇记》漫画读本、家庭建档专用档案盒、《珠海市家庭档案建档指南》。7月26日，共青团珠海市委员会、珠海市学生联合会组织香港杰出学生大湾区学习交流团一行60人到市档案局馆参观。10月21日，珠港澳大学生领袖交流营80人到市档案馆，了解珠海历史文化和珠海经济社会发展成就。

【留守少儿走进档案馆】 2018年8月9日，广东省第九届留守少年儿童珠海市福彩夏令营100名农村留守少年儿童和异地务工人员子女到珠海市档案馆，参观《走进珠海》档案文献展览和《信仰的力量——中国共产党人的家国情怀》档案展览。市档案（局）馆负责人接待了孩子们。讲解员给孩子们进行了细致讲解。（周晓文　张鼎鑫）

地方志

【概　况】 2018年，珠海市出台《珠海市关于推进修志编鉴扩面提质工作的意见》《珠海市开发利用自然村落普查资源助力乡村振兴战略工作方案（2018—2020年）》。印制发放《广东省地方志工作条例》3000册，组织全市有关单位学习，并开展网络、微信宣传活动。完成省、市政务服务平台（地方志部分）集约化改造提升。

【地方志书编修】 2018年2月，珠海市召开地方志工作会议。香洲、金湾、斗门区地方志办公室主任、各功能区及市直相关单位负责地方志工作的50余人参加。年内，市交通运输局、公交集团展开部门志编修。高新区淇澳村、会同村开展村志编修。高栏港经济区入选省第三轮修志试点单位。《高栏港经济区志》形成初稿。《北山村志》入选“中国名村志文化工程”。

【地情资源开发利用】 2018年，珠海市地方志办公室在全省率先完成自然村落历史人文普查。《全粤村情（香洲金湾卷）》《全粤村情（斗门卷）》在全省第一批次出版。开展普查资源开发利用工作，编印《珠海村情地图手册》。联合《珠海特区报》刊发《珠海风物志》“春习俗”“夏秋习俗”“冬俗”“走进翠微村的前世今生”等专版5个。开展“多彩乡村　情系故里”主题教育实践活动，推介特色自然村落。助力广东名村系列、广东乡村集萃系列丛书编纂，香洲区编纂完成

《香洲村情》，金湾区编纂完成《金湾村情》，斗门区编写完成《斗门百村》。

【史志鉴资料征集创新】 2018年，珠海市委党史研究室（市地方志办公室）为减轻各供稿单位工作量，避免资料的重复提交，采取“三稿（地方志年报资料、年鉴编纂资料、党史资料）合征”模式发文征稿。为贯彻落实《广东省地方志工作条例》，推进征集工作，于12月18日举办珠海市史志鉴资料年报业务培训会议。市史志专家库专家、全市各区（经济功能区）及市直各有关单位党史联络员，地方志资料年报、年鉴供（撰）稿人员150人参加会议。来自广东省地方志办公室、深圳、中山的省史志专家库专家作专题讲解。

【综合年鉴编纂】 2018年，珠海年鉴编辑中心完成《珠海市情·2018》《珠海年鉴·2018》的编纂出版；完成《广东年鉴·2018》和《粤港澳大湾区年鉴·2018》珠海部分的组稿任务。由香洲区档案局（方志办）编纂的《香洲年鉴·2018》、金湾区档案局（方志办）编纂的《金湾年鉴·2018》、斗门区史志办编纂的《斗门年鉴·2018》均在年内出版。8月28日，省年鉴质量评价工作领导小组办公室通报表扬73部优秀年鉴，《珠海年鉴·2017》获评（地市级以上）二等优秀年鉴，《金湾年鉴·2017》获评（县区级）三等优秀年鉴。

【史志编研】 2018年，珠海市地方志办公室与珠海留学博物馆合作编写出版地方史读本《先行者容闳》，举办纪念容闳诞辰190周年座谈会，弘扬“留学生之父”容闳的爱国精神。编撰完成《新时期珠海留学实录》，以《珠海史志》增刊形式印发。编撰《珠海商贸史料汇编》《珠海概览》。参加省地方志理论研讨，参选论文2篇获二等奖、3篇获三等奖。市地方志办公室获评2018年全省地方志理论研讨活动优秀组织单位。全年在省、市期刊发表史志论文11篇。

会同村村史馆 （珠海高新区文化中心 供稿）

【地情网建设】 2018年，珠海市地情网发布各种信息260条、图片180张。网站访问量累计达580万人次，综合排名位居全省同类网站前列。按照上级部署，完成3个行政区地情网的关停迁转工作。

【方志馆建设】 2018年，珠海市地方志办公室推进珠海市方志馆筹建。香洲、金湾两区方志馆主体工程完工。高新区新建唐家村史馆和会同电影小馆。原有会同村史馆升级改造。

【《粤港澳大湾区年鉴》2018年卷组稿会】 2018年2月1—2日在珠海召开，会议由珠海市地方志办公室承办，广州、深圳、珠海、佛山、江门、东莞、中山、惠州、肇庆及香港特别行政区的50名志鉴编修人员参加。省人民政府地方志办公室党组书记、主任陈华康，珠海市副市长阎武出席并讲话。陈华康对组稿工作提出三点要求：高站位编好年鉴，服务好国家发展战略；系统谋划，打造精品年鉴；加强协作，共同挖掘区域年鉴的社会价值。 （吴海华）

新闻出版·广播电视

【概　况】 2018年度，珠海市审批一次性内部资料出版物63宗、审批连续性内部资料出版物34宗；办理印刷企业新设立5家、变更14家、注销6家，完成327家印刷企业的年度报告公示工作。境外一般性出版物来料加工审批32宗、印件加工备案4宗。市版权服务中

心受理版权登记237件，作品变更1件。（李伟华　曾　兵）

【珠海报业传媒集团】 2018年，拥有《珠海特区报》《珠江晚报》、珠海新闻网、珠海杂志社、珠海俏丽杂志社、珠海百年电子音像出版社等。控股公司下设报业广告公司、印务公司、发行公司、文化传播公司等9家公司。调整优化《珠海特区报》《珠江晚报》版面。《珠海特区报》以打造新型都市化党报为目标，《珠江晚报》面向家庭、服务社区，围绕民生、服务、家园，为市民提供贴近的新闻、亲和的服务。在第二十八届中国新闻奖评选中，《珠江晚报》消息《创造港珠澳大桥的"极致"》获中国新闻奖一等奖。在3月举办的广东省2017年度新闻奖评选中，9件作品获奖，其中2件作品获得广东新闻一等奖。

宣传报道　所属"两报一网"开设"学习贯彻落实习近平总书记视察广东重要讲话精神""深入学习贯彻党的十九大精神""不忘初心、牢记使命""贯彻十九大精神·新时代新气象新作为""壮阔东方潮　奋进新时代""学习进行时""新时代新思想新征程"等专栏，组织系列报道、理论文章，全面反映珠海学习贯彻习近平总书记重要讲话精神和党的十九大精神的新思路新举措新成效，营造浓厚舆论氛围。围绕全市工作大局，聚焦建设"新珠海、新经济、新生活"策划主题宣传，重点宣传港珠澳大桥建设、改革开放40周年、第十二届航展、"思想大解放、作风大转变、效率大提升"、珠海人才新政等，为推动新时代珠海"二次创业"提供舆论支持。

融媒改革　以大数据和人工智能为发力点，推动媒体融合发展。"口岸融媒"项目启动。"珠海特报APP"3.5版本上线，用户装机比上年增长20.3%。珠海特区报微信公众号粉丝增长59.34%。珠海邻新闻微信公众号粉丝增长10.01%。所属新媒体平台用户超过500万，立体传播体系逐渐形成。珠海报业推出的"珠海英才计划身价计算器"H5产品24小时点击接近40万。融媒产品《我为港珠澳大桥完成了"深海穿针"》获评中国新闻奖融媒互动奖项三等奖。珠海特区报社获中国报业协会颁发"中国报业融合发展创新单位奖"。

多元发展　利用"两报一网一端两矩阵三社"的立体化传播平台，打造纸媒+新媒体、政务服务+活动策划等多位一体的全媒体营销业务形态。培育拓展发行物流、政务服务、电子商务、物业租赁、数字出版、户外媒介、媒体信息技术服务等"报业+"产业，提升产业发展活力。全年策划"房车展""感知珠海"主题摄影大赛等品牌会展活动60余个。（赵　芳　张中定）

【珠海广播影视传媒集团】 2018年，以珠海广播电视台为依托，深化体制改革。拥有2个电视频道：新闻综合频道（ZHTV-1）和公共频道（ZHTV-2），开办《珠海新闻》《新闻121》《微评身边事》《贝壳网事》《湾区会客厅》等栏目。拥有3个广播频率：FM95.1、FM87.5、FM91.5，开办《早安珠海》《市民热线》《百姓交通台》等节目。拥有珠海网络电视台，为CUTV（城市联合网络电视台）成员。在3月举办的2017年度广东省广播影视奖评选活动中，26件作品获广播影视奖或新闻奖，其中一等奖6件。珠海广播主持人谢竹平获广东省第十三届新闻金话筒奖。珠海电视新闻主持人桂嘉晨在10月30日揭晓的"全国好记者讲好故事"演讲比赛活动中获"最佳选手"称号。

宣传报道　全面贯彻党的十九大精神，深入宣传习近平新时代中国特色社会主义思想，推出"学习贯彻落实习近平总书记重要讲话精神""在习近平新时代中国特色社会主义思想指引下——新时代新作为新篇章""壮阔东方潮　奋进新时代""学习贯彻习近平总书记重要讲话精神·一把手访谈""学习进行时"等多个专题专栏，并在全国"两会"、省"两会"、市"两会"和习近平总书记视察广东发表重要讲话等时间节点全面强化深入宣传新思想、新时代，全方位营造学习贯彻落实的浓郁氛围。

节目改版　3月28日，珠海广播电视台推出新一轮改版。新推评论性栏目《微评身边事》和融媒体栏目《贝壳网事》。珠海电视新闻综合频道晚上黄金时间全年收视率比上年提高35%，改版后晚上8时至8时30分收视率提高18%。《珠海新闻》全年收视率增长7%，市场份额提高12.7%。珠海广播三档新闻栏目每天时长一个多小时，收听市场份额持续提升。3个广播频率在珠海地区占有市场份额达到71.2%。

融媒发展　市财政投入2000万元建设的珠海广电融媒体中央厨房和新媒体平台11月底交付使用。珠海广电新媒体平台包括珠海网、贝壳珠海APP、ZAKAR珠海频道、多个微信公众号和多个官方微博，新媒体矩阵总粉丝量超百万。5月20日H5产品《二次创业谁是尖兵？》浏览量超过200万次。10月23日配合港珠澳大桥通车运营的4个原创H5短视频产品点击量接近900万次。

对外宣传　承担扩大对外宣传任务，全年送广东广播电视台播出珠海新闻超600条，中央电视台80条，其中《新闻联播》10条，中央电台200条。港珠澳大桥通车当天及第十二届航展举行期间，配合中央电视台和广东电视台进行长时间现场直播。为庆祝改革开放40周年制作的专题纪录片《情侣路》，12月初在全国40多家城市电视台黄金时间同步播出。

（何　玲）

【安全播出保障】　2018年，珠海市督促广电系统梳理安全播出、网络安全、安全生产、设施安全，做到认清责任主体，专人负责，月月有检查，有记录，有图片，有存档。市文化体育旅游局发挥行业管理效能，督促完成广播电视新闻报道、节目制作、公益广告播放，配合有关部门做好网络安全、禁毒、艾滋病防治、结核病防治、电动车“正源清违”、安全生产万里行的正面宣传。组织完成各大重要敏感时期安全播出保障工作，督促广播电视、广播电视网络实施抽查、24小时值班、“零报告”等安全播出制度落实，保证全市广播电视安全播出无异常、无事故。

【“黑广播”查处】　2018年，珠海市按照省新闻出版广电局统一部署，联合市公安、国安、无线电管理部门严格查处“黑广播”、非法卫星地面接收器。6月21—22日，市文化旅游市场综合执法支队联合万山区万山镇人民政府、文化中心、城市管理部门开展查处非法安装、使用卫星电视地面接收设施的专项整治行动，对大万山村、东澳村商家、宾馆、民房等进行排查摸底，发现29户业主擅自安装、使用卫星电视地面接收设施。执法人员对业主进行教育并发出执法检查告知函。其中，大万山村18户业主自行拆除了卫星电视地面接收设施。

【软件正版化】　2018年，珠海市成立“珠海市推进使用正版软件工作联席会议办公室”。市版权局举办各区及督办企业软件正版化工作会议暨培训班、市属国有企业使用正版软件工作培训班、市直各机关单位软件正版化工作会议暨培训班和版权执法培训班，通过培训和会议部署解决和回答版权管理中的新情况、新问题。

【印刷企业】　2018年，珠海市按时完成年度报告公示的印刷企业327家，其中出版物印刷企业17家，规模以上重点印刷企业（年印刷总产值超过5000万元）22家，占全市印刷企业比例为6.73%，主营业务为包装、商标、纸箱印刷。全市印刷企业营业收入达160亿元，从业人数1.51万人。12月6日，珠海市印刷协会创办的珠海市印刷产业集群网启动。

【图书销售】　珠海市新华书店　2018年，全年销售图书9258万元。参与社会公益活动，创新公共文化服务供给模式，提升公共文化服务效能，推动全民阅读。在“4·23世界读书日”期间，联合市图书馆举办“你选书，我买单”免费借阅活动，为读者构建个性化服务平台。开展“朗读者计划”，鼓励更多的读者参与阅读，进一步推广阅读；承办2018南国书香节珠海分会场，通过开展主题书展、名家讲座和趣味文化活动等，吸引22万人次参与。

阅·潮书店　2018年扩大经营规模，1月在会同莫氏大宗祠开设会同店；3月开设圆明新园店，4月开设四季店，5月开设梅华店，6月开设市机关大院店。全年经销图书5万种，客流量达100万人次。年内组织作家见面会、文化沙龙、公益活动、读书和亲子活动700场次，参与承办南国书香节。

文华书城　2018年图书销售额6438.93万元，图书12.5万种。

【全民阅读】　2018年，珠海市以“新时代，心悦读”为主题推广全民阅读，创建书香社会。4月23日世界读书日前，在媒体发布全民读书倡议书，印制宣传海报和宣传册页，在学校和各种公共场所张贴、发放。开展“都来读书吧”“共读一本书”、新书签售会、作家讲座演讲、少儿故事分享会、亲子读绘本、青少年阳光课堂等活动。新华书店举办“你选书，我买单”活动。读者在珠海书城、湾仔沙书城、新华书店天虹店、书笙馆替图书馆选书、借书，由图书馆买单作为藏书。开展名家讲座进校园活动。组织儿童文学作家到全市中小学举办读书巡回讲座，丰富校园读书生活。

（李伟华　曾　兵）

·责任编辑：曾维浩·

卫生·体育

卫　生

【概　况】　2018年，珠海市常住人口出生29655人，人口自然增长率12.41‰，出生人口性别比111.02，围产儿出生缺陷检出率为163.97/万。婴儿死亡率为2.45‰，孕产妇死亡率为9.79/10万，低于全国、全省平均值。户籍人口人均寿命期望值为82.6岁。无甲类传染病报告，乙类传染病报告发病率397.36/10万。居民主要健康指标接近发达国家水平。

全市拥有各类医疗卫生机构838个，其中医院45家（三甲医院3家）、妇幼保健机构2家（三甲1家）、专科疾病防治院1家；基层医疗卫生机构761个、专业公共卫生机构26个、其他卫生机构6个；民营医疗机构513家，占61.22%。全市6所公办三级医院中4所达到三级甲等。全市医疗卫生机构在岗职工2.22万人，其中执业（助理）医师7090人，注册护士8152人，医护比1∶1.15。实有病床数9899张。全市每千常住人口拥有执业（助理）医师3.75人、注册护士4.31人，每千常住人口病床5.23张，高于全国和全省平均水平。紧急医疗救援中心1个，疾病预防控制机构1个，卫生监督机构3个，中心血站1个。

【医疗服务】　2018年，珠海市诊疗1749.04万人次，出院33.13万人次；院前急救调度3.90万人次，救治3.21万人。全市各类疫苗接种率均达99%以上。18岁及以上人口高血压和糖尿病规范管理率分别为71.37%、71.82%，严重精神病障碍患者规范管理率85.95%，达到国家要求。

【健康城市建设】　2018年，珠海市印发《2018年珠海市建设健康城市细胞工程工作方案》《关于开展2018年健康镇村创建工作的通知》，明确“健康细胞单元”建设和健康镇村创建工作任务。组织召开全市健康城市工作研讨会、2018年建设健康城市健康村镇培训班。完成“全国健康城市评价指标体系（2018版）”预评价工作。发动所有区申报创建“广东省健康促进区”，各区镇创建“广东省健康促进示范单位”。全年建成6个健康镇、58个健康村和社区、机关、

2018年5月16日，珠海市举办健康城市、健康村镇培训班

（市卫生健康局 供稿）

学校、医院、宾馆、餐厅、景区（点）、商场、市场、企业等10类“健康细胞单元”127个。

【基层医疗】 2018年，按照《珠海市全科医师规范化培训和管理暂行办法》，每年补助1.2万元/人，提高全科医生待遇。推进优质资源下沉基层，完成每年两批的帮扶工作。各三级医院向基层医疗机构派出技术帮扶人员84人，参加日常医疗和管理工作。派出957人次数专科医生下基层。全市建立325个家庭医生服务团队，与83.9万居民签订家庭医生式团队服务协议，签约率50.01%；与34.35万（重点人群）居民签订服务协议，签约率79.17%，超过国家和省的要求。建立居民健康管理制度，建立统一动态管理的个人健康电子档案136.16万份，建档率81.29%。

【医疗基础建设】 2018年5月2日，广东省中医院珠海医院新住院大楼投入使用。6月27日，珠海市西部医疗中心、珠海市慢性病防治中心建设项目启动建设。12月8日，珠海市妇幼保健院（珠海市妇女儿童医院）易址新建项目封顶。12月27日，斗门镇中心卫生院新综合楼启用，高六层，设100张病床，服务周边10万居民。珠海市人民医院工会康复医院、珠海市口腔医院、珠海市紧急医疗救援中心易址新建项目启动。珠海市人民医院北二区科研综合楼项目（康复医学中心）立项获审批。横琴新区医院完成立项招标，按三甲综合医院标准建设，规划床位500张。

【公立医院改革】 2018年，珠海市落实分级诊疗制度，优化整合家庭医生团队签约、基本医疗门诊统筹签约和“两病”（糖尿病、高血压）分级诊疗签约，实现“三约合一”。全市建立325个家庭医生服务团队，签约率50.01%。制定全市第一批扩大分级诊疗病种目录并征求意见。完成“两病”分级诊疗的第三方评估工作。制订《珠海市推进健康服务联合体建设工作方案》，全市三级医院参与健联体建设，基层医疗机构实现全覆盖。完成二级以上公立医院绩效考核评价工作。三级医院基本制定章程初稿，规范内部治理结构。实行市属公立医院预算管理，强化总会计师制度。理顺医疗服务比价关系，完成第二轮888项医疗服务价格调整。制订公立医院薪酬制度改革试点方案，完成市直属公立医院院长绩效考核。完善药品耗材集中采购制度。开展通用耗材和专科医用耗材统一配送改革。6月28日，完成珠海市药品和医用耗材管理职能移交。推进医保支付方式改革，1月开始实施病种点数法付费改革，建立以按病种分值付费为主的复合型支付方式。推进异地就医直接结算，政策覆盖所有参保人群，43家定点医疗机构接入国家和省异地就医结算系统。开展重点药品监控和医疗费用通报工作，控制医疗费用不合理增长。建立医疗机构不良计分“黑名单”制度和违法违规行为信息公开制度，信息系统覆盖所有二级以上医院，公立基层医疗机构80%联通。

【医政管理】 2018年，珠海市学习和贯彻《医疗纠纷预防和处置条例》《医疗质量管理办法》，9月和12月分别完成二级及以上公立医院医疗质量和医疗安全综合检查和医疗质量巡查。4月成立全市首个医院感染管理质量控制中心，

2018年1月26日，珠海市在中山大茅岛举行第六十五届国际麻风节慰问活动 （市卫生健康局 供稿）

挂靠在中大五院。下半年成立市胸痛中心质量控制中心、脑卒中医疗质量控制中心和脊柱外科微创质量控制中心，分别挂靠在市人民医院和广东省中医院珠海医院。推进“阳光用药”工程，对抗菌药物、辅助用药、能量补充药及治疗费用高药品实施重点监控，举办抗菌药物、静脉输液等培训班。临床用血100%来自无偿献血。加大临床重点专科建设力度，12月评选出19个市级临床重点专科。

【妇幼卫生】 2018年，珠海市全面实施出生缺陷综合防控项目，实现婚前、孕（前）孕期和新生儿三级干预防控措施，将无创产前基因检测项目（NIPT）纳入出生缺陷综合防控项目，提高出生缺陷综合防治能力。加强孕产妇管理服务和临床救治工作，保障母婴安全。开展全市“关爱千日，妇幼健康进社区”系列活动。市妇幼保健院成功创建省级儿童早期发展示范基地。推进与深圳华大基因科技有限公司在出生缺陷基因筛查、精准治疗、医学研究等方面的合作。

【疾病防控】 2018年，珠海市39种法定传染病监测病种实现100%覆盖。无甲类传染病报告。全年报告法定传染病25种3.39万例，年发病率为1921.44/10万，较上年下降15.33%。制订精神卫生、结核病、寄生虫病以及地方病、慢性病防治规划。艾滋病疫情控制在低流行水平。有效应对突发公共卫生事件199起。在全省登革热防控形势严峻的情况下，珠海登革热病例出现时间晚、人数少，总体控制有效。科学布置防疫工作，确保强台风“山竹”灾后无大疫。完成“怒江州结核病帮扶项目”流行病学调查。计划免疫工作持续强化，新增1家产科接种点，探索网上预约。妥善有序完成长春长生问题疫苗事件咨询服务和疫苗续补种等工作，免疫规划疫苗接种率保持在95%以上。地方病监测覆盖率达100%。全年高血压、糖尿病患者规范管理率和控制率达到国家和省要求的目标值。全市严重精神障碍患者检出率从上年的3.98‰上升为4.28‰。市慢性病防治中心精神病司法鉴定所揭牌并开展法医精神病司法鉴定。6月，珠海市获“2017年度广东省严重神经障碍管理治疗工作先进市”称号。组织开展校园周边严重精神障碍患者排查工作，推进心理热线建设。职业健康体检难的问题得到根本扭转。纳入“珠海市学校传染病症状监测系统”的学校增加171所，达到453所，系统覆盖率85.15%，较上年提升24.51%。全市镇以上医疗机构全部纳入食源性疾病监测医院，定期将监测情况通报相关部门，降低和防范食品安全风险。高栏港、横琴以及万山区被授予“省级慢性病综合防控示范区”称号。全市实现省级慢性病综合防控示范区全覆盖。

【医疗卫生法治与监督】 2018年，珠海市卫计局完成2017年全市依法行政考评工作，获优秀等次。确定2018年为综合监督执法“制度建设年”，制定实施一系列规章制度，规范行政执法行为，促进严格、规范、公正、文明执法。推进卫生计生领域社会信用制度建设，加强对重点场所、重点人员信用分类分级管理，落实违法犯罪联合惩戒备忘录。完成政务服务共享数据和“双公示”数据及时归集发布。深化“放管服”改革，完成对14项省级下放、委托事项的落实衔接和7项市级行政职权事项调整为横琴新区管委会实施，5项市级行政职权下发各区、各功能区实施。完成卫生计生政务服务事项标准化梳理，梳理行政许可、行政处罚、行政给付、行政检查、行政确认、行政奖励和公共服务等383项。实施卫计系统“全城通办”事项70项。抽出3个行政区和4个功能区共12家卫生监督协管服务机构进行考核，9家卫生监督（协管）工作机构达到满分5分，平均成绩4.9分。

【医疗卫生救援应急】 2018年，珠海市新开通港珠澳大桥口岸急救站和广东省人民医院珠海医院（珠海市金湾中心医院）急救站，全市急救分站总数达22个。完成市级卫生应急装备配置和储备物资招标。完成紧急医疗救援信息管理系统软件升级。紧急医疗救援中心派出救护车3.90万次（比上年上升2.6%），救治3.21万人（增加4.9%），院前死亡1319人（增长3.0%），处理事故286宗（增加37.5%），救治699人。组织突发事件应急技能培训7场次，培训医护人员621人次。开展卫生应急演练27场次。保障重大活动的举办，完成港珠澳大桥开通仪式、2018年横琴马拉松赛事等各种会议及活动医疗保障任务170次。12月8日，举行珠海市卫生应急队伍成立大会暨授旗仪式，11支卫生应急队伍获授旗。

【爱国卫生运动】 2018年，珠海市通过广泛开展全民爱国卫生运动，全面开展病媒生物防制，消除“四害”滋生地，结合药物科学消杀综合治理，严控“四害”密度达标。3月23日，通过“国家卫生城市”省级复查，9月，完成第四次国家卫生城市复审迎检。推动卫生镇村创建工作，全市15个镇创建12个国家卫生镇，实现省卫生镇全覆盖。全市122个行政村实现省卫生村全覆盖。

【医疗卫生人才管理】 2018年，珠海市医疗卫生机构聘用应届毕业生232人，引进紧缺人才17名（含博士1人），招聘25名急需人才。发布《2018年珠海市引进高层次卫生团队申报公告》，组织高层次卫生团队申报。

【医疗卫生薪酬制度改革】 2018年，珠海市开展医疗卫生机构薪酬制度改革，由市卫计局牵头起草《珠海市公立医院薪酬改革试点实施细则（送审稿）》。市卫计局联合市人社局转发《关于进一步完善基层医疗卫生机构绩效工资制度的意见》。基层医疗卫生机构按规定实施岗位绩效工资制度。各区根据绩效考核结果调整绩效工资总量，推动基层医疗卫生机构实施“公益一类财政供给，公益二类事业单位管理”。按照《珠海市全科医生规范化培训及转岗培训管理办法》，做好全科医生培训。

【医疗高层次建设】 2018年，珠海市第五人民医院（平沙医院）、香洲区人民医院和高新区人民医院通过二级甲等医院评审。遵义医学院附属第五医院（简称遵医五院）向广东省评审办递交三级综合医院评审申请书。珠海市妇幼保健院加快JCI（国际医疗卫生机构认证联合委员会）认证各项准备工作。6月，珠海市人民医院、中大五院获评“粤港澳大湾区高水平医院50强”（香港艾力彼医院管理研究中心）。市政府投入4亿元（分3年），支持珠海市人民医院和中大五院创建广东省高水平医院；推进“友爱医院”“中大附属妇女儿童医院”等高水平医院建设项目落地。珠海市人民医院柔性引进多个顶尖专家团队，涉及介入、肿瘤、微创、免疫、基因组学、分子影像等多方面。遵医五院建设李兆申院士工作站。9月15日，珠海市精准医学诊疗中心（人民医院介入诊疗中心二期项目）投入使用。

【公共卫生】 2018年，珠海市完成2017年度省级基本公共卫生服务项目绩效评估并获第一名。全市年人均基本公共卫生服务经费均等化标准达60元，13类基本项目和6类重大公共卫生服务项目全部落实。基本完成《珠海市公共卫生健康指数模拟研究》模型构建。全年处置199起公共卫生事件，其中传染病事件193起、食源性疾病6起，有9起达到突发公共卫生事件级别。

【社会办医】 2018年，珠海市新设医疗机构96家。新增医疗机构中，医院2家、基层医疗卫生机构89家、专业公共卫生机构1家、其他卫生机构4家。全市民营医疗机构总诊疗量504.64万人次，比上年增长16.69万人次；占全市医疗机构总诊疗量的28.85%，减少0.23个百分点。

【中医中药】 2018年，珠海全面实施《珠海市中医“治未病”服务体系建设实施方案》，将中医药预防保健服务纳入基本公共卫生服

2018年1月26日，珠海市在柠溪文化广场举行第二十七个“世界精神卫生日”宣传活动
（市卫生健康局 供稿）

务项目。加强中医适宜技术的普及应用，推进中医药进社区、进家庭，全市100%以上的镇卫生院（社区卫生服务中心）配备中医药服务基本设施设备，提供基本的中医药技术服务项目；90%以上的社区卫生服务站能够提供中医药服务。年内，珠海市第二中医院（斗门区侨立中医院）省级中医药特色专科项目通过省级验收，医院通过二级甲等中医医院评审；珠海市第五人民医院（平沙医院）成功创建“全国综合医院中医药工作示范单位”。

【智慧医疗】 2018年，珠海市完成《珠海市民健康信息服务系统规划方案》。7月，启动市民健康信息服务平台（一卡通二期）建设。年内，完成家庭医生签约、手机端排队等候等功能的开发，以市人民医院、妇幼保健院、平沙医院、香洲区第二人民医院作为医院流程的试点，以香洲区作为家庭医生签约的试点，以市人民医院区域医疗联合体（简称医联体）、高新区医联体作为转诊会诊的试点，以保健院作为计免预约的试点，全面开展试点建设工作。“健康珠海”公众微信号及APP版本上线运行。

【医疗卫生科研管理】 2018年，珠海市卫计局课题立项110项，其中有经费资助30项，资助金额30万元，自筹经费38项；新技术、项目推广42项。市科工信局立项卫生医疗课题60项，资助金额50万元，其中一般项目30项资助38万元，重大项目2项资助12万元。自筹经费28项。获广东省卫生厅医学科研基金立项课题10项。珠海市人民医院获国家自然基金青年项目1项，资助经费21万元；获中国博士后科学基金特别资助15万元；获中国博士后科学基金面上资助16万元。中大五院获国家重点研发计划项目1项，国家自然科学基金项目11项，省部级及以下项目38项，立项金额2766.5万元，获批国家应用专利4项，院职工以第一作者或通讯作者发表SCI论文74篇。

【医疗卫生人员教育培训】 2018年，珠海市组织医卫人员176人参加省统考，通过审核111人；47人参加中医统考，通过审核28人；取得省住院医师规范化培训合格证83人。全市106名全科转岗培训学员完成理论培训、基层实践和临床实践工作，考核通过并被授予证书。各级医院机构申报国家级继续医学教育项目26项，评审通过17项，参加总人数2550人；申报省级继续医学教育项目116项，评审通过73项，参加总人数1.10万人；申报市级继续医学教育项目350项，评审通过296项，参加总人数4.44万人。城市西部（海岛）医技人员到城市东部进修完成培训学员48名。学分验证工作完成年度验证5733份。

【健康宣传教育】 2018年，珠海市利用卫计局官方网站、“珠海卫生健康”微博和“健康珠海”微信公众号，定期推送与群众相关的健康资讯，发布、转载卫计工作信息，其中局网站发布信息568条、微博1800条、微信181条。全年通过微信工作群推送健康资讯750篇，通过“群传群”的方式，全面提升卫计宣传工作覆盖面。全年各区卫生计生行政部门通过微信推送信息1651条，各卫生计生单位微信发布信息2112条。全市各区行政部门和各卫生计生单位在各级媒体发表报道1356篇。全市开展卫计宣传咨询活动2026场、讲座2707场，服务群众39.3万人次，免费派发宣传资料92.23万张，避孕药具及礼品6.18万盒（份）。珠海健康体验馆平台接待各类人群44批次合计1478人次。

【医疗卫生合作】 2018年1月9日，由珠海市人民医院、澳门镜湖医院和香港部分医疗机构联合发起的粤港澳大湾区介入医学联盟在首届粤港澳大湾区卫生与健康合作大会上成立。8月12日，中大五院联合珠三角9个城市以及香港、澳门的放射医学代表，成立粤港澳大湾区医学影像联盟。

【微医大湾区珠海基地落户】 2018年11月2日，珠海市首家探索“互联网＋健康医疗”新模式的互联网医院、“9+2”城市医疗服务首个城市基地——微医大湾区珠海基地落户市人民医院。市人民医院以“互联网＋”方式紧密联合大湾区其他医院，共同为大湾区居民提供预约就诊、线上复诊、诊后随访、远程会诊、送药上门等便捷就医服务。揭牌仪式后，珠海基地通过微医协作平台与东莞、佛山等地市实现9地远程视频连线。

【援赤道几内亚医疗队】 2018年，珠海市选派21名优秀医疗专家，配备卫生管理干部和后勤人员6人，组建广东省第二十九批援赤道几内亚医疗队。1月6日，医疗队抵达马拉博执行为期一年半的援外医疗任务。　（王雪光）

【珠海市获评全国无偿献血先进城市】　2018年12月13日，珠海市连续第十一次被国家卫生健康委授予“全国无偿献血先进城市”称号。市中心血站献血服务部被评为全国突出采血班组。珠海市临床用血100%来自无偿献血。市中心血站推动“政府主导、部门协作、媒体配合、社会和群众广泛参与”的无偿献血长效机制建设，在全社会营造“献血助人、共筑和谐”的良好氛围。全市全年采血量8.92吨，接待献血者3.12万人次，献血服务满意率超过98%。

【古代经典名方临床研究专业委员会成立】　2018年3月31日，世界中医药学会联合会古代经典名方临床研究专业委员会在珠海成立。著名经方学者、珠海市中西医结合医院院长刘志龙当选首任会长，中国中医科学院首席研究员、教授叶祖光，匈牙利著名学者、教授于福年，香港大学著名学者、教授沈剑刚，天津中医药大学教授张国骏等20位专家当选副会长。会后，举行为期2天的首届国际古代经典名方高峰论坛。沈宝藩、陈明、叶祖光等15位中医药专家与来自世界各地的300余名中医药工作者，就古代经典名方的理法方药、现代研究、临床应用等进行学术交流。

【第二届中医药暨黄牡丹藏医药文化宣传周】　2018年5月28日—6月1日，珠海市举办第二届中医药暨黄牡丹藏医药文化宣传周。活动以“开展传统医药文化宣传、推动珠海健康城市建设”为主题，举办中医药文化展、藏医药文化展、中草药植物标本展、中医药科普知识讲座、中医适宜技术演示、传统健身运动表演、藏族特色舞蹈表演等活动。市博物馆展出各类中医药文化宣传图片、中医药传统器具、中医药传统文献、中药名贵中药标本等1000件，以及西藏林芝市米林县藏医院复制的以藏医药文化为主题的39幅唐卡作品。珠海市与米林县传统医药合作项目亮相珠海。同期，珠海市派团前往西藏参加“米林县第十二届藏医药文化旅游节”，出席珠海市卫计局与林芝市卫计委“传统医药合作项目”签约仪式，举办珠海市中医药专家团队大型义诊服务，启动“中医中药进藏区、藏医藏药进特区”工作。

2018年1月3日，珠海市为援赤道几内亚医疗队送行（市卫生健康局 供稿）

【国家基层食品安全工作交流会】　2018年11月29日在珠海市召开。国家卫生健康委食品司、广东省卫生健康委及全国各地代表100人参会。在市第五人民医院和南水镇卫生院，与会代表详细了解高栏港区哨点医院的基层卫生食品安全工作机制、食源性疾病病例监测、病原学监测、健康教育和食品安全信息化建设等工作，对基层卫生食品安全工作基站实现“一体化建设”和“网格化管理”给予高度评价。

（珠　鉴）

体　育

【概　况】　2018年，珠海市基层体育健身设施基本达到全覆盖，人均体育场地面积达到2.8平方米，实现“城市10分钟体育健身圈”和“乡村十里体育健身圈”。新建成社区体育公园20处，总数达

216处。全市15个镇、9个街道办建有社会体育指导员服务站。社会体育指导员总数超过6000人，处于全省前列。社区体育公园、行政村、镇（街）体育设施，全部免费对市民开放。开展全民健身运动，举办市民健身运动会。青少年竞技体育向学校、向基层延伸。举办2018亚洲帆板锦标赛暨亚洲风筝板锦标赛，承办第十五届省运会帆船帆板赛、省青少年乒乓球冠军赛、省青少年拳击冠军赛、省青少年体操冠军赛。

【群众体育】 2018年，珠海市民健身运动会由市总工会、残疾人联合会、体育总会等单位联合主办，珠海市委政法委、老干部局、教育局、卫计局、团市委、市禁毒办等单位协办，分市民公开组、残疾人组、职工组、老年人组、少年儿童组五大组别，从3月至12月，设有足球、篮球舞龙舞狮等超过100项次的比赛。年内采取市区联动、政府指导、社会力量参与办体育的形式，开展形式多样、适合不同人群参与的全民健身活动，全年有20万人次参与各类活动。

【竞技体育】 2018年8月18日至9月2日，第十八届亚洲运动会在印度尼西亚雅加达举行。珠海市培养输送的运动员凌文伟、冯国敬、梁丽平、朱雨玲、李强、王宇等6人获得皮划艇、乒乓球、龙舟、跳高等项目6金5银的成绩。8月，在广东省第十五届运动会上，珠海市竞技体育组派出600多名运动员参加田径、体操、射击、举重、游泳、帆板帆船、皮划艇、水球、足球、篮球、排球、棒垒球等25个大项的比赛，获5金8银14铜，以总分3353.05的成绩排名全省第九，比上届省运会的第十三名前进四名。珠海市获全省竞技体育突出贡献单位奖、省运会团体总分奖、体育道德风尚奖。运动员还在其他国际大赛获5金6银3铜，全国大赛获4金2银5铜。

【体育产业】 2018年，珠海市举办环中国国际公路自行车赛（珠海站）、珠海WTA超级精英赛、泛珠三角赛车节、2018 Soccerex全球足球产业峰会等大型赛事活动。10—12月，在全市开展体育产业专项统计调查工作，完善体育产业各行业基本单位名录库，建设体育产业统计动态监测体制。组织20家相关单位以及各区体育部门代表参加第三十六届（上海）中国国际体育用品博览会。

【珠海市体育运动学校】 2018年，学校有在编教职工76人，其中在编专职教练27人，在编专职教师24人，招生44人，在校生329人。8月8—20日，广东省第十五届运动会在肇庆举行。学校派出302名运动员参加竞技组的田径、举重、拳击、男足、女足、游泳等15个项目比赛，获4金7银12铜，获得4至8名65项次，团体总分769分。其中，举重、拳击、乒乓球、网球、射击、射箭、体操、帆船帆板、男足、女足、垒球等11个项目的团体总分进入全省前八名。在全国“创新杯”教师信息化教学设计和说课大赛中，赵晶老师获一等奖，陈志红老师获二等奖。

【珠海市体育中心】 2018年，完成全民健身综合训练馆的可行性研究编制及送审工作。在继续实行体育场馆周末白天免费开放和国家法定节假日白天免费开放基础上，增加周一至周五白天部分时段对市民免费开放，惠及群众400万人次。承接珠海市民健身运动会足球、篮球等七大项目赛事，承办珠海市足球联赛、肯德基三人篮球赛、中国体育彩票广东省3×3篮球联赛、广东小篮球联赛。主办（或承办）各类培训班，培训1287人。其中，急救普及操作培训100人、急救操作培训38人、2018年第二期全国柔道段位考务人员暨培训师培训班培训75人、中国足协C级教练员培训班培训75人、救生员培训207人、暑期游泳培训792人。

【体育彩票销售】 2018年，珠海市销售体育彩票5.38亿元，超额完成省体彩中心下达的3.5亿销售任务。全年在线销售网点305个，上缴体育彩票公益金3713万元，上缴税收909万元。

【2018 Soccerex全球足球产业峰会】 2018年4月17—18日，Soccerex全球足球产业峰会在珠海国际会展中心举行。来自全球52个国家和地区的1300名足球业内人士、77家参展商参加。西甲联赛、英超联赛、万达体育、拜仁慕尼黑、马德里竞技、阿贾克斯等机构代表和产业专家立足中国足球产业发展，围绕基础设施建设、青训培养、足球技术、市场推广等议题分享见解和经验。

2018 年 10 月 30 日，珠海横琴国际网球中心 WTA 超级精英赛赛场
（市文体旅游局 供稿）

【2018 年环中国国际公路自行车赛（珠海站）】 大赛于 2018 年 9 月 20 日在珠海横琴新区举办。赛事由 UCI（国际自行车联盟）、国家体育总局批准，国家体育总局自行车击剑运动管理中心、中国自行车运动协会主办，珠海市人民政府、中奥体育产业有限公司承办，珠海市文化体育旅游局、横琴新区管委会和珠海华发集团有限公司协办，珠海华发体育运营管理有限公司执行。UCI 注册的 22 支职业自行车运动车队参加本赛段比赛。绕圈赛的起、终点均位于横琴网球中心，沿横琴大道至牛角坑折返绕行 11.5 千米的赛道，骑行 8 圈，总距离 92 千米。意大利安德罗尼车队的利兹以 1 小时 53 分 51 秒获得该赛段冠军，澳大利亚 BSC 洲际队的弗莱博格和意大利威廉洲际职业队的莫斯卡分列二、三位。

【2018 珠海 WTA 超级精英赛】 2018 年 10 月 30 日至 11 月 4 日在珠海横琴国际网球中心举行。赛事由国家体育总局网球运动管理中心批准，中国网球协会、珠海市人民政府主办，华发集团有限公司承办，珠海华发体育运营管理有限公司运营执行。22 场比赛中，单打 15 场，双打 7 场。赛事总奖金 234.94 万美元，单打冠军积分 700。澳大利亚“天才少女”巴蒂夺得冠军。“中国金花”王蔷夺得亚军。

【泛珠三角超级赛车节】 2018 年 3 月 17—18 日、6 月 16—17 日、9 月 15—16 日，泛珠三角超级赛车节春季、夏季、秋季赛事在珠海国际赛车场举行。全年赛事吸引 600 名车手参与，7 万人次入场观看。赛事含方程式赛、房车赛、摩托车赛、飘移赛。是年，赛道英雄系列赛比赛分组调整，引入单一轮胎、特约赞助等新规则，众多国际车手加盟。“ZIC 超级摩托车赛”更名为“速度英雄 SPEED HERO”。

【珠海体育文化博览会】 2018 年 12 月 27—30 日，博览会在珠海国际会展中心举行。由体育产业展览、论坛、培训和赛事及珠海体育产业协会年会等部分组成。特设马拉松展区、健身瑜伽生活展区和帆船游艇海钓海上文化展区。珠海 WTA 超级精英赛、横琴马拉松、珠海三角岛运动休闲码头一期工程建设和索卡集团中国（南方）足球训练基地项目等 4 个体育产业项目现场签约，总值 25.8 亿元。

【亚洲帆板锦标赛暨亚洲风筝板锦标赛】 比赛于 2018 年 11 月 25—30 日在珠海举行。来自中国、美国、日本、韩国、泰国等 14 个国家和地区的 200 名运动员参加比赛。赛事由亚洲帆船联合会、国际风筝板协会、中国帆船帆板运动协会主办，珠海市文化体育旅游局、珠海九洲控股集团有限公司承办，珠海市九洲航海文化有限公司执行。赛事产生 11 个帆板冠军，4 个风筝板冠军。中国代表队包揽帆板 11 个项目的冠军。风筝板的 4 个冠军分别由泰国代表队、中国代表队、新加坡代表队、澳大利亚代表队获得。

（李伟华　冯玉宇　陈海燕）

·责任编辑：曾维浩·

社会生活

人力资源·劳动就业

就业培训

【就业创业】 2018年，珠海市城镇新增就业人数4.71万人，就业困难人员实现就业2265人，促进创业3409人，分别完成年度目标任务的109.5%、113.3%和106.5%。截至12月底，城镇登记失业率为2.25%。出台《珠海市人民政府关于印发珠海市进一步促进就业十条政策措施的通知》。全市促进就业创业资金支出1.24亿元，比上年增长8.93%；城乡劳动者享受就业创业补贴达7.95万人次。扩大失业保险基金支出范围试点支出2729.92万元。新增2家省级创业孵化基地，全市创业孵化基地达23家，在孵企业（项目）2697个，带动就业2.75万人。发放稳岗补贴1.03亿元，涉及企业8123家。实施失业保险浮动费率试点工作，为企业减负2500万元。出台《中共珠海市委办公室珠海市人民政府办公室关于进一步引导和鼓励高校毕业生到基层工作的实施意见》，促进大学生创业710人。建立就业见习基地61家。举办高校毕业生专场招聘会115场，现场录用高校毕业生2069人。收集登记2018届离校未就业高校毕业生3242人，跟踪帮扶就业2940人。出台《珠海市就业困难人员认定和就业援助暂行办法》，建立就业困难人员分类帮扶机制；举办"就业援助月""就业直通车"等系列招聘活动130场，2265名就业困难人员实现就业。从5月1日起，15项公共就业服务事项实现全城通办，为全市6.9万用人单位、100余万劳动者提供高效、快捷的就业服务。完善就业创业补贴审核信息系统，实现所有就业创业补贴网上申报、网上受理。

【异地务工人员服务管理】 2018年，珠海市出台《关于印发2018年珠海市异地务工人员服务管理工作要点的通知》，提出稳定和扩大就业创业、大力开展职业技能培训、提高社会保障水平、切实保障合法权益、稳步推进在城镇落户等措施；举办"春风行动""南粤春暖"等异地务工人员专场招聘活动328场，进场企业2.65万家次，进

2018年11月13日，第五届珠海市大学生创业大赛决赛颁奖（市人社局 供稿）

场求职人员81.29万人次，现场录用7.54万人次。做好企业业务骨干招调入户工作，全年办理企业业务骨干招调入户200人。

【职业技能提升培训】 2018年，珠海市技能人才总量37.1万人，其中高技能人才11.9万人，占技能人才总量32.1%。全市采取送培训上门、开展订单式培训和举办各类集中培训班等措施，培训技能人才3.93万人。全面实施“万名大学生学技能”计划，培训高校毕业生1.47万人，其中职业指导6349人、技能培训1206人、创业培训7120人。

【技工教育】 2018年，珠海市技工教育招收应届普通初高中毕业生2410人。市技师学院新校址项目“一校两区”建设推进，金湾校区建成投入使用，并启动金湾新校区搬迁准备工作。吉大校区改扩建二期工程建设按计划推进。市技师学院被确定为广东省10所高水平技师学院创建单位之一，建设方案通过专家评审论证。推荐市工贸技工学校、市欧亚技工学校申报省一类技工学校，并通过专家组评审。

【广东“众创杯”创业创新大赛之科技海归领航赛决赛在珠海举行】 2018年9月7日，珠海市承办的广东“众创杯”创业创新大赛之科技海归领航赛决赛结束。该赛事5月24日启动，经报名、审核、复赛，最终22个项目参加决赛。决出团体组、企业组各2个金奖、4个银奖、5个铜奖。珠海市参赛团队在国内外381个参赛项目中，11个项目晋级决赛（团队组6个，企业组5个），最终获3金5银3铜，数量质量均列全省第一。

【珠海市大学生创业大赛】 2018年11月13日，第五届珠海市大学生创业大赛结束，遴选出20个项目给予93万元优秀创业项目资助。

2018年9月7日，珠海市承办的广东“众创杯”创业创新大赛之科技海归领航赛决赛颁奖现场 （市人社局 供稿）

【“粤菜师傅”工程实施】 2018年，珠海市建立联席会议制度，落实《广东省“粤菜师傅”工程实施方案》，采取职业培训与学制教育相结合模式，大规模开展粤菜师傅职业技能教育培训，提升粤菜烹饪技能人才培养能力和质量；创新“粤菜师傅＋旅游”等模式，促进城乡劳动者就业创业；创新“粤菜师傅＋岭南饮食文化”等模式，打造“粤菜师傅”文化品牌，提升岭南饮食文化海内外影响力。

人才队伍建设

【珠海英才计划】 2018年4月，珠海市出台《关于实施“珠海英才计划”加快集聚新时代创新创业人才的若干措施（试行）》（简称珠海英才计划）。围绕高层次人才、创新创业团队、留学回国人才、博士和博士后等重点人才群体实施九大人才工程，在人才培养、流动、评价、激励、安居保障等方面实现突破创新。12月出台《珠海市高层次人才支持计划实施办法》《珠海市产业青年优秀人才培养计划实施办法》。高层次人才指在珠海市创新创业，信用良好，具有较高学术造诣、较大社会影响力、较强创新创业能力，能够引领和带动某一领域科技进步、产业升级、文化繁荣、社会发展和管理服务水平提升的高端人才。依业绩与能力水平，划分为顶尖人才、一类人才、二类人才和三类人才等四个类别。申报珠海高层次人才须全职在珠海工作或在珠海市创业。高层次人才入选后，可享受珠海市特定医疗补助、公共服务保障等普惠性政策。公共服务保障则为高层次人才发放“珠海英才卡”，在落户、税收、停居留和出入境、子女入学、购房、医疗等方面提供优质服务。在高层次人才奖励方面，对顶尖、一类、二类、三类高层次人才分别给予200万元、100万元、60万元、30万元奖励，分5年等额发放，每年发放一次。高层次人才到珠海就职或创业，可选择领取住房补贴。补贴标准为顶尖人才600万元、一类人才200万元、二类人才140万元、三类人才100万元。如不选择住房补贴，顶尖人才可选择入住200平米人才住房，全职工作满8年即可获赠该住房。一、二、三类人才则可选择与政府按各占50%的比例，申请购买珠海市共有产权房，分别为160平方米、120平方米、100平方米，连续工作10年后，可无偿获赠政府所持有的50%产权。高层次人才在珠海购买首套自住房申请公积金贷款，额度可放宽至珠海市最高上限的5倍。

【人才优先引进制度】 2018年6月，在实施《珠海市人才引进核准办法》直接核准引进十类人才的基础上，珠海市府办发布《珠海市人民政府办公室关于进一步加强人才引进核准工作的通知》，放宽人才引进条件，将机关事业单位通过建立劳动合同关系引进的人员、市技工院校（中等职业院校）毕业生纳入人才引进范围。同月，在省内率先实施毕业三年内全日制本科以上学历人员“先入户、后就业”措施。全年引进各类人才2.75万余人，比上年增长50%。其中，直接核准引进各类人才2.4万人（含应届高校毕业生报到9717人），“先入户、后就业”落户高学历人才2871人。人才引进申请办理实现“网上申请，全城通办”。引进人才主要集中在科技型企业、制造业企业、中小微企业。

【高层次人才队伍建设】 2018年，珠海市引进院士5名、海外高端人才专家30人、博士217人、硕士2421人。省领军人才（省高层次人才）存量达16人。招收博士后35人，引进留学人员400余人。其中，引进高端人才专家、省领军人才（省高层次人才）存量、留学人员、博士和硕士等指标居全省地级市前列。为277家企业2721名人才发放产业发展与创新人才奖励金6128万元。兑现人才待遇1.02亿元。协调解决26名高层次人才子女入托入学问题，为567名非户籍人才出具人才购房证明。

2018年6月5日，中德西门子技术（珠海）国际学院签约仪式在珠海技师学院举行（市人社局 供稿）

【高技能人才队伍建设制度保障】 2018年，珠海市出台《珠海工匠培育计划实施办法》《珠海乡村工匠培训和评价暂行办法》《珠海市支持企业建立首席技师制度实施办法》《珠海市市级高技能人才实训（培养）基地认定办法》《珠海市市级技能大师工作室和市级技师工作站认定办法》《珠海市企业新型学徒制实施办法》《珠海市职业技能精准培训实施办法（暂行）》《珠海市职业技能竞赛管理办法》等8个规范性文件，解决高技能人才培养、引进、评价、使用、激励等方面难点问题，推动企业产业转型升级和经济高质量发展。

【人才交流品牌打造】 2018年，珠海市结合重点产业需求，围绕电子信息、互联网、生物医药、智能制造等产业方向，举办一系列高规格人才交流活动：5月19日，召开首届珠海外籍人才交流会，邀请30名在珠工作的外籍人才代表参加交流会；6月27—29日，举办“海内外青年博士、博士后珠海创新创业洽谈会”，遴选100名毕业于海内外博士、博士后到珠海考察洽谈，现场与80余家知名企业、高校和风投机构对接，40名海外创业类博士参与项目路演。

【海外学子报国行】 2018年12月3—5日，珠海市举办“第二届高端人才珠海创新创业交流大会暨中国海外学子报国行”活动，安排引智成果展、科技产品体验展、专业论坛、重点企业中高端人才精准对接会、“最具成长潜力的留学人员创业企业”推介、中国海外学子报国行等系列内容，构建人才、企业、项目、资本对接的综合平台。1000余名海内外中高端人才、知名创投机构、重点企业代表参会；36个海外创业项目进行现场路演；其中14个优质项目入选留学生专项资金预评审资助范围，162名中高端人才与参会企业达成入职意向。

【博士后工作站】 2018年，珠海格力电器股份有限公司、华发实业股份有限公司、珠海光宇电池有限公司、欧比特宇航科技股份有限公司、珠海丽珠试剂股份有限公司、珠海大横琴科技发展有限公司等6家公司新设博士后科研工作站，招收博士后24人。

公职人员管理

【公务员管理】 2018年，珠海市新录用公务员116人。考录工作零差错。创新公务员培训方式，以点带面大规模地开设面向不同层级公务员的专题培训，举办7期新知识新理念大讲堂、9期学习贯彻习近平总书记视察广东重要讲话精神专题讲座。

【事业单位人事制度改革】 2018年，珠海市全面实施事业单位公开招聘、岗位管理和人员聘用制度。全年核准岗位设置方案22个，完成1150人岗位聘用认定；核准各单位各区招聘方案22批次，招聘认定439人；统一组织招聘41名事业单位工作人员。

【军转干部安置】 2018年，珠海市接收安置军队转业干部257人，接收安置随军家属154人。

【鉴定考试】 2018年，珠海市完成各类鉴定考试报名5.47万人次，组织各类考试1019场次、考试人数5.18万人次。其中公务员笔试8786人、面试581人；军转干部考试107人；事业单位招聘考试636人；专业技术资格考试1.81万人次，职业技能鉴定2.36万人次（其中鉴定高技能人才6824人次）。核发各类证书2.41万本（其中专业技术人才1.15万人、高技能人才3024人）。

劳动关系

【劳动工资制度体系和企业劳动关系管理】 2018年，珠海市开展企业薪酬及企业人工成本调查统计工作，按年度发布行业人工成本信息，引导企业控制人工成本。汇总并统计确定市属企业在岗职工工资情况和负责人绩效年薪调节系数，加强对国有企业工资分配调控和监管。指导企业依法做好职工安置工作，有效防范突发劳资纠纷的发生。审核国有企业改制员工安置方案6个，涉及员工777人。

【劳动监察执法和权益保护】 2018年，珠海市劳动保障监察，巡查用人单位1102家次，协调处理纠纷案2038件，投诉举报立案991件。处理突发群体性事件27件。向用人单位发出限期改正指令书199份，作出行政处罚决定22件，罚款17.34万元。移送公安案件46件，重大违法行为社会公布29件。为1.72万名劳动者追发工资等2.15亿元。依托“互联网+”和大数据应用，通过网络申报平台进行自主申报的企业1.22万家次，发现有隐患的用人单位信息1591个次，安排各区开展隐患排查341个次。

【劳动人事争议仲裁】 2018年，珠海市劳动人事争议仲裁机构受理案件4051件，涉及劳动者5277人，涉案金额9840.66万元。当期审结案件3749件，其中调解结案1831宗，调解率为48.84%。裁决结案1830宗，裁决率为48.81%。

（龚晓惠）

社会保障

社会保险

【概　况】 截至2018年底，珠海市628.35万人次参保，比上年增长7.18%。其中：养老保险120.27万人，增长6.20%；医疗保险190.07万人，增长8.54%；失业保险104.69万人，增长6.63%；工伤保险106.56万人，增长6.77%；生育保险106.77万人，增长6.86%。全市社会保险基金收入230.14亿元，增长39.35%；支出159.19亿元，增长27.79%；当期社会保险基金结余70.95亿元，增长74.84%；历年滚存571.59亿元。

【养老保险】 2018年，珠海市出台《关于提高我市城乡居民基本养老保险基础养老金的通知》，从1月起，城乡居民基本养老保险基础养老金从每人每月380元提高至400元，提高后的基础养老金从6月1日起发放，并补发1月至5月期间的提高部分，惠及3.9万人。城乡居民月人均养老金达542元，待遇水平居全省前列。按照全省统一部署，推进机关事业单位工作人员养老保险制度改革。组织实施年度退休人员基本养老金调整工作，根据普遍调整和适当倾斜相结合原则，定额调整与定比调整相结合，全市加发14.3万名离退休人员养老金，人均增长约5%。

【医疗保险和生育保险】 2018年，珠海市396.8万人次享受医疗保险待遇，其中住院23.8万人次、门诊特定病种待遇127.6万人次、门诊统筹待遇245.38万人次。城乡居民参加基本医保年度财政补贴提高至550元。新增医疗保险病种报销种类，病种报销限额上调10%。将肝、肺等器官移植发生的住院医疗费用和17种抗癌药纳入全市基本医疗保险报销。扩大家庭病床治疗项目，提高家庭病床支付比例。印发《关于调整珠海市补充医疗保险待遇有关问题的通知》，进一步提高补充医疗保险待遇。出台《关于下调基本医疗保险缴费费率有关问题的通知》，阶段性下调职工参加基本医疗保险的单位缴费费率0.5个百分点。组织实施公立医疗机构药品跨区域联合集中采购改革。开展打击欺诈骗取医疗保障基金专项行动。推动开展附加补充医疗保险项目，构建“基本＋补充＋附加补充”的多层次医疗保障体系，参保人医疗负担大幅度减轻。承担国家生育保险与医疗保险合并实施试点工作，人均生育津贴达到1.2万元。

【工伤保险】 截至2018年底，珠海市工伤保险参保人数106.6万人（不含建筑业参保人数），再创历史新高。建筑项目参保达2145个，新开工项目100%参保。完成工伤认定6321宗，劳动能力鉴定4281宗。开展工伤预防公益培训，近2万人次参训。6月1日起，实施工伤保险浮动费率，降费率支持实体经济发展，连续多次降低工伤保险缴费费率，为企业减负2.95亿元。工伤事故发生率在0.08%以下。工伤职工待遇平均每年增幅约10%，一到四级伤残职工的伤残津贴提高到每月3143元。

【失业保险】 2018年，珠海市贯彻落实《关于进一步做好扩大失业保险基金支出范围试点有关工作的通知》，扩大失业保险基金支出范围试点支出2729.92万元，惠及2.1万人；实施失业保险援企稳岗“护航行动”，发放稳岗补贴1.03亿元，惠及企业8123家。

【社保经办服务】 2018年，珠海市推动广东省集中式人力资源和

2018年8月16日，500名建筑工人到珠海市工伤预防进央企普法宣传活动现场咨询交流（市人社局 供稿）

社会保障一体化信息系统在珠海上线，并以此为契机，全面规范和优化办事流程。推进异地就医直接联网结算工作。通过扩大备案范围、扩充备案渠道和精简备案手续，推进省内及跨省异地就医备案工作。至年底，全市开展基本医疗保险服务的48家定点医院全部上线省内及跨省异地就医直接联网结算平台。异地参保人在珠海定点医疗机构完成5803笔跨省异地就医直接结算，涉及医疗费用9719万元，基本医疗保险统筹基金支付8303万元。完成1.44万笔省内异地就医直接结算，涉及医疗费用2.25亿元，基本医疗保险统筹基金支付1.24亿元。

【社保基金监督】 2018年，珠海市开展工伤保险内控检查、养老保险重点指标后续核查、打击医保欺诈骗保专项检查，聘请第三方机构对2017年度就业创业资金和技工院校补助资金进行专项审计；分类筛查、处理1.2万条基金监督预警信息。对全市近1500家医疗保险定点医药机构负责人开展“严厉打击骗保行为”警示教育。修订《珠海市社会保险监督委员会章程》。处理5件社保欺诈案件，其中1件通过“两法衔接”渠道移交公安部门查处，1件作出行政处罚，追回全部涉案金额122.5万元。至年底，全市建立企业年金制度单位238个，其中年度新建方案备案10个，变更方案备案53个。（龚晓惠）

【最低生活保障】 2018年1月1日起，珠海市低保标准由每人每月896元提高至980元；特困人员基本生活标准由每人每月1434元提高至1568元，比上年提高9.3%。5月16日印发《珠海市农村低保专项治理方案》。至年底，全市城乡低保月补差水平分别达962元和1014元，在册低保对象4944户7009人（其中特困人员1038人）。全年按时、足额发放低保金8911.45万元（含特困供养金2411.96万元），增长4.8%，确保动态管理下的应保尽保和分类施保。开展“暖心行动”，建立党员和村干部联系五保户制度，结对完成率达100%。

社会福利

【养老机构】 2018年，珠海市有收住老人的养老机构22个，其中公办9个、公建民营2个、民办11个。养老总床位数6127张，其中，机构养老床位3498张，社区养老床位2063张，卫生系统566张。每千名户籍老年人拥有养老床位38.7张。对符合条件的11个养老机构分别给予新建床位补贴和床位运营补贴，共计197.71万元。

【高龄津贴发放】 2018年，珠海市80～89周岁老人津贴每月200元，90～99周岁老人津贴每月300元，100周岁及以上老人津贴每月500元。金湾区、高栏港区的高龄老人津贴在市标准的基础上分别提高100元、200元、300元。高新区在市标准的基础上对90周岁及以上的老人每人每月增加300元。万山区在市标准的基础上，增加高龄老人津贴，为75～79周岁老人每月发放100元。全年全市为2.06万名80周岁以上老人按时足额发放高龄老人津贴5492万元。

【银龄安康行动】 2018年，珠海市各级共出资967万元为15.83万珠海户籍老年人购买意外伤害险，覆盖率比上年增长27.2%，达100%。

【养老服务机构规划建设】 2018年5月10日，珠海市委副书记、市长姚奕生在香洲区行政中心召开工作会议，明确将南屏镇养老服务中心用地，调整建设市级养老机构，增加容积率、优化消防及逃生设施，打造医养结合的高标准市级养老机构。7月13日，市政府召开专题会议，明确项目由政府出资，委托华发集团代建，设置床位1100张。市民政局作为项目主管部门与华发集团或其下属公司签订代建协议。

【居家养老服务】 2018年，珠海市香洲区建成狮山街道老年人日间照料中心；建立“一键通”养老服务信息平台，9775位老年人接受“一键通”免费或半价服务。金湾区建成西城社区、鱼林村、中心村、草堂湾社区、三板社区居家养老服务站，投入285万元建成“平安通”养老服务平台，覆盖1500名特殊困难老年人。斗门区完成1378名居家养老服务对象对接省居家养老服务信息平台网。横琴新区建成富祥湾居家养老服务中心。全市选择10个试点开展社区居家养老服务配餐服务，探索建立均衡发展、满足需求、共建共享的社区居家养老配餐模式，实现配餐服务与生活照料、文化娱乐等养老服务叠加融合、协同发展。

【养老服务质量建设】 2018年，珠海市民政局联合市公安、卫计、质监、食药监、老龄办等6部门印发《关于做好2018年养老院服务质量建设专项行动工作方案》，通过排查整治、养老机构星级评定、推进养老机构责任保险通报示范项目、推动医养融合等措施提升全市养老院服务质量。

【儿童福利】 2018年，珠海市落实《广东省民政厅办公室关于督促2018年儿童福利机构儿童体检和送医治疗工作的通知》的文件精神，市、斗门区社会福利中心按要求对中心内符合条件的儿童全部进行体检。市社会福利中心需送医治疗的儿童有2例。提高孤儿基本生活标准，全市孤儿基本生活标准实行自然增长机制和城乡一体化供养标准。从7月1日起，全市孤儿（集中、散居）基本生活标准为每人每月1710元，高于全省平均水平。至年底，全市有孤儿236人，集中供养207人，分散供养29人。根据《广东省民政厅办公室转发关于加快推进儿童主任、儿童督导员配备等有关工作的通知》要求，配备镇（街）儿童督导员24名，村（居）儿童主任319名。对困境儿童和留守儿童实行规范管理。至年底，全市有困境儿童774名，留守儿童86名。

【残疾人两项补贴】 2018年，珠海市残疾人生活补贴发放标准为：一档每人每月220元、二档每人每月200元、三档每人每月180元、四档每人每月160元；重度残疾人护理补贴发放标准为每人每月210元。从1月1日起，各区按省要求，统一于每月10日前按月足额实行社会化发放。全年发放残疾人生活补贴4082.80万元，惠及1.82万名残疾人；发放重度残疾人护理补贴2327.10万元，惠及0.95万名重度残疾人。

【福利彩票】 2018年，珠海市销售福利彩票6.74亿元，完成省福彩中心下达的年度销售任务，筹集公益金2.04亿元。

链　接：

新型居家养老

2018年，珠海市横琴新区富祥湾社区居家养老服务中心推行“互联网＋日间照料中心”模式，利用智能穿戴设备、智能移动手机APP、智能监控设备等，采集老人的健康、位置、安全、服务需求数据，通过智慧医养云平台的服务需求管理、健康状况评估、医养服务、智能辅助决策等功能，实现老人、子女、卫生服务中心、第三方服务商的连接，形成紧密、联动的医养服务生态圈。同时针对转型社区新情况，引入“城市管家”智慧平台，通过公益积分兑换构建志愿服务网络，开展“银龄互助”延伸关爱支援服务，建立社区互助支持网络，建立义工时间银行和爱心超市，通过低龄老人服务高龄老人的固定结对互助服务形式，激活社区资源、强化社区关系。义工发展至33人，服务4000余人次。

社会救助

【医疗救助与特困供养人员护理】 2018年，珠海市根据《珠海市困难群众医疗救助实施办法》，为符合条件的困难群众提供及时有效的医疗救助。10月，市民政局印发《珠海市特困供养人员护理标准》，对应生活自理能力类别，分全自理、半自理和全护理标准三档，按照公布的企业职工最低工资标准的5%、60%和100%确定，住院期间的护理标准按每人每日200元确定。12月，印发《珠海市特困供养人员照料护理工作实施办法》。

【临时救助】 2018年，珠海市对因临时性、突发性等各种原因造成基本生活出现暂时困难的人员（包括符合条件非本市户籍人员）提供临时生活救助2246户次，支出759.3万元。

【自然灾害应急救助】 2018年，珠海市遭遇强降雨、台风等自然灾害，全年受灾人口15.58万人，直接经济损失5.48亿元。灾害发生期间，启动市救灾Ⅲ级响应2次，全市各级民政部门派出救灾工作组870个、4449人次。全年因灾转移人员16.62万人，应急避难场所集中安置9.23万人。在救灾应急期间，全市向受灾人员和临险人员发放物资8.38万件，价值542.6万元。按时完成因台风“山竹”倒塌的1户“全倒户”重建工作。8月，印发《珠海市自然灾害救助标准》。

【流浪乞讨人员救助】 2018年，珠海市各级救助管理机构救助1411人，其中，老年人115人，未成年人29人，残疾人66人，港澳台同胞5人次。开展流浪乞讨滞留受助人员寻亲返乡专项行动。探索智能寻亲模式，为5名滞留多年受助人员寻找到家人。按照省民政厅部署，做好春运期间生活无着流浪乞讨人员救助管理暨“寒冬送温暖”工作。全市出动车辆479次，工作人员972人次，街面救助流浪人员776人次，发放棉被106床，棉衣65套，饼干50份，方便面767桶，饮用水1046份，以及毛巾、牙刷、药膏等日用品、药品。8月6日起，全市救助管理机构启用广东省救助管理信息系统。

慈善事业

【概　况】 2018年，珠海市接收捐款2.25亿元，其中“广东扶贫济困日”活动募集捐款6133.66万元。编制慈善组织认定及慈善组织公开募捐资格认定办事指南，梳理办事流程，推进存量社会组织的认定以及新成立慈善组织的公募资格认定。市民政局与财政、税务等部门联合确认，发布市级获得公益性捐赠税前扣除资格名单。12家社会组织获得该资格。贯彻落实《中华人民共和国慈善法》，对慈善组织实行年度报告，10家慈善组织完成年报。

【广东扶贫济困日】 2018年6月29日，珠海市启动“广东扶贫济困日”活动。市委书记、市人大常委会主任郭永航会见爱心企业代表，希望广大企业家继续发扬中华民族乐善好施、助人为乐的传统美德，积极参与扶贫济困活动。启动仪式上，珠海爱心企业、爱心人士代表纷纷慷慨解囊现场捐款。活动募集捐款6133.66万元。

（冼佳霖）

住房保障

【概　况】 2018年，珠海市扩大住房保障覆盖面、提高保障标准，超额完成省政府下达的住房保障工作目标责任任务。加强部门联合审查数据共享机制。完善住房保障政策体系。珠海市全年完成新开工城市棚户区改造住房1653套，完成率103.3%；基本建成棚户区改造安置住房3818套，完成率954.5%；发放租赁补贴752户共543.28万元，完成率188%；列入计划的政府投资公租房3349套，分配3269套，完成率102.7%；完成投资8.47亿元。全市将低收入住房困难家庭收入准入标准从人均1344元/月调整至1470元/月，其他低收入住房困难家庭类收入保障线从人均2127元/月提高至人均2341元/月。

【保障性住房管理平台】 2018年，珠海市保障性住房管理平台实现与公安、人社、税务、工商、不动产登记、住房公积金、民政等部门相关业务系统对接。部门间住房保障基础信息资料可共享和跨部门查询，提高审核效率及准确性。至年底，有1.05万户家庭在外网注册，平台总受理公租房申请8050户。

【住房保障制度建设和课题研究】 2018年3月7日，珠海市住规建局出台《珠海市配建人才住房和公共租赁住房实施办法（试行）》，完善保障性住房和人才住房管理体系。8月31日起执行《配建协议》，明确配建保障性和人才住房单套面积、装修标准，规范住房保障部门、产权单位、实施主体三方权利义务。结合全市人才发展规划、土地出让计划、区域资源等要素，完成配建保障性住房和人才住房需求占比及空间分布课题研究。新出让土地商品住房开发项目和城市更新项目，有住宅功能的，落实用地配建保障性住房和人才住房政策。（2016年10月起）至年底，新出让商品住房项目，有41宗用地配建保障性住房和人才住房，配建建筑面积41.8万平方米。市住规建局与北师大珠海分校不动产学院合作，梳理配建公共租赁住房和人才住房的房源管理、分配、管理以及管理机构、保障制度等，为出台相关政策体系提供决策依据。

【人才住房实物配售子系统】 2018年，珠海市完成保障性住房管理平台中人才住房实物配售管理子系统建设。该子系统结合人才安居住房可租可售的特点，在保障性住房管理平台扩展建设人才住房实物配售管理子系统，实现人才住房在线申请、受理、审批、公示等政务功能和人才信息、房源信息、配售实物状况等管理功能，同时实现对共有产权住房、人才公寓、公共租赁住房等各类保障性住房统一规划、统一建设、统一分配和统一管理。

（陈文辉）

住房公积金管理

【概　况】 至2018年底，珠海市96.54万人开户缴存住房公积金，比上年增长7%。期末累计缴存总额576.40亿元，增长15%。期末累计缴存余额108.68亿元，增长10%。期末累计提取总额467.72亿元，增长16%。期末累计发放个人购房贷款总额192.07亿元，增长9%。期末累计发放个人购房贷款96228笔，增长7%。实现增值收益5951万元，减少42.9%。

【公积金人才优惠政策】 2018年5月21日，珠海市出台《关于高层次人才申请住房公积金贷款的操作细则》，对高层次人才提供贷款额度至上限的5倍，最高额度250万元。5月30日，出台《关于港澳台同胞缴存使用住房公积金的实施细则》，促进港澳台同胞更好地融入国家经济社会发展大局，与内地缴存职工享有同等的住房公积金待遇和权益。是年，港澳台同胞缴存住房公积金573人，发放住房公积金贷款1484万元。

【住房公积金缴存】 2018年，珠海市新增住房公积金缴存单位1648个，比上年增长62%，新增缴存人数8.03万人。全年缴存额75.65亿元，增长12%，月均缴存额6.3亿元。8月10日，市住房公积金管理委员会、市人力资源和社会保障局、市财政局联合发布《关于2018年度我市住房公积金月缴存限额标准的通知》，明确2018年7月至2019年6月全市企业和职工个人缴存比例上限为12%，下限为5%，年度企业职工的住房公积金月缴存上限标准为4860元，下限标准为172元。

【住房公积金提取】 2018年，珠海市35.13万名职工提取住房公积金65.51亿元用于个人或其直系亲属的购房、偿还银行贷款、租房等住房消费或个人重大疾病、低保家庭子女上学等救助。提取金额比上年增加24%。月均提取额5.46亿元，提取率为87%。

【住房公积金贷款】 2018年，珠海市住房公积金管理中心发放住房公积金个人购房贷款额15.1亿元，比上年增长43%，月均贷款额1.26亿元，个人贷款率73%。

【住房公积金贷款回收】 2018年，珠海市住房公积金管理中心回收7.78亿元，月均回收6483万元。期末贷款余额79.69亿元，其中逾期贷款额253.58万元，贷款逾期率为0.03%，低于国家1.5‰的标准值和商业性贷款逾期率。

【住房公积金信息系统建设】 2018

2018年9月27日，市住房公积金管理中心金湾管理部到珠海泰诺麦博生物技术有限公司开展公积金政策宣传活动　　（市住房公积金管理中心 供稿）

年6月，珠海市住房公积金管理中心通过省部级“双贯标”验收。开通微信及支付宝双“刷脸”认证登录模式，免去客户到柜台实名认证的手续，实现24小时全天候网上服务大厅和微信公众号办理公积金缴存查询及提取业务，资金划拨秒到账。全年线上办理公积金17万人次，实体窗口人流量下降70%，41万人关注住房公积金微信公众号，日均1600人次登录，日均办理业务600人次。（赖雪琳）

2018年9月4日，市爱国拥军促进会工作人员看望斗门区乾务镇新村抗战老兵陈勇（市爱国拥军促进会 供稿）

双拥工作与优抚安置

【双拥共建】 2018年1月11日，珠海市举办“2018年春节慰问座谈会”，通报双拥工作开展情况，听取优抚对象意见。2月11日，举行军政迎春座谈会。7月30日，市委书记、市人大常委会主任郭永航率珠海市“八一”拥军慰问团慰问驻珠部队。9月，依据市机关作风办《2018年度珠海市机关事业单位年终考评总体框架方案》，拟制《珠海市双拥共建工作绩效考核实施方案》及细则，切实强化双拥工作。12月，市爱国拥军促进会常务副会长刘经明获《中国双拥》年度人物提名奖。

【拥军优属】 2018年，珠海市为重点优抚对象和农村60岁退役人员3267人拨发定恤定补金和生活补助金3718万元。组织“关爱功臣巡回医疗队”，在广东省荣军第二医院的协助下，为600余名重点优抚对象送医送药。组织20名重点优抚对象赴佛山西樵山集中疗养。7月13日，市双拥办组织医疗分队开展“医疗进军营”活动，为110多名基层官兵和家属进行免费医疗体检和健康知识培训。8月30日，市双拥办组织市文化体育旅游局支持边防第五支队文化建设对接会，就参与大型演出活动、开展艺术作品展、加强炮台山文物保护，以及图书服务、演出培训、体育科目培训、体育器材配发、体育公园建设、官兵参观见学等项目与部队逐一对接。3次组织海军部队、南部战区空军机关到格力电器、南方软件园、罗西尼公司参观见学。11月，组织40名海岛优秀官兵参观第十二届航展。

【拥政爱民】 2018年，驻珠海市军警部队参与驻地经济建设，在重大项目建设、抢险救灾、反恐维稳、扶贫帮困、军民共建等方面作出贡献。11月，珠海警备区、武警珠海支队派出官兵参与保障第十二届航展。年内，首批军营开放单位“南海前哨钢八连”组织澳门下环坊互助会青年骨干、澳门青年社团骨干代表团、港澳特区青年代表团240人参加军营开放日活动；驻澳部队基地派出官兵20余人次配合地方军训和国防教育，接待社会各届5000人次参加国防教育日活动；驻珠海市军警部队帮扶斗门区莲洲镇新洲村，斥资38万元建成农业水产专用道路。

【优抚安置】 2018年，珠海市为41名伤残军人办理关系转移及评定手续，为52名参战人员办理身份协查工作。2月，出台《珠海市“助力随军家属就业工程”组织实施方案》。接收退役军人371人，安置7名退役士官，为364名自主就业的退役士兵发放一次性经济补助金2756.59万元。培训退役士兵57人，支出培训费42.75万元。省下达军休干部安置计划10人，年内按规定安置2人。

【2017《中国双拥》年度人物在珠海揭晓】 2018年12月28日，在中国人民解放军驻澳部队珠海基地揭晓《中国双拥》年度人物，21人当选，38人获提名奖，50人获入围奖。中国爱国拥军促进会、广东省退役军人事务厅、江苏省退役军人事务厅、珠海警备区等单位与会领导为2017《中国双拥》年度人物和提名奖、入围奖获得者颁发证书和纪念杯。（冼佳霖）

收入·消费

城乡居民收入

【概　况】 国家统计局珠海调查队城乡一体化住户调查数据显示，2018年，珠海市全体居民人均可支配收入为48107元，比上年增加4064元，名义增长9.2%，扣除价格因素实际增长6.7%，增长率比上年低2.1个百分点。其中，城镇常住居民人均可支配收入50713元，比上年名义增长8.3%，扣除价格因素，实际增长5.9%，增长率比上年低3.3个百分点；农村常住居民人均可支配收入26198元，比上年名义增长11.5%，扣除价格因素后，实际增长9.0%，比上年高7.1个百分点。

工资性收入　全体居民人均工资性收入35472元，比上年增长7.7%，占可支配收入73.7%，是拉动居民收入增长的主要力量。其中，城镇常住居民人均工资性收入37533元，增长6.8%；农村常住居民人均工资性收入18141元，增长8.7%。珠海陆续出台多项政策促进居民就业及工资收入提高，提高企业工资指导线，出台各类鼓励自主创业以及税负减免等相关政策，对拉动居民工资增长起积极作用。

经营净收入　全体居民人均经营净收入4140元，比上年增长16.8%，其中城镇常住居民人均经营净收入4243元，增长15.8%；农村常住居民人均经营净收入3275元，增长22.6%。农村经营收入出现较快增长，主要受农业生产形势稳定回升拉动。

财产净收入　全体居民人均财产净收入6445元，比上年增长8.7%，其中城镇常住居民人均财产净收入6856元，增长7.2%；农村常住居民人均财产性收入2989元，增长19.1%。

转移性收入　全体居民人均转移性净收入为2050元，比上年增长26.0%。其中城镇常住居民人均转移性收入2081元，增长27.8%；农村常住居民人均转移性收入1793元，增长10.8%。近年来，珠海养老金、低保金、最低工资水平等各项社会保障标准不断提高，带动居民转移净收入较快增长。

【各区居民可支配收入情况】 2018年，珠海市各区居民收入呈现稳步增长态势。其中，香洲区全体居民人均可支配收入为58794元，比上年增长10.9%，绝对值和增速均在各区排名第一。其次为高新区，人均可支配收入为46037元，增长10.6%。斗门区为35303元，增长9.2%，绝对值及增速排名第三；金湾区为35149元，增长8.4%，排名第四；高栏港区为33702元，增长6.6%，排名第五。

城乡居民消费

【概　况】 2018年，珠海市全体居民人均消费支出为35081元，比上年增长6.4%；城镇常住居民人均消费支出36819元，增长6.0%；农村常住居民人均消费支出20475元，增长2.2%。

食品消费　全体居民人均食品烟酒支出10775元，增长3.3%。其中，城镇常住居民人均食品烟酒支出11193元，增长3.0%；农村常住居民人均食品烟酒支出7262元，增长1.0%。随着居民消费结构逐步升级，食品烟酒类占消费支出比重继续下降，全体居民恩格尔系数为30.7%、城镇和农村分别是30.4%和35.5%，三者分别比上年下降0.9、0.9和0.4个百分点。

衣着消费　全体居民人均衣着支出1436元，增长3.1%。其中，城镇常住居民人均衣着支出1520元，增长1.9%；农村常住居民人均衣着支出729元，增长11.0%。

居住消费　全体居民人均居住支出8767元，增长22.9%。其中，城镇常住居民人均居住支出9321元，增长24.6%；农村常住居民人均居住支出4221元，下降10.4%。

2017—2018 年珠海全体居民人均消费支出情况对比

单位：元

指标名称	2018 年	2017 年	比上年增减	增幅（%）
消费支出	35081	32981	2100	6.4
一、食品烟酒	10775	10432	343	3.3
二、衣着	1436	1392	44	3.1
三、居住	8767	7135	1633	22.9
四、生活用品及服务	1933	1937	-4.7	-0.2
五、交通通信	4820	5155	-334	-6.5
六、教育文化娱乐	4150	4338	-187	-4.3
七、医疗保健	2368	1828	540	29.6
八、其他用品和服务	832	765	66	8.7

说明：全体居民人均消费支出是由分城乡居民人均可支配收入通过城镇化率（即城镇常住人口占全部常住人口的比重）加权计算得出。其中城镇化率在每个季度和年度之间是动态变化的，每年都会有一部分农村人口转移到城镇。这部分人口属于农村地区消费相对较高的群体，同时转移到城镇后又属于城镇地区消费相对较低的群体。从全体居民看，消费水平及增速和上年是完全可比的。但从分城乡看，受这部分转移人口影响，城镇和农村居民消费及增速和上年相比存在同时被拉低的现象，即存在一定不可比因素。因此出现全体居民消费增速高出分城乡居民收入增速的情况。（国家统计局珠海调查队）

生活用品及服务消费　全体居民人均生活用品及服务支出1933元，下降0.2%。其中，城镇常住居民人均生活用品及服务消费支出2032元，下降0.1%；农村常住居民人均生活用品及服务消费支出1103元，下降9.7%。

交通通信消费　全体居民人均交通通信支出4820元，下降6.5%，其中城镇常住居民人均交通通信支出4962元，下降8.6%；农村常住居民人均交通通信支出3633元，增长16.8%。

教育文化娱乐消费　全体居民人均教育文化娱乐支出4150元，下降4.3%。其中城镇常住居民人均教育文化娱乐支出4423元，下降6.1%；农村常住居民人均教育文化娱乐支出1858元，增长17.1%。

【医疗保健消费增幅较大】 2018年，珠海市全体居民人均医疗保健支出2368元，增长29.6%。其中城镇常住居民人均医疗保健支出2475元，增长31.4%；农村常住居民人均医疗保健支出1471元，增长3.6%。

【其他用品及服务消费稳步增长】 2018年，珠海市全体居民人均其他用品及服务支出832元，比上年增长8.7%。其中城镇常住居民人均其他用品及服务支出894元，增长7.2%；农村常住居民人均其他用品及服务支出309元，增长18.0%。

市场物价

【概　况】 2018年，珠海市居民消费价格指数总水平（CPI）比上年上涨2.3%，涨幅较上年（上涨0.8%）增加1.5个百分点。其中，消费品价格上涨2.4%，服务价格上涨2.2%。

月环比价格涨多跌少　从各月价格环比情况来看，珠海居民消费价格呈现“8涨4降”态势。其中，2月适逢春节，应节食品需求增加，致CPI环比上涨2.2%，为年内最大涨幅；3月，春节后需求减弱，价格随之回落，致CPI环比下降1.7%，为年内最大降幅；其余各月价格走势相对平稳，在-0.6%至0.6%之间运行。

月同比价格以涨为主　从各月价格同比情况来看，珠海居民消费价格12个月均在上涨区间运行。受春节假期较2017年错位影响，1月份价格出现年内涨幅最小值0.3%；在高翘尾及新涨价因素共同作用下，2月份价格出现年内涨幅最大值3.4%。随后月份，翘尾因素影响有所减弱，但在暴雨、台风、非洲猪瘟等新涨价因素持续影响下，除1月份外，全年各月价格涨幅均高于1.6%。

八大类商品及服务价格同比呈现全涨格局　从消费类别看，八大类价格同比均保持上涨态势。其中，食品烟酒价格上涨2.7%，影响总指数上涨0.84个百分点，贡献率为36.7%，是拉动CPI上涨最大的类别；医疗保健价格上涨6.9%，影响总指数上涨0.40个百分点，是上涨幅度最大、对CPI影响力度排第二位的类别。

食品价格的上涨是拉动珠海CPI上涨的主要因素　食品烟酒价格同比上涨2.7%。其中，食品价格上涨1.6%，影响CPI上涨0.31个百分点。受养殖场清拆、养殖成本增加等因素影响，家禽价格持续上扬，禽肉类价格累计上涨6.7%，拉动总指数上涨0.14个百分点，其中鸡价格上涨7.6%，鸭价格上涨5.8%。受运输成本上涨影响，水产品价格累计上涨4.2%，拉动总指数上涨0.12个百分点，其中海水鱼、虾蟹类价格分别上涨3.9%和5.9%。受畜禽禁养力度加大以及非洲猪瘟疫情影响，生猪出栏量减少，猪肉价格回涨明显，但全年仍以降为主，累计下降6.3%，拉动CPI下降0.18个百分点。另外，在外餐饮价格上涨4.8%，拉动CPI上涨0.42个百分点。

医疗保健价格上涨幅度最大　医疗保健价格同比上涨6.9%，是八大类商品及服务价格中上涨幅度最大的一类，拉动CPI上涨0.40个百分点。其中药品及医疗器具、医疗服务价格分别上涨5.6%和7.9%。在医疗服务类中，综合医疗类价格上涨17.1%，治疗类价格上涨11.3%，中医医疗服务类价格上涨5.8%。珠海新一轮公立医院医疗服务价格调整方案于2018年2月10日零时起正式实施，全市二级以上公立医院调整医疗服务价

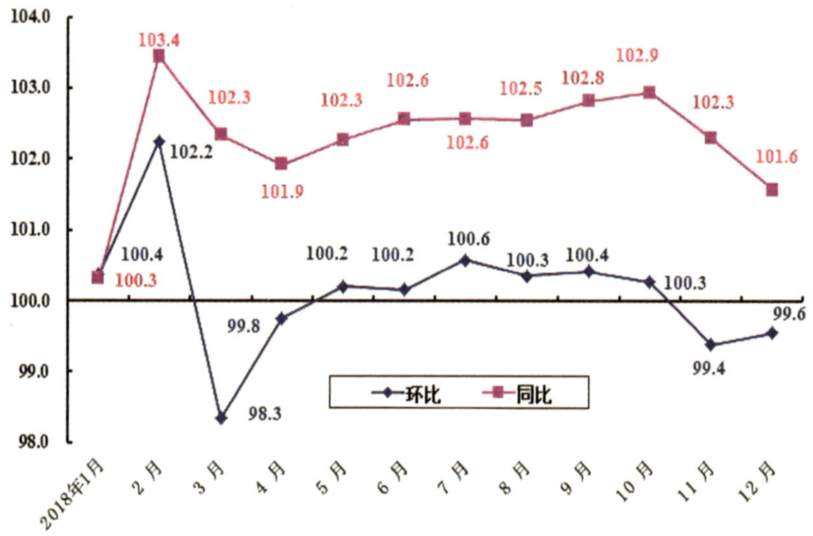

2018年珠海居民消费价格走势　（国家统计局珠海调查队）

2018年珠海CPI分类指数一览表

名　称	CPI（上年同期=100）	涨跌率（%）	对总指数拉动（百分点）
居民消费价格指数	102.3	2.3	--
食品烟酒	102.7	2.7	0.84
衣　着	101.3	1.3	0.07
居　住	101.3	1.3	0.31
生活用品及服务	102.9	2.9	0.17
交通和通信	101.3	1.3	0.17
教育文化和娱乐	102.8	2.8	0.30
医疗保健	106.9	6.9	0.40
其他用品和服务	101.0	1.0	0.03

格，对综合医疗服务类、临床诊疗类、医技诊疗类和中医民族医诊疗类 4 大类医疗服务价格项目中的 888 项进行调整。其中，调降医技诊疗类价格 213 项，调升手术、护理等技术价值高的项目价格 675 项，致 2018 年珠海医疗服务价格全面上涨。

服务价格涨幅扩大　服务价格同比上涨 2.2%，涨幅较上年（上涨 0.4%）扩大 1.8 个百分点，拉动 CPI 上涨 0.83 个百分点。65 个服务项目中，价格下降的类别仅 8 种。在需求增加、行业标准提高、最低工资水平上涨等因素推动下，家政服务价格上涨 18.8%，养老服务价格上涨 7.4%，家庭维修服务价格上涨 4.0%；受课外教育、学前教育等需求持续增加影响，课外教育价格上涨 11.1%，学前教育上涨 6.0%；受市民出游增加影响，飞机票价格上涨 11.5%，旅行社收费上涨 7.7%，旅馆住宿价格上涨 4.6%；受环保政策、包装纸箱涨价、快递行业成本上升等因素影响，快递服务价格上涨 2.4%。

【CPI 略高于全国和全省平均水平】　2018 年，珠海居民消费价格指数总水平分别较全国（涨 2.1%）及全省（涨 2.2%）高 0.2 和 0.1 个百分点。在全省 21 个地级市中，按 CPI 涨幅由高到低排序，珠海位居第四位。与珠三角 9 市相比，深圳上涨 2.8%，东莞上涨 2.5%，广州上涨 2.4%，佛山上涨 2.0%，惠州上涨 1.8%，江门上涨 1.7%，肇庆上涨 1.5%，中山上涨 1.4%，珠海位居中上游。

（国家统计局珠海调查队）

社会事务

社会组织建设和管理

【社会组织建设】　至 2018 年底，珠海市在册社会组织 2426 个，其中市级 1247 个，区级 1179 个。全年办理社会组织注册登记 176 宗，变更登记 181 宗，注销登记 37 宗。评出 5A 级社会组织 3 个，4A 级社会组织 6 个。年检社会组织 829 个，责令 84 个社会组织进行整改，对 12 个社会组织给予撤销登记的行政处罚。依托集成立、变更、注销及年检等功能一体的广东社会组织综合服务系统，通过数据整合，市级社会组织登记 12 项业务实现“全城通办”。市社会组织培育发展中心全年培育社会组织 30 个，向 2497 人次开放公共场地 144 次。全市建设 11 个不同类型和规模的社会组织培育平台。市、区、镇（街）三级联动，实现市级资源整合、展示推广，区级督导支持、检查评估，镇（街）服务落地、执行反馈的社会组织联动培育模式。

【社会组织管理】　2018 年，珠海市建立社会组织成立前座谈协商制度，社会组织法定代表人离任审计和清算审计工作改由财政经费列支。全面实现社会组织登记信息共享。有效开展社会组织能力培训。清理规范行业协会商会涉企收费行为，推进行业协会商会诚信自律建设。开展打击整治非法社会组织专项行动，公布 4 批涉嫌非法社会组织名单。推进枢纽型、支持型和创新型社会组织党群服务综合平台建设。12 月，印发《中共珠海市委办公室珠海市人民政府办公室关于改革社会组织管理制度促进社会组织健康有序发展的实施意见》。

【社会组织党建工作】　2018 年，珠海市社会组织党委有直属党组织

2018 年 8 月 16 日，市新社会组织党委组织直属党组织负责人、党务工作者 25 人赴惠州开展党性教育专题培训　（市民政局 供稿）

164个，其中党委9个、党总支5个、党支部150个，党员1434名。出台《关于在社会组织党员中深入开展党的十九大精神大学习大培训的工作方案》，制定《中共珠海市新社会组织委员会加强党的基层组织建设三年（2018—2020）行动的24条举措》。各级党组织举办党建主题培训班166场，8550人次参加。开展主题党日活动190次，3530人次参加。组织直属党组织负责人、党务工作者25人赴东江纵队纪念馆、叶挺故居开展党性教育专题培训。全年新发展党员31人，确定入党积极分子87人，135人参加入党积极分子或发展对象培训班并取得结业证书。举办党组织书记培训班16场次，培训基层党组织书记600人次。党支部组织591次党课。1942人参加“学报告 学党章”党员考学，全部得到满分，满分比率达100%。12月，市社会组织党建人才培养基地启用。（冼佳霖）

社会工作和志愿服务

【社会工作者队伍培训】 2018年，珠海市登记民办社会工作机构87家，通过国家社会工作者职业水平考试2582人，万人持证率13.65，位居全省前列。2313人登记为社会工作员。市民政局安排专项资金，委托市社会工作协会对参加社会工作者职业水平考试的712人进行考前培训。873名社会工作者参加继续教育培训。250名社会工作者参加专业人才工作实务能力提升专题培训。33个单位的41名社会工作管理人员赴四川大学培训。

【社会工作服务】 2018年，珠海市民政局投入563万元购买专业社会工作服务项目23个。市级选取禁毒、农村、学校、企业、家庭、妇女、青少年等8个专业社会工作服务领域开展“专业社工全民义工”社会工作试点。开展服务505次，参与志愿者3617人次，受益群众8.9万人次。

【社会治理】 2018年，珠海市全面推进扫黑除恶专项斗争，建立涉黑涉恶线索长期上报机制，推进涉黑涉恶涉乱村（社区）整治。加强整治督导，立行立改。市民政局会同市委组织部对村（社区）“两委”换届选举进行“回头看”检查。推进村务公开规范发展调研，加强基层组织建设。香洲区完成全国社会治理和服务创新实验区创建工作，经民政部验收组实地验收合格。

【志愿服务】 2018年，珠海市推广“i志愿”广东志愿者信息管理服务平台和注册志愿者证。全年应用信息系统注册登记志愿者35万人，志愿服务组织2230个，志愿服务项目2.82万个，记录志愿服务737.38万小时；志愿者占总人口比例18.5%。

其他社会事务

【婚姻登记】 2018年，珠海市4个登记处办理结婚登记12258对，离婚登记5341对。补领结婚证2310对，补领离婚证419对。为24例无婚姻记录开具证明。其中涉港澳台、华侨、外国人婚姻结婚登记337对，离婚登记118对，补领结婚证46对，补领离婚证23对。

【收养登记】 2018年，珠海市依照《中华人民共和国收养法》办理收养登记24例，其中香洲区4例、斗门区18例、涉港澳台收养登记

2018年11月30日，珠海市金湾区平沙镇社会工作个案管理中心揭牌
（市民政局 供稿）

办理2例。

【殡葬管理与服务】 2018年，珠海市火化遗体7841具，其中户籍遗体4122具。免除殡葬7项基本服务费63.88万元。对仙峰山墓园、合罗山墓园、大洋山陵园3座经营性公墓进行年度考核，合格率100%。清明节期间，接待祭扫市民、港澳台同胞46.97万人，疏导车辆6.9万辆。组织生态安葬活动，于4月27日、10月19日分别开展骨灰树葬和骨灰海葬活动，57户家庭参与，80份骨灰回归大自然。

【地名审核】 2018年，珠海市审核地名131宗。市民政局联合市委宣传部等9部门出台《关于建筑楼盘规范使用标准地名的通知》，推动建筑楼盘规范使用标准地名。审批地名数据通过政务资源共享平台公开、共享。（冼佳霖）

计划生育

【概　况】 2018年，珠海市常住人口出生2.97万人，人口自然增长率12.41‰，出生人口性别比111.02。全市登记建档的0岁以上全员流入人口89.92万人，其中跨省流入人口占69.7%，男性占流入人口总数的53.8%，已婚育龄妇女占流入人口的24.8%；跨市流出人口7.44万人，其中已婚育龄妇女占18.9%。流入非本省户籍人口出生5975人，符合政策生育率为88.5%。

【流动人口计生服务】 2018年，珠海市流入人口规范化电子健康档案建档率为80.9%。流动儿童预防接种率为97.1%。3岁以下流动儿童体检率为94.1%。流动孕产妇产前检查率为95.2%。流动人口传染病报告率为100%。流入已婚育龄群众避孕药具免费发放率为83.6%。流动人口计划生育手术免费服务率为97.7%。流动人口目标人群基本公共卫生计生服务覆盖率为94.5%。流动人口目标人群计划生育服务覆盖率为98.2%。跨省流动人口计划生育服务信息协查反馈率达100%。全员流动人口信息入库率为98.7%。（王雪光）

民族·宗教

民族事务

【民族领域和谐稳定】 2018年，珠海市发挥市、区两级民族宗教工作协调领导小组作用，不断提高处理民族领域问题的能力。有关部门充分沟通协调，确保节庆期间和敏感时间节点民族领域的安全稳定。市委统战部与市公安、民政、城管等有关单位定期交换民族方面有关情况，及时发现问题，全面分析研判，做好前瞻性工作，处置涉民族因素矛盾纠纷，有效维护珠海市民族领域和谐稳定。

【城市民族服务】 2018年，珠海市完善少数民族流动人口信息、少数民族流动人口服务岗、民族团结进步和谐宣传栏等少数民族服务平台，确保各项基本公共服务对全市少数民族流动人口全覆盖。各社区帮助解决少数民族群众在生产生活、医疗卫生、法律援助等方面的实际困难，为少数民族群众提供便利、贴心服务。市委统战部组织走访慰问少数民族代表人士和困难家庭、民族班学生1500人次。

【民族团结进步创建】 2018年，珠海市以民族团结进步创建“进企业、进校园”为重点，指导少数民族学生、员工比例较高的企业、学校开展民族团结特色活动。珠海实验中学被评为第六批全国民族团结进步创建示范单位。纳思达股份有限公司、遵义医科大学珠海校区、北京师范大学（珠海）附属高级中学被评为第二批广东省民族团结进步创建示范单位。

【民族团结进步促进会】 2018年，珠海市民族团结进步促进会联系少数民族群众、宣传政策、参与公益、化解矛盾，发挥矛盾纠纷的“调解员”、联系少数民族的“联络员”、服务少数民族的“服务员”、督促民族政策落实的“督导员”、引导少数民族群众拥护党跟党走的“引导员”作用。参与“广东省扶贫济困日”爱心募捐活动。开展对新疆班、西藏班在校师生的节日慰问、困难学生帮扶等活动。

【组团参加广东省第六届少数民族传统体育运动会】 2018年，珠海市派出219名运动员组成的代表团参加省第六届少数民族传统体育运动会全部12个竞赛项目和2个表演项目角逐，取得4金、4银、

5铜，团体总分608分，名列全省（22支参赛队伍）第七。代表团获是届运动会“体育道德风尚奖”“优秀组织奖”。（市委统战部）

宗教事务

【宗教中国化方向】 2018年，珠海市组织宗教界代表人士参加湖北武汉爱国主义教育基地学习考察、第十二届航展、“大潮起珠江”改革开放40周年纪念展览等活动，引导宗教界人士爱国爱教、正信正行。全国人大代表、市佛教协会会长明生法师主持召开市佛教协会全体理事会议，传达学习党的十九大精神。市伊斯兰教协会举办主题普法宣传讲座，将伊斯兰教义中的“和平、宽容、爱国、中道、仁爱”与法律法规、中华优秀传统文化相结合，教育穆斯林群众明辨是非，正知正解正信，自觉远离极端思想。中国天主教爱国会沈斌主教一行调研珠海天主教工作，并与黄炳章、梁建森两位主教同堂主持宗教仪式，引导信教群众依法依规开展宗教活动。市基督教三自爱国会和基督教协会（简称市基督教两会）邀请专家学者，为50名基督教界代表人士授课，学习党的十九大精神及新修订的《宗教事务条例》。

【宗教政策法规教育】 2018年，珠海市加大对宗教工作领导干部培养力度，提高宗教系统综合素质和行政执法水平。将宗教政策法规纳入市委党校中青班常态授课内容。组织宗教干部到武汉民族宗教业务提高班学习。编发《珠海市宗教工作应知应会学习手册》。派发新修订《宗教事务条例》2000余册、《民族宗教工作1000问》300余套。10月15日，市委理论学习中心组专题学习习近平总书记关于宗教工作的重要论述。邀请宗教领域专家围绕“新时代宗教领域形势政策与工作”为各级领导干部200余人作专题辅导。

链　接：

基督教两会

1954年8月在北京召开第一届中国基督教全国会议，成立中国基督教三自爱国运动委员会。1980年在南京举行第三届中国基督教全国会议。会上成立新的全国性教务机构——中国基督教协会。中国基督教协会与中国基督教三自爱国运动委员会合称“基督教全国两会”或“中国基督教两会”。宗旨是：坚持自治、自养、自传，独立自主自办教会的原则，带领全国基督徒爱国爱教、荣神益人；遵守宪法、法律、法规和国家政策，弘扬高尚的道德风尚；增强教内外团结，为办好中国教会提供服务，引导全国基督徒为构建社会主义和谐社会发挥积极作用，使中国基督教与社会主义社会相适应。接受国家宗教事务局的依法管理和国家民政部的社团管理监督。会址设于上海。

【宗教界参加公益活动】 2018年，珠海市宗教界参加“宗教慈善周”“扶贫济困日”“敬老助学”等公益活动，捐赠款物620余万元。

【宗教文化交流】 2018年，珠海市增进宗教文化交流，接访斯里兰卡佛教部长参访团、东南亚五国佛教代表团、中国港澳宗教界人士参访团。承办佛教英语培训班。9月中旬，中国佛教协会副会长、广东省佛教协会会长、珠海佛教协会会长明生法师率团出席在日本神户召开的第二十一届中日韩佛教友好交流会。

【和谐寺观教堂创建】 2018年，珠海市宗教界落实“宪法及法律法规、国旗悬挂、核心价值观、中华传统文化进宗教活动场所”工作倡议。对“和谐寺观教堂”创建达标的场所组织“回头看”。结合“安全生产月”活动，加强宗教活动场所安全督导检查。制定《平安宗教工作创建考评标准》，推进平安宗教建设工作。组织宗教活动场所负责人集体学习，加强宗教活动场所规范化管理。各宗教活动场所开展消防、反恐应急演练。明确相关职能部门和基层组织依法管理宗教事务的职责。

【珠海市伊斯兰教协会成立】 2018年2月3日，珠海市伊斯兰教协会成立大会暨第一次代表大会召开。市委常委、统战部部长郭才武，省民族宗教委副主任黄忠幸出席大会并讲话，丁太义当选第一届理事会会长。（市委统战部）

·责任编辑：曾维浩·

行政区

香洲区

【概　况】 香洲区成立于1984年，是珠海市政治、经济、文化、交通和金融中心。位于广东省南部、珠江口西岸、珠海市东部，毗邻港澳，东与香港隔海相望，南与澳门陆路相连，是唯一与港澳陆桥相连的城区，距广州市中心140千米。至2018年底，辖拱北、吉大、狮山、翠香、香湾、梅华、前山、湾仔8个街道和南屏镇，有社区居委会126个。行政区域面积555.29平方千米（包括珠海市横琴新区、珠海国家高新技术产业开发区、珠海万山海洋开发试验区、珠海保税区）。年末户籍人口64.71万人（不含横琴新区、高新区、万山区、保税区，下同），常住人口93.78万人。

由于城市化进程加快，2018年香洲区耕地面积减少至240.36公顷，农作物播种面积减少至132.3公顷，其中蔬菜类114.7公顷、水果类17.6公顷。林地面积6300公顷，森林覆盖率39.59%，活立木蓄积量43.96万立方米。城镇人均公园绿地面积19.78平方米。重要矿产资源有石料、石英砂及多种类型的黏土矿、高岭土矿。重要海洋资源有海岛111个、具有捕捞价值的鱼类及品种较多的壳类、贝类、藻类等水产资源近200种。

香洲区属亚热带海洋性气候，依山傍海，风景秀丽。区内有港珠澳大桥、珠海大剧院、珠海渔女、石景山、海滨公园、圆明新园、梅溪牌坊、农科奇观等特色旅游景点；全国、省、市级文物保护单位20多处，如全国重点文物保护单位陈芳家宅；竹仙洞、杨氏大宗祠、石溪摩崖石刻群等。辖区有全国年出入境人次最多的陆路口岸——拱北口岸。有一批在中国近代史上扮演重要角色的人物，如中国第一个留美学者、教育家容闳，清朝驻夏威夷王国第一任商董、领事陈芳，华南地区第一位马克思主义传播者杨匏安，中国第一个世界冠军容国团，文学家苏曼殊，版画家古元等。

【经济社会发展】 2018年，香洲区地区生产总值1324.33亿元，比上年增长7.0%。三次产业比为0.1 ∶ 4.1 ∶ 58.8。财政预算总收入100.43亿元，增长6.9%；财政预算总支出98.5亿元，增长6.0%。

2018年香洲区国民经济发展情况

指　标	单　位	绝对值	比上年增长（%）
地区生产总值	亿元	1324.33	7.0
第一产业增加值	亿元	0.78	-1.3
第二产业增加值	亿元	544.59	12.1
工业增加值	亿元	495.29	15.8
第三产业增加值	亿元	778.96	3.2
人均地区生产总值	万元	14.57	6.2
规模以上工业总产值	亿元	1287.37	15.8
规模以上工业增加值	亿元	318.46	16.9
固定资产投资	亿元	513.17	19.5

（续 表）

指 标	单 位	绝对值	比上年增长（%）
社会消费品零售总额	亿元	845.47	7.4
外贸进口总额	亿元	534.10	21.6
外贸出口总额	亿元	621.92	-9.0
实际利用外资	亿美元	4.47	-36.0
地方财政一般公共预算收入	亿元	38.30	4.0
地方财政一般公共预算支出	亿元	63.64	9.0
城镇居民人均可支配收入	元	58793.7	10.9

2017—2018 年香洲区社会事业情况

指 标	单 位	2017 年	2018 年
普通中学	所	24	24
普通中学在校学生	万人	3.28	3.38
高中阶段教育毛入学率	%	100	100
小 学	所	55	56
小学在校学生	万人	8.95	9.37
九年义务教育巩固率	%	101.59	100.54
医院、卫生院	所	2	2
医院、卫生院床位	张	500	500

注：24 所普通中学包括九年一贯制学校 7 所，十二年一贯制学校 1 所

【产业发展】 制造业 2018 年，香洲区工业对经济增长的贡献率 86%，比上年增长 33.8%。实现技改投资 38.71 亿元，比上年增长 15.6%。先进制造业实现增加值 193.96 亿元，比上年增长 22.1%，占规模以上工业增加值的比重 60.9%。规模以上工业企业实现利润总额 227.96 亿元。7 月，广东省打印耗材标准联盟试点通过验收，落户香洲。是年，珠海格力电器股份有限公司获第三届中国质量奖，珠海优特电力科技股份有限公司获 2017 年度广东省政府质量奖。

服务业 实现服务业增加值 778.96 亿元，比上年增长 3.2%，以高端信息和金融业为主体的现代服务业占服务业比重上升为 58.5%。奥园广场等商业综合体开业，珠海市金融科技中心（香洲）动工。

开放合作 全年实际吸收外资 4.47 亿美元，引进和新增实际吸收外资 1000 万美元以上外资项目 6 个。深化深圳、香港驻点招商，引进博天智能等优质创新项目。参与“一带一路”建设，组织辖区企业参加中国国际进口博览会等重要展会，举办“独角兽”企业对话创新珠海、快公司年度创新大会专题招商及推介会等活动。

工业园区和商贸物流中心 南屏科技工业园加快扩容提质，科达路等 5 条新建道路投入使用，基础设施投资 1.1 亿元。完成赛得电子等 4 家企业改扩建，新增建筑面积 7.2 万平方米，加快整合格力电器周边用地。该园区有企业 615 家，实现工业总产值 856.76 亿元，比上年增长 23.7%；其中规模以上工业企业 134 家，规模以上工业总产值 831.59 亿元，比上年增长 26.4%。洪湾商贸物流中心贯彻落实横琴新区、保税区、洪湾片区一体化改革发展实施方案，做好企业服务。该中心有规模以上工业企业 21 家，实现工业总产值 36.32 亿元，比上年增长 10.6%；规模以上第三产业企业 16 家，营业总收入 15.19 亿，比上年下降 9.1%。前山商贸物流中心有规模以上工业企业 38 家，实现工业总产值 66.42 亿元，增长 13.2%；规模以上批发零售企业 66 家，销售额 88.36 亿元，增长 0.5%；重点服务企业 6 家，营业收入 2.97 亿元，增长 14.5%。

【创新驱动发展】 提升创新能力 2018 年，香洲区投入扶持资金 4.5 亿元支持产业发展。开展高新技术企业树标提质工程，新增高新技术企业 194 家，总量达 788 家，占全市 38.3%。新增东信和平、溢

多利国家级企业技术中心2家，省级工程技术研究中心14家。格力电器获评“中国知识产权领域最具影响力创新主体”，格力电器和格力节能环保“空气源热泵空调关键技术及应用”获广东省科学技术厅颁发的广东省科技进步奖一等奖。

集聚创新人才　制定“珠海英才计划”实施办法，引进饶芳权等“两院”院士4名，建成格力电器电机与控制、建筑节能院士工作站2个，新增泰坦新动力等博士工作站8个，以及格力电器、丽珠试剂博士后工作站2个，兑现各项人才扶持补贴4800余万元。继续开展“香山人才”系列活动，举办百名博士硕士走进香洲人才交流对接会、科技创新大赛等活动。

优化创新环境　发展科技金融，发挥华金创投、科溢天使等引导基金作用，重点投向珠海圣美、睿捷医疗等优质创新项目；中小微企业贷款风险补偿机制取得成效，为47家中小微企业发放风险补偿金贷款3.2亿元；雅莎生物挂牌新三板。正方云溪谷、云创园投入运营，格力联云等优质创新型企业入驻。与珠海清华科技园合作的珠海清创国际技术创新港投入使用，声原智能等3个优质项目落地运营。

【城市管理】　2018年，香洲区开展城管体制改革，成立区公用事业管理中心，推进路灯等4个养护中心实体化运作，9月起将环卫清扫队伍下放至镇街管理，提升环卫精细化管理水平。

市容市貌　安排1.9亿元实施背街小巷整治等工程，完成永济社区等环境整治项目42项。开展市容市貌整治攻坚战，落实“入室经营、门前三包”制度。投入3165万元采购垃圾清扫车等先进装备113套，提升城市市政管养机械化水平。开展“最美小区”“美丽阳台”创建活动，打造围基壁画村、“狮山小美”、景和街等特色亮点。

路网建设　投入8500万元打通童心路、翠福路等断头路8条，投入7000万元完成情侣路、南湾立交、前山立交等重要节点改造提升，投入5500万元完成创业路等四车道以下“白＋黑”沥青罩面工程9条，配合市相关部门完成红山路等市政道路“白＋黑”改造35条，投入1000万元完成迎宾南路灯光亮化工程，提升城区主干道周边环境，改善群众出行条件。

生态环境　成立区污染防治攻坚战指挥部，与区河长办公室合署办公，出台“一河一策”“五清”（清污、清漂、清淤、清障、清违）专项行动实施方案。推动前山河流域综合整治，投入4700万元推进11条问题水体整治，完成北山等河涌治理。投入1200万元开展主城区第二批管网建设工程，完成管网普查1127千米，新建污水管网1.8千米，修复破损管网0.8千米。饮用水源保护区违法项目基本清理完毕。加强大气污染防治，投入1870万元采购喷雾压尘车等先进装备94台，全面清理城区燃煤，综合采用建筑工地围挡、泥头车全封闭运输、道路降尘等管控方式，空气质量持续保持优良水平。实现生活垃圾100%无害化处理。

【社会民生】　2018年，香洲区九项民生支出51.83亿元，比上年增长6.0%，占公共财政预算支出81.5%。

就业与社会保障　新增就业2.55万人，城镇登记失业率2.27%。城乡居民养老保险、基本医疗保险和户籍未成年人医保参保率均达100%，辖区内低保、重残等特困人群1761人全部纳入社会保险

2018年12月27日，“党建引领二次创业”2018年珠海市香洲区科技创新大赛决赛在富华里铂尔曼酒店举行　（香洲区委宣传部 供稿）

范围。1月1日起，辖区内被征地农民个人参加城镇职工社会保险的财政补贴额度从每月78元提高至每月96元，全年发放财政补贴507.16万元。

社会救济　全年发放低保金2129.42万元，临时救济金40.69万元，医疗救助金142.74万元，涉法涉诉救助金21万元。加强住房保障，分配公租房1047套，对484户收入困难家庭发放住房补贴399.8万元，动工建设棚户区改造保障房1600套。

社区养老　香湾、狮山社区养老服务中心改为社区养老日间照料中心，分别于10月底、12月底投入运营，加上2017年投入运营的翠香、湾仔社区养老服务中心，香洲区有运营中养老服务中心4所。梅华社区养老服务中心动工。拱北、吉大2个街道社区养老服务中心完成前期准备工作。前山社区养老服务中心改为区一级养老机构，参照市级养老机构标准，建设成为集医、康、护、养、乐、服六位一体的综合性养老机构，建设规模为1200张床位，进入前期准备阶段。南屏社区养老服务中心改由市民政局负责建设市级养老机构。香洲区依托社区养老服务中心和日间照料中心，开展社区居家养老配餐服务试点，启动运营香湾、翠香2个街道的社区长者饭堂。

教　育　全年投入教育经费23.9亿元，比上年增长9.4%。梅华中学、格力学校、北山小学以及梅华、同乐幼儿园投入使用，新增学位5400个。云峰小学（暂定名）、潮联学校、健民幼儿园动工。投入1941万元为学校、幼儿园配备校园特保410人，维护校园安全。是年为香洲区学前教育第二期三年行动计划（2015—2018年）的收官之年，至年末，香洲区有幼儿园163所（不含12所托儿所），其中公办及民办普惠性幼儿园128所，占全区幼儿园比例78.5%。

卫生计生　推进"健康香洲"建设，启动省健康促进区和国家慢性病综合防控示范区创建，建设健康细胞单元。总投资4.2亿元的区人民医院改扩建工程动工。完成中医标准化建设，辖区内62家社区卫生服务站全部建成国医堂。对全区适龄儿童开放免费窝沟封闭项目，1.39万名目标儿童受惠。优化公共卫生服务水平，人均基本公共卫生服务项目经费标准提高至62.7元。

食品安全　年内香洲区未发生重大食品安全事件。推广食用农产品快检工作，由第三方快检服务机构对全区31家农贸市场、8家超市开展食用农产品快检，30家农贸市场、8家超市自行开展食品安全快速检测。建立食品生产企业信用档案制度，全区72家食品生产企业全部完成食品生产企业基本信息采集，183家企业纳入重点生产经营企业食品安全追溯。辖区餐饮服务提供者量化分级实现全覆盖，有228家达到食品安全量化A级，全区275家学校及托幼机构食堂量化等级均达B级及以上。推进"明厨亮灶"，全区274家学校及托幼机构食堂"明厨亮灶"率达99.66%。试点餐饮后厨在线监控，173家实现"互联网＋明厨亮灶"，市民可通过"食安香洲"微信公众号观看后厨实时视频。推动香洲区食品集中加工中心建设，项目用地位于前山商贸物流中心三期地块，计划将烧卤熟肉、豆制品、糕点等传统食品纳入集中生产、集中检验、集中监管模式，项目进入报建阶段。11月，香洲区通过广东省食品安全示范城市中期评估。

【城市更新】　旧工业区改造　2018年，香洲区奥园广场、世邦国际商贸中心、中安世纪广场及新苏豪财富广场建成，总建筑面积98.5万平方米，其中奥园广场开业。优特广场、国维中央广场等11个项目动工建设，维也纳酒店等6个项目获政府批准并进行报建，龙安纸品等5个项目公示实施主体。

旧村改造　沥溪村、福溪村完成第一批搬迁安置房抽签交付工作，洪湾旧村动工建设，银坑旧村完成地基与基础工程立项，上冲旧村确认实施主体，吉大旧村改造项目重新启动，东桥村开展进村入户工作，翠微村完成项目开发企业表决，联安村完成规划条件研究，其他旧村改造工作有序推进。

老旧小区整治　年内基本完成侨光花园、紫荆园等25个总面积66.2万平方米的老旧小区整治提升工程。

【文体服务设施建设】　公共文化服务设施　2018年，香洲区继续构建辖区公共文化服务体系，建成并启用梅华（红山）、前山2个镇（街）级市民艺术中心，推进吉大、香湾、梅华、南屏4个市民艺术中心项目。香洲区图书馆于12月1日启用，委托珠海乐士投资管理有限公司参与建设运营，藏书2万余册，公共阅览区域面积1100平方米，并与5000平方米的乐士文化区场馆实现共享。香洲区博物馆（珠海容闳博物馆）由甄贤社学旧址修缮改建而成，于12月22日揭牌。香洲区档案馆建成。

公共体育服务设施　打造“香洲社区体育公园”城市品牌。2018年，建成中珠、中广二期、TOD（以公共交通为导向的开发模式）小镇、前山桥下等社区公园21个。实现集绿化与体育健身于一体的社区体育公园全覆盖。社区体育公园与健身步道及慢行系统、绿道网连接，构成“点、线、面”相结合的绿色低碳全民健身场地网络，形成城市社区15分钟健身圈。全区人均体育场地面积2.6平方米以上。

【国家全域旅游示范区创建】　2018年10月23日，港珠澳大桥通车，香洲区成为唯一与港澳路桥相连的城区。香洲区发挥区域优势，加快创建国家全域旅游示范区。实施情侣南路景观整治提升工程，打造城市客厅海滨泳场、香炉湾、凤凰湾等情侣路三大沙滩环境改造提升项目，每周末在海天驿站推出“乐韵香洲”公益性音乐表演。珠海情侣路被列入广东省旅游局、省交通运输厅联合发布的十条首批广东最美旅游公路名单。开放香山古驿道，发挥区属国有企业在城市管理和运营中的作用，完善辖区内古驿道沿线站点旅游公共基础设施和服务体系建设，成为市民“打卡”胜地。

香洲区镇（街）级市民艺术中心启用时间表

名　称	启用时间	备　注
狮山市民艺术中心	2016年1月16日	珠海首个市民艺术中心
拱北联安市民艺术中心	2017年3月25日	
梅华红山市民艺术中心	2018年4月21日	
前山市民艺术中心	2018年10月11日	

是年，辖区内希尔顿欢朋、瑞吉、洲际等品牌酒店相继营业。全区实现旅游总收入326亿元，比上年增长26.8%。

【香洲区入选全国中小城市百名榜】　2018年10月8日，“2018年中国中小城市科学发展指数研究成果”由中国中小城市发展指数研究课题组、中小城市发展战略研究院、中城国研智库联合发布，香洲区入选5个百名榜，位列2018年度全国综合实力百强区第四十八位、全国绿色发展百强区第十九位、全国投资潜力百强区第三十二位、全国科技创新百强区第五位、全国新型城镇化质量百强区第十五位。

【非洲猪瘟防控】　2018年12月19日，香洲区排查出非洲猪瘟疫情1宗，当日对珠海市食品有限公司肉类联合加工厂发生疫情的同批及存栏生猪1626头进行扑杀和无害化处理，并发布封锁令，将该厂划定为疫点并实施封锁，以该厂向外延伸3千米为疫区和受威胁区。封锁期间，启动紧急排查日报告制度，严禁疫区生猪、易感动物及其产品出入封锁区；关闭该厂，加强防疫和无害化处理，处理生猪冻品88.66吨。在国道105线上冲检查站外设置生猪屠宰检疫临时预检岗点，对进入辖区的所有生猪进行预检。

注：经连续监测15天，未发现新的病例和监测阳性。经评估验收，香洲区于2019年1月11日解除疫区封锁。（曹雅锐）

金湾区

【概　况】　金湾区位于广东省南部（珠海市西南部），2001年4月4日经国务院批准成立。截至2018年底，辖红旗、三灶两镇，土地面积567.28平方千米。年末户籍人口10.35万人，人口自然增长率17.71‰。常住人口23.26万人。人口自然增长率13.59‰。耕地面积1200公顷，粮食播种面积60公顷，粮食产量400吨。林地面积4100公顷，森林覆盖率26%，活立木蓄积量20万立方米。重要矿产资源有石料、矿泉水、地热水和金属矿。重要海洋生物资源有浮游植物、浮游动物、底栖生物、游泳生物等。土特产有黄立鱼(黄鳍鲷)、西瓜、葡萄、荔枝、龙眼、珍珠芭乐、甜瓜、番石榴、天门冬等。主要旅游景点有汤臣倍健透明工厂、花田水乡、金沙滩等。

【经济社会发展】 2018年，金湾区地区生产总值301.86亿元，比上年增长9.1%，三次产业比为1.1 ∶ 67.9 ∶ 30.9。

【产业发展】 2018年，金湾区夯实实体经济发展根基，推动三大战略性新兴产业和传统优势产业发展壮大。全年引进落户绿竹生物、北京数字精准医疗、粤电海上风电、中航天河等产业项目28个，新增动工项目31个，总投资73.31亿元，开工面积89.68万平方米；新增投产营业项目20个，累计完成工业固定资产投资11.23亿元；新增鹏宇汽车、稻津电机、远东恒辉幕墙3个规模以上企业，年产值均超5亿元。

航空产业 航空产业园以开园十周年为契机，开展系列宣传和产业活动，总投资近50亿元的16个项目签约落户。大型水陆两栖飞机AG600完成水上首飞。西锐SR20系列飞机取得国家民航局颁发的生产许可证并签订首批订单。获批华南地区规范性无人机验证飞行空域。

生物医药产业 开展基因与细胞治疗、医疗人工智能、新型抗体药等新兴领域招商，中科院数字精准医疗等20多个高端生物医药项目落户金湾。完善产学研协同创新体系，初步形成生物医药产业生态系统。丽珠集团药物研发获国家

2018年金湾区国民经济发展情况

指　标	单　位	绝对值	比上年增长（%）
地区生产总值	亿元	301.86	9.1
第一产业增加值	亿元	3.38	-31.1
第二产业增加值	亿元	205.07	11.3
工业增加值	亿元	189.08	18.0
第三产业增加值	亿元	93.41	5.1
人均地区生产总值	万元	16.83	3.0
规模以上工业总产值	亿元	739.65	16.9
农林牧渔业总产值	亿元	6.36	-9.2
固定资产投资	亿元	192.31	19.6
社会消费品零售总额	亿元	57.42	8.8
外贸进口总额	亿元	67.07	15.9
外贸出口总额	亿元	254.35	4.9
实际利用外资	亿美元	1.72	0.0
一般公共预算收入	亿元	27.11	15.35
一般公共预算支出	亿元	52	1.81
全体居民人均可支配收入	元	35149.3	8.4

2017—2018年金湾区社会事业情况

指　标	单　位	2017年	2018年
普通高校	所	5	5
普通高校在校学生	万人	6.66	6.83
普通中学	所	5	5
普通中学在校学生	万人	0.59	0.6032
小　学	所	12	12
小学在校学生	万人	1.34	1.49
医院、卫生院	所	3	3
医院、卫生院床位	张	608	608
群众艺术馆、文化馆	座	1	1
公共图书馆	座	1	1

科学技术进步二等奖。生物医药产业年产值170.65亿元，比上年增长22.2%。

新能源产业　新能源产业规模壮大，年产值105.9亿元，比上年增长72.1%。完善以新能源汽车为核心的产业体系，中兴智能汽车新生产基地一期建成。

【创新驱动发展】　2018年，金湾区研发投入占GDP比重3.7%；企业研发经费比上年增长35.9%，增速较上年提高35.6个百分点。申请发明专利561件，拥有量844件，PCT（国际专利条约）国际专利申请量26件。引导6家企业参与10项国家标准和7项行业标准制修订。新增广东省名牌产品称号19个，累计31个。拥有2家国家级和5家省级知识产权优势企业。珠海国际健康港开港运营，6个公共服务平台、首批总投资超40亿元的10个国内外医药研发生产项目签约进驻，打造国际国内知名的生物药、创新药、高性能医疗器械和医疗人工智能产业高地。金湾新材料研究院揭牌，聘请多名院士担任顾问。金湾智造大街获评国家级科技企业孵化器培育单位，落户智能制造企业72家，年产值超4亿元，孵化新三板上市企业2家，项目二期加速器启动运营。珠海国际动力港完成建设投资4100万元。

【营商环境建设】　2018年，金湾区优化营商环境。建设基于大数据的营商环境评价系统。深化"放管服"改革，推行"一网、一门、一次"政务服务，实现992个事项全流程网上审批、928个事项"最多跑一次"、302个事项全城通办。投资建设项目从申请立项到办结施工许可审批用时不超过37个工作日。企业开办工商登记受理一次通过率95%以上，营业执照核发时间压缩至1个工作日。与专业机构合作设立产业投资基金，增强对优质产业项目和研发团队的吸引力。落实国家税费减免政策，减免企业税负4.08亿元。通过担保增信等方式对企业给予金融扶持，支持企业渡过发展难关，区内75%规模以上企业增资扩产。出台鼓励实体经济发展"金十条"等扶持政策，兑付区级产业扶持财政资金7.54亿元，带动社会和企业投入实体经济资金超40亿元，完成工业投资33亿元。打造"金英港湾"人才服务品牌，为高层次人才提供医疗保障、子女入学等服务，发放产业人才工作津补贴2850万元，已建在建人才公寓2830套。

【社会民生】　2018年，金湾区全面营造共建共治共享社会治理格局取得成效。

落实十件民生实事　航空新城社区卫生服务中心建成投入运营，小林卫生院动工建设；建成广安、唐人街等4个农贸市场示范快检室和1个食品集中加工中心快检室，食品安全快检结果信息公开系统完成建设；完成52个小区2.55万户加建燃气管道户外工程，7个小区2216户施工，完成年度任务130%；白藤山生态修复湿地公园一期项目完成建设；河长制示范段建设完成投资2000万元，开展人工湖步行道基础和景观桥桩基础施工；红旗镇文体中心及公共人防工程动工建设；金湾区三位一体VOC及恶臭监测监控系统（一期）上线运行；三板排污站污水治理工程完工并投入使用，日处理量1000吨，满足该片区污水排放处理需求；完成670台电梯隐患风险抽查和20台老旧电梯安全评估；区综合指挥中心（二期）开展方案设计，区防灾减灾综合训练基地完成项目调研咨询。

完善基本公共服务　全年九项民生支出33.91亿元，比上年增长24.6%。启动林伟民纪念小学等中小学建设。以教育信息化应用为重点，实现"金湾智校"全覆盖；以中小学、幼儿园跨区域一体化联盟为牵引，推动教育优质均衡发展。基本公共卫生服务项目绩效评估考核位列全省第一。金湾中心医院开放一级临床科室14个、病床243张，全年门急诊近20万人次，实施三级以上高难度手术1100余例，急危重症病人抢救成功率95%以上。慢性疾病等重点人群家庭医生签约服务覆盖率60%，对残疾人覆盖率100%，区残疾人综合服务中心封顶。举办文体活动1800余场次，实现区、镇（街）、村（居）三级公共文化服务基础设施全覆盖，区图书馆获评国家一级馆，矿山书屋获评"全国示范农家书屋"，《金湾年鉴·2017》获评广东省优秀年鉴，民歌《爷爷唱的诗》获广东省民歌民乐大赛金奖。林伟民与中国早期工人运动史迹陈列馆、三灶岛侵华日军罪行遗迹入选首批广东省红色革命遗址重点建设示范点。成功申报省级"非遗"代表性传承人3人。汤臣倍健透明工厂获评国家AAAA级旅游景区。新增养老、医

2018 年 10 月 22 日，金湾区首家 AAAA 级旅游景区揭牌　　（张　洲　摄）

疗、助残“三合一”综合服务站点 6 家和长者饭堂 5 家，居家养老助残服务信息平台上线运营，养老保险参保人数 11.98 万人、失业保险参保人数 12.61 万人。完成区粮库智能化升级改造。设立就业援助“一帮一”奖励金，向就业困难人员提供免费技能培训和初期创业扶持。

推进乡村振兴建设　推进省级新农村连片示范区和都市农业示范区建设。与银行合作发放农业贷款 1500 万元，发展休闲农业、特色海洋经济和生态农业，搭建“互联网 + 金湾三农”平台，开展“金湾黄立鱼”国家地理标志创建工作，促进村集体经济发展和农民增收。开展“三清三拆三整治”专项行动，全域推进农村人居生态环境综合整治。红旗镇湖一路拓宽工程完工。完成全区行政村污水处理设施及污水管网建设，垃圾清运处理率、无害化处理率 100%。举办首届“中国农民丰收节”系列活动。

维护社会和谐稳定　金湾区综合指挥中心投入使用，建成区、镇（街）社区矫正中心和法治文化公园，完成三灶、红旗镇综治中心和海澄村、小林社区等村（居）综治中心改造建设。将禁毒、精防、城管、劳动监察、人民调解、社区矫正、公交巡查等纳入综治专业网格。构建食品药品信息化监管体系，提升应急管理水平，落实安全生产责任，推进安全风险分级管控和隐患排查治理双重预防体系建设。全区刑事治安警情连续五年下降，社会治安平稳有序。

【城乡建设】　2018 年，金湾区推进城市开发建设，高标准规划、高品质建设西部生态新区金湾片区，全年完成投资 53 亿元。完成航空新城市政道路及配套三期工程、金湖大道（东路）改造工程等项目建设。公共文化中心完工，档案馆通过竣工验收。加快建设市民及产业服务中心、市民艺术中心和 18 个社区公园等公共服务项目。机场东路美化亮化提升一期工程完工。利用“城市管家”“随手拍”等信息化平台，构建“村（居）+ 网格巡查员”城市管理工作机制。提高珠海大道、机场东路等城市主干道管养标准，全年环卫作业经费标准比上年提高 1.4 倍，提升市政环卫和园林绿化管养面积 88.6 万平方米。排水能力 9 万立方米 / 小时的小林联合泵站投入使用，解决长期困扰该片区的水浸问题。完成 311 千米地下排水管网清淤检测，清理 1.3 万立方米淤塞物并进行无害化处理，检测出 5000 多处管道缺陷，启动非开挖修复工作。严格落实“河长制”工作要求，南北排河、中心河等黑臭水体治理成效明显，实现水清岸绿景美的治理目标。城乡截污纳管比例、污水集中收集率和处理能力提高。开展污染源普查和土壤污染调查，实施大气污染精准治理，启动环保监管服务平台二期建设，落实“六个 100%”扬尘管控措施，全年 $PM_{2.5}$ 浓度均值 24 微克 / 立方米，全区空气质量优良率超 94%。在全区机关事业单位、中小学校及 74 个住宅小区开展垃圾分类试点，新建、改建 14 个公厕。建立城市慢行系统，推进 13.3 千米绿道、9 千米健康步道和 9 千米林荫道建设。

【金湾智造大街获评国家级科技企业孵化器培育单位】　2018 年 11 月，广东省科技厅按照国家科技企业孵化器和众创空间建设发展的总体要求，通过专家评审、现场考察等程序，确定金湾智造大街为国家级科技企业孵化器培育单位。金湾智造大街是金湾区 5 个创业孵化基地之一，针对智能制造创客、小微企业和中大型企业、孵化器、加速器及试制车间等产业载体，构建“工业互联网＋智能制造＋金融”特色孵化模式，重点孵化以智能装备、工业机器人、无人机、互联网、航空航天为主的智能制造企业。8月，金湾区政府与珠海森坦企业孵化管理有限公司签订项目合作协议，启动智能制造科技创新加速器项目，对进入金湾智能制造科技创新加速器的企业提供财务、订单和金融服务。至年底，金湾智造大街园区拥有高新技术企业26家，入驻加速器项目企业13家，与加速器及其企业对接金融机构20余家，成为珠海制造业高新技术企业聚集地。

【金湾营商环境分析系统在全国率先上线】 2018年3月23日，金湾区研发的全国首个具有自主知识产权的营商环境分析系统上线发布运行。6月26日，该系统通过验收。由营商环境评价模块和分析模块构成，对标世界银行营商环境指标体系中的11类指标，并根据金湾区特点修正及补充形成“10+2”（“10”指借鉴世界银行的10个指标，包括开办企业、办理施工许可、获得电力、登记财产、获得信贷、保护中小投资者、纳税、跨境贸易、执行合同和办理破产；“2”指结合金湾经济发展所创立的劳动力市场和交通物流2个特色指标）营商环境评价模型。通过实时抓取政务大数据平台数据，将金湾区营商环境与190个国家和地区进行横向比较，捕捉金湾区与世界经济体间在商业政策、法律、制度环境及执行能力的差异，并可按月度、季度、半年度、年度进行基础分析、本地比对分析、对标世行分析，输出图表分析结果，定期形成金湾区营商环境分析报告，为政府科学决策提供依据和支撑，优化金湾区营商环境，凸出区位优势，提高区域投资竞争力。营商环境分析系统通过采集区内各大数据平台信息，将固化在各部门的政务数据进行统一归集，强化部门间协同效应，解决“信息孤岛”、资源分散等难题，减少信息不对称和市场交易成本。通过大数据、云计算等信息技术，建立科学评价指标体系和计算模型，促进数据融合和信息互联共享应用，为金湾区推进“数字政府”建设奠定基础。

【珠海友爱国际医院奠基】 2018年5月29日，珠海友爱国际医院、友爱国际医学康养中心项目奠基仪式在金湾区举行。项目总顾问、日本前首相鸠山由纪夫等参加奠基仪式。项目位于金湾区三灶镇，总投资60亿元，一期项目用地约11万平方米，建设包括珠海友爱国际医院、质子设备放疗中心、中日体检大楼、康复中心、东京大学医学部介户学科教育培训护理学院等。友爱国际医学康养中心项目位于唐家大坞湾，总投资15亿元，项目用地总面积3.2万平方米。珠海友爱国际医院拟打造成为国际专科医院，采取“医疗＋教育＋康养”模式，整合中外各方优势医疗资源，引入国际领先的质子刀医疗技术，以及医学领域权威的学术和研究机构，构建汇集医疗资源方、医疗教育方、康养服务方资源的产业生态平台，形成“以医疗为引导，以康养为促进”的格局。（洪　峰　关玉荣）

斗门区

【概　况】 斗门区位于珠江三角洲西南部，珠海市西部，磨刀门至崖门之间。从赤鼻岛至白蕉七围交界线，东西之间最宽33.4千米，总面积613.88平方千米。斗门区东连中山市，北倚江门市，与澳门水域相连。距香港56海里，至广州、深圳两小时车程，水陆交通便利。截至2018年底，辖井岸镇、白蕉镇、斗门镇、乾务镇、莲洲镇5个镇和白藤街道办事处，101个村民委员会，26个居民委员会。年末户籍人口38.25万人，流动人口27.1万人。

斗门区“二山三水五分田”，低山突屹，平原宽广，孤丘众多，水道交错，河涌密布，滩涂淤积，浮露迅速。基本农田保护面积1.92万公顷，占全市72.53%。境内东北部低于西南部，山丘边缘冲积地带高于江河两侧沉积平原。区内10条主干河道总长135.83千米，面积1.65万公顷。有地穴矿泉矿、地下矿泉水等重要矿产资源。地下水资源蕴藏量0.5亿立方米（其中浅层500万立方米），开发利用244.1万立方米，占蕴藏量5%，占斗门区年用水量0.5%左右，绝大部分水质良好。有大弹涂鱼（即花鱼、泥鱼）、棘头梅童鱼（即黄皮鱼）、蜥形副平牙鰕虎鱼（即白鸽鱼）等海洋资源。

2018年，斗门区有耕地面积2.09万公顷。粮食播种面积4160公顷，粮食产量2.39万吨。林地面积1.54万公顷，森林覆盖率

24.55%，活立木蓄积量79.41万立方米。区内有黄杨山、锅盖栋、竹篙岭和竹洲岛水松林等4个自然保护区。年内完成森林碳汇造林面积240公顷、中幼林抚育面积1874.6公顷。

是年，斗门区连续第七年获评省人口与计划生育先进区，公共卫生服务连续第三年排名全市前列；入选赛迪2018年中国百强区榜单，位列第二十二位。斗门镇、白蕉镇、乾务镇3个镇入选2018年全国综合实力千强镇。莲洲镇获评省民间文化艺术之乡。区图书馆通过国家一级馆评定。新评定国家级非遗传承人1人；“装风鳝”非遗项目收录市级非物质文化遗产名录。体育事业再创佳绩，6名斗门籍运动员获4枚亚运会金牌，区体育局获全省体育“突出贡献单位奖”，区体校首次获评“国家重点高水平体育后备人才基地”。

【经济发展】 2018年，斗门区地区生产总值388.39亿元，比上年增长8%，财政总收入突破130亿元。全年分别实现农业总产值、农业增加值74.1亿元、41.1亿元。

【产业发展】 2018年，斗门区坚持创新引领，夯实实体经济发展基础。

工 业 规模以上工业总产值523.17亿元，比上年增长16.3%；规模以上工业增加值119.32亿元，增长16.9%。有20家小微工业企业升级为规模以上工业企业（以上数据均不包含富山工业园）。年内，投入扶持资金1.3亿元，实施实体经济“三十条”、工业企业培

2018年斗门区国民经济发展情况

指 标	单 位	绝对值	比上年增长（%）
地区生产总值	亿元	388.39	8.0
第一产业增加值	亿元	38.28	3.3
第二产业增加值	亿元	212.41	13.1
第三产业增加值	亿元	137.70	1.1
人均地区生产总值	元	86175	2.1
规模以上工业总产值	亿元	777.08	11.5
农林牧渔业总产值	亿元	74.10	3.9
固定资产投资	亿元	220.96	23.5
社会消费品零售总额	亿元	139.61	7.3
外贸进口总额	亿元	578.35	2.6
外贸出口总额	亿元	379.72	–
实际吸收外商直接投资额	亿美元	1.00	–
一般公共预算收入	亿元	28.54	8.8
一般公共预算支出	亿元	50.13	21.7
全体居民人均可支配收入	万元	3.53	9.2

注：以上数据均为初步数，城镇（农村）常住居民人均可支配收入从2017年开始珠海市不再公布

2017—2018年斗门区社会事业情况

指 标	单 位	2017年	2018年
中职和技校	所	2	3
中职和技校在校学生	人	1797	3139
普通中学	所	19	19
普通中学在校学生	人	15071	16410
高中阶段教育毛入学率	%	暂无	暂无
小学（含九年一贯制学校2所）	所	39	39
小学在校学生	人	39039	41714
九年义务教育巩固率	%	11.95	127.5

（续 表）

指 标	单 位	2017 年	2018 年
医院、卫生院	所	15	16
医院、卫生院床位	张	2212	2512
群众艺术馆、文化馆	个	1	1
公共图书馆	个	1	1
博物馆	个	1	1
档案馆	个		1
体育场馆	个		1

育“幼狮计划”和“强龙计划”，8 个工业项目建成投产，伟创力珠海工业 4.0 旗舰园、建粤国际商务中心等项目推进，强竞供应链项目奠基开工，珠海市第二大商业综合体大信新都汇建成开业。全区超十亿元工业企业增至 12 家，超亿元工业企业 96 家。签约力强仪表等 105 个项目，总投资 166.9 亿元，投资额比上年增长 184%。在全市率先出台质量强区奖励办法，首设区长质量奖，获“广东省政府质量奖”企业 1 家、“珠海市市长质量奖”2 家。加快上市企业梯队培育，新增“新三板”挂牌企业 1 家（累计 4 家），股改企业 4 家（累计 20 家）。破除无效供给，完成“清项目”企业 11 家、产业梯度转移项目 3 个，清理土地面积 43.49 万平方米。加快培育新动能，先进制造业、装备制造业、高技术制造业增加值占规模以上工业增加值比重分别达 51.9%、69.1%、57.3%。落实减税降费政策，累计为企业减负 7.88 亿元。促进土地节约集约利用，新增建设用地 112.66 公顷，收储土地 16.81 公顷，处置闲置用地 13.04 公顷。

旅游产业　全年接待游客 850 万人次，比上年增长 12.6%；接待过夜游客 180.3 万人次，增长 11.5%；旅游收入 14.1 亿元，增长 10.4%。构建斗门特色全域旅游大格局，按照“资本 + 合作平台 + 农户”模式构建的斗门特色民宿产品，在发展和保留传统农业基本功能的前提下，开发融“生产、生活、生态”为一体的休闲农业，使农业从第一产业向第三产业延伸。利用莲江、光明、南澳等当地特色农业资源，构建“春赏花，夏采摘，秋收获、冬精品”四季旅游业态，将农业产业中各个环节的主题产品与旅游产品无缝衔接，形成产业链。打造涉旅村居新形象，结合历史人文、民俗习惯、特色美食等形成“一村一品”“一家一艺”休闲村居旅游新格局，如客家美食的虾山村、岭南水乡的南澳村、生态田园的莲江村等。运用旅游产业发展和质量强区奖励扶持政策，推动岭南大地、御温泉、十里莲江等项目建设和扩容提质。

电子商务　发展跨境电商业务，9 月，斗门广丰跨境电商产业园与京东合作开展跨境电商进口业务，日快件处理量增长迅速，跨境电商业务量占全市近七成，总销售额 1.2 亿元。年内，斗门区农村电子商务园开园运营，获批第一批国家“星创天地”、全国农村农业双创基地。一批农业电商企业迅速发展，其中珠海十亿人社区农业科技有限公司被认定为全国农业农村信息化示范基地，斗门村淘项目的村级服务站有 20 家提升为 3.0 模式，村淘工作位全省前列。村淘合伙人陈喜凤获阿里巴巴年度明星村小二，宋健奇获阿里巴巴“向日葵奖”，井岸镇新青村获“淘宝村”称号，是珠海市唯一获此称号的村镇。截至年底，26 家涉农服务类企业签订协议进驻斗门农村电子商务园。年内举办各类电商培训 19 场。

房地产业　是年，珠海市不动产登记中心斗门分中心办理各类房地产登记 5.48 万宗，不动产登记信息和档案查询 3.21 万宗。建筑工地 147 个，实现建筑业产值 137 亿元。房地产在售项目 57 个，销售面积 68.8 万平方米，房地产开发投资 114.95 亿元。

【创新驱动发展】 2018 年，斗门区创新主体蓬勃发展，新认定高新技术企业 41 家、省级企业技术中心 2 家、省级工程技术研究中心 11 家，总数分别达 181 家、9 家、41 家。新增省级以上创新平台 13 家，总数 51 家，规模以上工业企业研发机构覆盖率 37%。实施重大技改示范项目，工业技改投资 28.74 亿元，比上年增长 14.1%，增速居全市第一。运泰利自动化通过省级智能制造试点示范项目认定，光宇电池等3家企业获省级工业机器人开发创新推广应用专项支持。通过省“两化”融合贯标试点企业新增19家，总数30家。专利数量质量双提升，全年发明专利申请量、授权量分别达490件和140件，分别增长58.6%和20.7%。光宇电池入选独角兽潜力企业，精实测控入选独角兽种子企业。光宇电池获2018年全国博士后科研工作站认定，成为斗门区首家国家级博士后科研工作站。运泰利自动化的电子产品高端设备制造创新产业化基地获“广东省民营企业创新产业化示范基地”认定。年内累计组建省级以上创新平台20个，26家企业新组建各级研发中心并获认定，其中新认定省级工程技术研发中心2家、省级企业技术中心2家，市级工程技术研发中心2家、市级企业技术中心7家。

【西部生态新城建设】 2018年，斗门区完成生态新城重点区域17项规划项目编制。投资42.2亿元，加快斗门新城49个项目建设。黄杨河“一河两岸”改造工程推进，双湖路跨鸡啼门特大桥、平华大道、白藤七路等多条市政道路、桥梁推进，市民公园、西堤路南延段一期、东堤路滨河景观带等7个项目完工；改造“海绵城市+老旧小区”，藤景公园、藤湖苑等海绵提升工程完工，市政天然气实现新城区主要干道管网全覆盖，老旧小区管道燃气加建1.2万户。6个项目获省建设工程优质奖，8个项目获市优质工程奖，井岸镇防洪排涝综合整治工程V标段获评省市政优良样板。投资3.4亿元完善配电网络，年平均停电时间控制达国内领先水平。加快重点交通项目建设，莲洲通用机场完工，香海大桥、鹤港高速推进，白蕉大道、黄杨大道启动升级改造。完成“四好农村路”三年计划编制，新建续建乡村道路39千米。发展公共交通、绿色交通，新增纯电动公交车264辆，占全区公交车总量59.5%。

推进22个城市美化绿化项目，珠峰大道绿化改造示范段、黄杨大道、西堤路南延段、禾益围片区等景观提升工程完工，新增绿地面积77.33万平方米；井岸大桥、尖峰大桥等重要节点全面亮化，实施乡村道路路灯安装工程；10个社区公园开工建设，推进黄杨河湿地公园建设。打好蓝天、碧水、净土三大污染防治攻坚战，推动中央环保督查“回头看”、全国饮用水水源地督查整改等任务落实。$PM_{2.5}$年均浓度28微克/立方米，全年空气质量优良率87.5%。建立区、镇、行政村、自然村四级河长体系，243名河长“上岗”治河，推进8条黑臭河涌整治，水资源制度考核获全市第一。工地“六个100%”监管覆盖面超160万平方米。保护耕地、山体资源，落实51.09公顷耕地占补平衡，整治裸露山体55处。

【乡村振兴】 2018年，斗门区出台农产品质量认证、农业品牌名牌奖励办法，培育家庭农场74家，新增名牌农产品13个，总数35个；有机食品认证22个，总数63个；培育绿色产品、无公害产品、无公害产地分别达4个、54个、35个。培育新型农业经营主体，新增市级以上示范合作社2家，总数9家；新增省重点农业龙头企业3家，市级以上农业龙头企业总数达19家；新增市级以上“菜篮子”基地5家，总数16家；聚农水产养殖专业合作社晋升“国家级”农民合作社。省级海鲈标准化养殖示范区获批，

2018年，斗门区推进乡村道路硬底化路网建设，完成乡村道路硬底化38千米
（斗门区委宣传部 供稿）

斗门重壳蟹、斗门禾虫、斗门荔枝、斗门黄沙蚬和白蕉海鲈5个地理标志产品成功注册。莲洲镇获评“中国禾虫之乡”，白蕉镇昭信村获评“全国一村一品示范村”，白蕉海鲈获评省最具影响力渔业区域性公用品牌，“莲洲生态粉角”“乾务泥鱼赛海参”分获首届粤港澳大湾区“粤菜师傅”技能大赛金奖、银奖。

制订生态宜居美丽乡村建设三年行动计划，开展国家级新型城镇化标准化试点，分类型创建干净整洁村45个、美丽宜居村55个、特色精品村13个。实施乡村建筑风貌建设指引和管理方案，按照岭南、简欧、简约实用风格编制建筑图集43个，打造斗门镇南门村、莲洲镇莲江村示范点，斗门镇入选“2018中国最美村镇”，莲洲水产特色小镇入选省特色小镇培育库。投入2亿多元开展“三清三拆三整治”，清理垃圾杂物27万平方米，道路修补及硬底化38千米，拆旧复垦复绿1.4万平方米。投入近5亿元，落实禁养区、限养区、适养区区划修编，清理养殖场（户）2489户、生猪30.8万头、家禽275万只。建立五星家庭、卫生考评“红黑榜”评选机制，提高村民参与积极性。

农村集体产权制度改革全面启动，农村土地确权登记颁证发证率94.7%，121个村集体经济联社完成清产核资，区农村集体资产管理中心建成，“三资”平台年标的额2.15亿元、总标的额11.44亿元。3家涉农小额贷款公司发放小额贷款3.34亿元，政策性涉农保险保障金额达30亿元。出台加快乡村振兴战略人才集聚若干措施，储备农村后备人才170人，培育新型职业农民67人，奖励新评定区级非遗传承人6人。“政府+银行+农户”合作信贷突破6亿元，涉农政策性保险规模2400万元。

【农业品牌推广】 2018年，斗门区新增国家级示范合作社1家，市级示范合作社2家；新增省级重点农业龙头企业3家，珠海市“菜篮子”基地5家。新增省名牌农产品13个，有机产品认证22个，白蕉海鲈获2018年度广东省最具影响力渔业区域性公用品牌称号。鼎元的菜薹、鲜食玉米等22个产品通过有机产品认证，裕禾麻黄鸡、海源白蕉海鲈鱼干等13个产品获省级名牌产品称号。在兰州举办珠海市渔业品牌推介会暨白蕉海鲈签约仪式，签约成交水产品1.1万吨，金额2.3亿元。组织相关部门和渔业企业参加（长沙）中国国际农产品交易会、中国（青岛）国际渔业博览会等多场渔业相关展览会，打响斗门区渔业品牌。

【斗门区入选全国农村创业创新典型县名单】 2018年5月31日，斗门区入选农业农村部宣传推介的100个全国农村创业创新典型县范例名单。斗门农业农村发展坚持走绿色发展道路，依托水产养殖业、特色种养植业及旅游资源，通过政策指导、资金扶持、产学研、示范点建设等措施，构建农村创业创新服务平台，利用“互联网+农业”，推进产业融合发展，引导广大群众在生产、加工、旅游、物流、电商等领域开展创业创新，激发农业农村发展新动能，促进农业增效、农民增收。

【斗门区全力应对强台风“山竹”】 2018年9月16日17时，22号台风“山竹”（强台风级）在台山海宴镇沿海登陆，给斗门区带来严重影响，过程录得最大平均风力8～11级、最大阵风11～13级，并伴有大暴雨。受台风“山竹”影响，斗门区出现狂风暴雨。“山竹”登陆前后，斗门区开放避护场所21处，临时安置渔排、危破房、简易房、低洼地、施工工地和地质灾害高危区临险人群，转移人员1.64万人，入住避护场所8667人；573艘渔船全部回港避风，渔民安全上岸1146人。

【社区协商工作入选全省城乡社区治理十大创新经验】 2018年，斗门区以斗门镇南门村、乾务镇夏村、莲洲镇石龙村为城乡社区协商试点单位，逐批推进全区城乡社区协商建设工作。截至年底，全区101条村全部推行社区协商工作，做到有场地、有人员、有制度。是年，斗门区城乡社区协商工作入选全省城乡社区治理十大创新经验。

【社会民生】 2018年，斗门区九项民生支出36.21亿元，占一般公共预算支出72.2%。

就业与社会保障　城镇新增就业9032人，城镇登记失业率维持在2.27%。城乡低保标准提高至每人每月980元，城乡居民基本养老保险基础养老金标准提高至每人每月400元，城乡居民医疗保险财政补贴提高至每人每年550元。全区8个养老服务站点升级运营，实现分散五保对象和1551名高龄老人居家养老全覆盖，白藤街道社会福利中心建成运行。“党工+社工+义工”社区服务模式铺开，10个村（社区）引入社会组织服务试点。开展区内低收入群体3979户7032人精准帮扶“八大工程”，提前完成553户低收入群体住房改造任务。实施住房困难家庭应保尽保，完成公租房分配248套，解决城镇低收入、农村进城务工、新就业、异地务工、专业人才等五类人员828人住房困难。

教　育　华中师范大学珠海附属中学动工兴建，珠峰实验学校、齐正小学、容闳学校主体工程建设完工，4所学校教学楼重建完成。

卫　生　启动智慧医疗项目，项目投资总额7213.09万元，建设周期18个月，运作期5年。落实药品耗材零差率政策，向群众让利5300万元。西部医疗中心动工建设。斗门区侨立中医院全新层流手术室、住院楼投入使用。斗门镇中心卫生院新楼启用，医技楼改造及室外配套项目加快推进。斗门区妇幼保健院、井岸镇卫生院、白藤街道办社区卫生服务中心新院选址前期工作推进中。

【政务服务】　2018年，斗门区落实市级下放事权“全城通办”72个，标准化梳理区级权责事项清单4119项，规范行政审批中介服务53项，编制186项行政许可事项目录，开展65项“减证便民”专项行动。推行“1中心+N组团”政务服务模式，启动信息共享平台建设，实行电子叫号和快递到家服务，全年窗口受理行政审批和社会服务事项3.3万件，按时办结率100%；网上受理5328项，提前办结率81.6%。35个单位上线“928民生热线”，为群众解答处理问题556个。制定政府雇员分类管理办法，聘用制人员管理改革有效铺开。出台“黄杨英才计划”，全年引进各类人才3600人，增长10%。在2018年地方政府公共服务满意度调查中，斗门区排全省第七名、全市第一名。

【斗门籍运动员获佳绩】　2018年，斗门区体育局获全省体育“突出贡献单位奖”，区体校首次获评“国家重点高水平体育后备人才基地”。在8月18日至9月2日举行的第十八届亚洲运动会中，斗门区输送的李强、梁丽平、冯国敬、凌文伟、梁志伟、蓝小玲6名运动员参加皮划艇、龙舟、水球、手球4项比赛，取得4金4银佳绩。其中李强获男子双人划艇200米金牌，凌文伟获龙舟项目男子200米直道竞速金牌和男子500米直道竞速银牌，冯国敬、梁丽平分别作为队长率领中国男子、女子龙舟队获2金2银，蓝小玲获手球项目银牌1枚。

在11月16—18日的第十三届亚洲龙舟锦标赛中，斗门籍运动员冯国敬、梁丽平分别以队长身份领衔中国男子、女子龙舟队获9金1铜。其中，中国女子队包揽女子项目全部6枚金牌。

【华中师大珠海附属中学落户斗门】　2018年12月27日，珠海市人民政府与华中师范大学在珠海市教育局举行华中师范大学珠海附属中学协议书签约仪式。华中师范大学副校长蔡红生在仪式上表示，合办学校建成后，统一纳入华中师大基础教育质量保障体系，按华中师大的标准和要求组织学校教学和管理。华中师范大学珠海附属中学选址斗门区乾务镇，学校规划建设总用地面积34.19万平方米，设计规模120个教学班，合作办学自2019年9月至2029年8月。

【中国水产流通与加工协会海鲈分会成立】　2018年12月7日，中国水产流通与加工协会海鲈分会成立大会在珠海国际会展中心举行。大会由中国水产流通与加工协会和广东珠海国家农业科技园区联合主办，广东强竞农业集团承办。中国工程院院士林浩然、省农业农村厅副厅长高庆营、副市长刘嘉文等领导及专家、科研院所代表350余人参加。农业农村部2018水产养殖业绿色发展系列活动之中国海鲈产业发展论坛、港珠澳现代农业示范园揭牌、“中国海鲈之乡”授牌等主题活动同期举行。在“白蕉海鲈”订货签约仪式上，现场签订的区域市场扩展订单价值7.7亿元。

【莲洲禾虫文化节】　2018年10月2—28日，珠海莲洲禾虫文化节在斗门莲洲镇东湾村清荷农场举行，文化节由珠海国家农业科技园指导，莲洲镇人民政府主办，包括禾虫宴、禾虫文化展览、体验莲洲风光绿色缤纷行等活动。6月，斗门区莲洲镇被中国水产流通与加工协会授予“中国禾虫之乡”称号。

（钟育娴）

·责任编辑：潘杜鹃·

经济功能区

珠海市横琴新区

【概　况】 珠海市横琴新区（简称横琴新区）位于珠海市南部，珠江口西岸，总面积106.46平方千米。毗邻港澳，与澳门隔河相望，距离香港34海里，是唯一直接与港澳陆桥相通的国家新区。拥有保存完好的海洋、森林、湿地三大生态系统，环岛岸线长50千米。主要休闲旅游地有长隆国际海洋度假区、星乐度露营乐园等。截至2018年底，横琴户籍人口1.13万人，非户籍人口6.43万人。

2018年，横琴新区地区生产总值244.15亿元，比上年增长12.9%；固定资产投资572.20亿元，增长40.9%；一般公共预算收入完成58.44亿元，增长16.8%；实际利用外资10.57亿美元，增长57.3%；外贸进出口额完成81.92亿元，增长30.3%；社会消费品零售总额完成18.72亿元，增长12.1%。

是年，横琴新区远程可视自助办税平台案例获国务院办公厅通报表扬。横琴新区全域智慧旅游平台获评“全国旅游信息化创新实践优秀案例”。横琴国际广告创意产业基地被国家市场监督管理总局认定为国家广告产业园区，并命名为“珠海横琴国家广告产业园区”。

【习总书记视察横琴】 2018年10月22日，习近平总书记到广东考察调研，第一站到横琴。习近平总书记表示，10年4次到横琴，对横琴每一步发展都关心关注，10年时间，横琴新区从无到有，变化确实很大；我们始终要不忘初心，让这里充满创新发展活力，促进澳门经济适度多元发展。强调，建设横琴新区的初心就是为澳门产业多元发展创造条件。横琴有粤澳合作的先天优势，要加强政策扶持，丰富合作内涵，拓展合作空间，发展新兴产业，促进澳门经济发展更具活力。

【经济发展】 商事主体增长　2018年，横琴新区新设立登记商事主体2.19万家，比上年增长47.2%，占全市新增企业57%，是全国平均增速的3.41倍。实有商事主体累计突破6万家。企业税收增长，全年税收收入180.38亿元，增长29.93%，税收增量占全市的六成。

优质产业聚集　横琴新区以休闲旅游、高新技术、金融创新、商贸服务为代表的现代产业体系逐步成型，新增高新技术企业94家，总数超200家。总部企业招商成效良好，累计45家世界500强企业落户，注册企业134家；73家中国500强企业落户，注册企业206家。

金融业发展　横琴新区新注册金融及类金融企业1652家，累计注册6499家，注册资本1.02万亿元。金融业实现税收贡献63.78亿元，比上年增长43.16%，占横琴税收收入35.35%。财富管理机构资产管理规模超2.32万亿元。七弦琴国家平台构建多层次风险分担体系，办理知识产权质押融资项目8笔，融资规模5.38亿元，满足不同风险企业的融资需求。

【对澳合作】 产业合作态势良好　2018年，横琴新区新增澳资企业302家，累计注册1412家，注册资本866.4亿元。建设粤澳合作中医药科技产业园，GMP中试大楼、研发检测大楼、科研总部办公大楼投入使用，园区内注册企业111家，其中澳门企业27家，国际检测平台英国天祥、研发平台盈科瑞、产学研平台北澳中医药研究院入驻园区。粤澳合作产业园5平方千米净用地明确划定，年内新签约项目3个，新供地项目3个，新开工项目4个，累计取得用地项目24个、开工建设项目21个，余下用地项目遴选实行由澳门特区政府主导的新规则，建立联合评审机制，并启动招商。横琴·澳门青年创业谷新引进澳门创业项目47个，累计引进170个，与澳门建立跨境孵化合作机制，举办多期“澳门青年创业训练营”活动，跨境说网络科技等创新型企业快速成长。

探索对澳合作政策创新　按照打造粤澳特别合作区要求，完善“分线管理”方案。推动澳门莲花口岸迁至横琴，探索实行“合作查验、一次放行”通关查验模式改革。争取医疗开放先行先试，制订在横琴对港澳药品、医疗器械和境外医师、医护人员执业认可等方面准入放宽的申报方案。《横琴国际休闲旅游岛建设方案》获粤港澳大湾区建设领导小组会议审议通过。获国务院批准建设跨境电商综合试验区。推进合格境外有限合伙人（QFLP）政策试点，为跨境金融发展创造政策条件。粤澳合作发展基金首个投资项目落地横琴，为横琴重点项目——横琴科学城提供支持资金20亿元。

出台便利澳门居民举措　新增澳门单牌车入出横琴配额1700辆，总额2500辆。启用琴澳跨境视频调解平台，跨境消费维权实现“零跑动”。横琴新区第一小学与澳门葡文学校结成姊妹学校。举办“澳门居民在横琴便利化发展”政策宣讲会，为澳门大学生提供暑期实习岗位，支持港澳青年在横琴创新创业。

横琴口岸出入境人数增长　经横琴口岸出入境旅客逾910万人次，比上年增加11%；车辆逾97万辆次，增加10.7%。横琴口岸成为内地与澳门往来的重要通道。

【改革创新】　制度创新成果　2018年，横琴新区推出18个方面66项改革创新举措，着力推动横琴在体制机制改革创新方面走在全国前列。推出自贸区改革创新三年行动方案，提出22项48条具体改革措施，推动横琴自贸区改革创新取得突破。落实国务院第四批和广东省第四批复制推广任务，申报全国自贸区最佳实践案例。首创税务诚信报告免责体系。启用横琴新区智能联办电子税票共享平台，实现政府部门间数据共享。首个互联网金融仲裁平台投入运行。主导制定综合管廊运维管理标准。国际互联网数据专用通道获批。率先试点智能化医养融合新模式，构建老人、子女、社区卫生服务中心和社区居家养老服务中心紧密联动的医养服务生态圈。全国首家内地与港澳三地联营设计顾问机构挂牌运作。

科技创新成效显著　举办首届中国横琴科技创业大赛，吸引国内外近千个科技项目参赛，评选出创新创业优胜团队10个，无偿资助特级优胜团队研发经费1亿元。横琴·澳门青年创业谷建成国家级科技企业孵化器和国家级众创空间各1家。横琴国际科技创新中心一期总建筑面积6.17万平方米建成并投入使用，二期总建筑面积超过29.5万平方米在建。聚焦生物医药、人工智能、大数据等战略性新兴产业，以母基金的方式与国内顶尖产业投资机构合作，共同发起在横琴落地的产业子基金总规模近200亿元，年度新增政府天使投资项目7个，撬动社会资本1.5亿元。

人才高地建设　为符合条件的1.29万名特殊人才发放奖励。出台《横琴新区引进人才租房和生活补

2018年11月1日，横琴隧道建成通车，成为继横琴大桥、横琴二桥之后横琴新区连接珠海市区的又一交通大动脉，是国内首条海域超大直径复合地层盾构法隧道
（横琴新区 供稿）

贴暂行办法》，为3730名人才（本科以上，拥有助理级以上专业技术资格，或符合紧缺目录技师以上国家职业资格证书的人才）发放租房和生活补贴3783万元。落实人才引进“先落户，后就业”政策，全年先落户后就业933人，人才引进核准2562人。新引进院士1人，累计引进院士5人，建立博士后科研工作站（创新实践基地）8家，在站博士后19人。新引进国家特聘专家22人，累计100多名国家特聘专家在横琴注册公司并开展实地经营。培育广东省级创新创业团队1个、广东省领军人才2人。

【新城建设】 重点基础设施项目推进　2018年，横琴新区重大项目累计完成投资412.41亿元，完成率102.7%。其中，省重点项目累计完成投资111.21亿元，完成率209.86%；市重点项目累计完成投资286.48亿元，完成率154.39%，超额完成全年重点项目建设工作任务目标。横琴隧道建成通车，长湾隧道完工，加快大横琴山隧道、十字门隧道、天羽道隧道建设，配合推进洪鹤大桥、金海大桥建设，珠机城轨（一期）线路和场站建设接近完工。

人居环境优化　推进横琴新区海岸带综合整治修复项目、横琴新区旧村居环境整治提升工程及海绵城市第一批示范项目建设。提升8条城市主、次干道景观。建成绿道19千米、健康步道6千米。建成市政特色公园1个、社区公园3个。开展建筑工地“六个100%”扬尘污染防治措施和非道路移动机械管控措施。开展排污口末端截污，完成新建污水管网22.62千米，疏通、检测、评估排水管道76千米，水环境治理成效明显。抵御强台风“山竹”，因台风受损的城市景观和道路交通24小时内得到恢复。

民生事业发展　超额完成市政府下达的社会保险覆盖全社会工作目标任务，养老保险和事业保险完成率分别为134.46%和135.64%。横琴一中新校园建成并投入使用，启动子期学校、子期幼儿园建设，引进德威中学、哈罗公学等品牌学校在横琴办学。全年投入基本公共卫生服务经费94万余元，启动建设横琴医院、珠海市人民医院横琴分院，启动民办医联体建设。镇文化站投入使用。引进万科改造旧村居，未来可提供“泊寓”品牌公寓1800套。率先推出“物业城市”治理模式。精准扶贫和对口帮扶取得实效，三年累计划拨资金2.55亿元。举办环中国国际公路自行车赛（珠海站）、中国国际马戏节、国际女子网球（WTA）超级精英赛、世界舞蹈总会（WDC）标准舞/拉丁舞国际邀请赛、高尔夫美巡系列赛中国珠海站、横琴首届全程马拉松赛等国内外赛事。2018年央视春晚珠海分会场活动在长隆海洋王国举行；第九届北山爵士音乐节首设横琴专场；世界三大电子音乐节之一的“雏菊音乐嘉年华”登陆横琴。

一体化区域联动发展　《横琴新区与保税区、洪湾、湾仔区域一体化发展规划》获市政府批复，启动洪湾片区、保税区及北侧生活区、十字门中央商务区湾仔片区控制性详细规划修编工作，启动南湾大道（横琴大桥至红东互通段）改造工程建设，南琴路绿轴项目基本完工。开展杧洲隧道、情侣南路（横琴大桥至横琴二桥段）、洪屏二路南段市政道路、连屏路市政道路等隧道、道路工程前期工作，加快一体化区

2018年11月24日，2018横琴音乐节暨雏菊音乐嘉年华在横琴长隆海洋度假区开幕，标志着横琴在发展新兴泛娱乐产业、打造与国际接轨的文化创意交流合作新模式上取得突破
（横琴新区 供稿）

域保障房项目建设。

【“放管服”改革】 2018年，横琴新区推进“证照分离”改革试点，58项区级权限事项均制订“证照分离”实施方案和事中事后监管措施，启动实施“二十四证合一”、商事登记引入人脸识别和手机验证技术等措施。落实权责清单制度，落实46项国务院取消和下放的部门行政审批事项。梳理进入综合服务中心的审批和服务事项1033项，近九成实现“最多跑一次”。

【“物业城市”治理模式落地】 2018年9月20日，大横琴城资公司工商变更完成，标志着践行“物业城市”模式的合作平台通过国企混改方式落地，“物业城市”从城市治理新概念向实体运作模式转变。“物业城市”APP二期上线，服务领域全覆盖至城市治理、便民服务、政务服务、校园服务、志愿服务、城市公益、休闲旅游等功能板块14个。 （丁宏辉）

珠海（国家）高新技术产业开发区

【概 况】 2018年，珠海（国家）高新技术产业开发区（简称珠海高新区）形成“一区多园”格局，其中唐家湾主园区（简称主园区）位于珠海市北部，京珠高速、粤西沿海高速、广珠城际轨道等主要交通设施贯穿其中，与香港、深圳隔海相望。主园区下辖1个镇（唐家湾镇），总面积139平方千米。

唐家湾镇是中国历史文化名镇，历史名人辈出，民国首任内阁总理唐绍仪、工人运动领袖苏兆征、首任清华学校（清华大学前身）校长唐国安、洋务运动先驱唐廷枢、版画家古元、粤剧名家唐涤生等名人均出自唐家湾；历史文化遗产丰富，有唐家古镇、会同古村等古建筑群，有唐绍仪私家园林共乐园、中西合璧的栖霞仙馆、承载着中国人民抗英胜利历史的淇澳白石街及众多名人故居，被誉为“中国近代名人故里”“岭南百年文化古镇”。主要旅游景点有淇澳岛（苏兆征故居、白石街抗英纪念广场、红树林湿地公园），唐家古镇（唐家共乐园、唐家三庙），会同古村等。

2018年，主园区地区生产总值238.9亿元，比上年增长6%。综合评价在156个国家级高新区中排名第二十六位。新动能持续增长。高技术制造业、先进制造业增加值分别占规模以上工业增加值比重51.1%、66.7%。工业企业50强增速超50%有5家，超20%有19家。营利性服务业企业20强增速超50%有3家，超20%有8家。市场活力增强。新增各类市场主体2462家，比上年增长近30%，其中注册资金5000万元以上企业30家，1亿元以上企业14家。健帆生物、优时比、建采网、魅族通讯成长为10亿元级企业。新增高新技术企业130家，总数达480家。入围市高新技术企业创新综合实力百强33家，排名全市第一。入围市高新技术企业成长性百强、税收贡献百强分别有21家、27家，均排名全市第二。入选市独角兽企业培育库25家，排名全市第一。培育科技型中小企业456家，占全市近1/3。发明专利授权量561件，比上年增长45%；发明专利拥有量1830件，增长29%。73个省市重点项目完成投资107.77亿元。45个供地项目投产6个、动工13个。引进优必选、兆邦智慧产业园等智能制造项目13个，引进培育岭南大数据研究院、秒账等数字经济项目4个，支持建设格力物资供应、中电国际电子元器件电商平台等总部经济及高端服务业项目6个。全年引进战略性新兴产业项目50个，总投资额74.2亿元，其中独角兽企业投资项目2个。

2018年珠海高新区国民经济发展情况

指 标	单 位	绝对值	比上年增长（%）
地区生产总值	亿元	238.9	6.0
规模以上工业增加值	亿元	92.8	2.7
规模以上工业总产值	亿元	356.2	-9.5
固定资产投资	亿元	165.8	34.3

（续 表）

指 标	单 位	绝对值	比上年增长（%）
社会消费品零售总额	亿元	74.8	7.0
外贸进口总额	亿元	88.6	−0.3
外贸出口总额	亿元	381.6	32.5
实际利用外资	亿美元	1.99	0.1
地方财政一般预算收入	亿元	26.8	65.5
地方财政一般预算支出	亿元	39.1	45.1

2017—2018 年珠海高新区社会事业情况

指 标	单 位	2017 年	2018 年
普通中学	所	3	5
普通中学在校学生	人	2382	3416
小 学	所	6	8
小学在校学生	人	5397	9477
九年义务教育巩固率	%	100	100
医院、卫生院	个	医院 1 所、卫生院 1 所	1. 医院 1 所（高新区人民医院） 2. 卫生院 1 所（唐家湾镇卫生院） 3. 社区卫生服务中心 1 个（金鼎社区卫生服务中心）
医院、卫生院床位	张	编制床位 280 张、实有床位 249 张	1. 高新区人民医院编制床位 280 张，实有床位 242 张 2. 唐家湾镇卫生院编制床位 30 张
群众艺术馆、文化馆	个	2	2
公共图书馆	个	1	1

【新兴产业发展】 2018 年，珠海高新区软件和信息服务业提质升级步伐加快，实现营业收入 67.6 亿元，比上年增长 10%，占营利性服务业比重超 50%。集成电路设计产业集聚存储芯片、智能电源管理芯片等领域高成长企业 25 家，实现产业规模 19 亿元，增长 8%。生物医药和医疗器械产业以健帆生物、优时比等龙头企业为引领，实现产业规模 35 亿元，增长 29%。专业园区产业主体规模和集聚辐射效应实现跃升。珠海智慧产业园获评广东省大数据产业园、广东省人工智能产业园，先导区港湾 1 号一期建成投入运营，新入驻软件和信息服务、集成电路设计、生物医药、数字经济等企业 24 家。无人船基地香山海洋科技港投入使用，雷达科技产业基地、地理信息产业孵化基地按计划推进建设。云洲智能无人艇技术在第十二届航展上赢得世界瞩目。欧比特"珠海一号"第二组 5 颗卫星发射，与航天高科共建微纳卫星创新技术联合研发中心。

【创新创业平台建设】 2018 年，珠海高新区创新平台、创新政策优化升级。由市政府主导、中山大学牵头建设管理、高新区承担主要筹建工作的南方海洋科学与工程广东省实验室（珠海）成立。新增 18 个省级以上创新平台。天使投资和产投基金规模 27.28 亿元，产投基金投资 13 个项目 8004 万元，天使基金投资 13 个项目 5900 万元。配售人才共有产权房 656 套，配租人才公寓 2311 套。制定实施加强港澳科技创新合作专项政策，建立 6000 平方米港澳人才"1 元创业空间”，与澳门大学共建平行孵化器，增聘2名香港专家担任高新区科技顾问。珠海中科先进技术研究院与澳门大学合作成立两地联合实验室。珠海中科先进技术研究院与美国德州医学中心合作建立中科—德州医学中心平行孵化器，与美国加州大学医学院开展项目合作。推动创新创业企业融通发展，组建广东省国产卫星产业技术创新联盟、互联网产业联盟、人工智能独角兽企业联盟、大数据产业联盟。加快新型研发机构发展，岭南大数据研究院成立，省博士和博士后创新创业（珠海）孵化基地一期改造推进。旧工业园区“腾笼换鸟”成效显著，唐家第一工业园、金发工业园腾退落后产能企业41家，清理产业空间4.6万平方米。新增国家级众创空间1个，新增孵化器建筑面积14万平方米。

【产城融合发展】 2018年，珠海高新区落实珠海市与中山大学新型战略合作。中大珠海校区7栋新建教学楼、科研楼封顶。“天琴计划”7.77千米上山道路通车，山洞主体工程完成前期工作，激光测距平台基础建设基本完成。开展政校企创新协作。聘任北理工等高校20名专家教授担任辖区企业科技特派员，UIC与岭南大数据研究院共建联合实验室。设立“菁牛汇”创新创业大赛创客组，支持北理工珠海学院创业工场、北师大珠海分校凤凰山创业谷建设，培育高校创新创业生力军。云洲智能、光库通讯等29家企业与辖区高校开展省海洋实验室、光纤激光器等33个科技项目合作，辖区企业新聘人才中辖区高校毕业生占比超50%。交通路网建设全面铺开，保障金琴快线等主干道路重点交通工程按计划推进，金唐西路、情侣北路中大段、淇澳县道588道路建成通车。投入3.3亿元新建、改造前环、唐家、科创海岸等片区市政配套道路近32千米。加快城市功能配套建设，珠海智慧产业园先导区港湾1号商业配套设施建成。打造“美、绿、净、亮”滨海城市面貌。完成凤凰山54.2公顷碳汇林改造，唐家共乐大花园等4个新建公园开放，香山古驿道建成开放。新建、改造主干道绿化景观工程14个，新增绿化面积约5万平方米。港湾大道沿线6.5千米高压电缆全部下地。落实“河长制”，一盘棋开展25条河渠治理，鸡山排洪渠截污整治工程竣工，推进鸡山排洪渠一河两岸工程、东岸排洪渠生态廊道工程，黑臭现象基本消除。公共场所和主要街道实行16小时保洁，10座AAA标准市政公厕投入使用，建成第一批环保垃圾屋39个，垃圾无害化处理率100%。完成10千米重要路段和重要节点建筑物亮化改造。

【社会民生服务】 2018年，珠海高新区九项民生支出34.13亿元，占一般公共预算支出87.2%，其中教育、医疗、文化、就业等投入9.46亿元，十项民生实事顺利完成。制订高新区基础教育设施建设五年规划。中大附小后环校区开学，新增小学学位1080个。引入北师大教育集团托管金鼎中学。规范普惠性幼儿园管理，新增民营普惠性幼儿园6家，唐家湾中心幼儿园后环园区开园，普惠性幼儿园覆盖率超80%。高新区人民医院升格为二甲医院，永丰社区卫生服务站投入使用，实现三级医疗卫生服务全覆盖。成功创建省级健康镇，完成“国家卫生城市”创建任务。城镇登记失业率保持在2%以下较低水平，落实“小病基本免费、大病救助兜底”等惠民政策保障资金230余万元，惠及居民近5万人次。以组织振兴带动人才、产业、文化和生态振兴，17个社区党支部全部升格为社区党委，永丰社区党群服务中心投入使用。72个集体经济组织全部纳入“三资”中心监管，公开交易288宗3.46亿元，溢价率12%。打造那洲、会同新农村建设示范片区，投资2300余万元完成村道硬底化改造、排污排水口整治和停车场等惠民工程45项。新建市政燃气管道5.78千米，完成老旧小区住宅公共燃气管道加建7044户。投入近1350万元支持社区集体经济发展，永丰、鸡山农贸市场投入运营，淇澳农贸市场完成主体施工。深化“综治中心+网格化+信息化”建设，15个社区创建省级“民主法治社区”。设立婚姻家庭、劳动纠纷等3个专业调解委员会，建成全市首个宪法主题公园。投入3300万元配备防灾减灾救灾物资和应急抢险装备，完成逃生窗、消防卷盘等出租屋“第二生命通道”工程建设。食品快检覆盖8个农贸市场和大型超市，落实非洲猪瘟24小时防控措施，严管严控疫苗冷链运输、储存、使用。落实“人不出门、车不上路”防控理念，抗击台风“百里嘉”“山竹”。

【政府自身建设】 2018年，珠

海高新区开展“大学习、深调研、真落实”，推进经济体制、行政管理体制、社会治理体制等9大方面29项改革，健全法律顾问制度，规范重大行政决策程序。深化“放管服”改革，推进政务服务事项标准化建设，完成全区10类3299项政务服务事项“十统一”标准化梳理。承接市级政务服务“全城通办”事项398项。深化“互联网+政务服务”改革，385项审批和服务实现“最多跑一次”。

【2018第三届中德人工智能大会】 2018年11月15日在珠海仁恒洲际酒店举行。大会由珠海高新区管委会主办，高新区科技产业局、中德（珠海）人工智能研究院和珠海高新建设投资有限公司共同承办。中德两国专家、学者及相关领域专业人士约600人出席大会，200家人工智能相关领域企业参加成果展示和项目对接。中德人工智能研究院与欧洲图像算法联盟、德国杜塞尔多夫市、UIC、中国人民大学、太原理工大学和中国联通珠海分公司等单位分别签订合作协议。

【国家税务总局珠海高新技术产业开发区税务局成立】 2018年7月20日挂牌。珠海高新区税务局承担所辖区域内各项税收、社保费和非税收入征管等职责，承继珠海市高新技术开发区国家税务局、珠海市地税局高新区税务分局税费征管的权利义务。

【“菁牛汇”粤港澳大湾区创新创业投资发展高峰论坛】 2018年3月21日在珠海高新区举行。论坛由高新区指导，珠海高新技术创新创业服务中心主办，邀请国内外学者、投资行业专家、知名企业领袖、优秀创业团队代表200人，聚焦粤港澳大湾区新机遇。嘉宾围绕科研教育、产业发展、创业投资等方面，就粤港澳大湾区创新创业与投资发表主题演讲，解读湾区经济与投资发展趋势，探讨新时代创新创业与资本融合发展之路。其间，国家级众创空间星河·领创天下（珠海）揭牌成立，珠海市与深圳市借此加强创业合作，做实孵化服务、项目投资、资源共享为核心的创业生态圈，助力珠海创新型城市建设。

2018年7月20日，国家税务总局珠海高新技术产业开发区税务局正式挂牌成立，区党委书记闫昊波（左三），区党委副书记、区管委会主任苏虎（左四）出席挂牌仪式 （高新区 供稿）

【2018年中国仿真大会】 2018年10月12—13日，由中国工程院主办，珠海高新区、中国工程院信息与电子工程学部、中国仿真学会、北京仿真中心、珠海格力集团有限公司联合承办的第275场中国工程科技论坛——智能制造与仿真技术论坛暨2018年中国仿真大会（第四届中国仿真大会），在珠海国际会展中心举行。论坛云集计算机仿真与大数据处理领域具有较高影响力的专家、学者、专业人士约600人。展品涉及航空航天、工程制造、生命科学、社会生活、文化娱乐、军事等多个领域。12日，中国仿真学会理事长赵沁平与高新区管委会主任苏虎共同签署《珠海（国家）高新技术产业开发区管委会与仿真学会战略合作框架协议》。

【社区党委制度全面推行】 2018年，珠海高新区树立城市大党建理念，升格社区大党委，统一成立集体经济股份公司党支部，把驻区单位、区属单位及属地“两新组织”等纳入社区党委管理，推动社区与驻区单位、非公企业、社会组织开展“结对共建”活动，实现信息公开、资源共享、党员联管，把不同领域党建工作全部纳入社区党建工作范

链　接：

中国创伤救治联盟

中国创伤救治联盟由北京大学人民医院院长、中华医学会创伤学会主任委员姜保国牵头，全国著名创伤领域专家共同努力成立，吸纳全国100余家医疗机构。联盟与国际接轨，有先进的培训教程以及院前院内急救系统。通过规范化标准化流程，有效减少二次转诊。

畴，构建“小区域、大党建”格局。

【“创伤救治中心”建设】 2018年6月8日，中国创伤救治联盟“广东省第二人民医院珠海医院（珠海高新区人民医院）创伤救治中心”签约启动仪式在珠海高新区人民医院举行，“区域创伤救治中心以及区域创伤分级救治体系”落户该院。

【唐家湾镇委党校成立】 2018年9月7日，中国共产党珠海市唐家湾镇委员会党校暨珠海市唐家湾镇新时代讲习所举行揭牌仪式，成为高新区有领导机构、有学习场地、有授课老师、有学习计划、有规章制度、有经费保障的“六有”教学平台。（陶泓旭）

珠海保税区

【概　况】 珠海保税区位于珠海市主城区南部，紧靠湾仔口岸，东与澳门隔水相望，毗邻横琴新区和十字门中央商务区。保税区面积3平方千米，配套发展用地2.89平方千米。珠澳跨境工业区总占地面积0.4平方千米，其中珠海园区0.29平方千米，澳门园区0.11平方千米。珠海保税区、珠澳跨境工业区珠海园区管理委员会是市政府的派出机构，实行“两块牌子、一套人马”，负责管理珠海保税区和珠澳跨境工业区珠海园区。

2018年，珠海保税区完成地区生产总值（GDP）60.96亿元，比上年增长10.4%；完成规模以上工业增加值40.82亿元，增长6.9%；完成固定资产投资额51.04亿元，增长116.7%。

【产业发展】 2018年，珠海保税区兑现产业扶持资金1.3亿元支持实体经济发展，主要覆盖电子信息技术、航空配套、生物医药和商贸服务四大“保税+”现代产业，近200家企业享受政策红利。以爱普科斯、光联、星汉等企业为代表的电子信息技术产业工业完成总产值49.79亿元；以和佳、丽珠、康乐保等企业为代表的生物医药产业工业完成总产值18.13亿元；以盛润贸易、云海人力资源、葆力物业等企业为代表的商贸服务产业完成营业收入80.14亿元。以摩天宇、翔翼、中航国际等企业代表的航空配套产业完成营业收入85.3亿元，比上年增长18.4%。

【创新驱动发展】 2018年，珠

2018年珠海保税区国民经济发展情况

指　标	单　位	绝对值	比上年增长（%）
地区生产总值	亿元	60.96	10.4
第二产业增加值	亿元	31.44	9.9
工业增加值	亿元	38.50	6.8
第三产业增加值	亿元	29.52	11.0
规模以上工业总产值	亿元	169.26	8.5
固定资产投资	亿元	51.04	116.7
社会消费品零售总额	亿元	5.51	3.3
外贸进口总额	亿元	106.63	16.4
外贸出口总额	亿元	61.27	-16.1
实际利用外资	亿美元	0.14	-74.2

海保税区制定科技创新、技术改造、稳外贸调结构扶持政策，兑现87家企业超4000万元科技创新专项资金，企业每年享受省、市、区技术改造扶持资金均超过1000万元。拥有省级创新平台10个，市级技术中心（工程中心）19个，高新技术企业31家，实施技术改造工业企业占规模以上工业企业总数70%，规模以上工业企业设立研发机构比例达50%。建成近1万平方米孵化平台；打造“粤港澳3D打印产业创新中心”，入孵企业8家，涵盖3D打印后处理、机器人研发、AI技术、无人机、创客教育等领域。

【一体化发展】 2018年，珠海横琴新区、保税区、洪湾片区一体化区域总投资额超1100亿元的76个重点项目推进，保税区总投资额164.6亿元的21个市重点项目加快建设。完成南湾大道改造工程设计并动工。启动北部生活区人才保障房项目建设。建设园区市政道路、环境综合整治等配套工程。

【与港澳合作】 2018年，珠澳跨境工业区珠海园区注册澳资企业288家，占企业总数43%，投资总额超17亿元。支持567名澳门青年创新创业，澳门籍从业人员近900人。跨境电商产业孵化基地引进澳资企业占比67%。区内盛丰珠宝、宏基行、新富伦公司等澳门企业法人代表获澳门政府颁授的澳门工商功绩勋章。推动粤港澳物流园建设，承接香港、澳门航空物流产业。探索“港珠澳海陆空多式联运”模式，抢抓空运分拨、跨境电商及冷链物流业务，为港澳企业发展创造条件。

【营商环境优化】 2018年，珠海保税区加快实施金关二期工程，投入5700万元完成园区视频监控系统、信息化辅助管理系统智能化卡口升级改造和优化新增三期项目，出入区通关时间由半小时缩短至5分钟。51项窗口服务事项实现“最多跑一次”；涵盖发改、科工信、人社、金融、商务、环保等8条业务线181个事项，实现全城通办。投入约6300万元启动林荫道等环境提升改造项目，维修改造园区道路8千米，绿化美化面积2.75万平方米。

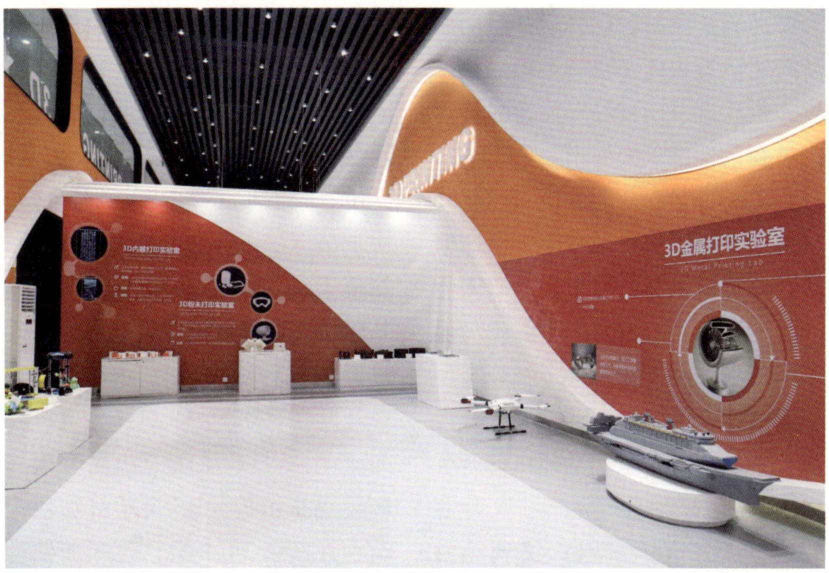

2018年6月28日，由珠海保税区管委会与天威集团共同打造的粤港澳3D打印产业创新中心正式启动运营 （珠海保税区 供稿）

【基层党组织建设】 2018年，保税区围绕“党建强发展强”目标，创新打造区党委与党建专家智库、党工委与驻区机构、机关党支部与非公企业党支部、政企人才“四个共建”模式，在引领方向、团结凝聚、招才引智、提高效益等方面协同共建，通过“保税先锋”智慧党建企业号推送党建资讯800余篇，开展党建文化展演、百姓宣讲等活动50余场，吸引315名优质人才落户，政策技能培训惠及500余人次，为400名党员职工提供员工司法维权咨询和妇女权益保障援助。发挥党员助力科技创新先锋模范作用，开展党员“五小”创新，在星汉、爱科等党支部中推出技术创新先锋模范5人。是年，党组织覆盖率提升至90.82%，工作覆盖率保持在100%。

【中油洁能（珠海）在港上市】 2018年12月28日，中油洁能（珠海）石化有限公司（“中油洁能”，01759.HK）在香港联交所主板上市，成为珠海保税区唯一一家赴境外上市企业。中油洁能是中国领先的综合液化石油气及天然气供应商之一，在广东省、河南省及江西省

2018年7月2日，珠海保税区组织全区及驻区机构党员、团员举办“不忘初心、牢记使命”微党团课演讲比赛。图为区委领导与获奖者合影（珠海保税区 供稿）

有成熟、配备完整的产业链。

（彭美苑）

珠海万山海洋开发试验区

【概　况】 珠海万山海洋开发试验区（简称万山区）位于珠海市东部，是中国第一个地方性海洋综合开发试验区。截至2018年底，辖桂山、担杆、万山3个建制镇7个行政村，年末户籍人口3102人，常住人口4123人，户籍人口自然增长率1.8‰，常住人口自然增长率3.09‰。

2018年，万山区地区生产总值33.5亿元，比上年增长10.2%；固定资产投资16.92亿元，增长49.2%，增速位居全市各区第一，创历史新高；社会消费品零售总额13.1亿元，增长3.1%；外贸进出口额52.1亿元，增长9.3%；公共预算收入3.61亿元，下降21.0%。

【海岛旅游业发展】 2018年，珠海市明确万山打造“具有国际竞争力的高端休闲旅游度假胜地”目标定位。《广东省海岛旅游发展总体规划（2017—2030年）》明确以万山群岛为龙头，打造世界顶级海岛休闲旅游集群，海岛游呈现生机和活力。桂山岛完成国家AAA级旅游景区创建。10月22日，九洲蓝色海岸民宿入选广东省首批十大最美民宿。12月12日，广东万山群岛旅游发展有限公司成立，整合海岛旅游资源，做大做强海岛旅游产业。万山区坚持“走出去”，宣传推广“万山群岛”旅游品牌，先后在深圳市、上海市、广州市举办“湾区门户·秘境万山”发布会，向国内外游客展示粤港澳大湾区繁华之侧的海上秘境。海岛酒店服务业经营发展势头良好，大万山岛静云酒店营业额比上年增长13.5%，格力东澳大酒店接待游客7.2万人次，增长40%。全年全区接待游客56.3万人，增长3.2%；过夜游客48.7万人，增长3.7%；实现旅游收入4.33亿元，增长14%。

【创新驱动发展】 2018年，万山区高新技术企业达6家，创历史新高。年内大万山岛国家级波浪能示范项目完成站址工程建设，三角岛海水淡化项目获国家发改委“百岛计划”支持并动工建设，国家海洋卫星定标检验场完成规划选址。

【招商引资】 2018年，万山区创新招商思路，强化实体招商，加强区、镇联合招商，促进“以商引商”，招商工作取得成效。年内区、镇两级引进企业227家，注册资金31亿元，签约项目4个，总投资额超50亿元。

【生态环境建设】 2018年，万山区启动生活垃圾分类试点，实现生活垃圾减量化，外伶仃岛、担杆岛存量垃圾清运基本完成。推进污水处理工程建设，完成三镇四岛排水管网普查，建成污水管网约3千米，启动万山湾和东澳湾污水处理项目建设。在2018年中央环保督察“回头看”、饮用水源地督查等工作中，完成生态检查、考核任务，获考核组好评。

【基础设施建设】 2018年，珠海市着眼缩小陆岛差距、促进区域协调发展，决定在2018—2020年筹集不少于15亿元资金支持海岛基础设施项目建设。海岛基础设施建设进入补齐短板、扩大建设、加快开发新时期。纳入三年投资计划的49个项目中，大万山岛万山湾客运码头工程等15个项目加快建设中，其余34个项目进入前期准备阶段。东澳客运码头等14个项目竣工，十三湾客货运码头防波堤

2018年6月21日，万山区在深圳市举办“湾区门户·秘境万山”万山群岛发布会。图为万山区委领导与深圳市龙光文化等公司代表合影 （万山区 供稿）

链 接：

东澳岛海关遗址

东澳岛海关建于1899年10月，遗址位于珠海市香洲区万山镇东澳岛东澳村北部东澳湾内北侧，庙湾与烂泥塘（海湾名）之间的山坡上。鸦片战争后，清政府为维护对外贸易管理和税务收益，修建东澳岛海关负责监管往来香港与广东西部沿海城镇的华籍民船及所载货物，征收各种关税。辛亥革命后，民国政府于1917年停止鸦片贸易，受海盗影响，往来船只减少。1919年5月31日，海关宣布关闭。

海关遗迹包括7处，自东澳湾至散石湾顶分别为：报关船泊船处、水手房遗迹、海关古道遗迹、海关办公区遗迹、海关水井遗迹、海关生活区遗迹、海关烽火台遗迹。受海风、巨浪等自然因素影响，加之经受战火洗礼、人为破坏，年久失修，大部分遗址遭受破坏。报关船泊船处环境因上世纪80年代在东澳湾建防波堤时已遭破坏。水手房遗迹、办公区遗迹、生活区遗迹的房屋已坍塌，并因上世纪初村民建房搬迁砖石和挖宝遭到一定程度破坏，但遗迹现象明显。烽火台已坍塌。海关古道现存线性遗迹，至少存两大段，分别为98米和85米。水井遗迹保存较好，但因年久月深，井内填埋大量物质。上述遗迹除报关船泊船处外，均位于山坡上，由于山坡上植被茂盛，人迹罕至，遗址得以保存下来。东澳岛海关遗址是研究近代中国国门贸易经济的历史实物，具有重要的历史、文物、教育价值。 （唐任超）

工程等重大项目按计划完成投资，唐家港陆岛交通补给码头工程、桂山岛陆岛补给码头工程前期工作展开。桂山海上风电场示范项目进展顺利，依托海缆联岛工程，桂山岛、东澳岛、大万山岛、三角岛性实现与陆地并网。5月19日，香洲至东澳岛直升机固定航线启用。蛇口至桂山和东澳、横琴至东澳和万山4条航线开通，海岛固定航班由5个增加至19个，5艘新造高速客轮投入海岛航线，桂山岛实现夜航，运力保障不断完善，初步搭建起陆岛立体交通体系。

【开放合作】 2018年，万山区加强与澳门在海洋产业、环境保护研究等方面合作，挖掘全区海洋产业发展潜能，支持澳门经济适度多元发展，与澳门天然气有限公司联合推动直湾岛LNG接收站项目，与澳门有关方面合作建设海洋研究基地、海洋功能食品研发中心、粤港澳大湾区珊瑚研究中心。10月19日，首届“万山论道——海洋经济合作论坛”在澳门举办，旨在“一带一路”“粤港澳大湾区”建设等国家政策背景下，推动珠澳海洋经济深度合作，探索万山区与澳门开展海洋经济蓝色产业带合作交流，未来通过海域开发利用，促进生产要素更顺畅、便捷地跨境流动，实现互利共赢。

【“美丽海岛”专项行动】 2018年，万山区编制《岛容岛貌管理标准化体系》，为精细化管理提供规范和指引。推进美岛工程建设，桂山岛完成西海岸景观提升、灯塔公园、市政道路“白改黑”项目，东澳岛完成依山揽海路景观提升工程，大万山岛完成环岛路景观提升工程。运用数字城管推进精细化管理，全年数字城管平台受理案件1956件，结案率达98%以上，获评数字化城市管理优秀区。依法取缔“七乱一占”（垃圾乱扔、广告乱贴乱挂、摊位乱摆、车辆乱停、工地乱象、河道乱污、违规乱搭乱建和占道经营）违法行为272件。推进渔村人居环境整治，开展清漂专项行动，清理水面漂浮物6.8吨。推动“厕所革命”，新建、改造公厕3座。

【全国首个海洋院士工作站落户万山区】 2018年12月5日，珠海万山智慧海洋金翔龙院士工作站在万山区驻香洲办事处举行揭牌仪式。这是全国第一个海洋院士工作站，旨在通过开展生态环境修复、海洋产业发展、海洋防灾减灾等多学科综合研究，为政府决策与管理提供技术咨询和科技支撑，加强万山海域、海岛、海岸带资源开发与保护。依托工作站，万山区与中国海洋大学近海物质输运与环境综合管理院士工作站、海南省海洋与渔业科学院、澳门海洋学会共同合作成立珠海市湾区珊瑚研究中心，通过开展珊瑚保护、修复、增殖与利用等方面研究，把万山群岛打造成粤港澳大湾区海底花园和海底旅游胜地。

【珠海万山无人船海上测试场】 2018年11月30日正式启用。启用仪式上，中国船级社为测试场颁发国内首个测试场服务供方认可证书。这是全国第一个经船级社认可的海上测试基地，也是全球最大、亚洲首个无人船海上测试场。测试场项目于2月10日挂牌启动，一期调试测试场占海21.6平方千米，先后保障全球最大规模无人艇集群试验、全球首次无人移动地磁日变站系统试验、全国首次水面无人化卫星定标试验、全国首次无人艇重磁测量试验、全国首次空天地海岛礁一体化测量试验等。

（江　云　李泽华　唐任超）

珠海经济技术开发区（高栏港经济区）

【概　况】 珠海经济技术开发区（又名高栏港经济区，简称高栏港区）位于珠海市西南端，截至2018年底，辖南水、平沙2个镇，由高栏、南水2个半岛和三角山、荷包、大杧等18个海岛及黄茅海东部沿岸陆域和海域组成，开发总面积380平方千米。年末户籍人口7万人，常住人口12.4万人。

国家一类对外开放口岸、全国沿海主枢纽港珠海港的主体港区——高栏港位于珠海高栏港区内。高栏港是珠三角建港条件最好的港口之一，距离国际主航道1海里，建港岸线68千米。截至2018年底，高栏港区有生产性泊位72个，其中万吨级以上生产性泊位27个，设计年通过能力1.44亿吨，占全港通过能力90%。高栏港实现货物吞吐量1.28亿吨，比上年增长4.8%，其中集装箱吞吐量185万标箱，增长4.6%。高栏港区气候属于亚热带海洋性季风气候，夏长冬短，日照充足，雨量充沛，海洋温泉资源和海岛旅游资源丰富，拥有海泉湾度假村、荷包岛、飞沙滩等旅游景点。高栏岛宝镜湾摩崖石刻距今约4000年，可辨别的石刻岩画有5处7幅。

高栏港区地势平坦，耕地面积6045公顷，粮食播种面积116.67公顷，粮食产量92.88吨。林地面积0.74万公顷，森林覆盖率30.23%，活立木蓄积量20.86万立方米。重要矿产资源有钨矿、建筑用花岗岩、地热水和矿泉水等；海产资源丰富，盛产鱼、虾、蟹、蚝、贝等，有广东省连片最大的罗非鱼无公害养殖示范基地。区内由农业部、国台办批准设立的广东省首个台湾农民创业园，是台湾农业企业在珠三角的投资热土。

2018年，全区地区生产总值322.43亿元，比上年增长10.7%。三次产业比1.4 ∶ 77.7 ∶ 20.9。高中阶段教育毛入学率47%；九年义务教育巩固率100%。参加城镇职工基本养老保险6.68万人，覆盖率98%；参加城镇职工基本医疗保险7.10万人，覆盖率98%。

【经济发展】 2018年，高栏港区市场活力释放。工业投资占全市工业投资31.26%，工业占全区经济总量76.4%，工业经济对港区GDP的贡献率98.2%。做大做强区属国有企业，汇鑫公司和汇华基础公司注册资本金分别由3000万元、8500万元增加至5.42亿元和3.16亿元，完成营业收入1.65亿元，比上年增长123%；民营企业完成固定资产投资45.51亿元，占全区比重38.06%，规模以上民营工业企业完成产值222.20亿元，增长8.9%；港区4家外资企业（珠海

2018 年高栏港区国民经济发展情况

指　标	单　位	绝对值	比上年增长（%）
地区生产总值	亿元	322.43	10.7
第一产业增加值	亿元	4.51	4.4
第二产业增加值	亿元	250.48	12.0
工业增加值	亿元	242.20	14.0
第三产业增加值	亿元	67.43	6.0
人均地区生产总值	万元	26.1	9.9
规模以上工业总产值	亿元	1089.17	10.0
固定资产投资	亿元	119.56	-40.61
社会消费品零售总额	亿元	6.05	10.0
外贸进口总额	亿元	285.07	23.4
外贸出口总额	亿元	133.25	8.92
实际利用外资	亿美元	3.92	1.1
地方公共财政预算收入	亿元	25.33	0.4
地方公共财政预算支出	亿元	29.23	-18.9
城镇居民人均可支配收入	元	33701.5	6.6
农村居民人均纯收入	元	21798.7	10

2017—2018 年高栏港区社会事业情况

指　标	单　位	2017 年	2018 年
普通中学	所	4	4
普通中学在校学生	人	2765	2791
小　学	所	6	6
小学在校学生	人	7873	8559
医院、卫生院	所	3	3
医院、卫生院床位	张	实际开放 284 张，核编床位 470 张	实际开放 315 张，核编床位 770 张
公共图书馆	座	2	2

BP、中海福陆、珠海发电厂、粤裕丰）入围广东省外商直接投资“百强企业”，占全市 57%，纳思达、粤裕丰进入广东省企业 500 强。

【供给侧结构性改革】 2018 年，高栏港区供给侧结构性改革成效明显。清理“僵尸企业”42 家，完成市下达的淘汰落后产能任务。加快培育新动能，商事主体新增 1706 家，其中企业增长 518 家，先进制造业、装备制造业、高技术制造业增加值占规模以上工业增加值比重分别达 47.44%、8.99%、2.56%。落实减税降费政策，累计为企业减税降费 6.41 亿元，落实扶持资金超 3 亿元。新增建设用地 128.11 公顷，收储土地 19.42 公顷，处置闲置用地 302.52 公顷，建成高标准基本农田 313.33 公顷，完成南水镇荷包岛村场范围整体搬迁等 26 个项目的补偿清理。

【“放管服”改革】 2018 年，高栏港区深化“放管服”改革，承接市级事权 21 项，确认权责事项 3327 项并公布行政许可事项目录，完成国务院大督查深化“放管服”改革落实情况迎检工作。港区网上办事大厅切换为广东政务服务网，政务服务事项网上可办率 97.8%，81.9% 的事项实现“最多跑一次”。实施港区“全城通办”方案，853 个事项实现跨地域、跨层级综合接办；不动产税务“一窗联办”对外运营；区、镇（街）、村（居）三级政务服务中心办理各类业务 10.11 万件；设立港区企业集体户口，解决 11 家重点大型企业高管子女入学 69 人。

【现代临港产业建设】 2018年，高栏港区实体经济增长强劲，全区有实体经济企业2319家，其中百亿级企业3家（全市5家），规模以上企业308家。全区规模以上工业企业实现总产值1089.17亿元，比上年增长9.7%；引进中海油气电集团瀚海能源（珠海）有限公司等总部企业10家，报送56.01亿吨公里周转量，全区限额以上批发零售业销售总额175.4亿元，增长20.4%。重点企业中谷石化（珠海）和广珠铁路物流销售额分别比上年增长158.8%和91.6%，广珠铁路专用线货运量突破800万吨。重大项目完成投资119.38亿元，完成年度投资计划的119.62%。恩捷新材料、台湾宏昌电子、三顺中科新材料等7个项目投产，台湾大东树脂、利安隆新材料等16个重点项目建设顺利。“3+1”产业（先进装备制造、高端精细化工及新材料、清洁能源和港口物流）发展迅猛。清洁能源行业完成产值190.79亿元，增长34.5%；高端精细化工行业完成产值491.78亿元，增长7.9%；海洋工程装备和电子信息装备制造业完成产值128.42亿元，增长13.7%；以动力锂电池材料全产业链和功能高分子为主的新材料产业集群完成产值201.08亿元，增长16.4%。

【创新驱动发展】 2018年，高栏港区创新驱动能力持续增强。高技术产业完成产值22.01亿元，比上年增长22.5%；全年培育百亿企业3家、十亿企业23家和成长性好的中小企业130家。创新驱动水平持续提升。高栏港区入选2018年工业和信息化部第三批绿色园区、“2018中国化工园区30强”榜单。海泉湾温泉旅游项目被列入国家级服务业标准化试点，是珠海市唯一一个；台创园优质型超甜玉米新品种“珠玉甜6号”的选育与推广等3项农业技术运用推广获2018年度广东省农业技术推广奖二等奖；发明专利申请287件，比上年增长198.96%；发明专利授权数39件，增长53%；有效发明专利数343件，完成全年任务的107.52%。创新驱动载体持续完善。区内广东省质量监督油气产品检验站和广东省质量监督海洋工程装备（振动及噪声）检验站成立，广东省海工装备产业计量测试中心完成申报筹建；推动计量保证体系建设，完成1家一级测量管理体系、1家二级计量保证体系、7家三级计量保证体系建设；国家船舶及海工质检中心新增5000万原值设备，推动检验检测领域向有害物质分析、轻合金材料等方面延伸。全区高新技术企业数量达109家，新增省级创新平台6家，科技孵化器2家，科技企业孵化器面积3.46万平方米，孵化器在孵企业55家。

【港口对外开放】 2018年，高栏港区完成外贸进出口总额418.32亿元，比上年增长18.39%；实际利用外资3.92亿美元，增长1.1%，提前完成年度任务。完成国家、省、市部署的口岸提效降费工作任务，集装箱进出口环节合规成本每标箱降低100美元以上。货物进口通关时间比上年压缩64%，出口压缩41%，均达到国务院要求的压缩货物通关时间1/3的标准。中国出口信用保险公司年内为40家企业开拓海外市场提供风险保障服务，保障出口规模达1.73亿美元。开通水果口岸，中海福陆1#码头1月26日对外开放，高栏海关推出提前申报、汇总征税以及铁矿石进口“先验放后检测”措施，在全港率先推行运抵报告自动申报功能，推进国际贸易“单一窗口”业务在港区实现全覆盖并上线项目10个，

2018年1月31日，高栏口岸首批进境水果上岸 （梁恒源 摄）

活跃企业用户 63 家，总申报单量 17.02 万票。

【港口产业城市融合发展】 2018 年，高栏港区港口发展取得新进展。全年珠海全港实现货物吞吐量 1.38 亿吨，比上年增长 1.6%，其中集装箱吞吐量 231 万标箱，增长 1.6%；高栏港实现货物吞吐量 1.28 亿吨，增长 4.8%，其中集装箱吞吐量 185 万标箱，增长 4.6%。中谷国际航运落户高栏，高栏港综合保税区获国务院批复，5 万吨级黄茅海航道一期工程基本完成，2 个 10 万吨级集装箱新泊位前期工作启动，4 个 10 万吨级集装箱泊位、1 个 20 万吨级粮食泊位、1 个 15 万吨级油品泊位推进建设；引进泰兴盛物流等第三方、第四方物流企业，增强港口国际物流服务功能。新引进利盟激光打印机、海星游艇、日本名幸集团、一博科技、好迪集团、三德冠等优质项目 35 个，总投资超过 200 亿元。完成道路建设里程 16.09 千米，平东大道升级改造、南港路路面沥青罩面工程等 8 条道路完成建设，升平大道、S270 线高栏港大道等 12 条市政道路建设加快推进；新开公交线路 Z 线 3 条、优化调整线路 2 条、加密线路班次 2 条。至年底，公交运营线路 25 条，其中，跨区线路 10 条、区内常规线路 6 条、区内微循环线路 9 条，优化工业园区公交微循环。新建公交充电桩 56 个，推广使用管道燃气，完成加建改造 6390 户。建成港区地下管线信息管理系统，普查排水管道约 551 千米。平沙新城建设打开新局面。完成年度投资 20.92 亿元，起步区 8 条道路基本完工，2 条主干道软基处理及管网施工完成，6 座桥梁具备通车条件，生态公园、中心公园等项目建设推进。

【社会治理】 2018 年，高栏港区民生保障有新改善。全年九项民生支出 17.95 亿元，占一般公共预算的 61.4%。全区发放各类生活保障金、救助金、老人津贴合计约 2226 万元，惠及困难群众、老年人和残疾人群体 4650 人；落实就业专项资金 1463.65 万元，城镇新增就业人数 2613 人。南通公司二期危房改造项目封顶，227 套配建公租房和人才住房开展主体施工。教育卫生实现新提升。完成金洲小学体育馆修复等工程建设；启动港区区域教育内涵质量整体提升工程，创建港区学科教研团队 8 个，扩增教学班 6 个，增加公办学位 270 个。全年港区人均基本公共卫生服务经费达 70 元（高于市标准）。从 5 月 1 日起，区财政全额补助公立医院因取消中药加成而减少的收入，港区成为全市唯一创新实施中药零差率改革区域，有效减轻群众就医负担；珠海市第五人民医院成为全市首家区级二甲医院，是全市首家获全国综合医院中医药工作示范单位的医疗机构；成功建设省级慢性病综合防控示范区及全国首个国家级基层卫生食品安全示范区。城市综合治理水平进一步提升。拆除违法建筑 709 宗，面积 5.19 万平方米，完成南水沥一河两岸约 13 千米的清障行动，清理蚝排 2.5 万平方米。对南水大道、碧阳路等路段进行绿化改造；垃圾无害化处理率 100%。颁布实施安全生产领域改革发展意见，完成 308 家企业安全风险分级管控和隐患排查治理双重预防体系建设，为 59 家危化品企业引入安全生产第三方技术服务。成立食品药品安全协会，完成“互联网 + 明厨亮灶”工程，全区未发生食品安全事故，未发生较大以上生产安全事故，未发生有人员伤亡的火灾事故，安全生产形势总体稳定。全年侦破 13 类涉黑恶案件 59 件，刑拘 133 人，逮捕 81 人，查处黄赌案件 93 件 306 人。全市首个社会工作个案管理中心在平沙镇成立。南水镇成为 2018 年省级戒毒社区康复工作示范点。全年港区受理调解各类民事纠纷 2036 件，调处成功率为 99.4%。

【三大攻坚战】 2018 年，高栏港区启动港区 15 条河域整治项目并开展前期工作。完成平塘河、中心河等 5 条河涌的清淤工作。排查“散乱污”工业企业（场所）124 家，完成整治 82 家；督促 205 家企业完成年度危险废物申报登记和管理计划备案，依规处置 1.28 万吨危险废物和 8.37 万个废空桶。推动晓星氨纶公司锅炉改气，10 套“VOC”在线监测系统完成招标，2 个监测子站完成安装。强化城市道路主次干道、绿化带清扫保洁和洒水除尘作业，按照“六个 100%”落实工地各项扬尘管理措施。全年港区环境空气质量优良率为 91.6%。编制土壤污染防治工作计划，完成 101 家重点企业土壤污染现状调查，基本完成在产及搬迁企业地块风险筛查。全年减少债务 6.1 亿元，获地方政府债券资金 12.33 亿元，排查企业 3238 家，妥善化解“悦花越有”“伊思多尔”等金融隐患风险并多次开展“回头看”。完成房地产投资 17.4 亿元，占全区固定资产投资的 14.55%，房地产价格总体平稳。精准扶贫取得成效。开展省内“双到”（规划到户、责任到人）帮扶和国家东西协作扶贫，全年投入 2700 万元。云南怒江州贡山普拉底乡异地搬迁项目投入使用，茨开镇村民住房改造任务基本完成，迪政当村卫生所通过验收。

【企业服务“五畅通”工程】 2018 年5月，高栏港区实施企业服务“五畅通”工程，在项目审批、项目建设、金融服务、创新服务和领导直通车五个方面实施“畅通工程”，着力畅通企业服务通道，构建推动经济高质量发展体制机制。

【高栏港区入选第三批绿色园区】 2018 年 10 月 29 日，工业和信息化部公布第三批绿色制造名单，高栏港区入选 2018 年工业和信息化部第三批绿色园区，是该批次广东省唯一上榜园区。

【珠海醋酸纤维有限公司搬迁扩建项目建成投产】 2018年5月21日，珠海醋酸纤维有限公司搬迁扩建项目搬迁工程投入试运行，标志着该公司高栏新厂区全部竣工投产。新厂区占地面积 28 万平方米，总投资 16.68 亿元，年丝束生产能力 7 万吨，年产值 30 亿元。（郑雪颖）

【高栏港区入选 2018 中国化工园区 30 强】 2018 年 5 月 24 日，2018 中国化工园区与产业发展论坛公布，高栏港区入选“2018 化工园区 30 强”。高栏港区将高端精细化工和新材料产业作为实施创新驱动发展战略和推进产业结构调整升级的重要抓手，建设以精细化工和新材料为重要组成部分的区域创新集群，提升开发区经济发展质量，2017 年工业总产值突破 1000 亿元，是带动东南沿海经济发展的重要引擎之一。（珠 鉴）

链 接：

2018 中国化工园区与产业发展论坛

2018 年 5 月 24—25 日在珠海召开。来自政府、化工园区管委会、国内外大型化工企业、技术服务商、贸易商、工程设计与科研院所等 1000 余名代表出席，会上发布“中国化工园区 30 强”榜单。化工园区 30 强在 2017 年实现石化销售收入总量 2.36 万亿，占全国石化产业销售收入 17.1%，其中前 10 强实现石化销售收入 1.14 万亿元，占 8.29%；化工园区 30 强在 2017 年实现利润总额 2029.3 亿元，占全国石化利润总额 24%，其中前 10 强实现利润总额 1242.3 亿元，占 14.7%。据中国石油和化学工业联合会化工园区工作委员会统计数据，截至 2017 年底，全国重点化工园区，或以石油和化工为主导产业的工业园区有 601 家，其中，国家级 (包括经济技术开发区、高新区)61 家，省级 315 家，地市级 225 家。产值达千亿的园区增至 10 余家，集约发展成效显著，产业结构持续优化。论坛设 AICM（国际化学品制造商协会）专题会、第四届化工园区与跨国化工公司 CEO 圆桌会、高端化学品、绿色化工园区、化工园区安全管理、智慧化工园区、化工物流 7 个分论坛，围绕化工园区的规范管理与绿色发展等焦点问题展开讨论。（珠 鉴）

2018 年 5 月 24 日，2018 中国化工园区与产业发展论坛在高栏港区开幕（高栏港区 供稿）

·责任编辑：潘杜鹃·

人　物

全国五一劳动奖章获得者

王　海　1978年12月生，2001年7月入职珠海保税区摩天宇航空发动机维修有限公司，从一名基层普通一级机械员做起，通过不懈努力，成长为二级机械员、检验员、领班、工程师。多次面对维修险情和突发事件，均能沉着处理，保障客户和公司利益，保持“维修零差错”纪录。所带团队在工装夹具的改进和优化上取得突出成绩。2010年，被评为珠海市劳动模范。2011年，被评为南航（南方航空集团有限公司）机务优秀班组长、南航机务系统先进个人。2012年，被评为广东省劳动模范。2013年，获南航最美机务人优胜奖。2015年，所办工作室获“珠海市劳模工作室”称号，2014年至2017年，连续4年被评为珠海市创新人才。2018年4月，获全国五一劳动奖章。

广东省五一劳动奖章获得者

王　剑　1985年3月生，大专学历，畜牧兽医专业，珠海长隆投资发展有限公司海洋王国（简称海洋王国）海豚驯演主管。2012年3月，到淇澳岛中华白豚保护区协助白海豚治疗与日常护理。2013年2月，协助政府组织救援受伤搁浅于珠海飞沙滩的里氏海豚。同年5月，参与救助因受伤搁浅于台山市海宴镇海边的瓶鼻海豚。参与海洋王国筹建，开园后负责海洋王国动管部中华白海豚、海豚岛及横琴湾酒店海豚的日常饲养技术与管理。2016年5月，到新加坡学习中华白海豚饲养技术及日常管理。2017年7月20日，参与海洋王国协办的救助国家二级保护动物糙齿海豚放生活动，负责运输计划流程制作及现场执行。2017年9月10日，协助白海豚保护区，救援惠州搁浅的一头里氏海豚。2018年4月，获广东省五一劳动奖章。

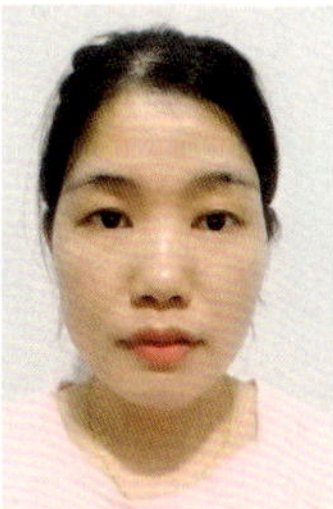

张小玲　女，1983年4月出生，珠海藤仓电装有限公司制造部组立3课主任。2001年3月入职。2006年竞升班长代理。2009年2月，解决作业台缺陷，减少作业动作，缩短段替时间，能率上升30%。2011年，针对公司业务剧增，原有图板不能满足生产的情况，提出压缩图板，能率提升50%。2011年9—12月，被公司派往日本研修，学习作业流水化、专人化管理。归国后对现场部品安装专人化进行改革，减少部品安装人员10人。2013年，主导优化公司新产品作业方式，分解新产品零件，降低作业难度，提升作业效率50%。2014年，为公司降低成本，节约人力资源，提出治具的改善，为公司年节省124.2万元。2016年，带领开展品质QC活动，效率提升20%。参与公司无偿献血活动。2018年4月，获广东省五一劳动奖章。

李小刚 1982年6月生，2006年7月参加工作，中铁十八局集团有限公司港珠澳大桥珠海连接线第一合同段项目经理部质管部部长，工程师。在港珠澳大桥珠海连接线项目中，负责该标段国内首创、国际领先的“管幕＋冷冻”工程施工的技术指导、质量管理及科学研究，为拱北隧道工程质量控制、全线工程测量、施工期拱北口岸建筑物及地表监测等方面做大量工作。2018年4月，获“广东省五一劳动奖章”。

李榄 1967年10月生，中共党员，本科学历，1989年8月参加工作，珠海市斗门区第一中学地理高级教师。从教29年，连续担任班主任27年。先后获国家、省、市、县、区和学校各级荣誉70多次（项）。在各级刊物发表论文36篇，主编《地理—探索·实践·研究》和《高中地理（必修①）同步导学》等校本教材，参编教辅书3部，主要参与的国家级、省级和市级课题各1项。2008年6月，被广东省地理教育学会评为广东省优秀地理教师。2009年7月，被中国教师发展基金会评为优秀科研教师。2010年1月，获评国家教师科研专项基金先进个人。2010年4月，被评为珠海市劳动模范。2016年6月，被评为“珠海市名班主任”。2018年4月，获广东省五一劳动奖章。

耿宏业 1972年3月生，中国民主同盟盟员，1996年7月参加工作，神华粤电珠海港煤炭码头有限责任公司企业发展部经理，工程师。2011年3月，负责投资46.6亿元的珠海港高栏港区神华煤炭储运一期工程建设和5900万元的铁路快速装车系统建设。2011年、2012年两次获评神华集团先进个人。2011年、2016年两次获评公司先进管理者。2014年获中国航海科学技术进步一等奖。2016年、2017年两次获公司特别奖励。2017年，获评民盟珠海市委优秀干部。当选珠海市第八届、第九届人大代表。2017年，提出《关于加强中小学安全管理的建议》，被市人大常委会、市政府确定为重点督办建议。受聘为市公安局高栏港分局2017年至2020年度警务廉政监督员。2018年4月，获广东省五一劳动奖章。

常晓东 1977年10月生，1999年毕业于中国公安大学，中共党员，珠海市公安局拱北口岸分局拱北口岸派出所所长。获评广东省优秀人民警察、珠海市“扫黄打非”先进个人、优秀共产党员等。2007年，荣立个人二等功。2003年、2005年均荣立个人三等功。推动“社巡合一”改革，创新社会治理机制，维护辖区和谐稳定。2018年4月，获广东省五一劳动奖章。

董凡 1970年11月生，研究生学历，珠海健帆生物科技股份有限公司董事长兼总经理。2002年，带领61名职工自主创业，将一个连年亏损的小厂打造成为中国首家以血液净化产品为主营业务的A股创业板上市公司。企业连年纳税过亿元，入选2017年福布斯中国上市公司潜力企业榜100强。个人当选第十二届全国工商联执行委员、广东省第十二届政协委员。2016年，被评为广东省优秀中国特色社会主义事业建设者。2017年，被评为广东特支计划科技创业领军人才。2018年，被评为第三批国家“万人计划”科技创业领军人才。坚持自主创新，在血液净化领域获12项发明专利。健帆生物2009年获国家科技进步二等奖，2011年被评定为国家火炬计划重点高新技术企业；承担国家科技支撑计划、国家重大成果转化项目等20余项国家、省、市科技计划项目，掌握血液净化材料开发的核心技术；拥有100多项专利技术，被评为广东省知识产权优势企业。公司积极履行社会责任，2017年向阳江捐赠100万元建设中洲健帆体育公园。2018年4月，获广东省五一劳动奖章。

詹小俊 1975年11月生，本科，中共党员，珠海市第二中学语文高级教师，1996年7月参加工作。2006—2007学年、

2007—2008学年获评校优秀教师。2011年，获评市教育系统优秀党员。主持的市级课题《利用博客促进学生写作能力成长实证研究》于2012年获广东省教育教学成果奖。2012年、2013年、2018年获评校优秀党员。2014年，获教书育人突出贡献奖。2016年，获评名教师。2017年，获评高中教学质量突出贡献教师。珠海市教师工作室主持人。多次为省内外高中语文教师全员培训作示范课。参与课题研究多项。2018年4月，获“广东省五一劳动奖章”。（许建东）

广东省三八红旗手标兵（十大南粤女工匠）

侯雪梅　女，1967年11月生，丽珠医药集团股份有限公司首席科学家，沈阳药科大学兼职教授。1987年7月加入丽珠医药集团，研发新药30年，取得新药证书16项，申请发明专利30项，授权23项。其中，9项获美国、日本和欧州等国授权，1项获国家专利优秀奖和广东省专利金奖。负责和参与国家发改委、科技部“十二五”重大项目14项。带领创新团队历时15年研发出中国消化领域第一个1.1类专利新药——艾普拉唑，解决进口同类药物起效慢、作用时间短、个体差异大、价格高等问题，填补国内空白。2008年，艾普拉唑肠溶片上市，2014年，获评国家重点新产品。2015年，以第一完成人身份获国家科技进步二等奖。2018年3月，获“广东省三八红旗手标兵（十大南粤女工匠）”称号。

广东省三八红旗手

陈　利　女，1969年8月生，中共党员，本科学历，珠海创投港珠澳大桥珠海口岸运营管理有限公司副总经理。从2009年开始，立足项目建设和融资任务，协助公司领导合理安排全局工作，负责行政、人事、对外联系、接待、宣传等工作，以高度的政治觉悟和积极的工作态度，履行职责。参与筹备港珠澳大桥开工典礼工作，为大桥顺利开工做大量前期准备工作。长期坚守项目一线，协助完成项目规划设计、招标、施工等阶段各项工作。组织公司新年晚会、中秋大型电视直播晚会、生产安全月知识竞赛、迎新趣味运动会、填海工程完工验收及交地仪式、珠海口岸开工仪式等多次活动。工作认真负责，细致到位，各项活动均圆满完成。获领导和同事的一致好评。2017年4月，陈利担任创投港珠澳大桥珠海口岸运营公司副总经理，开展珠海口岸运营前期筹备工作。2018年3月，获“广东省三八红旗手”称号。

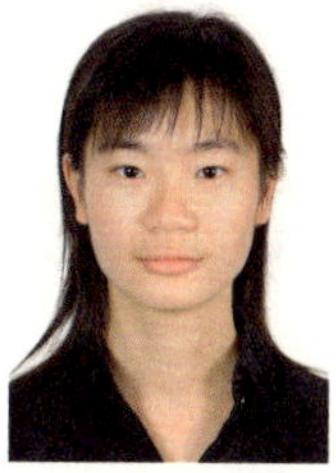

麦欢怡　女，1985年10月生，本科学历，中国移动通信集团广东有限公司珠海分公司网络管理中心网络安全维护管理技术人员，获广东省职工经济技术创新能手、广东省移动通信系统青年岗位能手、珠海市政府青年优秀人才、珠海香洲区技能型人才、珠海市青年岗位能手、广东移动优秀员工、广东移动岗位技术标兵等称号。与团队成功抵御多次网络攻击，保护珠海移动用户信息，维护通信业务安全。为保障党的十九大期间网络安全，首创面向重大活动保障工作体系，创建一个自动化设备安全性能状态监测工具，填补安全自动监控技术空白，节约90%劳动力以及近10万元成本。5月12日“永恒之蓝”爆发时，大胆抛弃旧的端口扫描方法，在短时间内制作出端口与协议检测脚本，所有检查“一键执行”，提高策略部署有效性检查的速度与准确性，守住安全大门，通信网络零损失。2018年3月，获“广东省三八红旗手”称号。

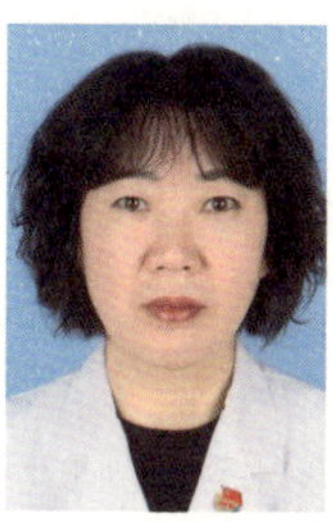

林　红　女，1964年5月生，中共党员，本科学历，主任医师，珠海市第二人民医院乳腺外科主任。广东省女医师协会乳腺癌专业委员会副主委，广东省乳腺癌专业委员会委员，珠海市抗癌协会乳腺癌专业委员会主任委员，珠海市女性两癌

防治协会副主委，广东省妇幼安康工程乳腺癌防治专家组专家。在工作中推陈出新，开创珠海市乳腺学科多个第一。对乳腺癌早期诊断及手术治疗和原位癌诊断准确率90%，诊断及手术乳腺癌患者1000余例。发挥自身专业优势，积极参加社会公益事业，开展农村妇女乳癌筛查，协助2万余人次妇女乳癌筛查，并积极寻求社会捐助，帮助贫困乳癌患者完成治疗。2018年3月，获“广东省三八红旗手”称号。

黄芳女，1968年6月生，中共党员，本科学历，珠海市香洲区妇联主席。多年从事妇联工作，打造工作亮点。2013年9月担任珠海市香洲区妇联主席以来，以服务大局、服务基层、服务妇女为宗旨，创新工作思路，团结带领各级妇联在组织创新、阵地建设、品牌服务等方面取得显著成绩，开创香洲区妇女儿童工作新局面。2015年9月，香洲区率先成立省内首个园区妇联、市内首个社区妇联以及股份合作公司妇联，在省内率先完成街道妇联改扩建试点工作、率先实现五级妇联联动服务模式。2016年8月，香洲区在省内率先完成126个社区“会改联”。香洲区妇联近年来筹措善款300余万元，帮助4050名妇女就业。2016年，香洲区妇联启动“善行圆梦”——仕高玛慈善助学活动，每年发放助学金19.8万元，资助33名贫困学生完成从小学到大学全部学业。2018年3月，获“广东省三八红旗手”称号。

（贾传恩）

逝世人物

何　海（1930.9—2018.2.25）广东番禺人，1949年10月参加工作，1952年4月加入中国共产党。历任番禺县独立团文工团队员、沙湾镇镇长、县团委书记、公社书记、县委副书记、县长。1964年8月至1973年10月，先后担任佛山地委财贸办副主任、中国人民银行佛山中心支行副行长，中山县委常委、公社书记、石岐镇委书记。1972年10月起担任珠海县委副书记、革委会副主任。1979年3月起任珠海市委常委、拱北区委书记。1980年12月起任珠海市政协副主席、特区管委会主任、市建委主任。1985年7月起任珠海市政协主席。1994年12月退休。2018年2月25日因病逝世，享年88岁。

苏　标（1926.10—2018.4.23）广东中山人，1943年3月在中山古镇加入中国共产党，后在古镇党支部和中山县三区区委任组织委员。1953年7月起任中山县十二区区委副书记。1956年1月起任中山县沙溪党委书记。1959年9月起任中山县农垦局局长兼总支部书记。1961年3月起在珠海县三灶区任区长、唐家区委任区委书记。1962年9月起任珠海县唐家区下栅公社书记、副主任。1969年9月起任珠海县南水公社党委书记。1973年10月起任珠海县农业委员会主任。1974年8月起任珠海县革委会副主任。1980年1月起任珠海市革委会副主任兼农办农委主任。1980年11月起任珠海市人民政府（第一届）副市长。1984年起任珠海市人大常委会副主任。1989年8月离休。2018年4月23日因病逝世，享年92岁。

钟华生（1936.11—2018.7.25）广东中山人，1951年10月参加工作，1955年6月加入中国共产党。1951年10月起任中山县翠微、三乡、张家边公社宣传委员、党委副书记。1961年7月起任中山县新平公社党委书记、民众公社副社长。1965年7月起先后任斗门县白蕉公社副社长、县水电局副局长、白藤湖指挥部党支部书记、县外经委副主任、白藤湖联合发展总公司总经理、县政协副主席。1988年12月起任珠海市三灶管理区党委书记、区长。1990年5月起任珠海经济特区管委会副主任、三灶管理区党委书记、区长，磨刀门综合开发公司党委书记、总经理。1992年7月起任珠海经济特区管委会副主任、三灶管理区党委书记、区长。1993年5月起任珠海市委常委、特区管委会副主任、市人民政府党组成员、三灶管理区委书记、区长。1998年12月起任特区管委会副主任、市人民政府党组成员，三灶管理区委书记、区长。1999年9月退休。2018年7月25日因病逝世，享年82岁。　　（市委老干局）

·责任编辑：曾维浩·

统计资料

珠海市国民经济及社会发展情况

指标名称	计量单位	2017 年	2018 年	2018 年比 2017 年增减（%）
一、人口				
（一）年末家庭总户数	户	325007	340504	4.8
（二）年末户籍人口	人	1188713	1273963	7.2
其中：男性	人	598761	636604	6.3
女性	人	589952	637359	8.0
其中：农业人口	人	0	0	--
非农业人口	人	1188713	1273963	7.2
（三）出生人口	人	23714	20750	-12.5
其中：男性	人	12238	10922	-10.8
女性	人	11476	9828	-14.4
（四）出生率	‰	20.30	16.85	-3.5
（五）死亡人口	人	3734	4472	19.8
（六）死亡率	‰	3.20	3.63	0.4
（七）自然增长率	‰	17.10	13.22	-3.9
（八）人口迁入	人	39830	78416	96.9
人口迁出	人	14322	10912	-23.8
（九）流动渔民人口	人	8872	8540	-3.7
二、地区生产总值	万元	26751795	29147350	8.0
总计中：第一产业	万元	488242	500915	1.2
第二产业	万元	12871858	14338185	12.6
第三产业	万元	13391695	14308250	3.5
总计中：农林牧渔业	万元	525121	536518	0.8
工业	万元	11332073	12574847	13.5
建筑业	万元	1642015	1881497	5.6
批发和零售业	万元	2573887	2778510	5.4
交通运输、仓储和邮政业	万元	549574	623734	13.4
住宿和餐饮业	万元	565313	611613	3.3
金融业	万元	1948264	2100472	3.4
房地产业	万元	1974028	1682185	-17.4
人均地区生产总值	元	155502	159428	1.6

（续 表）

指标名称	计量单位	2017 年	2018 年	2018 年比 2017 年增减（%）
三、财政收支				
（一）财政一般公共预算收入	万元	3143761	3314702	5.4
1. 税收收入	万元	2390559	2602804	8.9
# 增值税	万元	828894	846414	2.1
企业所得税	万元	474219	495019	4.4
个人所得税	万元	160509	205319	27.9
房产税	万元	138476	128881	-6.9
印花税	万元	61126	70888	16.0
契税	万元	267464	283004	5.8
2. 非税收入	万元	753202	711898	-5.5
（二）财政一般公共预算支出	万元	4938852	5725211	15.9
# 一般公共服务	万元	488799	583116	19.3
公共安全	万元	393888	448428	13.8
教育	万元	742206	764116	3.0
科学技术	万元	453039	455217	0.5
文化体育与传媒	万元	77002	95900	24.5
社会保障和就业	万元	575867	718813	24.8
医疗卫生	万元	278071	318184	14.4
节能环保	万元	172610	115662	-33.0
城乡社区事务	万元	1047669	1260272	20.3
农林水事务	万元	176586	206851	17.1
交通运输	万元	100083	101921	1.8

（续　表）

指标名称	计量单位	2017 年	2018 年	2018 年比 2017 年增减（%）
四、工业				
（一）工业企业单位数	个	7377	9014	22.2
1. 规模以上工业企业数	个	1163	1170	0.6
（1）轻重工业				
轻工业	个	435	436	0.2
重工业	个	728	734	0.8
（2）经济类型				
集体企业	个	1	1	0.0
港澳台投资企业	个	294	296	0.7
外商投资企业	个	197	198	0.5
（3）企业规模				
大型企业	个	66	66	0.0
中型企业	个	256	257	0.4
小型企业	个	841	847	0.7
2. 规模以下工业企业数	个	6214	7844	26.2
（二）工业总产值（现价）		41150278	46586396	12.7
1. 规模以上工业总产值	万元	39435608	44596763	13.3
（1）轻重工业				
轻工业	万元	12662024	15007469	21.8
重工业	万元	26773584	29589294	9.9
（2）经济类型				
集体企业	万元	14017	12999	-9.6
港澳台投资企业	万元	7117900	7944660	9.8
外商投资企业	万元	12152471	13168035	7.1
（3）企业规模				
大型企业	万元	17453103	20198805	16.0
中型企业	万元	10350894	10944215	7.2
小微企业	万元	11631611	13453743	14.4
2. 规模以下工业总产值	万元	1714670	1989633	1.8

注：规模以上工业统计范围为年主营业务收入 2000 万元及以上的企业；工业总产值指标同比增长按同比口径可比价计算。

（续 表）

指标名称	计量单位	2017 年	2018 年	2018 年比 2017 年增减（%）
五、农业				
（一）农林牧渔业总产值（现价）	万元	916347	1002544	5.1
农业	万元	112131	132929	15.5
林业	万元	1410	2086	47.8
畜牧业	万元	97246	115381	23.8
渔业	万元	616221	665900	1.7
农林牧渔服务业	万元	89339	86248	–5.6
（二）农林牧渔业增加值（现价）	万元	525120	576174	5.1
农业	万元	77121	91425	15.5
林业	万元	1081	1600	47.8
畜牧业	万元	42034	49873	23.8
渔业	万元	368005	397673	1.7
农林牧渔服务业	万元	36879	35603	–5.6
（三）农作物播种面积	亩	228078	254704	11.7
粮食	亩	58751	64417	9.6
稻谷	亩	53677	59523	10.9
旱粮	亩	3290	2410	–26.7
薯类	亩	1054	1780	68.9
番薯	亩	211	1575	646.4
大豆	亩	605	506	–16.4
经济作物	亩	37857	40168	6.1
花生	亩	3105	3529	13.7
木薯	亩	16	26	65.9
甘蔗	亩	224	297	32.6
糖蔗	亩	43	0	–100.0
其他农作物	亩	131470	150119	14.2
蔬菜	亩	112104	127828	14.0
果用瓜	亩	9513	14065	47.9
青饲料	亩	7097	6287	–11.4
（四）农作物总产量				
粮食	吨	21535	24989	16.0
稻谷	吨	19441	21720	11.7
旱粮	吨	1677	1434	–14.5
薯类	吨	281	1687	500.4
番薯	吨	59	1507	2454.2
大豆	吨	117	124	6.0
经济作物	吨	1904	2068	8.6
花生	吨	725	1047	44.4
木薯	吨	10	37	270.0
甘蔗	吨	1151	979	–14.9
糖蔗	吨	216	0	–100.0
其他农作物	吨	160173	191437	19.5
蔬菜	吨	141899	166668	17.5
果用瓜	吨	10652	11774	10.5
青饲料	吨	7622	12995	70.5

注：农业总产值和增加值指标同比增长按可比价计算。

（续 表）

指标名称	计量单位	2017年	2018年	2018年比2017年增减（%）
（五）水果实有面积	亩	79778	130395	63.4
柑、橘、橙	亩	2192	2253	2.8
香（大）蕉	亩	13572	11075	-18.4
菠萝	亩	75	35	-53.3
荔枝	亩	26938	54751	103.2
龙眼	亩	8519	9661	13.4
其他水果	亩	28482	52620	84.7
（六）水果总产量	吨	62261	78455	26.0
柑、橘、橙	吨	1756	1324	-24.6
香（大）蕉	吨	19456	16910	-13.1
菠萝	吨	67	2	-97.0
荔枝	吨	4278	7325	71.2
龙眼	吨	2501	2772	10.8
其他水果	吨	34203	50122	46.5
（七）畜牧业生产情况				
年末生猪存栏量	万头	23.93	17.32	-27.6
全年生猪出栏量	万头	31.42	43.81	39.4
二鸟饲养量	万只	918.18	706.56	-23.0
猪肉总产量	吨	25402	36126	42.2
牛肉总产量	吨	10	22	120.0
禽肉总产量	吨	9965	10003	0.4
禽蛋总产量	吨	10485	8980	-14.4
（八）水产品生产情况				
水产养殖面积	亩	393735	385457	-2.1
海水养殖	亩	219690	213658	-2.7
淡水养殖	亩	174045	171799	-1.3
水产品总产量	吨	309635	313635	1.3
海洋捕捞	吨	21194	20278	-4.3
海水养殖	吨	83292	84477	1.4
淡水捕捞	吨	1781	1755	-1.5
淡水养殖	吨	203368	207125	1.8

（续 表）

指标名称	计量单位	2017 年	2018 年	2018 年比 2017 年增减（%）
六、社会消费品零售总额	万元	10802229	11606397	7.4
（一）批发业	万元	2229418	2360452	5.9
限额以上企业	万元	386304	436606	13.0
（二）零售业	万元	7279649	7801417	7.2
限额以上企业	万元	3000740	3069290	2.3
（三）住宿业	万元	263141	312240	18.7
限额以上企业	万元	200763	222124	10.6
（四）餐饮业	万元	1030021	1132288	9.9
限额以上企业	万元	339108	386966	14.1
七、运输业				
（一）货运量	万吨	12110	13447	11.0
1. 公路	万吨	9599	9760	1.7
2. 水路	万吨	1871	2817	50.5
（二）货物周转量	万吨公里	1674801	2223110	32.7
1. 公路	万吨公里	525747	536184	2.0
2. 水路	万吨公里	1029969	1528606	48.4
（三）客运量	万人	5379	5726	6.4
1. 公路	万人	2760	2541	-8.0
2. 水路	万人	633	650	2.7
（四）旅客周转量	万人公里	912815	929410	1.8
1. 公路	万人公里	511798	457966	-10.5
2. 水路	万人公里	25946	27974	7.8
（五）港口吞吐量				
1. 货物进出港量	万吨	13586	13799	1.6
2. 旅客进出港量	万人	736	829	12.6

（续　表）

指标名称	计量单位	2017 年	2018 年	2018 年比 2017 年增减（%）
（六）机动车拥有量				
1. 民用汽车	辆	549458	624168	13.6
客车	辆	504921	573568	13.6
其中：大型	辆	7935	9399	18.4
小型	辆	495224	562553	13.6
货车	辆	42808	48329	12.9
其中：重型	辆	7635	9743	27.6
中型	辆	1417	1394	-1.6
轻型	辆	33750	37186	10.2
微型	辆	6	6	0
2. 其他机动车	辆	75121	75162	0.1
# 摩托车	辆	72797	72602	-0.3
（七）船拥有量				
1. 机动船	艘	235	193	-17.9
	吨位	323989	293391	-9.4
	客位	7323	7363	0.5
2. 驳船	艘	7	4	-42.9
	吨位	8570	4306	-49.8
八. 邮电业务总量	万元	1084784	1985782	83.1
（一）邮政业务总量	万元	191069	225457	18.0
函件	万件	5387.05	4361.64	-19.0
包件	万件	6.55	3.78	-42.3
快递业务量	万件	7271.52	9774.74	34.4
订销报纸累计份数	万份	1980.14	1858.34	-6.2
订销杂志累计份数	万份	181.47	175.56	-3.3
（二）电信业务总量	万元	893715	1760325	97.0
电话用户	万户	61.79	58.42	-5.4
九. 固定资产投资				
（一）固定资产投资总额	万元	16620214	18585654	20.7

（续 表）

指标名称	计量单位	2017 年	2018 年	2018 年比 2017 年增减（%）
1. 按构成分				
（1）建筑工程	万元	9430238	10362995	14.2
（2）安装工程	万元	875474	645589	29.2
（3）设备工器具购置	万元	1586471	1092930	-10.9
（4）其他费用	万元	4728031	6484140	40.6
2. 按用途分				
（1）第一产业	万元	12601	12561	230.6
（2）第二产业	万元	3367057	2523809	4.7
（3）第三产业	万元	13240556	16049284	23.6
3. 按行业分				
农林牧渔业	万元	21821	29486	126.5
采矿业	万元	8226	231447	2713.6
制造业	万元	2952946	1834679	-11.7
电力、燃气及水的生产和供应业	万元	406613	459856	41.6
建筑业	万元	0	0	--
批发和零售业	万元	62976	25196	106.0
交通运输、仓储和邮政业	万元	2664056	2119044	-52.5
住宿餐饮业	万元	76173	156894	0.3
信息传输、软件和信息技术服务业	万元	83399	67039	-15.4
金融业	万元	0	0	--
房地产业	万元	7447441	8429873	13.3
租赁和商务服务业	万元	499649	2029838	281.1
科学研究和技术服务业	万元	146817	177695	16.6
水利、环境和公共设施管理业	万元	1520250	2067367	45.8
居民服务、修理和其他服务业	万元	9362	20127	115.0
教育	万元	254172	258184	1.6
卫生和社会工作	万元	63587	140158	120.4
文化、体育和娱乐业	万元	181527	203379	8.7
公共管理、社会保障和社会组织	万元	221199	335392	51.6
（二）新增固定资产	万元	4226819	10648600	151.9
（三）房地产开发投资来源与投向				
1. 房地产开发完成投资额	万元	6661158	7870920	18.2
按构成分：				
（1）建筑工程	万元	3740886	3945825	5.5
（2）安装工程	万元	428476	418319	-2.4

（续　表）

指标名称	计量单位	2017 年	2018 年	2018 年比 2017 年增减（%）
（3）设备工器具购置	万元	27142	22487	-17.2
（4）其他费用	万元	2464654	3484289	41.4
按工程用途分：				
（1）住宅	万元	4252197	4615793	8.6
（2）办公楼	万元	897014	951875	6.1
（3）商业营业用房	万元	721033	570630	-20.9
（4）其他	万元	790914	1732622	119.1
2. 新增固定资产	万元	1756366	1981254	12.8
3. 本年购置土地面积	平方米	631198	97827	-84.5
4. 本年资金来源合计	万元	21209560	18812716	-11.3
上年末结余资金	万元	6746819	7095679	5.2
本年资金来源小计	万元	14462741	11717037	-19.0
（1）国内贷款	万元	4865814	3384036	-30.5
（2）利用外资	万元	131104	48575	-62.9
（3）自筹资金	万元	4104604	2353870	-42.7
（4）定金及预收款	万元	2645848	4689536	77.2
（5）个人按揭贷款	万元	1294678	703562	-45.7
（6）其他资金	万元	1420693	537458	-62.2
5. 各项应付款	万元	2463220	2692521	9.3
（四）房地产开发施工、竣工面积及销售情况				
1. 施工面积合计	平方米	32539828	34191837	5.1
# 住宅	平方米	19088458	19046175	-0.2
办公楼	平方米	4179080	4857928	16.2
商业营业用房	平方米	3184769	3677255	15.5
2. 新开工面积合计	平方米	10069803	5982767	-40.6
# 住宅	平方米	5279036	2877054	-45.5
办公楼	平方米	1646500	1047777	-36.4
商业营业用房	平方米	1057855	703005	-33.5
3. 待售面积合计	平方米	1670927	1880474	12.5
按用途分				
# 住宅	平方米	667681	933874	39.9
办公楼	平方米	242222	216906	-10.5
商业营业用房	平方米	359841	392542	9.1
按时间分				
一年以下	平方米	476732	466802	-2.1
一至三年	平方米	882076	1005819	14.0
三年以上	平方米	312119	407853	30.7

（续 表）

指标名称	计量单位	2017 年	2018 年	2018 年比 2017 年增减（%）
4. 商品房竣工面积	平方米	4228004	2670636	-36.8
# 住宅	平方米	2800695	1891720	-32.5
办公楼	平方米	213677	147121	-31.1
商业营业用房	平方米	218338	186742	-14.5
5. 商品房竣工价值	万元	1600267	1868574	16.8
# 住宅	万元	1027566	1357654	32.1
办公楼	万元	74792	86717	15.9
商业营业用房	万元	150045	176875	17.9
6. 商品房销售面积	平方米	5096505	3015758	-40.8
# 住宅	平方米	4202772	2207463	-47.5
办公楼	平方米	503533	501442	-0.4
商业营业用房	平方米	209392	186851	-10.8
7. 销售面积按房源分				
现房	平方米	759761	494200	-35.0
期房	平方米	4336744	2521558	-41.9
8. 房地产开发企业主要财务指标				
（1）流动资产	万元	48786864	53026392	8.7
（2）固定资产原价	万元	630750	1183241	87.6
其中：累计折旧	万元	160912	231635	44.0
（3）资产总计	万元	54909331	63302901	15.3
（4）负债合计	万元	42105879	48812713	15.9
（5）所有者权益	万元	12803452	14490188	13.2
（6）实收资本	万元	5503087	6658442	21.0
（7）主营业务收入	万元	8554598	6121522	-28.4
（8）主营业务成本	万元	5157187	3459799	-32.9
（9）主营业员税金及附加	万元	808488	649480	-19.7
（10）营业利润	万元	1959937	1686739	-13.9
（11）利润总额	万元	1932052	1681697	-13.0
（12）本年应付职工薪酬	万元	242092	217763	-10.0
（13）应交所得税	万元	416261	304400	-26.9
十、对外经济贸易				
（一）批准利用外资项目数	宗、个	1565	3973	153.9
1. 外商直接投资	宗、个	1565	3973	153.9
2. 外商其他投资	宗、个	0	0	--
（二）合同吸收外商投资额	万美元	1071877	753703	-29.7
1. 外商直接投资	万美元	1071877	753703	-29.7

（续　表）

指标名称	计量单位	2017年	2018年	2018年比2017年增减（%）
2. 外商其他投资	万美元	0	0	--
（三）实际吸收外资额	万美元	243304	239193	-1.7
1. 外商直接投资	万美元	243304	239193	-1.7
2. 外商其他投资	万美元	0	0	--
（四）外贸出口总值	万元	18830132	18871304	0.2
机电产品	万元	13827081	14404450	4.2
高新技术产品	万元	6078065	6623373	9.0
按贸易性质统计				
1. 一般贸易	万元	11120981	10827708	-2.6
2. 加工贸易	万元	6848196	7476185	9.2
来料加工	万元	1007788	1012587	0.5
3. 其他贸易	万元	860954	567410	-34.1
按企业性质统计				
1. 内资企业	万元	10949752	10575428	-3.4
国有企业	万元	2127917	2027594	-4.7
集体企业	万元	288994	202482	-29.9
私营企业	万元	8532842	8345352	-2.2
2. 外商投资企业	万元	7880379	8295876	5.3
中外合作企业	万元	15116	12030	-20.4
中外合资企业	万元	848532	966087	13.9
外资企业	万元	7016732	7317759	4.3
（五）外贸进口总值	万元	11094546	13591488	22.5
机电产品	万元	5117965	6956790	35.9
高新技术产品	万元	3347353	5109725	52.6
按贸易性质统计				
1. 一般贸易	万元	5458647	7174777	31.4
2. 加工贸易	万元	3303866	3752167	13.6
来料加工	万元	745372	818302	9.8
3. 其他贸易	万元	2332033	2664544	14.3
按企业性质统计				
1. 内资企业	万元	5220318	6531046	25.1
国有企业	万元	2833569	2589590	-8.6
集体企业	万元	162069	192793	19.0
私营企业	万元	2224679	3748664	68.5
2. 外商投资企业	万元	5874228	7060442	20.2
中外合作企业	万元	4914	2878	-41.4
中外合资企业	万元	1547886	2087517	34.9
外资企业	万元	4321429	4970048	15.0

（续 表）

指标名称	计量单位	2017 年	2018 年	2018 年比 2017 年增减（%）
十一、旅游				
（一）宾馆、酒店接待过夜旅游人数	万人	2288.63	2452.62	7.2
1. 外国游客	万人	51.07	52.66	3.1
2. 港澳台游客	万人			
香港同胞	万人	115.56	116.31	0.6
澳门同胞	万人	88.71	93.69	5.6
台湾同胞	万人	62.91	63.31	0.6
3. 内地游客	万人	1970.37	2126.65	7.9
（二）涉外宾馆酒店				
1. 酒店数	家	66	68	3.0
五星酒店	家	8	8	0
四星酒店	家	8	8	0
三星酒店	家	47	49	4.3
二星酒店	家	3	3	0
一星酒店	家	0	0	--
2. 客房数	间	9832	10197	3.7
3. 床位数	张	15575	16150	3.7
4. 客房出租率	%	60.57	62.38	1.8
（三）旅行社组团游客人数	人次	1652073	1773848	7.4
1. 内地游	人次	1169413	1169419	0
（1）省内游	人次	823308	830521	0.9
（2）省外游	人次	346105	338898	-2.1
2. 港澳台游	人次	482660	604429	25.2
（1）香港	人次	152610	198013	29.8
（2）澳门	人次	87827	168659	92.0
（3）台湾	人次	6923	8595	24.2
3. 其他	人次	235300	229162	-2.6
（四）口岸出入境人数	万人次	14075	15219	8.1
十二、劳动工资				
（一）年末从业人员数	人	1123679	1159716	3.2
1. 国有经济	人	98309	90667	-7.8
2. 集体经济	人	28526	28437	-0.3
3. 其他经济	人	996844	1040612	4.4
（二）全年在岗职工工资总额	万元	5604148	6193324	10.5
1. 国有单位	万元	1022497	1081555	5.8
2. 集体单位	万元	58334	57844	-0.8

（续 表）

指标名称	计量单位	2017 年	2018 年	2018 年比 2017 年增减（%）
3. 其他单位	万元	4523317	5053925	11.7
（三）在岗职工年平均工资	元 / 人	81014	87032	7.4
1. 国有单位	元 / 人	110560	126494	14.4
2. 集体单位	元 / 人	94109	110006	16.9
3. 其他单位	元 / 人	76280	81497	6.8
十三、科技				
（一）专利申请受理量	项	20737	31167	50.3
（二）专利申请授权量	项	12544	17090	36.2
其中：发明专利申请授权量	项	2479	3452	39.2
十四、教育				
（一）学校数	所	540	560	3.7
1. 普通高等学校	所	10	10	0
2. 成人高等学校	所	1	1	0
3. 中等职业学校	所	9	9	0
4. 技工学校	所	4	4	0
5. 普通中学	所	74	75	1.4
6. 小学	所	122	124	1.6
7. 幼儿园	所	318	335	5.3
8. 特殊学校（教育）	所	2	2	0
（二）在校学生数	人	512469	528489	3.1
1. 普通高等学校（不含研究生）	人	136829	138957	1.6
2. 成人高等学校	人	16528	15762	-4.6
3. 中等职业学校	人	20117	18962	-5.7
4. 技工学校	人	8194	8202	0.1
5. 普通中学	人	90237	94983	5.3
6. 小学	人	162238	172071	6.1
7. 幼儿园	人	77854	79055	1.5
8. 特殊学校（教育）	人	472	497	5.3
（三）毕业生数	人	104635	122869	17.4
1. 普通高等学校（不含研究生）	人	30797	35166	14.2
2. 中等职业学校	人	6907	6803	-1.5
3. 技工学校	人	1961	2272	15.9
4. 普通中学	人	27283	27388	0.4
5. 小学	人	22605	23449	3.7
6. 幼儿园	人	15025	27734	84.6
7. 特殊学校（教育）	人	57	57	0.0

（续 表）

指标名称	计量单位	2017 年	2018 年	2018 年比 2017 年增减（%）
十五、文化				
艺术表演团体	个	7	6	-14.3
公共图书馆	间	3	4	33.3
图书馆图书总藏量（纸质）	万册（件）	169.88	183.86	8.2
文化站	间	24	24	0
群众艺术馆、文化馆	间	4	4	0
博物馆	个	2	2	0
十六、广播电视事业				
广播电视台	座	3	2	-33.3
广播电视发射台	座	2	2	0
广播覆盖率	%	100	100	0
电视覆盖率	%	100	100	0
有线电视入户数	万户	61.15	57.14	-6.6
十七、新闻出版				
全年出版报纸	种	3	3	0
全年出版杂志	种	3	3	0
十八、卫生				
（一）卫生机构	个	742	838	12.9
其中：医院、卫生院	个	55	57	3.6
社区卫生服务中心（站）	个	118	118	0
门诊部（所）	个	105	129	22.9
村卫生室	个	140	137	-2.1
专科疾病防治院（所、站）	个	1	1	0
疾病预防控制中心（防疫站）	个	1	1	0
卫生监督所（中心）	个	3	3	0
妇幼保健院（所、站）	个	2	2	0
（二）卫生机构人员数	人	20128	22168	10.1
卫生技术人员	人	16962	18430	8.7
（三）卫生机构床位数	张	9394	9899	5.4
（四）入院人数	人	303793	331892	9.2
（五）出院人数	人	304133	331251	8.9
（六）病床周转率	次 / 年	33.8	34.1	0.4

（市统计局）

·责任编辑：潘杜鹃·

文献·法规

珠海市 2018 年国民经济和社会发展计划执行情况与 2019 年计划草案的报告

——2019 年 1 月 22 日在珠海市第九届人民代表大会第七次会议上

珠海市发展和改革局局长　于思浩

各位代表：

受市人民政府委托，向大会报告珠海市 2018 年国民经济和社会发展计划执行情况与 2019 年计划草案，请予审议，并请市政协委员和列席人员提出意见。

一、2018 年国民经济和社会发展计划执行情况

2018 年是全面贯彻党的十九大精神的开局之年，是改革开放 40 周年，也是珠海改革开放发展史上具有里程碑意义的一年。习近平总书记亲临珠海视察指导，亲自出席港珠澳大桥开通仪式，对珠海作出一系列重要指示和要求，为珠海新时代改革开放再出发进一步指明了前进方向。全市各区各部门在市委、市政府的正确领导下，在市人大及其常委会、市政协的监督指导下，以习近平新时代中国特色社会主义思想为指导，全面贯彻党的十九大和十九届二中、三中全会精神，深入贯彻习近平总书记在参加十三届全国人大一次会议广东代表团审议时的重要讲话精神和视察广东重要讲话精神，认真落实省委十二届四次、五次全会，市委八届五次全会精神，坚持稳中求进工作总基调，统筹推进经济社会发展各项工作，经济运行保持在合理区间，改革开放深入推进，社会事业全面进步，市九届人大五次会议确定的年度主要目标任务基本完成。

（一）经人大批准的经济社会预期目标完成情况

——预计全市地区生产总值完成 2966.0 亿元，同比增长 8%，基本实现年度目标；

——规模以上工业增加值完成 1082.14 亿元，同比增长 14%，高于年度目标 3.5 个百分点；

——固定资产投资完成 1858.57 亿元，增长 20.7%，高于年度目标 2.7 个百分点；

——社会消费品零售总额完成 1162 亿元，增长 7.6%，低于年度目标 3.4 个百分点；

——外贸进出口总额完成 3246.28 亿元，增长 8.5%；高于年度目标 8.5 个百分点；

——实际吸收外商直接投资完成 156.3 亿元，增长 26.9%，高于年度目标 23.9 个百分点；

——一般公共预算收入完成 331.47 亿元，同比增长 5.4%，低于年度预期目标 3.6 个百分点；

——居民消费价格指数上涨

2.3%，低于年度控制目标0.7个百分点；

——全年城镇登记失业率2.25%，低于年度控制目标0.75个百分点。

（二）计划执行的主要情况

1. 经济发展质量效益获得新提升

对标高质量发展的要求推动发展能级量级提升，出台独角兽企业培育、降低制造业企业成本、促进工业投资增长、促进外贸稳增长等政策措施，经济保持了总体平稳、质效提升态势。全年完成地区生产总值预计同比增长8%，连续8个季度增速位于8%以上的合理区间。实体经济发展稳健。规模以上工业增加值完成1082.14亿元，增长14%。工业对经济增长贡献率超过70%。发展质量效益总体较好。一般公共预算收入增长5.4%，税收收入占比达78.5%，在珠三角地区名列前茅。居民收入平稳增长，全体居民人均可支配收入突破4.8万元，同比增长9%。就业形势向好，城镇登记失业率2.25%，低于年度目标0.75个百分点；居民消费价格指数同比上涨2.3%，控制在年度目标以内。国有经济提质增效。市属国有资产总额7183.68亿元、所有者权益2595.33亿元、归属国有权益1181.77亿元，分别增长16.81%、28.92%、19.31%。民营经济发展势头较好。新设立民营企业3.2万户，增长36.3%，民营经济固定资产投资额864.07亿元，增长27.3%。

2. 构建推动高质量发展体制机制迈出新步伐

供给侧结构性改革工作扎实推进。“破立降”各项工作取得积极进展。全面完成省下达的淘汰落后产能任务。新增建设用地702公顷，收储土地186公顷，处置闲置用地622公顷。土地利用计划执行情况良好。全年共使用新增建设用地指标691.04公顷，超出近五年我市平均使用指标数（610公顷）。其中，省下达我市指标350.6公顷全部使用完毕，争取到省调整指标207.5公顷。落实减税降费政策，累计为企业减负262亿元。基础设施补短板项目完成投资391亿元。深化营商环境综合改革，“放管服”改革持续推进，企业开办时间、社会投资项目政府审批时限大幅缩短。348项办理事项实现“最多跑一次”，1302个政务服务事项实现“全城通办”。社会信用体系建设稳步推进。搭建“智慧信用云平台”，信用综合指数位列全国262个地级市第九位。三大攻坚战初战告捷。推进中央环保督察“回头看”16个共性问题整改，$PM_{2.5}$年均浓度为每立方米27微克，空气质量居于全国前列。水环境质量基本保持稳定，12条黑臭水体基本实现年度治理目标，饮用水源水质达标率为100%。重大风险防控有力。政府债务保持在合理水平。开展互联网金融风险专项整治，完成P2P（个人对个人）、资产管理等领域的清理整顿。综合施策开展房地产调控，房价保持基本稳定。减灾防灾能力不断增强，有效防御强台风“贝碧嘉”“山竹”等气象灾害。扎实做好精准扶贫。对口阳江、茂名精准扶贫产业项目609个，对口帮扶阳江24个亿元以上项目落地建设。与黑河市对口合作取得阶段性成效，两地互访对接12次，农业、商务、旅游、中医药等领域合作深入推进。

3. 建设现代化经济体系实现新突破

深入开展“十百千”企业腾飞行动，搭建企业专业服务资源池，实体经济规模不断发展壮大。全市百亿级龙头企业达10家，其中工业企业6家；十亿级骨干企业80家，成长性好的中小企业1746家，高新技术企业数突破1900家。制定培育引进前沿产业独角兽企业、独角兽企业培育库入库实施细则等系列措施，设立首期目标规模100亿元的“粤澳前沿产业投资基金”。新动能成为经济增长主要力量。先进制造业、高技术制造业占规模以上工业比值分别达54.8%、29.3%。AG600飞机水上首飞成功；获批设立无人机验证飞行空域。自主创新能力不断增强。全社会研发经费支出占地区生产总值比重达2.8%。每万人口发明专利拥有量62.1件。一批开放协同的创新平台载体不断集聚。中德人工智能研究院、中以加速器以及以色列、香港离岸创新中心加快建设，南方海洋科学与工程省实验室（珠海）正式落户，珠海万山无人船海上测试场启用建设。新增2家国家级、17家省级技术中心、56家省级工程技术研究中心和2家省级制造业创新中心。规上工业企业研发机构覆盖率39%。引进各类人才2.7万名，增长50%，5人入选国家创新人才推进计划。

4. 形成全面开放新格局取得新进展

横琴自贸区改革创新亮点频

现。推出66项改革创新举措，在全国首创税务诚信报告免责体系，首个互联网金融仲裁平台投入运行，率先实施自贸区供用电规则，远程可视自助办税平台案例获国务院办公厅通报表扬。区域合作取得丰富成果。珠澳合作会议和第八届珠澳合作发展论坛顺利召开。粤澳合作产业园21个项目开工建设。粤澳合作中医药产业园孵化区科研总部大楼投入使用。澳门青年创业谷新引进港澳项目47个，累积孵化港澳项目181个。实施横琴"港人港税、澳人澳税"，新注册港澳企业735家，总数达2744家。对外开放水平质量不断提升。全年外贸进出口总额完成3246.28亿元。高新技术产品进出口、对"一带一路"沿线国家地区进出口实现快速增长。获国务院批准设立跨境电商综合试验区，新增国家级外贸转型升级基地2家。全年新设外商投资企业3973家，增长153.9%。实际吸收外资156.3亿元，规模居全省第三。国际友好（交流）城市总数达32个，居全省地级市首位。对外合作开放新平台涌现，成功举办第十二届中国国际航空航天博览会、第四届中以科技创新投资大会、中德人工智能大会、中拉企业家高峰会、"海丝"论坛、马戏节、WTA超级精英赛、帆板锦标赛等活动。

5. 投资及重点项目建设迎来新飞跃

重点项目建设快马扬鞭，投资有效性和精准性不断提高。全年固定资产投资完成1858.57亿元，同比增长20.7%，超过全年目标2.7个百分点，增速位于全省前列。重点项目建设赶超进度。全市重点建设项目累计完成投资985.84亿元，完成年度计划的126.5%，超过计划进度26.5个百分点。交通基础设施建设迎来历史性飞跃。历经9年的施工建设，港珠澳大桥正式通车运营。香海大桥、洪鹤大桥、鹤港高速和南北通道金琴快线、兴业快线北段全面铺开建设，金海公路大桥跨海共建段、香海大桥支线工程动工建设。珠海市区至珠海金湾机场城轨一期（拱北至横琴段）全线贯通，二期工程（横琴至机场段）开工建设。高铁通达城市达52个，乘坐高铁和城际轨道出行人数达2315万人次，增长29%。空港海港建设加快推进。珠海金湾机场升级改造取得阶段性进展，航站楼保障能力实现翻番，机场旅客吞吐量首次突破1000万人次大关。高栏集装箱码头二期工程1-3#泊位竣工验收，黄茅海5万吨航道一期工程开工，珠海港货物吞吐量达1.38亿吨。洪湾中心渔港开港。

6. 城乡区域协调发展呈现新面貌

启动新一轮城市总体规划编制工作，初步搭建"多规合一"平台框架。新城新区建设加速推进。横琴、保税、洪湾片区一体化发展规划正式出台，明确"一河两岸多片区"格局，横琴隧道建成试通车，开工建设十字门隧道、南湾大道改造工程、情侣西路。西部生态新城建设提速，金湾片区公共文化中心完工，斗门片区大信新都汇开业运营，平沙新城主干路网系统基本形成，金湖大道（东段）、双湖路B1段、珠峰大道升级改造工程完工。高新区前环片区配套市政道路基本建成。乡村振兴战略深入推进。白蕉镇昭信村被农业部认定为全国一村一品示范镇村，斗门海鲈养殖区获批省级农业标准示范区，白蕉海鲈获2018年度广东省最具影响力渔业区域性公用品牌称号，莲洲镇获评"中国禾虫之乡"。农村居住环境取得显著改善。清理积存垃圾14万立方米，完成标准化公厕改造148座，拆除危旧房1866间，改善低收入群体住房553户。城市管理不断优化提升。完成88项道路挖潜，打通断头路14条，新建5座人行天桥，127处信号灯实现智慧联网控制。公交票价下调普惠市民，全市公交票价均调至1元，新开公交线路4条。城市面貌显著提升。恢复全国文明城市荣誉称号，顺利通过全国卫生城市复审。新建60公里绿道、70公里林荫道、40公里健康步道，完成香山古驿道6公里精华段修复。新建龙山湖、香湾乐园等一批市政公园和特色公园，完成情侣南路、机场东路、海天驿站、前山立交等重点区域环境提升。新增三旧改造258公顷、完成改造201公顷，实施老旧小区微改造60公顷，上冲、东桥、翠微等旧村改造启动。高标准开展市容环境整治行动，主城区商铺占道经营行为得到根本扭转，户外大型立柱广告基本清拆完毕，违法建设整治超额完成省下达目标任务。

7. 营造共建共治共享社会治理格局取得新成效

九项民生支出399.93亿元，增长12.9%，占一般公共预算支出的69.8%。就业形势稳定。全市城镇新增就业人数4.7万人，就业困难人员实现就业2265人。建立创业孵化基地23家，在孵企业2537个，直接带动就业超过2.6万人。稳步提高社会保障待遇水平。基本养老保险基础养老金由每人每月380元提高至400元。基本医疗保险年度财政补贴由510元/人提升至550元/人，基本医疗保险家庭病床支付比例提高至80%。城乡低保、特困人员、户籍孤儿基本生活标准分别由每人每月896元、1434元、1580元提高至980元、1568元、1710元。推动教育事业均衡发展。TOD小镇幼儿园、梅华幼儿园、北山小学、梅华中学、格力学校、金湾一中等项目顺利投入使用。华中师大珠海附中签约落地。新增普惠性幼儿园学位3838个、义务教育公办学位7860个，全市普惠性幼儿园覆盖率超过80%。加快健康城市建设。市人民医院、中大五院获评“粤港澳大湾区高水平医院50强”。省中医院珠海医院新住院大楼投入使用，市妇幼保健院异地新建项目主体结构封顶。家庭医生签约服务重点人群签约率超过70%。住房保障目标任务较好完成。新开工城市棚户区改造住房1653套，建成3818套，超额完成省下达任务。社会治理能力不断增强，启动“城市社会治理基础单元”改革试点，获评“社会治理创新示范市”。扫黑除恶专项斗争向纵深推进，群众安全感明显提升，接报违法犯罪警情、刑事立案、严重暴力犯罪案件分别下降14.5%、4.9%和20.7%。

（三）计划执行存在的问题

2018年，面对错综复杂的形势，我市经济发展保持平稳，社会发展和谐稳定，但依然存在一些问题和弱项：

一是实体经济发展面临较多困难。民营企业及中小企业在用地用电、用工用料、市场开拓、融资等方面仍然存在不少困难。受证券市场波动影响，上市公司流动性整体风险加大。节能降耗总体形势严峻。实体经济投资不足，工业投资增速低迷，装备制造业投资负增长。消费及现代服务业发展明显放缓。

二是城市功能品质仍有待优化提升。内畅外联的交通骨架还没有形成，东西部主干路桥、港珠澳大桥衔接路网建设进展缓慢。城市框架仍未完全拉开，横琴新区、保税区、洪湾片区一体化区域发展处于起步阶段，西部生态新城各片区建设进展不均衡，乡村海岛发展与城区相比仍有较大差距。城市建设及管理不够精细，土地节约集约利用水平低，垃圾处理压力较大，黑臭水体治理仍未达到不黑不臭目标，城市防灾减灾救灾能力还需要大幅提升等。

三是民生和社会事业发展仍有短板。就业结构性矛盾依然存在，企业招工难和部分人员就业难问题并存。公办幼儿园学位紧缺问题仍没有根本解决，医疗卫生发展总体仍不平衡，分级诊疗制度成效仍不明显，基层医疗卫生机构能力、质量、服务水平仍有待提升，重点路段交通拥堵问题仍然存在，基层治理还存在一些突出问题和薄弱环节。

二、2019年经济社会发展的总体思路和预期目标

（一）发展环境

从宏观环境看，全球经济处于复苏过程中，但不确定因素明显增加，全球债务风险有所增大，单边主义和贸易保护主义抬头，特别是美国政府大范围制造贸易摩擦、挑起贸易争端，增加了世界经济增长的风险和不确定性。国际货币基金组织（IMF）将2019年全球经济增长预期由3.9%调低至3.7%。从国内形势看，我国宏观经济运行总体保持平稳，经济增长、就业状况、物价水平以及国际收支平衡均处于较为稳定的区间。中央经济工作会议指出我国发展仍处于并将长期处于重要战略机遇期，发展拥有足够的韧性、巨大的潜力，经济长期向好的态势不会改变，要继续实施积极的财政政策和稳健的货币政策，在“巩固、增强、提升、畅通”八个字上下功夫，做好稳就业、稳金融、稳外贸、稳外资、稳投资、稳预期工作，进一步坚定推动高质量发展的信心。从珠海情况看，港珠澳大桥正式通车，粤港澳大湾区建设加快推进，珠海迎来继兴办经济特区后的又一次历史性机遇，习近平总书记视察广东且第一站就来到珠海，对珠海提出加快珠海经济特区发展、促进澳门产业多元发展、加快增强自主创新能力和实力、用好管好港珠澳大桥等一系列重要指示要求，充分体现了习近平总书记对珠海工作的高度重视和大力支持，珠海有底气、有信心实现更高质量的发展。

（二）总体思路

以习近平新时代中国特色社会主义思想为指导，全面贯彻党的十九大和十九届二中、三中全会以及中央经济工作会议、中央农村工作会议精神，深入贯彻习近平总书记视察广东重要讲话、在庆祝改革

开放40周年大会上的重要讲话精神，落实省委十二届五次、六次全会，市委八届五次、六次全会精神，按照市政府工作报告的有关部署，不忘改革开放初心，高举改革开放旗帜，坚持稳中求进工作总基调，坚持新发展理念，坚持推动高质量发展，坚持以供给侧结构性改革为主线，坚持深化市场化改革、扩大高水平开放，统筹推进稳增长、促改革、调结构、惠民生、防风险各项工作，进一步稳就业、稳金融、稳外贸、稳外资、稳投资、稳预期，确保经济平稳健康发展和社会和谐稳定，加快建设珠江西岸核心城市，打造粤港澳大湾区经济新引擎、独具特色令人向往的大湾区魅力之城和践行新发展理念的典范城市，以优异成绩迎接中华人民共和国成立70周年。

（三）主要预期目标

——地区生产总值增长7.5%左右；

——规模以上工业增加值增长10%；

——社会消费品零售总额增长8%；

——固定资产投资总额增长10%；

——外贸进出口总额保持正增长；

——实际吸收外商直接投资保持正增长；

——一般公共预算收入增长7%；

——居民消费价格指数涨幅控制在3%以内；

——全体居民人均可支配收入增长8%；

——城镇登记失业率控制在3%以内；

三、2019年国民经济和社会发展重点工作

（一）坚决履行特区新使命，全面深化改革开放

推动重点领域改革走深走实。深化供给侧结构性改革，落实“巩固、增强、提升、畅通”八字方针，巩固“三去一降一补”成果。深化经济体制改革，推动国资国企改革，做强做优做大国有资本，减少管理层级和同质化竞争，提升国企竞争力。推进预算编制执行监督管理改革，提升财政资源配置效率和使用效益。深化营商环境综合改革。建立工作台账，明确责任分工，抓好抓实抓细营商环境综合改革行动方案任务。推进“放管服”改革，加快审批标准化改革，优化精简社会投资工程项目审批流程，推行行政执法“三项制度”。推进政务信息共享和政务服务“全城通办”“一网通办”，大力提升企业和群众办事便利化程度。建设更高水平社会信用体系。落实好机构改革各项任务，加快推进政府职能转变，大幅减少政府对资源的直接配置，进一步理顺市区权责划分，加强市级统筹能力，激发区级发展活力。

不忘初心促进澳门产业多元发展。深入贯彻落实习近平总书记视察横琴重要指示精神，促进澳门经济发展更具活力。科学谋划、合理布局珠澳合作发展的生活、生产、生态空间。全面梳理现有土地使用和项目建设情况，提高粤澳合作项目比重，确保对澳项目用地，重点鼓励发展中医药、高新科技、特色金融、会展、休闲旅游等产业。积极争取医疗健康政策先行先试，加快粤澳合作中医药科技产业园建设。建设横琴金融岛，设立澳门特色金融服务基地。推动横琴国际休闲旅游岛相关政策落地，配合澳门建设世界休闲旅游中心。切实履行横琴自贸区“压力测试区”试点任务。推动横琴口岸查验模式创新，将澳门莲花口岸整体搬迁至横琴口岸，实施“合作查验、一次放行”通关模式。争取国家支持创新分线管理制度等标志性重大改革事项，探索“港资港模式、澳资澳模式”，创新建设工程审批管理。

拓展对外合作广度深度。落实“一带一路”倡议，深化与以色列、德国等发达国家的经贸往来，加快推进中以加速器产业园、中德（珠海）人工智能研究院项目建设。推动外贸提质升级，抓好外贸转型升级基地建设，新增1～2个外贸公共服务平台。在“一带一路”沿线国家加快布局外贸转型升级基地经贸网络，力争建立50个联络点。积极培育外贸新业态，全力推进跨境电商“两平台六体系”建设，建设电商快递结合产业园。全面落实“外资新十条”，支持设立总部及采购中心、研发中心、创新中心等功能性机构。落实通关一体化改革，实现国际贸易“单一窗口”标准版口岸和应用项目全覆盖。

（二）用好管好港珠澳大桥，全力推进粤港澳大湾区建设

推进基础设施与港澳互联互通。用好管好港珠澳大桥，完善与港珠澳大桥的路网对接，汇聚人流物流资金流信息流。积极融入国家高铁网，谋划深珠通道、广中珠澳高铁，打造珠澳高铁枢纽。完成青茂口岸、横琴口岸旅检大厅建设。

推动珠海金湾机场与港澳机场合作，争取开通机场国际口岸。开展粤港澳大湾区超级枢纽港可行性研究，谋划合作开发万山超大型深水港区。

建设粤港澳大湾区创新高地。推动“广州—深圳—香港—澳门”科技走廊向珠海延伸，携手澳门、香港高校重点实验室等科研平台，吸引海外归国高层次科技人才在横琴集聚，推动建立“澳门资源＋全球技术＋创新人才＋横琴载体”产业合作新模式。更好发挥横琴国际知识产权交易中心作用，推动粤港澳大湾区科技创新成果交易平台建设。建立跨境产学研合作机制，探索在生物医药、海洋科技等领域与港澳共建特色科创中心。推进珠澳跨境金融合作示范区建设，稳妥推进外商投资股权投资企业试点。携手港澳打造“一带一路”重要支撑区，建设珠澳葡语系国家标准化研究推广中心，携手开展国际合作，深度融入全球经贸和创新网络。

积极构建珠港澳优质生活圈。研究制定更多便利港澳居民在珠海发展的措施，争取“一程多站”旅游签证便利，加强公共服务和社会福利对接，推进港澳居民享受与本地居民同等的待遇。开工建设面向澳门居民的综合民生项目“琴澳新街坊”，推动澳门的教育、医疗、民生服务和社会福利政策延伸覆盖至横琴。加快平岗至广昌原水供应保障工程和广南梅供水管道工程建设，建成对澳供电第三通道。携手港澳发展港珠澳大桥旅游，推动粤港澳游艇自由行全面落地实施。

（三）加快增强自主创新能力实力，夯实高质量发展根基

强化创新载体建设。修订珠海市科技企业孵化器管理和扶持办法，支持科技企业孵化器建设，力争科技企业孵化器达33家。发挥好空调设备及系统运行节能、电子薄膜与集成器件、超硬材料等国家重点实验室作用，推进电机与控制院士工作站、智慧海洋院士工作站、格力电器新一代人工智能开放平台、珠海复旦创新研究院等创新载体建设。加强应用基础研究，加快建设南方海洋科学与工程省实验室。深化与中科院、复旦大学、澳门大学等合作，建设新型研发机构。发挥企业创新主体作用，加大对重点领域核心技术攻关的扶持力度，支持企业主动承接相关领域的国家、省重大科技专项，集中在重点领域突破一批制约产业转型升级的关键核心技术。

完善有利于创新的体制机制。推进产学研协同创新，加快中山大学珠海校区、北师大珠海校区建设。促进科技成果转移转化。落实加强科技成果转化和产业化政策措施，汇集粤港澳三地高校、科研院所、科技企业的成果供求信息，建立完善信息共享和交易平台。发展天使投资、创业投资，引导横琴的私募股权基金、创业投资资本支持我市创新型企业发展。进一步完善技术市场体系建设。建设标准国际化创新型城市、国家知识产权示范城市，筹建省海洋工程装备产业计量测试中心，推动国家知识产权保护中心加快落地。全面实施珠海英才计划，优化人才发展环境，在安居住房、医疗保障、子女就学、配偶就业等方面落实高效便捷服务，全年引进各类人才4万名。

（四）注重提升产业链水平，推动实体经济增量提质

引领制造业高质量发展。实施“十百千”工业企业梯度培育计划、“十百千”企业腾飞行动、高新技术企业树标提质行动，落实百亿级龙头企业“一对一”工作方案各项措施，充分保障格力电器产业用地，加快建设伟创力工业4.0小镇，支持丽珠集团等企业平稳增长。推动联邦制药、光宇电池、晨新科技等第二梯队企业增资扩产，给予第三梯队科技型中小企业全生命周期扶持，力争实现超百亿工业企业7家，高新技术企业达2200家。推动利盟激光打印机、利安隆新材料等68个亿元以上项目加快建设，推动烽火海洋网络设备、桂山海上风电场等60个亿元以上项目建成投产。实施促进工业企业技术改造行动计划，落实省市区三级技改事后奖补政策，加大力度鼓励企业及开展数字化、网络化、智能化改造。完善招商引资政策体系，加强全市招商引资统筹，推动更多项目落地珠海。开展质量提升行动，创建全国质量强市示范城市。

加快构筑产业体系新支柱。大力发展战略性新兴产业。加快布局发展新一代信息技术、高端装备制造、生物医药、数字经济、新能源及新能源汽车、新材料、海洋经济等战略性新兴产业。建立独角兽企业培育库，催生一批瞪羚企业、独角兽企业。集中力量引进集成电路生产制造项目，建设国家级集成电路高端设计与制造基地。推动现代服务业加快发展。利用港珠澳大桥开通契机，积极承接教育、医疗、金融、物流等港澳优质服务业外溢，

在港珠澳大桥珠澳口岸人工岛、高新区、西部中心城区等地建设一批商贸综合体和品牌酒店，推动珠海服务业实现跨越式发展。支持生产服务业发展，加快培育国家和省级工业设计中心。发展“珠港陆空联运”及拓展业务，加快发展现代物流业。依托珠海独特区位优势、一流会展场馆优势和航展等已有品牌优势，引进和培育更多展会活动，做大做强会展经济。大力发展楼宇经济，落实总部企业发展实施办法，整合盘活闲置或低效使用的各类物业，培育一批“亿元楼”。高水平建设珠海航空产业园。

营造良好企业发展环境。构建亲清新型政商关系，落实市、区领导联系企业挂点帮扶机制，实实在在帮助企业解决问题。研究出台促进民营经济高质量发展政策措施，继续降低企业各类经营成本，实施社会保险优惠政策。完善科技企业投融资和中小微企业信贷风险补偿机制，对“十百千计划”企业重点项目建设给予贷款贴息支持。发挥珠海基金作用，帮助有发展前景的公司纾解流动性困难。推动园区提质升级。加大力度收储闲置和低效用地，完善路网及生活配套设施，落实园区评优与奖励政策，推动园区差异化特色发展，开工建设人才住房800套，支持建设职工宿舍。防范化解重大风险。运用互联网大数据预警平台进行滚动式排查，着力处置金融领域风险点。坚决遏制隐性债务增量，妥善化解隐性债务存量，集中有限财力支持实体经济发展。坚持精准综合施策，构建房地产市场健康发展长效机制。

（五）着力扩大有效需求，促进经济运行平稳健康

发挥投资关键支撑作用。大力推进重点项目建设。安排年度重点项目208个，投资576亿元。推动118个项目加快建设，力促36个项目建成投产，54个项目开工建设。狠抓工业项目建设。推动方正PCB高端智能化产业基地、桂山海上风电场、钰海电力天然气热电联产、金湾海上风电场等重点项目加快建设进度。加快构建综合交通体系。完善衔接港珠澳大桥、深中通道路网。全面推进香海大桥、洪鹤大桥、鹤港高速、金海公路大桥等东西向重要通道以及金琴快线、兴业快线等南北向快速通道建设，打造由金琴快线、香海支线、南湾大道、昌盛路、兴业快线、金唐东路构建的主城区环线。推动黄茅海大桥尽快开工，加快形成直通粤西快速通道。推进珠海市区至珠海金湾机场城轨一期投入运营，加快珠海市区至珠海金湾机场城轨二期建设。争取将地铁纳入国家和省相关规划，推进广州地铁延伸至珠海、澳门。推动空港、海港重要节点建设，推进机场升级改造、机场改扩建工程、机场综合交通枢纽、空港国际物流园等项目建设。加快高栏港综合保税区建设，提升港口能级量级，完成黄茅海5万吨级航道一期工程，加快推进高栏集装箱码头二期工程建设。强化项目资金保障，用足用好地方政府新增债券资金，切实发挥珠海基金作用，加强各类子基金的运作管理。

完善促进消费的体制机制。落实国家、省完善促进消费体制机制实施方案，制定我市促消费升级政策措施。落实个人所得税专项附加扣除政策，增强居民消费能力。积极开展促消费系列活动，推动全市实体零售企业创新转型。创建国家全域旅游示范区，扩大旅游产品供给。促进汽车消费优化升级，推进新能源汽车充电设施建设，落实新能源汽车车辆购置税优惠政策，促进二手车便利交易，推动汽车消费优化升级。促进信息消费，发展面向社区生活的线上线下融合服务。健全家政服务标准和服务规范，支持家政服务品牌建设。积极推进电子商务基地建设，着力引进一批知名电商项目。

（六）提高发展平衡性协调性，建设大湾区魅力之城

优化拓展城市发展格局。全面实施以功能区为引领的区域发展新战略，积极推进发展空间南进西拓北接东优。南部对接港澳推进横琴、保税、洪湾一体化建设，加快推进十字门隧道、大横琴山隧道、横琴医院、文化艺术中心等项目建设，打造城市新中心。西部地区重点加快西部中心城区建设，推进鸡啼门特大桥、双湖路延长段、航空城国际商务中心、斗门区科创中心等项目建设，完成航空城产业服务中心、尖峰南片区市政配套工程二期等项目建设。北部对接深中通道，建设唐家科教新城，加快完善南北围、后环等片区路网。东部优化提升香洲主城区中心地位，加大力度推进城市更新，加快“三溪”科创小镇、九洲商贸中心、拱北口岸商业中心等项目进展，推动银坑、洪湾等旧村改造。

大力提升城市功能品质。高标准高水平编制新一轮城市规划，统筹各类空间性规划，推进“多规合

一”和空间“一张图”管理。实施城市景观环境精细化品质化提升行动计划，加强城市修补和生态修复，留住城市特有基因。开工建设一个观光塔，打造横琴、香洲两个中央商务区，建设大剧院公共艺术、银坑半岛公共文化、城市阳台公共生态三大空间，打造情侣路、长隆、港珠澳大桥、海岛四个名片，提升唐家湾古镇、圆明新园、西部温泉、乡村旅游、特色商业街等五个区域。加强城市整体宣传推介，举办马戏节、莫扎特国际音乐周、沙滩音乐节、WTA超级精英赛、帆船帆板赛、留学生节等活动，展示现代时尚的城市形象。

强化城市精细化管理。深化城市管理体制机制改革，健全城市管理法规体系。继续推进综合交通治堵。启动珠海大桥扩建工程，加快板樟山新增隧道建设。强化道路挖潜，打通断头路，建设一批人行过街设施。大力推进公共交通优先发展。进一步优化常规公交线网，全力推广产业园区微循环公交线路。继续推进公交专用道建设，加大公交专用道执法和管理力度。继续实施道路改造提升，实现城区道路沥青罩面全覆盖。加强主干道及重点区域的交通、广告、供水供电等设施标识的统筹。提升园林绿化理念，合理移植现有树木。建立环卫保洁长效机制，开展背街小巷专项整治。推进厕所革命新三年行动计划，强化违法用地、违法建筑专项整治。加快智慧城市应用项目建设，推进城市智能化管理。

深入实施乡村振兴战略。落实乡村振兴战略规划，制定促进农村一二三产业融合发展、集体经济发展壮大等政策。深化农业供给侧结构性改革，扶持蔬菜和畜禽生产冷藏、“菜篮子”工程配送等项目建设，增加绿色优质有效农产品供给。做好良种及农业科技推广，建设高标准基本农田1.41万亩。加快创建斗门区白蕉海鲈产业园等现代农业产业园区，推进台湾农民创业园、国家农业科技园建设。支持乡村产业发展，加快岭南大地田园综合体、十里莲江、逸丰生态园等项目建设。实施农业龙头企业培优工程，打造一批农村电商企业示范试点。全域推进农村人居环境整治攻坚行动，确保完成全市村庄“三清三拆三整治”环境整治任务。深化农村综合改革，加强农村“三资”管理服务平台建设，全面完成农村集体产权制度改革工作任务。坚决打赢脱贫攻坚战，扎实做好对口阳江茂名精准扶贫、对口云南怒江州东西部扶贫协作和对口支援藏区库区工作，务实推进与黑河市对口合作。落实市内精准帮扶长效机制，继续加大对低收入群体的综合帮扶。

扎实推进生态文明建设。打好污染防治攻坚战。坚决打赢蓝天保卫战，确保$PM_{2.5}$平均浓度控制在省下达目标以内。全面落实河长制，深化水环境综合治理，全面开展“五清”专项行动，力争完成17条黑臭水体整治。强化水体水质监测。启动香洲水质净化厂三期扩建工程，加快建设富山第一水质净化厂，完成香洲、拱北、吉大、南区污水处理厂提标改造工程。加快推进海绵城市试点建设，深化排水管理体制改革，新建改建污水管网610公里。推进土壤污染防治，做好受污染耕地、工业污染地块治理与修复试点示范工程。强化危险废物规范化处理处置监管，提升固体废物本地无害化处置能力。加快推进市环保生物质热电工程二期及配套工程，开工建设污泥处置中心一期、医疗废物处置中心、餐厨垃圾处理一期工程。统筹保护利用好海洋海岛资源，推动海洋海岛绿色可持续发展。

（七）坚持以人民为中心发展思想，扎实做好保障和改善民生工作

织密扎牢各领域民生保障网。扎实推进十件民生实事，解决人民群众普遍关心的突出问题。加大就业政策扶持力度，修订完善珠海市就业创业补贴办法，加强创业孵化平台建设，确保就业局势保持稳定。继续提高养老服务水平，加快推动市级养老机构及市社会福利中心二期工程建设，城乡居民基本养老保险基础养老金提高至每人每月430元。完善社会救助兜底保障，低保标准提高至每人每月1020元。统筹推进医疗保险制度改革，在全省率先实施附加基本医疗保险补充医疗保险，提高医保个人账户资金使用效率。加大住房保障力度。确保完成年度住房保障建设任务，开展共有产权住房试点，完善保障性住房管理平台建设，探索人才住房和公共租赁住房筹集新模式。深化安全生产领域改革，加强城市防灾减灾救灾能力建设，完善火灾防控体系，提升应急救援科技水平。加强食品安全监管，建设市中心粮库和粮食批发市场，确保粮食安全。深化平安珠海建设，深入开展扫黑除恶专项斗争。

大力发展教育文化事业。深入

实施珠海市学前教育第三期行动计划、义务教育学位扩容行动、新一轮强师行动计划，深入推进普通中小学校办学联盟，出台《西部地区教育振兴攻坚行动方案》。加大教育投入力度，新增公办中小学及幼儿园10所，改扩建学校12所，新增学位1.73万个。加快中山大学珠海校区建设，推动北师大珠海校区秋季招生。深化文明城市创建工作，实施市民文明素质培育计划。加快建设文化强市，加快推动市博物馆和规划展览馆对外开放。补齐基层公共文化设施建设短板，实现基层文化设施全部达标、村居综合性文化服务中心全覆盖。完善全民健身公共设施。挖掘保护传承历史文化，开展红色革命遗址、古镇古村、香山古驿道的保护利用。

加快健康城市建设步伐。全面实施健康珠海2030规划，建成一批健康细胞单元。深化公立医院综合改革和基层医疗卫生综合改革。支持珠海市人民医院、中山大学附属第五医院进军广东省“登峰计划”。加快推进市人民医院科研综合楼及放疗中心、市妇幼保健院新院、市慢性病防治中心等建设项目。完善公共卫生服务体系，强化基层卫生站点建设，推动中医药适宜技术基层全覆盖，开展国家基层高血压医防融合试点工作，提高基本公共卫生服务水平。着力推动市民健康信息服务系统建设，打造珠海“健康云”。

（八）压实计划实施主体责任，确保高质量完成各项目标任务

压实各区各部门主体责任。做好各区各部门督办、协调、服务和指导工作，将年度预期目标分解下达各区各部门，加强对各区各部门指标完成、政策落实、重点项目建设情况的督查督办，纳入各区各部门经济社会发展综合评价和绩效考核体系，合力推动全市经济持续增长、社会和谐稳定。完善检查监督机制。发挥纪委监委、审计、统计等部门的作用，及时查找问题、提出解决措施。完善计划实施的公众参与和民主监督机制，拓宽公众参与渠道，及时公开计划实施情况，主动接受社会监督，确保不折不扣完成全年发展目标任务。

各位代表，2019年是中华人民共和国成立70周年和全面建成小康社会关键之年，是澳门回归20周年、珠海建市40周年，也是全面贯彻落实习近平总书记视察广东重要讲话精神的开局之年。我们将继续在市委、市政府的坚强领导下，在市人大、市政协的监督指导下，进一步压实责任、主动作为、敢于担当、真抓实干，确保全面完成经济社会发展各项任务，在推动珠海“二次创业”的新征程上迈出更加坚实的步伐！

珠海市2018年主要指标完成情况与2019年预期目标表

主要指标	2018年				2019年	
	预计完成数		预期目标		预期目标	
	增　速	总　量	增　速	总　量	增　速	总　量
1. 地区生产总值（GDP）（亿元）（%）	8	2966	8.5左右	–	7.5左右	–
2. 人均GDP（万元）（%）	6.5	15.9	7	15.3	6	–
3. 服务业增加值占GDP比重（%）	–	48	–	50	–	48
4. 规模以上工业增加值（亿元）（%）	14	1082.1	10.5	–	10	–
5. 一般公共预算收入（亿元）（%）	5.4	331.47	9	342.6	7	–
6. 居民消费价格指数（%）	2.3	–	3	103	3	–
7. 社会消费品零售总额（亿元）（%）	7.6	1162	11	1254	8	–

（续 表）

主要指标	2018 年				2019 年	
	预计完成数		预期目标		预期目标	
	增 速	总 量	增 速	总 量	增 速	总 量
8. 固定资产投资额（亿元）（%）	20.7	1858.57	18	1816.6	10	–
9. 外贸进出口总额（亿元）（%）	8.5	3246.28	正增长	–	正增长	–
10. 实际吸收外商直接投资（亿元）（%）	26.9	156.3	3	–	正增长	–
11. 全体居民人均可支配收入（元）（%）	9	48007	9	–	8	–
12. 现代服务业增加值占服务业比重（%）	61	–	–	–	–	62
13. 先进制造业增加值占规模以上工业比重（%）	54.8	–	–	–	–	55
14. 高技术制造业增加值占规模以上工业比重（%）	29.3	–	–	–	–	30
15. 年末总人口（万人）	3.1	182	1.6	180	4.4	190
16. 人口自然增长率（‰）	15	–	16.7	–	15	
17. 城镇登记失业率（%）	–	2.25	–	3	–	3
18. 城镇新增就业人数（万人）	–	4.71	–	3.5	–	3
19. 城镇生活污水处理率（%）	–	96	100	–	–	100
20.R&D 经费支出占 GDP 比重（%）	–	2.8	3.0	–	–	3.0
21. 单位 GDP 能耗下降率（%）★	2		3.6	–	待省下达	
22. 能源消费总量（万吨标煤）★	–	900	–	875	待省下达	
23.$PM_{2.5}$ 浓度（微克 / 立方米）★	–	27	–	≤ 29	–	≤ 29
24. 二氧化硫排放量对 2015 年下降率（%）★	7.4	–	7.4	–	8.7	–
25. 化学需氧量排放量对 2015 年下降率（%）★	14.1	–	14.1	–	17	–

说明：

1. 带★标志为约束性目标，其余指标为指导性目标。增加“能源消费总量”“$PM_{2.5}$ 浓度”作为约束性指标。省已取消对第 12 ～ 14 项指标下达目标。

2. 2018 年数据为初步预计数；地区生产总值、人均 GDP、规模以上工业增加值总量为现价总量，增速按可比价计算。

3. 按照省对珠海市下达目标情况，增加“城镇新增就业人数”指标，取消“城镇人均公园绿地面积”指标。

（市发改局）

2018 年珠海市人大常委会制定、修订的地方性法规

法规名称	性　质	通过时间	生效时间
《珠海市排水条例》	修订	2018 年 9 月 27 日珠海市第九届人民代表大会常务委员会第十六次会议	
《珠海市服务业环境管理条例》	修订	2018 年 9 月 27 日珠海市第九届人民代表大会常务委员会第十六次会议	
《珠海市防治船舶污染水域条例》	修订	2018 年 9 月 27 日珠海市第九届人民代表大会常务委员会第十六次会议	
《珠海经济特区无居民海岛开发利用管理规定》	制定	2018 年 11 月 30 日珠海市第九届人民代表大会常务委员会第十七次会议	2019 年 5 月 1 日
《珠海经济特区海域海岛保护条例》	制定	2018 年 11 月 30 日珠海市第九届人民代表大会常务委员会第十七次会议	2019 年 5 月 1 日
《珠海经济特区旅游条例》	制定	2018 年 11 月 30 日珠海市第九届人民代表大会常务委员会第十七次会议	2019 年 3 月 1 日

2018 年珠海市人民政府颁布的政府令

名　称	令　号	通过时间	生效时间
《珠海经济特区公安机关警务辅助人员管理办法》	珠海市人民政府令第 121 号	2018 年 1 月 4 日珠海市人民政府第九届 18 次常务会议	2018 年 3 月 1 日起施行
《珠海市人民政府决定对 12 部市政府规章予以废止》	珠海市人民政府令第 122 号	2018 年 11 月 1 日珠海市人民政府颁布	2018 年 12 月 15 日起施行
《珠海经济特区历史文化名镇名村和历史建筑保护办法》	珠海市人民政府令第 123 号	2018 年 10 月 27 日珠海市政府第九届 30 次常务会议	2018 年 12 月 20 日起施行

2018 年珠海市人民政府规范性文件统一编号登记表

序　号	起草单位	名　称	统一编号
1	市环保局	珠海市人民政府关于印发珠海市高污染燃料禁燃区划的通知	ZFGS-2018-01
2	市公安局	珠海市人民政府关于印发珠海市户口迁移管理实施办法的通知	ZFGS-2018-02
3	市交通局	珠海市人民政府关于印发珠海市建设项目交通影响评价管理办法的通知	ZFGS-2018-03
4	市住规建局	珠海市人民政府关于印发珠海市城市更新项目申报审批程序指引（试行）的通知	ZFGS-2018-04
5	市编办	关于印发取消 65 项证明事项的通知	ZFGS-2018-05
6	市国土局	珠海市土地征收补偿工作实施细则	ZFGS-2018-06
7	市海洋农业和水务局	珠海市人民政府关于印发珠海市海绵城市建设管理办法（试行）的通知	ZFGS-2018-07
8	市国土局	珠海市征收（征用）土地青苗及地上附着物补偿办法	ZFGS-2018-08
9	市环保局	珠海市人民政府关于划定禁止使用高排放非道路移动机械区域的通告	ZFGS-2018-09

（续 表）

序 号	起草单位	名 称	统一编号
10	市住规建局	珠海市人民政府关于印发珠海市既有住宅增设电梯指导意见的通知	ZFGS–2018–10
11	市工商局	珠海市人民政府关于印发珠海市商事主体信用信息管理办法的通知	ZFGS–2018–11
12	市公安局	珠海市人民政府关于印发澳门机动车入出横琴管理细则的通知	ZFGS–2018–12
13	市民政局	珠海市人民政府关于调整我市城乡居民最低生活保障标准的通知	ZFGS–2018–13
14	市人社局	珠海市人民政府办公室关于进一步加强人才引进核准工作的通知	ZFGS–2018–14
15	市三防办	珠海市人民政府办公室关于废止《珠海市防汛责任追究暂行办法》的通知	ZFGS–2018–15
16	市民政局	珠海市人民政府办公室关于印发珠海市自然灾害救助标准的通知	ZFGS–2018–16
17	市交通局	珠海市人民政府关于划设珠海金湾机场净空保护区的通告	ZFGS–2018–17
18	市人社局	珠海市人民政府办公室关于印发珠海市产业发展与创新人才奖励办法的通知	ZFGS–2018–18
19	市质监局	珠海市人民政府办公室关于印发珠海市公共服务地方标准管理办法的通知	ZFGS–2018–19
20	市工商局	珠海市人民政府办公室关于印发珠海市商事登记同城通办暂行办法的通知	ZFGS–2018–20

2018 年珠海市人民政府规章废止目录

（根据珠海市人民政府令第 122 号于 2018 年 12 月 15 日起施行）

序 号	规章名称	文 号
1	珠海市扶助残疾人若干规定	珠海市人民政府令第 9 号
2	珠海市动物防疫管理办法	珠海市人民政府令第 19 号
3	珠海市财政性资金管理办法	珠海市人民政府令第 20 号
4	珠海市信息化建设规定	珠海市人民政府令第 35 号
5	珠海市突发公共卫生事件应急办法（试行）	珠海市人民政府令第 38 号
6	珠海市食用农产品质量安全管理办法	珠海市人民政府令第 46 号
7	珠海市公路路政管理规定	珠海市人民政府令第 48 号
8	珠海市人民政府关于修改《珠海市出让土地使用权使用年限管理规定》有关条款的决定	珠海市人民政府令第 57 号
9	珠海市户口迁移管理规定	珠海市人民政府令第 60 号
10	珠海市人民政府关于修改《珠海市机动车路桥通行费征收管理规定》有关条款的决定	珠海市人民政府令第 63 号
11	珠海市企业和企业经营者权益保护办法	珠海市人民政府令第 66 号
12	珠海市养犬人责任及监管暂行办法	珠海市人民政府令第 69 号

·责任编辑：曾维浩·

索 引

说 明

一、本索引款目按汉语拼音字母（同音字按声调）顺序排列。

二、文中的类目题、分目题、次分目题用黑体字标明，其余用宋体字排印。

三、索引款目后的数字表示内容所在的页码，数字后的英文字母（a、b、c）表示栏别（即版面1、2、3栏）。

四、同一主题内容在文中多处出现的，在其款目后用不同的页码标明。

五、本索引对《特载》《年度关注》《大事记》《人物》《统计资料》《文献·法规》等类目不作内容主题分析。

D

G

H

K

L

M

N

P

X

Y

Z

图书在版编目（CIP）数据

珠海年鉴．2019 / 珠海年鉴编纂委员会编．—广州：广东教育出版社，2019．11

ISBN 978-7-5548-3073-4

Ⅰ．①珠…　Ⅱ．①珠…　Ⅲ．①珠海—2019—年鉴　Ⅳ．① Z526．53

中国版本图书馆 CIP 数据核字（2019）第 253798 号

责任编辑：倪洁玲
特约编辑：潘杜鹃　曹　琨　曾维浩　冯建华
责任技编：黄　康
装帧设计：冯建华
封面摄影：珠海市委宣传部供稿

ZHUHAI NIANJIAN
珠海年鉴·2019

广东教育出版社出版
（广州市环市东路 472 号 12–15 楼）
邮政编码：510075
网址：http：//www.gjs.cn
广东新华发行集团股份有限公司经销
雅昌文化（集团）有限公司印刷
（深圳市南山区深云路 19 号）
开本：850mm × 1168mm　1/16　印张：31.75　彩页：32　字数：1037 千字
2019 年 11 月第 1 版　2019 年 11 月第 1 次印刷
印数 1– 1000 册
ISBN　978-7-5548-3073-4
定价：280.00 元
质量监督电话：020-87613102　邮箱：gjs-quality@nfcb.com.cn
购书咨询电话：020-87615809